Christian Friedrich David Erdmann

Der Brief des Jakobus

Christian Friedrich David Erdmann
Der Brief des Jakobus
ISBN/EAN: 9783744633291

Hergestellt in Europa, USA, Kanada, Australien, Japan

Cover: Foto ©Lupo / pixelio.de

Weitere Bücher finden Sie auf **www.hansebooks.com**

585.6
End.

BOUGHT WITH THE INCOME
FROM THE BEQUEST OF
JAMES WALKER, D.D., LL.D.,
(Class of 1814,)
FORMER PRESIDENT OF HARVARD COLLEGE;
"PREFERENCE BEING GIVEN TO WORKS
IN THE INTELLECTUAL AND
MORAL SCIENCES"

RECEIVED

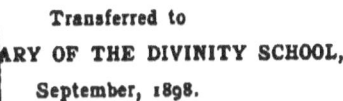

Transferred to
ARY OF THE DIVINITY SCHOOL,
September, 1898.

Der

Brief des Jakobus,

erklärt

von

Christian Friedrich
D. David Erdmann,

Generalsuperintendenten der Provinz Schlesien und ordentlichem Professor honor.
der Theologie an der Universität zu Breslau.

Berlin.
Verlag von Wiegandt & Grieben.
1881.

III. 1265

NOV 29 1801

Walker fund.

SEP 9 1898
(624)

Vorwort.

Daß der Jakobusbrief keineswegs eine ſtroherne Epiſtel ſei, ſondern in vollen Aehren eine reiche Frucht, die auf dem judenchriſtlichen Boden des apoſtoliſchen Erndtefeldes gereift iſt, darbietet, iſt durch unbefangene gründliche Exegeſe und durch die bibliſchtheologiſchen Arbeiten von Neander, Meßner, Lechler, Schmid, Weiß, Geß u. A. insbeſondere durch die treffliche Darſtellung ſeines Lehrgehalts von W. G. Schmidt zur Genüge erwieſen worden. Es bleibt aber für die Exegeſe immer noch genug zu thun, dieſe wahrſcheinlich älteſte Schrift des neuen Teſtaments, die der Erklärung nicht wenige Schwierigkeiten bietet, nach ihren geſchichtlichen Vorausſetzungen und Beziehungen, wie nach ihrem reichen ethiſchen Gedankengehalt zu erforſchen und als ein herrliches Zeugniß der älteſten judenchriſtlichen Kirche der apoſtoliſchen Zeit von dem durch das „Wort der Wahrheit" aus Gottes „Gnadenwillen" neugeborenen Leben im Glauben an „Jeſum Chriſtum, den Herrn der Herrlichkeit", und von der Bethätigung deſſelben durch Werke in das rechte Licht zu ſtellen.

Der Verfaſſer des vorliegenden Commentars hat ſich, ſo weit es ſein bewegtes Amtsleben geſtattete, bemüht, einen Beitrag zur Löſung dieſer Aufgabe zu liefern, und neben der organiſch reproducirenden Arbeit der Exegeſe zugleich die Abſicht gehabt, für die Verwerthung des Inhalts des Briefes zur Erbauung der Gemeinde einen Dienſt zu leiſten, ohne jedoch eine ſogenannte praktiſche Erklärung geben zu wollen. Je gründlicher und ſorgfältiger die wiſſenſchaftliche Exegeſe ihre Arbeit thut, deſto tiefer und voller erſchließen und ergießen ſich die Quellen und Ströme des lebendigen Waſſers zur Befruchtung des Bodens des chriſtlichen Gemeindelebens.

Die ſogenannten Einleitungsfragen habe ich, formell abweichend von der gewöhnlichen Weiſe ihrer Behandlung, an die beiden Theile der Ueberschrift des Briefes angeknüpft. Ich bedaure, daß ich dabei den trefflichen Artikel von Prof. Dr. Siefert in Erlangen über Jakobus und den Jakobusbrief in Herzog's neuer Bearbeitung der theologischen Realencyclopädie nicht mehr habe berücksichtigen können, freue mich jedoch, bis auf die Bestimmung der Zeit der Abfassung des Briefs und die damit zusammenhängende Frage über die Beziehung der Polemik in dem Abschnitt 2, 14 f. in Allem mit ihm übereinzustimmen. —

Zur Erleichterung des Gebrauchs des Buches, insbesondere des Auffindens der Erklärung der einzelnen Abschnitte und Stellen ist eine genaue Inhaltsnachweisung vorangestellt worden.

Außer den beiden kirchlichen Perikopen in Cap. 1 und einzelnen Sprüchen ist der Jakobusbrief noch immer zu wenig in der Kirche bekannt und gebraucht. Namentlich ist sein social-ethischer Gehalt noch weit mehr, als bisher geschehen, auch in praktischer Beziehung auszubeuten. Vielleicht kann meine Arbeit etwas dazu beitragen, daß die reichen Schätze ethischer Wahrheit und christlicher Lebensweisheit, die in diesem Brief beschlossen sind, die gebührende Würdigung und Verwerthung finden.

Breslau, den 27. März, Sonntag Lätare, 1881.

D. Erdmann.

Inhaltsübersicht.

	Seite
Cap. I, 1. Die Ueberschrift und Adresse. . .	1—72
I. Der Verfasser des Briefes	1—39
1. Selbstbezeichnung des Verfassers: „Gottes und des Herrn Jesu Christi Knecht".	1—3
2. Die Jakobusfrage	3—6
3. Jakobus, leiblicher Bruder des Herrn und Nichtapostel . . .	6—9
4. Jakobus, der Bruder des Herrn, nicht der Apostel, Haupt der Muttergemeinde in Jerusalem, nach exegetischem Zeugniß .	9—11
5. Die geschichtlichen Zeugnisse für Jakobus, den Bruder des Herrn und Nichtapostel	11—18
6. Die religiöse und heilsgeschichtliche Stellung des Jakobus, des Bruders des Herrn	19—26
7. Das Jakobusbild im Licht des Jakobusbriefes	26—32
8. Bestätigung der Autorschaft des Nichtapostels Jakobus durch die Art der altkirchlichen Bezeugung des Briefes	32—39
II. Der Leserkreis des Jakobusbriefes	39—72
1. Die Adresse: „an die zwölf Stämme in der Diaspora" . . .	39—40
2. Die Leser nur Judenchristen in der Diaspora	40—45
3. Zeitliche und räumliche Bestimmung dieses Leserkreises . . .	45—54
4. Die Frage nach dem Umfang des Leserkreises	54—62
5. Die Zustände und Verhältnisse des Leserkreises	62—66
6. Die pastorale Unterweisung der Leser durch geordneten Inhalt und Gedankengang des Briefes	66—71

Erster Abschnitt.

Cap. I, v. 2—18	72—113
I. Cap. I, v. 2—12	72—98
1. v. 2	72—74
2. v. 3	74—77
3. v. 4	78—81
4. v. 5	81—83
5. v. 6—8	83—88
6. v. 9—11	88—94
7. v. 12	94—98

	Seite
II. Cap. I, v. 13—18	98—113
1. v. 13—16	98—106
2. v. 17—18	107—113

Zweiter Abschnitt.

Cap. I, v. 19—27	113—145
I. Cap. I, v. 19—21	113—124
1. v. 19	114—117
2. v. 20	117—120
3. v. 21	120—124
II. Cap. I, v. 22—27	124—145
1. v. 22	124—126
2. v. 23. 24	126—129
3. v. 25	129—136
4. v. 26. 27	136—143
Rückblick auf I, v. 19—27	143—145

Dritter Abschnitt.

Cap. II	145—223
Zusammenhang von Cap. II mit Cap. I	145—146
I. Cap. II, v. 1—13	146—173
1. v. 1—7	146—162
2. v. 8—11	162—167
3. v. 12. 13	168—173
II. Cap. II, v. 14—26	173—223
1. v. 14	173—176
2. v. 15—17	176—181
3. v. 18. 19	182—194
4. v. 20—24	194—212
5. v. 25. 26	212—216
Ueber 2, 14—26 im Allgemeinen	216—223

Vierter Abschnitt.

Cap. III.	224—263
I. Cap. III, 1—12	224—245
1. v. 1. 2	225—229
2. v. 3—5ᵃ	229—232
3. v. 5ᵇ—8	232—240
4. v. 9. 10	241—243
5. v. 11. 12	243—245
II. Cap. III, v. 13—18	245—263
1. v. 13	245—248
2. v. 14	248—250
3. v. 15. 16	250—253
4. v. 17. 18	253—263

Fünfter Abschnitt.

	Seite
Cap. IV. V.	263 f.
I. Cap. IV, 1—6	264—290
1. v. 1—3	264—273
2. v. 4	273—277
3. v. 5	277—286
4. v. 6	286—290
II. Cap. IV, 7—10	290—301
III. Cap. IV, 11. 12	301—306
IV. Cap. IV, 13—17	306—316
V. Cap. V, 1—6	316—333
VI. Cap. V, 7—11	333—349
VII. Cap. V, 12	349—353
VIII. Cap. V, 13—18	353 f.
1. v. 13	353—354
2. v. 14—16	354—362
3. v. 17. 18	362—368
4. v. 19. 20	369—383

Jakobus, Gottes und des Herrn Jesu Christi Knecht, an die zwölf Stämme in der Diaspora, Gruß der Freude!

Form und Inhalt dieser Worte lassen keinen Zweifel darüber, daß die Schrift nach des Verfassers Absicht ein Brief sein soll. Willkürlich hat man in derselben eine Abhandlung oder Homilie und in der Briefform der Ueberschrift nur eine Fiction finden wollen,[1]) oder das Ganze als eine Spruchsammlung und die Ueberschrift als eine Widmung derselben an die Leser aufgefaßt[2]). Wie stimmt damit an der Spitze die Adresse, die griechische Grußformel χαίρειν, die häufige Anrede des Verfassers an die Leser als „seine Brüder" und die Mannigfaltigkeit von speciellen Beziehungen auf bestimmte Verhältnisse, Bedürfnisse, Uebelstände, Gefahren, die ihm bei den Lesern vor Augen schweben? Das Fehlen eines Briefschlusses mit Grüßen und Segenswünschen kann hier ebenso wenig wie beim ersten Johannisbrief gegen den brieflichen Charakter geltend gemacht werden. Wir fassen die sogenannten Einleitungsfragen nach der Weisung der Ueberschrift, indem wir gleichzeitig in die Exegese eintreten, in die beiden Hauptfragen nach dem Verfasser und nach dem ersten Leserkreise des Briefes zusammen.

I. Der Verfasser.
1. Selbstbezeichnung.

Der Verfasser nennt sich „Jakobus, Gottes und des Herrn Jesu Christi Knecht." Durch diese Selbstbezeichnung, bei der er sich von keinem andern Jakobus unterscheidet, und durch den ganzen Ton, in dem er in dem Brief zu den Lesern spricht, giebt er sich als ein Mann von allgemein anerkannter Auctorität zu erkennen, der bei

---

[1]) So Schwegler, nachapost. Zeitalter. Tübing. 1846. I. 414. Byro, Theol. Stud. u. Kr. 1872. S. 729. [2]) So Palmer: Die Moral des Jakobusbriefes in den Jahrbüch. für deutsche Theol. X. 1865, S. 8. Schon Luther: Vorrede v. J. 1522: „etliche Sprüche von der Apostel Jünger gefaßt und aufs Papier geworfen."

seinen Lesern sich so bekannt weiß, daß er eine nähere Kennzeichnung seiner Person, Stellung und Wirksamkeit nicht für nöthig erachtet.

Mit den Worten: „Gottes und des Herrn Jesu Christi Knecht" ist das Abhängigkeits= und Unterthanenverhältniß zu Gott und dem Herrn Jesu Christo bezeichnet, in welchem sich der Verfasser in dem Gottesreich, von dem er 2, 5 redet, mit seinen Lesern verbunden weiß. „Der Herr Jesus Christus" wird mit Gott völlig gleich gestellt als der Herr und Gebieter, dem ebenso wie Gott gedient wird. Der Verfasser ist sich bewußt, daß er, indem er Gottes Diener ist, auch Christo dient. Er schaut also den „Herrn Jesum Christum", den er nur noch 2, 1 so benennt, in specifisch göttlicher Herrlichkeit. Christi Herrschaft fällt ihm mit Gottes Herrschaft, Gottesdienst mit Christusdienst zusammen.

Es ist aber nicht blos das persönliche religiös=sittliche Dienst= verhältniß gemeint[1]), in welchem jeder gläubige Christ zu Gott und Christo steht, sondern der Dienst im engeren Sinne, der Beruf in einer von Gott und Christo angewiesenen bestimmten Stellung, an den Aufgaben des Reiches Gottes zu arbeiten. Indem der Verfasser mit einer solchen gleichsam amtlichen Charakteristik seiner Person in den weiten Kreis seiner Leser hineintritt, deutet er damit zugleich an, daß sie das folgende Sendschreiben als einen Dienst anzusehen haben, den er dem Herrn der Herrlichkeit an seinem Volk zu leisten hat.

Wer ist aber dieser Jakobus? Die bezeichnete Stellung und Würde kann sehr wohl das apostolische Amt mit umfassen; denn auch Paulus nennt sich Phil. 1, 1 blos Knecht Jesu Christi, während er Röm. 1, 1 und Tit. 1, 1 diese Benennung mit dem Apostelamt verbindet. In der That hat man schon in der altgriechischen Kirche an einen Apostel Jakobus als Verfasser gedacht. Und doch muß die Exegese im Blick auf den Brief und seine Adresse sagen: Weil der Verfasser sich nur so und nicht zugleich als Apostel bezeichnet, war er auch kein Apostel. Denn sonst hätte er gewiß diesem großen außerpaläſtinenſischen Leſerkreiſe gegenüber bei ſolch einer feierlichen und förmlichen Bezeichnung ſeiner Stellung im Dienſt des Reiches Gottes ſeinen apoſtoliſchen Amtscharakter nicht unerwähnt gelaſſen, und zwar nicht blos, um ſich behufs Vermeidung irgendwelcher Verwechſelung von dem allgemein bekannten Nichtapoſtel

---

[1]) Wie Ephes. 6, 6. vgl. 2. Corinth. 6, 4. 1. Petri 2, 16.

an der Spitze der Muttergemeinde zu Jerusalem zu unterscheiden, sondern auch um vor den Gemeinden, an die er schrieb, durch seine apostolische Auctorität sein Recht und seine Pflicht hinsichtlich des Erlasses dieses Sendschreibens in möglichst helles Licht zu stellen.

2. Die Jakobusfrage.[1])

Schon in der alten syrischen Kirche[2]) machte sich im Blick auf die Zusammenstellung der drei Apostel Petrus, Jakobus, Johannes in dem evangelischen Bericht von der Verklärung Matth. 17 und im Blick auf die ersten Briefe Johannis und Petri als kanonische die Meinung geltend, Jakobus der Aeltere, der Bruder des Apostels Johannes, sei der Verfasser. Ebenso in der Ueberschrift der altlateinischen Uebersetzung in dem Codex Corbejensis. Man kann dagegen nicht einwenden, daß der Brief einer viel späteren Zeit als dieser unter Herodes Agrippa I. schon im J. 44 n. Chr. hingerichtete Jakobus[3]) angehöre[4]); denn der Ursprung des Briefes ließe sich geschichtlich wohl aus jener Zeit vor dem Apostelconcil begreifen. Wohl aber spricht dagegen, daß wir diesen Jakobus in der apostolischen Geschichte außer als Blutzeugen nirgends wirksam hervortreten sehen, um annehmen zu können, daß er bereits nach außen hin über die Grenzen Palästinas hinaus einen so eingehenden Verkehr und eine so genaue Bekanntschaft mit den speziellen Zuständen der judenchristlichen Diaspora hätte haben können, wie der Brief überall voraussetzt. Schon Hieronymus hat sich gegen jene Annahme ausgesprochen[5]).

Vielmehr erscheint schon zur Zeit des Märtyrertodes des Jakobus Zebedäi[6]) ein anderer Jakobus als ein Mann von besonders angesehener und hervorragender Stellung in der Muttergemeinde zu Jerusalem. Es ist der Jakobus, der beim Apostel-

---

[1]) Vergl. Herder, die Briefe zweener Brüder Jesu 1775. Schaf, das Verhältniß des Jakobus, des Bruders des Herrn zu Jakobus Alphäi 1842. Laurent, neutestam. Studien 1866. Winer, bibl. Realwörterbuch s. v. Riehm, Handwörterbuch des bibl. Alterthums s. v. W. Beyschlag, die Familie Jesu in den Evang. Monatsblättern 1879, S. 649. [2]) In mehreren Handschriften und Ausgaben der Peschito. [3]) Apost. 12, 1. 2. [4]) Lange, Comm. im homilet. theol. Bibelwerk 7. Wolbemar Schmidt, der Lehrgehalt des Jakobusbriefes 1869 S. 139. [5]) Comm. in ep. ad gal. ad 1, 17, Vehementer erravit, qui arbitratus est, Jacobum hunc de evangelio esse apostolum fratrem Joannis. [6]) Apost. 12, 17.

convent und später als Führer der Gemeinde und als ein Mann von entscheidender Auctorität in Jerusalem sich darstellt¹), der zu den syrischen Christen nach dem von ihm verfaßten oder doch veranlaßten Schreiben des Apostelconvents in unmittelbarer Beziehung steht²), mit seinem kräftigen Wort auf den Verhandlungen den Ausschlag giebt, mit der Diaspora und ihrem religiösen Leben wohl bekannt ist, von Paulus als eine der Säulen der Gemeinde in Jerusalem und als Bruder des Herrn bezeichnet wird³), nach den ältesten kirchlichen Traditionen den Beinamen des „Gerechten" führt und 63 als Zeuge des Glaubens den Märtyrertod erleidet⁴).

Es ist nämlich unzweifelhaft, daß nach dem Zeugentode des Jakobus Zebedäi an den drei Stellen der Apostelgeschichte 12,17. 15,13. 21,18 von einem und demselben Jakobus die Rede ist, daß ebenso von Paulus an den vier Stellen Gal. 1, 19. 2, 9. 12. 1. Korinth. 15, 7 mit dem Namen Jakobus derselbe Mann bezeichnet wird, und daß dieser mit so hohem Ansehen bekleidete Mann kein anderer ist als der, welcher in der Apostelgeschichte in gleich hervorragender Stellung erscheint. Denn die Meinung Stiers⁵), der Gal. 2, 9—13 und in jenen drei Stellen der Apostelgeschichte erwähnte Jakobus sei als der Apostel Jakobus Alphäi anzusehen, und von diesem sei der Gal. 1, 19 und 1. Corinth. 15, 7 „Jakobus der Bruder des Herrn" genannte zu unterscheiden, beruht auf der unrichtigen, mit Galat. 2, 9 in Verbindung gebrachten Deutung eines Ausspruchs des Hegesippus bei Eusebius⁶); denn es heißt hier nicht, Jakobus der Bruder des Herrn habe nach, sondern mit den Aposteln die Kirchenleitung übernommen. Es wird damit also bestätigt, was aus Galat. 2, 9 erhellt, daß der 1, 19 erwähnte Jakobus, der Bruder des Herrn, mit den Aposteln Petrus und Johannes die Leitung der Gemeinde in den Händen gehabt habe. Dieselbe Meinung hat Wieseler⁷) vertreten, indem er zu beweisen suchte, daß an den Stellen des Galaterbriefs zwei verschiedene Jakobus, Gal. 2, 9. 12 Jakobus, Sohn

---

¹) Apost. 15. 21, 18. ²) Apost. 15, 28 f. ³) Gal. 1, 19. 2, 9. ⁴) Josephus Ant. 20, 9. 1. ⁵) Andeutungen für gläub. Schriftverständniß I, 412 ff. ⁶) hist. eccl. II, 23: διαδέχεται δὲ τὴν ἐκκλησίαν μετὰ τῶν ἀποστόλων ὁ ἀδελφὸς τοῦ κυρίου Ἰάκωβος. ⁷) Stud. und Kritik. 1840, 3. S. 677 ff. Commentar zum Galaterbrief S. 79 f. und Jahrbücher für deutsche Theol. 1878 S. 107 ff.

des Alphäus, Gal. 1, 19 der Nichtapostel Jakobus, der Bruder des Herrn, bezeichnet seien. Aber diese Meinung ruht auf der unzutreffenden Voraussetzung, daß Lucas in Evangelium und Apostelgeschichte nur zwei Jakobe kenne, den Zebedäiden und den Alphäiden, und nach dem Tode des ersteren Apost. 12, 2 nur den Apostel Jakobus Alphäi meinen könne. Warum bezeichnet er denn den nach Apost. 12, 2 mit so gewichtiger Auctorität auftretenden Jakobus, um ihn von dem Bruder des Herrn zu unterscheiden, nie als Apostel, nie als Ἰάκωβος Ἀλφαίου, wie er ihn doch Apost. 1, 13 nennt? Meinte aber Paulus Gal. 2, 9. 12, nachdem er von Jakobus dem Bruder des Herrn 1, 19 gesprochen, einen andern Jakobus, und zwar Alphäi Sohn, so mußte er ihn zur Unterscheidung von jenem ausdrücklich so bezeichnen, um der naheliegenden Verwechselung vorzubeugen. Wir können nur dabei bleiben: der angesehene Jakobus der Apostelgeschichte und der Jakobus des Galaterbriefes war derselbe Mann, dem auf beiden Seiten dieselbe hervorragende Stellung und einflußreiche Bedeutung in der Gemeinde zu Jerusalem zugeschrieben wird.

Es fragt sich nun, ob der von Paulus „Bruder des Herrn" genannte Jakobus derselbe sei mit dem Jakobus, welcher Matth. 13, 55, Mark. 6, 2 neben einem Judas, Joses und Simon als Bruder Jesu aufgeführt wird, und verschieden von dem Apostel Jakobus Alphäi, oder ob er mit diesem eine und dieselbe Person sei? Zunächst ist die Vorfrage zu erledigen: ob jene „Brüder Jesu" in den synoptischen Stellen leibliche Brüder Jesu gewesen seien oder ob die Bezeichnung Brüder in dem weiteren Sinn von „Vettern" zu verstehen sei. Nach der letzteren Ansicht steht ἀδελφοί dort für ἀνεψιοί, wie es öfters dafür vorkomme. Der unter den 4 Brüdern d. h. Vettern Jesu genannte Jakobus sei eben jener Apostel Jakobus Alphäi. Dessen Vater Alphäus sei dieselbe Person mit Klopas, nach Hegesipp Bruder des Joseph, des Mannes der Mutter Jesu[1]); sein Weib, die Mutter jenes Jakobus, sei nach Joh. 19, 25, wo die Worte: „die Schwester seiner Mutter" und: „Maria Weib des Klopas" sich auf dieselbe Person bezögen, die Schwester der Mutter Jesu gewesen; mithin sei Jakobus Alphäi Sohn der Vetter Jesu gewesen. Wir lassen dahin gestellt, ob die Voraussetzung, daß Alphäus gleich Klopas sei, zutreffe[2]). Gesetzt, Jakobus Alphäi war der „Vetter des Herrn",

---

[1]) Bei Euseb. h. e. 3, 11, 2. [2]) Vergl. Lutterbeck, Lehrbegr. II. 141. Lange, Comment. S. 6 f. Evang. K. Zeitung. Hengstenb. 1866. S. 1089 f.

so folgt daraus noch nicht, daß er der unter den „Brüdern" Jesu bei den Synoptikern genannte Jakobus war. Vielmehr behaupten wir, daß diese „Brüder" wirkliche leibliche Brüder Jesu gewesen sind und daß der als „Bruder des Herrn" von Paulus bezeichnete Jakobus zu ihnen gehörte.

3. Jakobus, der leibliche Bruder des Herrn und Nichtapostel.

Zunächst ist zu bemerken, daß überall, wo von den Brüdern Jesu die Rede ist, das Wort ἀδελφός, Bruder, niemals ἀνεψιός, Vetter, gebraucht wird¹). Waren sie wirklich Vettern Jesu, warum werden sie dann nie ἀνεψιοί genannt, welches Wort der neutestamentlichen Gräcität doch geläufig ist, vgl. Coloss. 4, 10? Daß aber Maria in der That auch andere Kinder geboren habe, erhellt schon aus den Worten Matth. 1, 25: „bis daß sie ihren **erstgeborenen Sohn** gebar". Der evangelische Bericht blickt hier in eine abgeschlossene Vergangenheit zurück, und kann nur von einem **Erst**geborenen in Bezug auf **nach**geborene Kinder reden. Auf die Vorstellung von **leiblichen** Brüdern Jesu führt weiter die Verbindung, in welcher dieselben mit den **Eltern** Jesu genannt werden²). Jesus wird der **Sohn** des Zimmermanns und der Maria genannt und unmittelbar damit verbunden werden nicht blos Brüder, sondern auch **Schwestern** Jesu erwähnt. Wie kann man dabei an andere als leibliche Geschwister denken, wenn doch die unmittelbar damit verbundenen Benennungen „Sohn, Vater, Mutter" im **eigentlichen** Sinne genommen werden müssen? Dasselbe gilt von den Stellen, wo neben der Mutter Jesu „die Brüder" auftreten³). Der Ausruf Jesu: „Wer ist meine Mutter und wer sind meine Brüder?" und die Hinweisung auf die Jünger: „Siehe da meine Mutter und Brüder"! haben an jenen Stellen nur dann einen zutreffenden Sinn, wenn wie von leiblicher Mutter so auch von leiblichen Brüdern die Rede ist. Dem natürlich-leiblichen Verhältniß wird das ethisch-geistliche entgegengesetzt. Der Nerv der Vergleichung und Entgegensetzung liegt in der **eigentlichen** Bedeutung des Wortes ἀδελφοί, wie sie durch das Wort „Mutter" in das hellste Licht gestellt wird. Weiter sind hierher zu ziehen die Stellen Joh 2, 12,

---

[1] Matth. 13, 55. Mark. 6, 3. Joh. 7, 5. Apost. 1, 14. 1. Corinth. 9, 5. Gal. 1, 19. [2] Matth. 13, 55. 56 ff. Mark. 6, 3. Vergl. Luc. 4, 22 und Joh. 6, 42. [3] Matth. 12, 47 f. Mark. 3, 31. Luc. 8, 19.

wo Jesus mit seiner Mutter, seinen **Brüdern** und seinen **Jüngern** sich nach Capernaum begiebt, und Apostelg. 1, 14, wo mit Maria der **Mutter Jesu** „seine **Brüder**" in der Gemeinschaft der Jünger sich befinden. Dieses beständige Reden von Brüdern Jesu in Beziehung auf seine Mutter Maria und unter Bezeichnung der allernächsten Blutsverwandtschaftsverhältnisse läßt doch nur an **wirkliche Brüder** denken.

Weiter ist es eine unbestreitbare Thatsache, daß die bei den Evangelisten immer unter derselben Bezeichnung „**Brüder Jesu**" **vorkommenden Männer** stets **von den Aposteln unterschieden** werden, mögen wir nun nach dem rein persönlichen und historischen oder nach dem religiös-sittlichen Gesichtspunkt sie mit einander vergleichen. Die persönliche Unterscheidung tritt uns zunächst überall in dem Entwicklungsgang der evangelischen Geschichte entgegen. „Brüder" des Herrn werden bei allen Evangelisten erst erwähnt, nachdem die zwölf Jünger bereits von Christo erwählt waren. Alle geschichtlichen Vorgänge, mit denen die Erwähnung der Jünger verbunden wird, fallen in solche Zeitpunkte, an denen die Zwölfe sich schon in der beständigen Gemeinschaft Jesu befanden. So sind die Ereignisse, die Matth. 13, 53 bis 57 und Mark. 6, 3 ff. (vgl. Joh. 6, 42 mit 4, 44), sowie Matth. 12, 46 ff. (vgl. Mark. 3, 31 ff. und Luk. 8, 19 ff.) unter Erwähnung der Brüder Jesu erzählt werden, der Zeit nach weit von der Apostelwahl entfernt, die bereits Matth. 10, 2 f. und Mark. 3, 16—19 vollzogen ist. Dasselbe gilt von der Erzählung Joh. 7, 3 f. Noch deutlicher erhellt die Unterscheidung der Brüder Jesu von den Aposteln aus dem Zusammenhang einzelner Stellen, an denen von ihnen die Rede ist. Matth. 12, 1 geht Christus mit seinen **Jüngern** durch das Saatfeld. Cap. 13, 10 wird erzählt, wie die **Jünger** den Herrn über sein Lehren in Gleichnissen befragen. Zwischen beiden Erzählungen aber wird immitten des Berichts über die Wunder und Reden Jesu erzählt, wie Jesu Mutter und seine **Brüder** kommen und ihn suchen, Matth. 12, 47 ff. Nicht lange nach dem Bericht über die Gleichnisse Cap. 13 treten die Brüder Jesu 13, 55 f. von Neuem auf und zwar so, daß ihre Unterscheidung von den Cap. 13, 10 erwähnten Jüngern unzweifelhaft erscheinen muß. Bei Mark. 3, 15—19 folgt auf das Apostelverzeichniß eine Rede Jesu v. 20 f., an die sich unmittelbar jene Erzählung von dem Kommen der „Mutter und

Brüder Jesu", die ihn suchen, anschließt. Dann folgt die Erzählung derselben Parabel und dieselbe Frage der Jünger v. 10, wie bei Matth. 13, 1 f. v. 10. Bei Luk. 8, 9 fragen die Jünger den Herrn nach der Bedeutung desselben Gleichnisses und darauf erscheinen seine „Mutter und seine Brüder." Die in Matth. 12, 46, Mark. 3, 31. 32 geschilderte Situation zeigt uns den Herrn von einer dicht gedrängten Menge Menschen so eingeschlossen, daß die „Mutter und Brüder", die braußen sind, von ihm entfernt stehn und nicht zu ihm hinein bringen können, während die Jünger sich bei ihm drinnen in seiner unmittelbaren Nähe befinden. Am allerdeutlichsten aber ergiebt sich die Unterscheidung zwischen den Jüngern und Brüdern Jesu aus seinen Worten Matth. 12, 49. Hier setzt er denen, welche seine Mutter und Brüder im eigentlichen Sinne sind, mit ausdrücklicher Hinweisung auf sie, $\mathit{\grave{\epsilon}\varkappa\tau\epsilon\acute{\iota}\nu\alpha\varsigma\ \tau\grave{\eta}\nu\ \chi\epsilon\tilde{\iota}\varrho\alpha\ \alpha\grave{\upsilon}\tau o\tilde{\upsilon}}$, und mit dem Ruf $\mathit{\grave{\iota}\delta o\grave{\upsilon}}$ seine Jünger als diejenigen, welche es im höheren Sinne ihm seien, entgegen. Die Zusammenstellung: „seine Mutter und seine Brüder und seine Jünger" Joh. 2, 12, die Aufzählung der Jünger Apgsch. 1, 13 und die Erzählung v. 14, daß sie „mit Maria, der Mutter Jesu, und mit seinen Brüdern" versammelt waren, und die Worte Pauli 1 Corinth. 9, 5: „Wir und die übrigen Apostel und die Brüder des Herrn", wo $\mathit{\lambda o\iota\pi o\acute{\iota}}$ sich auf Paulus bezieht und der bei der petrinischen Partei besonders angesehene Kephas schließlich noch besonders genannt wird, dieses Alles läßt sich doch nur dann einfach und natürlich verstehen, wenn die Brüder des Herrn von den Aposteln verschiedene Personen waren.

Aber nicht bloß diese Verschiedenheit der Personen, sondern auch einen tiefgreifenden Gegensatz, der bis zur Kreuzigung Jesu zwischen Beiden in religiös-sittlicher Beziehung, insbesondere hinsichtlich der inneren Stellung zu Christo obwaltete, läßt uns die evangelische Geschichte erkennen.

Die Brüder Jesu werden als solche dargestellt, die bis zu seinem Tode nicht an ihn glaubten. Diese innere Stellung zu ihm scheint Matth. 12, Luk. 8, Mark. 3 angedeutet zu sein und die Worte des Herrn: „der Prophet gilt nichts $\mathit{\grave{\epsilon}\nu\ \tau\tilde{\eta}\ o\grave{\iota}\varkappa\acute{\iota}\alpha\ \alpha\grave{\upsilon}\tau o\tilde{\upsilon}}$" mögen sich darauf wohl mitbeziehen. Jedenfalls wird Joh. 7, 5 von den vorher v. 3 und 4 redend eingeführten Brüdern ausdrücklich gesagt: $\mathit{o\grave{\upsilon}\delta\grave{\epsilon}\ \gamma\grave{\alpha}\varrho\ \ldots\ \grave{\epsilon}\pi\acute{\iota}\sigma\tau\epsilon\upsilon o\nu\ \epsilon\grave{\iota}\varsigma\ \alpha\grave{\upsilon}\tau\acute{o}\nu}$, und zwar etwa nur ein halbes Jahr vor seinem Tode. „Sie glaubten nicht an ihn" wird ebenso wie von seinen offenbaren Widersachern 12, 38 gesagt, während es 2, 11 von den Jüngern heißt: sie glaubten an ihn. So werden die Apostel und die Brüder des Herrn scharf unterschieden und Jakobus Alphäi Sohn ist in diese Unterscheidung eingeschlossen. Es hat wirkliche und zwar vier leibliche Brüder Jesu gegeben; aber es hat auch nicht Einer von ihnen zu der Zahl der Zwölfe gehört. Nun fragt sich weiter, ob der Nichtapostel Jakobus, der „Bruder des Herrn", der an der Spitze der Gemeinde zu Jerusalem stehende Jakobus war.

4. Jakobus, der Bruder des Herrn, nicht der Apostel, das Haupt der Muttergemeinde.

Zunächst ist die wichtige Thatsache zu constatiren, daß die Brüder Jesu nach der Auferstehung des Herrn im Gegensatz zu ihrem bisherigen ungläubigen Verhalten als gläubig erscheinen, denn sie sind Apost. 1, 14 mit Maria, den Jüngern und der Schaar der ersten Gläubigen versammelt. Damit ist die Grundlage für die Annahme gegeben, daß jener Jakobus, der in den Evangelien Bruder des Herrn heißt, der in der Apostelgeschichte und im Galaterbrief erwähnte Vorsteher der Gemeinde in Jerusalem sein konnte.

Daß er aber in der That dieser war und nicht dieselbe Person mit Jakobus Alphäi, ergiebt sich aus folgender Erwägung. Der Jakobus der Apostelgeschichte und der paulinischen Briefe tritt nie mit der nur dem Apostel constant beigefügten Bezeichnung „Alphäi Sohn" auf, sondern heißt immer einfach Jakobus oder J. „Bruder des Herrn". Sagt man, in Folge des Todes des Zebedäiden Jakobus sei jene unterscheidende Bezeichnung weggefallen, so ist dagegen zu bemerken, daß dann diese Weglassung bei Lucas doch befremdlich erscheinen müßte, da der diplomatisch erzählende Lucas in der Apostelgeschichte Beinamen und andere Bezeichnungen auch dann zu Namen hinzuzufügen pflegt, wenn eine Verwechselung von Namen gar nicht Statt finden kann, wie 1, 13. 23. 4, 36. 8, 27. 11, 13. 12, 2. 12. 25. 13, 1 ff. Ferner wäre nicht zu begreifen, warum Paulus jenen Vorsteher der Gemeinde in Jerusalem ausdrücklich „Bruder des Herrn" genannt hätte, wenn er denselben für jenen Apostel J. Alphäi Sohn hielt. Da es wirklich Brüder Jesu gab, die sowohl in der judenchriftlichen¹), wie in der heidenchriftlichen Kirche²) als Gläubige bekannt waren, so hätte Paulus mit jener Benennung des Apostels Jakobus Veranlassung zur Verwechselung der Namen und Personen gegeben. Was er Gal. 1, 18. 19 erzählt, liegt vor dem Zeitpunkt des Todes jenes älteren Jakobus. Wenn nun in den Evangelien und Apgsch. 1, 13 dem anderen Apostel Jakobus zur Unterscheidung von jenem der Beiname „Alphäi Sohn" gegeben wird, so hätte auch Paulus, falls er den zweiten Apostel Jakobus wirklich meinte, um so mehr sich dieses Beinamens bedienen müssen.

Daß aber Paulus in der That weit entfernt davon war, mit jenem „Jakobus dem Bruder des Herrn" Gal. 1, 19, vgl. 1 Corinth. 15, 7, einen Apostel bezeichnen zu wollen, erhellt aus dem Zusammenhang dieser beiden Stellen. Er will nachweisen, daß er seine Lehre und Apostelwürde keinem der Apostel verdanke, sondern unmittelbar vom Herrn empfangen habe (Gal. 1, v. 11. 12. 17. 18). Zu dem Ende sagt er, daß er bei seinem Besuch in Jerusalem von den Aposteln nur Petrus gesprochen habe, einen anderen der Apostel aber nicht gesehen habe, und fügt hinzu: εἰ μὴ Ἰάκωβον, τὸν ἀδελφὸν τοῦ κυρίου. Da jene Worte ἕτερον — οὐκ εἶδον sich unmittelbar auf das vorher über Petrus Gesagte beziehen, müssen sie nach dem Zusammenhang der Erzählung und dem Sinne des Apostels in dieser Beweisführung in einer hinsichtlich der übrigen Zahl der Apostel exclusiven Bedeutung gefaßt werden³). Indem Paulus die Thatsache bezeugt, daß er aus der Zahl der Urapostel keinen anderen als nur Petrus gesehen habe, tritt ihm in die Erinnerung, daß er auch den in der Gemeinde mit fast apostelgleichem Ansehen bekleideten Jakobus gesehen habe. Um nicht den Schein zu erwecken oder dem Vorwurf zu begegnen, als wolle er absichtlich von der persönlichen Begegnung mit diesem von den Judenchristen hochverehrten Mann schweigen, fügt er schnell hinzu: εἰ μὴ Ἰάκ. τ. ἀδ. τ. κ., wozu εἶδον zu ergänzen, indem das excipirende εἰ μὴ sich auf οὐκ εἶδον bezieht, nicht auf ἕτερον τ. ἀποστ., welches durch die Beziehung auf Petrus schon näher bestimmt ist. Das Wort ἀπόστολος ist hier nicht in dem allgemeineren Sinn wie Apgsch. 9, 27, sondern nur in dem engeren von den 12 Aposteln, von deren Zahl eben Petrus ausge-

---

¹) Apost. 1, 14. ²) 1. Corinth. 9, 5. ³) Vergl. die treffliche Ausführung in Wieselers Comment. z. d. St.

nommen wird, zu verstehen. Hätte Paulus, sich nachträglich verbessernd, wirklich sagen wollen, daß er außer Petrus doch noch einen zweiten wirklichen Apostel, Jakobus, gesehen habe, so müßte man staunen, daß er das in dieser Weise so schwerfällig und umständlich, ja ungeschickt ausgedrückt habe. Er hätte dann, um den Gegnern keine Waffe in die Hand zu geben, einfach sagen müssen, daß er keinen der Apostel außer den zweien, Petrus und Jakobus, gesehen habe. Ebenso ergiebt sich die Nichtidentität des Jakobus des Bruders des Herrn bei Paulus mit dem Apostel Jakobus aus 1. Corinth. 15, 7: „Darnach erschien der Auferstandene dem Jakobus, hernach allen Aposteln, εἶτα τοῖς ἀποστόλοις πᾶσιν. Hier liegt der Nachdruck nicht auf πᾶσιν, als wollte Paulus sagen, zuerst sei Christus dem Apostel Jakobus erschienen, nachher allen Aposteln, in welchem Fall er hätte πᾶσι τοῖς ἀπ. schreiben müssen, sondern auf dem Wort ἀποστόλοις, indem Jakobus den Aposteln als Nichtapostel entgegengesetzt wird. Diese Unterscheidung ergiebt sich aber auch, wenn man[1]) ἀπόστολοι im weiteren Sinne faßt, in welchem es auch von anderen Sendboten des Evangeliums vorkommt[2]). Der zwölf Apostel im engeren Sinne ist nämlich schon v. 5 Erwähnung gethan: „er erschien dem Kephas, nachher den Zwölfen". Darnach kann bei ἀποστόλοις v. 7 an Verkündiger des Evangeliums gedacht werden, die nicht im engeren Sinne Apostel waren. Wenn also Jakobus, indem er in die Kategorie dieser Apostel gestellt wird, aus ihrer Zahl wie in v. 5 Petrus aus der Zahl der Zwölfe, ausdrücklich mit Namen hervorgehoben wird, so ist und bleibt er doch von den Aposteln im engeren Sinne unterschieden und ist nicht dieselbe Person mit dem Apostel Jakobus Alphäi Sohn. Die Wendung seines inneren Lebens zum Glauben an Jesum als den Christ wurde durch jene Erscheinung des Auferstandenen, die ihm persönlich galt, herbeigeführt oder vollendet.

5. Die geschichtlichen Zeugnisse für Jakobus, den Bruder des Herrn, den Nichtapostel.

Mit dem exegetischen Ergebniß stimmen wichtige historische Zeugnisse zusammen. Zunächst kommt hier in Betracht der mit Unrecht

---

[1]) Mit Chrysost. z. d. St. ἦσαν γὰρ καὶ ἄλλοι ἀπόστολοι ὡς οἱ ἑβδομήκοντα. [2]) Apost. 14, 4. 14. 2. Cor. 8, 23. Röm. 16, 7. Phil. 2, 25.

kritisch verdächtigte Bericht des Josephus¹) über Jakobus, den Bruder Jesu, der sich in allen Haubschriften des Josephus befindet²) und durchaus das Gepräge der historischen Wahrheit an sich trägt³). Er erzählt, daß der der Secte der Sadducäer angehörige Hohepriester Annas den günstigen Zeitpunkt zwischen dem Tode des Landpflegers Festus und der Ankunft seines Nachfolgers Albinus benutzt habe, um ein Synedrium von Richtern zu berufen; nachdem er in dieses den **Bruder Jesu**, welcher Christus genannt wurde, mit Namen **Jakobus**, und einige Andere eingeführt, habe er dieselben als Gesetzesübertreter angeklagt und überliefert, **damit sie gesteinigt würden**.

Der judenchristliche Schriftsteller Hegesipp um die Mitte des 2. Jahrh., ein Palästinenser, reicht mit seiner Erinnerung bis in die Tradition des apostolischen Zeitalters zurück. Mag sein Bericht⁴) über die Person und das Leben des hochangesehenen Jakobus, des Bischofs der Gemeinde in Jerusalem, den er fünf mal den „Gerechten" nennt, mit einigen sagenhaften, essenisch-ebionitischen Elementen behaftet sein⁵), der Wahrheitskern seiner Aussagen ist und bleibt, daß er jenen Jakobus **Bruder des Herrn** nennt und ihn von den **Aposteln, neben und mit denen er die Leitung** der Gemeinde übernommen habe, unterscheidet. Daß er aber denselben Jakobus meine, wie Josephus, wird durch die Aussage über seinen Märtyrertod, „er sei von der Zinne des Tempels gestürzt und gesteinigt worden und, da er noch gelebt habe, von einem Gerber mit dem Walkerholz erschlagen worden" nicht widerlegt, vielmehr bestätigt, denn die Thatsache des Märtyrertodes und der Akt der Steinigung wird bei der sonstigen Verschiedenheit beider Berichte gleichmäßig bezeugt⁶).

Meinte Hegesipp den Apostel Jakobus Alphäi, so wäre unbegreiflich, warum er ihn constant den „Gerechten" nennt und nie

---

¹) Antiq. 20, 9. 1. ²) Origenes c. Cels. 1, 47. 2, 13. Euseb. h. e. 2, 23. ³) Vergl. das Nähere bei Wieseler: Des Josephus Zeugnisse über Christus und Jakobus in den Jahrb. f. deutsche Theol. 1878. S. 99 f. gegen Gieseler Kirchengesch. I. 1. 4 A. S. 81 f. und Schürer, neutest. Zeitgeschichte S. 286 f. Vergl. auch Hilgenfeld, hist. krit. Einleit. in d. N. T. 1875. S. 526. ⁴) Bei Euseb. h. e. II, 23. 4—7. ⁵) S. Ritschl, altkath. K. 2. A. S. 224 f. ⁶) Gegen Wieseler a. a. O. S 105, der den Jakobus des Hegesipp mit Jakobus Alphäi identificirt.

Apostel, nie Alphäi Sohn[1]). In Betracht kommt hier noch Hegesipps Bericht über die Bestellung „Symeons des Klopas Sohn" zum Nachfolger jenes Jakobus[2]).

Da Klopas nach Hegesipp[3]) der Bruder Josephs, des Pflegevaters Josephs war, mithin Symeon als „Vetter" Jesu von ihm bezeichnet wird, so kann er doch nicht auch jenen Jakobus, den er „Bruder" Jesu nennt, für einen $ἀνεψιὸς$ Jesu gehalten haben. Wären nach seiner Meinung beide $ἀνεψιοὶ$ Jesu gewesen, so ist unbegreiflich, warum er den einen mit diesem Worte bezeichnete, den andern aber $ἀδελφὸν τοῦ κυρίου$ nennt. Der zweite Vetter Jesu ist ihm offenbar Symeon in Beziehung auf Jakobus den Apostel, Alphäi Sohn, der als Sohn des Alphäus-Klopas der erste war. Mit Unrecht hat man gerade aus diesem Bericht die Identität des J., des Bruders des Herrn, mit Jakobus Alphäi schließen wollen[4]), indem man das $αὐτοῦ$ hinter $θείου$ auf $κύριος$, $πάλιν$ unmittelbar auf $ὁ ἐκ θείου αὐτοῦ$ und $δεύτερον$ auf $ἀνεψιὸν$ bezog und erklärte: wiederum wird nach Jakobus Tod ein Sohn des Oheims Jesu, ein zweiter Vetter Jesu, zum Bischof bestellt. Aber das Hauptsubject ist ja Jakobus; so bezieht sich $αὐτοῦ$ am natürlichsten auf ihn; $πάλιν$ mit $ὁ ἐκ θείου αὐτοῦ$ in jenem Sinne zu verbinden, verbietet der Artikel; es gehört vielmehr mit $καθίσταται$ dem Sinne nach zusammen und drückt in schwerfälliger umständlicher Weise die Thatsache aus, daß nach dem Tode jenes ersten Bischofs wieder ein Bischof bestellt worden sei, nämlich jener Symeon. Das $πάλιν$ kann dann um so weniger als „nichts sagend"[5]) angesehen werden, als es sich hier seit dem Bestand der Gemeinde um die erstmalige Wiederbesetzung des „Bischofsamtes" handelte. Uebrigens könnte auch $δεύτερον$ zur Bezeichnung dieses Sinnes mit $ὃν προέθεντο$ verbunden werden.

Die bisherigen exegetischen und historischen Zeugnisse für den Nichtapostel Jakobus als den leiblichen Bruder des Herrn werden durch andere Aussagen der nachapostolischen Tradition

---

[1]) Gegen Wieseler. [2]) Euseb. h. e. 4, 22: $καὶ μετὰ τὸ μαρτυρῆσαι Ἰάκωβον τὸν δίκαιον ὡς καὶ ὁ κύριος ἐπὶ τῷ αὐτῷ λόγῳ πάλιν ὁ ἐκ θείου αὐτοῦ Συμεὼν, ὁ τοῦ Κλωπᾶ, καθίσταται ἐπίσκοπος, ὃν προέθεντο πάντες ὄντα ἀνεψιὸν τοῦ κυρίου δεύτερον$. [3]) Euseb. a. a. O. 3, 11. [4]) Lange s. v. Jakobus bei Herzog 1. A. u. Hofmann, heil. Schrift VII. 2. S. 150. [5]) mit Hofmann a. a. O.

bestätigt. In den clementinischen Homilien¹) wird derselbe Jakobus, „der in Jerusalem mit der Leitung der Gemeinde der Ebräer betraut war", durch die Worte τῷ λεχθέντι ἀδελφῷ τοῦ κυρίου als ein solcher dargestellt, der diesen ständigen Beinamen trägt und unter demselben allgemein bekannt ist, zugleich aber von den Aposteln unterschieden wird. In den clement. Recognitionen wird derselbe Jakobus, welcher der princeps episcoporum et sacerdotum war²) und durch den die Gemeinde des Herrn in Jerusalem zu höchstem Wachsthum kam³), von den „zwölf Aposteln" ausdrücklich unterschieden, indem erzählt wird, wie diese der Reihe nach ihm auf seine Frage vor einer großen Gemeindeversammlung über ihre Wirksamkeit in den verschiedensten Gegenden kurzen Bericht erstattet hätten⁴); der Apostel Jakobus Alphäi Sohn und Jakobus der Bischof von Jerusalem, „der Bruder des Herrn", werden als zwei verschiedene Personen dargestellt⁵).

Die apostolischen Constitutionen stimmen mit Hegesipp darin zusammen, daß Symeon, der Sohn des Klopas, als Nachfolger des Jakobus, des Bruders des Herrn, das Episcopat bekleidet habe⁶). Dieser Jakobus führt sich⁷) als ἀδελφὸς κατὰ σάρκα τοῦ χριστοῦ ein, der von dem Herrn selbst und von den „Aposteln" zum Bischof erwählt worden. Wir zwölf Apostel, heißt es anderswo⁸), kamen zusammen nach Jerusalem und beriethen zugleich mit Jakobus, dem Bruder des Herrn, was geschehen solle. An einer anderen Stelle werden alle Apostel, auch Jakobus Alphäi, mit Namen aufgeführt; darauf wird Jakobus, der Bruder des Herrn, der „Bischof von Jerusalem"⁹), und Paulus, der Apostel der Heiden erwähnt. Endlich sind hier noch die Worte an einem anderen Orte anzuziehen, in denen ausdrücklich „die 12 Apostel und das auserwählte Rüstzeug Paulus" als diejenigen, welche gewürdigt waren, Zeugen der Erscheinung des Herrn zu sein, zusammengestellt werden mit „Jakobus dem Bruder des Herrn"¹⁰). Aus der patristischen Zeit ist Origenes Zeugniß zu beachten, der zwar keine leiblichen Brüder, sondern nur Stiefbrüder Jesu als Söhne Josephs aus einer

---

¹) 11, 35. ²) I. 68. ³) I. 43. ⁴) I. 44. ⁵) Vgl. I. 59 u. IV. 13.
⁶) VII. 46. ⁷) VIII. 35. ⁸) VI. 12. ⁹) VI. 13. 14. ¹⁰) II. 55.

früheren Ehe annimmt, aber auch diese Brüder von den Vettern Jesu unterscheidet; er nimmt Jakobus den „Bruder des Herrn" Matth. 13, 55 und den Jakobus Gal. 1, 19 für dieselbe Person und identificirt diesen nicht mit Jakobus Alphäi Sohn. Dieselbe Unterscheidung des jerusalemischen Jakobus von den zwölf Aposteln und somit von jenem Jakobus, sowie die Annahme seiner leiblichen Bruderschaft mit Jesu finden wir bei Eusebius[1]), der sich darüber wundert, daß Clemens von Alexandrien den Apostel Jakobus Alph. und Jakobus, den Bruder des Herrn, für dieselbe Person hält.

Ein indirektes geschichtliches Zeugniß für Jakobus als den leiblichen Bruder Jesu liegt in den Gründen für die Entstehung der gegentheiligen Ansicht.

Im Widerspruch mit der von den genannten Zeugen der apostolischen und nachapostolischen Zeit bestätigten Thatsache der Verschiedenheit des Jakobus, des Bruders des Herrn, und des Apostels Jakobus, des Alphäiden, findet sich in der griechischen Kirche schon bei Clemens Alexandrinus[2]) eine Identificirung des Jakobus, des Gerechten, oder des Bruders des Herrn, mit Jakobus Alphäi. Während in der antiochenischen Kirche Chrysostomus zu Joh. 7, 5 und 1. Corinth. 9, 5 die Brüder des Herrn von den Aposteln unterscheidet, erklärt er zu Gal. 1, 19 Jakobus den Bruder des Herrn mit Jakobus Alphäi für identisch. Letzteres thut auch Theodoret zu Gal. 1, 19. In der abendländischen Kirche läßt Hieronymus die Verschiedenheit der Meinungen, die zu seiner Zeit noch über Jakobus den „Bruder des Herrn" vorhanden waren, sei's daß man ihn für einen Stiefbruder Jesu aus einer früheren Ehe Josephs, oder für einen Vetter Jesu, nämlich den Sohn des Klopas-Alphäus und der Maria, der angeblichen Mutterschwester[3]) Jesu hielt, deutlich hervortreten[4]), entscheidet sich aber für seine Person für die Ansicht, daß die „Brüder" des Herrn in Wirklichkeit die Vettern des Herrn, die Söhne der Schwester der Mutter Jesu, der Frau des Klopas-Alphäus, und somit Jakobus, der „Bruder des Herrn" identisch mit dem Vetter, dem Apostel Jakobus Alphäi, gewesen sei.[5]) Durch ihn wurde

---

[1]) h. e. III. 32. II. 1. 23. 1. 12. VII. 19. Comment. ad Jesaj. 17, 5 f., bei Montfaucon coll. nova patr. II. 422. [2]) Nach Euseb. h. e. II., 1. [3]) Joh. 19, 25. Matth. 27, 56. Mark. 15, 40. [4]) Ad Matth. 12. De vir. ill. c. 2. [5]) Contra Helvid. c. 13. Ad Matth. 12. De vir. ill. c. 2.

diese Ansicht im Abendland herrschend und seit Augustinus findet sich
dieselbe in der Kirche allgemein verbreitet. Sie hätte sich aber nicht
so allgemeine Geltung verschaffen können, wenn nicht vor Allem ein
für die ethische Entwicklung des christlichen und kirchlichen Lebens ver=
hängnißvoller Irrthum dazu mitgewirkt hätte, daß die Annahme
leiblicher Brüder des Herrn mehr und mehr seit dem 3. Jahr=
hundert schwand. Es war die irrige Meinung, nach welcher die
Ehelosigkeit als ein höherer Grad der Sittlichkeit und das eheliche
Leben als im Widerspruch mit den höheren Stufen der Heiligkeit und
sittlichen Vollkommenheit des christlichen Lebens angesehen wurde.
Nach dieser Auffassung haben Maria und Joseph des ehelichen Um=
gangs nicht gepflegt, ist Maria Jungfrau geblieben, kann also von
Brüdern Jesu im eigentlichen Sinn nicht die Rede sein.

Origenes[1]) spricht von Leuten, die ein Interesse daran
hatten, der Maria die Jungfrauschaft bis zu ihrem Tode zu wahren,
indem sie in Betreff des Leibes, welcher der Empfängniß Jesu durch
den heil. Geist gewürdigt worden, die Vorstellung einer nachfolgenden
ehelichen Gemeinschaft nicht gelten lassen wollten und den Satz auf=
stellten, daß, wie Jesus für die Männerwelt, so Maria für die Frauen=
welt Erstling der jungfräulichen Reinheit gewesen sei. Die Vertreter
dieser Ansicht hätten auf Grund einer alten Ueberlieferung in der
apokryphischen Literatur, des Evangeliums Petri und des
Protevangeliums Jakobi, die Brüder Jesu nicht für leibliche Söhne
der Maria und des Joseph, sondern für Söhne des letzteren aus einer
früheren Ehe gehalten. Darnach sei Jakobus, der „Bruder des
Herrn", von dem Paulus Gal. 1, 19 rede, der Stiefbruder
Jesu aus einer früheren Ehe Josephs gewesen[2]). Im Zusam=
menhang mit jenem dogmatisch=ethischen Irrthum verbreitete sich diese
Anschauung über die griechische Kirche[3]) und im Abendlande.[4]) Von
derselben dogmatischen Voraussetzung, daß Maria bis zu ihrem Tode
Jungfrau geblieben sein müsse, wird dann dieses Verwandtschafts=
verhältniß ganz willkürlich ohne irgend einen ge=

---

[1]) Comm. in Matth. T. X. ed. Lomm. III. p. 43. 45. [2]) Vgl. Hom. in Luc. ed. Lomm. V. p. 109. Contra Cels. I. 47. [3]) Cf. Epiph. Haer. 29. 42. 78. Greg. Nyss. de resurr. orat. 2. [4]) Hilar. comm. in Matth. c. 1. Ambros. de virg. 6. Ambrosiaster ad Gal. 1, 19.

schichtlichen Anhalt noch näher dahin bestimmt, Joseph habe mit der kinderlos hinterbliebenen Wittwe seines Bruders Klopas-Alphäus, nämlich mit Maria, der „Schwester der Mutter Jesu", eine Leviratsehe geschlossen und vier Söhne, Jakobus, Joses, Simon und Judas, und zwei Töchter, Maria und Salome, gezeugt, von denen Jakobus sowohl „Bruder des Herrn", da Joseph als Vater Jesu gegolten habe, als auch „Alphäi Sohn" genannt worden sei, da der Name des verstorbenen Mannes und Schwagers durch den Erstgeborenen der Leviratsehe nach 5. Mos. 25, 6 erhalten worden sei. Einen scharfen Widerspruch erhob gegen diesen unevangelisch-ascetischen Standpunkt im vierten Jahrhundert Helvidius in Rom, ein Zeitgenosse des Hieronymus. Er führte aus den bezüglichen Stellen des neuen Testaments gegen jene Ansicht den Beweis, daß Maria nach der Geburt Jesu noch mehrere Kinder aus der Ehe mit Joseph gehabt habe, indem er die Verdienstlichkeit des ehelosen Lebens leugnete. Aber seine Stimme blieb vereinzelt. Hieronymus[1]) trat mit seiner Auctorität erfolgreich für den Irrthum ein, indem er unter Verwerfung der von Helvidius vertretenen richtigen Vorstellung von leiblichen Brüdern Jesu sich nicht mit der Behauptung bleibender Jungfrauschaft der Maria begnügt, sondern sogar bis zu der des Joseph sich versteigt, welcher nicht Gatte, sondern nur Hüter der Maria gewesen und um ihretwillen im Zustand der Virginität verblieben sei. Die Vertreter der gegentheiligen Ansicht werden von Hilarius schon irreligiosi et a spirituali doctrina admodum alieni genannt. Augustinus Auctorität gab das Signal für die allgemeine Fixirung jener Ansicht, indem er freilich auf keine exegetischen Kunststücke sich einließ, sondern mit Berufung auf alttestamentliche Stellen das Wort ἀδελφός als Bezeichnung naher Verwandtschaft überhaupt nahm. Aber es ist doch dieselbe Begründung, wenn er sagt[2]): wie in dem Grabe, wohin der Leib des Herrn gelegt worden, weder vorher noch nachher ein Todter gelegen, so habe auch der Leib Marias weder vorher noch nachher etwas Sterbliches empfangen. Die Ansicht, daß Maria keine leiblichen Kinder und Jesus keine leiblichen Brüder gehabt haben könne[3]), fand im Zusammenhang mit

---

[1]) Adv. Helvidium c. 7. Ad. Matth. 12. [2]) In Joann. tract. 28. mater esse potuit, mulier esse non potuit. [3]) Vergl. Hengstenberg das Evangel. Johannis I. 149 zu 2, 12. Er behauptet mit Unrecht, daß der christliche Sinn sich von jeher gegen jene Annahme empört habe.

der seit dem 4. Jahrhundert in der Kirche um sich greifenden Marien =
verehrung auf Grund jenes dogmatisch=ethischen Irrthums von
der höheren Vollkommenheit der Virginität immer weitere Verbreitung
und ließ den durch die Zeugnisse des neuen Testaments und des kirch=
lichen Alterthums erwiesenen Sachverhalt völlig in den Hintergrund
treten. Treffend bemerkt Gaupp[1]): „Man wollte die Mutter des
Welttheilandes über die Sphäre des natürlich Menschlichen hinaus in
das Licht überirdischer Verklärung stellen, gleich als ob es desjenigen,
der in der Gestalt des sündlichen Fleisches erschienen ist und in Knechts=
gestalt umherwandelnd sich nicht geschämt hat, die verlorenen Kinder
Adams seine Brüder zu nennen, ja, der unter seinen Stammmüttern
eine Rahab, eine Ruth, die Moabittin, eine Bathseba zählte, unwürdig
gewesen sein würde, ein immer hochbegnadigtes Weib zur Mutter zu
haben, das neben seinem erhabensten Beruf, die Gebärerin und mütter=
liche Pflegerin des Sohnes Gottes zu sein, auch den Pflichten der
Gattin, welche echter, nach evangelischen Begriffen gemessener
Heiligkeit keinen Eintrag thun, sich nicht entziehen durfte." Es
heißt der vollen wahren Menschheit Jesu Abbruch thun, solchen neu=
testamentlichen Zeugnissen gegenüber sein Eingegangensein auch in alle
natürlich menschlichen Verhältnisse des Familienlebens und der leib=
lichen Verwandtschaft mit Brüdern und Schwestern zu leugnen. „Es
war nicht der Weg der Vorsehung Gottes, sagt Herder[2]), ihn also zu
unterscheiden; durch nichts unterschied sie ihn also. Der in Allem
seinen Brüdern, den Menschen, gleich werden sollte, auf daß er barm=
herzig würde, mitfühlen lernte und Theil nähme am Loose der Mensch=
heit (Ebr. 2, 17. 5, 15), er sollte es von Kind auf auch darin sein,
daß er unter Brüdern und Schwestern lebte".

Die dogmatisch=ethische Begründung der Behauptung, daß Jesus
keine leiblichen Geschwister gehabt habe, auch nicht haben konnte, ist
vom evangelisch=christlichen Standpunkt durchaus hinfällig und muß
indirekt zur Bestätigung des exegetisch und geschichtlich erwiesenen
Sachverhalts dienen.

---

[1]) Der Leserkreis des Jakobusbriefes. Breslau 1862. [2]) Briefe zweener Brüder Jesu. Werke zur Religion und Theologie. Bd. 7. Stuttg. 1852. S. 161 f.

6. Die religiöse und heilsgeschichtliche Stellung des Jakobus, des Bruders des Herrn.

Was ist uns nun aus dem neuen Testament, noch abgesehen von dem Jakobusbrief, über den **religiös sittlichen Charakter des Jakobus**, des Bruders des Herrn, wie **seiner Brüder**, insbesondere über ihre **Stellung zu Jesu** bekannt? Es gilt hier, bisher[1]) schon gegebene Andeutungen wieder aufzunehmen und zu ergänzen. Das Zusammensein „der **Brüder Jesu** mit seiner Mutter und seinen Jüngern" beim Hinabgehen von der Hochzeit zu Cana nach Kapernaum Joh. 2, 12, wo sie zum ersten Mal ausdrücklich erwähnt werden, berechtigt keineswegs, mit Lange[2]) eine geistige Verwandtschaft des Brüderkreises mit dem Jüngerkreise schon am Anfang der Wirksamkeit Jesu anzunehmen, zumal es v. 11 nur von den Jüngern, nicht aber auch von den Brüdern heißt: sie glaubten an ihn, sondern erklärt sich einfach aus der leiblichen Verwandtschaft und Familiengemeinschaft, wie diese auch in dem Zusammengenanntwerden und in dem gemeinschaftlichen Auftreten der Brüder und Schwestern Jesu mit Maria Matth. 12, 46 f. und 13, 55 f. sich darstellt. Aber an diesen Stellen stehen die Brüder nicht blos numerisch **außerhalb des Jüngerkreises**, sondern auch hinsichtlich ihrer **inneren Stellung zu Christo**. Ihr Verhalten Matth. 12, 46 f. und Jesu Wort Matth. 13, 57. Luc. 4, 24 und Mark. 6, 4, daß der Prophet in seiner Vaterstadt und in seinem Hause und, wie Markus hinzufügt, **unter seinen Verwandten nicht gelte**, bestätigen die Notiz bei Johannes 7, 5 in Bezug auf einen späteren Zeitpunkt, in welchem es sich um das Hinaufziehen von Galiläa nach Jerusalem zum Laubhüttenfest handelt: **sie glaubten nicht an ihn**. Ihr Reden zu Jesu 7, 3 f. ist der Ausdruck einer von ihm ausdrücklich reprobirten irdisch fleischlichen Gesinnung. Nirgends findet sich eine Spur davon, daß sie diesen Standpunkt des Unglaubens bis zum Tode Jesu verlassen hätten.

Dagegen nach der Himmelfahrt sehen wir sie Apost. 1, 14 in **der Gemeinschaft der Jünger** theilnehmen an der Erwartung der Erfüllung der Geistesverheißung. Die gewaltige Umwandlung, welche seit dem Tode Jesu mit den gläubigen Jüngern des Herrn hinsichtlich ihrer Herzens- und Gemüthsverfassung geschehen ist, hat

---

[1]) In n. 4. [2]) Herzog R. E. I. s. v. Jakobus.

zu ihrer Parallele die plötzliche Umwandlung, welche bei den Brüdern Jesu eingetreten ist: ihr Unglaube ist dem Glauben an ihn als den Messias gewichen. Wodurch ist das geschehen? Durch die Thatsache der Auferstehung des Herrn. Paulus tritt dafür als Zeuge ein 1. Korinth. 15, 5, indem er auf Grund der von Jakobus selbst nach Gal. 1. 18. 19 empfangenen Mittheilungen in der Reihe der Erscheinungen des Auferstandenen, die den Aposteln und den übrigen Jüngern Jesu zu Theil wurden, ausdrücklich diejenige hervorhebt, deren Jakobus gewürdigt ward. Dieser Jakobus nimmt schon in der Zeit der Verfolgung der jerusalemischen Gemeinde, in der das Haupt des älteren Jakobus fiel, eine hervorragende Stellung an der Spitze derselben ein. Ihm in erster Linie läßt Petrus seine wunderbare Errettung aus dem Gefängniß melden, Apost. 12, 17. An ihn allein au ß er Petrus, dem Vertreter der 12 Apostel, hat sich Paulus bei seinem ersten Besuch in Jerusalem nach seiner Bekehrung gewendet, um auch von ihm die Thatsachen der evangelischen Geschichte und die Selbstzeugnisse des Herrn zu erkunden, die für seinen Glauben an den auferstandenen und verherrlichten Christus die historische Unterlage und für sein apostolisches Zeugniß den Inhalt geben sollten.

Beim Apostelconvent sehen wir ihn inmitten der Presbyter und neben den Aposteln als Leiter und Vertreter der Gemeinde mit Wort und That hervortreten. Welche Stellung nimmt Jakobus nach Galat. 2 hier ein? Paulus hat sich mit Barnabas und Titus nach Jerusalem begeben. Außer der allgemeinen Versammlung der ganzen Gemeinde mit den Aposteln und Presbytern, in der er seine Predigt des Evangeliums unter den Heiden nach ihrem Inhalt und ihrer Wirkung dargelegt, hebt er v. 2 ausdrücklich die besondere Verhandlung, die er $\kappa\alpha\tau'$ $\iota\delta\iota\alpha\nu$ mit den $\delta o\kappa o\tilde{\upsilon}\nu\tau\epsilon\varsigma$, nämlich mit Jakobus, den er 1, 19 den Bruder des Herrn genannt, Petrus und Johannes gehabt, hervor. Und wenn er Jakobus an erster Stelle nennt, so entspricht das der Stellung, welche derselbe auf dem Apostelconvent nach Lucas Act. 15 einnahm. In der Verhandlung, die nach der Versammlung in der ganzen Gemeinde, Apost. 15, v. 4. 5, in dem engeren Kreise der Apostel und Presbyter v. 6 f. gepflogen wurde, nimmt er nach dem Referat des Petrus und nach den Berichten des Barnabas und Paulus über ihre Wirksamkeit unter den Heiden das Wort, um durch seinen Antrag die Streitfrage wegen der Art der Aufnahme der Heiden in die christliche Gemeinschaft¹) zur Entscheidung zu bringen. Seine Rede und das nach seinem Antrag formulirte Sendschreiben²) bezeugen die einflußreiche Stellung, die er als Haupt der Gemeinde und wohl auch als Vorsitzender dieser Verhandlungen hatte, und bestätigen Pauli Zeugniß von seiner Zugehörigkeit zu den δοκοῦντες und seinem Ansehen unter diesen und in der Gemeinde.

Auch sein religiöser und heilsgeschichtlicher Standpunkt ist nach Pauli Worten in Bezug auf die Missionsprinzipien und Missionspraxis und in Bezug auf die Bedingungen und die Vermittlung der Theilnahme der Heiden an dem Heil über allen Zweifel erhaben. Mit Besorgniß war Paulus nach den Vorgängen in Antiochien³) nach Jerusalem gegangen; denn von dort waren nach Antiochien jene Leute gekommen, welche ohne Mandat von der Muttergemeinde die Annahme der Beschneidung von den Heiden, die Christen wurden, forderten und die Nothwendigkeit derselben als einen Lehrsatz hinstellten. In Jerusalem lebte die Gemeinde der Christen nach dem Gesetz. Mit den übrigen Satzungen desselben wurde von einem Theil insbesondere auch die Beschneidung festgehalten. Jakobus für seine Person war ein strenger Beobachter des Gesetzes und in der Gemeinde erhielt sich der Eifer für das Gesetz⁴).

Aber was ergiebt sich aus Pauli Aussagen Gal. 2 über des Jakobus Stellung zu der Frage: ob die Heiden an das Ceremonialgesetz sollten gebunden sein, wenn sie an das Evangelium gläubig würden? Das Gegentheil von dem, was Baur und seine Nachfolger wie von den Uraposteln, so von Jakobus behaupten, daß er nämlich ein Fanatiker des Ceremonialgesetzes und insbesondere der Beschneidung den Heiden gegenüber gewesen sei. Von maßgebender Stelle wurde an Paulus keine peremtorische Forderung in Betreff der Beschneidung gestellt. Er erfuhr keine Nöthigung, den mitgenommenen Titus beschneiden zu lassen, v. 2. Dagegen wurde von Seiten der „falschen Brüder", d. h. der Judenchristen, die die Heilslehre durch die Forderung der Beobachtung des Ceremonialgesetzes insbesondere der Beschneidung als **Bedingung der Seligkeit** fälschten, solch ein Zwang versucht. Diesem ist er auch nicht einen Augenblick gewichen, um angesichts der prinzipiell gestellten Forderung der Wahrheit des Evangeliums nichts zu vergeben. Das waren dieselben Leute, welche Act. 15, 1

---

¹) Apost. 15, 13—21. ²) Apost. 15, 22—29. ³) Apost. 15, 1. ⁴) Apost. 21.

und 5 als frühere Pharisäer und nun nach Annahme des christlichen
Glaubens als Fanatiker des mosaischen Gesetzes und der Beschneidung
auftraten und den Satz aufstellten: kein Heil ohne das Gesetz Mosis
und ohne die Beschneidung. Nach dem Galaterbrief c. 2 sind aber
die δοχοῦντες weit davon entfernt, in der Aufstellung solcher For=
derung mit diesen Fanatikern gemeinschaftliche Sache zu machen.
Zwischen ihnen und jenen Gesetzeseiferern ist in Bezug auf die brennende
Frage über die Stellung der Heiden zum Gesetz ein prinzipieller
Gegensatz. Während Paulus mit den „falschen Brüdern" in scharfen
Conflict geräth und gegen dieselben das Nichtbedingtsein des Heils
durch Gesetz und Beschneidung ohne irgend welche Concession ener=
gisch vertritt, stehen die δοχοῦντες, die Säulen der Gemeinde, in dieser
Frage fest **auf seiner Seite**. Sie stellen seiner Darlegung der
evangelischen Verkündigung nicht nur nichts entgegen[1]), sondern er=
kennen dieselbe als auf göttlicher Berufung ruhend an und reichen ihm
die Hand zur Gemeinschaft des Werkes am Evangelio. Für dieses
Werk sollte gemäß der beiderseitigen Berufung durch die Gnade Gottes
nur der Wirkungskreis getheilt bleiben.

Diese paulinische Darstellung steht in wesentlicher Uebereinstimmung
mit der Erzählung des Lukas Act. 15, wo in der großen öffentlichen
Gemeindeversammlung jene pharisäischen Judenchristen dem Paulus und
den übrigen antiochenischen Gesandten gegenüber die stricte Forderung der
Beobachtung des mosaischen Gesetzes und der Annahme der Beschneidung
als Bedingung des Heils stellen. Dagegen erhebt sich nicht blos
Petrus mit seinem Zeugniß von der Thatsache, daß auch die Heiden
unmittelbar den heiligen Geist empfangen hätten. Jakobus nimmt dieses
petrinische Zeugniß: „Es giebt für Heiden und Juden nur den
einen Weg zum Heil, die Gnade unseres Herrn Jesu Christi", wieder
auf und begründet es aus der alttestamentlichen Prophetie, nach welcher
mit dem Wiederaufbau der zerfallenen Hütte Davids auch die Theil=
nahme der Heiden an dem Heil verbunden sein solle, wie es jetzt als
Thatsache vorliege, daß Gott sich aus den Heiden ein Volk für seinen
Namen, ein Gottesvolk bereitet habe. In Uebereinstimmung mit Petrus
Wort lautet Jakobus Sentenz: „Nichtbeschwerung der Heidenchristen
mit dem Joch des Gesetzes". Aber seine Umsicht und Weisheit im
Blick auf das Zusammenleben von Heidenchristen und Judenchristen

---

[1]) Gal. 2, 6.

zeigt sich in dem Antrag, den Heidenchristen die Anordnung zugehen zu lassen, sich jener Dinge zu enthalten, durch welche den Judenchristen ein Gewissensanstoß gegeben und ein Hinderniß des freien brüderlichen Verkehrs mit ihnen bereitet werden mußte. Dieser Antrag bekundet auch die Milde der Gesinnung des Jakobus, da er diese Anordnung nicht als göttliches Gesetz, sondern als eine durch die Rücksicht der christlichen Bruderliebe getroffene Maßnahme ansieht, welche für die christliche Freiheit der Heidenchristen eine äußerste Grenze zieht, wie sie zur Ermöglichung und Aufrechterhaltung des brüderlichen Verkehrs mit den Judenchristen sittlich geboten war.

Der Punkt, in dem Jakobus ebenso wie Paulus und Petrus sich von jenen aus dem Pharisäismus gekommenen gesetzeseifrigen Judenchristen prinzipiell getrennt wußte, war also die Frage: Ist zum Heil in Christo die Theilnahme an Gesetz und Beschneidung n o t h w e n d i g, und muß dieselbe also auch von den zum Glauben an Christum gelangenden Heiden g e f o r d e r t werden? Jakobus verneinte diese Frage entschieden. Damit aber konnte wohl bestehen, daß er, obgleich von jener Partei prinzipiell geschieden, doch f ü r s e i n e P e r s o n das Ceremonialgesetz beobachtete und auch in der judenchristlichen Gemeinschaft die Erfüllung desselben als etwas, was aus der geschichtlichen Continuität des Christenthums mit dem Judenthum sich naturgemäß ergebe, ansah. Wie er und die judenchristliche Gemeinde in Jerusalem unter seiner Leitung die Beobachtung des mosaischen Gesetzes sich angelegen sein ließ und als ein wichtiges traditionelles Element in der ethischen Gestaltung des Gemeindelebens schätzte, erhellt aus Act. 21, wo Jakobus und die Presbyter nach freundlicher Bewillkommnung Pauli diesem dringend rathen, zur Widerlegung des Gerüchtes, daß er die unter den Heiden lebenden Juden zur Apostasie vom Gesetz verleite, zur Bezeugung seines φυλάσσειν τὸν νόμον sich an einige Männer, die das Nasiräatsgelübde übernommen hatten, anzuschließen und für sie die Bestreitung der dadurch verursachten Kosten zu übernehmen. Es war unmöglich, sich so in Betreff des Gesetzes und der Stellung der Judenchristen zu demselben auszusprechen, wenn nicht in Jerusalem selbst die Beobachtung des mosaischen Gesetzes an der Tagesordnung war. Aber wie weit Jakobus und die Presbyter von der Werthschätzung der Gesetzbeobachtung als einer c o n s t i t u i r e n d e n B e d i n g u n g der σωτηρία entfernt waren und eben dadurch im Gegensatz zu jenen fanatischen

Judenchristen standen, wird uns dadurch bestätigt, daß Paulus jenem Rathe folgte, weil er nicht im Zweifel darüber war, daß mit solchem Rath ihm keine Verleugnung der Wahrheit des Evangeliums zugemuthet und daß seinerseits eine solche hier ebensowenig, wie durch die Gestattung der Beschneidung für den Timotheus, begangen werde.

Die Frage, wie weit Jakobus die Beobachtung des Gesetzes in socialer Beziehung geltend gemacht habe, läßt sich mit Sicherheit nicht beantworten. Es zeugt jedenfalls von seinem hohen Ansehen in Jerusalem, wenn von dort nach dem Apostelconvent Leute nach Antiochien kommen, welche Paulus Gal. 2, 12 als τινὲς ἀπὸ Ἰακώβου bezeichnet, und um derentwillen Petrus der Inconsequenz sich schuldig macht, die bis dahin gepflegte Tischgemeinschaft mit den Heiden abzubrechen. Die Ausdrucksweise Pauli[1]) darüber ist der Art, daß die Annahme nahe liegt, diese Leute seien von Seiten des Jakobus veranlaßt worden, zu irgend einem Zweck in die heidenchristliche Gemeinde nach Antiochien sich zu begeben, vielleicht um von der Ausführung der Beschlüsse des Apostelconcils seitens der Heidenchristen oder von dem Verhalten der Judenchristen mit Rücksicht auf die in der Muttergemeinde geübte und auch von den auswärtigen Christen jüdischen Ursprungs erwartete Gesetzesbeobachtung Kenntniß zu nehmen. Aber es ist kein Grund vorhanden zu der Annahme, daß, wenn die τινὲς wirklich im Auftrag oder auf Veranlassung des Jakobus nach Antiochien kamen und dort die Beobachtung der Speisegesetze forderten, Jakobus diese als Bedingung der Seligkeit angesehen hätte. „Seine Meinung konnte sein, daß die Judenchristen ihren noch unbekehrten Volksgenossen die Gesetzestreue schuldig seien"[2]). Hielt Jakobus, wie Act. 21 bezeugt wird, auf das Festhalten am Ceremonialgesetz, so wird er auch ,den auf die Speiseverbote bezüglichen Theil desselben als für die Judenchristen verbindlich betrachtet haben. Verwarf er auch mit Paulus die pharisäisch-judenchristliche Doktrin[3]), daß Beschneidung und Beobachtung des mosaischen Gesetzes für die Seligkeit nothwendig sei, verwarf er auch die hieraus sich ergebende Forderung, daß dieselben den Heiden auferlegt werden solle, so hielt er doch für die Judenchristen die Beobachtung des Gesetzes als einer von Gott dem Bundesvolk gegebenen Gabe aufrecht.

---

[1]) Gal. 2, 12: πρὸ τοῦ γὰρ ἐλθεῖν τινὰς ἀπὸ Ἰακώβου. [2]) Geß Christi Person und Werk II., 1. 28. [3]) Apost. 15, 1. 5.

Das ist das Bild, welches wir aus den übereinstimmenden Zeugnissen des Galaterbriefs und der Apostelgeschichte von Jakobus gewinnen. Es ist das Bild eines Mannes, der die mosaischen Speisegebote als für die Seligkeit des Christen gleichgültig ansieht und mit Entschiedenheit auf demselben Grund des Glaubens an Jesum Christum und an die in ihm erschienene göttliche Gnade als dem alleinigen Fundament des Heils steht, wie Paulus und Petrus, das Bild eines Mannes, der mit diesen Aposteln dieselbe Missionstheorie und -Praxis hat, und völlig damit einverstanden ist, daß, wie auf dem Gebiet des Judenthums durch die zu diesem Werk speziell berufenen Urapostel das Evangelium von der die Seligkeit allein bedingenden Gnade Gottes und Jesu Christi, so durch Paulus und seine Mitarbeiter auf dem Gebiet des Heidenthums dasselbe Evangelium ohne Auflegung des Joches des Gesetzes verkündigt werde, für seine Person aber an der Beobachtung des Gesetzes festhält und als Haupt der Urgemeinde der Vertreter des Judenchristenthums ist, welches mit dem Glauben an Christum als den König des neutestamentlichen Gottesreiches die Continuität dieses Reiches und des in ihm gegebenen neuen Lebens mit dem alttestamentlichen Gottesreich im Volke Israel wie nach der Seite der Verheißungen, Amos 9, 11, so in spezieller Beziehung auf das mosaische Gesetz mit besonderem Nachdruck hervorhebt. Hiermit stimmt im Wesentlichen zusammen, was von dem Ansehen des Jakobus bei den gesetzesfrommen Juden von Josephus berichtet wird[1]).

Er erzählt, daß auch die eifrigsten und gesetzestreuesten Bürger seine Verurtheilung zur Steinigung entrüstet habe. Was Hegesipp[2]) von ihm berichtet: er sei von Geburt an ein Nasiräer und ein strenger Asket gewesen, indem er sich nicht gebadet und mit Oel gesalbt, täglich im Tempel auf den Knieen liegend für sein Volk um Vergebung gebetet und davon dicke Schwielen auf seinen Knieen bekommen habe, er habe bei dem Volk den Beinamen des Gerechten geführt und immer mehr Genossen seines Volks zu Jesu bekehrt, und sei endlich wegen seines Zeugnisses von Jesu von der Zinne des Tempels hinuntergestürzt und gesteinigt und erschlagen worden, — stimmt außer in dem Namen „Jakobus Bruder des Herrn" auch in dem Zug strenger Gesetzesfrömmigkeit mit dem aus den neutestamentlichen Andeutungen gewonnenen Bild des treuen ernsten Fest-

---

[1]) Antiqu. 20, 9. 1. [2]) Euseb. hist. ecc. 2, 23.

haltens am Gesetz und mit dem von Josephus bezeugten Interesse, welches die genau am Gesetz haltenden Juden für ihn zeigten, sowie hinsichtlich des Ausgangs dieses Lebens mit Josephus zusammen, wenn auch einzelne Züge der Darstellung auf Uebertreibung beruhen sollten.

7. Das Jakobusbild im Licht des Jakobusbriefes. Zusammenstimmung in den Grundzügen.

Mit dem Bild, welches wir durch vorstehende Betrachtung von Jakobus, dem Bruder des Herrn, gewonnen haben, stimmt der Jakobusbrief in wesentlichen Grundzügen so zusammen, daß die Auctorschaft desselben uns nicht zweifelhaft erscheint[1]).

Schon die an die „Diaspora" gerichtete Adresse des Briefes weist auf einen in Palästina lebenden Verfasser hin, der von dort aus von der umfassendsten und eingehendsten Fürsorge, wie sie ein Hirt nur für seine Heerde auf dem Herzen tragen kann, Zeugniß giebt. Welch ein Ansehen mußte der Verfasser eines Briefes genießen, welcher mit seinen eindringlichen energischen Ermahnungen und Zurechtweisungen sich an einen so umfangreichen Leserkreis wendet? Solch ein Ansehn in den außerpalästinischen judenchristlichen Kreisen konnte doch wohl nur der Jakobus haben, welcher nach Pauli Zeugniß neben Petrus und Johannes eine „Säule" der Urgemeinde in Jerusalem war, als ihr Führer vor und neben den übrigen Aposteln ohne Widerspruch sich geltend machte, schon zur Zeit des Martyriums des ältern Jakobus Apost. 12 nach Petri Zeugniß in Jerusalem als Haupt der Gemeinde erscheint, seine weithin geltende Auctorität durch die Abfassung des encyklischen Schreibens des Apostelconvents bis nach Syrien hin bekundet, und durch sein persönliches Ansehen solche Geltung hatte, daß man sich in Antiochien auf seine Auctorität bei den dortigen lebhaften Controversen über die Beobachtung der Speisegesetze berief. Reuß[2]) sagt treffend: „Sein amtliches Ansehen gab dem Jakobus die Befugniß, den Christen aus der Beschneidung gegenüber als ihr Aller gemeinschaftlicher Führer aufzutreten, und was wir von seiner religiösen Richtung wissen oder muthmaßen dürfen, schickt sich trefflich zum Inhalt der Epistel". Was sich uns bisher über seine Stellung zum Gesetz wie über seine Glaubensstellung zu Christo ergeben hat,

---

[1]) Vergl. Credner Einl. §. 215 f.   [2]) Geschichte des n. T. §. 143.

findet seine Bestätigung in dem Verhältniß, in welchem nach dem Inhalt des Briefes der Verfasser einerseits zum Gesetz und andrerseits zu Christo sich darstellt. Da erweist sich der Verfasser als ein Mann des Gesetzes. Freilich nicht blos als ein Muster altjüdischer Gesetzesfrömmigkeit[1]). Die Erfüllung des Gesetzes fordert er als die Darstellung der in das Herz gepflanzten, in der Gesinnung vorhandenen sittlichen Freiheit. Die Möglichkeit dieser Erfüllung erblickt er in dem neuen Leben, das durch dieses Wort der Wahrheit in dem Innern des Christen erzeugt ist. Wegen der organischen Einheit der Forderungen des Gesetzes als des in das innere Leben gepflanzten Willens Gottes ist die Uebertretung eines Moments die Verletzung des Ganzen. Die Erfüllung des „königlichen Gesetzes" der Liebe soll das Gepräge des Lebens im Dienste Christi als des Herrn der Herrlichkeit sein. Vom Standpunkt des Gesetzes der Freiheit schaut er 2, 1 Christum an als den König der Herrlichkeit, durch den erst die Einpflanzung des Wortes der Wahrheit in unsere Herzen und mittelst dessen die Erzeugung des neuen Lebens geschieht und somit die Erfüllung des Gesetzes ermöglicht ist. Vom Standpunkte dieses neutestamentlichen Gesetzes ist ihm Christus wie der Retter so auch der Richter. So vollzieht sich der engste und unmittelbarste Anschluß des christlichen Standpunktes an den alttestamentlichen in Bezug auf das Gesetz. Die ganze vollkommene Erfüllung desselben stellt sich ihm dar in der Einpflanzung des Wortes der Wahrheit und der Erzeugung eines neuen Lebens, wie die Erfüllung der Weissagungen in der königlichen Erscheinung und Herrschaft des Herrn der Herrlichkeit, durch dessen königliches Walten und Wirken die Möglichkeit und Wirklichkeit jener Erfüllung des Gesetzes gegeben ist.

Andererseits findet sich in dem Brief neben dieser durchgehenden Betonung des Gesetzes und seiner Erfüllung als des vollkommenen Gesetzes der Freiheit nirgends ein Geltendmachen des Ceremonialgesetzes, nirgends ein Gewichtlegen auf die äußere Beobachtung seiner Gebote als Heilsbedingung. Nirgends ist eine Spur zu finden von dem judaistisch-pharisäischen Geist, welcher das strenge Festhalten an dem Ritualgesetz, namentlich an der Beschneidung, als allgemeine Voraussetzung

---

[1]) Gegen Schwegler I. 140.

der Theilnahme am messianischen Heil forbert. Der Verfasser hat vielmehr nur im Auge das im alten Testament, in den Propheten und Psalmen geforberte Opfer des ungetheilten Herzens als des dem Herrn allein wohlgefälligen, und sieht diese Forderung nun erfüllt in dem vollkommenen Gesetz der Freiheit durch die Einpflanzung des Wortes in die Herzen. Hier stimmt alles mit dem Reden und Verhalten des Jakobus, wie die Apostelgeschichte und Paulus es darstellt.

Es erhellt ferner, welch ein großes Gewicht unter den praktischen Ausführungen des Briefes auf das rechte erhörliche **Beten** gelegt wird. Redet hier ein Jakobus so mächtig und gewaltig, so innig und eindringlich wiederholt vom Gebet, 1, 5—7. 4, 2. 3. 5, 14—18, wie sollte man bei der Bestimmung der Person des Verfassers an **dem** Jakobus vorbeigehen, der als ein eifriger Beter für sein Volk im Tempel, als ein Mann **des Gebets**, wie der strengen Gesetzesfrömmigkeit, durch das in diesem Punkt gar nicht zu bezweifelnde Zeugniß des Hegesipp dargestellt ist?

Der Einwand: warum nennt er sich denn nicht **Bruber des Herrn**[1]), wenn er es doch war? hat nichts zu bedeuten, wenn man erwägt, daß ihm gerade nach dem von dem Herrn Matth. 12, 49. 50 gesprochenen Wort über das Zurücktreten der natürlichen Verwandtschaftsverhältnisse gegen das Gemeinschaftsverhältniß zu ihm im Reiche Gottes, das sich auf das Thun des Willens des Vaters gründet, das natürliche Bruderverhältniß für sein Bewußtsein gegen das Dienstverhältniß in dem Reich, in welchem er Jesum als den Christus, als den Herrn der Herrlichkeit in göttlicher Majestät unendlich über sich erhaben schaute, in den Hintergrund treten mußte. Der Bruder verschwindet ihm in der Stellung des Knechts des Herrn, in der er sich in gleicher Stellung wie die Propheten zu Jehova schaut. Je fester er seinen Blick auf den Herrn der Herrlichkeit richtete, desto weniger kennt er Christum nach dem Fleische[2]).

Und doch tritt uns eine Thatsache aus dem Inhalt des Briefes entgegen, die auf ein enges persönliches Verhältniß zurückschließen läßt, wie es die leibliche Bruderschaft mit sich bringen mußte. Wir finden in dem Jakobusbrief eine große Zahl von Stellen, in denen wir theils wörtlich, theils in eigenthümlichen Wendungen und Ausdrucksweisen, theils in charakteristischen Gedanken hervorragende Aussprüche

---

[1]) Holtzmann. [2]) Vergl. 2 Corinther 5, 16.

Jesu wieder klingen hören. Solche Stellen sind 1, 4: Matth. 5, 48. — 1, 5: Matth. 7, 7. 11. — 1, 6: Matth. 21, 22. Mark. 11, 23. 24. — 1, 14: Matth. 15, 19. — 1, 22 f.: Matth. 7, 26. — 1, 25: Joh. 8, 31. 13, 17. — 1, 27: Matth. 25, 36. — 2, 5: Matth. 5, 3. Luc. 6, 20. — 2, 8: Matth. 7, 12. 22, 36—40. Mark. 12, 28—31. Luc. 10, 26—28. — 2, 10: Matth. 5, 19. — 2, 13: Matth. 5, 7. 18, 23—35. 25, 41. — 3, 1: Matth. 23, 8—14. — 3, 6: Matth. 5, 37. — 3, 12: Matth. 7, 16. — 3, 18: Matth. 5, 9. — 4, 2: Matth. 7, 7. — 4, 4: Matth. 6, 24. 12, 50. Mark. 4, 19. — 4, 9: Luc. 6, 25. — 4, 10: Matth. 23, 12. — 4, 11. 12: Matth. 7, 1. — 4, 13: Luc. 12, 16. — 5, 1: Luc. 6, 24. 25. — 5, 2. 3: Matth. 6, 19. — 5, 7: Matth. 24. — 5, 9: Matth. 2, 1. 34, 33. — 5, 12: Matth. 5, 34 f. 23, 16.

Solche Fülle von Anspielungen und Beziehungen auf Worte Jesu findet sich in keiner anderen neutestamentlichen Schrift[1]). Der Inhalt der Gedanken deckt sich mit den Aussprüchen des Herrn, während in der Form des Ausdrucks und in der Darstellung freie Bewegung und in der Verwendung durchaus selbständige Beherrschung des Gedankenstoffs zu erkennen ist. Nirgends tritt hier ein Citat auf, nirgends ist die Abhängigkeit von einer schriftlichen Vorlage wahrzunehmen, wenn auch am meisten nach dem Sinn und der Ausdrucksweise die Anklänge an Aussprüche Jesu bei Matthäus sich finden und besonders eine nähere Verwandtschaft mit der Bergpredigt hervortritt. Der Verfasser stellt uns die unmittelbare ursprüngliche Ueberlieferung der Lehrworte Jesu, unabhängig von der schriftlichen Firirung derselben, vor Augen, wie sie aus dem persönlichen Verkehr mit Jesu, aus der Ohrenzeugenschaft hervorging und der schriftlichen Aufzeichnung, die Matthäus machte und die unserem Matthäusevangelium zu Grunde liegt, voranging[2]). Liegt hierin nicht eine kräftige Unterstützung der Annahme, daß Jakobus der Bruder des Herrn der Verfasser des Briefes sei?

Der Individualität dieses Jakobus entspricht aber auch eine andere Eigenthümlichkeit des Briefes. Beim engsten Anschluß an

---

[1]) Reuß bemerkt treffend (a. a. O. S. 143): „Thatsache ist, daß die Epist. Jakobi für sich allein mehr wörtliche Reminiscenzen aus den Reden Jesu enthält, als alle übrigen apostolischen Schriften zusammen." [2]) Reuß bemerkt mit Recht: „Insofern die Reminiscenzen offenbar nicht aus schriftlicher Quelle geflossen sind, mögen sie mit das höhere Alter des Briefes verbürgen."

zahlreiche Worte des Herrn zeigt der Inhalt des Briefes auch unter allen neutestamentlichen Schriften die häufigsten Beziehungen und Anspielungen auf alttestamentliche Worte und Gedanken. Mit dem heiligen Ernst eines Propheten fordert er die volle ganze Wahrheit des Gott geheiligten Lebens in Gesinnung und That. Der Verfasser wurzelt tief in dem Boden der gesammten Offenbarungswahrheit des alten Bundes, die ihm in dem neutestamentlichen Wort der Wahrheit ihre unmittelbare volle Erfüllung gefunden hat. Gesetz und Propheten, Psalmen und Spruchweisheit, die gesammte kanonische, aber auch die an die kanonische Spruchliteratur sich anschließende apokryphische Spruchweisheit sind ihm gegenwärtig; er verfügt frei und leicht über ihre Gesammtheit und ihre Einzelheiten; er beherrscht das gesammte hier sich ausbreitende Material von Wahrheiten und Thatsachen; dies sehen wir ihm überall zur freien Verfügung stehen.

Ebenso entspricht es der Benennung des Jakobus als des „Gerechten", daß der ganze Inhalt und Zweck des Briefes sich auf die Erweisung der sittlichen Gerechtigkeit nach dem von Gott durch das Wort der Wahrheit in das Herz eingepflanzten vollkommenen Gesetz der Freiheit zurückführen läßt. Die Idee dieser wahren Gerechtigkeit, welche ihre Wurzel in dem durch Gott den Vater des Lichtes mittelst des Wahrheitswortes in dem Inneren erzeugten neuen sittlichen Leben hat, und deren Bethätigung nach dem in das Herz und in die Gesinnung eingepflanzten königlichen Gesetz der Liebe in den verschiedenen ethisch-praktischen Beziehungen des menschlichen Lebens unter der Herrschaft des Herrn der Herrlichkeit gefordert wird, läßt die tiefe innerliche Verwandtschaft des Briefes mit der Bergpredigt erkennen, in welcher Christus das durch ihn gestiftete neue sittliche Leben im Reich Gottes unter dem Gesichtspunkt der wahren Gerechtigkeit, d. h. des durch ihn in Herz und Gesinnung gepflanzten neuen sittlichen Lebens darstellt. Wenn Christus in der Bergpredigt mit dieser Forderung nirgends seinen Jüngern die Beobachtung der einzelnen Vorschriften des Ceremonialgesetzes zur Pflicht macht, so hat auch der Jakobusbrief, indem er sich jeder Hinweisung auf die Satzungen des Ceremonialgesetzes enthält, immer nur die Bethätigung der dem Willen Gottes entsprechenden Gesinnung im Auge.

Das Christusbild, welches der Inhalt des Briefes uns entgegentreten läßt, hat lediglich das Gepräge der königlichen Herrlichkeit Jesu Christi. (2, 1.) Er ist der Herr der Herrlichkeit, der in königlicher Majestät und zur Ausübung des messianischen Gerichts wieder kommt, dessen Parusie zum Trost der Gläubigen und zum Schrecken für die Feinde seines Reiches nahe bevorsteht. Dieses Messiasbild ist, auf Jesum übertragen, in ihm von Jakobus verwirklicht geschaut, in den bezeichneten Grundzügen genau dasselbe, welches den Inhalt und Gegenstand der messianischen Hoffnung[1]) bis zur Erscheinung Christi bildet, und das auch Jakobus im Herzen trug, bis er zu dem Glauben an Jesum als den gehofften Messias kam. Dies entspricht genau der Thatsache, daß der von den Aposteln unterschiedene Jakobus den durch die Auferstehung von den Todten **verherrlichten** Christus in jener nach Pauli Zeugniß 1. Kor. 15, 7 für ihn allein bestimmten Erscheinung sah und dadurch, wie Paulus durch die Erscheinung des erhöhten Christus, zum Glauben an ihn geführt ward. Das Königsbild Christi, welches der Verfasser des Jakobusbriefes mit wenigen Zügen zeichnet, — man kann es ihm, wie Reuß sagt, nachrechnen, wie oft er den Namen Christi in den Mund nimmt — entspricht der Anschauung von der Erfüllung der Weissagung auf Herstellung des davidischem Königthums über ein neues Volk, welche den leuchtenden Mittelpunkt in der Rede des Jakobus auf den Apostelconvent bildet. Apost. 15, 15. Vgl. Amos 9, 11. 12. Wenn der Verfasser des Jakobusbriefes aufwärts den Blick auf den erhöhten Christus, den Herrn der Herrlichkeit, gerichtet hat, und vorwärts auf die Parusie Christi und auf das nahe Gericht hinschaut, welches von diesem König der Herrlichkeit gehalten werden soll, so stimmt hiermit der Inhalt des Zeugnisses, welches Jakobus der Gerechte, der Bruder des Herrn, nach Hegesipps Bericht[2]) öffentlich vor dem Volk in Jerusalem von Christus abgelegt hat: „Was fragt ihr mich wegen Jesu, des Menschen Sohnes? Er sitzt **im Himmel zur Rechten der großen Kraft und wird kommen in den Wolken des Himmels**.

Auf diesen Nichtapostel Jakobus paßt die Ueberschrift des Briefes, in welcher sich keine Andeutung einer apostolischamtlichen Stellung,

---

[1]) Vergl. Schürer, neutest. Zeitgesch. §. 29 „die messianische Hoffnung".
[2]) Credner Einl. p. 573: Der Bericht des bald nach dem Jahr 150 schreibenden Palästinensers Hegesipp enthält bei Weitem nicht so viele historische Uebertreibungen und Anstößigkeiten, als Viele darin haben finden wollen.

sondern nur das Dienstverhältniß zu dem Herrn Jesus Christus, dem „Herrn der Herrlichkeit" ausgedrückt findet.

Als ein eminent **praktischer** Mann versteht jener Jakobus, der Führer der Gemeinde in Jerusalem, die große Streitfrage auf dem Convent zu Jerusalem mit beredtem Wort zu erledigen. Von diesem hervorragenden praktischen Geist und Takt zeugt der ganze Inhalt des Briefes in der Behandlung der Gegensätze und Widersprüche, die in der sittlichen Lebensführung und in den socialen Verhältnissen des Gemeindelebens sich darstellten. Dem leichten Fluß und correcten Gebrauch der griechischen Sprache, wie er in jener Rede und in dem darnach verfaßten apostolischen Sendschreiben sich darstellt, entspricht die leicht fließende Diktion des Briefes. Das Griechische in demselben ist vergleichungsweise ziemlich rein, zum Theil selbst elegant und von poetischer Färbung[1]). Wenn man diese Gewandtheit und Virtuosität im griechischen Ausdruck als ein Moment gegen die Authentie, insbesondere gegen die Abfassung des Briefes durch den Palästinenser Jakobus geltend gemacht hat, so bedenkt man nicht, daß griechische Sprache und Bildung[2]) zur Zeit Jesu und der Apostel in Palästina allgemein verbreitet war. Die griechisch redenden Juden aus der Diaspora gingen ja in großen Schaaren aus und ein in Jerusalem. Die Christengemeinde selbst hatte eine beträchtliche Menge Hellenisten in ihrer Mitte; und mit den hellenischen Judenchristen in der Diaspora stand Jakobus gewiß in lebhaftem Verkehr.

8. Bestätigung der Auctorschaft des Nichtapostels Jakobus durch die Art und Weise der altkirchlichen Bezeugung des Briefes.

Mit der Bezeugung unseres Briefes seitens des christlichen Alterthums ist es keineswegs so schwach bestellt, wie öfters behauptet wird[3]). Schon von Anfang des zweiten Jahrhunderts an finden sich Spuren des Briefes in Reminiscenzen oder Bezugnahmen auf ihn, wenn auch nicht in Citatform. Schon der **römische Clemens** ist mit dem-

---

[1]) Bleek. Vergl. Schmidt, die Poesie im Brief des Jakobus, in Luthardts Zeitschrift für kirchliche Wissenschaft, 1880. S. 590 f. [2]) Credner Einleit. §. 75. Schürer a. a. O. S. 376 f. Thiersch Krit. Versuch S. 46 f. [3]) Auch von W. G. Schmidt a. a. O. S. 2 f.

selben bekannt. Er bezeichtet Abraham¹) mit derselben motivirenden Geltendmachung der Zurechnung seines Glaubens als Gerechtigkeit als den, der den Namen "Freund Gottes" trage, redet in gleichem Gedankengang von der Beweisung der wahren Weisheit nicht in Worten, sondern in guten Werken²), führt das Beispiel der Rahab in gleichem Sinne an³), betont in demselben Gegensatz gegen die Meinung, mit einem bloßen Wortchristenthum schon gerecht zu sein, daß die wahre Gerechtigkeit in Werken sich beweise⁴), und warnt in demselben Gedankenzusammenhang unter Hinweisung auf den Reichthum der Gaben Gottes vor dem δίψυχον εἶναι⁵). Der Hirt des Hermas, der in seinem ethischen Gehalt mit dem Jakobusbrief viel Aehnlichkeit hat und mit diesem übereinstimmend das "Thun der Gerechtigkeit" betont, enthält an mehreren Stellen zum Theil wörtliche Parallelen mit Aussprüchen des Jakobus⁶). Er spricht von denen, die den Namen dessen verleugnet hatten, der über sie genannt war⁷). Wenn Du dem Teufel widerstehst, so flieht er bestürzt von Dir⁸). Fürchte den Herrn, der da kann selig machen und verderben⁹). Die Warnung vor der διψυχία findet sich auch hier. Der Brief ist also in der römischen Kirche um die Mitte oder in der zweiten Hälfte des zweiten Jahrhunderts schon bekannt gewesen, wenn er auch in dem etwa gleichzeitigen Muratorischen Canon fehlt.

Ferner bilden ein gewichtiges Zeugniß die derselben Zeit angehörenden Clementinischen Homilien, die uns sowohl auf das römische wie auf das syrische Kirchenterrain hinführen. Die Berührungen derselben mit dem Jakobusbrief sind hier noch zahlreicher und auffallender, wenngleich derselbe nirgends ausdrücklich citirt wird¹⁰), und zwar zeigt sich, daß der Jakobusbrief die Quelle ist, aus der geschöpft wird, nicht umgekehrt. Führt uns schon der Ursprung der Clementinischen Homilien mit ihren auffallenden Beziehungen zum Jakobusbrief auf den Boden der syrischen Kirche, so finden wir dort eine glänzende

---

¹) 1 ep. ad Corinth. c. 10. — Jak. 2, 23. Bei Philo fehlt diese Verbindung de verb. resip. No. p. 281. Von ihm kann Clemens diese Bezeichnung Abrahams also nicht haben. ²) c. 38. — Jak. 3, 18. ³) c. 12. — Jak. 2, 25. ⁴) c. 30. — Jak. 2, 21. ⁵) c. 23. — Jakob. 1, 5. 8. 4, 8. ⁶) Vergl. Schwegler I. 334. Zahn, der Hirt des Hermas, Gotha 1868. S. 396 f. ⁷) Simil. 8, 6. — Jak. 2, 7. ⁸) Mand. 12, 5. — Jak. 4, 7. ⁹) Mand. 12, 6. — Jak. 4, 12. ¹⁰) Die Nachweisungen bei Kern Comment. z. Jakobusbrief S. 59 f. und Schwegler I. 424 f.

Bezeugung besselben und zwar gleichfalls für die Mitte des zweiten Jahrhunderts. Die Peschito, jene Bibelübersetzung der alten syrischen Kirche aus dem zweiten Jahrhundert, führt ihn als allgemein anerkannte kanonische Schrift neben dem 1. Johannes- und 1. Petrusbrief auf, während sie vier katholische Briefe, 2. Petri, 2. und 3. Johannes und Judä nebst der Apokalypse vom Kanon ausschließt. Da sie den in der syrischen Kirche bis in die Mitte des zweiten Jahrhunderts zur Geltung gekommenen Kanon aufstellt, so muß der Jakobusbrief schon geraume Zeit vor ihrer Abfassung in Syrien allgemeine Geltung gehabt haben. Hier hat also der Brief am frühesten unbestritten überall Anerkennung gefunden und ist niemals in der Folgezeit in Bezug auf seine Aechtheit ein Zweifel entstanden. Ephräm der Syrer gebraucht ihn als eine kanonische Schrift und repräsentirt damit die Kirche des vierten Jahrhunderts. Nur Theodorus von Mopsueste (5. Jahrh.) erklärt ihn für unächt.

In der Zeit vom Ende des zweiten und Anfang des dritten Jahrhunderts an finden wir außer dem syrischen Kirchengebiet bedeutsame Spuren von der Geltung des Briefes auf anderen Kirchengebieten. In der nordafrikanischen Kirche bei Tertullian. Wir können nicht umhin, in seinen Worten: ceterum absit, ut Dominus tentare videatur[1]), eine Anspielung auf Jak. 1, 13: „Niemand sage, wenn er versucht wird, daß er von Gott versucht werde", zu finden. Diese Annahme liegt so nahe, daß Credner[2]) mit Recht es auffallend findet, daß Tertullian jene Stelle nicht citirt. Gleichfalls ohne zu citiren verräth er Bekanntschaft mit dem Brief durch die Bezugnahme auf die Benennung Abrahams als Freund Gottes und ihre Begründung[3]). Ungenannt bleibt der Brief auch bei Irenäus; aber eine Beziehung auf die Worte über Abraham 2, 23[4]) und auf die Worte von den Thätern des Worts und den „Erstlingen der Schöpfung" 1, 18. 22 finden wir bei ihm[5]). Besonders aber tritt die alexandrinische Kirche als Zeugin auf in Clemens von Alexandrien und in Origenes mit seinen Schülern. Clemens Alexandrinus hat nach des Eusebius[6]) hierin unverdächtigem Zeugniß in seinen verloren gegangenen Hypotyposen die Antilogomena, somit auch den Jakobusbrief erklärt[7]). Origenes ist der erste unter den Kirchenvätern,

---

[1]) De orat. c. 8. [2]) Einl. 609. [3]) Adv. Judaeos c. 2. [4]) Adv. haeres. IV. 16, 2, 13. 4. [5]) Ibid. V, 1. 1. [6]) Hist. eccl. 6, 14. [7]) Cassiodor. instit. div. lit. c. 8.

der den Brief ausdrücklich benennt¹), indem er die Stelle 2, 17 von dem ohne Werke todten Glauben anführt. Er thut das so, daß er den Brief als eine allgemein bekannte und als Werk des Jakobus anerkannte Schrift bezeichnet²). Außerdem citirt er verschiedene Stellen des Briefes an verschiedenen Orten und bezeugt damit, welchen Werth er ihm zuschreibt. In welchem Ansehen der Brief in der alexandrinischen Kirche blieb, ist daraus ersichtlich, daß Dionysius von Aler. die Worte 1, 13³) und 4, 1⁴) aus ihm citirt und ausführlicher interpretirt und daß Didymus caecus von Alexandrien in der Mitte des vierten Jahrhunderts einen Commentar über ihn verfaßt hat. — Eusebius von Cäsarea und Hieronymus können im vierten Jahrhundert für literarische Fragen recht wohl als Repräsentanten der ganzen Kirche, jener vorzugsweise der morgenländischen, dieser z u g l e i c h der abendländischen angesehen werden. E u s e b i u s⁵) hat zwar Recht, wenn er sagt, daß der Brief sammt dem Brief Judä nicht von V i e l e n der Alten erwähnt werde, muß aber doch ausdrücklich bezeugen, daß er in den m e i s t e n Kirchen öffentlich vorgelesen werde, also allgemein in hohem Ansehen stehe. Daß er im Laufe der Zeit a l l m ä l i g z u i m m e r g r ö ß e r e m A n s e h e n gelangt sei, muß auch H i e r o n y m u s bestätigen⁶), während er die gegen ihn zu seiner Zeit noch gehegten Zweifel erwähnt.

Beide Zeugen müssen aber auch dafür eintreten, daß noch im vierten Jahrhundert von Vielen dieser Brief J a k o b u s, d e m B r u d e r d e s H e r r n, zugeschrieben wurde. E u s e b i u s bekennt sich für seine Person und zugleich als genauer Kenner der öffentlichen kirchlichen Meinung als Vertreter der Ansicht, welche dem vom Apostel Jakobus Alphäi unterschiedenen „Bruder des Herrn" den Brief zuschreibt⁷), wenn er auch diesem den zwölf „ersten Aposteln" gegenüber das Ehrenprädikat Apostel zuertheilt, ihm als dem ersten Bischof von Jerusalem apostelgleiche Würde beilegt, und zwei Stellen citirend, 5, 13 und 16⁸), die erstere mit den Worten einführt: „es sagt der heilige Apostel". Wie schwankend und zum Theil sich widersprechend auch das Alles sein mag, was H i e r o n y m u s über die Jakobusfrage

---

¹) Comment. in Joann. T. XIX. ed Lommatzsch T. II. p. 190.
²) ὡς ἐν τῇ φερομένῃ Ἰακώβου ἐπιστολῇ ἀνέγνωμεν, d. h. nicht: in der sogenannten, s. Credner a. a. O. 610. ³) de matyr. 6. 7 ed. Sim. de magistris p. 32. 33. ⁴) excerpta var. p. 200. ⁵) h. e. 2, 23. ⁶) de vir. ill. c. 2. ⁷) h. e. II. 23. ⁸) de eccles. theol. 1. 3 und in psalm.

zu Tage förbert¹), die Thatsache muß er uns doch bezeugen, daß bei einem Theil seiner Zeitgenossen noch die Ansicht herrschte, daß Jakobus, der Bruder des Herrn, mit dem Beinamen der Gerechte, der Verfasser jenes zu den sieben katholischen Sendschreiben gehörigen Briefes sei²). Auch Origenes hält nicht Jakobus Alphäi, sondern den Jakobus, der zu den Matth. 13 genannten Brüdern Jesu gehört, die er aber als Stiefbrüder Jesu auffaßt, für den Verfasser³).

Aber wenn Eusebius von diesem Brief sagt: νοϑεύεται, so wird die Frage, worauf sich dieser Zweifel bezieht, ob auf den apostolischen Ursprung, oder auf die Abfassung von dem Nichtapostel Jakobus, dem Bruder des Herrn, von Hieronymus beantwortet, der geradezu sagt, es werde behauptet, daß er unter dem Namen des Jakobus, des Bruders des Herrn — den er selbst freilich für den Vetter Jesu, Jakobus Alphäi, hält — von einem Andern, also einem Fälscher, veröffentlicht sei. Der Widerspruch bezieht sich auf die Person des Bruders des Herrn, sofern derselbe richtig als ein leiblicher Bruder des Herrn verstanden und nicht mit dem Apostel Jakobus Alphäi identificirt wird, wie solches schon seitens des Clemens Alex. nach Eusebius Zeugniß geschah⁴). Das Bewußtsein, daß ein Nichtapostel Verfasser des Briefes sei, hinderte ebenso wie sein wenig dogmatischer und durchweg ethisch-praktischer Inhalt und seine Bestimmung für die judenchristliche Kirche, die mehr und mehr der altkatholischen aus den Augen schwand, die ganz allgemeine und ungetheilte Anerkennung, wie weit diese auch nach den erwähnten Zeugnissen in der kirchlichen Praxis auf dem Wege öffentlicher gottesdienstlicher Lesung gediehen sein mochte. Er konnte nicht allgemein als eine apostolische Schrift Anerkennung finden, weil die Ueberlieferung von seiner Abfassung durch den Bruder des Herrn sich in dem Maaße selbst im Abendlande noch geltend machte, daß von der entgegengesetzten Seite, wo man aus dogmatischem Interesse in ihm eine Apostelschrift erblicken wollte, die Behauptung aufgestellt wurde, er sei unter dem Namen jenes Jakobus von einem Fälscher fabricirt worden. Von der einen Seite zeigt sich Verwerfung der Existenz leiblicher Brüder des Herrn aus den dargelegten dogmatisch-ethischen Gründen und somit Behauptung des Ursprungs des Briefes von dem Apostel Jakobus,

---

¹) Adv. Helvid. 13. De vir. ill. 2. Comm. in ep. Gal. 1, 19.
²) De vir. ill. 2. ³) In Matth. T. X. ed. Lomm. III. p. 45. ⁴) h. e. 2, 1.

von der andern Aufrechthaltung der Abfassung des Briefes durch den leiblichen Bruder des Herrn; von der einen Seite Forderung unzweifelhaften **apostolischen** Ursprungs als Bedingung der Aufnahme in die Reihe der für die Lehre und das Leben normativen Schriften, indem die Kirchenlehrer mehr und mehr lediglich die Sitze der Apostel und ihre Schriften als Ausgangspunkte der rechten Lehre und Lebensregeln geltend machen, von der andern Seite in den Gemeinden eine über diese Schranken hinausgehende Verwerthung von Schriften erbaulichen Inhalts[1]). Daher konnte Origenes den ihm als nichtapostolisch bekannten Jakobusbrief in die Reihe der apostolisch-kanonischen Schriften nicht aufnehmen[2]) und auch für die dogmatische Beweisführung nicht verwenden[3]). Daher konnte ihn Eusebius in seinem Kanon[4]) nicht unter die ὁμολογούμενα, sondern nur unter die ἀντιλεγόμενα stellen. Unbestrittene kanonische Auctorität wurde ihm erst mit den übrigen Antilogomenen am Ende des vierten Jahrhunderts in der ganzen Kirche gezollt, nachdem auf dem oben besprochenen ethisch-dogmatischen Irrwege durch die Auctorität des Hieronymus und Augustinus die geschichtliche Ueberlieferung über die leiblichen Brüder des Herrn aus der Welt geschafft und damit der richtigen Vorstellung von der Abfassung des Briefes durch Jakobus, den Nichtapostel und leiblichen Bruder des Herrn, der Boden entzogen worden war.

Merkwürdig ist dagegen, daß die syrische Kirche von Anfang an diesen Brief als einen vollgültigen und unzweifelhaft kanonischen ansah und ihn in ihre älteste, von allen ihren Parteien und Richtungen gleichmäßig anerkannte Uebersetzung aufnahm, während in der lateinischen und in der griechisch-morgenländischen Kirche noch bis in das vierte Jahrhundert hinein seine Aufnahme in die Reihe der unzweifelhaft kanonischen Schriften des N. T. beanstandet wurde. Jene Thatsache ist um so bedeutsamer, als vier der s. g. katholischen Briefe, mit denen er auf den übrigen Gebieten der Kirche im dritten und vierten Jahrhundert den Antilogomenen beigezählt wird, 2. Petri, 2. und 3. Joh. und Judä, in die alte kirchliche Uebersetzung keine Aufnahme fanden. Das setzt voraus, daß er in der syrischen Kirche schon vor dem Entstehen jener Uebersetzung als ein solcher bekannt geworden,

---

[1]) Vergl. Reuß a. a. O. §. 311. [2]) Euseb. h. e. 6, 25. [3]) In Joann. T. XX. 10, Lomm. p. 214. In Matth. T. X. Lomm. III. 46. [4]) h. e. 3, 25.

gegen beſſen Auctorſchaft und Inhalt kein Widerſpruch oder Bedenken
ſich erhob, und daß er eben ſo wie die übrigen kanoniſchen Schriften
allgemein in kirchlichen Gebrauch gekommen war. Das konnte aber
nur geſchehen, wenn der Verfaſſer, deſſen Name an der Spitze ſteht,
der ſyriſchen Chriſtenheit ein Mann von vollgültiger Auctorität war.
Welcher Jakobus aber konnte nur ſolch ein Anſehen genießen, daß
ſein Brief ſo allgemeine Anerkennung und Werthſchätzung erfuhr?
Die Antwort auf dieſe Frage giebt die Geſchichte des Jakobus, deſſen
Geſtalt und Geſchichte uns aus der Apoſtelgeſchichte von c. 12 an
und aus den pauliniſchen Zeugniſſen im Galater= und 1. Corinther=
brief entgegengetreten iſt. Jakobus, der Bruder des Herrn, der Nicht=
apoſtel, wird, wie wir geſehen haben, auf dem Boden der ſyriſchen
Kirche im Unterſchiede von den 12 Apoſteln als ein Mann von hohem
apoſtelgleichem Anſehen geehrt. In den Meſſalien und Lektionarien
der ſyriſchen Kirche wird als Verfaſſer des Briefes immer Jakobus
der Bruder des Herrn genannt[1]). Ephräm der Syrer vertritt noch
im vierten Jahrh. dieſe öffentliche Meinung der ſyriſchen Kirche, indem
er als Verfaſſer des von ihm als kanoniſch gebrauchten Briefes Ja=
kobus den Bruder des Herrn bezeichnet[2]). Wenn daneben in der alten
ſyriſchen Kirche ſtatt dieſes Jakobus auf Jakobus Zebedäi hin=
gewieſen, und dieſer Name entſprechend der Zuſammenſtellung der
Namen Jakobus, Petrus und Johannes als der Verfaſſer der be=
züglichen drei Briefe im Blick auf die Verklärungsgeſchichte Matth. 17
als Name des Verfaſſers hingeſtellt wird, ſo erklärt ſich das aus der
auch hier wie in der abendländiſchen Kirche eingetretenen Neigung, zur
Begründung des kanoniſchen Anſehens den Brief auf apoſtoliſchen Urſprung
zurück zu führen[3]). Jedoch wurde dieſe Anſicht in der ſyriſchen Kirche
nicht die herrſchende, wie Ephräms Beiſpiel zeigt. Der Brief war
und blieb in derſelben, wie gezeigt, als eine Schrift des Jakobus, des
Bruders des Herrn, anerkannt. — Mit dieſer Thatſache ſtimmt nun
zuſammen, daß dieſer Jakobus, der hochangeſehene Vorſteher der Mutter=
gemeinde in Jeruſalem, zu den ſyriſchen Chriſten von Anfang an in
den Apoſt. 15 und Gal. 2 bezeugten lebhaften Beziehungen ſtand.
Wir dürfen vermuthen, daß die ſyriſchen Chriſten aus dem Juden=
thum zu dem Leſerkreiſe gehörten, an welche der Brief nach der Ueber=

---

[1]) Bleek Einl. 1. A. S. 541. [2]) Op. graec. tom. III. p. 51. [3]) Credner S. 586.

schrift zuerst adressirt war. W. Schmidt bemerkt mit Recht¹): „Jedenfalls stand die syrische Kirche, welche von Palästina aus gestiftet ward, mit Jerusalem in enger Verbindung und nach Syrien wird unser Brief allem Anschein nach zuerst gelangt sein".

II. Der Leserkreis des Jakobusbriefes²).

1. Die Adresse.

„An die 12 Stämme in der Zerstreuung" lautet die Adresse des Briefes.

Der Ausdruck Diaspora weist nach seiner unzweifelhaften geschichtlichen Bedeutung auf Leser jüdischer Abstammung außerhalb Palästinas hin und schließt die Auffassung aus, daß in den Leserkreis irgendwie Palästina mit eingeschlossen sei³). Die Aufschrift: an die zwölf Stämme, bezieht sich unzweifelhaft auf die nationale Zugehörigkeit zu dem Volke Israel⁴). Die objective geschichtlich-geographische Bedeutung der „Diaspora" als der außerpalästinensischen unter den Heiden zerstreut lebenden Glieder des Volkes Israel macht es unmöglich, bei den Lesern mit Blom⁵) zugleich an die palästinensischen Christen oder mit Thiersch an solche Christen, die, „obwohl im heiligen Lande wohnend, sich wie in der Fremde gefühlt hätten", oder mit Hofmann⁶) an die Gläubigen aus Israel als das Volk Gottes, das überall in der Fremde, ob in oder außerhalb der irdischen Heimath lebte, zu denken, verbietet aber auch von der nationalen Bestimmtheit des Leserkreises völlig abzusehen und nur an das geistliche Israel, das wahre neutestamentliche Volk Gottes, welches alle Christusgläubigen umfasse, zu denken⁷). Die dafür angezogenen Stellen bei Paulus⁸) und bei Petrus⁹) zeigen nur, daß die Leser als „Israel, Israel Gottes, Abrahams Same, Beschneidung im

---

¹) A. a. O. S. 150. ²) Vergl. Beyschlag der Jakobusbrief, theol. Stud. und Krit. 1874. 124 f. Hilgenfeld Einleit. S. 529 und Zeitschrift f. wiss. Theol. 1873: der Brief des Jakobus S. 1 f. W. Schmidt a. a. O. S. 44. ³) Diaspora ist ein terminus technicus für die Gesammtheit der außerhalb Palästinas unter den Heiden zerstreut lebenden Juden. 2. Macc. 1, 27. Judith 5, 19. Jesaj. 49, 6. Sept. ⁴) Matth. 19, 28. Apost. 26, 7. ⁵) Blom de Brief van Jakobus. Dordrecht 1869. ⁶) Der Brief Jakobi a. a. O. S. 19. ⁷) Mauduit bei Wolf curae phil. de Wette, Köster Stud. und Krit. 1831. S. 588. Schwegler a. a. O. I. 421 f. Hengstenberg Ev. K.-Zeit. 1866. S. 1100. ⁸) Röm. 2, 29. 9, 6 ff. Gal. 3, 7 f. 6, 16. ⁹) 1. Petr. 2, 9 ff.

Geist, heiliges Volk, Volk des Eigenthums, Volk Gottes" gerade im Gegensatz gegen die **nationale fleischliche** Abstammung mit alleiniger, durch den Zusammenhang deutlich hervorgehobener, Beziehung auf das geistliche Leben im Glauben an Jesum Christum bezeichnet werden. Es ist unzweifelhaft, daß mit dieser übertragenen Redeweise sich der rein geschichtlich-geographische Sinn des Ausdrucks in der Adresse in keiner Weise deckt. Auch bietet sich kein Anhalt für die Meinung[1]), daß mit den Worten: „in der Diaspora" vielleicht zugleich auf das Verhältniß der Abhängigkeit und des Druckes, in welchem die Christen, ähnlich den zerstreuten Juden, zu den **Heiden** gestanden hätten, angespielt werde, was allerdings 1. Petri 1, 1 der Fall ist, wo die Christen wegen des feindlichen Gegensatzes der **Welt** nach Analogie des Verhältnisses der jüdischen Diaspora in der **Heidenwelt** als „Fremdlinge und Pilgrimme" angeredet wurden. Nicht minder schließt die Adresse die Meinung aus[2]), daß hier die ganze unterschiedslose außerpalästinensische Christenheit, also die Gesammtheit aller Gläubigen, der **Mutterkirche** in Jerusalem als räumlichem Mittel- und Ausgangspunkt christlichen Wesens, entgegengesetzt werde. Vielmehr kommt nach den einfachen schlichten Worten der Ueberschrift die **außerpalästinensische Christenheit** nur so weit in Betracht, als sie dem in der Zerstreuung unter den Heiden lebenden Theil des **jüdischen Volkes** angehört: „das geistliche Israel, das aus dem Israel nach dem Fleisch innerhalb der Heidenwelt bereits gewonnen war"[3]).

Daß der Brief nur an **Christen** gerichtet ist, muß gegen die Behauptung[4]), seine Adresse umfasse **bekehrte und unbekehrte Juden**, festgehalten werden; denn nirgends findet sich in dem Inhalt eine Spur davon, daß der Brief eine Missionsepistel sei, oder wie die Judenchristen so auch die Juden etwa warnen solle[5]), sich durch den Haß und die Verfolgung seitens der Heiden zur Empörung gegen die römische Obrigkeit hinreißen zu lassen, oder auch nur theilweise den Zweck habe, Nichtchristen den Weg der Bekehrung zum Glauben an Christum zu zeigen.

---

[1]) De Wette Erkl. [2]) De Wette — Brückner, Erkl. — Hengstenberg der Apostel Jakobus, Evang. K.-Zeitung 1866. S. 1089. [3]) W. Schmidt a. a. O. S. 47. [4]) Grot. Wolf, Thiele, Guericke, Credner, J. P. Lange, Comm. S. 18. [5]) Lange.

2. Nur Judenchristen in der Diaspora.

An Christen, und zwar nur an Christen aus der Diaspora, nicht an die Diaspora überhaupt schreibt der Verfasser. Große, allgemein christliche Gesichtspunkte sind's, unter denen er die Leser als christgläubige Menschen anschaut und anredet, die wegen ihres Christenstandes unter mancherlei Anfechtungen stehen, 1, 27 f., die mittelst des Wortes der Wahrheit durch des Vaters Willen zu einem neuen Leben geboren sind, 1, 18, mit ihm, dem Knecht Jesu Christi, Unterthanen Jesu Christi des Herrn der Herrlichkeit geworden, 2, 1, auf seine Wiederkunft als Retter trostbedürftig warten, 5, 7, und auf sein nahes Erscheinen als Richter sich in ernster Heiligung bereit halten, v. 8. 9. Hier will ein Christ nur an Christen schreiben. Der in dem gemeinsamen Glauben an Jesum Christum als den „Herrn", den „Herrn der Herrlichkeit", begründete Rapport zwischen dem Verfasser und den von ihm oft als seine „Brüder" angeredeten Lesern schließt Nichtchristen oder unbekehrte Juden als Mitempfänger des Briefes aus. Man hat die Mitbestimmung für Juden aus 5, 1—6 erweisen wollen, weil Jakobus dort die Reichen als ungläubige Leute anrede. Aber gesetzt, diese Auffassung der Reichen als Nichtchristen ließe sich exegetisch rechtfertigen, was wir nicht annehmen, so wäre diese Apostrophe als eine rhetorische Wendung anzusehen, welche durch die Bewegung und Erregung seines Gemüths im Blick auf die mannigfachen Bedrückungen und Leiden, welche die Christen von den reichen und herrischen Volksgenossen erfuhren, veranlaßt wurde. Huther weist unter der noch fraglichen Voraussetzung, daß Jakobus nicht christliche Reiche meine, treffend darauf hin[1]), daß ja auch die Propheten so oft in ihren Reden an die Feinde Israels direkt ihre Worte richteten.

Andererseits ist aber ebenso wenig an eine Mitbestimmung des Briefes für Heidenchristen zu denken[2]). Außer der national-geschichtlichen Bedeutung der Ueberschrift ist es der gesammte Inhalt des Briefes, welcher die Beziehung auf Heidenchristen als Empfänger oder Mitempfänger des Briefes ausschließt und die Bestimmung desselben für Judenchristen allein außer allen Zweifel stellt. Daß der Brief eine polemische Beziehung auf paulinische Heidenchristen

---

[1]) Comm. Einl. §. 2.   [2]) Lutterbeck, N. T. Lehrbegriffe II. 52 ff. 169 ff.

habe, und die „Reichen" als Heidenchristen ansehe¹), ist mit Recht als ein Postulat der Tübinger Kritik bezeichnet worden²), welche diese Behauptung als einen B e w e i s dafür geltend macht, daß der Jakobusbrief ein Dokument des Ebionitismus aus dem zweiten Jahrhundert sei, und von antipaulinischem, aber gemäßigt ebionitischem Standpunkt die Sache der „Reichen", d. h. das paulinische Heidenchristenthum, als hochmüthige Begriffsweisheit, als geschwätzige Streitfertigkeit, als Weltliebe und Weltlust, Gewinnsucht, Hochmuth und Lieblosigkeit darstelle. Dabei wird die doppelte falsche Voraussetzung gemacht, daß eine Polemik gegen die Reichen durch den ganzen Brief sich hinziehe, und daß in diesem Gegensatz von Reich und Arm alle anderen bestehenden Gemeindedifferenzen zusammengefaßt seien. Die Bekämpfung des feindlichen Verhaltens der Reichen bildet nur ein einzelnes Moment in dem Inhalt des Briefes. Die R e i c h e n sind in e i g e n t l i c h e m , nicht in metaphorischem Sinne, sei's als Heidenchristen³), sei's als ebionisirende Judenchristen den Armen als den Heidenchristen gegenüber⁴), zu verstehen⁵). Bei den Streitigkeiten, die in der vermeintlichen Weisheit ihren Ursprung haben sollen, 2, 14 ff. 6, 13 f. 4, 1 ff., ist nicht an Streitigkeiten zwischen Juden- und Heidenchristen⁶), sondern an Störung des Friedens und Anstiftung von Zwietracht innerhalb der judenchristlichen Gemeinschaft selbst zu denken.

Für die Annahme, daß der Brief für die G e s a m m t h e i t der aus J u d e n - und H e i d e n c h r i s t e n bestehenden Kirche außerhalb Palästinas bestimmt sei, wird die angeblich antipaulinische Beziehung der Stelle 2, 14—26 als Hauptgrund geltend gemacht. Hier sei ein offenbarer Gegensatz gegen die paulinische Rechtfertigungslehre ausgesprochen: aus den Werken werde ein Mensch gerechtfertigt und nicht aus dem Glauben allein. Aber was geht diesem angeblich antipaulinischen Abschnitt v o r a n? Ermahnungen zur Bethätigung des Wortes, insbesondere Ermahnung zur Liebe. Dazu dient 2, 14 ff. als Begründung⁷). Die Leser werden von 1, 22 bis 2, 13 ermahnt, nicht blos Hörer, sondern auch Thäter des Wortes zu sein, sich nicht blos mit einem Hineinschauen in den Spiegel desselben zu begnügen,

---

¹) Kern, Schwegler a. a. O. I. S. 413 f. ²) Reuß Einl. S. 146 Anm. ³) Schwegler. ⁴) J. P. Lange a. a. O. 19. ⁵) Vergl. die treffenden Ausführungen von E. Pfeiffer: die Abfassungszeit des Jakobusbriefes, Stud. und Krit. 1872. S. 96 f. ⁶) Gegen Kern, de Wette, Schwegler. ⁷) S. Pfeiffer der Zusammenhang des Jakobusbriefes in Stud. und Krit. 1850. S. 170 f.

sondern das in sie eingepflanzte Wort mit Sanftmuth anzunehmen und zu vollbringen. Sie sollen es nicht bei einem äußerlichen Gottesdienst bewenden lassen, sondern auch die Werke barmherziger Liebe an Wittwen und Waisen üben und sich eines von der Welt her unbefleckten Wandels befleißigen. Sie werden getadelt wegen Zurücksetzung der Armen und ermahnt zur Erfüllung des königlichen Gebotes der Liebe und des ganzen Gesetzes. Hinter jenem Abschnitt von c. 3 an folgen wiederum Ermahnungen und Warnungen, welche deutlich verschiedene sittliche Schäden und Gebrechen hervortreten lassen. In solchem Zusammenhang erweisen sich die Worte 2, 14 ff. keineswegs als eine dogmatische Exposition gegen Pauli Rechtfertigungslehre oder auch nur gegen eine üble Anwendung derselben[1]). Das Object der Polemik ist nicht ein vom Heidenchristenthum in den Leserkreis eingedrungener Paulinismus[2]), oder eine Berufung auf paulinische Auctorität, sondern eine innerhalb des Leserkreises hervorgetretene Reaktion des Judaismus, bestehend in einer todten Orthodoxie und falschen Glaubensseligkeit, bei der man sich mit einem bloßen Kopfglauben und Wissen der Wahrheit, ohne sie zu thun, begnügte[3]). Wo ist im Briefe auch nur angedeutet, daß der Verfasser die ihm genau bekannten sittlichen Mißstände aus dem Einfluß paulinischen Heidenchristenthums oder paulinischer Rechtfertigungslehre hergeleitet habe?[4]) Während diese sich gegen die todten Werke als Grund der Rechtfertigung und des Heils wendet und den lebendigen Glauben an Christus fordert, kehrt unser Brief seine Waffen nicht etwa gegen eine Doktrin, daß der Glaube allein ohne Werke zur Rechtfertigung führe[5]), sondern gegen sittliche Laxheit im practisch-christlichen Leben, gegen einen todten Glauben, der sich hinsichtlich des Wortes der Wahrheit mit dem Hören, Wissen, Reden und Bekennen begnügt, und fordert eine lebendige Bethätigung desselben gegenüber den die todte Orthodoxie begleitenden, aus dem Mangel lebendigen Glaubens hervor-

---

[1]) Vergl. die besonders gegen Holtzmann und W. Grimm gerichtete treffliche ausführliche Widerlegung dieser Ansicht als „einer Art von wissenschaftlicher Sinnentäuschung" von Beyschlag a. a. O. S. 116 f. und Pfeiffer a. a. O. 101. [2]) De Wette, Bleek, Reuß, Ewald, Hilgenfeld Zeitschrift f. wiss. Theologie 1873. S. 14 f. W. Schmidt a. a. O. S. 180 f. [3]) Schneckenburger, Neander, Thiersch, Hofmann, Weiß, Huther, Ritschl Entstehung der altkathol. Kirche 1857. 2 A. S. 109 f. [4]) Gegen Hilgenfeld a. a. O. S. 18 f. [5]) Gegen Kern Comment. 67 f., Lechler a. a. O. 170. Schürer (Recens. v. Mangolds. Bearbeit. der Bleek'schen Einl., Stud. Krit. 1876.)

gehenden Mißständen des religiös-sittlichen und socialen Lebens[1]). Treffend bemerkt Thiersch[2]), der Verfasser kämpfe hier nicht gegen eine üble Anwendung der paulinischen Lehre, noch weniger gegen Paulus selbst, sondern gegen den hervorstechendsten Charakterzug der damaligen jüdischen Orthodoxie und jeder innerlich erstorbenen Rechtgläubigkeit. Ohne Grund wird von Baur[3]) geleugnet, daß eine solche Sinnesweise unabhängig vom paulinischen Einfluß in judenchristlichen Kreisen hätte entstehen können. Denn in der That lassen sich in dem hervortretenden Defekte des religiös-sittlichen Lebens eigenthümliche Charakterzüge des jüdisch-fleischlichen Sinnes und des natürlichen Judaismus erkennen: der fanatische rechthaberische Eifer des jüdischen Orthodoxismus, die pharisäische Selbsttäuschung in Bezug auf das Haben, Hören, Wissen, Verstehen des Gesetzes ohne wirkliche Bethätigung desselben[4]), die dem jüdischem Geiste eigenthümliche Lehr-Disputier- und Streitsucht, der nur in Wissen aufgehende, blos fürwahrhaltende Glaube ohne Erneuerung und Heiligung des Lebens mit dem Wahn, mit solch einem todten Gottes- und Messiasglauben an sich schon das Wohlgefallen Gottes zu besitzen, die Zügellosigkeit der Zunge, besonders im leichtfertigen Schwören, das kriechende schmeichelnde Verhalten gegen die Reichen und das rücksichtslose lieblose Verhalten gegen die Armen, das hab- und gewinnsüchtige Treiben, die Betriebsamkeit und Vermessenheit im Pläne- und Geschäftemachen. Das Alles sind charakteristisch-jüdische Züge in der Gestalt dieses Gemeindelebens.

Sie lassen keinen Zweifel darüber, daß der Verfasser als Judenchrist eben nur an Judenchristen schreibt und irgend welches Heidenchristenthum völlig außerhalb seines Gesichtskreises liegt. Das wird außer der Ueberschrift: „an die 12 Stämme" bestätigt durch den Gebrauch des jüdischen Wortes „Synagoge", welches nicht die jüdische Synagoge, zu der etwa sich die Leser hielten[5]), sondern die Stätte der christlichen gottesdienstlichen Versammlungen bezeichnet 2, 2, durch die Bezeichnung Abrahams als unseres Vaters 2, 21, durch die durchgängige Auffassung des Christenthums als der wahren Erfüllung des Gesetzes und durch den auffallenden Reichthum des

---

[1]) Vergl. E. Pfeiffer der Zusammenhang des Jakobusbriefes. Stud. und Krit. 1850. S. 170 f. [2]) Die Kirche d. apost. Zeitalters S. 109. [3]) Paulus S. 685. [4]) Vergl. Röm. 2, 17 f. [5]) Weiß Jakobus und Paulus in d. deutschen Zeitschrift 1852.

Briefes an Gedanken und Worten aus den alttestamentlichen und apokryphischen Schriften.

Jakobus schreibt nur an Judenchristen; und zwar richtet er seinen Brief nach der Adresse „an die 12 Stämme in der Diaspora" an die Gesammtheit der Judenchristen außer Palästina als das geistliche Israel, an das in der Heidenwelt zerstreute Volk Gottes, das er nach Analogie des alttestamentlichen zerstreuten Volkes so bezeichnet.

3. Die zeitliche und räumliche Bestimmung des Leserkreises.

Die Frage, ob und wie der judenchristliche Leserkreis sich örtlich oder seinem Umfange nach näher bestimmen lasse, fällt mit der Frage nach der Zeit der Abfassung des Briefes zusammen. Die Thatsache, daß es in dem Brief an irgend welcher Bezugnahme auf paulinische Lehre oder paulinisches Heidenchristenthum mangelt, berechtigt zu der Annahme, daß der Brief noch vor dem Apostelconvent geschrieben sei[1]); denn, sagt Huther[2]) ganz treffend, nach jener Zeit war der paulinische Grundsatz, daß der „Mensch nicht aus Werken", sondern „aus Glauben" gerechtfertigt werde, nicht nur allgemein bekannt geworden, sondern hatte auch so gewaltig die Gemüther in der Christenheit bewegt, daß es undenkbar erscheint, daß Jakobus dem gegenüber noch in völliger Unbefangenheit sein: „aus Werken wird ein Mensch gerechtfertigt, und nicht aus Glauben allein" aussprechen konnte, ohne sich damit in ein bestimmtes Verhältniß zu der — sei es mißverstandenen oder nicht mißverstandenen — Lehre des Apostels Paulus zu setzen. Daß der Brief noch vor dem Circularschreiben Apostelgesch. 15, 23 ff. verfaßt sei, erhellt unzweifelhaft aus der auf diesem Convent geführten Verhandlung über die sehr wichtige Frage in Betreff der Beziehungen der Heidenchristen zu den Judenchristen hinsichtlich des Gesetzes und der Regelung des Verhaltens der ersteren durch die vereinbarten vier Punkte. Von dergleichen Beziehungen und streitigen Fragen findet sich im Jakobusbrief keine Spur, weil ihm jede Beziehung auf Heidenchristen und Heidenchristenthum fehlt[3]).

Weiter aber läßt sich aus diesem völligen Mangel irgendwelcher Beziehungen des Briefes auf Heidenchristen oder Berührungen der Leser

---

[1]) Eichhorn, Schneckenburger, Thiersch, Neander. [2]) Commentar, Einl. zur Erklärung S. 5. [3]) Vergl. Mangold in Bleek's Einleitung z. N. T. 3 A. S. 633 f.

mit Heidenchristen annehmen, daß die Zeit der Abfassung noch **vor dem Beginn der offiziellen Heidenmissionsthätigkeit Pauli**[1]) von Antiochien aus zusetzen sei[2]).

Denn nicht erst bei den den Apostelconvent veranlassenden Bewegungen, die durch die pharisäischen Judenchristen in Antiochien hervorgerufen waren[3]), sondern schon im Verlauf der ersten Missionsreise[4]) hatte Paulus Veranlassung, außer der gewöhnlichen Bezeugung der Thatsache des Todes und der Auferstehung Christi und der Aufforderung zum Glauben an ihn als den Sohn Gottes und den Christ im **Gegensatz** gegen das dem Evangelium feindliche, auf das Gesetz pochende Judenthum die Wahrheit $πᾶς\ ὁ\ πιστεύων\ δικαιοῦται$[5]) mit scharfer Betonung hinzustellen. In dieser gegensätzlichen Beziehung gestaltete sich auf jener Reise im weiteren Verlauf der Missionsthätigkeit Pauli die Bildung und Organisation **heidenchristlicher** Gemeinden[6]). Wie er unter den Juden und Proselyten das Evangelium verkündigte, zeigt das Beispiel der Synagogenpredigt in **Antiochien in Pisidien**[7]). Sein $εὐαγγελίζεσθαι\ τὴν\ πίστιν$ in **Syrien** und **Cilicien**, welches er selbst[8]) bezeugt, war in den Augen der judenchristlichen Gemeinden in „Judäa" der Art, daß sie voll von Staunen über dieses Wirken des ehemaligen Verfolgers und Zerstörers des Glaubens Gott lobeten, sich also im Glauben mit ihm völlig Eins wußten und seine Verkündigung der Heilswahrheit mit ihrer Auffassung derselben nach Form und Inhalt als wesentlich gleich erkannten[9]). Was wir **rückwärts** von der Zeit seines dortigen Wirkens wissen, zeigt ihn uns als einen Verkündiger des Evangeliums unter den Juden. Diesen predigt er bei seiner zweiten, dem Aufenthalt in Syrien und Cilicien vorangehenden Anwesenheit in **Damaskus**, wo er sich einige Zeit nach der Rückkehr aus **Arabien** in der judenchristlichen Gemeinde aufhielt, und von wo er auf kurze Zeit nach Jerusalem ging[10]), daß „Jesus der Christ sei"[11]). Diese Thatsache und die Notiz, daß er gleich nach seiner Bekehrung in Damaskus eifrig in den **Synagogen** verkündigte, daß Jesus der Sohn Gottes sei[12]), läßt uns schließen, daß er auch während des

---

[1]) Apost. 13, 2 f. [2]) J. D. Michaelis Einl. in d. N. T. 2. Th. S. 1438. 4 A. [3]) Apost. 15, 1. [4]) Apost. 13. [5]) Apost. 13, 39 f. [6]) Apost. 14, 21 f. [7]) Apost. 13, 16—41. [8]) Gal. 1, 21—24. [9]) Gal. 1, 23. 24. Vergl. Weiß bibl. Theol. S. 199. [10]) Gal. 1, 18. [11]) Apost. 9. 22 f. vergl. mit Gal. 1, 17. [12]) Apost. 9, 19. 20.

dazwischen liegenden dreijährigen Aufenthalts in Arabien¹) unter den Juden das Werk der Mission getrieben haben wird, indem wir ihn uns dort nicht unthätig denken können. Daß er aber bis zu seiner ersten Anwesenheit in Jerusalem und nach der Begegnung mit Petrus und Jakobus daselbst, also bis zu drei Jahren nach seiner Bekehrung²), bis zum Anfang der vierziger Jahre noch nicht den Heiden gepredigt hatte, erhellt aus seinem Bericht³) über die ihm damals in Jerusalem gewordene Vision, durch die ihm der Herr gebot, eilend Jerusalem zu verlassen, da er ihn mit der Botschaft des Evangeliums in die Ferne zu den Heiden senden wolle.

Wir haben uns also einen Stufengang in der Missionsthätigkeit Pauli zu denken. Bis zu seinem ersten Aufenthalt in Jerusalem bei Petrus und Jakobus⁴) hat er hauptsächlich unter den Juden das Evangelium ausgebreitet in voller Glaubensgemeinschaft mit der Urgemeinde, dann etwa zehn Jahre⁵) unter Juden und Heiden in Syrien und Cilicien unter lobpreisender Anerkennung seitens der Urgemeinde ohne Differenz mit ihren Anschauungen und Lehrformen⁶) den Glauben verkündigt. Dann wurde er von dort nach dem ihm gewordenen Beruf zum Apostel der Heiden auf seinem Berufswege immer ausschließlicher in das Gebiet der Heidenmission geführt, nachdem er durch Barnabas von Tarsus⁷) zu der Arbeit der Heidenmission, welche innerhalb der ins Leben getretenen heidenchristlichen Muttergemeinde in Antiochien, in Syrien und von dort aus sich entfaltete⁸), herbeigeholt worden. "Sollte er aber die Heiden als solche bekehren, so mußte er ihnen ein Evangelium verkündigen, welches sie von der Lebensordnung des jüdischen Gesetzes frei sprach, weil die Forderung der Gesetzesannahme sie ja zu Juden gemacht hätte"⁹). Die Heidenchristen in Antiochien traten unabhängig von den Formen des Judenthums im Unterschiede von dem an dieselben sich anschließenden, längst schon dort vorhandenen Judenchristenthum als selbständige Gemeinschaft auf. Die offizielle Sendung des Barnabas von Jerusalem nach Antiochien in Folge der Nachricht von der Bildung der ersten **heidenchristlichen Gemeinde**¹⁰) hatte ihren Grund in den der Urgemeinde sich aufdrängenden Bedenken wegen der Unreinheit der Heiden

---

¹) Gal. 1, 17. 18. ²) Gal. 1, 18. ³) Apost. 22, 17—21. ⁴) Gal. 1, 18. 19. ⁵) Vergl. Gal. 2, 1 und 1, 19 mit Apost. 11, 26. ⁶) Weiß S. 198. ⁷) Apost. 11, 25 f. vergl. 9, 30. ⁸) Apost. 11, 22—26. ⁹) So treffend Weiß a. a. O. 199. ¹⁰) Apost. 11, 22.

und der Lebensgemeinschaft mit denselben. Das erhellt wie aus den späteren Vorgängen, so auch schon aus dem Rechten und Streiten der die Beschneidung und das Gesetz betonenden jerusalemischen Christen mit Petrus, als dieser mit den bekehrten Heiden in Cäsarea Haus- und Tischgemeinschaft gehalten hatte[1]). Um so mehr aber ist jenes Motiv der förmlichen offiziellen Sendung des Barnabas anzunehmen, als in Antiochien, wie in Phönizien und auf Cypern, bereits seit vielen Jahren eine judenchristliche Gemeinschaft von Gläubigen durch die in der Stephanischen Verfolgung aus Jerusalem versprengten Verkündiger des Evangeliums entstanden war, und Einige derselben, Männer aus Cypern und Cyrene, den Anstoß zu jener Heidenbekehrung gegeben hatten[2]).

Wußte Jakobus das Alles bei der nahen Bekanntschaft mit Paulus und bei seinen engen Beziehungen zum außerpalästinensischen Christenthum, wie hätte er, eine der drei Säulen der Urgemeinde, die Beziehungen der Judenchristen zur Gemeinschaft der aus den Griechen gewonnenen christlichen Brüder in der Hauptstadt Syriens und im syrischen Lande völlig außer Augen lassen können, nachdem in einer der judenreichsten Großstädte der Heidenwelt bereits eine heidenchristliche Gemeinde mit einem ihr von den Heiden gegebenen, sie vom Judenthum scharf unterscheidenden Namen gebildet hatte?[3]) Daß die Judenchristen, die längst in Syrien, besonders in Antiochien, vorhanden waren[4]), und sich dann nach Begründung des Heidenchristenthums und der Heidenmission daselbst mit den Heidenchristen zu einer großen christlichen Gemeinschaft zusammenschlossen, zum Leserkreise des Jakobus gehört haben, ist bei den engen Beziehungen, die zwischen Palästina und Syrien bestanden, unzweifelhaft. Wie hätte er ohne Bezugnahme auf jene großen Ereignisse und auf die dadurch verursachten Bewegungen an sie schreiben können? „Es scheint, wie wenn die griechische Kirche, wie sie von Paulus aufgerichtet worden, noch gar nicht bestanden hätte"[5]).

Wir nehmen daher an, daß der Brief nicht blos vor dem Apostelconvent und der offiziellen Heidenmission und gemeindebildenden Wirksamkeit Pauli auf dem Gebiet des Heidenthums während der ersten Missionsreise, sondern schon vor der Entstehung der heidenchristlichen

---

[1]) Apost. 11, 1—3. [2]) Apost. 9, 19. 20. [3]) Apost. 11, 26. [4]) Apost. 11, 19. [5]) So Thiersch a. a. O. S. 107.

Muttergemeinde in Antiochien und vor der Entfaltung der Heiden=
mission von dort aus an die Judenchristenheit gerichtet worden sei[1]).

Für eine so frühe Zeit der Abfassung, in der das Judenchristen=
thum noch nicht durch das Heidenchristenthum zum scharfen Gegensatz
gegen das Judenthum gediehen war, und sich noch im Stadium pri=
mitiver und elementarer Entwickelung befand, sprechen in dem Brief
mehrere Momente des christlichen Gemeindelebens und seines Verhält=
nisses zum außerchristlichen Judenthum, wobei sich eine Aehnlichkeit mit
den in der Apostelgeschichte bezeugten Zuständen und Verhältnissen der
Urgemeinde nicht verkennen läßt.

Der Gebrauch des Ausdrucks: „eure Synagoge" für die gottes=
dienstliche Versammlung bezeugt einen engen Anschluß der christlichen
Gottesdienstform an die jüdische, wie er in Jerusalem im Besuchen
des Tempels und in Bezug auf alttestamentliche Schriftlesung und
die jüdischen Gebetszeiten sich darstellt. Das Institut der Aeltesten[2])
tritt hier ebenso als eine selbstverständliche Vorsteherschaft der Ge=
meinde auf, wie in der Urgemeinde[3]), und zwar als eine Nachbildung
oder Umbildung des Vorsteheramts der Synagoge. Die Lehrthä=
tigkeit wird noch ohne feste Form und Ordnung von den einzelnen
Gemeindegliedern begehrt und ausgeübt[4]). Das Charisma der Hei=
lung ist, und zwar hier unter Gebet und Salbung mit Oel, in
Uebung, wie in der Urgemeinde, wo durch Petrus es wiederholt
sich wirksam erweist, und seine volle Wirkung wird als etwas
Selbstverständliches vorausgesetzt, 5, 15[5]). Das Gebet wird mit
gleichem Ernst und Nachdruck als ein Hauptstück der christlichen
Frömmigkeit hervorgehoben, wie es in der Gemeinde zu Jerusalem
thatsächlich hervortritt, 1, 5. 4, 2 f. 5, 13 f. Die objectiven Lehr=
momente beschränken sich in Bezug auf die Person und Wirksam=
keit Christi auf seine königliche Herrlichkeit im Himmel, auf
seine als nahe gedachte Wiederkunft zur Stärkung und Tröstung,
wie zum Gericht 5, 7—9, und auf die Kraft des Wortes der Wahr=
heit als Quell der Wiedergeburt 1, 19. Die christliche Lehre erscheint
in ihren Hauptpunkten hier noch unentwickelt[6]), ja in ähnlicher Weise
unentwickelt und primitiv formlos, wie in der Urgemeinde, wo in den
Reden Petri die Messianität Jesu, seine Erhöhung zu göttlicher

---

[1]) Gegen W. Schmidt S. 180 f. [2]) 5, 14. [3]) Apost. 11, 30. 15, 2.
[4]) 3, 1. [5]) Vergl. Marc. 6, 13. [6]) Vergl. E. Pfeiffer a. a. O. S. 99.

Herrlichkeit und sein Wiederkommen zum Gericht betont wird, ohne daß die sühnende Kraft des stellvertretenden Leidens Christi hervorgehoben wird, während andererseits die heilskräftige Macht des Wortes Gottes, welches Gott den Kindern Israel durch Jesum habe verkündigen lassen, in den Vordergrund tritt. Apostelgesch. 2—10. Dort wie hier beim Lehren und Hören das unmittelbare hoffnungsfrische und freudigernste Aufschauen zu der nahe erwarteten Wiederkunft des Herrn der Herrlichkeit als Hauptmotiv zu dem sich bereit halten und sich rüsten auf das Erscheinen und Bestehen vor seinem Angesicht, ganz entsprechend dem Inhalt der eschatologischen Reden des Herrn. Nicht minder wird jene Annahme einer sehr frühen Abfassungszeit durch die im Brief angedeuteten engen **Beziehungen dieser Christengemeinden zu dem sie umschließenden jüdischen Leben**, und zwar sowohl in religiöser, wie in socialer und bürgerlicher Hinsicht, unterstützt. Hier sind noch Verhältnisse und Zustände eigenthümlicher Art, welche nur aus dem noch nicht seit langer Zeit datirenden Eintritt des Christenthums als einer ein neues religiös-sittliches Leben schaffenden und eine neue Lebensgemeinschaft bildenden Macht sich erklären lassen. In **religiöser und gottesdienstlicher Hinsicht** setzt der Brief noch eine nahe Beziehung zwischen christgläubigen und ungläubigen Juden voraus. Ungläubige Juden kommen nach 2, 2 in die christlichen Gottesdienste als Gäste und Zuhörer. Vielleicht gingen auch die Christen in die Synagogenversammlungen der Juden[1]), wie Apostelgesch. 15, 21 vorausgesetzt wird. Das war doch nur möglich im engen Anschluß an die üblichen Elemente des Synagogengottesdienstes[2]). Die Besucher sind fremd in der Lokalität, haben keine eigenen Plätze darin, die Gemeindeglieder weisen ihnen solche als Ehrenplätze an. Das gemißbilligte Verfahren dabei setzt eine feste Sitzordnung voraus, die aus den jüdischen Synagogen herübergenommen ist. Jedenfalls liegt die Thatsache einer hinsichtlich der religiösen Gemeinschaft und des gottesdienstlichen Verkehrs noch nicht scharf und vollständig vollzogenen Scheidung vor. Trotz des gegen die Christen feindseligen Verhaltens seitens ungläubiger Volksgenossen, 2, 7, sehen wir Andere sogar auf dem Gebiet des

---

[1]) Beyschlag a. a. O. S. 133. [2]) Schürers neutestam. Zeitgeschichte S. 463 f. über „Schule und Synagoge" und S. 637: „Auf der ganzen Welt, wo Juden wohnen, wird an allen Sabbathen das Gesetz und die Propheten gelesen und erklärt". Vergl. den Ausspruch des Jakobus Apostelgesch. 15, 21.

gottesdienstlichen Lebens in einem wenigstens äußerlich friedlichen Verkehr mit ihnen.

Hinsichtlich der **socialen und bürgerlichen Verhältnisse** ergiebt sich, daß es in den Christengemeinden, wie in der Muttergemeinde, viele Arme gab 2, 5, die von den Reichen mancherlei Vergewaltigung erfuhren. Die Christen stehen unter der **jüdischen Gerichtsbarkeit**. Die jüdische Synagogengemeinde übt auf Grund des ihr von der römischen Obrigkeit verliehenen Rechts über sie die richterliche Gewalt aus. Die nichtchristlichen reichen Leute behandeln sie hart und ungerecht 2, 6. Darnach sind die Christengemeinden in ihren bürgerlichen Verhältnissen mit dem jüdischen Gemeinwesen um sie her noch eng verbunden. Eine sociale Scheidung hat sich noch nicht vollzogen. Das Alles deutet auf ein verhältnißmäßig frühes Stadium der Entwicklung des Judenchristenthums in der Diaspora hin und bestätigt die hierfür oben geltend gemachten geschichtlichen Momente. Wir sagen daher mit Geß[1]): „Dies Alles ist, je früher der Brief geschrieben ist, um so begreiflicher."

Aber spricht nicht gegen eine so frühe Abfassung des Briefes, daß das christlich-sittliche Leben der Gemeinden bereits als ein von der Höhe seiner ursprünglichen Kraft und Reinheit herabgesunkenes erscheint, und für solchen Degenerationsprozeß ein längerer Zeitraum vorauszusetzen ist? Allerdings sind die hervorgehobenen sittlichen Mißstände nur als Zeichen eines Abirrens von dem Wege des ursprünglichen Glaubenslebens anzuerkennen. Der gesammte Ton und Inhalt des Briefes widerlegen die Meinung, das Christenthum der Leser sei von Anfang an in Folge einer blos äußerlichen Annahme des Messiasglaubens ein mit solchen Defekten behaftetes gewesen. An einer tiefen Einpflanzung des Wortes in ihr inneres Leben hat es nicht gefehlt nach 1, 21. Jakobus bezeichnet sich mit den Lesern als **gezeugt von dem Vater durch das Wort der Wahrheit** 1, 18. Sie haben die Wiedergeburt zu einem neuen Leben in dem vollkommenen Gesetz der Freiheit erfahren. Ihr Leben ist getragen von der seligen Hoffnung auf die Wiederkunft des Herrn.

Aber ist damit nun auch gesagt, daß **alle** von Anfang an gleich tief und voll die Wahrheit des Evangeliums erfaßt hätten? Wer die Verschiedenheiten der Herzenszustände kennt und über die Schwan-

---

[1]) Christi Person und Werk. II. 1. S. 22.

kungen des eigenen religiös-sittlichen Lebens bei klarer Selbsterkenntniß sich keiner Täuschung hingiebt, der wird es begreiflich finden, daß auch schon in verhältnißmäßig kurzer Zeit nach der Bekehrung in einzelnen Erscheinungen des Lebens jener ältesten Christengemeinden solche dunkelen Punkte hervortreten konnten. Die Reaktion des alten sündlichen Wesens trat bald ein. Beweis dafür ist der Geiz und die Lüge des Ananias und seines Weibes, und die lieblose Vernachlässigung der Wittwen der hellenistischen Judenchristen schon in der Urgemeinde[1]). Schon fünf Jahre nach ihrer Gründung sehen wir in der Gemeinde zu Corinth den reagirenden altheidnischen Sinn und Geist in allen Gestalten wieder aufleben[2]). Welch dunkele Schatten treten uns aus dem Galaterbrief und Colosserbrief bald nach der Stiftung der betreffenden Gemeinden entgegen? Warum sollen wir nicht annehmen, daß in nicht langer Zeit nach ihrer Gründung auch in den judenchristlichen Diasporagemeinden solch ein Abstand zwischen der gläubig aufgenommenen Heilswahrheit und ihrer stetigen kräftigen Auswirkung in der Heiligung des Lebens, und gegen das begonnene neue Leben eine Reaktion des alten Menschen mit allen dem jüdischen Nationalcharakter eigenthümlichen sittlichen Unarten hervorgetreten sei? Vielmehr müßte man im Blick auf jene Degenerationen in den heidenchristlichen Gemeinden sich darüber wundern, wenn es auf dem Gebiet des Judenchristenthums anders gewesen wäre. Zum Hervortreten solcher Unarten, wie sie im Licht der Jakobusworte auf dem Gebiete des christlichen Gemeinschaftslebens in jenem concurrenzsüchtigen, rechthaberischen Gebahren, in jenem unberufenen sich Vordrängen zum Lehren, in jenem vorlauten Wesen, in jener Zucht- und Zügellosigkeit der Zungensünden, im Fluchen und Schwören, in Hader, Neid und Streit sich darstellen, bedurfte es bei der Energie des reagirenden jüdischen Fleisches und Blutes keineswegs einer längeren Zeit, als wir sie für die Distanz zwischen der Bekehrung der Leser und dem muthmaßlichen Empfang dieses Briefes annehmen.

Dasselbe gilt von den dunkelen Flecken, die sich auf dem Bilde des Christenlebens in seiner Stellung zwischen Gott und Welt zeigen. Da im Ganzen pharisäischer Eifergeist und rigoröse Gesetzlichkeit dem Judenthum der Diaspora nicht eigen war, erfolgte die Ausbreitung des

---

[1]) Apost. 5. 6. [2]) Wie auch Bnschlag treffend bemerkt a. a. O. S. 138.

Evangeliums, dessen Verfolgung in der ersten Zeit auf Jerusalem und Palästina beschränkt blieb, im Ganzen in friedlicherer Weise. Da konnte ja leicht die jüdische Neigung zu einseitig intellektualistischer Auffassung der religiösen Wahrheit, das träge sich Verlassen auf Gesetz und Verheißungen, der jüdische Stolz auf die Conformität mit dem Glaubensvorbilde Abrahams, die Begehrlichkeit und Betriebsamkeit in Bezug auf irdischen Erwerb und Genuß, die Theilung des Herzens zwischen Gott und Welt, kurz es konnten bald alle Potenzen eines noch nicht ethisch überwundenen Weltsinns trotz ehrlich und aufrichtig erfolgter Bekehrung mächtig reagiren.

Bald nach der an der Diaspora noch vorübergegangenen stephanischen Verfolgung kamen Leiden und Trübsale auch über die Gemeinden außer Palästina. Nicht blos gegen die Christen in Damaskus, sondern auch gegen die Gläubigen in anderen Städten richtete sich die Verfolgung, deren Werkzeug Paulus war[1]) und die nach seiner Bekehrung nicht alsbald aufgehört haben wird. Wenige Jahre nach seinem Damaskustage entbrannte in Jerusalem unter dem bigott jüdischen und pharisäisch frömmelnden Regiment des Herodes Agrippa I. 40—44 eine Verfolgung, in der des älteren Jakobus Haupt fiel und Petrus nur durch ein Wunder dem Tode entging[2]). Es konnte nicht fehlen, daß diese Verfolgung sich auch über die Christen in der Diaspora erstreckte. Sind nun auch in dem Jakobusbrief gleich am Anfang Verfolgungsleiden vorausgesetzt, um derentwillen die Leser von vornherein der Tröstung und Weisung bedurften, so sehen wir zugleich, wie jene Leiden ihnen innerlich Versuchungen zum Bösen wurden und das alte jüdische Murren wider Gottes Führungen hervorbricht und sich steigert zu der vermessenen Klage: Gott versuche zum Bösen. Und auch in jenen anderweitig bezeugten geschichtlichen Spuren von Verfolgungen und Leiden der Judenchristen der Diaspora, wie sie unser Brief voraussetzt, wenn er von mannigfaltigen Anfechtungen der Leser, von Vergewaltigung der Armen, feindseliger Behandlung vor Gericht, und Lästerung des Namens Christi[3]) redet, haben wir ein Zeugniß dafür[4]), daß der Brief mit solcher Bezugnahme auf Verfolgungsleiden vor dem Beginn des Heidenchristenthums und insbesondere der öffentlichen Heidenmissionsthätigkeit Pauli von Antiochien aus, und zwar

---

[1]) Apost. 26, 11. 12 vergl. mit 9, 1 ff. [2]) Apost. 12, 1—19. [3]) 1, 2. 2, 6. 7. [4]) Gegen Pfeiffer a. a. O. 1852. S. 163.

etwa um die Mitte der vierziger Jahre geschrieben sei, und daß, ab=
gesehen von dem zur Erklärung der ethischen Degeneration hinläng=
lichen Zeitraum bis zu diesem Zeitpunkt, auch die nach der anfäng=
lichen Ruhezeit eingetretenen Bedrängnisse und Leidenszustände die bezeich=
neten Defekte des religiös=sittlichen Lebens begreiflich erscheinen lassen.

4. Die Frage nach dem Umfang des Leserkreises

hat sich uns bisher schon bei dem Blick auf einzelne Spuren juden=
christlicher Gemeinden, die Gegenstand heftiger Verfolgungen waren,
aus Anlaß des von dem Brief vorausgesetzten Leidensstandes aufge=
drängt. Mit der Antwort, daß der in gutem fließendem Griechisch
geschriebene Brief in der weiten jüdischen Diaspora nur der griechischen
Sprache vollkommen mächtige Leser voraussetze, ist für die nähere Be=
stimmung des Terrains und Umfangs derselben nicht viel gewon=
nen. Denn wie in Palästina waren auch überall in der Diaspora
die Juden und nicht bloß die Vornehmen, sondern auch die niederen
Kreise des Volkes, dieser Sprache bei ihrer weiten Verbreitung unter
den Völkern Vorderasiens so mächtig, daß dieselbe im Umgang und
Verkehr des alltäglichen Lebens, wie auch beim Gottesdienst, in welchem
die griechische Uebersetzung des alten Testaments gelesen ward, mit
Leichtigkeit gebraucht wurde. Das geschah in dem Maaße, daß selbst
die Bekanntschaft mit der eigentlichen Landessprache in Palästina, ge=
schweige in der Diaspora, in weiten Kreisen aufhörte[1]).

Die Frage ist: wie weit in die griechisch redende Judenwelt
der Diaspora hinein hatte sich das Evangelium bereits die Wege ge=
bahnt bis zur Organisation der Heidenmission von Antiochien aus
und Entstehung einer heidenchristlichen Kirche? Ungemein zahlreich
ist die Menge der Diasporajuden oder Hellenisten, welche die weiten
Ländergebiete des römischen Reiches zur Zeit Jesu und der Apostel
aufweisen: die fernen Länder jenseits des Euphrat, wo die
Reste der assyrischen und babylonischen Exulanten in „unzähliger
Menge" ihre Sitze hatten[2]), Syrien, welches die größte Zahl
von Juden, namentlich in der Hauptstadt Antiochia und in der
alten Metropole Damaskus, in sich schloß[3]), die weiten Länder=
gebiete Kleinasiens bis zur Krim hinauf, z. B. Galatien, wo

---

[1]) Credner Einl. §. 75. 76, besonb. Schürer a. a. O. 376 f. 640 f.
[2]) Joseph. antiq. 11, 5. 2. 15, 2. 2. 18, 9. [3]) Joseph. bell. Jud. 7, 33.
2, 20. 2.

in jeder Stadt die Juden in großer Menge wohnten¹), Aegypten mit seinen zahlreichen jüdischen Colonien und Einwohnern, besonders Alexandria, — Philo nimmt etwa eine Million jüdischer Bewohner Aegyptens an²), — Cyrenaica, wo in der Stadt Cyrene der vierte Theil der Einwohner Juden waren, und im ganzen Lande die sehr zahlreiche Judenschaft durch wiederholte Empörungen den Römern bis in Trajans Zeit viel zu schaffen machte³), die **Inseln** des Archipelagus und **Griechenland** mit seinen fast überall in großer Zahl vorhandenen jüdischen Bewohnern, **Italien** mit der nach vielen Tausenden zählenden jüdischen Gemeinde in Rom⁴). Das Alles giebt uns ein anschauliches geographisch-historisches Bild von der zur Zeit Jesu und der Apostel in der damaligen Welt **ungemein zahlreichen Menge zerstreuter Juden**⁵) mit ihrem Einheitspunkte in Jerusalem, mit der **einheitlichen Verfassung ihrer Synagogen**, die der Apostel Paulus fast in allen Städten fand, und in denen überall **dieselbe Form** des von den Vätern überlieferten **Gottesdienstes**, **dieselbe Lesung des Gesetzes Mosis und der Propheten** gehandhabt wurde⁶). Mit Jerusalem wurde die **lebhafteste Verbindung** unterhalten durch die fortdauernde Aufbringung und zu bestimmten Zeiten mittelst abgesandter angesehener Männer erfolgende Ablieferung der **Abgaben**, „welche alle Juden und alle Proselyten auf der ganzen Welt, in Asien und Europa, seit alter Zeit an den Tempel entrichteten"⁷), besonders aber durch die regelmäßigen **Festreisen** der Juden aus allen Weltgegenden **nach Jerusalem**, von denen Philo⁸) sagt: „Viele Tausende aus vielen tausend Städten wallfahrten an jedem Feste nach dem Tempel, die Einen zu Lande, die Andern zur See, aus Osten und Westen, aus Norden und Süden". Josephus schätzt die Zahl der in jedem Jahr in Jerusalem zu den Festen versammelten Juden auf 700000, von denen freilich die Bewohner Jerusalems abzuziehen sind⁹).

Aus nicht weniger als vierzehn Ländern wird Apost. 2 eine

---

¹) Philo legat. ad Cajum §. 33. Mang. 2, 582. ²) In Flaccum §. 6. Mang. II. 529. ³) Joseph. ant. 14, 7. 2. 16, 6. 1. 5. bell. Jud. 7, 11. ⁴) Philo legat. § 23. Mang. 2, 568. Hausrath Zeitgesch. 3, 71—81. ⁵) Schürer a. a. O. 619 f. ⁶) Vergl. Schürer a. a. O. 638 f. ⁷) Joseph. Ant. 14, 7. 2. ⁸) Philo de monarch. II. §. 1. Mang. 2, 223. Joseph. Ant. 18, 9. 1. 17 2. 2 ⁹) Bell. jud. 6, 9. 3.

große Menge von Juden und Proselyten aufgeführt, die von der ersten Predigt Petri einen gewaltigen Eindruck empfingen. Unter der Erstlingsfrucht jener 3000 Gläubigen werden, da jene Spötter doch gewiß nicht blos auswärtige Festgäste gewesen sind, ohne Zweifel sich solche gefunden haben, die mit ihrem Glauben an Jesus als den Christ den Inhalt der Verkündigung Petri in ihre Heimath mitnahmen. Durch das Zeugniß jener Ausländer flogen die Funken von dem in Jerusalem entzündeten Geistesfeuer in die weitesten Fernen. Und es fehlte nicht an Zündstoff auf dem Boden des zerstreuten Judenthums in der allgemein verbreiteten Messiashoffnung und Messiaslehre, in dem Warten auf die Erfüllung der alttestamentlichen Weissagungen[1]). Empfänglichen Boden mußte das Evangelium zu allernächst in Syrien und Phönizien finden; denn dorthin hatte das Wort und Werk des Herrn schon seine Strahlen geworfen[2]). Die offizielle Sendung des Saulus zur Verfolgung der Jünger[3]) setzt nicht blos in Damaskus, sondern auch in andern außerpalästinischen Städten, wohin er seinen Weg nahm[4]), eine große Anzahl von Gläubigen voraus. Der wüthende Christenverfolger wird alsbald nach seiner Bekehrung ein eifriger Verkündiger des Evangeliums in Damaskus. Seine Predigten „in den Synagogen" und seine Disputationen mit den Juden bezeichnen die Art und Weise, wie von ihm und Anderen das Wort von dem Gekreuzigten und Auferstandenen unter Bezeugung der Erfüllung der alttestamentlichen Weissagungen verkündigt und ausgebreitet ward[5]). Beide Momente in dem Werk der Judenmission werden ausdrücklich unterschieden[6]). Die dadurch entstandenen Bewegungen und die heftige Feindschaft der Juden gegen ihn und sein Wirken bezeugen den mächtigen Erfolg.

Daneben sehen wir, wie der Sturm der Stephanischen Verfolgung dazu hatte dienen müssen, die Feuerfunken des Evangeliums weiter in die benachbarte Diaspora zu tragen. Philippus der Evangelist geht nach Gaza in Philistäa und öffnet dem Kämmerer der Candace die Schrift. Die zersprengten Christen gingen nach Phönizien, Cypern und Antiochien, wo die Juden in besonders großer Zahl vorhanden waren und redeten das Wort zu Niemand, denn allein zu den Juden.[7]) Die Missionsthätig-

---

[1]) Apost. 2, 9—11. 41. Vergl. Lechler b. apost. Zeitalter 2 A. S. 310.
[2]) Matth. 4, 24. Mark. 3, 6. Matth. 15, 21. Mark. 7, 24. [3]) Apost. 9, 10. 25.
[4]) Apost. 26, 11. 12. [5]) Apost. 9, 19—26. [6]) Apost. 9, 20. 21. [7]) Apost. 8, 1. 11. 19.

keit dieser Männer beschränkte sich also auf das **jüdische Volk**, ganz entsprechend der Oekonomie der Lehr- und Wunderthätigkeit Jesu.

Es ist aber wohl zu bemerken, daß **jene judenchristlichen Zeugen, die in Phönizien, Cypern und Antiochien** unter ihren Volksgenossen die Predigt vom Himmelreich erschallen ließen, aus Cypern und aus Cyrene gekommen waren. Dort hatte also schon vorher das Evangelium seine missionirende Kraft bewährt und zu missionirender Thätigkeit angetrieben. Nicht blos die Urgemeinde in Jerusalem, sondern auch **schon die judenchristlichen Kreise draußen im Reich stellen ihre Sendboten**. Ja diese schlichten judenchristlichen Männer, nicht Apostel, sind es, welche durch ihre erfolgreiche Verkündigung des Evangeliums in Antiochien, der großen volkreichen, alle griechische Bildung und Kultur in sich beschließenden Hauptstadt Syriens, den Grund zu der rasch sich aufbauenden Muttergemeinde des **Heidenchristenthums** legen. Die Wurzeln des Baumes der Heidenmission liegen in dem Judenchristenthum der Diaspora. Und der große Heidenapostel selbst hat, wie er später als solcher nie an seinen Volksgenossen vorüber ging, die ersten Jahre nach seiner Bekehrung die in **Damaskus** mit glühendem Feuereifer unter den Juden begonnene Missionsthätigkeit auch in **Arabien**[1]) unter seinen dort sehr zahlreichen Landsleuten ausgeübt und nach seiner Rückkehr von dort in **Damaskus** fortgesetzt[2]).

Weiter ist zu konstatiren, daß die von Jakobus geleiteten **Verhandlungen des Apostelconvents mit ihrem Abschluß in dem Synodalschreiben** der ganzen Urgemeinde an die Brüder „aus den Heiden" in **Antiochien, Syrien und Cilicien überall das Vorhandensein einer umfangreichen judenchristlichen Gemeinschaft voraussetzen**, um derentwillen die nach dem Gefallen des heil. Geistes den Heidenchristen förmlich und feierlich in jenem Sendschreiben auferlegten Verpflichtungen geboten waren.

Wir blicken hier mit Jakobus auf einen **geographisch bestimmten Kreis judenchristlichen Gemeindelebens**, dem gegenüber er in seiner Rede die göttliche Berechtigung des Auftretens der Heidenmission ohne den Umweg durch das Judenthum nachweist, aber auch als oberhirtlicher Fürsorger für die Gewissen der Judenchristen auftritt, indem

---

[1]) Galat. 1, 17. [2]) Apost. 9, 23 f. vergl. mit 2. Corinth. 11, 32.

er, unter scharfer Abweisung der nicht aus **ihrer** Mitte, sondern von jener pharisäischchristlichen Fraktion der Gesetzeseiferer in Jerusalem willkürlich ohne Mandat gestellten Forderung der Beschneidung der Heidenchristen, diesen um der Judenchristen willen, die an dem Gesetz Mosis und den Formen des synagogischen Gottesdienstes noch festhielten, die Beobachtung jener vier Punkte auferlegt wissen wollte[1]).

Ferner wird uns auch durch die **Missions**verhandlungen auf dem Apostelconvent nach Pauli Bericht[2]) ein weiterer Blick in die apostolische Judenmissionsarbeit eröffnet und damit das geschichtliche Zeugniß über die bereits bis dahin erfolgte Ausbreitung des Judenchristenthums bestätigt. Es wird dort nicht erst für die Zukunft der Plan der Arbeitstheilung zwischen paulinischer Heiden- und petrinischer Judenmission entworfen, als hätte es bis dahin noch keine Judenmission gegeben, sondern die Unterscheidung und Scheidung der beiden großen Missionsgebiete für die weitere Ausbreitung des Evangeliums ist nach dem Sinn und Zusammenhang der Worte Pauli nur die Anerkennung und Bestätigung dessen, was unter dem Walten der göttlichen Gnade thatsächlich und geschichtlich schon vorhanden war.

Wenn nun hier mit dem Gebiet der „Beschneidung" nicht blos das palästinische, sondern auch das der Diaspora zu verstehen ist, von dem ja ein geschichtlich geographisch bestimmter Theil Gegenstand der Verhandlung ist, und andererseits bis zur antiochenischen Abordnung **Pauli** in die Heidenmissionsarbeit keinerlei Wirksamkeit der **Urapostel** in Heidenmission erwähnt wird, so werden wir in dem Zeitraum bis dahin die letzteren uns doch nicht unthätig in Bezug auf die Diaspora zu denken haben. Die Anwesenheit der Apostel in Jerusalem nach der Sprengung der Gemeinde durch die große Verfolgung nach Stephanus Tod ist dagegen nicht geltend zu machen. Sie blieben dort während der Verfolgung zur Wiedersammlung der Gemeinden als Halt und Mittelpunkt derselben. Nachdem durch das von den Versprengten verkündigte Evangelium Christengemeinden in **Judäa, Galiläa** und **Samaria** entstanden waren[3]), sehen sie sich dadurch veranlaßt, nach der Wiederkehr des Friedens, in welchem sich die Gemeinde erbaute, sich auf jene mit verheißungsreicher grüner

---

[1]) Apost. 15, 20. 21. Meyer Comment. Lekebusch Apost. S. 310 f.
[2]) Gal. 2, 7—9. [3]) Apost. 8, 14. 9, 31. Gal. 1, 22. 1. Thess. 2, 14.

Saat bedeckte Arbeitsfelder zu begeben, um die von den Evangelisten begonnene Säemannsarbeit zu leiten und fortzusetzen¹).

Die Frucht davon war, daß sämmtliche Christengemeinden in Palästina²) als ἡ ἐκκλησία, als ein Ganzes, als eine Einheit dastanden. Und die Leiter dieser judenchristlichen Kirche Palästinas so wie diese selbst sollten nicht in die umwohnende Diaspora das Licht des Evangeliums hineingetragen haben, während doch das einem heidnischen Lande gleichgeachtete Samaria mit der Verkündigung des Wortes erfüllt wurde und der Verkehr der Diasporajuden mit dem Mutterlande und der Mutterstadt ein so lebhafter und regelmäßiger war?

Es ist wohl anzunehmen, daß der vom Herrn³) angedeutete pharisäische Eifer, zu Wasser und zu Lande Bekehrungsreisen zu unternehmen, auch für den Dienst des Evangeliums an den Volksgenossen seine Verwerthung gefunden hat. Finden wir nicht Spuren einer nicht blos neben, sondern schon vor Pauli und seiner Genossen Wirksamkeit unter den Heiden auftretenden judenchristlichen Mission im weiten Bereich der jüdischen Volksgenossen in Galatien, Corinth und Rom, wo sich in dem von Jakobus abgewiesenen Sinn⁴) die Energie eines gesetzeseifrigen Judenchristenthums gegen Paulus geltend macht? Sehr beachtenswerth ist das Wort Pauli von den übrigen „Aposteln" und von den „Brüdern des Herrn"⁵), die als verheirathete Männer mit ihren Frauen umherzogen, wobei doch nur an Missionsreisen zu denken ist.

Wenn wir also zunächst durch bestimmte Zeugnisse auf eine judenchristliche Diaspora in Nordafrika, auf Cypern, in Phönizien, in Cilicien und besonders in Syrien und dort namentlich in Antiochien hingewiesen werden, und wenn die frühe allgemeine Anerkennung und Verwerthung des Briefes in der ganzen mit der palästinensischen in nächster Verbindung stehenden syrischen Kirche in der oben dargelegten Weise verbürgt ist, so werden wir uns ganz gewiß dort zunächst, aber ebenso gewiß weit darüber hinaus auf den genannten anderen Ländergebieten den Leserkreis zu denken haben. Aber wir gehen noch weiter. Ebenso wie durch die Allgemeinheit der Adresse die Meinung ausgeschlossen ist, daß mit einer allgemeinen Bestimmung des Briefes derselbe zugleich für eine einzelne Christengemeinde geschrieben gewesen sei⁶),

---

¹) Apost. 8, 14. 15. 25. 9, 32. ²) Vergl. Gal. 1, 22. ³) Matth. 23, 15. ⁴) Apost. 15, 23. ⁵) 1. Corinth. 9, 5. ⁶) W. Schmidt a. a. O. S. 47 f. Blom a. a. O. S. 16 f. Vergl. Hilgenfeld Einl. 529.

ist es wegen des Ausdrucks: „an die zwölf Stämme" nicht zulässig, nur auf jene Ländergebiete, in denen uns durch zufällige geschichtliche Notizen der Bestand von judenchristlichen Gemeinden verbürgt ist, den Leserkreis zu beschränken.

Denn im Blick auf den lebhaften regelmäßigen Verkehr der jüdischen Diaspora mit Jerusalem sind wir berechtigt anzunehmen, daß ähnlich wie an jenem ersten christlichen Pfingsten dieselbe durch fortwährende Berührung mit der großen Christengemeinde daselbst und durch deren Glaubenszeugniß in Wort und That in irgendwelchem Umfang immer mehr christianisirt worden sein und die missionirende Kraft des christlichen Glaubens von dort in die Heimath getragen haben wird. Sollten wir uns die Apostel in Jerusalem ohne Zeugenthätigkeit unter den großen Massen von Volksgenossen, die jährlich dorthin zusammenströmten, und ohne einen Erfolg solcher Verkündigung des Evangeliums vorstellen? Und liegt es nicht besonders in Bezug auf Jakobus nahe, anzunehmen, daß er seinen zahlreichen Volksgenossen bei ihrem regelmäßigen Erscheinen zu den großen Festen die Wahrheit des Evangeliums zu predigen und durch persönlichen Verkehr in das Herz zu pflanzen, bemüht gewesen sei[1])?

Und weiter, wenn das Christenthum auf den vielen Wegen jenes regen Verkehrs der jüdischen Diaspora mit der Mutterstadt von hier aus in immer weitere Kreise derselben eindrang, ist es bei dem hergebrachten Verkehr und Rapport zwischen der Diaspora und der heiligen Heimath nicht auch selbstverständlich, daß die Christen und Christengemeinden der Diaspora von fern und nah mit der Muttergemeinde in noch lebhafterem Verkehr und in noch innigerer Verbindung sich werden erhalten haben? Und wird dann nicht auch analog der oben dargestellten Gemeinschaft und geistlichen Pflege, deren sich von Jerusalem aus durch die Visitations- und Missionsbesuche der Apostel die Christengemeinden Palästinas zu erfreuen hatten, der zahlreichen und weit ausgebreiteten christlichen Diaspora inmitten des hellenistischen Judenthums eine gleiche apostolisch-geistliche Pflege und pastorale Fürsorge zu Theil geworden

---

[1]) Ebenso W. Schmidt a. a. O. S. 150.

sein? Wird man nicht von beiden Seiten um so beflissener gewesen sein, auf den schon bekannten und gewohnten Verkehrswegen die innigste Verbindung und Einheit zwischen den Diasporagemeinden und der Muttergemeinde in Jerusalem zu erhalten und zu pflegen, als ja die unter den Heiden und ungläubigen Juden in der Ferne lebenden Christengemeinden unter den mancherlei Leiden und Bedrängnissen, die ihnen von jener doppelten Gegnerschaft bereitet wurde, unter den mancherlei Anfechtungen, wie sie der Jakobusbrief uns vor Augen treten läßt, des inneren Zusammenhalts, der Tröstung, Stärkung, Berathung noch bedürftiger waren, als die palästinensischen Gemeinden? Der Zug der Sehnsucht nach der Heimath in der Muttergemeinde mußte also in den christgläubigen Herzen noch inniger und stärker sich regen als bei den Juden nach ihrem Tempel und bei den inländischen Judenchristen nach der ihnen so nahen Brudergemeinde in Jerusalem. Hieraus erklärt sich die genaue Bekanntschaft des Jakobus mit den Zuständen und Bedürfnissen, die überall im gleichgearteten Leserkreise des Judenchristenthums wesentlich dieselben waren.

Wie treu er von Jerusalem aus sich um die Bedürfnisse, Leiden und Anfechtungen der Judenchristen bekümmerte, welch genaue Kenntniß er von den einzelnen Zuständen und von den Schäden des religiös-sittlichen Lebens der Diasporagemeinden hatte, mit welch eingehendem Ernst und energischer Hirtentreue er zu rathen und zu helfen bereit war, davon zeugt eben der Jakobusbrief. **Vielleicht** hatte Jakobus besonders die **oberhirtliche Pflege der christlichen Diasporagemeinden neben der Leitung der Muttergemeinde**, während Petrus und die übrigen Apostel vorzugsweise die Fürsorge für die **palästinensischen** Gemeinden, wie sie oben sich uns dargestellt hat, und die **Missionsthätigkeit** in der Ausbreitung des Evangeliums auf dem Gebiet der Beschneidung sich angelegen sein ließen. Jedenfalls ist der Jakobusbrief ein wichtiges historisches Document für die Geschichte der ältesten Kirche in den judenchristlichen Gemeinden der Diaspora. Als ein durch und durch praktisches Circularschreiben ist er ein Zeugniß von der eminenten Energie und Treue, mit der Jakobus von Jerusalem aus das Wohl und Wehe der Diaspora sich am Herzen sein ließ.

Demnach glauben wir auf Grund alles Bisherigen in Bezug auf den Umfang des Leserkreises und die Zeit der Abfassung annehmen zu müssen, daß der Brief ganz dem Wortlaut seiner Adresse gemäß von Jakobus, dem Haupt der judenchristlichen Kirche, als ein pastorales Sendschreiben an die „zwölf Stämme", d. h. an die Gesammtheit des ch r i st l i ch e n Israels in der außerpaläftinensischen Diaspora, also an alle chriftgläubigen Juden, wo sie sich auch in der mit Jerusalem in so lebhaftem und regelmäßigem Verkehr stehenden Diaspora, so weit dieselbe griechisch sprach, vor der Entstehung und Ausbreitung der heidenchristlichen Kirche von Antiochien aus befinden mochten, noch vor der Organisation der paulinischen gemeindebildenden Heidenmission gerichtet worden sei. Wir treten damit der Behauptung[1]), daß eine solche Allgemeinheit der Adresse nur unter der Voraussetzung einer so frühen Abfassungszeit des Briefes einen Sinn haben konnte, bei, nur daß wir nicht der Meinung beipflichten, daß zu dieser Zeit das Christenthum erst in der nächsten Umgebung Palästinas verbreitet gewesen sei, was durch die angeführten, geschichtlichen Zeugnisse widerlegt wird.

5. Die Zustände und Verhältnisse des Leserkreises treten aus dem Inhalt des Briefes deutlich genug hervor, um über die Veranlassung und den Zweck desselben keinen Zweifel zu lassen. „Was Jakobus zum Schreiben bewegt, sind Gefährdungen des Christenthums von Außen und Innen"[2]). Was er zunächst ins Auge faßt, und wir als Hauptveranlassung des Briefes anzusehen haben, ist nach 1, 1—12 der L e i d e n s st a n d der Leser, der für sie die Quelle mannigfacher gefährlicher Versuchungen und Anfechtungen geworden ist, 13—16, daß sie so eingehender Ermahnungen und Warnungen bedürfen[3]). Die Erklärung dieser Anfechtungen aus politischen Gründen, daß nämlich die gegen die Römerherrschaft sich empörenden Juden die Judenchristen zur Theilnahme an ihren Empörungsversuchen angestachelt hätten und diese in Folge des dadurch geschürten Hasses der Heiden in Gefahr gewesen seien abzufallen, ist ohne irgendwelchen Anhalt im Inhalt des Briefes und in den Verhältnissen der Diasporajuden[4]). Da die Anfechtungen als allen Lesern gemeinsam dargestellt werden[5]), und 2, 6. 7 von gewaltthätiger Behandlung derselben Seitens der Ungläubigen und von Lästerung des Namens Christi die Rede ist, haben wir an Leiden und Verfolgung seitens der ungläubigen Welt, zunächst der

---

[1]) Von W. Grimm in Hilgenfeld Zeitschr. 1870. S. 389. [2]) so Hilgenfeld Einl. 529 f. [3]) Vergl. W. Schmidt 50 f. Hofmann 10. 11. [4]) Gegen Lange Comm. 17. [5]) gegen Pfeiffer a. a. O. 1850. 163 f. Wiesinger 52.

Juden, dann weiter vielleicht auch seitens der Heiden¹), zu denken. Dazu kam, daß die, wenn auch nicht zum größten, so doch zu einem großen Theil, aus Armen bestehenden Christenkreise nicht blos von den ungläubigen Reichen, 2, 6 f., sondern auch nach 5, 1 f. von reichen Glaubensgenossen schwer zu leiden hatten.

Dabei traten bem Jakobus zunächst in dieser Beziehung gewisse Mängel im religiösen Leben und Verhalten vor die Augen: Getheiltheit der Herzen zwischen Gott und Welt²), Hintanstellung des Göttlichen, Ewigen hinter die vergänglichen, weltlichen Dinge³), Murren wider Gottes Führungen, Mangel an Erkenntniß des eigentlichen Ursprungs der Versuchungen zum Bösen und Verkennung der Vaterliebe Gottes als Quelle nur guter Gaben für die aus ihm geborenen Menschenkinder⁴), und Mangel an stetiger innerlicher Aneignung des seligmachenden Wortes mit leidenschaftslosem, stillem, sanftem Sinn⁵). Damit hangen zusammen die Defekte des **sittlichen Lebens**, bei deren Rüge Jakobus **vom Allgemeinen zum Besondern** hinabsteigt. Es fehlt überhaupt an der gehörigen sittlichen Bethätigung des gehörten und gewußten Wortes in Erfüllung des Gesetzes der Freiheit⁶). Es fehlt bei aller Correctheit der Gottesverehrung an dem Gottesdienst der thätigen barmherzigen Liebe und der Reinerhaltung des persönlichen Lebens von der Welt⁷), bei dem **Besitz** christlichen Glaubens an der Beweisung der rechten Bruderliebe in Erfüllung des königlichen Gebotes der Liebe⁸), bei dem **Reden und Wissen** vom Glauben an der Bethätigung des Glaubens durch Werke als Frucht lebendigen Glaubens⁹). Es mangelt an der gehörigen Zügelung der Zunge im geselligen Verkehr und bei übermäßigem Lehreifer¹⁰), an sanftmüthiger Gesinnung und friedfertiger Weisheit bei allem Gerede von Weisheit und Erkenntniß; da ist in den Herzen bitterer Neid und leidenschaftliches gehässiges Wesen¹¹). Es fehlt an voller demüthiger vertrauensvoller Hingabe der Herzen an Gott, in denen statt dessen böse Lüste und Begierden und die Liebe zur Welt die Herrschaft gewinnen, woraus Krieg und Streit und gegenseitige Anfeindung entspringt¹²). Zwischen Reichen und Armen ist in Folge des eiteln Weltsinnes eine Kluft entstanden. Die Reichen in der Gemeinde bauen auf ihren Reichthum und beuten die Armen

---

¹) Hengstenb. a. a. O. S. 1090 ff. ²) 1, 6—8. ³) 9—11. ⁴) 16—18. ⁵) 19—21. ⁶) 22—25. ⁷) 26. 27. ⁸) 2, 1—18. ⁹) 14—26. ¹⁰) 3, 1—12, vergl. 1, 19: βραδὺς εἰς τὸ λαλῆσαι. ¹¹) 13—18, vergl. 1, 19. 20 ὀργή. ¹²) 4, 1—17.

aus, unbekümmert um das nahe Gericht¹). Die Armen und Bedrückten sind in Gefahr, durch Ungeduld und voreiliges Anklagen und Richten sich zu versündigen²). Die Versündigung durch leichtfertiges und leidenschaftliches Schwören erheischt eine besondere Warnung³) und dieser Zungensünde wird gegenüber gestellt die Ermahnung zur Uebung des rechten, ächten Gebets⁴), dessen Mangel nachdrücklich hervorgehoben wird⁵).

Durch die häufige direkte Anrede „Brüder" bezeugt Jakobus, wie die mit den Lesern ihn verbindende christliche Bruderliebe ihn treibt, angesichts solcher Mißstände und Gefahren ihres religiös-sittlichen und ethischsocialen Lebens sie mit Ermahnungen und Warnungen auf die rechten Wege zu leiten. Der Zweck des Briefes ist, sie unter den durch Leiden über sie gekommenen Versuchungen und Anfechtungen zur Bewährung ihres Glaubens in der ὑπομονή zu führen und sie nach Maßgabe der bei ihnen vorhandenen Defekte des religiös-sittlichen Lebens zur Bethätigung des in sie gepflanzten Wortes der Wahrheit, durch das sie aus Gott zu einem neuen Leben geboren sind, zu ermuntern.

Angesichts dieser Sachlage müßte die Behauptung Schweglers⁶), daß der Brief der Individualität entbehre, weil er ein bestimmtes Verhältniß zu den Lesern und eine bestimmte Veranlassung zum Schreiben nicht zu erkennen gebe, höchlich befremden, wenn dieselbe nicht durch die Tendenz diktirt wäre, den Brief als ein Moment im Ausgleichungsprozeß zwischen Judenchristenthum und paulinischem Heidenchristenthum in das zweite Jahrhundert oder gegen das Ende des ersten Jahrhunderts herunterzurücken, mag man nun aller Exegese zum Trotz dieses in den Reichen, jenes in den Armen dargestellt erblicken⁷), oder nicht⁸).

Daß die Veranlassung und der Zweck des Briefes nicht in der Bekämpfung Pauli und paulinischer Rechtfertigungslehre oder einer mißverständlichen Auffassung und Anwendung derselben zu finden sei⁹), wird durch unbefangene Erklärung der Stelle 2, 14 f. erwiesen¹⁰).

---

¹) 5, 1—6. ²) 5, 7—11. ³) 5, 12. ⁴) 5, 13. ⁵) 1, 6—8. 4, 2. 3.
⁶) Schwegler a. a. O. I. 414 f. 444. Baur, das Christenthum und die christliche Kirche der drei ersten Jahrh. S. 96 f. und Paulus S. 676 f. W. Grimm a. a. O. 390 f. ⁷) Schwegler. ⁸) W. Grimm. ⁹) Hug, Einleit. II. § 150. 159. Lutterbeck die neutest. Lehrbegriffe II. S. 53. ¹⁰) Vergl. Ritschl a. a. O. S. 114. Pfeiffer a. a. O. 1850. S. 170 ff.

Hätte der Verfasser wirklich hier Paulus bekämpfen wollen, so müßte diese Polemik als eine völlig mißlungene gelten; denn die behauptete[1]) wörtliche Ueberstimmung mit paulinischen Stellen Gal. 2, 16 und Röm. 3, 28 und direkte Verneinung der paulinischen Lehre findet sich nirgends, auch nicht v. 24[2]), und Pauli Lehre würde gar nicht mit den angeblich gegen sie geführten Schlägen getroffen sein. Daß dies nur einem Mißverständniß derselben seitens des Verfassers zuzuschreiben sei, und dieser nur aus Scheu vor dem hohen Ansehen des von ihm bekämpften Apostels dessen Namen nicht genannt habe[3]), ist völlig unbegründete Vermuthung und widerspricht der hervorragenden geistigen und ethischen Bedeutung des Verfassers.

Wenn behauptet worden[4]), daß die Aufgabe des Verfassers sei, von seinem besondern Standpunkt aus das ganze Gebiet des christlichen Lebens zu umfassen, und den Christen, wie er sein soll, als $\dot{\alpha}\nu\dot{\eta}\rho$ $\tau\dot{\varepsilon}\lambda\varepsilon\iota o\varsigma$, in der Vollkommenheit des christlichen Lebens darzustellen, so fragt man mit Recht: wo ist denn in dem Inhalt die Absicht und die Thatsache einer solchen theoretischen Darlegung zu finden, und wie stimmt zu jener Tendenz die Besprechung so weniger, und die Nichterwähnung so vieler Verhältnisse des christlichen Lebens? —

Auch nicht eine Störung des stillfrommen Wesens der Gemeinde durch den wachsenden Einfluß **theologischer Verhandlungen und Streitigkeiten** ist Veranlassung zu dem Schreiben gewesen[5]); denn von theologischen Streitigkeiten ist weder 2, 14 f. noch 3, 1 noch 3, 13 auch nur eine Andeutung zu finden.

Viel zu eng und doctrinär wird der Zweck des durch und durch praktischen Briefes gefaßt[6]), wenn als Tendenz desselben die **Darstellung der Rückwirkung der sittlichen That auf das innere Leben** oder der Förderung des Glaubenslebens durch die Heiligung ins Auge gefaßt wird; denn wie ließe sich ein Beherrschtsein des ganzen Inhalts des Briefes von diesem nur 2, 14 ff. 22 ff. angedeuteten Gedanken nachweisen?

---

[1]) Holtzmann a. a. O. [2]) Vergl. Beyschlag a. a. O. 117. [3]) W. Grimm a. a. O. 382. [4]) Baur Paulus 692. [5]) Gegen Schwegler S. 433 und Reuß § 144. S. 133. [6]) Pfeiffer a. a. O. 1850. S. 165. 1852. S. 116.

6. Die pastorale Unterweisung der Leser durch geordneten Inhalt und Gedankengang des Briefes.

Die in dem Briefe geschilderten Zustände und Bedürfnisse des religiös-sittlichen Lebens in dem Leserkreise bedingen auch **seine Tendenz und den Gedankengang**. Dieser wird nirgends durch eine abstrakte, außerhalb der praktischen Bedürfnisse der Leser liegende Lehrabsicht und Lehrdisposition bestimmt.

Das Fragen nach einem **Plan**, welchen der Verfasser bei seinem Brief entworfen, ist, sofern damit eine zum Schreiben fertig herangebrachte **Disposition** gemeint ist, ausgeschlossen.

Und doch ist der Brief nicht ein Aggregat von „ordnungs- und zusammenhangslos" aneinandergereihten Trost- und Stärkungssprüchen 1, 2—12. 5, 7—11, Warnungen 1, 13 ff. 22 ff. 2, 1 f. 3, 1 f. 3, 13 f., Drohungen 5, 1 f. und dazwischen liegenden positiven Ausführungen[1]). Dagegen spricht, daß immer ein näherer oder entfernterer „Anschluß des Folgenden an das Vorhergehende nachweisbar ist und selbst losgerissene Ermahnungen wie 5, 12 f. mit den übrigen Theilen des Briefes insofern zusammenhangen, als sie ein Glied in der Kette seiner Ermahnungen bilden[2])". Jedem Abschnitt wird in der Regel ein allgemeiner Spruch gleichsam als Thema vorangestellt, welches dann im Einzelnen concret ausgeführt wird.

Aber man muß sich hüten, in dem durchaus praktischen Inhalt selbst irgend ein Thema mit Disposition für die Gruppirung der einzelnen Ermahnungen und Ausführungen zu finden. Es trifft nicht zu, wenn man[3]) das Thema des Briefes in dem Makarismus 1, 12 als einer Aufforderung zur Standhaftigkeit in der Versuchung, und die Ausführung dieses Themas in 1, 13 — 5, 6 hat finden wollen. Denn 1, 12 ist keine Aufforderung, sondern Seligpreisung, und von 1, 14 an bilden die Versuchungen durchaus nicht mehr den Hauptgesichtspunkt.

Nach Pfeiffers scharfsinniger Darstellung[4]) soll das dreifache Wort: „schnell zu hören, langsam zu reden und langsam zum Zorn" 1, 19, die Disposition für den Inhalt bieten[5]) und der Brief danach in drei Theile zerfallen, deren jeder jene Ermahnungen in der bezeichneten

---

[1]) Gegen Schleiermacher Einleit. S. 421. de Wette Einl. 168b. u. Comment. [2]) So Brückner S. 194. [3]) Lange S. 22 ff. [4]) a. a. O. 1850. S. 163 u. 180. [5]) So auch Huther u. W. Schmidt a. a. O. 25. Aehnlich Wiesinger S. 42.

Reihenfolge ausführe. Aber redet denn Jakobus 1, 21—2, 26 überall von dem Aufnehmen des Wortes durch das rechte Hören? Nur in 21—25 ist hiervon ausdrücklich die Rede. Nicht von der rechten bereitwilligen **Aufnahme** des göttlichen Wortes wird v. 26—2, 26, sondern von der **Bethätigung** desselben in **Werken** gehandelt, und von Zungensünden ist schon v. 26 die Rede. Der Abschnitt 3, 1—12 läßt wohl die Ueberschrift: „langsam zu reden" gelten; aber zu 3, 13—4, 12 paßt nicht durchweg die Ermahnung: „langsam zum Zorne". Und der große Abschnitt v. 13—5, 20 kann doch nicht füglich als „Schluß" gelten[1]).

Vielmehr gestaltet sich die Ordnung und der Zusammenhang der Gedanken nach den Gesichtspunkten, welche durch die Zustände und Bedürfnisse, die dieses oberhirtliche Sendschreiben veranlaßt haben, bezeichnet sind, in folgender Weise. Dem **Leidensstand** der Leser gegenüber ermahnt Jakobus zur Geduld und zur Verwerthung der Versuchung für die Förderung in der sittlichen Vollkommenheit unter Beweisung zweifellosen betenden Vertrauens zu Gott 1, 1—12. Aber angesichts der Schädigung, die ihr religiöses Leben im Verhältniß zu Gott nach dem v. 13 abgewiesenen Gerede erlitten und weiter erleiden könnte, weist er sie v. 13—18 auf ihr wahres Verhältniß und ihre rechte Stellung zu Gott als ihrem **Vater** hin und zeigt, daß von Gott keine Versuchung zum Bösen durch die von ihm verhängten oder zugelassenen Leiden ausgehe, sondern von ihm, dem **Vater der Lichter**, lauter gute Gabe und vollkommene Gnadenspendung auf Grund der Wahrheit und der Thatsache, daß sie durch das Wort der Wahrheit zu dem neuen Leben als Erstlinge einer neuen Schöpfung geboren sind, herkomme. Da das Wort der Wahrheit aber auch nur Inhalt und Grundlage und Norm ihres Christenlebens sein kann, kommt es vor Allem darauf an, das rechte Verhältniß und Verhalten zu Gott als dem Erzeuger ihres Lebens durch dieses Wort darin zu beweisen, daß sie das „eingepflanzte Wort" in ihr inneres Leben immerfort willig **aufnehmen** durch das rechte, schnelle **Hören**, was nur geschehen kann durch das rechte Stillesein sanftmüthigen Sinnes gegenüber dem zungenfertigen Operiren mit dem eigenen Wort und dem leidenschaftlichen Wesen des zornerfüllten Herzens v. 19—21.

Mit v. 22 zeigt sich eine Weiterführung der Ermahnungen, in-

---

[1]) Gegen W Schmidt 26.

dem der Gesichtspunkt des Wortes festgehalten wird. An die erste Hauptermahnung: Haltet die Glaubensprüfung unter der Versuchung standhaft aus in Gedulb, schließt sich die zweite, alle folgenden beherrschende an in dem Satze: Seib Thäter des Wortes. Nicht blos in dem Hören durch willige Aufnahme des Wortes in ihr innerstes Leben, sondern auch in der sittlichen Bethätigung des Wortes aus der Kraft desselben von Innen heraus sollen sie die rechte Stellung zu dem Wort finden und bewähren v. 22—25. Diese Forderung wird im Gegensatz gegen zuchtloses Zungenwesen in religiöser Beziehung durch Hinweisung auf die Ausübung barmherziger Liebe als eines von Gottes Willen geforderten und Gott wohlgefälligen Gottesdienstes spezialisirt v. 26—27. Dann wird unter Hinweisung auf den Widerspruch zwischen ihrem Glauben an Christum und ihrem Verhalten gegen die armen christlichen Brüder die das ganze Gesetz erfüllende Bethätigung der rechten Bruderliebe im Gegensatz gegen die Verleugnung derselben durch Prosopolepsie als nothwendiges Zubehör zu dem Glauben an Jesum Christum, den Herrn der Herrlichkeit, als Gehorsam gegen das königliche Gesetz in seinem Reich, und als Bedingung für das Bestehen im Gericht gefordert 2, 1—13. Daran schließt sich im Gegensatz gegen das Reden vom Besitz des Glaubens, während es doch an Werken fehlt, die Forderung, daß der Glaube sich als ein lebendiger in den Werken zu zeigen habe, da vor Gott ein Mensch aus Werken, nicht aus Glauben allein, d. h. aus einem Glauben, der keine Werke aus sich hervorbringen kann, als ein Gerechter anerkannt werde 2, 14—26. Die sittliche Bethätigung des Wortes wird weiter gefordert in Bezug auf die Zügelung der Zunge im Gegensatz gegen die Lehrsucht und Disputirsucht und gegen die Ausbrüche der Leidenschaften 3, 1—12. Im Gegensatz gegen das bloße Wissen des Guten, gegen den Selbstruhm der Weisheit und gegen die jenen Zungensünden zu Grunde liegenden bösen Leidenschaften wird gefordert die Bethätigung der rechten Weisheit, die von Oben ist, in einem guten Wandel in Sanftmuth und Friedfertigkeit 3, 13—18.

Von Cap. 4, 1 an werden alle Strafworte, Mahnworte und Warnungen an die Leser 1, in Bezug auf ihre Stellung zu der Welt, ihren Gütern und den Geschäften des weltlichen Lebens und Treibens gegenüber der Stellung zu Gott 1—10. 13—17, und 2, in Bezug auf ihre Stellung zu einander in der christlichen Gemeinschaft

v. 11. 12. 5, 1 f. zusammengehalten und beherrscht von dem Einen Hauptgedanken, daß das durch das Gesetz der Freiheit ermöglichte und normirte innere und äußere Leben der Christen in der Beziehung zu Gott als Beweisung des rechten Verhältnisses und Verhaltens zu ihm sich bethätigen solle 4, 17. Das ist der Hauptgesichtspunkt, unter dem sich Alles, was nach Maßgabe der ins Auge gefaßten Mißstände des religiös=sittlichen Lebens in c. 4 und 5 an Ermahnungen enthalten ist, zusammenfassen läßt: 1, im Gegensatz gegen die Liebe des Herzens zur Welt mit den aus ihr kommenden Lüsten und Begierden die Forderung der Liebe zu Gott 4, 1—6; 2, im Gegensatz gegen den Hochmuth der Selbstsucht die Forderung der bemüthigen Unterwerfung und Hingebung des ganzen Lebens an Gott 7—10; 3, im Gegensatz gegen die Anmaßung des richtenden Aburtheilens über den Nächsten die Hinweisung auf das Gott allein als dem einigen Gesetzgeber zustehende Gericht 11. 12; 4, im Gegensatz gegen das eigenmächtige, eigenwillige und ruhmredige Gebahren des Hochmuths in irdisch=weltlichen Geschäften die Forderung der Unterstellung derselben unter den Willen und das Walten Gottes 13—17; 5, gegenüber dem übermüthigen Gebahren der Reichen im stolzen Vertrauen auf Hab und Gut und in der Bedrückung und Vergewaltigung der Armen die drohende Hinweisung auf das Gericht der Vergänglichkeit und Vernichtung über den Reichthum und auf das Gericht der Verdammung über die Härte und Grausamkeit der Reichen 5, 1—6; 6, gegenüber dem mißmuthigen, ungeduldigen und eigenmächtig richtenden Verhalten der bedrückten Armen die Ermahnung zur Geduld und Hoffnung auf die Hülfe von dem zum Gericht herannahenden Herrn, 7—11; 7, gegenüber den Ausbrüchen leidenschaftlicher Erregtheit im Schwören die Forderung einfacher Bezeugung der Wahrheit gegeneinander mit Ja und Nein unter gleicher Hinweisung auf das Gericht v. 12; 8, im Gegensatz gegen die geschilderten Zungensünden und den Mangel an rechtem Beten zu Gott die Forderung der Uebung des rechten gläubigen Gebets im unmittelbaren Verkehr mit Gott, insbesondere im Dienst der christlichen Bruderliebe 13—18; und 9, gegenüber dem Abirren eines Bruders von Gott auf sündige Wege, die Forderung der Bethätigung der christlichen Bruderliebe in der Bekehrung desselben zu Gott 19. 20.

Von 1, 22 an ist somit der ganze Inhalt des Briefes von der Mahnung: „Seid Thäter des Wortes" beherrscht. Bei dem geringen Umfang desselben wird auf die „Werke" mit vierzehnmaligem Gebrauch des Wortes ἔργον nachdrücklich Gewicht gelegt[1]), wird an acht Stellen von dem νόμος geredet[2]), werden die Leser an vier Stellen nachdrücklich ermahnt, als „Thäter" des Wortes, Gesetzes, Werkes sich zu beweisen[3]) und wird das ποιεῖν, das „Thun" des Guten, direkt und indirekt an neun Stellen betont[4]). —

Von Anfang an aber 1, 2. 3 faßt Jakobus die **Bethätigung und Bewährung des wahren lebendigen Glaubens** im Werk in das Auge. Unter diesem höchsten Gesichtspunkt finden die Hauptmomente des Inhaltes ihre rechte Beleuchtung. Der **Glaube an Gott den Vater** soll die **Prüfung** durch Anfechtungen bestehen und sich bewähren in der Geduld, im zweifellosen Gebet, im demüthigen Vertrauen zu Gott als dem Vater und Geber aller vollkommenen Gaben, in der stetigen Aufnahme des göttlichen Wortes in das neue Leben, und in der Bethätigung des gehörten Wortes nach dem Gesetz der Freiheit 1, 2—27. — Der **Besitz des Glaubens an Jesum Christum, den Herrn der Herrlichkeit** 2, 1 verträgt sich nicht mit Ansehen der Person vor Menschen, mit liebloser Behandlung der geringeren Brüder; er erheischt vielmehr Erfüllung des königlichen Gebotes der Liebe und damit des ganzen Gesetzes in Wort und That angesichts des Gerichts durch das Gesetz der Freiheit 2, 1—13 und hat sich überhaupt als ein lebendiger Glaube in Werken zu erweisen und zu bethätigen, wodurch die Anerkennung des Menschen vor Gott als eines wirklich Gerechten bedingt ist 14—26.

Unter denselben Hauptgesichtspunkt der Bethätigung des Glaubenslebens fallen alle folgenden Einzelwarnungen und Ermahnungen: 1, in Beziehung auf das **Verhältniß untereinander** die Warnung vor der Zungensünde 3, 1—12, die Ermahnung zu friedlichem, leidenschaftslosem Verhalten untereinander in werkthätiger Beweisung der Sanftmuth, die aus der Weisheit von Oben stammt 3, 13—18; 2, in Beziehung auf das **Verhältniß zu Gott** die Ermahnung zu ganzer voller Hingebung des Herzens an Gott und zu demüthiger Unterwerfung unter seinen Willen mit bußfertigem Sinn, mit dem Urtheil über Andere, und mit allem Plänemachen im geschäftlichen Leben c. 4; 3, in Beziehung auf das

---

[1]) 1, 25. 2, 14. 17. 18 (dreimal). 20. 21. 22 (zweimal). 24. 25. 26. 3, 13.
[2]) 1, 25. 2, 8. 9. 10. 11. 12. 4, 11 (zweimal). [3]) 1, 22. 23. 25. 4, 11. [4]) 2, 8. 2, 12. 13. 19. 3, 12 (zweimal). 3, 18. 4, 13. 17. 5, 15.

Verhältniß und die Stellung des Christenlebens zwischen Gott und den christlichen Brüdern und auf das rechte Verhalten nach beiden Seiten hin: die Androhung des Strafgerichts Gottes wider die Reichen, den bedrückten Armen gegenüber 5, 1—6, die tröstenden Ermahnungen an die Armen, sich der Verdammung der Reichen zu enthalten, und in Geduld der Parusie des Herrn zum Gericht und seiner barmherzigen Hülfe zu harren 5, 7—11, die Warnung vor leichtfertigem Schwören vor Gott und die Ermahnung, sich untereinander vor Gott mit einfachem Ja und Nein zu begnügen v. 12, die Ermahnung zur Uebung des Gebets zu Gott als der Kundgebung und Frucht des Glaubens v. 15 nicht blos in Bezug auf eigenes Wohl und Wehe v. 13, sondern auch in der Fürbitte für die Brüder in Bezug auf ihr leibliches und geistliches Heil v. 13—18, und endlich die Hinweisung auf das Gott wohlgefällige Wirken der barmherzigen Bruderliebe zur Rettung verirrter Menschenseelen aus dem Tode in die Lebensgemeinschaft mit Gott, v. 19. 20.

Der Gruß der Freude

mit dem Worte χαίρειν, wobei λέγει zu ergänzen, kommt im neuen Testament statt des sonst üblichen specifisch christlichen Gnaden- und Friedensgrußes nur noch in dem Schreiben des Apostelconvents Apostelg. 15, 23 vor, und wird 2. Joh. 10 als eine im christlichen Gesellschaftsverkehr übliche Grußform erwähnt. Es ist damit die einfache griechische Grußform[1] „Freude sei mit euch," die sich auch in der erweiterten Gestalt „Freude, Gesundheit und Wohlergehen"[2] findet, in den christlichen Sprachgebrauch aufgenommen. Sie bezeichnet die Freude, die ihren Gegenstand und Quell in der Lebensgemeinschaft mit dem Herrn hat[3]. Das χαίρειν entspricht nicht dem hebräischen שלום, für den vielmehr in der Regel der Gruß εἰρήνη, „Friede sei mit euch!" eintritt. Der Gruß der Freude gilt den Lesern mit besonderer Beziehung auf den Leidensstand, in dem sie nach dem Folgenden sich befinden; denn unmittelbar darauf folgt

---

[1] Apostelg. 23, 26. 1. Maccab. 10, 18. 25. 15, 16. 2. Maccab. 1, 1 [2] 2. Maccab. 9, 19. [3] Vergl. Joh. 15, 11. 16, 20—24. Philipp. 3, 1. 4, 4. 1. Thess. 5, 16.

in v. 2 die Ermahnung: „Erachtet es für lauter Freude, wenn ihr in Anfechtung fallet." Indem Jakobus beim Beginn des Schreibens seinen Hirtenblick über die ganze Heerde streifen läßt, ist es zunächst die leidensvolle Lage derselben, auf die er sein Augenmerk richtet.

Erster Abschnitt. Cap. 1, v. 2—18.

Ermahnungen in Bezug auf die rechte Stellung, welche die Leser zu den ihnen durch Leiden widerfahrenen Versuchungen einzunehmen haben, mit Hinweisung auf die Bedeutung, welche diese Versuchungen als Prüfung ihres Glaubens für ihre Förderung in dem Streben nach sittlicher Vollkommenheit und nach der Krone des Lebens haben sollen, und mit Abweisung des Irrwahnes, daß die unter den Leiden an sie herantretende Versuchung zum Bösen von Gott herrühre.

In v. 2 nimmt χαρά das χαίρειν aus v. 1 wieder auf. Eine solche Wiederaufnahme des vorangegangenen Wortes zur Weiterführung des mit demselben verknüpften Gedankens oder zur Ueberleitung zu einem andern findet sich in dem Briefe öfters, so in v. 3 und 4 ὑπομονήν — ἡ δὲ ὑπομονή, in v. 4 und 5: λειπόμενοι — εἰ δέ τις ὑμῶν λείπεται, in v. 6 διακρινόμενος, v. 13 u. 14 πειραζόμενος — ἕκαστος δὲ πειράζεται, v. 19 u. 20 εἰς ὀργήν — ὀργὴ γάρ, v. 21 u. 22 ἔμφυτον λόγον — ποιηταὶ λόγου, v. 22 u. 23 ἀκροαταὶ λόγου — ἀκροατὴς λόγου, v. 26 u. 27 ἡ θρησκεία — θρησκεία καθαρά.

Die Ermahnung: „Erachtet es für lauter Freude, wenn ihr in mancherlei Versuchungen fallet," enthält einen scheinbaren Widerspruch, der gleichsam ein Räthsel aufgibt. Der Forderung der Freude steht gegenüber der mit πειρασμοί bezeichnete Leidensstand. Denn die πειρασμοί, Versuchungen, sind nicht die inneren Versuchungen zum Bösen, die aus dem eigenen Herzen aufsteigen[1]). Wie könnten diese als Gegenstand der Freude bezeichnet werden? Es sind die objectiv durch ihre äußere Lage verursachten und an sie heranbringenden Leiden und Widerwärtigkeiten gemeint, die zu Anfechtungen und Versuchungen für ihr inneres Christenleben werden. Sie werden von ungläubigen Vornehmen und Reichen bedrückt und bedrängt, unschuldig vor die Gerichte geschleppt, ungerecht

---

[1]) Rauch in Winer u. Engelhardts krit. Journal VI. 282 ff.

verurtheilt 2, 6, und um des Namens Christi willen geschmäht und verfolgt v. 7. Diese Leidensanfechtungen sind dem Jakobus sowohl nach ihren Ursachen in ihrem Christenstand, ihren socialen Lebensverhältnissen und der feindseligen Gesinnung der Ungläubigen, wie nach ihrem wirklichen Bestand und Umfang als so mannigfaltige und vielgestaltige, ποικίλοι¹), bekannt, daß er ganz allgemein zu allen Lesern sagen kann: „Wenn ihr hineinfallt oder hineingerathet in solche Versuchungen." Das Wort περιπίπτειν²) bezeichnet nicht blos das Unerwartete des Hineingerathens in solche Anfechtungen, sondern auch durch περί das Umschlossenwerden von denselben. Bei dem allgemeinen Leidensstande konnte den Lesern dasselbe jeden Augenblick widerfahren. Dies bedeutet ὅταν. Der mit ihm eingeleitete Satz ist das Object. Vor ihm ist daher ein τοῦτο als Object zu ἡγήσασθε nicht zu ergänzen³).

Aber diese Anfechtungen faßt Jakobus nicht blos von ihrer äußeren Seite als schmerzliche Widerfahrnisse in das Auge, um der Traurigkeit über den Leidensstand als solchen die Freude entgegenzustellen, sondern πειρασμοί „Versuchungen" sind ihm nach allem Folgenden die Leiden nach ihrer ethischen Bedeutung und Wirkung für den religiös-sittlichen Lebensstand der Leser als Christen. „Versuchungen" sind die durch Gottes Willen oder Zulassung von Seiten der Welt ihnen bereiteten Leiden, sofern sie den pädagogischen Zweck haben, sie in ihrem christlichen Glaubens- und Lebensstande zu prüfen und zu erproben⁴). Nur in dieser Beziehung kann die Forderung gelten, die mancherlei Leidenserfahrungen für lauter Freude zu erachten. Ganze, volle Freude⁵), gegen die keine Betrübniß aufkommt, nicht: höchste oder größte Freude⁶), soll ihnen das Hineingerathen in Anfechtungen sein. Der Begriff Freude in seinem ganzen Umfange soll hier seine Verwirklichung finden. Die Ermahnung, eitel Freude⁷) in der Erfahrung solcher Versuchungen zu finden, von vornherein

---

¹) Vergl. 2. Corinth. 6, 4 u. 11, 23 ff. ²) Auch von Classikern als Hineingerathen in Unglück und Leiden gebraucht; siehe die Beispiele bei Huther. ³) Gegen Hofmann. ⁴) So πειρασμοί Matth. 26, 41. Luc. 8,13 vergl. mit Matth. 13, 21. Matth. 6, 13. 1. Cor. 10, 13. 1 Petr. 1, 6. 4, 12. ⁵) Ohne Artikel mit einem Abstractum verbunden bezeichnet πᾶς die Gesammtheit der einzelnen Momente des bezeichneten Begriffs. Winer Gram. 6. Aufl. § 18. 4 S. 101. So steht πᾶς Eph. 1, 8. 4, 2. 2. Corinth. 12, 12. ⁶) De Wette. ⁷) So Luther.

mit solchem Nachdruck gegenüber der schmerzlichen Empfindung des natürlich menschlichen Gefühls ausgesprochen, setzt voraus, daß die Leser dieser inneren Stellung zu den Anfechtungen ermangelten und darum solches tröstenden Zuspruches bedurften. Sie waren in Gefahr, durch das Gefühl der Traurigkeit die stille Ergebung in Gottes Willen, sowie das kindliche Vertrauen zu Gottes heilsamen Absichten, zu verlieren. Der Schmerz über die äußeren Anfechtungen konnte ihnen so zu einer inneren Versuchung zur Sünde gereichen[1]). Darum will Jakobus sie zu dem heiligen Gefühl der Freude immitten ihrer Anfechtungen erheben, wie der Herr solche Freude fordert gegenüber von den Verfolgungsleiden, welche die Seinen um seines Namens zu erdulden haben[2]), und seinen Jüngern die Verwandlung der Traurigkeit in Freude verheißt[3]), wie Paulus solche Freude in Trübsalen zu den Kennzeichen der Kinder Gottes rechnet[4]), und Petrus mit gleichem Wort und Sinn wie Jakobus von mancherlei Versuchungen redend der „darin empfundenen Betrübniß" die jauchzende Freude der christlichen Hoffnung entgegenstellt[5]).

Daß der Zuruf: „meine Brüder", der in dem kurzen Briefe sich achtmal wiederholt, v. 16. 19. 2, 5 „meine geliebten Brüder", 4, 11. 5, 7. 9, 19 „Brüder", zugleich die nationale Bedeutung in sich schließe[6]), ist durch nichts angedeutet. Er ist der Ausdruck der christlichen Gemeinschaft brüderlicher Liebe, mit welcher Jakobus als christlicher Mitbruder an dem Leidensstande seiner Leser Theil nimmt und sie zur Freude mitten in ihrem Leide führen will.

In v. 3 wird diese Ermahnung begründet. Das γινώσκοντες ist mit dem Imperativo ἡγήσασθε eng zu verbinden. Das Erkennen soll dem Erachten zur Seite gehen, und zwar, wie der Gegenstand und Inhalt des Erkennens, daß nämlich „die Prüfung des Glaubens Standhaftigkeit wirket", zeigt, als begleitendes Motiv für die geforderte Aufnahme der Leidensanfechtung als lauter Freude. Es heißt aber nicht: „in dem Bewußtsein"[7]), oder: „da ihr wisset", wie wenn εἰδότες dastände[8]), oder als wenn

---

[1]) Vergl. v. 13. [2]) Matth. 5, 12. [3]) Joh. 16, 20–22. [4]) Röm. 5, 3. 2. Corinth 6, 10. [5]) 1. Petr. 1, 6. Vergl. Ebr. 10, 34: ihr habt den Raub eurer Güter mit Freuden aufgenommen. [6]) Wiesinger, Olshausen. [7]) De Wette-Brückner. [8]) Wie dies Particip, ein vorhandenes Wissen bezeichnend, bei Paulus in Verbindung mit Imperativen vorkommt. Röm. 5, 3. 1. Corinth. 15, 58. Coloss. 3, 24. 4, 1. 2. Timoth. 2, 23.

γινώσκω hier gleich ἔγνωκα wäre¹), sondern: indem ihr erkennt. Das Participium Präsentis zeigt, daß es sich nicht um den Besitz einer Erkenntniß, sondern um die Aufnahme einer ihnen ja nicht fremden Wahrheit, daß nämlich die Prüfung Geduld erwirkt, in die Erkenntniß, und zwar in dem gegenwärtigen Moment, in welchem sie zur Freude ermahnt werden, handelt. Der Grund für diese Freude liegt in jener Wahrheit, dem Objekt des γινώσκειν, dessen Particip also dem Imperativ ἡγήσασθε sich logisch unterordnet und so einen Bestandtheil der Ermahnung selbst bildet. Warum man bei dieser Auffassung erwarten müßte, daß dem, was erkannt werden soll, eine Bestätigung folgte²), ist nicht abzusehen, da es sich um eine erfah=rungsmäßige Thatsache oder thatsächliche Wahrheit handelt, die die Leser in ihrem Leidensstande nur recht in ihr Bewußtsein aufneh=men und zum Gegenstand ihres Erkennens machen sollen, um sich freuen zu können.

Diese Wahrheit ist in den Worten: ὅτι τὸ δοκίμιον ὑμῶν τῆς πίστεως³) κατεργάζεται ὑπομονήν ausgesprochen. Δοκίμιον steht nicht in seiner ursprünglichen Bedeutung: Prüfungsmittel⁴). Dann müßte τοῦτο davor stehen, oder in ähnlicher Weise die Rückbeziehung auf die πειρασμοί ausgedrückt sein. Aber auch nicht „Bewährung" oder „Bewährtsein" kann es heißen⁵), als sollte gesagt sein, was herauskomme aus der Berührung des Glaubens mit den Anfechtungen, woran der Glaube als ächt erkannt werde⁶). In diesem Sinne steht es 1. Petri 1, 7, wo der Glaube als ein durch die Prüfung be=währter mit dem durch das Feuer geläuterten und bewährten Golde verglichen wird. In diesem Sinne spricht Paulus von einer δοκιμή, Bewährung der Christen, Röm. 5, 4. Aber dort geht die ὑπομονή voran als das, was die Bewährung wirkt und zur Folge hat, wäh=rend hier an unserer Stelle umgekehrt die ὑπομονή, die ausdauernde Standhaftigkeit, Wirkung und Folge von dem ist, was δοκίμιον τῆς πίστεως heißt. Die Bewährung oder das Bewährtsein des Glaubens mußte doch als Wirkung der Anfechtungen gedacht werden. Diesen Gedanken aber: „der Glaube wird durch die πειρασμοί bewährt", hätte

---

¹) Wie Hofmann will. ²) So Hofmann. ³) Die Lesart τῆς πίστεως hinter ὑμῶν kann allerdings wegen der Uebereinstimmung mit 1. Petri 1. 7 verdächtig erscheinen, ist aber durch ℵ A. B. C. G. K. so stark beglaubigt, daß Tischendorf in ed. 8 sie mit Recht wiederhergestellt hat. ⁴) Gegen Schneckenburger, Theile, Hofmann. ⁵) Gegen Huther. ⁶) So Cremer bibl. theol. Wörterbuch.

dann Jakobus übersprungen, um sofort zu sagen: die Bewährung
des Glaubens bewirkt Standhaftigkeit. Konnte er aber dies
sagen wollen? Der Zustand der gegen den Druck des Leidens
geduldig aushaltenden Standhaftigkeit ist eben schon das, worin die
Bewährung des Glaubens unter Leiden besteht, ist schon die Bewährung selbst. Wie soll also von dem Zustand der Bewährung
oder dem Bewährtsein des Glaubens erst noch gesagt werden können,
daß dadurch die ὑπομονή bewirkt werde? Das, was diese bewirkt,
muß ein Subject sein, dem Thätigkeit, Wirksamkeit wesentlich eigen
ist, um etwas zu schaffen, was es nicht selbst schon ist, sondern
als ein Erzeugniß seines Wirkens, seines κατεργάζεσθαι, sich darstellt.
Demnach ist δοκίμιον activisch als Prüfung zu nehmen.[1]) Die
Prüfung des Glaubens liegt eben in den Anfechtungen. Das
wird dadurch schon angedeutet, daß die Worte ὅτι τὸ δοκίμιον unmittelbar nach und darum in unmittelbarer Beziehung zu dem,
was von dem πειρασμοῖς gesagt ist, stehen. An diesen haftet die
Prüfung des Glaubens.

Der Glaube ist nicht objectiv Christi Lehre, die im
Glauben aufgenommen wird[2]), was mit dem ὑμῶν streitet, oder das
ganze Christenthum der Leser[3]), was dem biblischen Glaubensbegriff widerspricht und hier auch wegen der doch gleichfalls zum
ganzen Christenthum gehörenden Geduld logisch unzulässig ist. Der
Glaube ist auch hier subjectiv die Herzensstellung des Christen
zu Gott und Christus, in welcher er sich mit lebendigem festem Vertrauen dem als seinen Vater[4]) in Christo sich offenbarenden Gott
und dem durch das Evangelium sich ihm bezeugenden Christus als
seinem Heiland und Herrn[5]) hingiebt und verbunden weiß. Der
göttlichen Fügung und Absicht gemäß dienen die Anfechtungen
diesem Glauben zur Prüfung, indem es darauf ankommt, daß
er sich als solch ein lebendiges Vertrauen zu Gott als dem Vater
und zu dem Herrn Christus in der demüthigen Unterwerfung unter
(ὑπὸ) die von Gott verhängten oder zugelassenen Leiden[6]), und in
dem geduldigen, tapferen Aushalten, Beharren (μένειν) und Tragen
derselben bewährt. Die Prüfung, die der Glaube so in seinem Wesen
und in seiner sittlichen Kraft erfährt, bewirkt Standhaftigkeit; diese

---

[1]) So Vulg.: probatio, de Wette, Wiesinger. [2]) Pott. [3]) De Wette.
[4]) Vergl. v. 17. [5]) Vergl. 2, 1. [6]) Vergl. 1. Petri 5, 6: „Demüthiget euch
unter die gewaltige Hand Gottes."

geht aus ihr als ihre Wirkung hervor. So ist κατεργαζεσθαι zu verstehen, nicht von einem deducere ad perfectionem[1]). Dieser Begriff des sittlichen Völligwerdens tritt erst v. 4 auf. Gegen die Erklärung: „die Prüfung wirket Geduld", darf nicht eingewendet werden, daß der Ausfall der Prüfung doch auch ein entgegengesetzter sein könne. Jakobus will ja eben das, warum die Leidenserfahrungen Ursache und Gegenstand der Christenfreude sein können, den Lesern vorhalten, indem er nicht blos die Absicht Gottes, durch Zulassung oder Auf=erlegung von Leiden sittliche Bewährung des Glaubens zu Stande zu bringen, sondern auch die Verwirklichung dieser Absicht durch Bethätigung des Glaubens im Feststehn und Ausharren unter dem Druck der Leiden, als Wirkung und Folge der Prüfung ins Auge faßt. Die selbstverständliche Voraussetzung solcher Glaubens=bewährung ist das kindlich gläubige Verstehn der göttlichen Ab=sichten und Zwecke und das kindlich gehorsame Eingehen auf dieselbe. Vergl. Röm. 5,3: Wir wissen, daß Trübsal ὑπομονὴν κατεργάζεται, mit Röm. 8,28. Daß das „Geduld wirken" durch eine dem Willen des neugeborenen Menschen dazu von oben ge=gebene, und von demselben in sich aufgenommene göttliche Kraft vermittelt ist, versteht sich nach v. 17. 18. 21 von selbst. Daß es gegenüber der Fortdauer und Wiederkehr der Anfechtungen in der Welt und der Geneigtheit des natürlichen Menschen zur Ungeduld und Verzagtheit ein allmäliger sittlicher Proceß unter fort=während er Uebung und fortschreitender Bewährung in der sittlichen Widerstands= und Ueberwindungskraft ist, wird durch das Präsens und durch die Wortbedeutung von ὑπομονή angedeutet. Selbstver=ständlich muß es darum auch ein Läuterungsproceß sein[2]). Von dieser Erkenntniß geleitet, daß die Prüfung des Glaubens durch Anfechtungen solch eine herrliche Wirkung hat, sollen die Leser das Hineingerathen in solche Anfechtungen und das Umwogt=sein von demselben als lauter Freude erachten.

Der Gedanke in v. 3 ist damit zu Ende geführt, sofern er eben zu der Begründung der Ermahnung hinreicht und dieselbe ab=schließt; eine Erinnerung „an die Hoffnung und deren Erfüllung" war dazu nicht nöthig, folgt auch nicht in v. 4 in Form einer Ermahnung zur angeblichen Vollendung des Gedankens in v. 3[3]).

---

[1]) Michaelis, Cebser, Theile. [2]) Vergl. die viel angezogene Stelle Sprüche 27, 21. [3]) Dieses Alles gegen de Wette.

V. 4 ist vielmehr nach Form und Inhalt eine mit v. 3 coordinirte Ermahnung, welche einen selbständigen, neuen Gedanken in Betreff der ὑπομονή bringt und durch δέ sich als eine Weiterführung der Rede über dieselbe zu erkennen giebt. Mit der Erkenntniß, daß die Erfahrung von Anfechtungen für den Christen als eitel Freude aufzufassen sei, soll nun auch die Auswirkung der Geduld im christlichen Leben in der Bethätigung sittlicher Vollkommenheit verbunden sein. Ohne Artikel wird in v. 3 die Geduld bezeichnet als etwas noch zu bewirkendes, hier mit dem Artikel als etwas nunmehr vorhandenes. Die Standhaftigkeit ist nach dem Zusammenhange und dem Wortlaut nicht als standhaftes Ausharren bis ans Ende[1]), sondern als ein Moment in dem gegenwärtigen Proceß des christlichen Lebens aufgefaßt. Auch ist nicht ὑπομονή für ὑπομένων zu nehmen[2]). Ebenso wenig heißt gegen die Wortbedeutung ἔργον τέλειον „thätige Tugend, die vollkommen ist"[3]), welche Erklärung allerdings zu jener Begriffsversetzung nöthigt, da sonst der Nichtgedanke entsteht: die Tugend der Standhaftigkeit muß thätige, vollkommene Tugend haben. Ἔργον ist nie Tugend, sondern immer sittliche Bethätigung der Tugend. Wenn nun aber gar „die thätige, vollkommene Tugend" darin bestehen soll, daß der Christ nicht blos standhaft duldet, sondern neben der Standhaftigkeit das Leiden wie das ganze christliche Leben dazu benutzt, sich sittlich zu reinigen, zu heiligen und zu vollenden[4]), so wird damit über die Sphäre, worin sich ihrem Wesen nach die Standhaftigkeit als solche bethätigen soll, hinausgegangen, und die Heiligung und Reinigung des ganzen Christenlebens als Aufgabe einer einzelnen Tugend hingestellt.

Wenn Jakobus ermahnt: „die Standhaftigkeit (Geduld) aber habe vollkommenes Werk", so meint er nicht etwas, was von ihr selbst zu unterscheiden wäre als sittliche Thätigkeit, die im Christenleben zugleich mit ihr zu üben sei[5]). Sittliche Bethätigung bedeutet ἔργον, Werk, in Bezug auf die sittliche Kraft, die der Standhaftigkeit als einer christlichen Tugend eignet, die nicht blos als ein Leiden, sondern als ein Thun, nicht blos als ein passiver Widerstand, sondern als ein siegreiches Kämpfen sich darstellen soll.

---
[1]) Gegen de Wette. [2]) Gegen de Wette. [3]) Gegen de Wette. [4]) de Wette.
[5]) Gegen Erasmus, Calvin, Morus, Pott, Augustin, Gebser, Kern, Schneckenburger, de Wette.

So redet Paulus 1. Thessal. 1, 3 von einem ἔργον τῆς πίστεως, einer sittlichen Bethätigung des im Glauben enthaltenen ethischen Princips. Ja er spricht Röm. 2, 7 ganz ähnlich wie hier Jakobus von einer Standhaftigkeit oder Ausdauer „in gutem Werk"[1]). Dieses soll aber nach Jakobus Mahnung ein **vollkommenes** sein. Die Stellung und Form der Worte zeigt, daß Jakobus im Blick auf den Mangel, den er in dieser Hinsicht bei den Lesern wahrnimmt, das Streben nach der Bethätigung **sittlicher Vollkommenheit** in allen diesen Beziehungen, in denen die christliche Geduld sich wirksam zu beweisen hat, mit besonderem Nachdruck fordert. Τέλειος bedeutet also nicht „bis ans Ende bauernd"[2]), sondern umfaßt vielmehr in Bezug auf die ὑπομονή „Alles, was ihres Thuns ist, indem sie es an keinem davon fehlen läßt"[3]). So mancherlei die Anfechtungen sind, durch die der Glaube geprüft wird, so mannigfach sind die ethischen Aktionen, in denen sich die Geduld und der geprüfte Glaube wirksam beweisen und das Gepräge sittlicher Vollkommenheit im Christenleben darstellen soll. Dahin gehört, wie aus dem Inhalt des Briefes selbst erhellt, in negativer Beziehung alle Bethätigung oder Auswirkung der christlichen ὑπομονή in der Bekämpfung der Ungeduld, der Unzufriedenheit mit Gottes Führungen, des Zweifels an seiner väterlichen Liebe, Macht und Treue, des Weltsinns, der in Leidensscheu die Güter und Genüsse der Welt begehrt, des Hochmuths und der Verzagtheit, des erlahmenden und erschlaffenden Muthes. Dahin gehört in positiver Hinsicht alles sittliche Werk der ὑπομονή in der Beweisung der rechten Lebensweisheit, der Sanftmuth, der selbstverläugnungsvollen Ergebung in Gottes Willen, der Liebe gegen die Feinde und Verfolger, in der rechten Uebung des Gebets. **Vollkommenes Werk** soll sie haben, d. h. sie soll das, was sie in dem Allen thut, ganz und völlig thun[4]). Sie soll nach allen Seiten die in ihrem Wesen enthaltene sittliche Lebenskraft bethätigen und entfalten. Der **Singular** bezeichnet die alle einzelnen Momente der Bethätigung der Geduld umfassende sittliche **Einheit** und **Ganzheit**. Da erweist sich alles Einzelne wie aus **einem Stück**, als Auswirkung einer einheitlichen, in dem innern Leben tiefgewurzelten Gesinnung. Die personificirt gedachte ὑπομονή soll solch vollkommenes Werk als ihre

---

[1]) Der Genit. ἔργου ἀγαθοῦ bezeichnet das Objekt, auf welches sich die ὑπομονή bezieht. [2]) Luther, Calvin u. viele Aeltere. [3]) So Hofmann. [4]) Hofmann.

"Habe", ihren Besitz, aufzuweisen haben, sich als Inhaberin desselben darstellen. Und darin bewährt sich der Glaube, v. 3, der mittelst der Geduld zum vollkommenen Werk fortschreitet[1]).

Die Worte: „Damit ihr seid vollkommen und vollständig" bezeichnen das Ziel, zu dem die Befolgung jener Ermahnung führen soll. Vom Zweck, nicht vom Erfolg, ist ἵνα zu verstehen[2]). Wie könnte dieser so mit Sicherheit bezeugt werden! Τέλειος, entsprechend dem τέλειον ἔργον, bezeichnet den Menschen, der seinem Zweck und seiner Bestimmung, dem, was er sein soll, genau entspricht. Ὁλόκληρος ist der, dem nichts von dem mangelt, was sein ganzes sittliches Wesen und seinen sittlichen Werth ausmachen soll. Mit beiden Worten übersetzt die Septuaginta das Prädikat תָּמִים, mit welchem Noah 1 Mos. 6, 9 bezeichnet wird. Beide Prädikate bezeichnen die sittliche Vollkommenheit als persönliche Eigenschaft, das erstere in Beziehung auf das höchste sittliche Ziel, das letztere hinsichtlich der Ganzheit und des vollsten Maßes. Trotz des Präsens ἦτε handelt es sich nicht um das, was sie jetzt, sondern beständig und in aller Zukunft und bis ans Ende sein sollen. Zu diesem persönlichen Habitus sittlicher Vollkommenheit soll jene vollkommene Thätigkeit, in der sich die ὑπομονή auswirken soll, hinzielen und hinführen. Die fortgesetzte thätige Uebung in dem Streben nach sittlicher Vollkommenheit führt zu immer höherer, persönlicher Tüchtigkeit und sittlicher Vollkommenheit. Das vollkommene Werk der Standhaftigkeit, das Thun, welches es an nichts fehlen läßt in der Beweisung der Geduld, bezweckt und erzielt ein immer höheres Völligwerden und Vollkommensein der sittlichen Persönlichkeit. Vielleicht hat dem Jakobus wegen des hellenistischen Gebrauches jener beiden Prädikate vom Opfer das Bild vom Opfer vorgeschwebt. Doch ist es bei dem Blick des Jakobus auf die nahe Parusie des Herrn wahrscheinlicher, daß er an die Darstellung der sittlich vollendeten und darum unsträflichen Persönlichkeit am Ende des Heiligungsweges im Gericht gedacht hat, wie Paulus und Petrus es thun mit gleicher Hinweisung auf die Darstellung der sittlichen Vollkommenheit im Gericht[3]).

Dies wird bestätigt durch die folgenden Worte: „indem ihr

---

[1]) Hilgenfeld a. a. O. S. 7. [2]) Gegen Baumgarten, Pott u. A. [3]) 1. Corinth. 1, 8. Phil. 1, 10. 2, 15 ff. 1. Thessal. 5, 23. 1. Petri 1, 7.

in nichts dahintenbleibt". Wie in v. 5 und 6, bestätigt nicht blos diese negative Aussage die vorhergehende positive, sondern fügt zugleich einen neuen Gedanken oder ein weiteres Moment der Paränese hinzu. Während λείπεσθαι in v. 5 und 2, 15 mit dem Genitiv als Bezeichnung des betreffenden Mangels steht, ist hier ἐν μηδενί nicht gleich μηδενός zu nehmen, und nicht zu erklären: "an nichts Mangel leidend"[1]). Vielmehr ist die Anschauung von dem Ziel, die den vorhergehenden Worten zu Grunde liegt, von Jakobus hier festgehalten und dem entsprechend zu erklären: in nichts dahintenbleibend, d. h. hinter dem Ziel der Vollkommenheit. Darin liegt eine Warnung vor dem Zurückbleiben hinter dem vorhin mit ἵνα bezeichneten Ziel und eine Ermunterung zum unermüdlichen, unanstößigen, unaufhaltsamen Vorwärtsstreben nach diesem Ziel auf dem gewiesenen Wege[2]). Dazu ist aber erforderlich

v. 5 f. das Gebet um Weisheit unter den Anfechtungen.

Die Worte: "wenn Jemand von euch Mangel hat an Weisheit", beziehen sich unter Anschluß an das unmittelbar Vorgehende ἐν μηδενὶ λειπόμενοι auf das, was v. 2—4 von der Bewährung des christlichen Glaubens gesagt ist. Mit dem Genitiv bedeutet λείπεσθαι eines Dinges ermangeln. Wegen des fehlenden Artikels ist σοφία nicht als die ganze christliche Lebensweisheit in ihrer begrifflichen Bestimmtheit[3]), sondern als Weisheit in der im Gedankengang des Jakobus liegenden Beziehung zu verstehen. Es ist die Rede von Mangel an Weisheit im Blick auf den v. 2—4 bezeichneten Stufengang der Entwickelung sittlicher Vollkommenheit in der Bethätigung der ὑπομονή unter den Anfechtungen durch Leiden. Es ist gemeint die praktische Einsicht in die der göttlichen Absicht und dem Zwecke sittlicher Vollkommenheit entsprechende Art und Weise der Erfüllung der Aufgabe, Standhaftigkeit zu beweisen, und dabei die ihr beiwohnende sittliche Kraft vollkommen zu bethätigen. Mit εἰδότες wird der wirkliche Fall gesetzt, daß es in dieser Beziehung an Lebensweisheit mangele, wie sie z. B. Paulus Coloss. 4, 5 von der praktischen Einsicht in das rechte sittliche Verhalten in schwierigen Verhältnissen versteht. Jakobus meint nicht die praktische Einsicht in die Lebensauf-

---

[1]) Huther, de Wette, Theile, Wiesinger. [2]) So auch Hofmann mit Hinweisung auf Xenoph. Anab. 4, 5. 12. Bei den Classikern steht λείπεσθαι oft so. [3]) Gegen de Wette.

gabe des Christen überhaupt¹), sondern die praktische Einsicht, Umsicht und Vorsicht, wie sie nothwendig ist zur rechten Würdigung der Anfechtung und zur Leistung des rechten Widerstandes gegen dieselbe, damit sie nicht der Weg zur inneren Versuchung v. 13, statt zur sittlichen Vollkommenheit werde²). Eine Lebensweisheit meint er, wie sie der gläubige Christ bedarf, „um sich in der schwierigen äußeren Lage so zu verhalten, daß er in keine andere Anfechtung geräth, als die ihn ohne sein Verschulden betrifft, und um sich in derjenigen, die ihn betrifft, nichts zu Schulden kommen zu lassen, was sie unnöthig erschwert"³). Aber es gehört nach dem ethischen Gehalt von v. 2—4 auch dazu die Einsicht in das Alles, was positiv zur Bewährung des Glaubens in Geduld, zu ihrer Bethätigung im praktischen Leben und zur Erstrebung des Zieles sittlicher Vollkommenheit auf dem Wege der ὑπομονή gehört. Dem Mangel an solcher Weisheit kann der Mensch nicht selbst abhelfen. Darum die Ermahnung in den Worten: „so erbitte er sie von Gott". Jene Lebensweisheit als praktische γνῶσις und σύνεσις ist Gottes Gabe⁴), sie ist Weisheit „von oben", 3, 15. 17, und soll als solche von Gott erbeten werden. In dem Zusatz: „Der da giebt Allen einfach ohne Vorwurf⁵), und so wird ihm gegeben werden", liegt eine Ermunterung, jene Ermahnung zu befolgen. Durch Voranstellung des Particips: „der da giebt", wird betont, daß Gott für die Seinen allezeit der gebende ist, der wirklich gewährt, was sie bedürfen und erbitten. Damit wird das Bitten um Weisheit vorweg begründet. Aber nicht in absolutem Sinn wird von Gottes Gaben geredet⁶); denn wenn auch sprachlich bei διδόντος ein bestimmtes Objekt fehlt, so sind doch die näheren Bestimmungen πᾶσιν, ἁπλῶς u. s. w. damit zu verbinden; sie besagen, wie Gott giebt, und darauf gerade wird der Nachdruck gelegt, um zum Bitten zu ermuntern⁷).

Gott giebt 1, πᾶσιν, nämlich unterschiedslos allen ihn wahrhaft Bittenden, ohne Ansehen der Person, nicht Einzelnen hie und da. Darum kann Jeder zuversichtlich bitten. Gott giebt 2, ἁπλῶς⁸), d. h. nicht im ethischen Sinne: einfältiglich, ohne Arg, in Gut-

---

¹) Gegen Huther. ²) So Brückner. ³) So Hofmann. ⁴) Sprüche 2, 6. κύριος δίδωσι σοφίαν καὶ ἀπὸ προσώπου αὐτοῦ γνῶσις καὶ σύνεσις. ⁵) Die Lesart des Cod. A.: τοῦ θεοῦ τοῦ διδόντος erklärt sich aus der Absicht, die auffallend erscheinende ursprüngliche Wortfolge: τοῦ διδόντος θεοῦ in die gewöhnliche Form umzusetzen. ⁶) Gegen Huther. ⁷) Vergl. Hofmann. ⁸) Nur hier im N. T.

herzigkeit¹), im Sinn von ἐν ἁπλότητι Röm. 12, 8, sondern nach der eigentlichen Wortbedeutung: einfach, schlechtweg, ohne Weiteres, vgl. Weisheit 16, 27; er giebt nur, um zu geben, was er geben will. Gott giebt 3, μὴ ὀνειδίζων. Die Erklärung: „er rückt Niemand auf ober vor"²), was er giebt, entspricht eben so wenig der Bedeutung des Wortes, wie die: er weist Niemand mit Beschämung ab. Es heißt vielmehr: Gott giebt nicht so wie menschliches Geben oft geschieht, nämlich mit Vorwürfen wegen des Bittens oder wegen der Ursachen und Motive dazu, die in dem Mangel und in der Bedürftigkeit liegen³). Das ermuthigt zum vertrauensvollen Bitten, daß Gott sein Geben nicht mit Kundgebung von Unwillen oder Zorn gegen den sündigen Menschen begleitet. Jakobus thut hier vielleicht auf die lieblosen Reichen und ihre Art zu geben einen Seitenblick⁴). Gott giebt endlich 4, wirklich und gewiß auf das Bitten der Seinen. Die Versicherung: und es wird ihm gegeben werden, nämlich Weisheit, entspricht genau dem Wort des Herrn Matth. 7, 7. 11. Luk. 11, 13. Sie ermuntert zum zweifellosen zuversichtlichen Bitten. Der Bittende kann seiner Erhörung gewiß sein. So steigern sich die Ermunterungsgründe bis zur Hinweisung auf die Gewißheit der Erhörung und wirklichen Gewährung der Bitte. Solche Erfüllung der Bitte um die göttliche Gabe der Weisheit ward Salomo zu Theil⁵).

In v. 6—8 wird auf die **Bedingung** für solch göttliches Geben hingewiesen. Es kommt auf die rechte **Beschaffenheit des Gebets** an. Es muß ein **Bitten im Glauben, ohne Zweifel, mit ungetheiltem Herzen** sein.

V. 6. „**Er bitte aber**", damit wird wörtlich die Ermahnung v. 5 αἰτείτω behufs des Ueberganges zu einem neuen Gedanken wieder aufgenommen. Dort ist hingewiesen auf die objectiven göttlichen Voraussetzungen, hier auf die subjectiven menschlichen Bedingungen, die in der rechten Herzensverfassung des Betenden liegen. Gerade sowie der Ermahnung und Aussage über die **göttlich** verursachten Wirkungen der Anfechtungen in v. 2 die **Forderungen** in v. 4 folgen, damit jene Ermahnung und Aussage ihre subjective Verwirklichung finde, so wird hier an die **Ermahnung** zum Gebet und an die Hinweisung auf die objectiven göttlichen Grundlagen seiner Erhörung die

---

¹) Luther, Grimm (Clavis), Huther, Wiesinger u. A. ²) Luth. u. viele A. ³) Vgl. Sirach 20, 15: ὀλίγα δώσει καὶ πολλὰ ὀνειδίσει. 41, 28 (22): μετὰ τὸ δοῦναι μὴ ὀνείδιζε. ⁴) Vergl. Huther, Wiesinger. ⁵) 1. Kön. 8, 9.

Forderung der subjectiven Bedingung in dem entsprechenden Zustande des menschlichen Herzens angeschlossen. „Im Glauben", d. h. indem der Glaube das Lebenselement des Christen ist, in welchem und aus welchem heraus das Beten Wahrheit ist. Die $\pi i\sigma\tau\iota\varsigma$, die als lebendiges kräftiges Vertrauen zu Gott unter dem Druck der Anfechtung sich in Standhaftigkeit bewährt (v. 2), hebt die Flügel des Gebets nach Oben und fliegt auf in der Bewegung völliger freudiger Herzenszuversicht, mit welcher der Betende nicht blos dem lebendigen Gott sich zuwendet in der Gewißheit, daß Gott in seiner Liebe sich ihm zuwendet und ihn erhört, sondern dabei auch dem Willen Gottes den eigenen Willen unterwirft. Es ist also wesentlich derselbe Glaubensbegriff, wie bei Paulus. Der Zusatz $\mu\eta\delta\grave{\epsilon}\nu$ $\delta\iota\alpha\varkappa\rho\iota\nu\acute{o}\mu\epsilon\nu o\varsigma$ „ohne irgend zu zweifeln", sagt nicht in negativer Form dasselbe, wie das $\dot{\epsilon}\nu$ $\pi\iota\sigma\tau\epsilon\iota$[1]), sondern führt den Gedanken weiter. Er enthält die Warnung vor einem Herzenszustande, der das Gegentheil ist von der geforderten $\pi\iota\sigma\tau\iota\varsigma$ und das Empfangen der göttlichen Gabe verhindert. $\Delta\iota\alpha$-$\varkappa\rho\iota\nu\epsilon\sigma\vartheta\alpha\iota$, nur im neutest. Sprachgebrauch „zweifeln", heißt eigentlich: sich bei sich selbst in Bezug auf etwas fraglich stellen[2]). Stellt der Mensch bei sich selbst in Frage, ob Gott Gebet annimmt oder nicht, Gebet erhört oder nicht, so setzt er in sich zwei Fälle, zwischen denen er hin und her schwankend bleibt: er zweifelt, er kommt nicht zu der festen Entscheidung für den Bejahungsfall, zum entschiedenen Glauben und Vertrauen. Als der tiefste Grund solch eines zweifelnden Verhaltens, welches die $\pi\iota\sigma\tau\iota\varsigma$ nicht zu Stande kommen läßt, und durch Mißtrauen zur $\dot{\alpha}\pi\iota\sigma\tau\iota\alpha$ führt, ist aber nach dem Zusammenhang von Jakobus nicht der Hochmuth gedacht[3]), auch nicht Herzensträgheit[4]), sondern, wie v. 8 zeigt, die Getheiltheit des Herzens zwischen Gott einerseits und der Welt und dem eigenen Ich andererseits, die $\delta\iota\psi v\chi\iota\alpha$, die in dem selbstsüchtigen, fleischlichen Weltsinn wurzelt[5]). $M\eta\delta\grave{\epsilon}\nu$ schließt das Zweifeln völlig von dem gläubigen Gebet aus. Das Glaubens- und Gebetsleben soll durchaus mit keinem Moment des Zweifelns behaftet sein. Ein Gleiches fordert der Herr in seinem hier wiederklingenden Wort Marc. 11, 23. 24 und Matth. 21, 21. In gleichem Sinne macht Paulus Abrahams Vorbild Röm. 4, 20 geltend.

---

[1]) Gegen Huther. [2]) So Hofmann in seiner treffenden Erörterung. [3]) So Huther nach Theophylakt: ὁ μεθ' ὑπεροψίας αἰτῶν ὑβριστὴς ὁμολογουμένως. [4]) So Hofmann mit Vergleichung von Luk. 24, 25. [5]) Vergl. 4, 3.

Sehr anschaulich malt nun Jakobus, das Wort διακρινόμενος wiederaufnehmend, in einem Bilde den Zustand des Zweifelnden aus, und zwar nicht blos zur Erläuterung des διακρινόμενος, sondern zur sachlichen Begründung der vorangehenden Ermahnung und Warnung. „Denn der Zweifelnde gleicht einer Meereswoge, die vom Winde bewegt und hin und her geworfen wird." Es ergiebt sich eine Gleichheit[1]) zwischen dem Zustande und der Beschaffenheit des Zweiflers und der Meereswoge. Die Meereswoge[2]), vom Winde bewegt[3]), ist das Bild des in Unruhe, unstätes Auf- und Niederwallen versetzten inneren Lebens des Zweifelnden. Er befindet sich in einem Zustande der inneren Halt- und Ruhelosigkeit, in welchem er nicht fähig ist zur Zusammenfassung und gesammelten Hinwendung seiner Empfindungen auf Gott mit dem Ruf: Meine Zuversicht und meine Burg, mein Gott, auf den ich hoffe. Es fehlt an dem Stillesein des Herzens vor Gott, vermöge dessen allein der kindliche Verkehr mit ihm möglich ist, und das Bild der Liebe und Güte Gottes im innern Leben sich wiederspiegeln kann. Die Schilderung steigert sich zu dem Bilde von der Meereswoge, wie sie vom Winde, nicht von dem zum Winde werdenden Sturm, worauf das Verbum ῥιπίζειν nicht führt[4]), hin und hergeworfen wird. Das vom Wind unruhig gemachte Meer bietet dem Blick auf die weite See und auf die Brandung am Gestade das ununterbrochene Schauspiel des Hin- und Hergeworfenwerdens der Wogen nach zwei entgegengesetzten Richtungen. So wird der Zweifelnde in seinem innern Leben mit seinem Hoffen, Wünschen und Begehren zwischen streitenden Gegensätzen hin- und hergeworfen. So schildert Paulus Eph. 4, 14 mit dem Worte κλυδωνίζεσθαι den Zustand des Zweiflers in Bezug auf die Erkenntniß der Wahrheit[5]).

Die beiden Prädikate sind also nicht blos synonyme, nur zur Verstärkung des Begriffs zusammengestellte Ausdrücke[6]). Sie verhalten sich auch nicht wie Ursache und Wirkung[7]), da im ersteren eine Wirkung schon mit ausgedrückt ist. Das erstere bezieht sich auf[8]) die von außen kommende Bewegung; der Wind ist Bild der mancher-

---

[1]) Ἔοικε nur hier und v. 23 im N. T. [2]) Κλύδων θαλάσσης nur noch Luk. 8, 24. [3]) Ἀνεμίζεσθαι ein nur hier in der ganzen Gräcität vorkommendes, von Jakobus gebildetes Wort. [4]) Gegen Hofmann. Das Verbum nur hier im N. T. [5]) Vgl. auch Jesaj. 57, 20 Sept. [6]) Gegen Huther. [7]) Gegen Theile und Wiesinger. [8]) Bengel.

lei Anfechtungen v. 2. Das zweite bezeichnet die in Folge dessen aus dem Innern hinzukommende Bewegung; wie die einmal durch den Wind bewegten Wogen durch ihr Gegeneinanderwirken die Bewegung erzeugen, in der sie unter sich hin- und hergeworfen werden, so verhält es sich auch mit dem inneren Leben des Zweifelnden. In der Tiefe seines eigenen Herzens, das getheilt und unbeständig ist, wird durch den Wind der Anfechtungen die Bewegung bewirkt, die mit jenem nun zusammenwirkend das Hin- und Hergeworfenwerden des inneren Lebens erzeugt. Diese Herzensverfassung des Zweifelnden macht unfähig zum rechten gläubigen Gebet; das ist der Grund (γάρ) zu der Ermahnung in der ersten Hälfte des Verses.

In v. 7 wird mit den Worten: **Es meine also ja nicht jener Mensch, daß er etwas von dem Herrn empfangen wird**, die bereits abgeschlossene Begründung durch das γάρ nicht weitergeführt[1]), sondern es wird hiermit nur eine nachdrückliche Versicherung in Bezug auf die aus dem Vorhergehenden sich ergebende **Folgerung** gegeben, daß bei einem Menschen von solcher Herzensverfassung die Verheißung: „es wird ihm gegeben werden" (v. 5), keine Erfüllung finden kann[2]). Daß er nichts von dem Herrn empfangen könne, folgt mit Nothwendigkeit aus der Schilderung des Zustandes v. 6. Mit dem Stillesein der Seele vor Gott fehlt das Organ zum Gespräch des Herzens mit Gott, zum Bitten um Gott gefällige Gaben und zum Empfang derselben. Vergl. Psalm 37, 7. 62, 2. Jesaj. 30, 15. Die Worte: „**Es meine also ja nicht jener Mensch**", setzen den Wahn voraus, daß er auf sein Gebet etwas von Gott erlangen werde[3]) und weisen mit dem energischen, an Verachtung streifenden Ausdruck „jener Mensch" darauf hin, daß der Zweifelnde hier kein Recht und keine Geltung mit seinen vermeintlichen Ansprüchen vor Gott finden kann. Das „Meinen" steht im Widerspruch mit der Gewißheit und Zuversicht des Glaubens. Der Glaube meint nicht[4]). Mit gleicher Schärfe wendet sich Ja-

---

[1]) Gegen Huther, der die Zeichnung des Zweifelnden nur als Erläuterung zu διακρινόμενος und als eigentliche Begründung der Ermahnung erst v. 7 nimmt. [2]) Vergl. Winer Gr. § 53. 8. b. S. 395 ff. „Seinem Ursprunge nach (aus γε und ἄρα) drückt γάρ überhaupt eine auf das Vorhergehende bezogene (ἄρα) Versicherung oder Zustimmung (γε) aus, sane igitur, certe igitur. Das γάρ weist hier auf das ὁ γὰρ διακρινόμενος zurück, und γε vereinigt mit der Folgerung eine Bekräftigung. [3]) So Huther. [4]) Bengel: fides non opinatur.

kobus 4, 3 gegen die schlechten Beter: „Ihr bittet und empfanget nicht, darum weil ihr übel bittet." —

Der sachliche Grund sowohl jener Meinung wie ihrer Abweisung liegt in den Worten v. 8: „ein Mensch mit doppelter Seele und unbeständig auf allen seinen Wegen." Beide Aussagen als einen selbständigen Satz zu nehmen, in welchem die erstere Subject, die letztere Prädikat sein würde[1]), geht schon wegen der mit Jakobus Styl streitenden Abgerissenheit des Ausdrucks nicht an, ist aber auch aus innern Gründen nicht zulässig, da die beiden artikellosen und unverbundenen Aussagen sich dem unbefangenen Leser als coordinirte Prädikate zu dem mit seinem Zweifeln den Meereswogen gleichenden Menschen v. 7 aufdrängen. Nach dem Zusammenhang bezeichnet das Erstere sowohl den innersten Grund des Zweifelns wie die innere Verfassung des Zweifelnden, und das andere die Wirkung des Zweifelns und die Selbstdarstellung des Zweifelnden in seiner sittlichen Haltung und Lebensführung.

Das Getrenntsein dieser Apposition von ihrem Subject durch mehrere Worte hebt desto stärker die Wichtigkeit ihres Inhalts hervor[2]): er, ein zweiseeliger Mann. Für $δίψυχος$ [3]) hätte Jakobus auch $δικάρδιος$ [4]) setzen können. Aber er bildet sich das Wort $δίψυχος$ zur genaueren Bezeichnung des zweigetheilten Ichs. Es ist nicht gleich mit $διακρινόμενος$, Zweifler, sondern weist hin auf den vorhandenen Zwiespalt in der Gesinnung und auf den Grund desselben in der Getheiltheit des Ichs oder persönlichen Lebens nach zwei entgegengesetzten Richtungen, aus welchen das $διακρίνεσθαι$, das Zweifeln, erst hervorgeht. Der Herzenszustand ist ein solcher, als wären zwei Ichs im Menschen, die nach entgegengesetzten Seiten sich wenden. Jakobus meint hier, wie 4, 4, die ethische Getheiltheit der Gesinnung zwischen Gott und Welt, bei der man meint, Beides sein zu können, der Welt Freund und Gottes Freund. Wie entsteht solche Seelenzweiheit? Der Gott verwandte Theil der Menschennatur strebt naturgemäß zu Gott hin. Aber ihm widerstreitet der sündliche, den Willen von Gott abwendende Hang der Seele zu dem Weltlichen und Irdischen, darin die Begierde ihre Befriedigung sucht[5]). Der unzerstörbare göttliche Zug des innern Lebens bringt

---

[1]) Luther, Calvin, Schneckenb., Lange, de Wette, Hofmann. [2]) Vgl. Winer Gr. § 59. 10. [3]) Nur hier und 4, 18 im N. T. und in der gesammten Gräcität. [4]) Sir. 1, 28. [5]) Vgl. die Analogie in der Darstellung Pauli Röm. 7.

es mit sich, daß der vom Weltsinn eingenommene Mensch wähnt, beides in sich vereinigen zu können; in der That aber ist die Seele getheilt zwischen Gott und Welt und von einem unseligen Zwiespalt erfüllt. Solche Getheiltheit der Gesinnung und des inneren Lebens schließt das Gebet im Glauben aus und hat beim Beten das Zweifeln, ob Gott erhöre, oder nicht, zur Folge. Er ist innerlich kein ganzer Mann, kein Mann aus einem Stück, so ein ἀνὴρ δίψυχος¹).

Aber auch als ἀκατάστατος²), „ohne feste Ordnung und sicheren Halt", zeigt sich ein solcher in seiner Haltung und Lebensführung und in seinem ganzen Verhalten. Die innere Zerrissenheit und Getheiltheit des Herzens giebt sich in der Unbeständigkeit, Ziel- und Haltlosigkeit des Wandels kund. Die ὁδοί sind die Bezeichnung des Thuns und Lebensganges, nicht der dem Menschen widerfahrenden Ereignisse oder Schicksale³). Vgl. Pf. 91, 11. Spr. 3, 6. Zwei Herzen bedingen auch zwei Wege, zwischen denen der Zweifler ohne Entschiedenheit und festen Halt hin und herschwankt⁴). Also festen Glaubens, frei von Zweifel, ungetheilten Herzens, ohne Wanken und Schwanken muß der sein, der recht beten und darum das Erbetene empfangen soll.

Die Getheiltheit des Herzens hängt aber zusammen mit den Versuchungen, die in den äußeren Lebensverhältnissen Armuth und Reichthum für das innere Leben mit sich bringen. So faßt denn Jakobus v. 9—11 diejenigen Anfechtungen ins Auge, welche mit den auch sonst im Brief mit besonderem Nachdruck betonten Verhältnissen von Reich und Arm (2, 6. 7. 5, 1—6) zusammenhängen. Wie die folgende Seligpreisung dessen, der die Anfechtung erduldet v. 12, zeigt, redet er auch hier unter dem Gesichtspunkt der πειρασμοί. Wenn er ferner in dieser Seligpreisung auf das ὑπομένειν, die schon in v. 3 betonte sittliche Bewährung in der Standhaftigkeit, den Hauptnachdruck legt, so wird er auch in den unmittelbar vorhergehenden Worten, die sich auf das sittliche Verhalten des Armen und Reichen

---

¹) Unter Aufnahme des von Jakobus ausgeprägten Begriffes sagen die apost. Constitutionen 7, 11: „Sei nicht doppelseelig bei deinem Gebet, ob es erfüllt werden wird oder nicht", und Klemens von Rom c. 23: Unglückselig die doppelseeligen Menschen, welche die Seele in zwei Theile zerreißen. Vgl. Sir. 1, 28: Tritt nicht hinzu zu dem Herrn mit doppelter Seele. ²) Nur hier und Sept. Jesaj. 54, 11. ³) Schneckenb., theilw. Heisen und Wiesinger. ⁴) Sir. 2, 14.

beziehen v. 4—8, an solche Bewährung gedacht haben. Ist's aber weiter von Anfang an die christliche Freude, als deren Gegenstand er die Anfechtungen betrachtet, so entspricht dem völlig, wenn er auch hier in v. 9 sein Wort in Betreff der Verhältnisse der Niedrigen und der Reichen mit der Aufforderung zu einer Aeußerung der Freude beginnt: „Es rühme sich aber der niedrige Bruder." Die Voranstellung des καυχᾶσθαι [1]), entsprechend der des πᾶσαν χαρὰν in v. 2, deutet an, daß mit Rücksicht auf die Niederen und Bedrückten solch eine Ermunterung besonders nöthig war.

Dieser Zusammenhang von 9—11 mit dem Vorhergehenden und unmittelbar Nachfolgenden schließt aber mit ein die durch das Wörtlein „aber" bezeichnete Beziehung dieser Ermahnung an den geringen und an den reichen Mann auf die unmittelbar vorgehenden Worte in v. 7. 8 über die Unvereinbarkeit des rechten Glaubensgebets um Weisheit mit dem Zustande des Zweifelns und der διψυχία; denn das δὲ bezeichnet das Folgende als Gegensatz und Weiterführung in der Gedankenbewegung. Das sich Rühmen des Niederen wird der Herzensstellung des δίψυχος entgegengesetzt. Der Gestalt des doppelherzigen Mannes, der der Welt und Gott zugleich dienen will, wird das Doppelbild des geringen und des reichen christlichen Bruders gegenübergestellt, wie sie beide, jeder in seinem Lebensverhältniß, das Gegentheil solcher Doppelherzigkeit beweisen sollen, indem sie unter den Anfechtungen ihre Herzen nicht durch die Richtung auf die vergänglichen Güter dieser Welt in solch einen Zustand des Getheiltseins zwischen Gott und Welt gerathen lassen, vielmehr aus ungetheiltem, Gott allein und ganz angehörendem Herzen ihre Freude inmitten der von Jedem in seiner Lage zu bestehenden Versuchungen dadurch kund geben, daß sie sich derselben rühmen. Hiermit sollen sie zugleich bezeugen, daß sie sich als rechte Beter Weisheit von Gott erfleht haben, um bei dem Geringsein und Reichsein in der rechten Weise sich verhalten zu können, und die daraus entstehenden Versuchungen und Anfechtungen sich zu ihrer sittlichen Bewährung dienen zu lassen [2]).

Darin aber soll sich der Standpunkt christlicher Weisheit beweisen, daß der niedere Bruder sich seiner Höhe, der Reiche sich seiner Niedrigkeit rühmt. Es ist unzweifelhaft, daß beide, der

---

[1]) Vgl. zu καυχᾶσθαι als Ausdruck der Freude im Leiden Galat. 6, 14. 2 Corinth. 11, 30. Röm. 5, 3. [2]) Zusammentreffend mit Brückner, der den Zusammenhang von 9—11 in ähnlicher Weise bestimmt.

Geringe und der Reiche, in v. 9 und 10 als Christen gedacht sind[1]). Der unmittelbare Eindruck des Wortgefüges bringt es mit sich, daß man die in dem Parallelsatz, entsprechend dem αἰτείτω δέ v. 6, an die Spitze gestellte Ermahnung „sich zu rühmen", auch zu ὁ δὲ πλούσιος ergänzt[2]): es rühme sich der Reiche, und zwar in derselben Bedeutung, in welchem das sich Rühmen von dem Geringen ausgesagt ist, in der Bedeutung der Freude, welche der Christ empfinden soll. Ebenso natürlich ist es, parallel den Worten: „es rühme sich aber der geringe Bruder", zu den Worten: „der reiche aber" das Wort „Bruder" zu ergänzen. Es kann daher das Fehlen des ἀδελφός bei ὁ πλούσιος nicht berechtigen, diesen ebenso wie jene Reichen in Cap. 2 als Nichtchristen zu betrachten[3]). Wie paßt dazu das καυχάσθω mit seinem christlichen Inhalt? Wie könnte an den nichtchristlichen Reichen dieselbe Forderung, sich zu rühmen, wie an den niedrigstehenden Christen gestellt werden? Freilich hat man, indem man die ταπείνωσις des Reichen unzutreffend als das Verderben faßte, dem er bei allem seinem Glanze verfallen werde, das καυχάσθω als ironischen Zuruf genommen[4]). Diese Ironie habe dem hochmüthigen Selbstvertrauen des den niederen Christen verfolgenden Reichen gegenüber ihre Berechtigung gehabt. Aber abgesehen davon, daß hiernach der Gedanke an den nichtchristlichen Reichen plötzlich unmotivirt in den Zusammenhang eintreten würde, in dem Jakobus nur von und zu Christen redet, und daß der Niedrige und der Reiche hier nach dem Verhältniß der Worte von dem Subjectsbegriff Bruder umfaßt werden, erscheint eine derartige scharfe Ironie oder solch ein bitterer Sarkasmus: „der Reiche rühme sich seines Unterganges", durch nichts begründet, und dies um so weniger, als von dem angeblich nichtchristlichen Reichen, der in dem Briefe hier zum ersten Mal auftreten würde, noch gar nichts hinsichtlich seines Uebermuthes und feindlichen Verhaltens gegen den Niederen gesagt ist, wie 2, 6. 7. Man beruft sich für jene ironische Fassung[5]) darauf, daß von dem Reichen gesagt ist: ὅτι... παρελεύσεται, ἐν ταῖς πορείαις αὐτοῦ μαρανθήσεται. Dies könne doch von einem Christen nicht gesagt werden; auch bedürfe ein christlicher Reicher doch kaum einer so erniedrigenden Hinweisung auf die Vergänglichkeit des Reichthums. Aber vergleicht nicht die

---

[1]) Vergl. Hilgenfeld a. a. O. S. 7. [2]) Nicht ταπεινούσθω oder αἰσχυνέσθω. Winer Gr. § 66, 2. S. 548. [3]) Gegen Huther, Beyschlag a. a. O. S. 128. Blom S. 24 f. [4]) So Huther, Beyschlag. [5]) Huther, Beyschlag.

Schrift jeden Menschen, nicht blos den gottlosen, mit dem verwelkenden Gras und mit der abfallenden Blume¹)? Vergleicht nicht c. 4, 14 Jakobus selber das irdische Leben der Christen mit einem Dampf, der eine kleine Zeit währt, dann aber verschwindet? Und dann, erinnert nicht der Herr²) seine Jünger im Gegensatz zu den Schätzen im Himmel an die Vergänglichkeit der irdischen Schätze? Warnt nicht Paulus die reichen Christen davor, ihre Hoffnung auf den ungewissen Reichthum zu setzen?³)

Die Frage, ob denn überhaupt Reiche zu dem Leserkreise gehört hätten, ist keineswegs deßhalb, weil c. 2 und 5 von Armen und Geringen die Rede ist, die von Reichen bedrückt werden, zu verneinen. Daß auch hier, wie in Jerusalem⁴), Reiche oder doch Wohlhabende vorhanden waren, erhellt zur Genüge aus 4, 13, wo von dem Umherreisen solcher Christen von Stadt zu Stadt, von ihren Unternehmungen und ihrem Gewinnen geredet wird.

Zuvörderst werden der $\tau\alpha\pi\epsilon\iota\nu\acute{o}\varsigma$ und der $\pi\lambda o\acute{v}\sigma\iota o\varsigma$ einander entgegengesetzt. Der Letztere ist im Folgenden als reich an irdischen, weltlichen Gütern dargestellt. Dem gegenüber kann also auch der Niedere nur als ein Mann in ärmlicher Lage gedacht sein. Es ist daher der ethische Begriff „demüthig"⁵), oder die Verbindung von Beidem: „äußerlich arm und innerlich bemüthig vor Gott wandelnd"⁶), auszuschließen. Der weitere Gegensatz betrifft den Gegenstand des sich Rühmens beider: „es rühme sich der Niedere seiner Höhe, der Reiche aber seiner Niedrigkeit". Das $\dot{\epsilon}\nu$ bei $\varkappa\alpha\nu\chi\tilde{\alpha}\sigma\vartheta\alpha\iota$ kann sowohl den Zustand wie den Gegenstand des sich Rühmens bezeichnen. Nach ersterer Bedeutung würde $\ddot{v}\psi o\varsigma$ und $\tau\alpha\pi\epsilon\acute{\iota}\nu\omega\sigma\iota\varsigma$ die Situation sein, in welcher sich beide rühmen. Die ist aber schon mit den Worten „niedrig und reich" bezeichnet. Nach der letzteren im N. T. gewöhnlichen Fassung ergiebt sich folgender Sinn. Der niedere Bruder befindet sich in gedrückter äußerer Lage. Armuth und Entbehrungen, verächtliche Behandlung und Feindseligkeiten bereiten ihm Anfechtungen. Er ist in Gefahr, diesen in Ungeduld und Dipsychie zu unterliegen. Davor soll er bewahrt bleiben. Er soll sich im Gegensatz dazu vielmehr seiner Hoheit rühmen. Diese aber besteht in dem Zustand des Heilbesitzes und neuen Lebens

---

¹) Hiob 14, 2. Pf. 103, 13. Jef. 40, 6. 7. ²) Matth. 6, 19. ³) 1. Tim. 6, 17. ⁴) Apostg. 4, 34. 5, 4. ⁵) Calovius. ⁶) Huther.

in Gott 1, 18, im Reichsein an himmlischen Gütern, im Glauben, im Besitz des Himmelreiches 2, 5. Sie ist nicht erst die zukünftige Seligkeit in dem gehofften Reich Gottes[1]), in welches der Eintritt ihm bevorstehe, sondern umschließt die gegenwärtige und die künftige Christenwürde[2]). Diese Hoheit des Christenmenschen als κληρόνομος des Reiches Gottes und des seligen Heilsstandes im Glauben an den Herrn der Herrlichkeit 2, 1 soll gegenüber der äußeren Niedrigkeit seines Leidensstandes der Gegenstand seiner rühmenden Freude sein. Diese Forderung aber setzt voraus, daß er kein δίψυχος ist, daß er sein Herz unverwandt und ungetheilt den ewigen himmlischen Heils=gütern und ihrem Quell, dem lebendigen Gott, zuwendet.

Dagegen soll der Reiche sich seiner Niedrigkeit rühmen. Nicht von Erniedrigung, sondern wie bei ὕψος, von einem Zustand, vom Stande der Niedrigkeit, ist die Rede. Aber es ist nicht gemeint demüthige Gesinnung[3]), — die eigene Tugend darf der Christ nicht rüh=men; nicht Verachtung der Welt und ihrer Güter[4]), — das ist gegen den Wortbegriff; nicht die Lage, in die sich der Reiche durch die Hin=fälligkeit seines Besitzes versetzt sieht[5]), — die Worte ὅτι bis παρελεύσεται sind ja nicht Erläuterung oder Entfaltung des Begriffs ταπείνωσις; auch nicht das Verblühen der alttestamentlichen Herrlichkeit[6]), was ganz gegen Wortlaut und Zusammenhang ist. Es ist vielmehr ent=sprechend jener christlichen Hoheit des Niederen die Niedrigkeit, die dem Christenstande um des Glaubens an den Herrn und um des Bekenntnisses seines Namens willen durch Verachtung und Anfeindung seitens der Welt eigen ist. Inmitten seiner irdischen Güter hat der Reiche als Christ die Schmähung, die sich gegen den Namen des Herrn richtet 2, 7, als Träger dieses Namens zu erfahren. Es ist derselbe Christenstand, der vorher von Seiten seiner göttlichen Hoheit bei dem niedrigen Manne im Gegensatz zu seiner äußeren Niedrigkeit, hier aber von Seiten seiner Niedrigkeit, in der er unter den Anfech=tungen seitens der ungläubigen Welt bei äußerlichem Glück und Besitz sich darstellt, ins Auge gefaßt wird. Es ist derselbe Christen=stand, der dort in seiner Hoheit vor Gottes Augen, hier in seiner Niedrigkeit vor den Augen der Welt[7]), als Kehrseite der geistlichen Hoheit in Christo[8]) Gegenstand des Ruhmes sein soll. Aehnlich

---

[1]) Gegen de Wette. [2]) So Brückner. [3]) Kern. [4]) Calvin. [5]) Winer observat. in ep. Jac. ex vers. syr. p. 6. Huther. [6]) Lange. [7]) Vgl. Hof=mann. [8]) So Wiesinger.

bezeugt Paulus, daß er sich seiner Schwachheiten rühme[1]). Der gläubige Reiche ist wegen der in dem Reichthum für ihn liegenden Versuchung[2]) und wegen der Anfechtungen, die er um des Namens Christi willen erfährt, theils in Gefahr, sein Herz an den Reichthum zu hängen, und ein ἀνὴρ δίψυχος zu werden, theils in Gefahr, der Standhaftigkeit und der Weisheit von Oben als der Bedingung sittlicher Vollkommenheit verlustig zu gehen. Darum wird er ermahnt, sich seiner Niedrigkeit zu rühmen, was nur möglich ist, wenn er diese Niedrigkeit in dem bezeichneten Sinne nach der v. 2 ausgesprochenen Hauptermahnung unter Bewährung seines Glaubens in Standhaftigkeit als eitel Freude erachtet, was sich eben im Rühmen kund giebt. Nicht aber soll er sich seines Reichthums rühmen. Warum?

„Denn wie des Grases Blume wird er vergehen." Es ist hier der Reiche als solcher in Ansehung seines irdisch-zeitlichen Glückes ins Auge gefaßt. Der Christ in ihm wird bestehen; aber sofern er der Reiche ist, hinsichtlich seines Reichthums wird er vergehen[3]). Mit dieser Wahrheit von dem Nichtbestehen und Vergehen des begüterten Menschenlebens mit allem seinem irdischen Besitz, welchen Jakobus ebenso 4, 13—16 unter dem Bilde des verschwindenden Rauches darstellt, begründet er jene Ermahnung. Darum soll der Reiche sich seiner Niedrigkeit rühmen und nicht stolz auf seinen Reichthum sein, weil er selbst in dieser irdischen Welt nicht seines Bleibens hat[4]). So ist bei dieser Erklärung keineswegs[5]) die den Worten widersprechende Vertauschung des Subjects ὁ πλούσιος mit ὁ πλοῦτος nothwendig[6]).

Zur Begründung dieser Wahrheit als einer erfahrungsmäßigen Thatsache in v. 11 dient die lebendige Veranschaulichung derselben durch die Erzählung[7]) von dem Hergange des Verwelkens der Blume. „Denn es ging die Sonne auf mit dem Glutwind und versengte das Gras, und die Blume desselben fiel ab, und die Zierde ihres Aussehens verschwand". Καύσων ist hier nicht die Hitze der

---

[1]) 2. Cor. 12, 9. [2]) Vgl. 4, 13—16 und 12, 15—21. 1. Timoth. 6, 9. 10. 17. [3]) Vergl. Hilgenfeld a. a. O. S. 9. [4]) Vgl. Hofmann. [5]) Gegen Huther. [6]) De Wette, Winer. [7]) Die Aorista bezeichnen in historischer Weise als einmal geschehen, was immer geschieht, und stellen dadurch die schnelle Aufeinanderfolge der einzelnen Momente desto anschaulicher dar. Winer Gr. § 54. 5. S. 47 und § 40, 5. 6. 1. S. 248.

Sonne¹), dann dürfte αὐτοῦ nicht fehlen, sondern der versengende Ostwind²), Glutwind, als der Begleiter der aufsteigenden Sonne. Die vier Aoriste veranschaulichen die einzelnen Vorgänge des Vergehens. Wir haben hier kein eigentliches Citat, sondern eine lebendige poetisch-schöne Reproduktion ähnlicher dichterischer Darstellungen im A. T. Εὐπρέπεια³), Gegentheil von ἀπρέπεια, Schönheit, Zierde. Πρόσωπον ist äußeres Aussehen, Gestalt⁴). „Also wird auch der Reiche in seinem Wandel (Ergehen) verwelken". Es heißt nicht kurzweg: der Reiche wird verwelken, sondern der Reiche „in seinen Gängen", d. h. in seinem Thun und Treiben⁵). Dies weist in Verbindung mit dem auf den natürlichen Lebenslauf der Halmpflanze zurückblickenden οὕτω darauf hin, daß der Reiche hier nur mit dem, worin er dem Grünen, Blühen, Verdorren und Hinfallen des Grases und seiner Blume gleicht, in Betracht kommt, nämlich mit seinem irdisch-zeitlichen Ergehen und mit seinem natürlich-weltlichen Thun und Treiben⁶). Gleich dem Naturproceß der Pflanze ist der unvermeidliche Proceß des Vergehens des Menschenlebens mit seinem Reichthum. Darum soll der Reiche nicht stolz sein auf das, was vergeht, sondern sich nur dessen rühmen, was er in seiner Niedrigkeit in seinem Christenstande als ewiges Gut und unvergänglichen Reichthum besitzt. Die Fassung der Worte in ethischem Sinne, als wollte Jakobus von dem Gericht des Verderbens, das über den gottlosen Reichen komme und das Seligwerden ausschlösse⁷), reden, entspricht weder dem Wortlaut, noch dem Sinn des Vergleichs nach dem Zusammenhang der Gedanken.

In mächtig wirkendem Gegensatz weist Jakobus nun v. 12 gegenüber solcher Vergänglichkeit des mit irdischen Glücksgütern ausgestatteten natürlichen Menschenlebens auf die unvergängliche, frische, blü-

---

¹) De Wette, Huther, wie Matth. 20, 12; Luc. 12, 55. ²) Sept. =קדים. Wiesing. Hofm. ³) nur hier im N. T. ⁴) Wie פְּנֵי Psalm 104, 30 von der Erde, Matth. 16, 3 vom Himmel, Luk. 12, 56 von beiden. ⁵) So ist der Plural πορείαι zu erklären nach Sept. Habac. 3, 6. 7, wo הֲלִיכוֹת die Gänge, das Einherziehen und Einhergehen Gottes in der Geschichte seines Handelns und Verfahrens mit den Menschen, und nach Sept. Prov. 31, 27, wo derselbe Plural das Einhergehen, das geschäftige Thun und Treiben im Hauswesen bezeichnet. ⁶) Zur Erläuterung für die πορείαι dient als ein Moment dessen, was Jakobus hier meint, das 4, 13 f. geschilderte Hin- und Her-πορεύεσθαι in geschäftigem Thun und Treiben. ⁷) Huther, Beyschlag.

hende Krone des Lebens hin als verheißene Gabe für den in der Anfechtung standhaften Mann, der sein Herz nicht der Weltliebe erschließt, sondern in ungetheilter Liebe Gott hingiebt. „Selig ist der Mann, der Anfechtung erduldet, denn nachdem er bewährt worden, wird er die Krone des Lebens empfangen". Er stellt nicht den Mann, den er selig preist, etwa dem Niederen v. 9 oder dem Reichen gegenüber. Vielmehr wird unausgesprochen thatsächlich der unter Anfechtungen standhaltende Mann dem doppelherzigen unbeständigen Mann v. 8, bei dem es, weil er eben ein solcher ist, an der Standhaftigkeit fehlt, welche die Wirkung der Glaubensprüfung durch Anfechtung, und das Mittel zur Erlangung sittlicher Vollkommenheit sein soll, v. 2—4, entgegengestellt. Ausgesprochenermaßen aber wird im Gegensatz zu der Wahrheit, daß der Reiche mit seinem Reichthum dem Untergang im Tode verfällt, auf die unvergängliche Seligkeit und den Empfang der göttlichen Gabe der Krone ewigen Lebens hingewiesen. Der Begriff der Anfechtungen, die mit dem Leidensstande des Christenmenschen, mag er niedrig oder reich sein, verbunden sind, wird ausdrücklich, und zwar singularisch zur Bezeichnung ihrer Einheit, aus v. 2 wieder aufgenommen. Alles, was von dem unter den Anfechtungen Standhaften v. 3 und 4 gesagt worden, wird mit ὃς ὑπομένει zusammengefaßt als Aussage von dem Mann, der in solchem geduldigen Ausharren $\delta\acute{o}\kappa\iota\mu o\varsigma\ \gamma\varepsilon\nu\acute{o}\mu\varepsilon\nu o\varsigma$, erprobt, bewährt erfunden worden. Letzteres bezieht sich zurück auf das $\delta o\kappa\acute{\iota}\mu\iota o\nu$, die Prüfung; diese ist nun bestanden. Die Wahrheit, daß die Prüfung durch Anfechtungen Standhaftigkeit bewirke, ist in diesem Manne, der selig gepriesen wird, zur Wirklichkeit geworden. So ist hier eine feste Gedankenverbindung mit allem Vorhergehenden.

Der Aussage aber über die Seligkeit und Herrlichkeit des Mannes, der in der v. 2—11 bezeichneten Weise bewährt erfunden ist, wird ein neuer Gedanke zum Abschluß der in v. 2 begonnenen Gedankenreihe hinzugefügt. Die Seligpreisung ist nicht ein Wunsch, als wäre ἔστω hinter μακάριος zu ergänzen, sondern[1]) eine Aussage, ein Zeugniß von dem beseligenden, freudereichen Heilszustande dessen, welcher die Anfechtung standhaft erduldet. Dasselbe Ziel der sittlichen Bewährung und Vollkommenheit, wie in v. 3, wird

---

[1]) Wie Psalm 1, 1. Matth. 5, 3.

hier bei den Worten δόκιμος γενόμενος in's Auge gefaßt. Aber 1, wird dieses Ziel als erreicht dargestellt: „nachdem er bewährt erfunden". Der männliche standhafte Sinn hat sich ausgeprägt und bethätigt in dem ἔργον τέλειον v. 4ᵃ, und die Frucht der sittlichen Vollendung v. 4ᵇ ist daraus hervorgegangen. Der Ausdruck δόκιμος γενόμενος, bewährt, ist wohl, da nach dem Bilde einer Metallprobe v. 3 ein δοκίμιον, eine Prüfung des Glaubens durch die Anfechtungen (v. 2) stattgefunden, nach dem Bilde von der Bewährung des Goldes im Feuer zu erklären¹). Jakobus blickt 2, auf das Endergebniß, womit das Aushalten in der Schule der Anfechtung und das damit verbundene Lernen, Ueben und Völligwerden in der Heiligung gekrönt werden wird. Die Seligkeit gehört dem gegenwärtigen Zustande an; sie hat aber ihren festen Grund in der Hoffnung auf den gewissen zukünftigen Empfang der Krone des Lebens. Der Genitiv τῆς ζωῆς, des Lebens, ist Apposition zu στέφανος²) und bezeichnet das, worin die Krone besteht. Die Krone des „Lebens" ist der Gegensatz zu dem Bilde des Vergehens und des Todes in v. 11 und 12, und ist der über alle Vergänglichkeit erhabene vollkommene Besitz des ewigen Lebens in Gott, welches seinen Ursprung aus Gott, dem Ewigen und Unwandelbaren hat, v. 17. 18. Die „Krone" ist dieses Leben selbst, mit welchem der in der Anfechtung als Sieger bewährte Christ geschmückt wird. An die Siegeskrone³) zu denken, liegt wohl nahe wegen des Kampfes der Christen unter den Anfechtungen⁴). Doch genügt die Bezugnahme auf die häufige alttestamentliche Verwendung des Bildes der Krone zur Bezeichnung des Herrlichen, hoher Ehre, königlicher Würde⁵). Diese figürliche Ausdrucksweise lag der Anschauung des Jakobus und seiner Leser sehr nahe. An ein Citat aus Offenb. 2, 10 ist daher nicht zu denken⁶), um so weniger, als dort Christus, hier Gott der Verheißende ist, und dort die Treue bis zum Tod, hier die Liebe zu Gott die Bedingung der Erfüllung der Verheißung ist.

Das Leben, mit welchem der standhafte Dulder gekrönt werden

---

¹) Vgl. 1. Petr. 1, 7.   ²) Wie Offenb. 2, 10. Ebenso τῆς δόξης 1. Petr. 5, 4 und τῆς δικαιοσύνης 2. Tim. 2, 8.   ³) Vgl. 1. Cor. 9, 24. 2. Tim. 2, 5. 4, 8.   ⁴) Hofm. Wiesing.   ⁵) Pf. 5, 13. 21, 4. 132, 18. Jef. 62, 3. 28, 3. Weisheit 5, 16. 17. So auch 1. Petri 5, 4.   ⁶) Mit Zeller in Hilgenfelds Zeitschrift für w. Theol. 1873 S. 93 und Hilgenfeld a. a. O. S. 10. Dagegen Beyschlag a. a. O. S. 114 A. 2.

wird, ist im Gegensatz gegen die Vergänglichkeit des natürlichen Lebens v. 10. 11 die unvergängliche Fülle des Heils, welche gegenüber dem Verachtetsein und der Niedrigkeit seines Christenstandes v. 9. 10, und gegenüber den zeitlichen Anfechtungen und Versuchungen, die er in treuem Aushalten bestanden hat, vergl. Offenb. 2, 10, seine ewige Herrlichkeit in dem Reiche Gottes, dessen Erbe er sein soll 2, 5, ausmachen wird.

Daß er aber selig ist in der Gewißheit solcher Hoffnung auf die Krone des Lebens, gründet sich darauf, daß der Herr sie verheißen hat denen, die ihn lieben[1]). Subject ist Gott, wie 2, 5 in dem gleichlautenden Satz. Wie dort die $\beta\alpha\sigma\iota\lambda\epsilon\iota\alpha$, so ist hier die „Krone des Lebens" der Gegenstand der Versicherung. Beides gehört zusammen. Die Theilname am Reich als dem Erbe der von Gott Gezeugten und Auserwählten ist ohne den Stand der Herrlichkeit im ewigen Leben nicht zu denken. Das Wort der göttlichen Verheißung ist der unerschütterliche objective Grund, aber „ihn lieben" die unerläßliche subjective Bedingung für den Empfang der Krone. Die Worte: „die ihn lieben", bezeichnen den Gegensatz jenes Zweiseelenzustandes, das Lossein des Herzens von der Welt und die ungetheilte Hingebung desselben an Gott. Liebe zu Gott und Liebe zur Welt schließen sich aus, 4, 4. Nur die Liebe zu Gott aus ungetheiltem Herzen bewirkt das Standhaftsein unter den Versuchungen. Ist aber die Krone des Lebens das unvergängliche Ergebniß des standhaften Erduldens der Anfechtungen, so ist damit auch die Freude, als welche der Christ nach v. 2 die mancherlei Anfechtungen ansehen soll, zu ihrer Vollendung gekommen. Die Aufforderung zur Freude in v. 2 klingt aus in den Ausruf $\mu\alpha\kappa\acute{\alpha}\rho\iota o\varsigma$.

So zeigt sich in v. 2—12 ein geschlossener Gedankengang und ein lebendiger Fortschritt. Jakobus schließt mit der Hinweisung auf die Höhen der ewigen Seligkeit und Herrlichkeit. Er schaut dort die Vollendung des Christenlebens nach dem Durchgang des in seiner sittlichen Kraftwirkung erprobten Glaubens durch alle Anfechtungen im Licht der göttlichen Treue, welche die Verheißung erfüllt, und

---

[1]) Die Lesart der Recepta: $\dot{o}$ $\kappa\acute{u}\rho\iota o\varsigma$ hinter $\dot{\epsilon}\pi\eta\gamma\gamma\epsilon\acute{\iota}\lambda\alpha\tau o$ oder $\dot{o}$ $\vartheta\epsilon\acute{o}\varsigma$ in einigen Minuskeln u. Uebersetzungen ist, weil in Cod. א. A. B. das Subject fehlt, und wegen des ursprünglichen Fehlens eine Ergänzung sich leicht vollzog, als Einschiebsel von Lachm. und Tischend. mit Recht verworfen.

der menschlichen Liebe, welche die tiefste und innerste Wurzel aller sittlichen Bewährung und Vollkommenheit des gläubigen Christen ist.

Der in sich selbst durch eine feste Gedankenfolge geschlossene Abschnitt v. 13—18 steht mit dem Vorhergehenden durch den ihn beherrschenden Hauptbegriff πειράζειν in einer engen Verbindung, welche durch die auf v. 2 und 12 zurückweisenden Anfangsworte: „Niemand, der versucht wird", und durch den außerdem noch viermal sich wiederholenden Begriff der Versuchung deutlich bezeichnet wird.

Unter Voraussetzung desselben Zustandes des Versuchtseins durch Anfechtungsleiden, der die geschichtliche Grundlage der Ermahnungen und Aussagen v. 2—12 war, folgt hier 1. die Warnung vor der Anklage und dem Irrwahn, daß von Gott die in den Versuchungen liegenden Anreizungen zum Bösen ausgingen, 2. die Belehrung, daß die böse Begierde im eigenen Herzen die Wurzel der Versuchungen zum Bösen sei v. 13—16, und 3. das erhabene Zeugniß von der Wahrheit, daß von Gott nichts Böses, sondern nur gute und vollkommene Gabe komme, wie dies in der höchsten und vollkommensten Gabe des neuen von ihm durch das Wort der Wahrheit erzeugten Lebens sich bewahrheite v. 17. 18. Dem Hergang der Geburt der Sünde aus der bösen Begierde, wovon im Gegensatz zu dem Leben, welches der die Anfechtung Bestehende gewinnt v. 12, der Tod das Ende ist v. 14. 15, wird parallel die Thatsache des Geborenseins der Gläubigen aus Gott zu einem neuen Leben als Erstling der Schöpfung gegenübergestellt v. 16—18. Jakobus hat auch hier das Versuchtwerden durch von Außen an den Menschen herantretende Anfechtungen, wie v. 2 und 12, bei den Worten μηδεὶς πειραζόμενος im Auge[1]). Der Zusammenhang und Uebergang zum Folgenden ist daher ein so enger und unmittelbarer, daß hier ebenso wie v. 12 eine denselben bezeichnende Partikel nicht nothwendig war. Der Mangel derselben bestätigt gerade die innige Verbindung mit dem Vorigen durch die Gleichheit des Begriffes. Auch deutet sonst nichts auf die Absicht des Verfassers, jene Versuchungen v. 2 und 12, und dieses Versuchtwerden, das mit μηδεὶς πειραζόμενος bezeichnet ist, als ganz verschiedene

---

[1]) Gegen Calvin: de alio tentationis genere disserit.

Begriffe möglichst auseinanderzuhalten¹). Hätte er plötzlich, mit demselben Wort zu etwas Neuem übergehend, eine ganz andere Art von Versuchtwerden als die bisher gemeinte, nämlich die von der bösen Begierde ausgehende Versuchung, schon bei dem Ausdruck μηδείς πειραζόμενος im Sinne gehabt, so mußte er das irgendwie ausdrücken. Vielmehr schließt er diese Worte eng an das Vorige an und sagt: Niemand, der versucht wird, nämlich so, wie es v. 2 und 12 gemeint ist, soll sagen: Ich werde von Seiten Gottes versucht²). Es wird aber damit nicht etwa eine pharisäische oder essenische Lehre von einem göttlichen Verhängniß angeführt und bekämpft³), sondern eine im menschlichen Leben so oft vorkommende falsche Zurückführung der eigenen sittlichen Schwachheit auf göttliche Fügung. Es wird die Rede eines πειραζόμενος angeführt, worin das Versuchtwerden, und zwar hier wegen des folgenden κακῶν als Reizung zum Bösen gedacht, als etwas von Seiten Gottes Kommendes, von ihm Herrührendes bezeichnet wird. Solche Rede und Sinnesweise wird als etwas Sündliches, als ein Murren oder eine Anklage wider Gott scharf abgewiesen. Zwar heißt es nicht direct: θεός πειράζει με, Gott versucht mich⁴); aber der Zustand des Versuchtseins zum Bösen soll doch seinen Ausgangspunkt von Gott haben. Das ist bei dem persönlichen Versuchtwerden durch von Außen kommende Anfechtungen⁵) die Kundgebung eines Herzenszustandes, bei welchem das innere Leben zu Gott eine so verkehrte Stellung einnimmt, daß die Versuchungen nicht Veranlassung zu christlicher Freude werden⁶), und die der pädagogischen Absicht entsprechende Wirkung nicht haben⁷), sondern zu einem innerlichen Versuchtwerden zum Bösen, zur Unzufriedenheit, Ungedulb, Trostlosigkeit, weltlicher Traurigkeit oder Habsucht und Genußsucht führen. Bisher war mit den Substantiven πειρασμοῖς und πειρασμός die objective Thatsächlichkeit der an den Christen herantretenden Anfechtungen bezeichnet, und es wurde geschildert, wie diese Versuchungen nicht subjectiv in seiner Persönlichkeit zu innerlichen Versuchungen zum Bösen,

---

¹) Wie Wiesinger will. ²) ὅτι ist Anführungspartikel. ³) Schneckenb. — Beispiele derartiger zahlreicher Aeußerungen nicht blos aus dem Judenthume, sondern auch aus dem Heidenthum s. bei Huther, Schneckenburger, Wetstein. ⁴) Wie es dem Sinne nach lauten würde, wenn ὑπό statt ἀπό, der Bezeichnung der entfernteren Ursache, stände. Win. Gr. §. 47. 5b. ⁵) Zu beachten sind die Präsentia des Passivs. ⁶) S. v. 2. ⁷) S. v. 3. 4.

d. h. zum Mangel an Gottvertrauen, zum Zweifel, zur Haltlosigkeit werden, sondern vielmehr nach Gottes Absicht dazu dienen sollen, daß das Glaubensleben in aufsteigender Linie zu sittlicher Selbstbewährung bis zum höchsten Ziel der Vollkommenheit und der Herrlichkeit des ewigen Lebens gefördert wird. Jetzt tritt die Verbalbezeichnung des Subjects und zwar in der präsentischen Form des Passivs ein. Indem Jakobus den allgemeinen Begriff des πειράζεσθαι im Uebergang festhält, faßt er in der Persönlichkeit des redend eingeführten πειραζόμενος den Herzenszustand ins Auge, bei dem die äußere Anfechtung zu einer widergöttlichen Herzensverfassung führt, so daß in abwärts gehender Bewegung bis zum geistlichen Tode das Entgegengesetzte von jener bis zur Krone des Lebens aufsteigenden Bewegung eintritt. Das Murren, der anklagende Ausruf: „Ich werde von Gott versucht", ist zugleich Entschuldigung des in der Anfechtung nicht bestehenden Menschen in Bezug auf das Böse als von Gott veranlaßt, während es doch durch eigene Schuld die Wirkung und Folge der äußeren Versuchung ist.

Die Abweisung solches Redens und Denkens wird **mit einem zwiefachen Ausspruch begründet:** ὁ γὰρ θεὸς ἀπείραστός[1] ἐστι κακῶν, πειράζει δὲ αὐτὸς οὐδένα. „Gott ist unverworren mit Bösem". Die von den Meisten beliebte passivische Fassung[2] von ἀπείραστος κακῶν: unversucht, oder: unversuchbar[3]), führt zu dem Gedanken, Gott sei unversuchbar vom Bösen oder zum Bösen, er lasse sich durch nichts zum Bösen reizen. Aber dieser selbstverständliche und darum überflüssige Gedanke ist dem Zusammenhang völlig fremd. Denn es handelt sich hier um Abweisung des Vorwurfs, daß Gott selbst durch Anfechtungen in solche Lage bringe, daß daraus eine innere Versuchung der Menschen zu Bösem hervorgehen müsse. Die active Fassung: „nicht versuchend zum Bösen, er ist nicht ein Versucher zum Bösen"[4]), ist an sich sehr wohl zulässig, und zwar sowohl hinsichtlich des Gebrauchs der Verbaladjectiva[5]), da es Fälle giebt, in denen solche mit dem a privativum zusammengesetzt nicht die gewöhnliche passive, sondern active Bedeutung haben[6]),

---
[1]) Nur hier im N. T. [2]) Erasm., Beza, Beng., Huth., Wiesing., Lange. [3]) Was auf Eins herauskommt nach Win. § 16, 3. c. a. [4]) So Luther, die äthiopische Uebersetzung, Vulgata: intentator. [5]) So Winer, Gr. § 30, 4. [6]) K. W. Krüger, Gr. Sprachlehre. § 41, 11 a. 2 b. Bei Sophokles kommt so μεμπτός Trach. 446, κάλυπτος Antig. 1011 vor.

als auch hinsichtlich des Genitivs κακῶν, der oft vermöge der weit=
schichtigen Bedeutung, die er in gewissen Verbindungen hat, durch „in
Ansehung" oder „in Betreff" zu erklären ist[1]). Auch würde die Er=
klärung: „Gott ist nicht ein Versucher hinsichtlich des Bösen", keine
Tautologie mit dem Nachfolgenden ergeben, wenn es hier einfach ohne
δὲ hieße: er versucht Niemand; das würde eine concrete thatsächliche
Bestätigung jenes allgemeinen Satzes sein. Aber freilich das in der
Entgegensetzung einen neuen Gedanken als Folge des vorhergehenden
bezeichnende δὲ steht dieser Erklärung entgegen, da sich dann aller=
dings in ihr eine unerträgliche Tautologie ergeben würde. Daher
bleibt nichts andres übrig, als den Ausdruck **neutrisch** oder intran=
sitiv zu nehmen: unerfahren, unkundig des Bösen, nichtswissend vom
Bösen, unbehaftet mit Bösem[2]). Κακῶν ist als Neutrum zu fassen.
Es bezeichnet nicht „Uebel", „Schlimmes"[3]), sondern in ethischem
Sinne „Böses". Das Fehlen des Artikels verallgemeinert den Be=
griff. Der Plural bezieht sich auf die einzelnen Momente des Bösen,
zu denen die ποικίλοι πειρασμοί führen können. Von Gott ist dabei
alles Böse, als seinem Wesen und Willen völlig fremd, ausgeschlossen.
Von Gott gehen allerdings die Umstände und Verhältnisse, insbeson=
dere die Bedrängnisse und Nöthe, welche das Mittel zur Erprobung
des Glaubens in seiner Hand sind, aus[4]). Aber es liegt Gott dabei
alles Bö s e fern, was lediglich durch menschliche Schuld im Gefolge
der Versuchung eintritt. Denn er ist unverworren mit Bösem.

Aber 2. **er versucht auch selbst Niemand.** Die Wort=
stellung ist wohl zu beachten. Jener allgemeinen Wahrheit: Gott ist
unverworren mit Bösem, wird die daraus sich ergebende **Folge** in
Bezug auf das Verhalten Gottes zum Menschen gegenübergestellt (δὲ)
und beigefügt. Das πειράζει steht nachdrucksvoll voran mit Bezug
auf jene Anklage: ἀπὸ θεοῦ πειράζομαι. Das αὐτός hebt Gott
als Subject mit Nachdruck hervor in Bezug auf ἀπὸ θεοῦ und im
Gegensatz zu dem menschlichen Subject. Er versucht selbst Niemand,
— von Gottes Verhalten und Thun dem Menschen gegenüber beim
Eintritt solcher thatsächlicher Anfechtungen und Versuchungen ist alles
Versuchen zum Bösen, d. h. jegliche Verursachung des Bösen ausge=
schlossen[5]). Somit ist jener Vorwurf gegen Gott völlig unbegründet.

---

[1]) S. Winer Gr. § 30, 4. [2]) Bei den Classikern ist die Form ἀπείρατος
gebräuchlicher. [3]) So Oekum. Hofmann. [4]) 1. Mos. 22. 2. Mos. 15, 25.
Richt. 3, 1. 4. 1. Cor. 10, 13. [5]) Parallel Sirach 15, 11. 12. 20.

Wenn von Gott gesandte oder zugelassene Anfechtungen zu innerer Versuchung zum Bösen werden, so rührt das nicht von Gott her, sondern es hat seine Ursache im Menschen selbst. Dieser Gedanke wird in v. 14 und 15 ausgeführt. Mit der Entgegensetzung (δὲ) des wirklichen Versuchtwerdens jedes Menschen durch seine schon vorhandene eigene Begierde gegen das vermeintliche Versuchtwerden von Gott wird die eben hierin liegende positive Begründung der Ermahnung μηδεὶς — λεγέτω zu der negativen hinzugefügt.

„Ein Jeder aber wird versucht" v. 14, steht im Gegensatz zu dem „ich werde von Gott versucht". Hinter „Jeder" ist zu ergänzen: „der versucht wird", und zwar als Parallele mit μηδεὶς πειραζόμενος v. 13. Niemand, der durch Anfechtungen zum Bösen versucht wird, wird hierzu von Gott versucht, darf solche Reizung zum Bösen als Gottes Absicht ansehen; wohl aber wird Jeder, dem die äußere Anfechtung zur inneren Versuchung wird, in der Weise versucht, daß er von der eigenen Begierde herausgelockt und geködert wird. Die Worte: „von seiner eigenen Begierde", sind mit ἐξελκόμενος und δελεαζόμενος, nicht aber mit ἐπιθυμίας zu verbinden; denn dann ständen die Participien ohne nähere Bestimmung, und müßte eine solche erst durch ein ὑπ' αὐτῆς ergänzt werden[1]). Das πειράζεται steht nachdrucksvoll als Hauptgedanke voran, und nun folgt die Erklärung dieser Thatsache des Versuchtwerdens durch Darlegung des inneren Herganges desselben. Es geschieht so, daß der, welcher versucht wird, von seiner eigenen Lust, — ἰδία steht im Gegensatz zu ἀπὸ θεοῦ und zu αὐτὸς in v. 13, — herausgelockt und geködert wird. Die ἐπιθυμία ist die gottwidrige sündliche Begierde. Sie bildet zwar nicht mehr den Mittelpunkt des inneren Lebens des nach v. 18 wiedergeborenen Christen, wird aber in dem Innern des Menschen als immer noch vorhanden vorausgesetzt[2]). Aber sie ist nicht gleichbedeutend mit ἁμαρτία, sofern diese die in der menschlichen Natur verborgene Disposition zum Bösen, der sündliche Hang, die Erbsünde ist, von der Paulus Röm. 7, 7 sagt, daß das Gesetz mit seiner Forderung sie zum Hervortreten reize und zum Bewußtsein bringe[3]), sondern genau dasselbe was Paulus Gal. 5, 16, Röm. 7, 8 unter ἐπιθυμία versteht: die böse Lust und

---

[1]) Gegen Theile, Wiesinger. [2]) Vergl. Vilmar collegium biblicum. II 470. [3]) Gegen Hofmann, Wiesinger.

Begierde, die aus jener ἁμαρτία, dem ererbten fündlichen Habitus als ihrem Urgrund hervorgeht, und in der sich dieselbe im innern Leben als eine lebendig wirksame Macht beweist. Sie wird wie nachher ἁμαρτία und θάνατος personificirt gedacht, theils aus dem Innern des Menschen als sein eigen hervortretend, theils auf ihn und in ihn, in seinen Willen hineinwirkend.

Zunächst wird der innere Hergang des Versuchtwerdens mit Worten, die sich eigentlich auf den Fischfang beziehen[1]), veranschaulicht. Jedoch ist ἐξελκόμενος, herausgelockt, darum, weil es vorangestellt ist, nicht von dem Heran- und Fortziehen mit dem Köder zu verstehen; dies wäre dann ja die Folge von dem δελεάζειν, welches „mit dem Köder fangen" bedeutet und müßte diesem folgen[2]). Das Herausziehen ἐξέλκειν ist vielmehr genau nach dem Bilde vom Fischer mit der Angel das Hervorlocken aus der Verborgenheit in die Bewegung und Richtung dahin, wo der Köder ist, mittelst des entgegengebrachten Köders, und δελεάζειν das Ködern selbst, das Fangen und Festhalten mit dem Köder. Vorausgesetzt ist die Unterscheidung des Menschen nach seinem verborgenen gottverwandten Ich, und der noch ihm innewohnenden und auf jenes Ich einwirkenden Begierde als einer fündlichen Macht. Diese zieht und lockt jenes bessere Ich, den Willen, aus seiner Beziehung zu Gott und seiner Richtung auf das Gute und Gottwohlgefällige heraus und hinweg, setzt es so in Bewegung zu sich, giebt ihm die verkehrte Richtung auf sich hin. Das ist das negative Moment in dem inneren Versuchungsproceß. Darauf folgt dann das Festmachen und Festhalten mit dem, was die Begierde ihm als begehrenswerth vorhält, das positive Moment. So hat die Begierde das Innere des Menschen näher bestimmt: seinen persönlichen Willen aus seiner festen Position in Gott auf ihre Seite gelockt und in ihre Gewalt gebracht, um ihn sich dienstbar und willig zu machen.

Das Bild vom „Ködern" kommt oft von dem hierbei schon in's Auge gefaßten Verhalten der Buhlerin vor. So wird denn weiter unter diesem Bilde zur Veranschaulichung des ferneren Vorgangs der Versuchung mit εἶτα „darauf" nicht sowohl das Ergebniß[3]), als vielmehr eine Reihe weiterer neuer Momente in dem Hergang des Versuchtwer-

---

[1]) Die Beispiele bei Wetstein. [2]) Gegen de Wette, Pott: protrahere in litus. [3]) Gegen Huther.

bens eingeführt. Und zwar geschieht das zur Veranschaulichung des letzteren, wie die Worte συλλαβοῦσα, τίκτει, ἀποκύει zeigen, mit ausdrücklicher Hervorhebung des Hergangs und der Frucht der in Vergleich gebrachten verbotenen Geschlechtsgemeinschaft von Seiten des weiblichen Antheils. „Darauf, nachdem sie empfangen hat, gebiert die Lust Sünde; die Sünde aber, wenn sie vollendet ist, bringt hervor Tod". Die Begierde tritt personificirt in der Rolle des Weibes auf, welches jenes Ich, das unter dem Bilde des Mannes angeschaut ist, sich zu Willen macht. Der von Gott abgekehrte und darum verkehrte Wille geht die verbotene Gemeinschaft mit dem Gelüst der Begierde ein und befriedigt und befruchtet dies als das männliche Prinzip mit seiner Kraft, die die Begierde in sich aufnimmt, um sich nun dadurch zu bethätigen. Aber nicht der Akt der Zeugung, sondern die passive Seite desselben, die Empfängniß wird hervorgehoben, weil es sich im Gegensatz zu dem göttlichen Zeugungsakt, durch welchen die Wiedergeburt aus dem Willen Gottes erfolgt, darum handelt, den von der ἐπιθυμία, durch welche der Mensch innerlich gleichsam in zwei Ichs getheilt und ein δίψυχος wird, im Innern des Menschen ausgehenden, zu Sünde und Tod führenden Versuchungsproceß darzustellen. Indem der Wille des Menschen sich ihr hingiebt, wird sie von demselben befruchtet, d. h. mit der sündlichen Lebenskraft erfüllt, die zur Bethätigung ihrer selbst drängt, und vermöge welcher sie aus sich heraus dann τίκτει ἁμαρτίαν. „Sünde gebären" bedeutet nicht bloß den Entschluß zur Sünde. „Empfangen und Gebären" werden unmittelbar neben einander gestellt wegen des innigsten Kausalnexus zwischen beiden. „Sünde", nicht: die Sünde, sagt Jakobus, weil er überhaupt sagen will, daß das, was Frucht der Begierde ist, seiner Art und seinem Inhalt nach Sünde ist. Erst, wenn er fortfährt: „die Sünde aber, wenn sie vollendet ist, gebieret Tod", bezeichnet er sie nach ihrer concreten Bestimmtheit und ihrer activen Individualität. Ἁμαρτία ist hier nicht bloß die aus dem Innern an das Tageslicht tretende Sünde, denn nicht diese erst wirkt Tod[1], aber auch nicht bloß der Entschluß oder die innere That[2]; denn der Entschluß ist schon bei συλλαβοῦσα vorausgesetzt; auch nicht die sündhafte Beschaffenheit; als solche ist nicht einmal die ἐπιθυμία

---

[1] Vgl. Schmidt 85.   [2] Gegen de Wette.

gedacht, sondern die sündhafte Beschaffenheit der menschlichen Natur ist die Voraussetzung derselben. Auch ist ἁμαρτία hier nicht die sündhafte Gesammtthätigkeit¹), sondern die von dem Willen ausgehende und durch den Willen sich sowohl innerlich wie äußerlich vollziehende Bethätigung und Auswirkung der bösen Lust in dem individuellen Personleben.

Das bedeutet, indem die ἁμαρτία ebenso wie ihre Mutter, die ἐπιθυμία, personificirt gedacht wird, das Prädikat ἀποτελεσθεῖσα, welches ohne Andeutung des Bildes vom Wachsen²) doch die mit τίκτει bezeichnete Vorstellung festhält. Die in das Leben getretene Sünde entwickelt sich naturgemäß als ein Kind, das aus dem Eingehen des Willens auf die Begierde entsprossen ist. Sie vollendet sich, gestaltet sich aus in den einzelnen Momenten ihrer Bethätigung. Das ist das Gegentheil jener Bethätigung sittlicher Vollkommenheit, die zum Ziel hat das ὁλόκληρον und τέλειον εἶναι (3. 4). Das ἀποτελεσθεῖσα bedeutet nicht dem τίκτει ἁμαρτίαν gegenüber die äußere Thatsünde im Gegensatz zur inneren That des Entschlusses³), da dann der unrichtige Sinn entsteht, daß die Sünde erst in der äußern That den Tod bewirke⁴), sondern das geschichtliche Vollendet- und Wirksamgewordensein der Sünde⁵), so daß das persönliche Leben ganz davon beherrscht ist. Jedoch ist nicht bis dahin von dem τίκτει an ein längerer Zeitraum gedacht, um für die vollständige Entwickelung der Sünde Raum zu gewinnen. Vielmehr ist die allgemeine Wahrheit hier ausgesprochen, daß die aus der Vereinigung des verkehrten Willens mit der bösen Begierde geborene Sünde sich als Sünde ihrem Wesen nach völlig ausgestaltet und lebenskräftig erweist, um nun wieder ebenso wie ihre Mutter, die ἁμαρτία, die Rolle einer Gebärerin spielen zu können.

„Sie gebieret Tod". Ἀποκύω⁶) bezeichnet, unterschieden von τίκτειν, das Hervorbringen der in Folge des συλλαβεῖν im Innern verborgen getragenen Frucht, da κύω eigentlich „in sich tragen, halten" bedeutet. Die in ihrem Wesen und Inhalt zur vollen Realität gelangte Sünde trägt schon den Tod in sich, um ihn dann als ihre Frucht aus sich heraustreten zu lassen. Der Tod ist nicht blos der physische Tod, sondern überhaupt der Tod als Gegentheil

---

¹) Kern. ²) Gegen Theile, Wiesinger. ³) Gegen de Wette. ⁴) So Brückner. ⁵) Wie der Aorist des Particips zeigt. ⁶) Zwischen κυέω und κύω ist kein Unterschied, es kann also ἀποκύει und — κύει accentuirt werden.

von der ζωή, die Gott hat und giebt, und der Mensch in Gott besitzt[1]). Es ist der selbstverschuldete Zustand der Geschiedenheit des ganzen Menschen von dem lebendigen Gott, in den die vollendete Sünde hineinbringt, der Verlust des ewigen Lebens in der Gemeinschaft mit Gott. So steht der θάνατος Röm. 6, 23 als Gegensatz der ζωὴ αἰώνιος als Sündenstrafe. Hier ist er als Sündenfrucht bezeugt. Aber der Gedanke an den Tod als Lohn und Strafe für die Sünde findet sich auch bei Jakobus direct 4, 12, indirect durch den Gegensatz unserer Stelle zu v. 12 ausgedrückt. Wird die ζωή denen, die Gott lieben, zu Theil v. 12, so ist der Tod das Erbtheil derer, die in der ἁμαρτία leben und Gott nicht lieben[2]). Der Tod ist das Ende und Ergebniß der Sündenentwickelung, die in ihm bis zur äußersten Consequenz sich vollzieht, indem das durch die Geburt aus Gott nach v. 18 entstandene Leben unter der wieder zur Herrschaft gelangten Macht der Sünde erstirbt, die ζωή das Ende und Ergebniß der Entwickelung und Bewährung des inneren Lebens zu sittlicher Vollkommenheit. Wenn der Tod das Ende ist, dem das πειράζεσθαι zustrebt und entgegengeführt, so kann Gott, der die ζωή giebt, nicht der Urheber desselben sein[3]).

Mit dem Ruf: „Irret nicht, meine geliebten Brüder" v. 16 greift Jakobus auf v. 13 zurück, um die dortige Ermahnung nun positiv zu begründen. Das μὴ πλανᾶσθε[4]) kann sich nach dem Zusammenhang nur auf den großen Irrthum, v. 13, der die Versuchung zur Sünde von Gott, statt von der eignen bösen Lust, herleitet, nicht aber auf einen neuen Irrthum beziehen, der darin bestände, daß die Leser auch das Gute nicht von Gott herleiten wollten[5]). Denn den v. 13 abgewiesenen Irrthum hat Jakobus auch hier im Auge, um ihm nach seiner negativen Abfertigung durch Hinweisung auf die Thatsache des von der eigenen Begierde herrührenden Versuchungsprozesses v. 13—15 nun eine positive Wahrheit, v. 17. 18, die die Herleitung der Versuchung von Gott als völlig ungerechtfertigt erscheinen läßt, gegenüberzustellen. So wird die Warnung v. 13 hier in verstärkter Form wiederholt. Die Anrede: „meine geliebten Brüder", drückt die herzlich besorgte Liebe aus, mit welcher

---

[1]) Vergl. v. 12. 18. [2]) Jakobus betrachtet keineswegs Sünde und Tod nur in Beziehung auf den einzelnen Menschen. Gegen Baur, neutest. Theol. S. 287. Vergl. W. Schmidt 88. [3]) Vergl. Dorner über diesen Prozeß, den die vorhandene Sünde durchläuft, christl. Glaubenslehre II. 1. S. 19 ff. [4]) Ebenso bei Paulus Gal. 6, 7. 1. Cor. 6, 9. 12, 33. [5]) Gegen Theile.

Jakobus im Blick nach Oben zum Vater der Lichter die Leser als Gottes Kinder vor solchem Wahn bewahren will.

So folgt denn in v. 17 und 18 in engem Anschluß an das rückwärtsblickende μὴ πλανᾶσθε die positive Begründung der Ermahnung: μηδεὶς λεγέτω, und zwar in Beziehung auf Gott, sofern er nicht nur nicht mit Bösem, wozu er nach jenem Irrthum versuchen soll (v. 13), etwas zu schaffen hat, sondern auch der Quell alles Guten ist. Es kommt nichts als gute Gabe von ihm her v. 17; das ist die positive Parallele zu den Worten: ἀπείραστός ἐστι κακῶν. Es wird nichts als Gutes von ihm, dem Erzeuger neuen Lebens, gewirkt v. 18; das bildet den parallelen Gegensatz zu der Geburt der Sünde aus der Begierde und der Geburt des Todes aus der Sünde, und das positive Gegentheil zu dem „Irrwahn" (v. 16): von Gott her werde ich versucht (zum Bösen).

Lauter gutes Geschenk und lauter vollkommene Gabe kommt von Oben herab[1]). Diese Wahrheit vernichtet jenen Irrwahn, der auf der Nichtunterscheidung der von Gott zur Prüfung und Bewährung in der Geduld gesandten Leiden, die mit zu den guten Gaben Gottes gehören, und der durch Schuld des Menschen mit ihnen sich verbindenden Versuchung zum Bösen beruht. Πᾶσα und πᾶν ist wie in v. 2 zu fassen: „lauter, nichts als gute Gabe kommt von Gott." Die Erklärung: nur von Gott kommen gute Gaben, nicht wo andersher, widerstreitet den Worten und dem Zusammenhang[2]). Die δόσις als Parallele zu δώρημα, hier nicht activisch als „Geben"[3]), sondern passivisch zu fassen, bezeichnet die göttliche Gabe in Bezug auf das Abhängigkeitsverhältniß des Menschen zu Gott als eines ihm gegenüber allzeit Empfangenden und von ihm Nehmenden, δώρημα aber, was der Mensch dabei empfängt als freies Geschenk der Gnade Gottes[4]), gleich mit χάρισμα in Röm. 5, 16[5]). „Gut" ist die Gabe, da sie nach ihrem Gehalt dem göttlichen Zweck, nur zum Heil zu dienen, entspricht. „Vollkommen" heißt das δώρημα, weil es ohne irgend einen Mangel oder Fehl die Fülle alles dessen in sich schließt, wodurch es nach dem göttlichen Gnadenwillen dem mensch-

---

[1]) Ueber den Hexameter vgl. Winer § 68. 5. S. 64.   [2]) Gegen Huther, Stier.   [3]) Wie Philip. 4, 15 im Gegensatz zu λῆψις.   [4]) So Huth., Wiesing., Brückner.   [5]) Gegen de Wette, der keinen denkbaren Unterschied statuiren will.

lichen Bedürfniß zu genügen geeignet ist¹). Aber nicht auf diesen
Prädikaten, sondern auf dem wie v. 2 vorangestellten πᾶσα und πᾶν
liegt der Ton. — In den folgenden Worten ist nicht ἄνωθεν mit
ἐστὶ zu verbinden, so daß καταβαῖνον, davon getrennt, erläuternder
Zusatz wäre²); denn eines solchen bedarf es für das selbstverständlich
gleich οὐρανόθεν Apost. 14, 17. 26, 13 oder ἐκ τοῦ οὐρανοῦ Joh.
6, 32 zu nehmende ἄνωθεν nicht; es würde mit diesem eine Tautologie entstehen. Vielmehr wird im Gegensatz zu dem ἀπὸ θεοῦ
v. 13 durch die Verbindung des ἐστὶν mit καταβαῖνον der Proceß
des Herabkommens nur guter Gaben von oben her umständlich veranschaulicht.

Ἄνωθεν wird näher bestimmt durch den Zusatz: „vom Vater
der Lichter", nicht: des Lichtes³). Dieser Genitiv ist nicht mit
den folgenden Nominativen zu verbinden: „Veränderung — der Lichter",
da dies eine der Stellung der Worte widersprechende höchst gezwungene Construction ergeben würde⁴), sondern gehört zu τοῦ πατρός.
Er bezeichnet aber nicht das hohepriesterliche Urim und Thummim⁵),
oder die alttestamentlichen Offenbarungsorgane von Abraham bis
Christus als „Repräsentanten aller guten Geister"⁶), sondern nach
der in den folgenden Worten liegenden deutlichen Weisung und sonst
vorkommender Ausdrucksweise die leuchtenden Gestirne am Himmel⁷).
Ihr Vater ist Gott als ihr Schöpfer. Sie sind dort in der überirdischen Schöpfung die von Gott bestellten Träger des hellen reinen
Lichtes, das auf die Erde herniederstrahlt. So sind sie das Bild des
Lichtwesens und der Herrlichkeit Gottes; aber doch nur insofern, als
nach den folgenden Worten das, was sich an ihnen als Veränderung
und zeitweilige Verdunkelung zeigt, von Gott ausgeschlossen werden
muß⁸). Das ἔνι⁹) ist = ἔνεστι. Παρ ᾧ, nicht ἐν ᾧ¹⁰), bezeichnet
das, was bei Gott in geistiger Weise vorhanden, was ihm beiwohnt¹¹).

„Welchem nicht beiwohnt Veränderung oder
mit Wechsel verbundene Beschattung". Jakobus redet hier
nicht in technischen Ausdrücken der Astronomie¹²); παραλλαγή kommt

---

¹) Bouman: cujus nihil deest integritati, quod cunctis suis absolu-
tum est partibus. ²) Gegen Bouman, Hofmann. ³) Luther. ⁴) Gegen Hofmann. ⁵) Heisen. ⁶) Lange. ⁷) So die meisten Ausleger. Vergl. Sept. Ps.
136, 7. Jerem. 4, 23. ⁸) So Huth, Wiesing. ⁹) Sonst noch Gal. 3, 28. 1.
Cor. 6, 5. Coloss. 3, 11. ¹⁰) Vergl. 1. Cor. 6, 5. ¹¹) So Huther. ¹²) Gegen
Gebser, Theile.

als ein solcher überhaupt nicht vor, und τροπή bedeutet hier nicht Sonnenwende[1]) wegen des ἀποσκίασμα, weil mit ihr keine Beschattung verbunden ist[2]). Er redet einfach nach der beim Anblick der Gestirne sich aufdrängenden Wahrnehmung der Veränderung, die sich in ihrer Bewegung zeigt, und der Beschattung[3]) derselben, wie sie erfahrungsmäßig durch den Wechsel in ihrer Stellung verursacht wird. Der Wortbedeutung von ἀποσκίασμα und dem Zusammenhang, nach dem es als Gegensatz zum Licht zu nehmen ist[4]), widerspricht die Erklärung: kein Schatten, d. h. nicht eine Spur, nicht ein wenig von Veränderung[5]). Der Genitiv τροπῆς deutet auf einen allgemein wahrnehmbaren Wechsel an Gestirnen hin, mit welchem für die Anschauung eine Beschattung derselben verbunden ist. Es ist also an Sonnen- und Mondfinsternisse[6]) oder vielleicht, was näher liegt, an den für jedes Menschenauge regelmäßig wiederkehrenden Wechsel des Mondes und seine damit verbundene Beschattung zu denken. Wegen des Häufigen und Geläufigen dieser Wahrnehmung brauchte der Mond nicht ausdrücklich genannt zu werden. Der Gedanke ist also: in Gott giebt es für das Geistes- und Glaubensauge keine Veränderung und wechselnde Verdunkelung seines Lichtwesens; er ist unwandelbar derselbe in seinem Lichtleben, hoch erhaben über allen Veränderungen und Wechseln der creatürlichen Welt; er ist in seiner Liebe und Güte fern von allem dem, was dem leiblichen Auge in der von ihm geschaffenen leuchtenden Sternenwelt als Veränderlichkeit und mit Wechsel und Wandel verbundene Beschattung und Verdunkelung sich darstellt. Von ihm kann also immer nur gute und vollkommene Gabe herabkommen.

Die Begründung der Ermahnung v. 13 wird in v. 18 abgeschlossen mit der ἀσυνδέτως neben jenes Zeugniß gestellten **Thatsache**, daß derselbe Gott, von dem als dem Vater der Lichter lauter gute **Gaben** kommen, durch die **Kraft und Wirkung** seines **Wahrheitswortes** uns zu neuem Leben geboren habe. Diese Nebeneinanderstellung zeigt, daß wir es hier ebensowenig nur mit einem hinzugebrachten **Beweis für den Gedanken in v. 17**[7]), wie mit einer speziellen **Folgerung aus dem allgemeinen Gedanken v. 17**[8]) zu thun haben;

---

[1]) Weisheit 7, 18. [2]) Huther und Wiesinger. [3]) Ἀποσκίασμα ist mit Huth., Brückner u. A. als Beschattung in **passivischem** Sinne zu nehmen. [4]) Bengel. [5]) Oekumenius, Morus, Hensler. [6]) Wiesinger, de Wette. [7]) Gebs., Kern, Wiesing., Bouman, Lange. [8]) Huth., Brückner.

letzteres insbesondere deswegen nicht, weil jene Gnadenthat der Zeugung
neben der Spendung von lauter Gnadengaben für die Leser eine
allgemeine Erfahrungsthatsache ist, und weil die göttliche That des
ἀποκύειν nicht unter den allgemeinen Begriff der guten Gabe fällt,
was nur der Fall ist mit dem „Wort der Wahrheit" als dem Mittel
jener That. Der Geber lauter guter Gaben ist auch der Erzeuger
des neuen Menschenlebens, welches jene Gaben empfängt. Hierin
liegt der zweite positive, jenem coordinirte Beweis dafür, daß Gott
nicht ein Versucher zum Bösen sei. Wie alle δόσις ἀγαθή Gottes
Gnadengeschenk aus seinem freien Gnadenwillen ist, so besagt
das nachdrucksvoll vorangestellte βουληθείς, daß auch das
Schöpfungswerk der Neugeburt aus dem freien Gnaden=
willen Gottes als der absoluten Causalität seinen Ursprung hat[1]).
Nach dem Beschluß seines Willens ἀπεκύησεν, „hat er uns ge=
boren". Dieser Ausdruck ist statt γεννᾶν oder ἀναγεννᾶν (1. Petr. 1,
3. 23) mit Beziehung auf das ἡ δὲ ἁμαρτία ἀποκύει θάνατον[2])
zur Veranschaulichung des Ursprungs des Christenlebens, als welches
aus dem Urgrund und der Verborgenheit des Wesens und Lebens
Gottes heraus von Grund aus ein ganz neues geworden, und zur
Bezeichnung des denkbar schneidendsten Gegensatzes: die Sünde bringt
eine Geburt hervor zum Tode, der heilige Gott zu einem neuen
Leben, gewählt worden. Eine thatsächliche Parallele mit dem Aus=
druck: „Vater der Lichter", ist nicht zu verkennen[3]). Ἡμᾶς bezieht
sich nicht auf den vorchristlichen Lebensstand, sondern auf den gegen=
wärtigen christlichen, da diese Wirkung des Willens Gottes als eine
historische Thatsache und als ein persönliches Erlebniß des Jakobus
und der Leser aufgeführt wird.

Das Mittel der neuen Geburt ist der λόγος ἀληθείας. Mag
man wegen des Mangels des Artikels übersetzen: „Wahrheitswort",
oder trotz des mangelnden Artikels den Ausdruck wegen des seinem
Inhalt nach hinreichend und genau bestimmten Begriffs als „das Wort
der Wahrheit" nehmen, jedenfalls ist die im Evangelium geoffenbarte
Wahrheit von dem Heil und Leben in Christo gemeint, nicht das Ge=
setz als Gesammtausdruck der göttlichen Wahrheit und Gerechtigkeit,
wie es in den Psalmen als Nahrung der Persönlichkeit gepriesen

---

[1]) Vergl. Eph. 1, 11. 2. Tim. 1, 9 denselben Gedanken. [2]) S. oben die Erklärung von ἀποκύειν. Bengel: ipse patris et matris loco est. [3]) Bengel: est pater luminum etiam spiritualium in regno gratiae et gloriae.

wird¹). Denn hier ist von einer Neuschöpfung die Rede, die durch Leben erzeugendes Wort bewirkt wird. Der Genitiv der Opposition bedeutet, daß der Inhalt des „Wortes" nichts als Wahrheit, absolute Wahrheit sei. Vergl. Christi Wort Joh. 17, 17: „Heilige sie in deiner Wahrheit, dein Wort ist Wahrheit". Dieses Wort der Wahrheit ist die höchste himmlische Gabe, mittelst welcher allein ein neues Leben gewirkt wird. Mit der durch ἡμᾶς bezeichneten Frucht des ἀποκύειν ist solch ein vorher noch nicht dagewesenes Leben gemeint. Also muß auch das Mittel, „das Wort der Wahrheit", etwas über das alttestamentliche Gesetz weithinausgehendes Neues, ein neues Lebensprincip sein. Es ist das Wort, als dessen Inhalt Johannes 1, 17 die in Jesu Christo mit der göttlichen χάρις geoffenbarte Wahrheit dem Gesetz Mosis gegenüber preist. Wie Petrus das Wort Gottes im Evangelio als einen lebendigen und einen unvergänglichen Samen darstellt, durch welchen die Christen zu einem neuen Leben geborene Menschen seien²), so legt Jakobus dem Wort der Wahrheit darum eine neue Leben erzeugende Kraft bei, weil er als seinen Inhalt den ewigen göttlichen Lebensgehalt und die allmächtige Schöpferkraft des Willens Gottes voraussetzt.

Zu welchem Zwecke aber geschah unsere Neugeburt? „Auf daß wir seien Erstlinge seiner Geschöpfe". Bei den Worten εἰς τὸ εἶναι ἡμᾶς faßt Jakobus den gegenwärtigen christlichen Heilsstand und Lebensbesitz in's Auge. Von diesem blickt er bei den Worten ἀπαρχήν τινα τῶν αὐτοῦ κτισμάτων zugleich auf den höchsten Endzweck, auf den jener göttliche Zeugungs- und Lebensproceß gemäß seinem Ausgangspunkt aus dem Urgrund des Lebens in Gott und seinem Anfangsstadium in dem gegenwärtigen Christenleben hinzielt: nämlich die ganze creatürliche Welt zu umfassen und zu erneuern. Ἀπαρχή, der Anhub, was den Anfang macht, sei es als Erstling in einer Reihe, die daran naturgemäß sich anschließen muß, wie 1. Corinth. 15, 20—23, wo Christus der Erstling der Entschlafenen heißt, oder im Verhältniß zu einem Ganzen, welches in allen seinen Theilen und Momenten in Folge des mit einem Theil desselben gemachten Anfangs als nachfolgend gedacht wird, wie Röm. 8, 23, wo der Geist die Erstlingsgabe von der Fülle der mit der Erlösung gesetzten Gaben genannt

---

¹) Gegen Ritschl 2. A. S. 111. ²) 1. Petr. 1, 23.

wird. Beide Anschauungen sind hier sachgemäß zu verbinden; denn das Verhältniß des „wir" zu „seinen Geschöpfen" kann nicht anders als unter beiden Gesichtspunkten aufgefaßt werden. Aber wegen des Verhältnisses, in welchem die neugeborenen Menschen zu Gott hier gedacht sind, kann auch die in der Profangräcität häufige Anwendung von ἀπαρχή auf die Erstlingsgabe vom Opfer[1]) hier Platz greifen. Jakobus denkt dann an die Darbringung der Erstlingsfrucht als Opfer für den Herrn, wie durch das ἀπαρχήν τινα angedeutet ist: gewissermaßen oder gleichsam Erstlinge[2]). Nur in dieser bildlichen Bedeutung ist der Ausdruck zu nehmen, nicht aber etwa als Bezeichnung einer bestimmten Kategorie oder Art von Erstlingen, nämlich der Menschen, im Gegensatz zu den Engeln als einer andern Art von Erstlingsschaft[3]), oder als Ausdruck einer Bescheidenheit in Beziehung auf Christus als den Erstling im wahrsten und vollkommensten Sinn[4]), oder in Bezug auf das, was die Christen noch nicht in vollem Sinne sind gegenüber ihrer zukünftigen vollkommenen Herrlichkeit, was gegen die Worte und den Zusammenhang ist[5]). Bestätigt wird obige Auffassung durch die Vorstellung von der Frucht aus der Geburt, ἀπεκύησεν. Wie alle Erstlingsgeburt als Erstlingsfrucht ein Deo sacrum war, so sind auch die aus Gott selbst geborenen Christen mit ihrem neuen Leben Gott geweiht[6]) als Erstlingsgeburt in der Reihe von gleichen Geburten, die im Bereich der Geschöpfe Gottes erfolgen werden, und in der als Endziel geschauten Gesammtheit aller seiner Geschöpfe, über die sich in gleicher Weise die Zeugungsthätigkeit Gottes durch das Wort der Wahrheit erstrecken wird. Derselbe Gedanke Offenb. 14, 5.

„Seine" Geschöpfe sagt nämlich Jakobus nicht etwa im Blick auf die schon neben den Lesern aus den Heiden neugeborenen Christen, als Mitgeschöpfe des neuen Lebens. Dagegen ist der Ausdruck: τῶν αὐτοῦ κτισμάτων, der an sich ja nicht die Wiedergeborenen, sondern überhaupt die vorhandenen Geschöpfe allzumal bezeichnet[7]), aber auch die Unwahrscheinlichkeit, daß Jakobus solch eine Scheidung zwischen Judenchristen als Erstgeburt und Heidenchristen als Nachgeburt, die den Gedanken einer gewissen Bevorzugung der ersteren

---

[1]) So in d. Sept. 4. Mos. 18, 12. 5. Mos. 26, 2. 3. Mos. 23, 10. 11. [2]) Calvin: τινα similitudinis est nota, nos quodammodo esse primitias. So auch Huth., Wiesing. [3]) Gegen Lange. [4]) Gegen Bengel. [5]) Gegen Hofmann. [6]) So Brückner. [7]) So Huther.

vor den letzteren in sich geschlossen hätte, gemacht haben würde¹). Die ganze Christengemeinschaft, zu der er spricht, sieht er als Erstlingsfrucht von dem mit dem Wort der Wahrheit in Christo in die Welt getretenen Geburtsproceß zu neuem Leben an, und die Geschöpfe Gottes sind ihm nicht blos die Menschenkinder, sondern alle Geschöpfe, sofern sie noch nicht die Umwandlung zu neuem Leben erfahren haben. Die ganze natürliche Schöpfung faßt er in das Auge als bereinstige Trägerin desselben neuen Lebens, welches die Wiedergeborenen jetzt schon haben. Welch ein großer weltumfassender Gedanke! Ein Wort für die Mission von der tiefsten Bedeutung, dem reichsten Inhalt und der größten Tragweite, grundlegend für alle Missionstheorie und Missionspraxis und für alle Kulturgeschichte und Kulturentwickelung in ihrer Fortbewegung zum höchsten Ziele der Welterneuerung durch die neugebärende Gotteskraft des Evangeliums²). Jakobus hat hiermit nun den Beweis vollendet, daß von Gott keine Versuchung ausgeht, die seinerseits zum Bösen tendirt, oder ein inneres Versuchtwerden, das zum Bösen führt, verursacht wird, daß Gottes Absicht vielmehr nur sein kann das aus ihm geborene Christenleben durch die in den äußern Anfechtungen bestehenden Versuchungen zu prüfen, damit es sich in der Geduld bewähre und durch Bethätigung der Geduld zu sittlicher Vollkommenheit fortschreite, weshalb eben die Anfechtungen als eitel Freude erachtet werden sollen.

Zweiter Abschnitt 1, v. 19—27.

Ermahnung zur Beweisung des rechten Verhaltens zum Wort der Wahrheit und zwar 1, durch fortgehende sanftmüthige stille Aufnahme und Aneignung desselben für das innere Leben v. 19—21, und 2, durch Bethätigung des innerlich recht angeeigneten und bewahrten Wortes im Christenleben v. 22—27.

Nach Abschluß der Gedankenbewegung in v. 2—18 geht Jakobus zu einer neuen Reihe von Gedanken und Ermahnungen über. Diese betrifft nicht blos das rechte Verhalten zu Gott[3]) oder das thätige Verhalten des Menschen überhaupt[4]), sondern die rechte Stellung und das rechte Gott wohlgefällige Verhalten zu dem Wort Gottes, wie dasselbe dem durch die Neugeburt mittelst des Worts

---

[1]) So de Wette. [2]) Vergl. Röm. 8, 18 f., wo Paulus denselben Gedanken im Blick auf die gesammte κτίσις und die ἀπαρχὴ τοῦ πνεύματος in den Gläubigen ausführt. [3]) Brückner. [4]) Hofmann.

der Wahrheit begründeten neuen Verhältniß zu Gott, und der Natur des durch dieses Wort geborenen neuen Lebens entspricht. Daß sich hierauf der ganze Complex von Ermahnungen und Gedanken von v. 19—27 bezieht, erhellt aus der durchgehenden Bezugnahme auf das Wort[1]).

Die Verbindung mit dem unmittelbar Vorhergehenden liegt in der offenbaren Beziehung der Ermahnung zum rechten Hören v. 19 auf das Wort der Wahrheit v. 18, indem jenes als Folgerung aus der Thatsache der Wiedergeburt durch dieses Wort eingeführt wird. Das neugeborene Leben soll sich nun in der rechten Stellung und in dem rechten Verhalten zu diesem Wort als seinem Princip und Quell darstellen und bethätigen. Auch hier scheint wie im Vorigen die gesammte Situation der Leser, und zwar mit allen Mängeln und Gebrechen ihres religiös-sittlichen Lebens, durch das feine und durchsichtige Netz der Gedanken und Worte Jakobi hindurch. Die Leser ließen es nach der den Ermahnungen beiwohnenden eindringlichen Kraft und gegensätzlichen Beziehung auf solche Mängel hinsichtlich ihrer Stellung und ihres Verhaltens zum Wort an zweierlei fehlen: 1, an der rechten Aneignung des Wortes für das innere Leben mit bereitwillig empfänglichem Sinn und mit stillem gelassenen Gemüth behufs voller Erfahrung seiner das Heil wirkenden Kraft v. 19—21; 2, an der rechten Bethätigung des so innerlich anzueignenden Wortes behufs Darstellung der vollen Wahrheit des christlichen Lebens als eines wirklichen Gottesdienstes inmitten der unreinen Welt v. 22—29.

Dem entsprechend wird denn zu dem rechten Verhalten zu dem Wort der Wahrheit ermahnt, wie es 1, in der fortbauernden vollen innerlichen Aneignung desselben mittelst bereitwilliger Empfänglichkeit und sanftmüthiger Gelassenheit behufs Erfahrung von seiner seligmachenden Wirkung sich darstellen soll v. 19—21.

V. 19 ist ἴστε — ἔστω δὲ statt der Recepta ὥστε — ἔστω zu lesen[2]). Die innern Gründe, die für ὥστε — ἔστω sprechen sollen[3]), sind nicht stichhaltig, da ἴστε weit schwieriger für die Erklärung ist als ὥστε, welches sehr bequem das Folgende als Consequenz aus dem

---

[1]) V. 19. 21. 22. 23. 25. 26. [2]) Mit Lachm., Tischend. (1862) nach B. C. Sept. Vulg. and. Verſ. und ℵ, der freilich urſprünglich ἴστω und erſt von ſpäterer Hand ἴστε hat. [3]) De Wette, Wieſinger.

Vorhergehenden einführt¹). Man setzte ὥστε, weil man mit ἴστε nicht zurecht kam²). Dieses ist aber nicht Imperativ und Einleitung der folgenden Ermahnung³). Dagegen ist das δὲ hinter ἔστω, welches sich daraus, daß die folgende Sentenz als eine mit δὲ fast sprüchwörtlich gewordenen angeführt werde, um so weniger erklären läßt, als der Nachweis für solch eine mit δὲ geformte feststehende Sentenz sich nicht führen läßt, indem wegen der Abweichung in den Worten der Ausspruch Sirach 5, 11 nicht gemeint sein kann. Ἴστε ist vielmehr auf das Vorhergehende zu beziehen. Entweder ist es dann Indikativ: „Ihr wisset es", nämlich was v. 18 von der Neugeburt gesagt ist, um zu erkennen, daß von Gott keine Versuchung zum Bösen kommt; „ihr wisset es ja", um von selbst dagegen verwahrt zu sein, euch von Gott angefochten zu wähnen⁴); und warum sollte das einen unbefriedigenden Sinn geben⁵)? Oder es ist Imperativ: „Wisset das, m. gel. Brüder", als kräftige Abschließung und Einschärfung der vorangegangenen Belehrung und als positive Parallele zu dem μὴ πλανᾶσθε: Irret nicht; wisset, erkennet das, was euch vor jenem Wahn bewahren kann. Gegen diese imperativische Fassung darf man nicht einwenden, das Nächstvorhergegangene sei nicht der Art, daß es die Leser als eine Belehrung hinnehmen sollten⁶). Ist denn nicht dort eine große Wahrheit ausgesprochen, für die nun nachdrücklich ein klares festes Wissen und Erkennen als Mittel gegen jenen Wahn gefordert wird? Das folgende τοῦτο ergänzt sich als Object zu ἴστε aus dem Vorigen von selbst. Der Zusatz: meine geliebten Brüder, ist wie in v. 16, sowohl ein Zeugniß von der brüderlichen herzlichen Liebe, als ein Appell an dieselbe, und giebt der einbringlichen Ermahnung den Ton der Wärme und Innigkeit. Dieser Ton klingt nun auch mit hinüber in die folgenden Ermahnungen.

v. 19. „Es sei aber jeglicher Mensch schnell zum Hören, langsam aber zu reden, langsam zum Zorn". Diese drei Forderungen lassen zugleich die entsprechenden Mängel im Licht sonstiger Ermahnungen des Briefes durchblicken. Das Subject „jeglicher Mensch" charakterisirt die drei Ermahnungen als ganz allgemeine, jedoch so, daß sie deshalb in individueller Anwendung doch jedem Leser speziell gelten, der ihrer benöthigt ist. Aber nicht vom

---

¹) Gegen de Wette, der in ἴστε eine Besserung des unverstandenen ὥστε vermuthet. ²) So Hofmann. ³) Gegen Huther. ⁴) So Hofmann. ⁵) Gegen de Wette, Huther. ⁶) Gegen Huther.

Hören, wie vom Reden, ganz im Allgemeinen kann die Rede sein[1]), wie in der ähnlichen Stelle Sir. 5, 11, auf die wohl angespielt sein mag[2]); dagegen spricht der Zusammenhang, wie die Vergleichung von v. 18: „Wort der Wahrheit", mit der v. 21 und v. 22 folgenden Ermahnung: „Nehmet das Wort auf", „seid Thäter des Wortes", deutlich zeigt.

Jeder soll 1, schnell zum Hören dieses Wortes sein, d. h. ohne Säumen, ohne Trägheit, ohne Aufschieben bereit, mit empfänglichem Herzen willig es aufzunehmen. Mit entschiedener, ungetheilter Hingebung an das Wort, mit lebendig entgegenkommendem Aufmerken auf das Wort, nicht blos mit dem äußeren Ohr, soll demselben, wie es sich zum Hören, zur Aufnahme dem innern Ohr darbietet, Gehör gegeben werden. — 2, Das „langsam zum Reden" setzt als Gegensatz zu dem Schnellsein zum Hören das nicht statthafte Schnellsein zum Reden voraus; und das Reden schließt den Gegensatz des menschlichen Wortes und eigenen Denkens gegen das göttliche Wort der Wahrheit in sich ein. Jedenfalls meint Jakobus ein Reden, bei welchem die Bereitwilligkeit und Empfänglichkeit des innern Menschen für das göttliche Wort beeinträchtigt oder gehindert wird, nicht aber ein Reden im Murren oder Hadern wider Gott[3]), welche spezielle Beziehung ausdrücklich bezeichnet sein müßte. Es ist ein Reden Menschen gegenüber, ein Reden, welches aus einer solchen Disposition des Herzens und der Gesinnung hervorgeht, vermöge der es dem Menschen darum zu thun ist, sich oder sein Wort vor Andern zur Geltung zu bringen[4]), ein Reden also aus Selbstsucht, Eigenliebe, Rechthaberei, Hochmuth. Das bestätigt die 3, 17; 4, 1 f. gerügte Sucht, nicht blos zu lehren[5]), sondern auch zu disputiren, Andere zu meistern, mit Worten zu streiten. Das für Christen unstatthafte Reden, welches Jakobus meint, besteht überhaupt in den Zungensünden, in dem πολλὰ πταίειν ἐν λόγῳ 3, 2. Es hat einen umfassenderen Begriff als das διδάσκειν, wenn es dies auch in sich schließt[6]). Es bestand darin, daß man die Zunge nicht im Zaume hielt, wodurch viel Uebels in der Beziehung der Leser zu einander verursacht ward, vgl. 4, 1, und war nach 3, 13—16 in Bitterkeit, Streitsucht, fleischlichem Eifer, in dem Gebahren der nicht von Oben

---

[1]) Gegen Hofmann. [2]) γίνου ταχὺς ἐν ἀκροάσει. [3]) Gegen Bengel: ut nihil loquatur contra Deum. [4]) So Hofmann. [5]) Gegen de Wette, Brückner. [6]) So treffend Huther.

stammenden, irdischen, natürlichen Weisheit begründet. Wenn in der kurzen Epistel so ausführlich auf die Zungensünden eingegangen wird, liegt doch die Annahme sehr nahe, daß die Mahnung: langsam zum Reden, und die unmittelbar folgende, mit demselben Wort βραδὺς angeschlossene, dergleichen Zungensünden als eines der hervorstechendsten und allgemeinsten sittlichen Gebrechen bei den Lesern voraussetze. Freilich folgt aus dem engen Anschluß der dritten Mahnung: „langsam zum Zorn", noch nicht, daß das λαλεῖν speziell nur als ein Reden ἐξ ὀργῆς zu verstehen sei[1]), sondern das Verbot des λαλεῖν als eines sündlichen Verhaltens, das im Mißbrauch der Zunge besteht, hat zur Voraussetzung die in c. 3 bezeichneten verschiedenen bösen Dispositionen des inneren Lebens. Unter diesen faßt er aber diejenige Potenz ins Auge, welche am stärksten hervortrat, und durch das voreilige λαλεῖν ebenso gefördert werden mußte, wie sie mittelst desselben sich kundgab, die ὀργή. Sie ist hier nach dem Zusammenhang die sündliche, leidenschaftliche Erregtheit des Gemüthes, die sich in fleischlichem Eifer gegen den Mitbruder wendet, mithin nicht ein Aufbrausen gegen Gott in Ungeduld und in Anklagen[2]), auch nicht beides zugleich: Aufgeregtheit gegen Gott und Menschen[3]), aber auch nicht der durch das λαλεῖν in Andern erregte Zorn[4]), oder die leidenschaftliche Stimmung, die entsteht, wenn man für sein eigenes Reden kein Gehör findet[5]); eine so spezielle Beziehung müßte ausgedrückt sein. Das Reden und das Zürnen, welches Jakobus meint, ist das leidenschaftliche Verhalten gegen den Nächsten, welches 3, 14. 17. 18 als mit der Gesinnung der Sanftmuth, Friedfertigkeit, Lindigkeit, Barmherzigkeit, der Frucht der Weisheit von Oben im Widerspruch stehend, näher bestimmt wird. Das Wort „langsam" hat daher beide male im Gegensatz gegen das „schnell zum Hören" den Sinn der Verneinung, des Verbots, in Bezug auf den sündlichen Zustand des inneren Lebens, der sich in dem λαλεῖν und in der ὀργή darstellt und das schnelle, rechte Hören, d. h. die innerliche Aneignung des Wortes der Wahrheit hindert.

Die Ermahnung: „langsam zum Zorn" wird durch die Aussage v. 20 begründet: „denn eines Menschen Zorn thut nicht Gottes Gerechtigkeit". Statt κατεργάζεται ist nach

---

[1]) So Brückner, gegen Huther. [2]) Gegen Calvin, Gebser. [3]) Bengel.
[4]) Gegen Bouman. [5]) Gegen Hofmann.

ben Zeugen¹) ἐργάζεται zu lesen. Uebrigens ist dies für die Auslegung irrelevant²), da beide sowohl in der Bedeutung thun, wie Römer 2, 9 ff., als auch in der Bedeutung wirken, wie 2. Corinth. 7, 10, mit einander wechseln. Versteht man³) unter κατεργάζεσθαι etwas bewirken, zu Stande bringen, was nicht da ist, so wird unter δικαιοσύνη θεοῦ eine Rechtbeschaffenheit oder Rechtschaffenheit im Verhalten des Menschen, wie Gott sie haben will, und sie allein auch Gottes Werk ist, verstanden, und man erklärt: „der Zorn bringt nicht zu Wege, was der Mensch in seinem Zorneseifer bei Anderen durch λαλεῖν, d. h. durch das leidenschaftlich eifrige Lehren und Hineinreden, zu Stande bringen will⁴). Aber hierbei wird gegen den Contert das λαλεῖν v. 19 speziell nur auf das Lehren und noch dazu auf ein Lehren zum Zweck der sittlichen Besserung bezogen. Solche besondere Beziehung und Aufgabe hätte bezeichnet werden müssen. Die Worte führen nicht darauf. Auch die Beziehung auf Andere ist in die Worte hineingetragen. Diese sind naturgemäß nur von einem solchen ἐργάζεσθαι der δικαιοσύνη zu verstehn, dessen das vor dem Zorn gewarnte Subject, der Mensch, sich befleißigen soll. Es ist daher auch nicht zu erklären: der menschliche Zorn wirkt nicht Gerechtigkeit, die Gott vollbringt, dies allgemein, sowohl in Rückbeziehung auf den ἀνήρ, als auch in Beziehung auf Andere, auf die einer zu wirken strebt⁵). Denn außer diesem letzteren Gedanken ist auch der andere von der Gerechtigkeit, die Gott bewirkt, in die Worte hineingetragen; und wenn auch der Genitiv θεοῦ in jener Weise aufgelöst werden könnte, so entsteht doch ein hier nicht passender Gedanke; denn wer hätte meinen können, mit seinem Zorn bei Andern das Gute schaffen zu können, was Gott allein wirken konnte?⁶) Ebenso ist es gegen die Worte und gegen den Zusammenhang, zu erklären, der Zorneswahn meine, die Gerechtigkeit Gottes in der Welt namentlich gegen die Ungläubigen zu verwalten⁷). Aber auch bei der gebotenen Beziehung der δικαιοσύνη auf den ἀνήρ selbst und allein greift man fehl, wenn man δικαιοσύνη θεοῦ als den Zustand des Gerechtseins vor Gott faßt, den der zornige Mensch sich nicht bereiten könne, indem er durch liebloses

---

¹) Mit Lachmann und Huther nach א. A. B. C. gegen C. G. K. Tischendorf, de Wette, Wiesing., Bouman, W. Schmidt S. 126. ²) Wie Hofm. mit Recht bemerkt. ³) Mit de Wette, Brückner, Wiesing. ⁴) So Hofmann, Wiesing. ⁵) So Brückner. ⁶) Gegen Hofmann u. Brückner mit Huther u. W. Schmidt S. 127. ⁷) Gegen Lange.

Verhalten des Habitus eines δίκαιος vor Gottes Augen sich verlustig mache¹). Denn von dem Gelten des sündigen Menschen vor Gott als ein Gerechter ist im Zusammenhang nichts angedeutet, abgesehen davon, daß bei dieser Erklärung von der nicht zutreffenden Voraussetzung der Identität des Begriffes der Rechtfertigung vor Gott mit dem paulinischen ausgegangen wird. Nein! Jakobus will seine Warnung vor dem Zorn mit der Thatsache begründen, daß bei dem Zorneszustande eine Bethätigung der Gerechtigkeit Gottes, wie sie dem durch das Wort der Wahrheit erzeugten und geregelten Christenleben entspricht, ausgeschlossen sei. Die δικ. θεοῦ ist das, was er selbst, der ἀνήρ, thun und leisten **soll**, woran er aber durch die ὀργή gehindert ist. Diese soll nicht sein, da sie, d. h. der von ihr eingenommene Mensch, „die Gerechtigkeit Gottes" d. h. die Gerechtigkeit, die Gott **will** und **fordert**, nicht thut, nicht bethätigt; ἐργάζεσαι ist inhaltlich gleich dem häufigen ποιεῖν τὴν δικ.²) und bezeichnet dieses hinsichtlich seiner Erscheinung und Darstellung in einzelnen Werken³). Als Object des Wirkens gedacht, ist δικαιοσύνη hier und in allen so eben angeführten Stellen in diesem objectiven Sinne gleich mit τὸ δίκαιον, und der Genit. θεοῦ, entgegengesetzt dem ἀνδρός, entweder „von Gott gewollt", oder im Sinne von ἐνώπιον τοῦ θεοῦ, was vor Gott Gerechtigkeit ist oder als solche gilt⁴), zu erklären. Die δικαιοσύνη ist als Inhalt und Forderung des göttlichen Willens gedacht⁵). Der Zorn oder der Mensch in seinem Zorn wirket nicht Gerechtigkeit, wie sie von Gott verlangt wird, oder vor ihm als solche gilt, „thut nicht, was vor Gott recht ist"⁶). Und zwar ist nach der Bedeutung des λαλεῖν und nach dem Wesen der ὀργή als leidenschaftlicher Erregtheit gegen den Nächsten insbesondere an das Thun des Rechten aus wahrer Bruderliebe dem Nächsten gegenüber zu denken. Warum thut der Zorn nicht, was die Gerechtigkeit Gottes fordert? weil die leidenschaftliche Erregtheit die klare Erkenntniß des heiligen Willens Gottes in seinem Wort hindert, die sittliche Kraft unwirksam macht und die Liebe zu dem Nächsten, welche sich eben in der Bethätigung der Gesinnung, die das Gegentheil der

---

¹) W. Schmidt. ²) 1. Mos. 18, 19. Jes. 56, 1. 58, 2. Psalm 15, 2. 1. Joh. 2, 29. 3, 7. Offenbar. 22, 11. ³) Vergl. ἐργάζεσθαι δικ. Apostelg. 10, 35. Ebr. 11, 33. ⁴) Apostelg. 4, 19. ⁵) So auch Beza, Luther, Cremer, Bouman, Bengel: omnia officia divinitus praescripta et deo placita. ⁶) So treffend Luther.

ὀργή ist 3, 13, wirksam zeigen soll, ertödtet. Auf der einen Seite steht der Mensch mit seinem Zorn, auf der andern Gott mit der von ihm geforderten Gerechtigkeit. Das leidenschaftlich zornmüthige Wesen schließt die Bethätigung dieser Gerechtigkeit aus, weil es das schnelle Hören, die stille, beständige Aneignung des Wortes, dessen Inhalt jene Gerechtigkeit ist, verhindert. Hierauf weist die folgende mit διό als Folgerung aus dem Vorigen eingeführte Ermahnung hin.

v. 21. **Darum ablegend jeglichen Schmutz und jeglichen Ueberschwang bösen Wesens nehmet in Sanftmuth auf das eingepflanzte Wort, welches kann selig machen eure Seelen.** Beim Blick auf den Gegensatz der Begriffe ablegen und aufnehmen und der entsprechenden Herzenszustände, auf die Entgegensetzung des im Hauptsatz ausdrücklich vorangestellten ἐν πραΰτητι gegen die ὀργή und gegen die aus ihr fließenden Objecte des „Ablegens" im Participialsatze, sowie auf die Correspondenz des Begriffs λόγος mit dem λόγος τῆς ἀληθείας v. 18 sehen wir den Zusammenhang mit dem ganzen von v. 18 angehenden Gedankengang klar und deutlich hervortreten.

Ablegen sollen die Leser allen Schmutz bösen Wesens. Sowie das Adjectivum ῥυπαρός, 2, 2 in eigentlichem Sinne vom schmutzigen Kleide gebraucht, Offenb. 22, 11 in sittlicher Bedeutung steht, und in gleichem Sinn das Verbum ῥυπαρεύειν davon gebildet wird, ist hier das Substantivum[1]) in ethischem Sinne mit κακίας zu verbinden[2]). Letzteres bezeichnet böses, gehässiges Wesen, böswillige Gesinnung, und zwar wegen des Gegensatzes von ἐν πραΰτητι gegen die nach v. 20 und 3, 13 f. bei den Lesern vorhandenen Symptome der Lieblosigkeit, leidenschaftlichen Erregtheit, Zornmüthigkeit, des Neides und der Streitsucht, nicht blos das genus der ὀργή[3]), sondern in weiterem, dieses mitumfassendem Sinn[4]). Es empfiehlt sich aber nicht die Auflösung in πᾶσαν κακίαν ῥυπαράν[5]). Dies würde den Gedanken abschwächen, der in dem Substantiv mit dem Genitiv ausgedrückt ist: daß nämlich für den inwendigen, aus Gott geborenen Menschen alle Erweisungen der κακία das sind, was Unreinigkeit oder ein schmutziges Kleid für den Leib ist. Alle sittliche

---

[1]) Nur hier im N. T. [2]) Mit Theile, de Wette, Wiesing., Huther. [3]) Gegen Wiesing. [4]) Gerade so steht κακία in Verbindung mit liebloser, böswilliger Gesinnung auch Röm. 1, 29. Ephes. 4, 31. Col. 3, 8. Tit. 3, 3. 1. Petr. 2, 1. [5]) So Huther.

Unreinigkeit, die böse gehässige, durch leidenschaftliche Affekte vergiftete Gesinnung dem Christenmenschen anthut, sollen sie abthun. — Hinzugefügt wird περισσείαν κακίας als Bezeichnung der zu der sittlich beschmutzenden Wirkung solches bösen Wesens hinzukommenden Erscheinung desselben in mannigfaltiger Fülle und Reichhaltigkeit. Περισσεία ist nicht = περίσσευμα Mark 8, 8: Ueberbleibsel, als sei „von dem Bodensatz oder hängengebliebenen Schmutz an dem durch das Wort der Wahrheit gereinigten Gefäß des Christenlebens" die Rede[1]). Abgesehen davon, daß das Wort jene Bedeutung nicht hat, würde auch durch die damit festgehaltene Vorstellung vom Schmutz eine gewisse Tautologie entstehen. Nicht blos in qualitativer Hinsicht als Befleckung, sondern auch quantitativ hinsichtlich seines Ueberschwangs und Uebermaßes soll das Böse veranschaulicht werden, wie es das Leben der Christen überfluthet und sich in dasselbe ergießt. Hinweg, ruft Jakobus, mit allem bösen Wesen in jeglicher Erweisung seiner das Leben aus Gott verunreinigenden Kraft und überfluthenden Fülle in eurem Reden und Zürnen. Es ist keineswegs ein unvollziehbarer Gedanke, daß „aller Ueberschwang bösen Wesens abgethan werden soll"[2]); denn die κακία erweist sich, wenn ihr durch Vernachlässigung der Heiligung Raum gestattet wird, nach ihren verschiedenen Seiten und Richtungen in reicher Fülle, in einer das Christenleben mit Ueberfluthung bedrohenden Abundanz. Die in dem Participialsatz ausgesprochene Forderung enthält, wie an den Parallelstellen Ephes. 4, 25, Coloss. 3, 8, 1. Petri 2, 1, Ebr. 12, 1, die negative Bedingung für die Erfüllung der positiven Ermahnung des Hauptsatzes: nehmt in Sanftmuth das Wort auf. Das nachdrucksvoll vorangestellte ἐν πραΰτητι bildet den Gegensatz zu dem Schmutz und der Fülle des bösen Wesens, wie es den Lesern in einzelnen Erscheinungen in ihrer Mitte 3, 14 f. mit scharfen Worten vorgehalten wird. Wie es ihnen unter den von Gott verhängten äußeren Anfechtungen hinsichtlich der Kraft ihres Willens an der ὑπομονή gebrach, so ermangelten sie in ihrem in Lieblosigkeit gegeneinander leidenschaftlich erregten Gemüthszustande der πραΰτης, der Sanftmuth. Diese ist, da es sich nach dem Folgenden um das rechte, empfängliche Verhalten im Verhältniß zum göttlichen Wort handelt, nicht von der sanftmüthigen

---

[1]) Gegen August., Gebser, Bouman, Hofmann. [2]) Gegen Hofmann.

Gesinnung gegen den Nächsten zu verstehen¹), sondern von dem gesammten Herzenszustande der Gelassenheit und Stille dem Wort gegenüber, welche in dem Maße eintritt, als alle Befleckung und aller Ueberschwang der in leidenschaftlicher Erregtheit in Reden und Zürnen sich darstellenden κακία abgelegt wird, und ohne die das Wort nicht eine bleibende Stätte im Herzen finden kann.

Das „Aufnehmen" des Wortes bedeutet²) seine fortdauernde Aneignung für das innere Leben, so daß dasselbe es umschließt, wie der Acker den in ihn gestreuten Samen, und zwar als Folge von dem rechten Hören, welches in dem bereitwilligen, empfänglichen Entgegenkommen des inneren Menschen besteht im Gegensatz zu dem im Gleichniß vom Säemann von dem Herrn veranschaulichten, blos äußerlichen Hören, dem ein δέχεσθαι nicht folgt, wie es geschieht, wenn das Hören so stattfindet, daß der Same des Wortes in den Boden des Herzens einbringt und dieser ihn bewahrt, κατέχει³). Der ἔμφυτος λόγος kann nach dem Zusammenhang und Gedankengang nichts Anderes sein, als das Object des ἀκούειν selbst, das Wort der Wahrheit v. 18, das Evangelium von der in Christo erschienenen Gnade und Wahrheit. Mit dem „Aufnehmen" wird ein an den Menschen herankommendes und in ihn eingehendes Wort vorausgesetzt, und das ist dasselbe Wort der Wahrheit, durch welches die Geburt des neuen Lebens geschehen ist. Damit ist die Erklärung von der natürlichen, angeborenen Vernunft ausgeschlossen⁴). Die Neugeburt des inneren Lebens, wie sie bei jedem Einzelnen geschehen, ist die Voraussetzung des Prädicats ἔμφυτος, welches also nicht „überliefert"⁵), auch nicht „in und unter euch" gepflanzt durch Verkündigung des Evangeliums unter Judenchristen und Juden⁶), bedeuten kann. Die Pflanzung des Wortes der Wahrheit ist die göttliche That, durch welche sie von Gott mittelst desselben neugeboren sind (v. 18). Das Wort der Wahrheit, durch welches das neue Leben in ihnen entstanden ist, in ihnen eingepflanzt geblieben, ist als ein lebendiger Same, der Wurzel gefaßt hat, in ihnen vorhanden.

Man hat nun wegen des scheinbaren Widerspruchs in der Ermahnung: Nehmet auf das in euch gepflanzte Wort! ἔμφυτος ganz sprachwidrig⁷) als vorausgenommene Bezeichnung der Wirkung

---

¹) Gegen Huther. ²) Wie 1. Thessal. 1, 6. ³) Luc. 8, 12. 13. 15. ⁴) Gegen Oecumenius. ⁵) Gegen Hottinger. ⁶) Gegen Lange, Wiesing. ⁷) Vgl. Theile.

von der Aufnahme des Wortes verstehen wollen: „nehmet es auf, damit es auch recht eingepflanzt werde oder einwachse"¹). Nur eine Paradoxie, aber kein Widerspruch liegt in den Worten. Jakobus ermahnt zur fortgesetzten Aneignung desselben Wortes, das schon in die Herzen gepflanzt ist. Die aus Gott geborene Substanz des neuen Lebens ist sowohl an und für sich selbst, als auch wegen der κακία des bösen Wesens, welches noch neben ihr vorhanden ist und von ihr überwunden werden soll, der fortdauernden Stärkung und des Wachsthums mittelst desselben Wortes, durch welches es gezeuget worden, bedürftig. Diesem Bedürfniß kommt die fortgehende göttlich veranstaltete Darbietung des Wortes der Wahrheit entgegen, dessen fortwährende Aufnahme in das innere Leben daher Pflicht und Aufgabe der Wiedergeborenen ist. Aber die Bedingung solcher Aufnahme des Wortes, um den Besitz desselben zu mehren und die Erfüllung der Verheißung: „Wer da hat, dem wird gegeben", wie die Verwirklichung des Wortes: „Aus seiner Fülle haben wir genommen Gnade um Gnade" zu erfahren, ist die mit Sanftmuth bezeichnete Herzensverfassung, der stille und gelassene Sinn, gleich wie nur der ruhige, stille Wasserspiegel das Bild der Sonne klar und hell in sich aufnehmen und wiederspiegeln kann²). Das göttlich eingepflanzte Wort soll von menschlicher Seite mit dem durch die Wiedergeburt gesetzten Verlangen des Glaubens immer neue Aufnahme, immer weitere, innere Aneignung finden. Es ist die fortgehende Aneignung gemeint³), die analog dem beharrlichen Hineinschauen in das Gesetz der Freiheit v. 25 die bleibende Grundlage der Selbstthätigkeit ist. Es gehört aber auch dazu die stetige Bewahrung des Wortes in „einem feinen und guten Herzen", das κατέχειν des Samens des Wortes, wie es der Herr neben dem ἀκούειν als Bedingung des καρποφορεῖν ἐν ὑπομονῇ fordert. Luc. 8, 15.

In dem die Heilswirkung des Wortes bezeichnenden Partizipialsatz: „welches kann selig machen eure Seelen", liegt das Motiv für die Ermahnung und ihre Befolgung. Mit δυνάμενον ist nicht blos die Möglichkeit der Heilswirkung, die erst zur Wirklichkeit wird, wenn die Menschen das Ihre thun⁴), sondern die unter der Voraussetzung des δέχεσθαι in dem σώζειν sich wirksam erwei-

---

¹) Calvin, de Wette. ²) Calvin treffend: neque enim Deus nisi sedato animo audiri potest. ³) So treffend Brückner. ⁴) Gegen Calvin, Wiesinger.

sende göttliche Kraft des Wortes[1]) bezeichnet. Derselbe Gedanke Röm. 1, 16: Das Evangelium ist eine $δύναμις \ θεοῦ \ εἰς \ σωτηρίαν$. Es ist aber nach der präsentischen Rede nicht blos von dem zukünftigen Heil zu verstehen[2]). Jakobus meint nicht, daß die Wiedergeborenen die $σωτηρία$ noch nicht besäßen; denn durch die Geburt aus Gott selbst sind sie im Heilsstande. Er meint vielmehr, indem er gegenwärtiges und zukünftiges Heil, und zwar von seiner negativen Seite als Errettung von der Sünde und sündigem Verderben, und von der positiven als Herstellung oder Vollendung des Lebens in Gemeinschaft mit Gott, zusammen ins Auge faßt[3]), daß sie das Heil noch nicht völlig besitzen, und somit fortschreitende Aneignung und Verwirklichung des Heils nothwendig sei. Diese aber ist objectiv bedingt durch die göttliche Macht des Wortes, und subjectiv abhängig von der stetigen Aufnahme desselben in das innere Leben. „Eure Seelen" sagt er, nicht „euch", weil er das ganze, individuelle persönliche Leben, dessen Trägerin die Seele ist, als Gegenstand der seligmachenden Kraft des Wortes ansieht. Die $ψυχή$ als das eigentliche Subject und der Mittelpunkt des Einzellebens ist dasjenige, auf dessen Rettung es ankommt[4]). Zu vergleichen ist 5, 20 und 1. Petri 1, 9: $τὸ \ τέλος \ τῆς \ πίστεως \ σωτηρία \ ψυχῶν$, besonders aber Luc. 8, 12, wo Christus die Nichttheilnahme an dem $σώζεσθαι$ als die Folge von der Nichtaufnahme des Wortes in das Herz mit gläubigem Sinn darstellt.

2. v. 22—27. **Das rechte Verhalten zu dem Wort in der Bethätigung desselben; das Thun des Wortes als die Bewährung seiner rechten Aufnahme in das innere Leben.**

v. 22 wird der Begriff des Wortes wieder aufgenommen, und mit δέ eine neue Ermahnung in Bezug auf dasselbe angeknüpft. „**Seid aber Thäter des Wortes und nicht Hörer allein, indem ihr euch selbst betrüget.**" Der Fortschritt zu etwas Neuem ist klar. Die Christen sollen das Wort, wie es immerfort durch die Verkündigung an sie herantritt, namentlich bei den gottesdienstlichen Versammlungen, allerdings fleißig hören, wie es schon in ihr Inneres eingepflanzt worden, es immerfort

---

[1]) Bengel: magna efficacia. [2]) Gegen Luther. [3]) So auch Wiesinger.
[4]) Vergl. Cremer, Schneckenburger: animi proprie res agitur.

in das Herz aufnehmen, nun aber auch als Solche sich erweisen, die Thäter des Wortes sind, d. h. die bestimmten Forderungen, die es an sie stellt, und die bestimmten Verpflichtungen, die es ihnen auferlegt, durch ihr Thun erfüllen[1]). Das $\gamma\iota\nu\varepsilon\sigma\vartheta\varepsilon$ ist nicht gleich = werdet[2]), als wären die Leser bisher noch gar keine Thäter des Wortes gewesen. Sie waren durch das Wort der Wahrheit geboren, ließen es aber öfters an der dem Hören und der willigen Annahme entsprechenden Bethätigung desselben unter dem Einfluß des ihnen noch anhaftenden sündlichen Wesens, sittlicher Trägheit und fleischlicher Sicherheit, und der von außen kommenden Versuchungen fehlen. Also insofern es hieran mangelt, sollen sie sich als solche Hörer des Wortes, die es auch thun, erzeigen[3]), daher ist auch $\gamma\iota\nu\varepsilon\sigma\vartheta\varepsilon$ nicht bloß = $\check{\varepsilon}\sigma\tau\varepsilon$, weil es sich um ein Sein im Verhalten, um ein sich geschichtlich und wahrnehmbar darstellendes Sein handelt. Durch die Substantivirung der Begriffe Hören und Thun in $\pi o\iota\eta\tau a\iota$ und $\dot{\alpha}\kappa\rho o a\tau a\iota$ werden dieselben unter dem persönlichen Gesichtspunkt stärker hervorgehoben; auch wird damit das dauernde Verhalten angedeutet[4]). Nicht bloß als Hörer sollen sie sich beweisen[5]), indem sie das Wort nur äußerlich vernehmen und auch ein Wissen davon haben, aber es nicht so tief in ihr Inneres, Herz, Gemüth und Willen mit seiner Lebenskraft eindringen lassen, daß sie von da aus zum Thun des Guten, das seinen Inhalt bildet, vergl. v. 25, wo es $\nu\acute{o}\mu o\varsigma$ heißt, getrieben werden[6]). „Nicht bloß Hörer" entspricht dem „nicht bloß aus Glauben" gegenüber der Forderung des Thuns in 2, 24. In v. 25 steht der $\dot{\alpha}\kappa\rho o a\tau\acute{\eta}\varsigma$ $\dot{\varepsilon}\pi\iota\lambda\eta\sigma\mu o\nu\tilde{\eta}\varsigma$ dem $\pi o\iota\eta\tau\acute{\eta}\varsigma$ $\check{\varepsilon}\rho\gamma o\upsilon$ gegenüber. Derselbe Gegensatz des bloßen Hörers gegen den Thäter bei Paulus Röm. 2, 13 in Bezug auf das Gesetz. In gleichem Sinne preist Christus die selig, die das Gute und Rechte, welches sie wissen, auch thun[7]); in gleicher Weise stellt er das Hören seiner Worte und das Thun derselben als Kennzeichen des klugen Mannes dem Verhalten des thörichten Mannes gegenüber, der sein Wort hört, aber nicht thut[8]). Wahrscheinlich spielt Jakobus auf diese Worte Jesu an. Die thatsächliche Parallele liegt wenigstens auf der Hand.

---

[1]) Vergl. Luc. 8, 15 Christi Wort vom Fruchtbringen des gehörten, aber auch innerlich wohl angeeigneten Wortes. [2]) So Theile, Wiesing. [3]) Vgl. Hofmann. [4]) So Huther. [5]) $\dot{\alpha}\kappa\rho o a\tau a\iota$ nur nach Röm. 2, 13. [6]) Vergl. Luc. 8, 15 das $\kappa\alpha\rho\pi o\varphi o\rho\varepsilon\tilde{\iota}\nu$. [7]) Joh. 13, 17. [8]) Matth. 7, 24 f.

Jener Charakteristik des thörichten Mannes mit seinem unklugen Verfahren entsprechen die folgenden Worte: „indem ihr euch selbst betrüget". Παραλογίζεσθαι[1]) heißt eigentlich durch Trugschlüsse täuschen. Das Particip ist mit Luther als nähere Bestimmung der Ermahnung γίνεσθε — μὴ ἀκροαταὶ μόνον[2]), nicht aber blos als Erklärung von ἀκροαταί[3]) zu nehmen. Der Sinn ist: Ihr werdet euch selbst betrügen, wenn ihr dieser Ermahnung, nicht blos Hörer zu sein, keine Folge leistet. In gleichem Sinne steht nachher v. 26: „sein Herz betrügen". Zu beachten ist das Wortspiel zwischen λόγος und παραλογίζεσθαι[4]). Das „sich selbst Betrügen" kann sich nur auf das beziehen, was das Wort nach dem unmittelbar Vorhergehenden wirken soll, „die Seligkeit der Seelen". Der Selbstbetrug besteht darin, daß die bloßen Hörer des Wortes sich einbilden, dieses werde sie als ein blos gehörtes selig machen, während sie in der That beim bloßen Hören die Kraft des Wortes in ihrem Herzen nicht wirksam werden lassen, daß es zur Bethätigung kommen könnte, und so sich der seligmachenden Wirkung desselben berauben.

In v. 23 und 24 wird die Ermahnung zu solchem Verhalten zum Wort, wie es in der Umsetzung seines in die Gesinnung aufgenommenen Inhalts in die That besteht, und die Warnung vor jenem Selbstbetrug begründet durch die Vergleichung dessen, der ein **Hörer, aber nicht ein Thäter des Wortes ist, mit einem Manne, der sich im Spiegel beschaut, aber mit dem Weggehen vom Spiegel den Zweck der Selbstbeschauung, das Festhalten des Bildes seiner selbst, durch sofortiges Vergessen seines Aussehens vereitelt.** Die Worte εἴ τις bis οὐ ποιητής nehmen den Sachverhalt v. 22 wieder auf, indem das μόνον dem Sinn nach in dem einfachen Gegensatz des οὐ ποιητής gegen den ἀκροατὴς λόγου seinen Ausdruck findet. Mit οὗτος wird das durch εἴ τις vorher eingeführte Subject wieder aufgenommen und der dort gesetzte Fall von einer bestimmten Person gedacht. Wie hier ist ἔοικε schon v. 6 zur Vergleichung gebraucht. Der mit γάρ = nämlich eingeführte Satz v. 24 giebt eine Erklärung des Vergleiches mit dem, der sich selbst im Spiegel beschaut, durch nähere Bestimmung des κατανοεῖν, wie es Jakobus in diesem Fall

---

[1]) Nur hier und Coloss. 2, 4 im N. T. Sonst Sept. 1. Mos. 29, 25. [2]) So Theile, Huther, Wiesing., de Wette. [3]) Gegen Gebs., Schneckenburg., W. Schmidt. [4]) Vergl. Theile.

behufs der Vergleichung sich vorstellt. Nicht von Jedem, der sich im Spiegel beschaut, ist die Rede, sondern von einem solchen, der sich so verhält, oder so verfährt, wie es mit den Worten ἀπελήλυθεν καὶ εὐθέως ἐπελάθετο ὁποῖος ἦν veranschaulicht wird. Das κατανοεῖν ist nämlich v. 23 nicht ein blos flüchtiges oberflächliches Wahrnehmen[1]), dem etwa παρακύπτειν v. 25 entgegengesetzt wäre, — dies ist nur eine verstärkte Wiederaufnahme desselben Begriffs, — sondern es ist das aufmerksame Wahrnehmen[2]), wie es durch das Präsens κατανοοῦντι, welches nicht in das Imperfectum umzusetzen ist, in dem hier beispielsweise gesetzten Fall im vollen Sinn des Wortes als wirklich geschehend bezeichnet wird, und das in dem Spiegel erscheinende πρόσωπον τῆς γενέσεως des Mannes zum Gegenstande hat. Dieser Ausdruck ist nicht als hebraisirende Ausdrucksweise = τὸ ἐκ γενέσεως πρόσωπον als das von der Geburt her eignende Angesicht, wie man es durch die natürliche Geburt besitzt, zu fassen; denn solche hebraisirende Redeweise ist der rein griechischen Diktion des Jakobus nicht eigen[3]). Der Zusatz τῆς γενέσεως darf auch nicht als Bezeichnung der Sphäre rein sinnlicher Wahrnehmung im Gegensatz gegen die sittliche des Hörens[4]), oder gegen des Menschen innere sittliche Gestalt[5]), oder gegen die durch die Wiedergeburt ihm eignende Beschaffenheit[6]) genommen werden. Eine derartige Entgegensetzung ist im Folgenden durch nichts als Absicht des Jakobus angedeutet, und nach v. 24 liegt der Vergleichungspunkt nicht in dem, was Gegenstand der Spiegelschau und des Hörens des Wortes ist, sondern in dem Verhalten des Spiegelbeschauers und des Hörers, oder genauer in dem, was nach der Wahrnehmung im Spiegel und nach der Wahrnehmung des Wortes beiderseits geschieht. Hätte Jakobus den Begriff „des durch die natürliche Geburt eigenen Gesichts" ausdrücken wollen, so hätte er dies bei seiner sonstigen Sprachgewandtheit in einer sehr schwerfälligen Weise gethan, die sich nur dann erklärte, wenn er irgendwie damit den Gegensatz einer natürlich sinnlichen Anschauung gegen eine geistig sittliche, oder einer natürlichen Geburt gegen die Geburt von oben hätte ausdrücken wollen. Aber dies ist weder nach dem Ausdruck τῆς γενέσεως, dem dann ein entsprechendes Prädicat „natürlich oder sinnlich" beigefügt sein müßte,

---

[1]) So Wiesing., Huth., gegen Hornejus, Semler, Pott. [2]) Vergl. Matth. 7, 3, wo es mit βλέπειν, Apostel. 27, 29, wo es mit ἐπιγινώσκειν zusammengestellt wird. [3]) Gegen Wiesinger. [4]) So Wiesinger. [5]) So Knapp. [6]) So Kern.

noch nach den folgenden Worten der Fall. Wir werden πρόσωπον wie 1, 11 von der äußeren Gestalt oder dem Aussehen, von der sich dem Anblick darbietenden Erscheinung¹), zu verstehen haben, sodaß τῆς γενέσεως mit dem hierzu, nicht zu dem Gesammtbegriff τὸ πρ. τ. γεν. zu ziehenden αὐτοῦ²) den Hauptbegriff bildet; und τῆς γενέσεως hat die Bedeutung Gewordensein = Dasein³), eine Bedeutung, die auf dasselbe hinauskommt mit Seinsbestand⁴) oder persönlicher Existenz.

In v. 24 folgt die mit γάρ eingeführte Erläuterung in Form einer **Erzählung des Verhaltens**, welches der v. 23 sich im Spiegel beschauende Mann **nach** dieser Spiegelschau zeigt. Der mit dem Präsens in v. 23 beispielsweise erwähnte Fall wird hier als ein thatsächlicher Vorgang genommen, zu dessen Erzählung unter Anwendung der Tempora der Vergangenheit, die daher nicht präsentisch zu fassen sind, übergegangen wird⁵). Die rasche Aufeinanderfolge der einzelnen Momente des an das κατανοοῦντι angeknüpften Hergangs: er hat sich **beschaut, ist weggegangen und hat sofort vergessen, wie beschaffen er war**, — läßt schon, abgesehen von dem auf ἔοικε sich beziehenden γάρ, erkennen, daß in diesen Worten der **Vergleichungspunkt** liegt. Wie solch eine Spiegelschau, bei der man alsbald nach dem Hineinsehen in den Spiegel **vergißt, wie beschaffen man seine Gestalt im Augenblick der Selbstbeschauung im Spiegel gesehen hat,** — das bedeutet das ὁποῖος ἦν — **völlig nutzlos und wirkungslos** ist, indem es **nach der Wahrnehmung** des dermaligen Aussehens im Spiegel zu der entsprechenden Fixirung, Ausprägung und Festhaltung des Bildes im Innern, so wie man es geschaut hat, mangelt, ebenso verhält es sich mit dem, welcher sich mit dem **bloßen Hören des Wortes** begnügt. Durch das Hören hat er zwar von dem Wort eine Anschauung, einen Eindruck, ein Bild seines Inhalts in sich aufgenommen; aber er macht es nicht zum Motiv seines Thuns, nimmt es nicht so in sich auf, daß es in ihm wirksam wird und zur Ausprägung seines Inhalts im **Thun** kommt. Das „Hören" des Wortes steht parallel dem sich Beschauen im Spiegel und schließt in sich eine

---

¹) So Hofmann. ²) Gegen Wiesing. ³) Wie 3, 6: „Rad oder Kreis des Daseins". Judith 12, 18: die Tage meines Daseins; Weisheit 7, 5; Anfang seines Daseins. ⁴) So Hofmann mit Bezug auf den Gebrauch des Wortes bei Plutarch de εἰ apud Delph. 18. ⁵) Winer § 40, 5. 6. 1.

innere Wahrnehmung, einen Eindruck von dem Wort, vergl. Lucas 8, 12—14; aber das Herz und der Wille schließen sich dem Wort nicht so auf, daß dasselbe die bleibende Trieb- und Lebenskraft wird, sondern es verhält sich mit dem inwendigen Menschen wie mit jenem Mann, der vom Spiegel davon geht, und trotz des in sich aufgenommenen Bildes von dem Aussehen seiner Person vergißt, wie er gestaltet war. Es entsteht solch eine Stellung zu dem Wort, daß ein κατέχειν oder φυλάσσειν desselben nicht erfolgt, entsprechend jenem Vergessen des wahrgenommenen Spiegelbildes, und daß eine Ausprägung des im Wort geschauten Inhalts im sittlichen Thun nicht stattfindet, gleichwie jene Spiegelschau thatsächlich nutz- und wirkungslos gewesen. Unter Betonung dieses auf der Hand liegenden Parallelismus des bloßen Hörens mit der geschilderten zweck- und wirkungslosen Selbstbeschauung im Spiegel ist[1]) treffend hervorgehoben worden, daß Jakobus als das dem πρόσωπον τ. γ. oder dem ἑαυτὸν in der Anwendung Entsprechende sich nur den Menschen nach seiner ethischen Beschaffenheit im Verhältniß zu den Anforderungen des göttlichen Willens gedacht haben könne[2]). Wenn auch nicht anzunehmen ist[3]), daß Jakobus mit Bezug auf die ἐνπαρία in v. 21 speziell an eine Selbstprüfung in Bezug auf die dem Angesicht des inneren Menschen anhaftenden Flecken der Sünde gedacht habe, wogegen die p o s i t i v e n Momente in der Anwendung des Bildes v. 25 sprechen, — so liegt doch nahe, daß Jakobus bei dem vom Spiegel hergenommenen Vergleich den ethischen Gehalt des Wortes als das, was der Christ beim Hören des Wortes nicht blos gegenständlich wahrnehmen, nicht blos vorübergehend zum Gegenstand seiner Kenntnißnahme machen, sondern als Bild dessen, was er nach der Forderung Gottes sein soll, festhalten und in seinem Verhalten und Thun verwirklichen soll, im Auge gehabt habe. Als ein in dieser Hinsicht paralleler Ausspruch ist[4]) das Wort Pauli 2. Corinth. 3, 18 heranzuziehen: Indem wir die Herrlichkeit des Herrn im Spiegel schauen, werden wir zu demselben Bilde umgestaltet, d. h. sobald sich das im Spiegel geschaute und festgehaltene Bild der Glorie Christi in uns und an uns darstellt, und wir dem verherrlichten Christus ähnlich werden.

In v. 25 wird unter Festhaltung des Bildes vom Spiegel, wie

---

[1]) Von Huther. [2]) Gegen Hofmann. [3]) Mit Bouman u. A. [4]) Mit Theile.

die Worte ὁ δὲ παρακύψας εἰς νόμον zeigen, und unter gegensätzlicher Parallelisirung mit den einzelnen Momenten im Verhalten des Spiegelschauers 1, das rechte Verhalten des Hörers zu dem Wort, insofern es zu dem Thun, zur Bethätigung desselben nach seinem ethischen Gehalt (νόμος) führt, veranschaulicht, 2, durch das δὲ in Gegensatz zu dem geschilderten Spiegelbeschauen und zu dem bloßen Hören des Wortes gestellt, und 3, auf die Frucht davon in dem Seligsein im Thun hingewiesen.

„Wer aber sich hinabbückt in das vollkommene Gesetz der Freiheit und dabei verharrt, indem er nicht als ein vergeßlicher Hörer sich erweist, sondern als ein Thäter des Wortes, dieser wird selig sein in seiner That". Nicht von einer Selbstbeschauung ist die Rede, sondern von dem Beschauen dessen, was in dem Spiegel des λόγος als νόμος τέλειος sich darstellt, mit der sittlichen Anforderung an den Beschauenden, dies seine Gestalt in der Bethätigung des vollkommenen Gesetzes werden zu lassen[1]). — Παρακύπτειν heißt: neben etwas sich tief niederbücken, um es deutlich zu erkennen[2]). Hier steht es nach dem Zusammenhang von dem tiefen Hineinschauen in einen nicht an der Wand aufgehängten, sondern an einer Stelle, die ein sich Herabbeugen fordert[3]), stehenden Spiegel. Die gebückte Haltung bezweckt eben nicht blos das Sehen, sondern das ordentliche, genaue Sehen, bedeutet also sachlich dasselbe wie κατανοεῖν; es wird aber der Hergang, der zu diesem führt, lebendig veranschaulicht und damit das erforderliche innere Verhalten zu dem Wort und das geistige Eindringen in seine Tiefen noch weiter illustrirt. Während das dem κατανοεῖν entsprechende παρακύπτειν noch dem ἀκούειν des Wortes als wesentlich gleichbedeutend parallel ist, tritt mit dem zweiten Moment καὶ παραμείνας der Gegensatz zu dem ἀπελήλυθε ein. Das παρὰ entspricht hier dem παρὰ in παρακύψας. Mit diesem ist παραμείνας noch zu verbinden; denn Jakobus will sagen: der rechte Hörer des Wortes macht es nicht so, wie der Mann, der nach dem Hineinschauen in den Spiegel demselben den Rücken kehrt und sich von ihm abwendet, sondern er verharrt dabei, d. h.

---

[1]) Gegen Hofmann. [2]) So 1. Petri 1, 12 von den Engeln, die es gelüstet, sich niederbeugend hineinzuschauen in das Geheimniß der Erlösung. So Sirach 14, 24 vom tiefen Hineingucken in das Fenster der Weisheit, so Luc. 24, 12 von dem gebückten Hineinschauen Petri in Christi Grab. [3]) So Theile, Schneckenb.

aber nicht: bei der Thätigkeit des Hineinschauens, sondern wegen der logischen Beziehung auf das εἰς τὸν νόμον τ., „bei oder in dem voll= kommenen Gesetz"¹). Dem nicht Festhalten des Bildes oder Eindrucks v. 24 ist die beharrliche Anschauung und Er= wägung des Wortes, das Verharren in der anschauenden Hingebung an das Object²), entgegengesetzt³). Es ist also auch von Beob= achtung des Gesetzes hier noch nicht die Rede⁴); denn dieser Be= griff kommt erst in dem nachfolgenden ποιητὴς ἔργου zum Ausdruck.

Der νόμος τέλειος, der statt des bisher herrschenden Begriffs λόγος als Object des mit εἰς bezeichneten einbringenden Hin= einschauens und beharrlichen Anschauens hier eintritt, ist die in dem Wort enthaltene und darin zu erschauende Einheit und Gesammtheit aller sittlichen Forderungen des heiligen Willens Gottes. Der Christenmensch aber ist durch das Geborensein aus Gott mittelst des Wortes der Wahrheit im Stande, nicht blos die Forderungen des göttlichen Willens, die in diesem Worte ent= halten sind und in ihm sich kund geben, als verpflichtende Norm für seinen Willen und sein Thun zu erkennen, sondern auch zu er= füllen. Das Wort der Wahrheit, durch seine wiedergebärende Kraft die Quelle des neuen Lebens, ist durch seinen sittlichen Ge= halt auch die Norm desselben, und indem es in Bezug auf den= selben nicht nur gehört, sondern auch gethan werden will, spendet es hierzu auch das Vermögen. Der rechte Hörer hat die Stellung zu dem Worte, daß er mit dem Hineinschauen und beharr= lichen Anschauen und Betrachten des Wortes der Wahrheit als göttlichen Gesetzes dieses als Norm des durch dasselbe in ihm von Grund aus neugeborenen Lebens erkennt und befolgt. Es ist aber dieses das christliche Leben normirende Gesetz nicht das etwa durch neue Gebote bereicherte oder nach seinem ethischen Gehalt für die Gesinnung als maßgebend geltend gemachte alttestamentliche Gesetz, sondern der sittliche Gehalt des in und mit Christo erst eingetretenen, den ewigen ethischen Kern des alttestamentlichen Gesetzes in sich schließen= den Wortes der Wahrheit, als der vollkommenen Offenbarung

---

¹) Gegen Hofmann. ²) So richtig auch Lange. ³) Vergl. Luc. 2, 19 u. 51: „Maria συνετήρει, διετήρει diese Worte". ⁴) Gegen Schneckenb., welcher sich gegen den Zusammenhang auf die Stellen Apost. 14, 22. Gal. 3, 10. Ebr. 8, 9 beruft.

des göttlichen Willens, mittelst dessen die Wiedergeburt geschehen ist. Es ist auch nicht das natürliche Sittengesetz Röm. 7, 23[1]), sondern die aus Gott in dem Wahrheits-Wort enthaltene und in Christo geoffenbarte sittliche Wahrheit, τὸ θέλημα τοῦ πατρός, als die das ganze Leben derer, die der βασιλεία τοῦ θεοῦ angehören, von Innen heraus bestimmende Macht[2]).

Dieses Gesetz nennt Jakobus τέλειος, vollkommen, im Gegensatze zu dem den Judenchristen geläufigen mosaischen Gesetz. Er kann dieses Prädikat nur in der in und mit Christo geschehenen Offenbarung des Wortes der Wahrheit, sofern darin alle alttestamentliche Offenbarung des göttlichen Willens erfüllt ist, begründet sehen. Der sittliche Gehalt des alttestamentlichen Gesetzes und der Inhalt des neutestamentlichen νόμος fallen ihm insofern nicht auseinander, als eine Einheit beider in demselben Ursprunge aus Gott und in dem heiligen Willen Gottes, den beide zum Inhalt haben, sich darstellt. Aber das vollkommene Gesetz ist ihm das neutestamentliche Wort der Wahrheit, sofern darin die in Christo, dem Herrn der Herrlichkeit, durch seine adäquate Erfüllung der Idee des alttestamentlichen Gesetzes vollendete Offenbarung des heiligen Willens Gottes als der Einen absoluten sittlichen Wahrheit, die sich in allen einzelnen Forderungen des Guten nach 2, 10 darstellt, enthalten ist. Daher bezieht sich Jakobus zwar 2, 8—11. 4, 11. 12 auf das von Gott gegebene Gesetz des alten Testaments im Bewußtsein jener Einheit des Inhalts[3]), indem er einzelne Gebote einschärft und auf Gott als den Gesetzgeber und Richter hinweist 4, 12; aber als ein Widerspruch mit dem Glauben an unseren Herrn der Herrlichkeit wird die Sünde des Ansehens der Person, die als Uebertretung des königlichen Gesetzes von dem Gesetze selbst gerügt wird, dargestellt, 2, 1. 8. 9, und Gottes Richten nach dem Gesetz vollzieht sich durch Christum, den Herrn der Herrlichkeit, 5, 7—9. Von einem Gegensatz oder Widerstreit zwischen Gesetz und Evangelium ist nichts angedeutet. Der der Idee des Gesetzes als Ausdruck des heiligen Gotteswillens vollkommen entsprechende sittliche Gehalt des Wahrheits-

---

[1]) Gegen Schultheß. [2]) Vergl. Matth. 7, 17—21. [3]) Wiesinger, B. Schmidt 62. Geß a. a. O. 23. Weiß § 52 a.

wortes des Evangeliums als unbedingter Norm des Christenlebens bezeichnet die höchste Stufe der Vollkommenheit, zu welcher der alttestamentliche νόμος durch die Offenbarung Gottes in Christo erhoben ist. Zu dieser neutestamentlichen Vollkommenheit in objectivem Sinne gehört aber auch, daß, wie das Gesetz in Christo zur absoluten Offenbarung und Erfüllung gelangt ist, es so auch in die Herzen derer, die an ihn, den Herrn der Herrlichkeit, glauben, eingepflanzt ist v. 21, von dort aus die Gesinnung und das Leben erneuert v. 18, und durch die ihm einwohnende Gotteskraft die Erfüllung seiner Forderungen wirkt[1]). Das ist die Verwirklichung der prophetischen Weissagung[2]), daß in der messianischen Zeit Gott seinem Volk das Gesetz in das Herz schreiben werde[3]). Das ist das Neue, was durch den Messias in Betreff des Gesetzes gekommen; erst in der jetzt gekommenen Messiaszeit gilt dem Jakobus das Gesetz für wahrhaft erfüllbar und diese Erfüllbarkeit für deren Heilsgut[4]). Das Wort des Gesetzes steht mit seiner Forderung der Gesinnung der Liebe nicht mehr äußerlich dem Menschen gegenüber, sondern wirkt selbst durch die innewohnende wiedergebärende und das Leben von Grund aus erneuernde Gotteskraft die Erfüllung seiner Forderung. Demnach ist das vollkommene Gesetz auch nicht blos das alttestamentliche Gesetz nach seinem vollen Verständniß, d. h. in der Auffassung, in welcher es Christus zu erfüllen gelehrt hat[5]), sondern objectiv nach seiner vollen Offenbarung und Erfüllung in der Person und im Werk Christi, als des Herrn der Herrlichkeit, des Königs des messianischen Reiches, und subjectiv nach der durch ihn sowohl gelehrten, als auch ermöglichten, und thatsächlich bewirkten Erfüllung in der Gesinnung und im erneuten Leben derer, die durch die Kraft des Wortes der Wahrheit wiedergeboren sind, und durch dieselbe Kraft in Stand gesetzt werden, die Forderung des Gesetzes zu erfüllen.

Näher aber wird das „vollkommene Gesetz" bestimmt als das der Freiheit. Jedoch soll damit nicht nach der Erklärung der Meisten[6]) gesagt werden, das Gesetz sei eben darum ein vollkommenes,

---

[1]) Vergl. Neander, Br. Jakobi, z. d. St. [2]) Jerem. 31, 33. [3]) Vergl. Weiß § 52, b. [4]) S. Geß a. a. O. [5]) Gegen Weiß § 52 a. [6]) J. B. Hofmann, Huther, W. Schmidt, letzterer: τελειότης eigne ihm, weil es ein Gesetz der Freiheit sei.

weil es das Gesetz der Freiheit sei. Dann müßte das Wortgefüge ein anderes sein. Die Aussage gilt vielmehr von dem ganzen durch νόμος τέλειος ausgedrückten Subjectsbegriff, indem von dem Begriff der Vollkommenheit, welche die Beschaffenheit des Gesetzes betrifft, der Begriff der Freiheit, welcher die begleitende Wirkung desselben bezeichnet, als selbstständig und ihm coordinirt unterschieden wird. Der Gedanke kann daher nur der sein: das Gesetz, welches ich vollkommen nenne, ist ein solches, welchem Freiheit eignet und beiwohnt. Der Genitiv ist zu erklären wie in dem obigen Ausdruck λόγος ἀληθείας. Wie dieses Wort als solches, das in sich selbst Wahrheit ist und selbige mit sich führt, eben dadurch das Mittel zur Neuerzeugung des Menschen ist, so ist es auch, indem es als die vollkommene Offenbarung des Willens Gottes als νόμος die Norm für das menschliche Thun ist, zugleich mit der ihm einwohnenden göttlichen Lebenskraft ein die Freiheit bringendes Wort, eine die Freiheit bewirkende Macht. Welche Freiheit? Nicht die Freiheit von dem Joch des Gesetzes, von dem als einem ζυγὸν δουλείας Gal. 5, 1 die Rede ist, oder von dem mosaischen Gesetze überhaupt, im Gegensatz gegen welches Paulus Röm. 3, 27. 8, 2. Gal. 2, 4. 5, 13. 6, 2 die Freiheit der Christen bestimmt[1]). Von einer solchen gegensätzlichen Beziehung auf das alttestamentliche Gesetz findet sich bei Jakobus keine Spur[2]). Die Freiheit versteht er vielmehr in Bezug auf die Sünde, aber nicht so, daß er sich damit den Zustand der Christen in der Freiheit von der Sünde dächte, für welche der νόμος τέλειος gegeben sei, und dem er eigne[3]); dieser Gedanke müßte anders ausgedrückt sein. Es handelt sich ja nach dem Genitiv um etwas, was dem νόμος τέλειος selbst angehört und eignet. Es handelt sich nach dem Zusammenhange, vergl. v. 21, um die Freiheit von der Macht des sündlichen Wesens, welches die Leser ablegen sollen, um die Freiheit von der Sünde, wie sie von Paulus Röm. 8, 2 im Gegensatz gegen das Gesetz der Sünde und des Todes, vor Allem aber vom Herrn selbst Joh. 8, 32 f. im Gegensatz gegen die durch das Thun der ἁμαρτία bewirkte δουλεία, als eine Wirkung der ἀλήθεια und als sein eignes Werk v. 34. 36 bezeichnet ist. In demselben λόγος ἀληθείας, welcher das Mittel der Neugeburt ist, hier aber nach seinem Inhalt als die das

---

[1]) Neander. [2]) S. dagegen 4, 11. 2, 8 ff. [3]) Gegen Weiß.

menschliche Thun regelnde absolute sittliche Wahrheit das „vollkommene Gesetz" heißt, liegt die göttliche Macht, die von der Sünde befreit, von Innen heraus den Willen in Einklang mit dem Guten, dem göttlichen Willen setzt, und zu freiem willigem Thun des Worts bejähigt und antreibt.

Der Participialsatz: „indem er nicht als ein Hörer mit Vergeßlichkeit sich erweist, sondern als ein Thäter des Werkes", ist nicht unter Festhaltung der Leseart οὗτος vor οὐκ zu dem Prädikatsatz οὗτος μακάριος — ἔσται zu ziehen. Jenes οὗτος, welches bei allen Hauptzeugen fehlt[1]), und, wenn es ursprünglich dagestanden hätte, nicht weggelassen worden wäre, ist zu streichen[2]), weil es unzweifelhaft aus der Auffassung, daß der Participialsatz nähere Bestimmung zu dem μακάριος—ἔσται sei, entstanden ist. Diese Auffassung widerspricht dem Gedankengefüge, da die Worte οὐκ ἀκροατὴς ἐπιλησμονῆς — ἔργου offenbar mit dem ἐπελάθετο in v. 24. correspondiren und mit παρακύψας und παραμείνας verbunden als Vollendung der dreigliedrigen gegensätzlichen Parallele zu v. 24 sich darstellen. Der Genitiv des Substantivs ἐπιλησμονή[3]) dient zur stärkeren Hervorhebung des mit dem Adjectiv bezeichneten Verhaltens, im Gegensatz gegen den folgenden Substantiv-Genitiv ἔργου. Das γενόμενος drückt wie γίνεσθε 22 das sich Erweisen aus. Der negativen Bestimmung wird die positive: „sondern Thäter des Werks", hinzugefügt, statt daß man als Correspondenz mit οὐ ποιητής in v. 23 hätte erwarten sollen: der wird sein Thäter des Worts. Jakobus stellt jenen positiven Gedanken in den Vordersatz als Gegensatz zu dem Ausdruck: vergeßlicher Hörer, um damit in der Beschaffenheit und im Verhalten des geschilderten Hörers, wie er sein soll, gegenüber dem im vorher ausgeführten Bilde hervorgehobenen Zug: daß ein Vergessen des im Spiegel geschauten Aussehens das Hineinsehen in den Spiegel als etwas völlig wirkungsloses erscheinen läßt, das Gegentheil hiervon, nämlich den realen Erfolg und die bleibende Wirkung, zu betonen. Dort wird nichts gewirkt, was bleibendes Ergebniß des Hineinschauens in den Spiegel wäre. Hier tritt zu der negativen Bestimmung: nicht ein Hörer, der mit Vergeßlichkeit behaftet ist, also hört, ohne es zur Bethätigung des Worts kommen zu lassen,

---

[1]) A. B. C. N. [2]) Mit Lachmann, Tischendorf 1862 (2. Ster. A.) und Huther gegen Wiesinger, Hofmann, Bouman, Lange, Tischendorf ed. 7. [3]) Nur hier im N. T., überhaupt nicht in der klassischen Gräcität, dagegen Sir. 11, 27.

die positive: „Thäter des Werkes", hinzu. Es wird damit dem vergeßlichen Hörer, bei dem es zu keinem entsprechenden Thun und Wirken kommt, unter absichtlicher stärkerer Betonung der Werkthätigkeit durch ἔργον, der werkthätige Hörer entgegengestellt, und damit zugleich die Wirkung und Bethätigung des νόμος τέλειος bezeichnet, wie sie eben im Gegensatz gegen das Nichtthun des Wortes, welches die Folge ist von dem bloßen Hören desselben ohne tiefe und bleibende innere Aneignung der ihm einwohnenden göttlichen Kraft, durch das mit ἀλλὰ ποιητὴς ἔργου näher bestimmte παρακύπτειν und παραμένειν vermittelt und bedingt ist.

Der Nachsatz: „der wird selig sein in seinem Thun", nimmt mit οὗτος das vorher beschriebene Subject wieder auf. „Selig" bezieht sich keineswegs wegen des Futurums ἔσται blos auf den zukünftigen Heilsgenuß bei der Parusie und nach dem Gericht, sondern umfaßt alle Arten und Stufen der Seligkeit, d. h. der Erfahrung des Heils in der Gemeinschaft mit Gott dem Vater, welches nach v. 21 die Wirkung des eingepflanzten und immerfort anzueignenden Wortes der Wahrheit ist. Diese Seligkeit wird nun ἐν ποιήσει[1]), in und bei dem Thun des Wortes oder des vollkommenen Gesetzes, als dessen begleitende Wirkung sie thatsächlich vorhanden ist, mit vollster Befriedigung des Herzens empfunden und genossen. Zu beachten ist der stufenweise Unterbau für das μακάριος ἔσται in der Aufeinanderfolge der vier vorher aufgeführten Bedingungen und Voraussetzungen. Der Zustand der Seligkeit ist die Frucht des standhaften Ausharrens unter den Leidensanfechtungen, v. 12. Seligkeit ist aber auch die Frucht des Thuns; sie wird genossen im werkthätigen Vollbringen des Wortes, indem dieses selbst die Quelle einer das Herz und Gemüth erfüllenden freudigen Stimmung und Empfindung ist.

Jakobus hat v. 22 f. vor einem mit Selbstbetrug verbundenen Verhalten gewarnt, bei dem man zwar Hörer des Wortes, aber nicht Thäter desselben ist, indem man die rechte Stellung zu dem Wort einzunehmen meint, und es doch an der ernsten inneren Aufnahme und Aneignung desselben als der Bedingung der werkthätigen Erfüllung der in dem Wort enthaltenen sittlichen Wahrheit mangeln läßt. In v. 26 und 27 folgt dem entsprechend eine wei-

---

[1]) Das Wort nur hier im N. T. Dagegen Sir. 19, 20: ποίησις νόμου in dem Sinne wie hier.

tere Warnung vor einem Selbstbetrug, bei dem man meint, ein rechter Gottesverehrer damit zu sein, daß man der Zunge den Zügel schießen läßt, wogegen als Bethätigung wahrer Gottesverehrung das positive Thun barmherziger Nächstenliebe und das negative Thun der Reinerhaltung der eignen Person von der Befleckung mit der Welt geltend gemacht wird. Der Zusammenhang mit dem Vorhergehenden liegt nicht in einer Schlußfolgerung aus dem eben Gesagten[1]). Eine solche ist weder sprachlich angedeutet, noch erweist sich der Inhalt und die Bedeutung des v. 26. 27 Gesagten sachlich als eine aus dem Vorhergehenden hergeleitete Folgerung. Vielmehr wird hier unter demselben Gesichtspunkt der practischen Wahrheit des sittlichen Thuns oder der wahren Bethätigung des in dem Wort enthaltenen Willens Gottes, unter welchem vorher der Gegensatz des bloßen Hörens und der werkthätigen Ausübung des Wortes und die darin liegende Unwahrheit des sittlichen Verhaltens besprochen worden, ein anderer Gegensatz mit der darin liegenden Unwahrheit des sittlichen Verhaltens, nämlich der eines zügellosen Redens, als Bethätigung einer vermeintlichen Gottesverehrung, gegenüber einer Bethätigung dessen, was in Wahrheit Gottesverehrung und Gottesdienst ist, ins Auge gefaßt. Dem bloßen Hören wird das eitle Reden gegenübergestellt. Der Sinn und Inhalt von 26. 27 subsumirt sich unter die diesen ganzen Abschnitt beherrschende Forderung: seid Thäter des Worts. Wie diese Forderung zuerst v. 22 gegen das bloße Hören des Worts, so wird sie nun v. 26 im Gegensatz gegen das bloße zungenfertige Reden von Gottes Wort und göttlichen Dingen, bei dem es eben so wie beim bloßen Hören am entsprechenden Thun fehlt, geltend gemacht.

Jakobus setzt nämlich in den Worten: „Wenn Jemand meint ein Gottesverehrer zu sein, indem, d. h. damit daß er seine Zunge nicht im Zaume hält, dessen Gottesverehrung ist eitel", mit εἴ τις keineswegs einen Fall, der blos möglich ist, sondern greift in das bei seinen Lesern ihm bekannte wirkliche Leben hinein[2]). δοκεῖν heißt hier nicht scheinen[3]), sondern meinen, einer falschen Vorstellung über etwas sich

---

[1]) Gegen Wiesinger. [2]) Das δὲ des Cod. C. hinter εἰ (Lachm.) ist als ein zur leichteren Verbindung dienendes Einschiebsel zu streichen. [3]) Calvin, Theile.

hingeben¹). Das Wort θρῆσκος²) ist nach dem Gebrauch des Substantivs³) vom religiösen Cultus, religiöser Verehrung zu verstehen, bezeichnet aber nicht blos einen frommen, religiösen Menschen⁴), sondern einen solchen, der als fromm und gottesfürchtig sich auf irgend eine Weise durch religiöse Uebung beweist und bethätigt. Zu speciell ist es dagegen⁵) im Blick auf die in v. 27 folgenden Adjective von den bei den Juden und angeblich auch Judenchristen üblichen religiösen Reinigungen, von denen sonst ebensowenig wie von anderem gesetzlichen Ceremoniell im Brief die Rede ist, verstanden worden⁶). In welcher Beziehung es zu verstehen ist, zeigt der Participialsatz mit μή. Die Auffassung, nach welcher dieser die mit zuchtloser Zunge verübten Sünden der Lieblosigkeit⁷), schmähsüchtiges Rechten⁸), Reden im Zorn und leidenschaftlichen Eifer bezeichnen, und so aufgelöst werden soll: „obgleich er oder während er doch seine Zunge nicht im Zaume hält", also mit seiner Lieblosigkeit zeigt, daß er ein bloßer Hörer und nicht ein Thäter des Gesetzes ist⁹), wird durch das μή vor χαλιναγωγῶν abgewiesen; denn es müßte dann οὐ stehen, weil das Particip nach jener Erklärung Apposition zu dem Subject εἴ τις δοκεῖ wäre. Das μή bedeutet, daß das Particip nähere Erklärung zu dem von δοκεῖ abhängigen Infinitivsatz ist und dasjenige bezeichnet, womit man meint, sich als ein solcher darstellen zu können, der Gott diene¹⁰); und das ist das geschwätzige, zuchtlose Reden in Bezug auf Gott und göttliche Dinge.

Daß dieses Reden seinem Zweck und Inhalt nach als ein solches gemeint sei, wodurch vermeintlich Gott eine Ehre oder ein Dienst erwiesen werde, ist aus der Beziehung der Worte auf die Begriffe θρῆσκος und θρησκεία, von denen sie vorn und hinten eingeschlossen werden, zu entnehmen. Es ist aber nicht blos an das Bestreben, auf Andere lehrend einzuwirken, nach 3, 2 zu denken¹¹); denn es ist doch mit dem Bilde vom Zügel ein heftiger leidenschaftlicher Affect vorausgesetzt, aus dem das Reden hervorgeht, und der durch dasselbe Bild auch 3, 2 nach der Warnung vor der Sucht

---

¹) Matth. 6, 7. 24, 44. 1. Cor. 3, 18. ²) Nur hier im N. T. und in der ganzen Gräcität. ³) Apost. 26, 5. Col. 2, 18: θρ. τῶν ἀγγέλων. Weisheit 14, 27: θρ. τῶν εἰδώλων. Herodian 4, 8. 17: θρ. τοῦ θεοῦ. ⁴) Gegen Hofmann, Theile. ⁵) Mit Schnecken., Theile. ⁶) Nach א. A. B. C. sind die Worte ἐν ὑμῖν = unter euch, hinter dem εἶναι zu streichen. ⁷) So Wiesing. ⁸) So Calvin. ⁹) De Wette. ¹⁰) Vergl. Hofmann. ¹¹) So Brückner.

zu lehren, und nachher v. 5 und 6 in Verbindung mit dem Bilde vom Lenken des Schiffs und Rosses in Bezug auf den Gebrauch der Zunge vorausgesetzt wird. Es ist also ein Verhalten im Reden bezeichnet, bei dem man in der Meinung, damit zur Ehre Gottes etwas zu thun und Gott einen Dienst zu erweisen, nicht blos maßlos[1]), sondern auch zügellos in leidenschaftlichem Eifer seine Zunge gehen ließ im Reden, Zeugnißablegen, Disputiren und Streiten über religiöse Fragen, ein vermeintlich Gott ehrendes und ihm wohlgefälliges leidenschaftlich-eifriges Gerede, bei dem man die Zunge nicht im Zaume hält[2]), sondern eben damit sein Herz betrügt. Nicht sagt Jakobus hier: „sich selbst" betrügt er, wie v. 22 in Bezug auf das bloße Hören gegenüber dem Thun, sondern: „sein Herz", indem er auf die Centralstelle des inneren Lebens hinblickt, von wo aus einerseits auf Grund des Erzeugtseins aus Gott durch das Wort der Wahrheit das Bedürfniß und der Drang, in wahrhafter Weise Gott zu dienen, sich geltend macht, andererseits aber auch die leidenschaftlichen Affecte sich überwältigend einmischen. Ein Betrug findet nun auf ethisch-psychologischem Wege statt, wenn einem Bedürfniß oder Trieb des Herzens durch den leidenschaftlichen Eifer eine verkehrte Richtung gegeben und eine falsche Befriedigung aufgenöthigt wird in dem Wahn, daß man mit solchem zügellosen Gerede oder Geschwätz Gott einen Dienst erweise und sich als einen exquisiten Gottesverehrer darstelle[3]).

Im Nachsatz wird mit dem Demonstrativpronomen, wie in v. 25 und 23, nachdrucksvoll das Subject des Vordersatzes wieder aufgenommen, und dadurch der betreffende Mensch ausdrücklich als ein solcher hingestellt und aufgewiesen, dessen Gottesdienst eitel ist[4]), d. h. ohne Inhalt und Frucht, indem dieses Prädikat ebenso nachdrucksvoll vorangestellt wird. Es wird von ihm etwas, nämlich sein zungenfertiges zügelloses Reden von göttlichen Dingen und von Frömmigkeit, als Gottesdienst angesehen, was es in der That nicht ist. Der Ausdruck ἡ θρησκεία läßt annehmen, daß Jakobus hier an das öffentliche Reden bei gottesdienstlichen Versammlungen denkt, auf welche ja auch gleich nachher 2, 2 ausdrücklich Be-

---

[1]) Gegen Hofmann. [2]) χαλιναγωγεῖν nur hier im N. T. Huther vergleicht den Ausdruck bei Plato de legg. II: ἀχάλινον κεκτημένοι τὸ στόμα. Bengel treffend: linguae est loquela, cordis affectus. [3]) Vgl. 1. Tim. 6, 3. Tit. 2, 9, wo ähnliches religiöses Geschwätz gerügt wird. [4]) 1. Corinth. 15, 17: ματαία ἡ πίστις.

zug genommen wird. Das Wort v. 19: βραδὺς εἰς τὸ λαλῆσαι erfährt hier eine spezielle Anwendung, indem das Sündigen im λαλεῖν in Bezug auf den besonderen Inhalt, d. i. religiöse Dinge und Frömmigkeit, und auf den vermeintlichen Zweck, nämlich dadurch Gott einen Dienst zu erweisen, in's Auge gefaßt ist. Zu weiterer Erläuterung dient hier das von dem Herrn Matth. 15, 8 angeführte Wort Jesaj. 29, 13 vom Nahen zu Gott mit Mund und Lippen, während das Herz fern von ihm ist, besonders aber als sachliche Parallele das Wort Prediger 5, 1: „Sei nicht schnell mit dem Munde und laß dein Herz nicht eilen, etwas zu reden vor Gott; denn Gott ist im Himmel und du bist auf Erden. Darum laß deiner Worte wenig sein". Zu bemerken ist endlich noch die Steigerung in der Folge der drei Begriffe: δοκεῖν, ἀπατᾶν, μάταιος. Die falsche Meinung führt zum Selbstbetrug; beide haben zur Folge die Nichtigkeit und Fruchtlosigkeit eines solchen vermeintlichen oder eingebildeten Gottesdienstes.

Diesem wird v. 27 ohne Verbindungspartikel, und darum in um so schärferem Gegensatz das Wesen und die Bethätigung dessen, was wahrhaft und wirklich Gottesdienst sei, gegenübergestellt. Diese Allgemeinheit des Begriffes ist durch das Fehlen des Artikels bezeichnet: Reiner und unbefleckter Gottesdienst vor Gott und dem Vater besteht darin: zu besuchen Wittwen und Waisen in ihrer Bedrängniß, unbefleckt sich zu bewahren vor der Welt. Die Prädikate „rein und unbefleckt" sind nicht Synonyma, als ob das letztere das erstere blos verstärkte[1]); denn das was Jakobus dem eitelen Gottesdienste als wirklichen, praktischen Gottesdienst entgegensetzt, wird nach seiner Beschaffenheit zwiefach bestimmt[2]). Solch ein Gottesdienst als wahre praktische Religiosität wird 1. positiv nach seiner Reinheit hinsichtlich der Gesinnung näher bestimmt; er kommt aus einem durch keine leidenschaftlichen Affecte aufgeregten und durch keinen Selbstbetrug bethörten lauteren und wahrhaftigen Herzen, — 2. negativ nach seiner Unbeflecktheit hinsichtlich der sündlichen Elemente, durch welche nicht blos von Außen her[3]), sondern auch aus dem noch viel Böses nach v. 21 bergenden Innern der an

---

[1]) Gegen Theile, Huther u. A. [2]) Vergl. Knapp, Wiesinger. [3]) Gegen Knapp und Wiesinger mit Brückner.

sich reine Gottesdienst getrübt werden kann. Hierauf bezieht sich ἀμίαντος, welches nach seiner Wortbedeutung doch nicht blos rhetorische Verstärkung des Begriffs „rein" ist, sondern Vermeidung dessen, was zu dem an und für sich Reinen als Verunreinigendes hinzukommt, aber nicht blos das Freisein von unsittlichen Thaten[1]) bezeichnet, sondern das innere und äußere Leben zusammen umfaßt. Die Worte παρὰ θεῷ[2]) καὶ πατρὶ weisen durch παρὰ[3]) auf das **göttliche Urtheil** im Gegensatz gegen das **menschliche Meinen** hin. Die Worte „Gott und Vater" hat Jakobus nicht als bloße rhetorische Figur nebeneinander gestellt, wie das Folgende zeigt. Reiner und unbefleckter Gottesdienst ist nach dem Urtheil Gottes und des Vaters **dieser**: Waisen und Witwen in ihrer Bedrängniß besuchen und sich unbefleckt von der Welt erhalten; αὕτη **dieser** ist dem Sinn nach zu erklären: besteht darin, entsprechend dem Sinn des μὴ χαλιναγωγῶν v. 26, (damit daß oder darin daß). Die beiden folgenden Infinitivaussagen sind als Apposition von αὕτη abhängig und bilden das durch letzteres mit besonderem Nachdruck hervorgehobene Doppelprädicat zu θρησκεία[4]). Sie stehen ohne Verbindung neben einander, aber nicht, weil Jakobus sich das Besuchen der Waisen als ein sich unbefleckt Erhalten von der Welt gedacht habe, da jenes im Widerspruche mit dem eigentlichen Welttreiben stehe[5]), sondern weil er auf zwei Bethätigungen reinen Gottesdienstes, welche jede selbstständig für sich zeige, wie sich ein solcher nach Außen zu offenbaren habe, hinweisen will. Beide Sätze sind also coordinirt, und der zweite nicht als die Folge des ersteren zu fassen, was auch nach dem Inhalt des Gesagten durchaus unzulässig ist[6]).

Nachdem mit „rein und unbefleckt" der wahre Gottesdienst nach seiner ethischen Beschaffenheit charakterisirt ist, soll mit diesen beiden durch αὕτη hervorgehobenen coordinirten Aussagen nicht etwa eine Begriffsdefinition vom reinen Gottesdienst überhaupt gegeben werden. Jakobus redet nicht von dem, sondern von einem reinen und unbefleckten Gottesdienst. Nach seiner praktischen Weise, bei der Besprechung allgemeiner Wahrheiten stets die concreten Zustände seiner

---

[1]) Gegen W. Schmidt 124. A. 1. [2]) Die Lesart τῷ θεῷ statt θεῷ ist unsicher; erstere haben א. A. B. C.* Lachm., letztere C.** G. R. א² Tischend. Die Weglassung des τῷ empfiehlt sich aber, da ὁ θεὸς καὶ πατήρ (vgl. 3, 9) das Gewöhnliche ist. [3]) παρὰ c. dat. Bezeichnung des Urtheils; vgl. Winer § 48 d. [4]) Vergl. Winer § 23. 5. [5]) So Huther. [6]) Gegen Lange.

Leser ins Auge zu fassen, und das Allgemeine und Wesentliche sofort in einzelnen concreten Aussagen zur Anschauung zu bringen, führt Jakobus diese zwei wichtigen Stücke des praktischen christlichen Lebens nicht als solche auf, in denen etwa das Wesen des reinen Gottesdienstes nach allen seinen Momenten sich erschöpfe, als ob er nur darin bestände, sondern als solche, deren jedes für sich eine von den praktischen Erweisungen und Bethätigungen desselben sei, um den Lesern zu zeigen, wie sie reinen Gottesdienst im Gegensatz gegen jenen eitelen und nichtigen bethätigen sollen. Das erstere entspricht dem Prädikat καθαρά und ist die Bethätigung der Gesinnung barmherziger Liebe, als Erweisung der Reinheit des Gottesdienstes in Bezug darauf, daß das Herz von nichts Anderem als der lauteren Liebe zu den Nothleidenden erfüllt ist[1]), welche der Liebe Gottes als des Vaters der Waisen, Ps. 68, 8, entspricht, vergl. Matth. 5, 48. Als Gegenstand dieser Liebe werden statt aller Nothleidenden und Hülfsbedürftigen, die ihre Bethätigung erfordern, Waisen und Witwen als diejenigen hervorgehoben, deren hülfsbedürftige Lage dem Blick am nächsten liegt, und die Erweisung erbarmender Liebe am eindringlichsten fordert. So wird im alten Testament die Unbarmherzigkeit gegen Witwen und Waisen als Widerspruch mit der vermeintlichen Frömmigkeit und dem gottesdienstlichen Eifer, die Uebung der Barmherzigkeit gegen sie als ein Werk zu Gottes Ehre und Wohlgefallen, als eine Bethätigung wahrhaft frommer, Gott wohlgefälliger Gesinnung dargestellt[2]). Das ἐπισκέπτεσθαι, gleich פָּקַד, ist das Besuchen oder Aufsuchen behufs eingehender persönlicher liebevoller Kenntnißnahme von dem Nothstand, der durch θλῖψις = eigentlich Bedrängniß, Beengniß durch Leiden, veranschaulicht wird, und behufs Darbringung unmittelbarer persönlicher Hülfe mit Wort und That[3]). Der positiven Hinweisung auf die Bethätigung der barmherzigen Liebe wird als ein zweites Stück christlicher Bethätigung reinen Gottesdienstes die negative Seite der Heiligung des persönlichen Lebens in Reinerhaltung desselben von der Befleckung seitens der Welt hinzugefügt. Das ἄσπιλον als Bezeichnung sittlicher Fleckenlosigkeit[4]) entspricht dem ἀμίαντος und wird nach-

---

[1]) Bengel: ex amore puro fluens. [2]) Vergl. 5. Mos. 27, 19. Ps. 68, 6. 82, 3. Jesaj. 1, 17. 23. 10, 2. [3]) Vergl. Matth. 25, 36. 43. Jerem. 23, 2. Sach. 11, 16. Sir. 7, 35. [4]) So nach 1. Tim. 6, 14. 2. Petr. 3, 14.

druckvoll vorangestellt gegenüber der bei den Lesern noch vorhandenen ῥυπαρία v. 21, deren Ablegung (ἀποθέμενοι) das sich Unbefleckterhalten und Bewahren vor der Welt zur Folge haben soll. Es bezeichnet, mit solcher Betonung vorangestellt, vorweg schon die Wirkung des Verhaltens der Welt gegenüber, und dieses wird durch τηρεῖν als Bethätigung eines ernsten, sittlichen Strebens, sich vor den befleckenden Einflüssen derselben unberührt zu erhalten, charakterisirt. Der κόσμος ist auch hier im ethischen Sinne die Gesammtheit aller sündigen Potenzen, wie sie nicht blos in der Menschenwelt, sondern in allen creatürlichen Dingen, als Gegensatz gegen Gottes heiligen Willen vorhanden ist, oder das in dem gesammten natürlich-creatürlichen Sein sich darstellende Reich des Bösen. Der κόσμος steht also factisch hier dem θεῷ gegenüber. Während der erste Infinitivsatz dem πατρί entsprechend die gemäß dem Gebot und dem Vorbilde der Vaterliebe Gottes sich bethätigende barmherzige Liebe fordert, stellt der zweite dem θεῷ entsprechend das sich Bewahren vor den Einflüssen der Gott feindlichen Welt, also daß man von ihr nicht befleckt wird, als ein zweites wesentliches Stück des christlichen Lebens hin, das Gegentheil der διψυχία v. 8 und der Weltliebe 4, 4. Es handelt sich hier allerdings um das Ganze des christlichen Lebens und Wandels[1]), und zwar um die negative Seite in der Heiligung, jedoch in spezieller Beziehung auf die befleckenden Einwirkungen des Bösen seitens des das Christenleben umgebenden κόσμος. Beide so nebeneinander gestellte Stücke wahrer gottesdienstlicher Bethätigung fallen unter den Gesichtspunkt des sittlichen Thuns, welches im Gegensatz gegen das bloße Hören v. 22 f. und gegen das undisciplinirte Reden v. 26 f., und als Frucht von dem rechten Hören, d. h. der innern Aneignung des Wortes, v. 25 vgl. mit 19, und von der stillen gesammelten Herzensverfassung, dem Gegentheil von jenem λαλεῖν v. 26 vgl. mit 19, gefordert wird.

Die Leser sind v. 19—27 ermahnt worden zu der rechten Stellung und dem rechten Verhalten zu dem Wort der Wahrheit.

I. wird fortgehende innere Aneignung desselben von ihnen gefordert. Und zwar wird ihnen einerseits vor Augen gestellt, was dieses Wort für sie ist, und als was sie es also sich zu eigen machen sollen.

---

[1]) Neander.

Sie sollen es sich innerlich aneignen 1. als das Wort, durch welches sie neu geboren sind zu Kindern Gottes, 2. als das Wort, welches sich ihnen beständig zur Aufnahme mit schnellem Hören darbietet, 3. als das Wort, welches sie schon als in ihre Herzen eingepflanzt besitzen, und welches darum dort einen empfänglichen Boden findet, 4. als das Wort, welches in seinem sittlichen Gehalt das vollkommene Gesetz der Freiheit ist, und als solches die Norm ihres Lebens sein soll. — Andererseits werden sie darauf hingewiesen, in welcher Weise die fortgehende innere Aneignung des Worts geschehen soll. Sie soll geschehen 1. mit **stets fertiger Bereitschaft des inneren Menschen, es schnell zu vernehmen**, 2. mit einem **gesammelten, durch vieles schnellfertige, leidenschaftlich-eifriges Reden sich nicht zerstreuenden Geist**, 3. mit **sanftmüthigem, gelassenem Sinn**, der mit ernstem, sittlichem Ringen nach Ablegung alles noch anhaftenden Sündenschmutzes verbunden ist, 4. mit **forschendem Einbringen des Geistes in den sittlichen Gehalt des Wortes**, des vollkommenen Gesetzes als des Gesetzes der Freiheit, 5. mit **beharrlichem treuem Verbleiben in dem Wort**, und 6. mit dem **ernsten Willen, es werkthätig zu erfüllen**, vermöge dessen man dann ein Thäter des Werkes ist. — II. wird unter solchen **objectiven und subjectiven Voraussetzungen** gefordert, daß das rechte Verhalten zum Wort in der lebendigen Bethätigung, im sittlichen Thun des Wortes, sich bewähre und darstelle. Und zwar wird einerseits dies als eine allgemeine Forderung negativ ausgesprochen 1. im Gegensatz gegen das **Hören ohne begleitendes und folgendes Thun**, — und zwar theils gegen das „bloße", theils gegen das „vergeßliche" Hören, 2. im Gegensatz gegen das des sittlichen Gehalts entbehrende **Reden**, und zwar wie sich darin die sündliche Erregtheit des inneren Lebens und die Zuchtlosigkeit im Gebrauch der Zunge bekundet, und 3. im Gegensatz gegen den **vermeintlichen Gottesdienst**, den man mit solchem Gerede oder Geschwätz vom Worte Gottes auszuüben meint, statt es zu bethätigen. Andererseits wird die Erfüllung jener Forderung: „Seid Thäter des Worts", positiv dargestellt 1. als **einheitliche, werkthätige Verwirklichung** (ἔργον) **des sittlichen Gehalts desselben** (gegenüber jenem Hören und Reden), 2. als **Quelle der mit ihr verbundenen, „dem Thun immanenten Seligkeit**[1]**"**, 3. als Bethätigung

---

[1] So treffend Brückner.

eines reinen und unbefleckten Gottesdienstes in der durch das göttliche Wort geforderten Ausübung barmherziger Liebe und in der Reinerhaltung des eigenen persönlichen Lebens und Wandels von der Welt.

Dritter Abschnitt. Cap. 2.

Die Forderung werkthätiger Erfüllung des göttlichen Gesetzes als Bethätigung lebendigen Christenglaubens und als Bedingung des Bestehens vor Gott im Gericht und des als gerecht Anerkanntwerdens von Seiten Gottes, und zwar 1. im Gegensatz gegen die Verletzung des königlichen Gesetzes der Bruderliebe, v. 1—13, und 2. im Gegensatz gegen den Wahn, mit einem todten Glauben ohne Werke vor Gott als gerecht bestehen zu können, v. 14—26.

Das zweite Capitel steht mit dem zweiten Abschnitt im ersten Capitel in einem inneren Zusammenhang. Das Reden von der $\vartheta\rho\eta\sigma\varkappa\varepsilon\iota\alpha$ 1, 26. 27 veranlaßt Jakobus, speciell ein anderes Verhalten der Leser bei ihren gottesdienstlichen Versammlungen zu rügen. Das Reden von der Bethätigung barmherziger Nächstenliebe 1, 27 veranlaßt ihn, im Auge zu behalten die christliche Nächstenliebe, um aus Anlaß eines gerügten Mißstandes darauf hinzuweisen, wie sich dieselbe ohne Ansehen der Person darstellen, von falscher Rücksichtnahme auf Vornehmheit und Reichthum fernhalten und in schonender Rücksichtnahme gegen Arme und Geringe bethätigen soll, 2—7, und wie damit das königliche Gebot der Nächstenliebe als alles Ansehen der Person ausschließende Forderung des Gesetzes, mit deren Erfüllung alle Gebote ihre Erfüllung finden, und der Noth des Nächsten abgeholfen wird, vergl. 15—17, befolgt werden soll, 8—11. Endlich wird hingewiesen auf den Ernst des Gerichts, welches eben durch das Gesetz der Freiheit gegen die Uebertreter des Gebotes der Liebe sich vollziehen, und gegen dessen unbarmherziges Verdict die Bethätigung der barmherzigen Liebe einen erfolgreichen Protest erheben wird, 12. 13. Wie in 1, 22—27 sich Alles in der Forderung: „Seid Thäter des Wortes" concentrirt, so beherrscht auch den ganzen Inhalt von c. 2, wie besonders ein Blick auf 14—26 zeigt, wo in der Betonung der $\text{\textepsilon}\rho\gamma\alpha$ die Ermahnung: „Seid Thäter des Wortes", fort-

klingt, der eine Hauptgesichtspunkt von der werk=
thätigen Erfüllung der sittlichen Wahrheit.

Aber während mit dem Reden von dem liebreichen, barm=
herzigen Verhalten gegen den Nächsten nach dem königlichen
Gebot der Gedanke der Bethätigung der Nächstenliebe mit 1, 27 fort=
geführt und weiter ausgestaltet wird, 1—13, während in der Be=
tonung des werkthätigen Christenthums sich nur die Forderung
$\gamma\acute{\iota}\nu\varepsilon\sigma\vartheta\varepsilon$ $\delta\grave{\varepsilon}$ $\pi o\iota\eta\tau\alpha\grave{\iota}$ $\lambda\acute{o}\gamma o\nu$ unter mancherlei Modulationen mit dem
immer wiederkehrenden Grundton „$\check{\varepsilon}\rho\gamma\alpha$" fortsetzt 14—26, während
dabei als die objective, alles sittliche Thun und Werk normirende
und richtende Macht das im Wort gegebene göttliche Gesetz, von
1, v. 19 f. her, fest im Auge behalten wird, — wird dieses Alles
doch nun vom Anfang (v. 1 $\tau\grave{\eta}\nu$ $\pi\acute{\iota}\sigma\tau\iota\nu$ $\tau o\tilde{\nu}$ $\varkappa\nu\varrho\acute{\iota}o\nu$) bis zum Ende
(v. 26 $\acute{\eta}$ $\pi\acute{\iota}\sigma\tau\iota\varsigma$ $\chi\omega\varrho\grave{\iota}\varsigma$ $\tau\tilde{\omega}\nu$ $\check{\varepsilon}\rho\gamma\omega\nu$ $\nu\varepsilon\varkappa\varrho\acute{\alpha}$) unter einem neuen
allgemeinen Gesichtspunkt, der mit dem Begriff $\pi\acute{\iota}\sigma\tau\iota\varsigma$ be=
zeichnet ist, behandelt. Dies geschieht in einer zwiefachen Beziehung,
1, in Beziehung auf den Gegensatz gegen das Wesen des wahren
Glaubensbegriffes und Glaubensstandes der Christen,
welcher sich in dem Mangel an rücksichtsvoller barmherziger Bruder=
liebe (v. 1—13) und dem entsprechend (15—17) überhaupt in
dem Mangel an werkthätiger Erfüllung des Gesetzes der Freiheit
darstellt (v. 14—26), und 2, in Beziehung auf die Immanenz der
sittlichen Bethätigung des göttlichen Willens oder der Werke als Bethäti=
gung des mit dem Glauben aus dem Wort geborenen neuen Lebens in
dem Wesen des lebendigen, dem todten entgegengesetzten, Glaubens.

1. Cap. 2, 1—13.

Die Ermahnung, beim Besitz des Glaubens an den Herrn
Jesum Christum es an der Bethätigung der christlichen Bruder=
liebe gegen die armen und geringen Glaubensgenossen (1—7) in
Erfüllung des königlichen Gesetzes der Nächstenliebe, mit
dem das ganze Gesetz erfüllt wird v. 8—11, angesichts des durch
dieses Gesetz zu vollziehenden Gerichts 12. 13, nicht fehlen zu lassen.

Die Ermahnung in v. 1: „meine Brüder! Nicht ver=
bunden mit Ansehen der Personen habet den Glauben
an unsern Herrn Jesum Christum, den Herrn der Herr=
lichkeit", stellt die Verletzung der Bruderliebe durch parteiisches An=
sehen der Person als unvereinbar mit dem Besitz des Christenglaubens

hin. Meine Brüder, so redet Jakobus hier schon zum vierten Male die Leser an[1]), um damit desto stärker die Dringlichkeit seiner Warnung vor jenem Verhalten, welches mit der brüderlichen Liebe in Widerspruch steht, auszudrücken. Dieses Verhalten trat ihm beim Reden vom wahren Gottesdienst in seiner Unangemessenheit so stark vor die Augen, daß er sofort die Bezeichnung desselben in den Worten $μὴ ἐν προσωπολημψίαις$ mit nachdrücklicher Betonung obenan stellte. Ansehen der Person, parteiische Bevorzugung der Person gegen Person, gab es bei den Lesern in mannigfacher Weise. Diese Bedeutung des Plurals: „mannigfache Personenbienerei[2])", wie die in der Verbindung des $ἔχειν$ mit dem substantivischen Begriff liegende Stärke des Ausdrucks, würde durch die Auflösung desselben in $μὴ προσωπολημπτεῖτε ἐν τῇ πίστει$ verloren gehen[3]). Auch gehört das $ἐν προσωπολημψίαις$ keineswegs dem Sinn nach mit $τὴν πίστιν$ zusammen, als wollte Jakobus sagen: habt keinen parteiischen Glauben[4]), sondern es ist nach dem Wortlaut zu erklären: habt den Glauben an Christum nicht in der Weise, daß ihr dabei Personenbienerei treibt. „Den Glauben haben" bedeutet aber nicht „die Führung der Angelegenheiten des Glaubens"[5]); dann müßte $τὰ τῆς πίστεως$ dastehn. Es ist hier vielmehr derselbe Glaubensbegriff, wie v. 5 und 1, 3. 6: vertrauensvolle zuversichtliche Hingebung, aber näher bestimmt durch die nur hier in dem Briefe auftretende ausdrückliche Benennung „unseres Herrn Jesu Christi" als des Gegenstandes des Glaubens. Der Genitiv $τῆς δόξης$ kann nicht von $Χριστοῦ$ abhangen[6]), so daß zwei Aussagen entständen: „unser Herr Jesus" und „Christus der Herrlichkeit". Die Namen Jesus und Christus gehören zusammen als nominelle Bezeichnung des Herrn. Auch müßte dann $τοῦ$ vor $Χριστοῦ$ stehen. „Christus" wird nie im N. T. in dieser Weise näher bestimmt. Ebensowenig ist $τῆς δόξης$ wegen der Wortstellung mit $τὴν πίστιν$ als Object des Glaubens zu verbinden, in welchem Fall höchst gezwungen der ganze Ausdruck $τοῦ κυρίου ἡμῶν$ Ἰ. Χρ. ein von $τῆς δόξης$ abhängiger Genitiv sein müßte[7]). Vielmehr hängt der Genitiv $τῆς δόξης$ logisch von $τοῦ κυρίου ἡμῶν$ und der damit unzertrennlich verbundenen vollen Benennung: „Jesus Christus", ab und dient sachlich zur weiteren Entfaltung des Begriffs $ὁ κύριος ἡμῶν$. Er giebt durch

---

[1]) Vgl. 1, 2. 16. 19. [2]) Vgl. 1. Petri 2, 1 zum Plural der Abstracta. [3]) Gegen de Wette. [4]) Gegen Pott u. A. [5]) Gegen Estius, de Wette. [6]) Gegen Bouman u. A. [7]) Gegen Hofmann.

seine Stellung hinter der vollen Bezeichnung der Person und der Namen Christi als nähere Bestimmung zu diesem ganzen Ausdruck den Gesichtspunkt an, unter welchem „unser Herr Jesus Christus" hier angeschaut sein soll als „unser Herr Jesus Christus der Herrlichkeit", nämlich als der erhöhte κύριος, dem die göttliche δόξα eigen ist. Im A. T. ist כָּבוֹד Inbegriff aller göttlichen Wesensbestimmtheiten, welche die Macht und Herrschaft Gottes in seiner Erhabenheit über die Welt ausmachen. Der geschichtliche „Jesus Christus" ist der „Herr der Herrlichkeit"[1]), d. h. der Herr als der Inhaber der δόξα, und zwar derselben δόξα, deren Inhaber Gott der Vater ist, mit ihm also hierin coordinirt[2]). Er ist der Inhaber der göttlichen δόξα in dem Zustande der Erhöhung, in welchem er nach Vollendung seines Werkes auf Erden „zur Rechten Gottes" dieselbe Herrlichkeit mit dem θεὸς τῆς δόξης[3]) als sein Lebenselement besitzt[4]), und in welchen ihn nach seinem eigenen Zeugniß der Vater hinein versetzt hat, indem er ihm alle Gewalt im Himmel und auf Erden gab[5]), und seine Bitte: „verherrliche mich, Vater, bei dir mit der Herrlichkeit, welche ich bei dir hatte, ehe die Welt war", erfüllte[6]). Als diesen Herrn der Herrlichkeit hat ihn Jakobus von der Auferstehung an geschaut[7]). Im Glauben an diesen Herrn der Herrlichkeit, den er aus eigener Erfahrung und Anschauung kennt, stehen auch die Leser. Sie haben diesen Glauben. Er ist ihnen als ein neues Lebensgut mit der Geburt aus Gott durch das Wort der Wahrheit, 1,18, zu Theil geworden, und so befinden sie sich im Besitz desselben. Die Einheit und Gemeinschaft in solchem Glaubensbesitz und Glaubensstand wird durch „unser" Herr der Herrlichkeit ausgedrückt. Es ist aber die Rede von dem gegenwärtigen Besitzstand des Glaubens. Darum ist hier nicht an die zukünftige Herrlichkeit des Herrn in seiner Erscheinung als Retter und Richter[8]) zu denken. Jakobus hat die Majestät seines Königthums im Auge, wie es gegenwärtig sich darstellt in dem Reiche Gottes, das in ihm auf Erden erschienen, und von dem nachher v. 5 die Rede ist. Mit dem Glauben an diesen Herrn von königlicher Macht und Herrlichkeit verträgt sichs nun nicht, in unwürdiger Personendienerei sich von der Rücksicht auf Reichthum, Ehre, Macht eines Menschen beherrschen zu lassen. Denn vor diesem

---

[1]) Ebenso 1. Corinth. 2, 8. [2]) Joh. 1, 14. Ephes. 1, 17: ὁ πατὴρ τ. δόξης. [3]) Psalm 29, 3. Apost. 7, 2. [4]) Phil. 2, 9—11. Apost. 2, 32—36. 7, 55. f. [5]) Matth. 28, 18. [6]) Joh. 17, 5. [7]) 1. Corinth. 15, 7. [8]) 5. 7—9.

„Herrn der Herrlichkeit" schwindet alle irdisch-menschliche Herrlichkeit dahin. Alle, die an ihn glauben, und in solchem Glauben als seines Reiches Bürger und Genossen an seiner Herrlichkeit Theil nehmen, besitzen eine Hoheit und Würde, die über alle Unterschiede, wie sie in den menschlichen Verhältnissen zwischen Reich und Arm, Hoch und Niedrig, Vornehm und Gering gesetzt und geordnet sind, unendlich weit erhaben ist. Wer im Besitz und im Stand des Glaubens an ihn ist, tritt also, wenn er durch Personenansehen in einer das Gebot der Bruderliebe verletzenden Weise einen solchen Unterschied zwischen den Menschen macht, in Widerspruch mit sich selbst, wie mit dem Herrn, vor dessen Herrlichkeit alle an ihn Glaubenden gleich sind, und aller weltliche Glanz, alle irdischen Verschiedenheiten im Stand und Besitz in Nichts verschwinden. Von äußerem Glanz und Besitz den Maßstab für die Schätzung des Werthes und der Würde eines Menschen hernehmen, wie in solchem Personansehen geschieht, ist unvereinbar mit dem Standpunkt des Christen im Glauben an den Herrn der Herrlichkeit und, wie nachher ausgeführt wird, mit dem im Reiche Gottes geltenden königlichen Gesetz der Nächstenliebe. Darauf geht die Ermahnung: wollet doch nicht den Glauben an den Herrn der Herrlichkeit mit Ansehen der Person verbinden. Diese Worte als Frage zu fassen: ihr habt doch nicht? ist gang unzulässig[1]).

Daß solche Ermahnung an die Leser ergeht, wird v. 2—4 durch die Hinweisung auf ein derartiges thatsächliches Verhalten derselben bei den gottesdienstlichen Versammlungen begründet. Der Vordersatz geht bis ὑποπόδιόν μου; der Nachsatz folgt in v. 4. Das ἐὰν γάρ: „für den Fall nämlich, daß", bezeichnet nicht blos hypothetisch eine Möglichkeit, sondern nach den folgenden Worten das wiederholte Vorgekommensein solch eines Verhaltens[2]). Correspondirend mit der θρησκεία in 1, 27 wird hier eine gottesdienstliche Versammlung vorgeführt in dem Moment des Erscheinens der Besucher und des Einnehmens der Plätze. Der Ausdruck: „in eure Versammlung", läßt nur an einen ausschließlich christlichen Gottesdienst denken. Συναγωγή kann den Ort der Versammlung nach Analogie der jüdischen Gottesdienststätte, aber auch die gottesdienstliche Versamm-

---

[1]) So Huther gegen Schneckenburger. [2]) Die Aoriste bezeichnen auch hier wieder das öfters und wiederholt Geschehende durch Erzählung eines einzelnen Falles als eines thatsächlich vorgekommenen. Vergl. 1, 11.

lung bezeichnen¹). Auch bei letzterer Auffassung paßt das „Hineinkommen" und „Platz bekommen" des Reichen und Armen, wie es unter Voraussetzung der Anfangszeit des Gottesdienstes höchst anschaulich, ja lebendig dramatisch geschildert wird. Ein goldberingter Mann in glänzendem, prächtigem Kleide²), und gleichzeitig — εἰσέλθῃ δὲ καὶ — ein armer Mann in schmutzigem Kleide treten hinein in die Versammlung. Das εἰσέλθῃ wird nachdrücklich von Jedem besonders ausgesagt und beide Male behufs dramatischer Veranschaulichung des Vorgangs vor den Augen der Leser obenangestellt. Jener tritt durch den Gegensatz zu dem letzteren als ein Reicher in den Vordergrund. Sein glänzendes Kleid und das schmutzige Kleid des anderen werden mit den Personen nicht ohne Absicht einander gegenübergestellt. Denn nicht blos durch den persönlichen Unterschied von Reich und Arm, sondern auch durch die Rücksicht auf den Gegensatz in der persönlichen Ausstattung, in der Erscheinung, und im Aussehen angesichts des Auftretens der Beiden läßt man sich zu einem unchristlichen Verhalten bestimmen. Der Augenschein und die Augenlust dienen der Personenansicht. Diese wird lebendig veranschaulicht einerseits durch ἐπιβλέψητε δέ³): ihr blickt aber mit gespannter Aufmerksamkeit und respectsvollem Staunen, lasset eure Augen mit Bewunderung gerichtet sein auf das, was euch in die Augen sticht⁴), und andrerseits durch Ausmalung des Objects dieses Ansehens: ihr blicket auf den, der da trägt das glänzende Gewand, statt durch einfache Bezeichnung der Person⁵). Was die Augen fesselt und die Sinne gefangen nimmt, das bestimmt ihr Verhalten. Das ist die concrete Schilderung des unwürdigen, durch Rücksicht auf Reichthum und irdischen Glanz bestimmten Benehmens bei dem „Ansehen der Person". „Jakobus stellt die Sache so vor, daß der Arme und der Reiche zu gleicher Zeit in die Versammlung eingetreten sind; aber nur der letztere mit seinen goldenen Fingerringen und mit seinen von Wohlhabenheit zeugenden Kleidern hat die Augen auf sich gezogen"⁶).

---

¹) So Apost. 13, 43, wie ἐπισυναγωγή Ebr. 10, 25 und ἐκκλησία 1. Cor. 14, 23. ²) Vgl. Luk. 23, 11. Apost. 10, 30. Offenb. 15, 6. ³) δέ ist mit Tischendorf nach B. C. K. u. a. der Lesart καὶ ἐπιβλέψητε A. N. G. (Lachm.) vorzuziehen, da diese zur Vermeidung des doppelten δέ entstanden zu sein scheint. ⁴) S. Luc. 1, 48. 9, 38. Bengel richtig: cum admiratione. ⁵) Bengel: gestantem, quamvis quis sit nesciatis. ⁶) Dächsel z. d. St.

Die dadurch bestimmte **Platzanweisung** wird ebenso dramatisch dargestellt. Die **Anweisenden** sind aber bei der Allgemeinheit der Anrede: meine Brüder, und bei dem Fehlen irgend welcher Beziehung auf Gemeindeorgane nicht die Presbyter und Diakonen[1]). Jakobus rügt, daß unter den **Gemeindegliedern** überhaupt solch ein parteiisches Verhalten statt finde, wie es hier als in einem bestimmten Falle vorgekommen geschildert wird. Die **Anweisung von Plätzen**, über die also disponirt werden konnte, setzt ein **geordnetes Gottesdienstwesen** auch in Bezug auf die **lokalen Verhältnisse** voraus. „**Und ihr sprechet**[2]): **du setze dich hier schön, und zu dem Armen sprechet ihr: du stehe dort oder setze dich**[3]) **unten an meinen Fußschemel**". Die Gegensätze in den Worten: „ Du — du, hier — dort, setze dich oben — stehe unten", veranschaulichen auf's Lebendigste das den Armen gegen den Reichen zurücksetzende Verfahren[4]). Dem mit καλῶς bezeichneten bequemen und angenehmen **Sitzplatz** in der Nähe wird der entfernte **Stehplatz** oder der nicht „unter dem", sondern „unten an dem Fußschemel"[5]) auf dem Fußboden und darum **verächtlicher Weise** angewiesene Sitzplatz gegenübergestellt[6]). Dazu kommt noch als gravirendes Moment, daß der Arme ein Christ und der Reiche ein **Nichtchrist**, ein Feind Christi ist. Das erstere erhellt unzweifelhaft aus v. 5, das letztere aber ebenso aus v. 6 und 7, wo die Reichen grade in Bezug auf dieses Verhalten als Feinde der Christen und als Lästerer des Namens Christi bezeichnet werden. Daß aber Nichtchristen in diese öffentlichen christlichen Versammlungen kamen, darf hier eben so wenig Wunder nehmen, wie in Corinth[7]).

Der Nachsatz v. 4: οὐ διεκρίθητε ἐν ἑαυτοῖς[8]) ꝛc. ist mit der

---

[1]) Gegen Grotius. [2]) αὐτῷ hinter εἴπητε ist nach A. B. C. ℵ wegzulassen. [3]) ὧδε hinter κάθου ist mit Lachm. und Tisch. nach A. C. wegzulassen, da es leicht aus dem Gegensatze zu στῆθι ἐκεῖ und im Blick auf das vorhergehende κάθου ὧδε entstehen konnte. [4]) κάθου statt κάθησο im Class. nie, auch Matth. 22, 44. Luc. 20, 42. Apost. 2, 34. [5]) So Huther, Wiesinger, Bouman, Hofmann. Das Wort ὑποπόδιον auch Matth. 5, 35. Matth. 22, 44. [6]) Vgl. zu dem Ganzen das Wort des Herrn Matth. 23, 6. [7]) 1. Corinth. 14, 23 f. [8]) Die Lesart καὶ οὐ, vielleicht dadurch entstanden, daß man die folgenden Worte zum Vordersatz zog, hat alle Hauptauctoritäten gegen sich, ℵ. A. B. C., viele Minuskeln und Uebersetzungen. Lachm. und Tischendorf lassen es weg. Wenn man es aber in der Erwägung, daß es wegen des folgenden καὶ zur Erleichterung der Erklärung weggelassen sei, festhalten will, so ist es nach Winer § 53. 3. an der

Lesart οὐ als Frage, ohne dieselbe als Aussage zu fassen. Das erstere macht die Worte lebendiger und kräftiger. Es sind aber zwei Gedanken; der erste: „seid ihr da nicht in euch selbst zweifelhaft geworden"; der zweite: „und habt ihr euch nicht erwiesen als Richter von bösen Gedanken"?

διεκρίθητε, der Form nach Passivum, der Bedeutung nach Medium, bedeutet so im N. T. immer: zweifeln, dagegen als Aktivum: unterscheiden oder urtheilen, beurtheilen. Nachdem es 1, 6 als Medium in jener Bedeutung vorangegangen, ist es auch hier so zu nehmen, und um so mehr, als es hier in demselben Gegensatz zur πίστις v. 1, μὴ ἔχετε τὴν πίστιν, steht, wie dort und an allen Stellen, wo es sonst noch vorkommt[1]). Das ἐν ἑαυτοῖς entspricht dem ἐν καρδίᾳ αὐτοῦ bei Marc. 11, 23. Jakobus will also dies sagen: wenn ihr euch so gegen eure armen Glaubensgenossen verhaltet, und in solcher Weise einen falschen Maßstab für ihre Behandlung und Beurtheilung anwendet, seid ihr da nicht zweifelhaft oder wankend geworden bei euch selbst, nämlich in Bezug auf den euch beiwohnenden Glauben an den Herrn der Herrlichkeit, wankend geworden in eurer Ueberzeugung von der Hoheit und dem Werth eures christlichen Glaubensstandes und Glaubensbesitzes, dem doch solch ein Verhalten widerspricht? Seid ihr da nicht in Zwiespalt gerathen in euch selbst? Die zweite Frage: καὶ ἐγένεσθε κριταὶ διαλογισμῶν πονηρῶν bezeichnet, was aus jenem Vorgang in ihrem Innern hervorgegangen ist: und seid ihr nicht[2]) Richter von bösen Gedanken geworden, habt ihr euch nicht als solche erwiesen? Als Richter, als solche, die eine Entscheidung trafen, stellten sie sich dar, indem sie thatsächlich ihr Urtheil über den Werth des Armen dem Reichen gegenüber zu Ungunsten des ersteren durch Anwendung des falschen Maßstabes der Prosopolepsie ausfallen ließen. Der Genitiv διαλογισμῶν πον. ist dann nicht objectiv, sondern subjectiv zu nehmen als Bezeichnung der Beschaffenheit[3]). „Die bösen Ge-

---

Spitze des dann jedenfalls als Frage zu nehmenden Satzes in consekutivem Sinne: „somit, nun, dann, damit" zu fassen. — Die Lesart bei B., welcher auch οὐ wegläßt, ist wohl daraus entstanden, daß der Satz nicht als Frage gefaßt wurde, und darum mit οὐ nicht verstanden werden konnte. [1]) Matth. 21, 21. Marc. 11, 23. Röm. 4, 20. 14, 23. Apost. 10, 20. [2]) οὐ ist aus dem Vorhergehenden zu ergänzen. [3]) Vgl. Luc. 18, 6 ὁ κριτὴς τῆς ἀδικίας. S. Winer Gr. § 30. 1. S. 168.

banken"[1]), welche sie dazu führten, solch ein abschätziges Urtheil thatsächlich zu fällen, bestanden in den ihrem Glauben an den Herrn der Herrlichkeit widerstreitenden Erwägungen, die durch das sündliche Ansehen der Person bestimmt waren und in solch lieblosem Verhalten sich darstellten[2]). Wird οὐ nicht gelesen[3]), der Nachsatz also nicht als Frage, sondern als Aussage genommen, so bleibt die Erklärung dieselbe: „so habt ihr" u. s. w.

Schon aus dem Inhalt der beiden Gedanken in v. 4, aber auch aus dem Umstand, daß hier die Verba im Indikativ stehen, ist zu ersehen, daß v. 4 den Nachsatz zu v. 2 und 3 bildet und nicht zu dem Vordersatz mit ἐάν zu ziehen ist[4]), in welchem Falle wie dort der Conjunctiv stehen müßte. Die neueste Erklärung[5]), die diese Verbindung von v. 4 mit 2 und 3 behauptet und gegen die Zeugen das καί vor οὐ διεκρίθητε festhält, nimmt an, daß zunächst zu dem Vordersatz die Aussage: „und ihr seid doch unter euch selbst nicht unterschieden worden", hinzugefügt, und daß dann mit derselben die weitere, gleichfalls adversative Aussage: „und seid dennoch schlimmen Erwägungen Raum gebende Schiedsrichter geworden", verbunden worden sei. Dadurch sei die erstere Aussage darum gekommen, grammatisch den Nachsatz zu bilden, den sie inhaltlich ausmache. Aber abgesehen von der dem neutestamentlichen Gebrauch widersprechenden Auffassung des διακρίνεσθαι, muß diese Erklärung selbst: „ihr seid doch nicht so unter euch selbst unterschieden worden als Reiche und Arme, als ihr der Gemeinde einverleibt wurdet", als eine höchst gezwungene erscheinen, da dieser Gedanke in den Worten irgendwie hätte ausgedrückt werden müssen. Auch ist solche anakoluthische Redeweise dem sonst überall correcten Satzbau des Briefes durchaus fremd; es würde hier der einzige Anakoluth in demselben sich finden.

In v. 9 hat Jakobus den Lesern das subjectiv Glaubenswidrige ihres Verfahrens gezeigt, wie sie nämlich in Bezug auf die subjective Seite ihres Glaubenslebens das ἔχειν τὴν

---

[1]) Vgl. Luc, 5, 21. 22, besonders aber Matth. 15, 19, wo der Herr zeigt, wie aus dem Herzen „böse Gedanken" aufsteigen, die in einem die Nächstenliebe verletzenden Thun und Verhalten sich offenbaren. [2]) In gleichem Sinne erklären de Wette, Brückner, Wiesinger, Huther; bei letzterem siehe die verschiedenen unhaltbaren Erklärungen, welche alle von der im N. T. feststehenden Bedeutung des διακρίνεσθαι abweichen. Vergl. auch Weiß § 55, c. [3]) Nach B. [4]) Gegen Hammond, Herder und Hofmann. [5]) Von Hofmann.

πίστιν v. 1 bei jenem Verhalten in Personbienerei in sich selbst zwie=
spältig geworden, mit sich selbst in ihrem Herzen in Zwiespalt ge=
rathen sind¹), und so als Leute von bösen, durch niedere äußere Rück=
sichten bestimmten Gedanken, die nach Matth. 15, 19 den inwendigen
Menschen verunreinigen, und zu der nach v. 21 abzuwerfenden ῥυπαρία
gehören, sich darstellen. Weiter zeigt er ihnen nun aber in v. 5 und
6ᵃ im Blick auf das Object und den Inhalt ihres Glaubens in
v. 1: ὁ κύριος — τῆς δόξης das objectiv Unchristliche ihres
Verhaltens.

„Höret, meine geliebten Brüder!" So schnell nach v. 1
läßt er diese durch den Zusatz „geliebte" verstärkte Anrede wieder=
kehren, um dadurch im Gegensatz zu ihrem lieblosen Verhalten seine
Liebe und sein mit diesem Ausruf eingeleitetes Zeugniß von der un=
endlichen gnadenreichen Liebe Gottes, deren Gegenstand die Armen
gewesen, desto mächtiger auf ihre Herzen wirken zu lassen. Der Ruf:
„höret" erinnert sie an die Nothwendigkeit des Aufthuns des geistigen
Ohres zum Vernehmen und Beherzigen des Wortes und zugleich an
die hohe Wichtigkeit der folgenden Wahrheit im Gegensatz zu „den
bösen Gedanken". Hier gilt's, schnell zum Hören zu sein, indem
die Stimme der Wahrheit, der sie zuwiderhandeln, an ihre Geistes=
ohren bringt, um sie aus ihrem geistlichen Schlaf, dem sie mit jenen
„bösen Gedanken" verfallen sind, aufzuwecken.

„Hat nicht Gott erwählet die hinsichtlich der Welt
Armen als Reiche im Glauben und Erben des Reiches,
welches er verheißen hat denen, die ihn lieben"? In
Form dieser Frage, welche mit lebhaftem Affect zugleich schon die gar
nicht zweifelhafte bejahende Antwort ausdrückt, wendet sich Jakobus
an das Wissen und Gewissen der Lehrer mit dem Zeugniß von der
Wahrheit, die er wider ihr Verhalten geltend macht. Der Sinn ist:
wisset und erwäget ihr denn nicht, daß Gott die Armen erwählet
hat? Die Erwählung ist auch hier nach ihrer feststehenden Bedeutung
und nach dem Zusammenhang nichts anderes als die durch die freie
Gnade Gottes bedingte Bestimmung zur Theilnahme an dem Heil
im Reiche Gottes²), und nicht etwa von der Ehre, die Gott den
Armen erwiese³), nicht von einer göttlichen Berufung in Betreff

---

¹) Auch in dieser Hinsicht δίψυχοι.   ²) So Huther u. b. M. Vergl. 1.
Cor. 1, 22. Eph. 1, 4.   ³) Gegen Wiesinger.

des rechten Verhaltens zur Offenbarung¹) zu verstehen. Der göttliche Akt der Erwählung fällt aber deshalb nicht mit dem gleichfalls aus dem freien Gnadenwillen Gottes fließenden Akt der Zeugung zusammen. Dieser ist die in der Zeit geschichtlich sich vollziehende Folge von der Erwählung als einer rein innergöttlichen, ewigen Willensthat²). Τῷ κόσμῳ³) kann der Dativ des Urtheils sein⁴): arm nach der Schätzung, der Meinung der Welt. Aber entscheidend für diese Erklärung ist nicht der Gegensatz von Gott und Welt. Dieser ist allerdings deutlich genug bezeichnet, aber so, daß die Armen nach ihrer Stellung zwischen dem sie erwählenden Gott und der hier nicht ethisch, sondern physisch zu verstehenden Welt in Betracht kommen. Indessen ist auch dieser Gegensatz doch nur die Unterlage für den viel stärker betonten zwischen den Begriffen arm und reich, sofern diese mit den Worten τῷ κόσμῳ und ἐν πίστει und durch den hierin ausgedrückten Gegensatz näher bestimmt werden. Daher ist es angemessener⁵), τῷ κόσμῳ als Dativ der Beziehung oder näheren Bestimmung⁶) zu fassen: in Rücksicht, in Beziehung auf die Welt, arm in Bezug auf die Welt, also arm an irdischen Gütern, wie sie die Welt in sich beschließt⁷). Wie bezeichnend ist dann der Gegensatz: „arm in Bezug auf die Welt", nämlich an irdischen Gütern, und „reich im Glauben", an geistlichen Gütern. „Im Glauben" ist wegen seines nach der Entgegensetzung von „arm und reich" offenbaren Gegensatzes zu τῷ κόσμῳ nicht⁸) reich an Glauben zu erklären⁹); denn πίστις ist die lebendige, vertrauensvolle Zuversicht zu Christo, dem Herrn der Herrlichkeit, v. 1. Nicht dieser subjective Habitus selbst, sondern nur, was sie im Besitz und Stand solchen Glaubens an Heilsgütern haben, kann ihr Reichthum sein. Zu unbestimmt ist die Erklärung: in der Sphäre des Glaubens, da ihr eigener Glaube das Gefäß ist, worin sie himmlischen Reichthum besitzen¹⁰). Auch heißt es nicht: in ihrer Stellung als Glaubende, da

---

¹) So Lange. ²) Gegen Weiß § 54. ³) Als für die Erklärung schwerer statt τοῦ κόσμου (τούτου) gegen Reiche und Bouman nach א. A. B. C. mit Lachm. und Tischend. zu lesen. ⁴) Winer § 31. 4. S. 190. Vergl. Apost. 7, 20. 2. Cor. 10, 4. ⁵) Gegen Huther, Brückner, Hofmann u. A. mit Wiesinger. ⁶) Winer § 31, 6. ⁷) Ebenso wie πτ. τῷ πνεύματι „geistlich arm;" dem entspricht hier: „weltlich arm." Winer § 30, 2. b. β. S. 170. ⁸) Gegen Luth., Gebser. ⁹) Wie es nach 1. Cor. 1, 5. 2. Cor. 9, 11. 1. Tim. 6, 18. Eph. 2, 4 scheinen könnte. ¹⁰) Gegen Huther.

nur das Wesen und die lebendige Kraft des Glaubens hier in Betracht kommen können¹). Die von Gott erwählten Armen sind in ihrem Glauben gegenwärtig Reiche 1, weil sie in solchem Glauben die himmlischen Heilsgüter besitzen, die durch ihn angeeignet werden: Sündenvergebung, Friede mit Gott, Freude, Weisheit, und 2, weil sie der Erbschaft des Reiches Gottes gewiß sind. Der Begriff der $\beta\alpha\sigma\iota\lambda\varepsilon\iota\alpha$²) kann nicht ohne Beziehung auf „den Herrn Jesum Christum der Herrlichkeit" verstanden werden und bezeichnet die durch ihn zur Erfüllung gekommene neutestamentliche Weissagung der $\beta\alpha\sigma\iota\lambda\varepsilon\iota\alpha$ Gottes. Gottes und Jesu Christi Königsherrschaft fallen hier nach der Benennung Christi mit dem Gottesnamen $\varkappa\acute{\upsilon}\rho\iota\sigma\varsigma$ und nach der Aussage der göttlichen $\delta\acute{o}\xi\alpha$ von ihm zusammen. Die $\beta\alpha\sigma\iota\lambda\varepsilon\iota\alpha$ bezeichnet nicht bloß das zukünftige messianische Reich in seiner Vollendung, sondern die Königsherrschaft Jesu Christi, wie sie jetzt schon besteht v. 1 und in welcher er wirksam ist unter und in denen und durch die, welche aus dem Vater durch das Wort der Wahrheit geboren sind und an ihn, den Herrn der Herrlichkeit, glauben. Als Glieder dieses Reiches und als Unterthanen dieses Königs der Herrlichkeit sind die Armen reich an den unvergänglichen himmlischen Gütern, welche er den Seinen spendet³).

Gleichwohl ist das Reich hinsichtlich seiner Vollendung und der Vollkommenheit seiner Güter ein Gegenstand des Hoffens und insofern erst ein zukünftiger Besitz. Als solcher wird es durch den Begriff $\varkappa\lambda\eta\rho\acute{o}\nu\omicron\mu\omicron\varsigma$ und durch $\grave{\varepsilon}\pi\eta\gamma\gamma\varepsilon\acute{\iota}\lambda\alpha\tau\omicron$ hier ausdrücklich bezeichnet, und von dem Herrn Matth. 6, 33 als höchstes Gut und darum als Ziel des ringenden Strebens hingestellt. Gemäß der göttlichen Erwählung sind die Christen Erben des Reiches. Die Erbschaft schließt in sich die Sicherheit und Gewißheit des zukünftigen Besitzes auf Grund ihres Kindesverhältnisses, in welches sie zu Gott durch Erzeugtsein von ihm, als dem Vater 1, 18, eingetreten sind⁴). Es ist also nicht das einstige Offenbarwerden des hienieden verborgenen Reichthums des Glaubens gemeint⁵), sondern die Vollendung des Heilsbesitzes in dem zu seiner vollen Verwirklichung gelangten Gottesreich, welche mit der Parusie des Herrn

---

¹) Gegen Wiesinger. ²) Hier ohne Zusatz $\tau o\tilde{\upsilon}\ \vartheta \varepsilon o\tilde{\upsilon}$ oder $\tau\tilde{\omega}\nu\ o\dot{\upsilon}\rho\alpha\nu\tilde{\omega}\nu$, wie Matth. 28, 13. ³) Matth. 6, 20. Luc. 12, 33. ⁴) Vergl. über diesen Zusammenhang von Kindschaft und Erbschaft Gal. 4, 7, Röm. 8, 16. 17 und zu dem Begriff „Erbe des Reiches" Gal. 5, 21, 1. Cor. 6, 9. ⁵) Gegen Wiesinger.

und seinem Gericht eintreten wird, 5, 7—9. Der Inhalt des Begriffs der βασιλεία, welche das Erbe ausmachen wird, ist die vollkommene Einheit des Willens Gottes und des Menschen, nachdem der letztere zu seiner sittlichen Vollkommenheit gelangt ist 1, 4, die völlige Ausgestaltung des neuen Lebens der Christen in der heiligen Gemeinschaft mit Gott, 1, 18, und die vollkommene Seligkeit in dem Besitz des ewigen Lebens 1, 12. Vergl. Ebr. 9, 15. — Dem κόσμῳ, in Bezug auf welchen die Armen arm sind, steht in der Anschauung des Jakobus die Welt der βασιλεία gegenüber, in Betreff deren sie als Erben in ihrem Glauben reich sind. Die πίστις ist die subjective Seite ihres Heilsstandes, während die Worte κληρόνομοι τ. βασιλ. den vollkommenen objectiven Heilsbesitz bezeichnen.

Wie sind nun syntaktisch die Worte πλουσίους — βασιλείας zu fassen? Das πλουσίους ἐν πίστει ist nicht Apposition zu den „Armen". Dann würde das Reichsein im Glauben Grund der Erwählung sein, während es doch ihre Folge ist, und das von Gott erzeugte Glaubensleben, dem jenes Reichsein eignet, sie zur Voraussetzung hat. Es stritte mit aller Schriftlehre von dem Grund der Erwählung im göttlichen Gnadenwillen[1]. Auch dürfen in solcher Weise die mit καί logisch und inhaltlich verbundenen Begriffe πλουσίους und κληρονόμους nicht auseinander gerissen werden[2]. Aber auch der ganze Ausspruch πλουσίους—βασιλείας darf nicht als verbindungslos an τοῖς πτωχοῖς angereihte, anderseitige Benennung dieses Objects aufgefaßt werden, so daß der Sinn wäre: Gott hat erwählt die, welche in Bezug auf die Welt arm, an Glauben reich und des Reiches Erben sind[3]; denn dadurch würde der offenbar absichtlich recht scharf betonte Gegensatz zwischen reich und arm abgeschwächt werden; auch müßte es dann heißen: τοὺς πλουσίους καὶ τοὺς κληρονόμους. Vielmehr soll gesagt sein, wozu sie Gott erwählt hat. Ziel und Zweck der Erwählung ist, daß sie reich seien im Glauben und Erben des Reiches[4]. Der Erwählung folgt die zeitlich sich vollziehende Erzeugung zu einem neuen Leben, welches die πίστις in sich schließt als subjectives Element des Kindeslebens, zu dessen Reichthum im Glauben die Erbschaft des Reiches gehört. Das Himmelreich ist Besitz der geistlich Armen Matth. 5, 3,

---

[1]) Gegen Luther, Seml., Hotting., Gebs., Bouman, Lange. [2]) So Luther. [3]) Gegen Hofmann. [4]) Dieselbe Construction, wie Eph. 1, 4: „er hat uns erwählet, heilig und untadelig zu sein vor ihm."

wird es aber auch erst sein in seiner Vollendung. Jacobus beruft sich also darauf, wie die Armen zu dem größten Reichthum im Glauben berufen, zu Erben des Himmelreichs gemacht worden[1]).

Der Relativsatz: „welches Gott verheißen hat denen, die ihn lieben," correspondirt wörtlich dem in 1,12, indem die Krone des Lebens als Gegenstand der christlichen Hoffnung mit der Erbschaft des Reiches zusammenfällt. Die Verheißung Gottes verbürgt die Sicherheit und Gewißheit des Erbes; denn sie gehört mit zu dem Wort der Wahrheit, durch welches das neue Leben gezeugt ist, und verbürgt den Besitz des Erbes durch Gottes Wahrhaftigkeit und Treue[2]). Die Liebe zu Gott ist die subjektive Bedingung. Das vom Vater gezeugte neue Leben ist ein Leben in der Liebe zu Gott, d. h. ein Leben, welches in sich selbst Liebe zu Gott ist und darin die Kraft zur Erfüllung des Haupt- und Grundgebotes, Gott zu lieben von ganzem Herzen, in sich trägt. Dieses Gott lieb Haben ist in Jacobus Sinn ohne Zweifel zu verstehen im Zusammenhang mit dem Glauben. Es ist die christliche Liebe gemeint, welche voraussetzt die Offenbarung der erlösenden Liebe Gottes in Christo.[3])

Der Widerspruch, in dem jenes als Personsdienerei sich darstellende Verhalten der Leser den Armen gegenüber nicht blos mit der gleichen Stellung aller zu Christo, dem Herrn der Herrlichkeit, sondern auch mit der von Gott ihnen verliehenen Hoheit und Herrlichkeit des Christenstandes, wie sie in seiner Erwählung zu unvergänglichem Reichthum und zur Erbschaft des ewigen Lebens im Reich Gottes besteht, sich darstellt, wird nun weiter von Jakobus in 6a dadurch veranschaulicht, daß er die Leser mit ihrem Verhalten Gott, welcher die Armen so hoher Ehre gewürdigt hat, durch die Anrede $\dot{v}\mu\varepsilon\tilde{\iota}\varsigma\ \delta\grave{\varepsilon}$ gegenüberstellt: „ihr aber habt den Armen verunehret". Das $\dot{\eta}\tau\iota\mu\acute{\alpha}\sigma\alpha\tau\varepsilon$ faßt alles über ihr Thun und Verhalten v. 2 und 3 Gesagte zusammen im Gegensatz gegen das, was Gott in Bezug auf die Armen gethan hat. Mit Rücksicht hierauf kommt hier nicht allgemein der Arme als solcher[4]), sondern nur als Christ gedacht in Betracht.[5]) Die Meinung, daß der Gedanke an christliche Arme hierbei eine unberechtigte Voraussetzung sei[6]), wird durch das v. 5 von dem Armen Ausgesagte widerlegt. Die Einwendung, daß dann als das Gra-

---

[1]) Vergl. Neander z. d. St. [2]) Vergl. Gal. 3, 29: „nach Verheißung Erben." [3]) Neander. [4]) Gegen Huther. [5]) Der Aorist hat, wie in 2 und 3, eine den angenommenen speziellen Fall verallgemeinernde Bedeutung. [6]) So Huther.

virendste für die Leser hervorgehoben sein müßte, daß sie ihn gegen den nichtchristlichen Reichen zurückgesetzt hätten[1]), trifft nicht zu; denn Jakobus will eben nach dem Zusammenhang offenbar jenes Verhalten als dem **Christenstand** des Armen widersprechend darstellen, hebt aber auch in der That das Ungebührliche jener Zurücksetzung dadurch hervor, daß er jenem Reichen den **Armen** als **Reichen** gegenüberstellt. Jenes Erwähltsein der Armen u. s. w. schließt die Erklärung aus: es sei von Armen nur insofern die Rede, als Gott sie bestimmt habe, reich und Erben des Reiches zu **werden**. Die Annahme, daß Jakobus überhaupt nur Arme als Gegenstand der göttlichen Erwählung und die Kategorie der Reichen als von derselben ausgeschlossen sich gedacht habe, findet in seinen Worten durchaus keine Begründung. Nach diesen Worten stellt Jakobus die Leser als solche dar, die Armen gegenüber solch ein die christliche Liebe verleugnendes und ihren Christenstand verunehrendes Verhalten sich zu Schulden kommen ließen. Schon hiernach sind die Leser selbst nicht als **lauter Arme** zu denken. Dann aber faßt er lediglich die Wirklichkeit ins Auge und spricht eben nur von solchen Armen, denen gegenüber so etwas vorgekommen, statt daß man das Verhalten zu ihnen hätte sollen bestimmt sein lassen durch den Gedanken an die Herrlichkeit und den Reichthum, womit sie Gott begnadigt und geehrt hat.

Von ihrem Verhalten gegen die von ihnen verunehrten Armen redend, hob er **an den Armen** die ihnen von Gott angethane Ehre hervor, der solch ein Verhalten widerstreitet. Ihr Verhalten zu den in unwürdiger Weise geehrten **Reichen** ins Auge fassend, schildert er v. 6[b] und 7 das für den Christennamen schmachvolle **Verhalten der Reichen zu den Lesern**, um das Verhalten der letzteren zu jenen als ein ihrem Christenstand widersprechendes, ja völlig widersinniges, zu characterisiren. Und zwar mit drei kräftigen Strichen skizzirt er das Bild dieses nicht blos unwürdigen Betragens[2]), sondern **feindlichen** Verhaltens der Reichen, indem er wieder zu demselben Zweck, wie v. 5, die **Frageform** anwendet und die Leser mit der vorausgesetzten Bejahung zur Selbstverurtheilung nöthigt.

„**Thun euch die Reichen nicht Gewalt an?**" Nicht von **allen** Reichen ist selbstverständlich die Rede, sondern von dem, was die Leser als Christen von den reichen Leuten als Nicht-

---

[1]) So Wiesinger. [2]) Gegen de Wette.

Christen erfahrungsmäßig zu erleiden haben. *Καταδυναστεύειν*¹) heißt im feindlichen Sinn: gegen Jemand Gewalt gebrauchen, um ihm Uebles zuzufügen, ihn vergewaltigen. Jakobus unterscheidet offenbar nach der Entgegensetzung von *καὶ αὐτοὶ* und *ὑμᾶς* im Folgenden die Leser, zu denen er redet, also die Christen, von Solchen, die ihnen mit feindseliger Gewaltausübung gegenüberstehen; er macht keinen Unterschied untern den Lesern selbst, als wären die Gewaltthätigen als Glieder der Gemeinde in ihrer eigenen Mitte.

"Und schleppen eben sie euch nicht vor die Gerichtsstühle?" Nicht blos nach dem Vorhergehenden in Ausübung ihrer Macht, sondern auch auf dem Gebiet des Rechtsverfahrens beweisen sie sich als ihre erbitterten Widersacher. Das *ἕλκειν* ist das gewaltthätige Hinzerren zum Gericht, wobei die Christen von vornherein als Uebelthäter behandelt wurden. Und zwar ist an jüdische Gerichtshöfe zu denken²), denn die Juden hatten in der Diaspora ihre eigene Gerichtsbarkeit. Für die Annahme, daß christliche Reiche gemeint seien, kann man 1. Cor. 11,22 nicht anführen, weil dort nur von einem rücksichtslosen, selbstsüchtigen Verhalten der wohlhabenden Christen gegen ihre armen Brüder bei den Liebesmahlen, dagegen hier von einer feindlich gewaltthätigen Handlung die Rede ist, — auch nicht 1. Cor. 6, 1. 8, wo Processe der Christen unter einander, die sie vor heidische Gerichtshöfe bringen, erwähnt werden, aber nichts vom gerichtlichen Vorgehn der Reichen gegen die Armen gesagt ist³). Speziell an Geldangelegenheiten und Schuldverhältnisse zu denken, verbietet der Wortlaut⁴).

Und lästern nicht eben sie den herrlichen Namen, der über euch genannt ist? Die starke demonstrative Hinweisung auf jene Reichen mit *αὐτοὶ* und der mit *αὐτοὶ* und *ἐφ' ὑμᾶς* scharf betonte Gegensatz wird hier wiederholt. Die Ausdrucksweise: der Name, der über Jemand genannt wird, entspricht der öfters vorkommenden hebräischen Wendung שֵׁם נִקְרָא עַל. Derjenige, dessen Name über einen anderen genannt wird, ist des letzteren Herr und Gebieter, und dieser mit jenem Namen benannte gehört in Folge

---

¹) Nur noch Apost. 10, 28, vergl. Ezech. 18, 16. ²) Vergl. Matth. 5, 25 in Bezug auf das Verfahren und Apost. 6, 12 als sachliche Parallele. ³) Gegen de Wette und Wiesinger. ⁴) Gegen de Wette.

dessen ihm zu eigen¹). In der Conventsrede des Jakobus Apost. 15, 17 findet sich in der aus Amos 9, 12 angeführten Stelle derselbe Ausdruck in Bezug auf die Heiden, durch deren Bekehrung die Weissagung von der Nennung des Namens Jehovas über sie erfüllt sei. Denselben Gedanken spricht er hier aus, daß nämlich die Leser das Volk oder Eigenthum dessen sind, dessen Name über sie genannt ist. Der „Name" aber ist hier nicht Gottes²), sondern Christi Name, auch nicht die Benennung Χριστιανοί Apost. 11, 26 und 1. Petr. 4, 16, was mit der alttestamentlichen Ausdrucksweise in Widerspruch stehen würde³). Ueber sie ist er genannt worden, als sie durch die Taufe Christen wurden. Es ist der Name des κύριος Ἰ. Χ. τῆς δόξης v. 1, dessen Unterthanen und Volk sie in seiner βασιλεία, dessen Eigenthum sie also geworden sind. Indirect bezeichnet Jakobus damit Christi göttliche Herrlichkeit, indem er die ursprünglich vom Namen Gottes geltende Benennung auf das Verhältniß Christi zu den Christen überträgt.

Es drückt eine besonders innige Herzensstellung des Briefschreibers zu diesem Namen und eine absolute Werthschätzung desselben aus, wenn er ihn den „schönen" Namen nennt, und zwar wohl im Blick auf die königliche Herrlichkeit und Majestät, in welcher der Glaube Christum schaut und hat 2, 1, und auf die Fülle des Heils, die in diesem Namen beschlossen ist⁴). Das βλασφημεῖν und das Prädikat καλόν, so dicht nebeneinander gestellt, drücken den schärfsten Gegensatz aus. Es erscheint also das βλασφημεῖν als ein um so größerer Frevel der Reichen, deren Nichtzugehörigkeit zu der Zahl derer, welche als Christi Volk mit dem Ausdruck τὸ ὄνομα τὸ ἐπικληθὲν ἐφ' ὑμᾶς bezeichnet sind, sowohl aus dem Zusammenhang, wie auch aus dem Gegensatz der Worte αὐτοί und ἐφ' ὑμᾶς deutlich erhellt; es muß daher von eigentlicher Lästerung des Namens Christi seitens dieser ungläubigen Reichen verstanden werden. Das Activum βλασφημεῖν dem ὄνομα ἐπικληθὲν gegenüber ist eine directe Lästerung mit dem Wort, nicht aber eine indirecte durch liebloses, thatsächlich den Namen Christi schändendes Verhalten, bei dem man nur mit dem Munde ihn bekennt⁵).

---

¹) In diesem Sinne findet sich genannt Jehovas Name über sein Volk 5. Mos. 28, 10. 2. Chron. 7, 14. Am. 9, 12. Jerem. 14, 9, des Mannes Name über sein Weib Jes. 4, 1, und des Vaters Name über seine Kinder 1. Mos. 48, 16. ²) Gegen Storr und Schultheß. ³) Gegen de Wette. ⁴) Vergl. Phil. 2, 9. 10. Apostgesch. 4, 12. ⁵) Gegen Wiesing., de Wette, Brückner, W. Schmidt 52 u. A.

Dies streitet mit der activen Form und mit der stets in der Schrift vorkommenden Bedeutung: lästern durch Wort[1]). Die hier gemeinten Reichen waren mithin Feinde des Christenthums[2]). Also das Widersinnige und Widerspruchsvolle im Verhalten der Christen gegen diese Reichen zeigt sich darin, daß diese den Namen Jesu Christi, des Herrn der Herrlichkeit, lästern, der über jene genannt worden, mit dem sie als die Seinen gezeichnet sind, nämlich bei der Aufnahme in das Reich Gottes durch die Taufe, und an den sie glauben. Welch ein Contrast zwischen ihrer Prosopolepsie vor diesen Menschen gegenüber der Christuslästerung derselben, und ihrem Glauben an den Herrn der Herrlichkeit! Damit hat Jakobus seine Ermahnung, mit ihrem Glauben an den Herrn nicht solches Ansehen der Person zu verbinden, hier ebenso mit Hinweisung auf das feindliche Verhalten der ungläubigen Reichen, wie vorher auf die den armen Gläubigen durch göttliche Erwählung erwiesene Ehre begründet.

Nun wird v. 8—13 weiter gezeigt, wie solch ein mit Ansehen der Personen verbundenes Verhalten gegen die Armen auch ein schweres Unrecht ist als Uebertretung des königlichen Gesetzes der Nächstenliebe.

In v. 8 ist wieder nach der Darstellungsweise des Jakobus ein genereller Satz der speziellen Ausführung des darin enthaltenen Gedankens vorangestellt. Es wird nämlich zuerst eine allgemeine, positive Wahrheit in Betreff der thatsächlichen Erfüllung des königlichen Gesetzes im Christenleben bezeugt, und dann v. 9—11 die Uebertretung desselben nach verschiedenen Seiten beleuchtet, und zum Schluß in v. 12 und 13 mit gewaltigem Ernst das Gesetz der Freiheit selbst als der Richter seiner Uebertreter den Lesern zum Bewußtsein gebracht.

„Wenn ihr jedoch das königliche Gesetz erfüllet nach der Schrift: du sollst lieben Deinen Nächsten wie Dich selbst, so thut ihr wohl". Mit μέντοι „jedoch, dagegen", als einem verstärkten δέ[3]) wird das Folgende als Gegensatz zum Vorhergehenden eingeführt. Es heißt nicht daher, als sollte v. 8 eine abschließende Folgerung sein[4]). Dagegen ist auch der Zusammenhang; weder das Vorhergehende, noch das Folgende läßt einen Ab-

---

[1]) So mit Recht Huther. [2]) So auch Neander. [3]) So immer im N. T., am meisten bei Johann. Ev. 4, 27. 7, 13. 12, 42. 20, 5. 21. 4, außer hier noch 2. Timoth. 2, 19 und Judä 8. [4]) Gegen Schneckenburger, Wiesing., Huther.

schluß erkennen. Es ist ferner nicht zu erklären: „wenn wirklich", — nämlich euer Thun Gesetzesvollzug ist¹)', so handelt ihr löblich; denn es fehlte eben an dieser Wirklichkeit, weshalb diesem Mangel die Forderung entgegengestellt wird. Es heißt aber auch nicht „allerdings, freilich", als begegnete Jakobus mit v. 8 einem Einwand oder Vorwand der Leser, sie hätten bei ihrem Verfahren gegen den Reichen nach dem königlichen Gesetz der Liebe gehandelt. Man erklärt dann, er gebe ihnen zu, daß solche Erfüllung dieses Gesetzes etwas Treffliches sei, halte ihnen aber sofort vor, wie eben das Ansehen der Person zu Ungunsten des Armen eine Uebertretung des Gesetzes sei. Die Worte καλῶς ποιεῖτε enthielten somit eine Jronie²). Abgesehen von der stehenden neutestamentlichen Bedeutung des μέντοι = jedoch, ist gegen diese Erklärung nicht bloß³) zu bemerken, daß die Getadelten dieses Gesetz doch unmöglich für ihre Parteilichkeit, die v. 9 als Uebertretung jenes Gesetzes dargestellt wird, hätten anführen können, sondern auch, daß, wenn Jakobus hier wirklich solch einen Vorwand oder solch eine Berufung auf das Gesetz vorausgesetzt hätte, er dies ausdrücklich erwähnt und mit energischem Wort zurückgewiesen haben würde. Auch würde eine derartige Jronie: „ein schönes Verhalten!" hier wenig angebracht und für die Leser schwer aus den Worten herauszulesen gewesen sein. Es folgt vielmehr ganz einfach der Gegensatz zu dem lieblosen Benehmen gegen den Armen bei ihrem v. 2 und 3 geschilderten Verhalten, die Hinweisung auf die Erfüllung des königlichen Gebotes der Nächstenliebe. Königlich heißt es aber nicht im Vergleich mit einer königlichen Straße, die gerade und eben sei⁴). Das Bild des Weges ist nirgends angedeutet und weit her geholt. Eher könnte es so nach seinem Ursprunge von Gott als dem höchsten Könige heißen⁵); aber von Gott stammen ja alle Gebote her. Da Jakobus unzweifelhaft die Erfüllung des Gebotes der Bruderliebe vom christlichen Standpunkt in dem Unterthanenverhältniß zu dem „Herrn der Herrlichkeit" meint, so liegt der Gedanke nahe, daß er das Gesetz ein „königliches" nenne, weil es von dem König Jesus Christus seinen Ursprung habe⁶). Dafür könnte in der That die den ganzen Abschnitt von v. 1 an beherrschende Anschauung von Christus als dem κύριος τῆς δόξης und die Bezug-

---

¹) So Hofmann. ²) So Calvin, Theile, Wiesing., Huther. ³) Mit de Wette. ⁴) Gegen Calvin. ⁵) So Wetstein, Wolf, Baumgarten. ⁶) Grotius.

nahme auf die βασιλεία in v. 5 sprechen. Aber gegen diese Erklärung scheint nicht bloß die schon anderweitig, nämlich mit den Worten: „nach der Schrift", bezeichnete höchste Auctorität und Norm, welche für die Erfüllung des Gesetzes maßgebend ist, sondern auch der Umstand zu sprechen, daß das Prädikat βασιλικός etwas dem νόμος selbst Wesentliches und Eigenthümliches und nicht eine durch seinen Ursprung ihm anhaftende Eigenschaft bezeichnen soll. Seine Herkunft von dem König Christus hätte ausdrücklich hervorgehoben werden müssen. Königlich heißt das Gebot aber auch nicht mit angeblich „mißlungenem Ausdruck", weil es Könige mache, den Christen hoch und frei über die Welt stelle und mit königlichem Reichthum ausstatte[1]). Königlich heißt es vielmehr als das alle anderen Gebote, die sich auf das Verhältniß und Verhalten von Menschen zu Menschen beziehen, beherrschende und umfassende Hauptgebot, als ἡ μεγάλη καὶ πρώτη ἐντολή, wie der Herr selbst es ausdrücklich Matth. 22, 39 als dem Gebot der Liebe zu Gott gleich, und in ihm und seiner Erfüllung alle anderen einzelnen Gebote als erfüllt bezeichnet[2]). So ist es gleichsam der Fürst und König, der mit seiner Majestät alle anderen Gebote überstrahlt und durchleuchtet, der über, unter und in allen anderen Gesetzen sein Regiment führt[3]). Dieser königlichen Majestät und Auctorität, die das Gesetz selbst hat, entspricht, daß es v. 9 und 12 als der Richter bezeichnet ist. Statt ἐντολή steht νόμος hier von einem einzelnen Gebot[4]) darum, weil dieses seinem Inhalt und Wesen nach ein allgemeines ist, und alle anderen einzelnen Gebote in sich schließend die organische Einheit derselben bildet. Statt τηρεῖν v. 10 steht τελεῖν[5]), indem es stärker das völlige Vollbringen, das vollendete Ausführen des Gesetzes ausdrückt. Κατὰ τὴν γραφήν, nämlich Levit. 19, 18, ist nach der Structur der Worte nicht einfache Citationsformel[6]), die als solche anders lauten müßte, sondern Bezeichnung der Norm; aber dieses „gemäß der Schrift" ist nicht mit dem Nachsatz: „so handelt ihr schön", sondern mit dem Vordersatz zu verbinden, hier jedoch nicht als Zusatz

---

[1]) So Palmer a. a. O. 22. [2]) Vergl. v. 10 und 11 und Gal. 5, 14. Röm. 13, 8—10. [3]) Knapp: lex primaria, ceterarum legum quasi regina. — W. Grimm im lexic. N. T. führt treffend aus Platon Min. p. 317 c. die Worte an: τὸ ὀρθὸν νόμος ἐστὶ βασιλικός. [4]) Wie Jerem. 31, 38. Ebr. 8, 10. 10, 15. [5]) Sonst nur noch Röm. 2, 27 von der Erfüllung des Gesetzes. [6]) Gegen Huther.

zu „königlich", sondern zu τελεῖτε. Die Erfüllung geschieht gemäß der Schrift, in der Gott zu dem Menschen redet. Der Nachsatz: „so handelt ihr schön", tritt gegenüber dem unschönen, unangemessenen Thun und Verhalten, wie es v. 2 und 3 als Ausfluß der Lieblosigkeit erscheint, und hat in diesem sachlichen Gegensatz der **schönen Erscheinung und Darstellung** der Erfüllung des Gesetzes der Liebe gegen die widerwärtige, häßliche Gestalt der Prosopolepsie und lieblosen Behandlung der Armen wahrlich nicht das Gepräge des Matten[1]).

Nicht also im Gegensatz gegen ein v. 7 bezeichnetes Vorgeben, man habe beim Verhalten gegen die Reichen vom Gebot der Nächstenliebe sich leiten lassen[2]), sondern gegen die **allgemeine Wahrheit** in v. 8, die dem lieblosen Verhalten gegen die Armen entgegengestellt war, stellt Jakobus nun dieses Verhalten der Leser unter Wiederaufnahme des Begriffes des Ansehens der Person v. 1[3]) als **sündiges Thun und als Uebertretung des Gesetzes der Liebe** dar: „**wenn ihr aber Ansehen der Person übet, so thut ihr sündiges Werk, indem ihr überführt werdet vom Gesetz als Uebertreter**". Mit εἰ δὲ προσωπολημπτεῖτε wird dieses als Thatsache[4]) dem ersten Theil von v. 9 εἰ — τελεῖτε entgegengestellt, und der Nachsatz ἁμαρτίαν ἐργάζεσθε bildet den Gegensatz zu dem Nachsatz v. 8: „so thut ihr wohl". Das ἐργάζεσθε bezeichnet stärker als ποιεῖν, was mit solchem Thun und Verhalten gewirkt wird und zu Stande kommt, nämlich Sünde[5]). Das Particip ἐλεγχόμενοι besagt, was gleichzeitig geschieht, indem sie mit dem Ansehen der Person Sünde wirken, sündiges Werk ausüben: **sie werden überführt vom Gesetz als Uebertreter desselben**. Ein Zwiefaches findet bei jenem lieblosen Verhalten statt, und ist damit verbunden: 1, objectiv Sünde thun, **fehlen gegen das Gesetz**, 2, subjectiv **überführt und gestraft werden von dem Gesetz oder durch das Gesetz**. Mit ὑπὸ τοῦ νόμου ist nicht **das einzelne Gesetz der Nächstenliebe** gemeint, sondern **das Gesetz überhaupt in seiner Einheit und Ganzheit**, welches jenes in sich schließt. Dem entspricht, daß auch παραβάται allgemein zu fassen ist; bei

---
[1]) Gegen Huther. [2]) Gegen Huther. [3]) Durch ein entsprechend von ihm gebildetes προσωπολήμπτειν (so mit Tisch. wie oben). [4]) εἰ c. Indic. [5]) So ἐργάζεσθαι mit ἀνομίαν Matth. 7, 23 und mit δικαιοσύνην Apostelg. 10, 35 und Ebr. 11, 33.

ihrem Verhalten werden sie von dem ganzen Nomos Gottes als Uebertreter desselben überhaupt erwiesen und überführt.

Denn v. 10 wird mit ἐν ἑνὶ auf das spezielle Gesetz der Bruderliebe im Unterschied vom ganzen Gesetz hingewiesen, und der Participialsatz: „indem ihr überführt werdet von dem Gesetz" v. 9, wird mit dem allgemeinen Gedanken begründet, daß die Uebertretung **eines Gebots die des ganzen Gesetzes in sich schließe.** „**Denn wenn Jemand das ganze Gesetz hielte und fehlte in einem, der ist aller schuldig geworden**"[1]). Nicht, was ist oder sein kann, bezeichnet Jakobus, sondern er setzt nur den **möglichen Fall**: gesetzt es geschähe, was aber nie wirklich geschieht, oder: wir wollen den allergünstigsten Fall annehmen, daß nämlich einer das ganze Gesetz in allen seinen Theilen hielte, aber in einem fehlte. Zu ἑνὶ ist νόμῳ zu ergänzen, indem von dem allgemeinen Begriff des Gesetzes ein Spezialgebot unterschieden wird, wie denn auch zu πάντων zu ergänzen ist νόμων. Das Gesetz als **organische Einheit und Gesammtheit, und die einzelnen Gebote**, die es in sich schließt, werden unterschieden. Die Uebertretung **eines Gebotes macht schuldig aller, d. h. schließt in sich die Uebertretung des ganzen Gesetzes**[2]). Der Gedanke ist der: in dem Inhalt des göttlichen Gesetzes ist eine innere, organische Einheit zwischen den einzelnen Geboten, daß, wer **eins** nicht erfüllt, eben damit schon **alle** übertritt. Darin liegt die Abweisung einer atomistischen, äußerlichen Auffassung der göttlichen Gebote. Das Gesetz mit seiner Vielheit von Geboten bildet eine innere Einheit, bei der jedes einzelne Gebot das durch alle hindurchgehende und alle beherrschende Grundgebot enthält, so daß der Ungehorsam gegen ein Gebot zugleich Ungehorsam gegen das Ganze ist.

Worin aber ist wieder diese allgemeine Wahrheit von der organischen, solidarischen Einheit aller Gebote Gottes begründet, die

---

[1]) τηρήσῃ und πταίσῃ ist statt des Futurs nach א. A. B. C. mit Lachm. u. Tischend. zu lesen, da die Futura aus dem an dem Conjunctiv genommenen Anstoß, weil ἄν fehlt, entstanden sind. Das ἄν ist gegen den klass. Sprachgebrauch weggefallen wegen der in ὅστις schon hinlänglich angedeuteten Allgemeinheit und Bedingtheit. [2]) Zur Verbindung des ἔνοχος mit dem Genitiv der Sache als Bezeichnung des **Gegenstandes** der Verschuldung vergl. 1. Corinth. 11, 27. Sonst ist mit dem Genitiv bei ἔνοχος die **Strafe** bezeichnet, Matth. 26, 66. Marc. 3, 29. 14, 64, wofür aber auch der Dativ steht, Matth. 5, 22.

eben zur Begründung der Aussage in v. 9: daß das lieblose Verhalten als Uebertretung eines einzelnen Gebots, nämlich des der Nächstenliebe, von dem gesammten Gesetz als Uebertretung des Gesetzes in seiner Ganzheit gestraft werde, diente?

Die Antwort giebt v. 11: In der Einheit des Gesetzgebers. „Denn der da gesagt hat: Du sollst nicht ehebrechen, hat auch gesagt: Du sollst nicht tödten. Wenn du nun nicht die Ehe brichst, aber tödtest, so bist du geworden ein Gesetzesübertreter"[1]). Die Einheit des Gesetzgebers ist angedeutet mit den Worten: der da gesagt hat, hat auch gesagt. Das ist die objective Einheit des göttlichen Willens als der Quelle der einzelnen Gesetze[2]). Jakobus führt nun als Beispiel zwei Gebote an: „Du sollst nicht ehebrechen, du sollst nicht tödten". In dieser Folge gegen die umgekehrte, gewöhnliche in 2 Mos. 20, 13. 14, Matth. 19, 18, stehen die Worte auch Marc. 10, 19, Luc. 18, 20, Röm 13, 9[3]). Warum diese beiden Gebote Jakobus anführt, läßt sich wohl daraus erklären, daß ihm, da er nach seinem Gedankengange das Gebiet der auf das Verhalten zum Nächsten sich beziehenden Einzelgebote ins Auge faßte, jene beiden, weil sie in der Reihe derselben voranstehen, zunächst vorschweben mußten[4]). Jakobus setzt nun den Fall, daß das Gebot zwar nicht in Betreff des Ehebruchs übertreten wird, wohl aber in Betreff des Mordes. Seine Schlußfolge ist nun diese. Es ist derselbe Gesetzgeber, Gott, der in beiden Geboten seinen Willen kund gethan. Wird nun ein einzelnes Gebot, welches die Verletzung der von Gott gebotenen Liebe in einer bestimmten, speziellen Beziehung verbietet, übertreten, wie das: „du sollst nicht tödten", so wird damit das ganze Gesetz, welches die allgemeine Forderung der Liebe in sich schließt, welche Forderung in jedem einzelnen Gebote sich specialisirt, überhaupt übertreten. Damit wird die äußerliche, atomistische und mechanische Auffassung der

---

[1]) Nach ℵ. A. C. ist wohl mit Lachm. und Tischend. das Präsens statt des Futurums der l. r. zu lesen. [2]) So richtig auch de Wette, der ausdrücklich bemerkt, daß die subjective Einheit in der Gesinnung von Jakobus nicht mitgemeint sei. [3]) Die Sept: οὐ φονεύσεις, οὐ μοιχεύσεις, entsprechend dem לא mit folgendem Imperfektum im Grundtext. Feiner griechisch steht hier das μή mit dem Conjunct. Aor. Es steht so im Sinne der Warnung vor etwas, was überhaupt gar nicht eintreten soll, während es mit dem Imperativ Präsentis etwas, was bereits geschieht, verbietet und etwas dauerndes anzeigt. [4]) So Brückner und Huther.

einzelnen Gebote abgewiesen, und die in dem Einen heiligen Gotteswillen begründete organische und dynamische Einheit derselben geltend
gemacht¹). Es liegt nahe²), anzunehmen, daß Jakobus hierbei der
Worte Matth. 5, 17—19, in denen der Herr die Wahrheit von dieser
Einheit aller einzelnen Gebote des Gesetzes in dem göttlichen Willen
ausgesprochen hat, und ebenso des Ausspruchs Matth. 5, 21 f.,
daß mit dem speziellen Gebot: „Du sollst nicht tödten", das Gebot der
Nächstenliebe überhaupt von dem ὀργιζόμενος übertreten wird, wie auch
des Zeugnisses des Herrn Matth. 22, 39 über das Umfaßtsein aller
einzelnen Gebote von dem einen Gesetz der Liebe, gedacht habe.

Die Worte v. 12 und 13 beginnen nicht einen neuen Abschnitt
des Briefes. Wegen der v. 13 in Bezug genommenen Barmherzigkeit
gehören sie mit dem Vorhergehenden eng zusammen, und zwar als
Abschluß der Ermahnungen, welche in sachlichem Anschluß an 1, 27
mit v. 1 begonnen haben. Daß die Ermahnung in v. 12: „so
redet und so thut" mit der Aussage in v. 13 als ein Ganzes
eng zusammenhängt, ist durch das γάρ, welches die letztere als Begründung der ersteren einführt, angezeigt. Aber zweifelhaft ist die
Beziehung des οὕτω. Gegen die Beziehung zum Vorhergehenden
erheben sich nicht geringe Schwierigkeiten. Auf dem zweimal wiederholten „so" oder „also" liegt ein starker Nachdruck; es setzt eine
bestimmt ausgesprochene Regel oder Norm voraus, auf welche so
nachdrücklich gleichsam mit dem Zeigefinger hingewiesen wird. Eine
solche ist aber in v. 10 ff. nicht enthalten, wie bei dieser Auffassung
hineinlegend angenommen wird³), sondern eine allgemeine Wahrheit
über die Einheit und Solidarität der Gebote des Gesetzes und ein
Urtheil über die Uebertretung desselben. Nirgends findet hier οὕτω
seinen Maßstab. In v. 8 in dem königlichen Gesetz ihn zu finden,
verbietet die weite Entfernung des v. 8 von v. 12. Der Umstand,
daß ohne Beziehung des οὕτω auf etwas Vorhergehendes die Ermahnung: so redet u. s. w., zu abrupt eintreten würde, kann nicht
für jene Beziehung geltend gemacht werden; solche Verbindungslosig-
keit in demselben Gedankengange und Ideenzuge findet sich öfters bei
Jakobus⁴). Dagegen empfiehlt sich die Verbindung mit dem Folgen-
den⁵) aus verschiedenen Gründen. Verbindungslos den Satz begin-
nend und nachdrucksvoll wiederholt läßt οὕτω es dem Sprachgefühl

---

[1]) Calvin: justitia dei quasi individuum corpus legs continetur.
[2]) Mit Kern. [3]) Von Brückner und Huther 2. [4]) 1, 12. 13. 17. 18. 26. 27.
[5]) So Huther 1, Hofmann.

des Lesers von vornherein näher liegen, es mit ὡς zusammenzufassen[1]). Das Demonstrativum weist auf das mit ὡς folgende Particip hin, welches die von ihm eingeführte Ermahnung sachlich begründen und dem Ermahnten eine Directive für sein Verhalten geben
soll. So steht αὕτη in ähnlicher Construction 1, 27 mit einem es
näher bestimmenden Infinitiv. In den Worten ὡς μέλλοντες κρίνεσθαι
liegt nämlich das Bestimmende und Maßgebende für das
λαλεῖν und ποιεῖν, zu dem sie ermahnt werden. Endlich wird in
diesen Worten v. 12 und 13 dreimal der Begriff des Gerichts
gebraucht, und somit das sittliche Verhalten nach dem Gesetz als dem
Ausdruck des einheitlichen Willens Gottes unter dem Gesichtspunkt
des Gerichts ins Auge gefaßt.

Die Ermahnung lautet demnach: „so redet und so thut,
nämlich als solche, die durch das Gesetz der Freiheit
werden gerichtet werden". Sie nimmt formell über v. 2—11
hinweg, wo nirgends die Form der Ermahnung sich findet, die an der
Spitze des Abschnitts stehende Ermahnung: „nicht Ansehen der Person
zu üben", wieder auf, um den Abschnitt mit einer ähnlichen Hinweisung
auf das Ende des christlichen Lebensganges, wie sie 1, 4 und 12 sich
findet, abzuschließen. Das geschieht aber in der Form des allgemeinen Gedankens von dem sittlichen Reden und Thun als solchem,
welches in dem „Gesetz der Freiheit" bereinst seinen Richter finden
werde und darum jetzt in demselben seinen Regulator haben solle.
Unter „Gesetz der Freiheit" ist dasselbe wie 1, 25 gemeint. In seinen
Inhalt soll sich der Christ mit beharrlicher Anschauung versenken, um
in Folge dessen nach 1, 25 ein werkthätiger Erfüller des Gesetzes
sein zu können. Der mittelst des Wortes der Wahrheit in den menschlichen Willen aufgenommene, einheitlich-sittliche Inhalt des heiligen
Willens Gottes ist Freiheitsgesetz, weil er Freiheit darbietet
und wirkt, Freiheit von der knechtenden Macht der Sünde, Freiheit in dem zwanglosen Gehorsam aus dem innersten Drang des mit dem
göttlichen Willen eins gewordenen, weil durch das Wort der Wahrheit
neugeborenen, Menschenherzens[2]). Aber eben deshalb wird auch das
Gericht mittelst desselben vollzogen werden. Das Gesetz Gottes in

---

[1]) Ebenso steht es durch ein folgendes ὡς näher bestimmt und darum dieses
logisch mehr hervorhebend 1. Cor. 3, 15. 9, 26, an letzterer Stelle auch zweimal
dicht hintereinander. [2]) Gegen Palmer a. a. O. 21, sofern er erklärt: „Gesetz der
Freiheit, d. h. ein Gesetz, das mit Freiheit als ewige Wahrheit aufgenommen

der Gesammtheit aller Bestimmtheiten seines ethischen Gehaltes als
Ausdruck des einheitlichen Gotteswillens, welches für die durch das
Wort der Wahrheit Neugeborenen nicht nur die Norm, sondern
auch die Quelle der Kraft für die freie, sittliche Bethätigung seiner
Forderungen ist, wird eben deshalb auch das Mittel sein, durch
welches sie werden gerichtet werden, d. h. es wird in dem Gericht der
Maßstab sein, nach welchem ihr Reden und Thun beurtheilt
werden wird[1]). Reden und Thun werden als die beiden Haupt=
erscheinungen der sittlichen Gesinnung im Menschenleben ganz entspre=
chend der Betonung der Forderung des rechten Redens und Thuns
von 1, 19 und 22 ab hervorgehoben. Die Forderung ist: sie sollen
überhaupt so reden und thun, daß dasselbe stets durch den Gedanken
an das dereinstige Gerichtetwerden durch das Gesetz bestimmt ist. Die
Ermahnung hat in dieser Allgemeinheit die im Vorhergehen=
den ausgesprochene Wahrheit zur Voraussetzung, daß das Ueber=
treten eines einzelnen Gebots die Uebertretung des Gesetzes überhaupt
in sich schließe, somit dieses in seiner organischen Einheit zu erfüllen
sei. Die Leser haben, indem sie durch ihr Verhalten in Wort und
That den armen Brüdern gegenüber das königliche Gesetz der Liebe
verletzten v. 1—6ᵃ, sich damit als Uebertreter des Gesetzes, als Sün=
der bewiesen, v. 9—11. Die Beziehung aber der allgemeinen Er=
mahnung auf dieses Reden und Thun ergiebt sich als selbstver=
ständlich nicht blos aus dem Zusammenhang mit dem Vorhergehenden,
wo unter dem Gesichtspunkt der Nächstenliebe 1, 26 vom rechten
Reden und v. 27 vom rechten Thun gesprochen wird, sondern auch
aus dem Nachfolgenden; denn Jakobus begründet die Ermahnung, die
mit der Hinweisung auf das Gericht, welches durch das das königliche
Gesetz der Liebe in sich schließende Gesetz der Freiheit werde gehalten
werden, v. 12, ausgesprochen ist, mit der Aussage v. 13ᵃ: daß

---

und befolgt wird, ein Gesetz für Freie". Dagegen mit Palmer, wenn er fort=
fährt: „ein Gesetz, das den Menschen frei macht, das, indem es wie jedes Gesetz
formell ihn bindet, ihm Schranken setzt, doch materiell ihn sich selber zurückgiebt,
ihn der Welt gegenüber, vergl. 1, 27, als freien Mann hinstellt". [1]) Ebenso
Paulus Röm. 2, 12: „wie viele in dem Gesetz gesündigt haben, werden auch
durch das Gesetz gerichtet werden". Vergl. Joh. 5, 45, wo Jesus Moses als
den Ankläger der Juden in dem göttlichen Gericht, und Joh. 12, 48, wo er sein
Wort als den Richter bezeichnet, der am jüngsten Tage seine Verächter verurtheilen
werde.

dieses Gericht ein schonungsloses über die Unbarmherzig=
keit und Lieblosigkeit sein würde.

„Denn das Gericht ist ein unbarmherziges gegen
den, der nicht Barmherzigkeit gethan hat." Den Begriff
„gerichtet werden" nimmt Jakobus nach seiner Weise, das Folgende
an das Vorhergehende anzuknüpfen, unmittelbar aus v. 12 wieder
auf, um hinsichtlich des mittelst des Gesetzes der Freiheit stattfin=
denden Gerichts eine nähere Bestimmung zur Begründung
jener Ermahnung folgen zu lassen. Er vergegenwärtigt
dabei die vorher durch μέλλοντες bezeichnete Zukunft und zwar
den Moment des Gerichtsverfahrens, in welchem der, der nicht Barm=
herzigkeit gethan hat, seinen erbarmungslos verdammenden Urtheils=
spruch empfängt. Ohne Zweifel hat Jakobus dabei außer an
jenes lieblose Verhalten gegen die Armen an solche positive Uebung
barmherziger Liebe durch Reden und Thun, wie sie 1, 27 bezeichnet
ist, gedacht. Das ποιήσαντι blickt auf das ποιεῖτε zurück. Der
Maßstab für das Gerichtetwerden durch das Gesetz der Freiheit ist
also das in diesem beschlossene königliche Gesetz, in dem alle einzelnen,
die Bruderliebe betreffenden Gebote enthalten sind. Der Begriff
ἔλεος bezieht sich auf die Hilfsbedürftigkeit der armen Brüder, der
gegenüber die ἀγάπη sich als Barmherzigkeit beweisen soll, und auf
die Stellung des Menschen vor dem göttlichen Gericht, in dem es
der göttlichen Erbarmung bedürfen wird. „Unbarmherzig"[1]) d. h.
schonungslos verurtheilend und verdammend erweist sich das Gericht
über den, der nicht Barmherzigkeit geübt hat. Menschliche und gött=
liche Barmherzigkeit werden im Gericht hier in die engste Verbindung
mit einander gesetzt, indem die Bethätigung der barmherzigen
Liebe als Forderung des Gesetzes der Freiheit, aber auch als
etwas, wozu dasselbe Gesetz den Menschen in Stand setzen kann und
will, vorausgesetzt wird. Eine Entschuldigung mit Unkenntniß und
Schwachheit wird nicht gelten; das Gesetz der Freiheit hat die barm=
herzige Liebe ja gefordert und die Kraft zu ihrer Ausübung darge=
boten. Fehlt es nun an Aufweisung derselben vor Gericht, so fällt
der Richterspruch mittelst desselben Gesetzes in ganz
entsprechender Weise, nämlich ohne Erbarmen, d. h. nach

---

[1]) Nicht ἀνίλεως, sondern das ganz ungebräuchliche ἀνέλεος ist nach N. A. B. C. mit Lachm. u. Tischend. zu lesen.

strengster Gerechtigkeit aus. Es ist derselbe Gedanke, den der Herr in dem Gleichniß vom Schalksknecht Matth. 18, 33—35 ausspricht. Die Schilderung der Gerichtsscene 25, 41 ff., wie die, welche nicht Barmherzigkeit geübt haben, in die Verdammniß gewiesen werden, bildet den Commentar zu diesem kurzen Jakobuswort, welches wahrscheinlich in der Erinnerung an jenes gewaltig ernste Jesuswort geschrieben ist[1]).

Der positive Gedanke im zweiten Satz von v. 13: „es rühmt sich Barmherzigkeit wider Gericht"[2]), ist ohne Verbindung dem ersten negativen zur Seite gestellt. Barmherzigkeit und Gericht werden gegenüber gestellt, nicht „der Barmherzige"[3]), denn der hätte als solcher nichts zu rühmen oder als Verdienst vor Gott geltend zu machen. Statt des einfachen Gedankens: die Barmherzigkeit besteht, weil sie eben Erfüllung des „Gesetzes der Freiheit" ist, vor dem durch dasselbe vollzogenen Gericht, oder statt der von dem Herrn Matth. 5, 7 ausgesprochenen, dem Sinne nach hier reproducirten Wahrheit: „selig sind die Barmherzigen", sagt Jakobus: es rühmt sich Barmherzigkeit wider Gericht. Bei $\check{\epsilon}\lambda\epsilon o\varsigma$ ist nach dem Zusammenhang nicht an die göttliche Barmherzigkeit zu denken[4]). Der durch $\varkappa\alpha\tau\alpha$[5]) mit besonderem Nachdruck bezeichnete Gegensatz gilt dem drohenden Verdammungsspruch des Gerichts, wie er gegen den sündigen Menschen, wenn es ihm durch seine Schuld an dem mangelt, was der Herr im Gericht fordert, d. h. an dem Nachweis der Bethätigung der barmherzigen Liebe und an dem von derselben erfüllten Herzen, mit den Worten des Herrn Matth. 25, 41 ff., Matth. 18, 34. 35 ergehen wird. Es handelt sich nicht blos um das Bestehen vor diesem Gericht, sondern jenem furchtbaren Ernst gegenüber um die freudige Zuversicht[6]), mit welcher der Christ dem Gericht sich darstellen kann. Das ist aber nicht so gemeint, als ob er seiner Barmherzigkeitswerke selbst vor dem Richter sich rühmen

---

[1]) Vergl. Sprüche 21, 21. [2]) Das $\varkappa\alpha\iota$ vor und das $\delta\grave{\epsilon}$ hinter $\varkappa\alpha\tau\alpha\varkappa\alpha\upsilon\chi\tilde{\alpha}\tau\alpha\iota$ ist nach den Autoritäten zu streichen. Statt $\varkappa\alpha\tau\alpha\varkappa\alpha\upsilon\chi\acute{\alpha}\sigma\vartheta\omega$ bei A. und $\varkappa\alpha\tau\alpha\varkappa\alpha\upsilon\chi\tilde{\alpha}\sigma\vartheta\varepsilon$ bei C**, welche Lesarten in dem Bestreben nach Erleichterung der Erklärung des schwierigen $\varkappa\alpha\tau\alpha\varkappa\alpha\upsilon\chi\tilde{\alpha}\tau\alpha\iota$ ihre Veranlassung haben, ist dieses zu lesen. Nach $\aleph$. A. B. ist mit Lachm. und Tischend. und Buttm. $\check{\epsilon}\lambda\epsilon o\varsigma$ gegen $\check{\epsilon}\lambda\epsilon o\iota$ festzuhalten. [3]) Gegen de Wette. [4]) Gegen Calvin und Bengel. [5]) Das Verbum compos. nur nach 3, 14 und Röm. 11, 18. [6]) Aehnlich Wiesinger, der die Schrecken des Gerichts offenbar in objectivem Sinne meint (gegen Huther).

dürfte. Jakobus spricht weder von dem „Barmherzigen", noch von einzelnen Werken der barmherzigen Liebe, auf die man sich etwas zu Gute thun dürfe, sondern er hat die liebevolle Gesinnung der Barmherzigkeit im Auge, die der göttlichen Forderung der Liebe in dem νόμος ἐλευθερίας entspricht und von diesem selbst gewirkt wird, wobei ja das Sündigen in einzelnen Fällen, welches trotz der liebevollen Grundrichtung und Herzensgesinnung erfahrungsmäßig in Folge der menschlichen Schwachheit eintritt, nicht ausgeschlossen ist[1]). Diese mit mancherlei Fehlern und Schwächen behaftete christliche Barmherzigkeit wird als gehorsame Dienerin des königlichen Gesetzes der Nächstenliebe personificirt und als solche dargestellt, die mit leuchtendem Angesicht ihres Bestehens im Gericht gewiß ist, sich dessen, was sie durch die göttliche Gnadenthat der Neugeburt aus dem Wort der Wahrheit als Lebensgehalt und Gnadengabe empfangen hat, dem als Inquisitor personificirten Gericht gegenüber rühmen darf, um mit Aufweisung dieser durch den freien Gnadenwillen Gottes empfangenen Lebens- und Liebessubstanz die Anklage und Verdammung seitens des Gerichts unmöglich zu machen. Derselbe Gedanke ist in Bezug auf die barmherzige Bruderliebe und das Gerichtsforum in der καρδία, im Gewissen, 1. Joh. 3, 18 ff. ausgesprochen. Das Ende des Christenlebens in der Bethätigung des Wortes durch die Ausübung der Bruderliebe ist freudiges Rühmen nicht blos vor dem Gericht, sondern auch wider das Gericht.

2. In den Worten v. 14—26 weist Jakobus von dem Gegenstand und Inhalt der christlichen πίστις v. 1, dem Κύριος Ἰ. Χρ. τ. δόξης, der den Abschnitt v. 1—13 beherrscht, weiter auf das Wesen der πίστις hin, um zu zeigen, wie auch mit diesem, dem Leben des Glaubens, oder dem lebendigen Glauben, die Nichtbethätigung der sittlichen Gesinnung in Werken im Widerspruch stehe, und wie sogenannter Glaube ohne Selbstbethätigung im Werk ein todter oder kein wahrer Glaube sei, mithin auch in Bezug auf das eigene Seelenheil und auf die Geltung vor Gott in wahrer Rechtbeschaffenheit keinerlei Bedeutung und Wirkung habe.

Die Verbindung von v. 14 mit v. 13 liegt darin, daß die von dem Heilsstand im Glauben an den Herrn der Herrlichkeit unzertrennliche barmherzige Liebe mit ihrer Selbst-

---

[1]) Vergl. 3, 2.

bethätigung in Werken der Liebe gegen den Nächsten, wie sie v. 13 als das bereinst Entscheidende vor dem Herrn der Herrlichkeit im Gericht bezeichnet ist, nunmehr als eine naturgemäße Wirkung des Wesens des christlichen Glaubens selbst, sofern derselbe zur Seligkeit und zu dem als gerecht vor Gott Bestehen führen soll, dargestellt wird. Der Zusammenhang von 14 f. mit v. 1 ff. liegt darin, daß ausgeführt wird, daß, wie mit dem Besitz des Glaubens an den Herrn der Herrlichkeit nicht Lieblosigkeit gegen den Nächsten (v. 2—4) verbunden sein dürfe, so mit dem Wesen und der Wirkung des lebendigen Glaubens überhaupt der Mangel an Werken, in denen sich die Liebe bethätigen müsse, sich nicht vertrage. Jakobus bekämpft hier v. 14—26 den Wahn, daß der Glaube, der keine Werke habe, erretten und selig machen könne.

V. 14 enthält die obenangestellte Wahrheit, von welcher alles Nachfolgende die Ausführung ist. „Was hat es für Nutzen, meine Brüder, wenn Jemand Glauben zu haben behauptet, Werke aber nicht hat? Kann etwa der Glaube ihn selig machen?" „Meine Brüder", ruft Jakobus wieder aus, weil er die Leser eindringlich mit dem ganzen Ernst brüderlicher Liebe vor einem unter ihnen herrschenden verderblichen Wahn warnen will. Es ist hier derselbe ganze Leserkreis gemeint, den der bisherige Inhalt des Briefes galt, nicht ein Theil desselben. Was ist der Nutzen? fragt Jakobus mit dem Artikel[1]), ohne Zweifel im Anschluß an den so eben v. 13 ausgesprochenen und seine Seele noch bewegenden negativen und positiven Gedanken. Der dort bezeichnete Nutzen ist gemeint, wie auch aus dem nachfolgenden σῶσαι erhellt. „Was ist da der Nutzen, wenn Jemand Glauben zu haben behauptet"? d. h. was hilft's zum Heil vor und in Gott, zu sagen, man habe, besitze Glauben, während man doch keine Werke hat? Die negative Antwort folgt nachher: kein Errettet- und Seligwerden. Genau so steht die Frage v. 16: was ist der Nutzen, wenn gesagt wird: wärmet euch, und doch die entsprechende Bethätigung fehlt?[2])

---

[1]) τὸ ὄφελος ist wie v. 16 mit Tischenb. nach א. A. C.** G. K festzuhalten gegen ὄφελος B. C. [2]) Vergl. Matth. 16, 26 und 1. Corinth. 13, 3, wo ebenso der Nutzen, nach dem gefragt wird, oder um den es sich handelt, als der Sache oder Handlung, die mit ἐάν eingeführt wird, beiwohnend oder nicht beiwohnend gedacht wird.

Mit ἐὰν λέγῃ τις¹) ist nicht ein Vorgeben, den Glauben zu haben, den man doch nicht besitzt, gemeint; dann hieße es nachher: während er Glauben nicht hat. Da es aber heißt: während er doch keine Werke hat, so setzt Jakobus diese einem mit dem λέγειν als wirklich vorhanden bezeichneten Glauben entgegen. Auch die Voranstellung des πιστιν, welcher die Voranstellung der ἔργα im Nachsatz entspricht, ist gegen jene Erklärung. So scharf stellt Jakobus hier Glaube und Werke bei denen, die er bekämpft, gegen=
über. Er setzt den Fall: es sagt Jemand, daß er Glauben habe, und stellt dieser Behauptung die Thatsache entgegen (δέ), daß an Werken es ihm fehle²). Es ist aber nicht blos rhetorische, lebendige Darstellungsform wenn er schreibt: „wenn Jemand sagt", als hätte er dafür sagen können: wenn Jemand Glauben hat³). Damit hätte er, doch von seinem Standpunkt aus redend, sein Wort dem Mißverständniß ausgesetzt, als wollte er solchem Glauben, bei dem er den Mangel der Werke tadelt, irgend wie das Wort reden. Das λέγειν hat seine bestimmte, sachliche Bedeutung. Jakobus will 1, ganz objectiv den in dem gesetzten Fall ihm vor Augen tretenden Gegensatz zwischen der Behauptung des redend Eingeführten, Glauben zu haben, und dem notorischen Mangel an Werken hin=
stellen, und 2, hat er offenbar bei dem ἐὰν — λέγῃ τις von dem Genus der Zungensünden, wogegen er so energisch eifert, diese Species vor Augen, bei der man vom Glaubensbesitz und Glaubensstand viel redet, ohne den Glauben sittlich zu bethätigen. Man heuchelt nicht, indem man nach jener Erklärung blos sagt und vorgiebt, daß man Glauben habe, ohne wirklich Glauben zu haben, sondern man heuchelt, in dem man von einem eignen Glaubensbesitz, ἔχειν πιστιν, redet und doch von der rechten Beschaffenheit des Glaubens kein that=
sächliches Zeugniß giebt in Werken. Die πιστις im Sinn des Jakobus wird schon durch den Gegensatz der Aussage: „Werke aber hat er nicht", indirekt als ein rechter wahrer Glaube gekenn=
zeichnet. Denn die ἔργα sind die aus dem Wesen des lebendigen Glaubens hervorgehende Erfüllung der sittlichen Forderungen des göttlichen Wortes oder des Gesetzes der Freiheit, und umfassen das

---

¹) Gegen die Lesart ἐὰν — — τις λέγῃ A. C. Lachm. ist λέγῃ τις ℵ. B. G. K. Tischenb. wegen der auffallenden, aber hier bedeutungsvollen Voranstellung des λέγῃ vorzuziehen. ²) Gegen Kern, de Wette, Wiesinger, Lange u. v. A. ³) Gegen Huther mit Hofmann.

alles, was Jakobus bisher von dem ποιεῖν des gehörten Wortes 1, 22 bis 2, 13 gesagt hat.

Die zweite Frage: „kann etwa der Glaube ihn erretten?" wird daher falsch verstanden, wenn man Jakobus hier dem Glauben überhaupt die errettende und seligmachende Kraft absprechen läßt. Der Artikel bedeutet zwar nicht grammatisch so viel wie αὕτη: dieser Glaube[1]), sondern nimmt den vorangegangenen Begriff einfach wieder auf[2]). Aber nach dem Zusammenhange ist ἡ πίστις nun eben nicht der Glaube schlechthin, sondern der Glaube, wie Jener ihn zu haben behauptet, nämlich ohne Werke[3]). Von diesem Glauben wird nun weiter in Form einer verneinenden Frage ausgesagt, daß er nicht die Kraft und das Vermögen habe, δύναται, den, der ihn hat, zu erretten und selig zu machen. Das σώζειν hat zwar hier unter dem Gesichtspunkt der unmittelbar vorher v. 12. 13« ins Auge gefaßten κρίσις die Bedeutung „erretten"; aber die positive Bedeutung: „selig machen" ist davon nicht zu trennen, wie sie 1, 21 hervortritt[4]). Die Frage: kann etwa der Glaube, nämlich der so bestimmte Glaube, selig machen? entspricht der Frage: Was ist der Nutzen? Der Nutzen ist das σώζειν. Diese beiden Begriffe stehen in unmittelbarer Beziehung auf einander und decken sich. Solcher Glaube ohne Werke hat nicht den Nutzen, daß er selig macht. Er kann diese Wirkung nicht haben, weil er ein toter Glaube ist, wie nachher v. 17 nach der in v. 15 und 16 gegebenen Erläuterung weiter gesagt wird.

In v. 15 und 16 nämlich wird zur Erläuterung der Nutzlosigkeit jenes Glaubens ohne Werke wiederum durch einen zweiten verneinenden Fragesatz ein concreter Fall hingestellt, in welchem die Nutzlosigkeit eines bloßen Redens von Barmherzigkeit ohne Bethätigung derselben in lebhafter Einzelschilderung veranschaulicht wird. „Wenn aber ein Bruder oder eine Schwester ohne Kleidung wären, und Mangel hätten an der täglichen Nahrung, und nun Jemand unter euch zu ihnen sagte: Gehet hin in Frieden, wärmet euch und sättiget euch, ihr ihnen aber nicht gäbet, was für den Leib nöthig ist, was nützte das? Der Fall lieblosen Verhaltens, der hier

---

[1]) Gegen Schneckenburger. [2]) So Huther mit Bezug auf 1, 3, 4, 15. [3]) Hofmann, Lange, Beda: fides illa, quam vos habere dicitis. [4]) Gegen Hofmann.

eben so lebendig und drastisch veranschaulicht wird, wie jener v. 2—4, ist gleichfalls unmittelbar aus dem Leben gegriffen, und nicht eine bloße „etwas unwahrscheinliche starke Fiktion"¹). Leibige Wirklichkeit, wie sie dem mit den Zuständen des christlichen Lebens seiner Leser so genau bekannten Jakobus vor Augen stand und so oft vorkam, wird hier geschildert. Bei einem blos als möglich gedachten Fall würde auch die mit dem Vergleich beabsichtigte Bestätigung der Verneinung des wirklichen Nutzens, $\tau\grave{o}$ $\check{o}\varphi\varepsilon\lambda o\varsigma$, ihren Nerv verlieren.

Mit dem ersten $\delta\acute{e}$²) in v. 15 — „wenn aber ein Bruder" —, wird weder ein bloßer Uebergang zum Folgenden³), noch der Gegensatz gegen einen vorgestellten Gegner, gegen den die Beweisführung jetzt beginne⁴), bezeichnet, sondern dem vorher gesetzten Falle ein anderer gegenübergestellt, „damit das Urtheil über den letzteren seine Anwendung auf den ersteren finde"⁵). Wie in v. 2 wird zuerst höchst anschaulich der vorgestellte Fall, der Nothstand der Armuth, geschildert. Nach den Worten: „ein Bruder oder eine Schwester" handelt es sich um ein Vorkommniß in der christlichen Gemeinschaft. Sie weisen bedeutungsvoll hin auf die in dem Vaterverhältniß Gottes zu den Christen als den von ihm gezeugten Kindern begründete Liebesgemeinschaft, in der sie als Kinder Gottes sich untereinander barmherzige Liebe erweisen sollten, und lassen den Contrast zwischen diesem geschwisterlichen Verhältniß und dem nachher geschilderten Verhalten desto stärker hervortreten. Die auch hier wieder wie v. 2 von der Armuth hergenommene Vergleichung setzt die in den judenchristlichen Gemeinden vorhandenen Armuthszustände voraus. Mit kurzen kräftigen Zügen wird zunächst in v. 15 von denselben ein Bild gezeichnet, indem von der Nacktheit oder Blöße, dem Mangel an hinreichender Kleidung zum Schutz gegen die Kälte, und darauf von dem Mangel an der für den Leib nöthigen Nahrung geredet wird. $\varLambda\varepsilon\iota\pi\acute{o}\mu\varepsilon\nu o\iota$ steht wie 1, 4. 5 mit dem Genitiv der mangelnden Sache. $\mathrm{'E}\varphi\acute{\eta}\mu\varepsilon\rho o\varsigma$⁶) „täglich" bedeutet mit $\tau\rho o\varphi\acute{\eta}$ verbunden die für jeden Tag nöthige, also zum täglichen Unterhalt hin-

---

¹) Wie de Wette und Hofmann meinen; letzterer: „gewiß eine unwahrscheinliche Art des Wohlmeinens und der Aeußerung besselben". ²) Dieses δέ der recepta ist gegen ℵ und B mit Tischend. fest zu halten, da es, wenn es ursprünglich fehlte, als ein die Erklärung erschwerendes gewiß nicht in den Text gekommen sein würde. ³) Gegen Wiesinger. ⁴) Gegen de Wette, Huther. ⁵) So treffend Hofmann. ⁶) Im N. T. nur hier.

reichende Nahrung. Darauf wird in v. 16 mit den Worten εἴπῃ δέ τις bis τοῦ σώματος, wie in v. 3, das der thätigen Liebe ermangelnde Verhalten solchen Nothleidenden gegenüber mit dramatischer Lebendigkeit vorgeführt. Der mit einem abermaligen δέ eingeführte Gegensatz dieses Verhaltens gegen den geschilderten Nothstand fällt um so greller in die Augen, als zugleich Person und Person gegenübergestellt werden mit den Worten: „sagte aber Jemand unter euch zu ihnen", den Nothleidenden. Weiter ist das: ihr saget, und das: ihr gebet nicht, nachdrucksvoll voran, und so zu besto stärkerer Hervorhebung des Gegensatzes des bloßen Wohlthätigseins mit der Zunge und des wirklichen Thuns gegenüber gestellt. — Die drei Imperative zeigen den redend Eingeführten nicht etwa als einen harten herzlosen Menschen, der für die Nothleidenden gar kein Interesse hätte. „Gehet hin in Frieden"[1]), ist freundlicher Abschiedsgruß[2]). „Wärmet euch und sättiget euch!" so als mediale, nicht als passivische Imperative mit optativer Bedeutung: werdet erwärmet, sind die Worte zu fassen[3]). Das θερμαίνεσθε entspricht der in v. 15 bezeichneten Blöße, das χορτάζεσθε dem λειπόμενοι τῆς τροφῆς. — Mit einem dritten „aber" wird nun dem εἴπῃ δέ τις der Mangel des entsprechenden Thuns gegenübergestellt, indem von der dritten zur zweiten Person im Anschluß an das „Jemand von euch" übergegangen wird. „Ihr gebet ihnen aber nicht τὰ ἐπιτήδεια[4]) τοῦ σώματος, das für den Leib Nöthige; dies umfaßt jene beiden Bedürfnisse leiblicher Noth. Nichts aber wird gethan bei solchem Gerede von dem, was die Armen zur Abstellung ihres Elendes thun sollen. Der mit beredten Worten ausgesprochenen Weisung entspricht nicht das Thun. Was ist der Nutzen? Solch Reden hat gar keine Wirkung. Das ist das Urtheil über solch ein Verhalten, conform mit dem in v. 14, nachdem der Thatbestand und das bezügliche Verhalten geschildert worden. Dieselbe Nutzlosigkeit einer bloßen Liebe mit Worten bezeichnet Johannes 1. Br. 3, 17. 18. Die Parallele mit dem Vorigen ist klar und deutlich: Dort ein Reden vom Besitz des Glaubens und doch keine Werke aus solchem Glauben, hier ein Reden von

---

[1]) לֵךְ לְשָׁלוֹם 2. Sam. 15, 9. לְכִי לְשָׁלוֹם 1. Sam. 1, 17. 20, 42. [2]) Vgl. πορεύεσθαι ἐν εἰρήνῃ Apostg. 16, 36. Mark. 5, 34. Luc. 7, 50. [3]) Mit Huther, gegen Hottinger, Theile. [4]) Nur hier im N. T. = τὰ ἀναγκαῖα.

Liebe und doch kein entsprechendes Thun. Des letzteren Nutzlosigkeit setzt die des ersteren in das rechte Licht.

So kehrt Jakobus v. 17 zu dem Gedanken v. 14 zurück. „So
auch ist der Glaube, wenn er nicht Werke hat[1]), todt
für sich selbst." Die Worte: „wenn er nicht Werke hat", sind
weder mit der ersten, noch mit der dritten Aussage zu einem selbständigen Satz zu verbinden, sondern das Ganze bildet einen Satz,
in welchem von dem Glauben, der nach v. 14 ohne Werke ist, dies
gesagt wird, daß er todt sei.

Das v. 15 und 16 Gesagte wird mit οὕτω nicht unter einfacher
Wiederholung des Gleichheitspunktes: so ist auch der Glaube
nutzlos, sondern mit Weiterführung des Gedankens zur
Bezeichnung des Grundes der Nutz- oder Wirkungslosigkeit angewendet. Wie solch ein Reden ohne Bethätigung der Liebe an
sich nichtig und leer ist, indem es an dem lebenskräftigen Drang und
Trieb derselben fehlt, so mangelt es auch dem Glauben, wenn er
keine Werke hat, am Leben, an der Lebenskraft, die zur sittlichen That befähigt und treibt, der Glaube ist also todt,
gleicht einem Leibe, dem die lebendige Seele fehlt (v. 26). Darum
ist er nun auch unfähig etwas zu wirken. Das ist der Grund
davon, daß er nicht kann erretten (v. 14). Das καθ' ἑαυτήν
„an sich" oder „für sich selbst" gehört zu νεκρά als nähere Bestimmung desselben. Es hebt nachdrücklich hervor, daß der Glaube,
der keine Werke besitzt, eben in solcher Beschränkung auf sich selbst
hinsichtlich der Beschaffenheit seines eigenen inneren Wesens ein
todter sei. Die Aussagen „Nichthaben" und „Todtsein" sind
nachdrücklich vorangestellt und damit besto schärfer gegenübergestellt.
Jakobus nennt den Glauben „für sich selbst" todt mit Beziehung auf die Werke, die er nicht hat, aus sich nicht heraussetzt,
und in deren Besitz, als seiner Frucht, er eben ein lebendiger
sein würde. Mit den Worten „todt in Beziehung auf sich
selbst" wird das Todtsein als eine innere Beschaffenheit
des werklosen Glaubens hervorgehoben. Es zeigt sich darin, daß
er Werke, die er aus sich heraus produciren sollte, nicht hat. „Er
ist seinem inneren Wesen nach bloßer Mundglaube und reiner Schein-

---

[1]) Gegen die rec. ἔργα ἔχῃ ist nach den Hauptzeugen mit Lachm., Tisch.
ἔχῃ ἔργα zu lesen.

glaube"¹). Es heißt nicht: „der Glaube ohne Hinzutritt der ἔργα ist todt", als müßte der Glaube erst durch von Außen zu ihm hinzukommende Werke lebendig werden²), sondern es ist die Rede von einem Glauben, der selbst keine Werke als eine aus seinem Innern hervortretende Frucht besitzt und aufzuweisen hat. Das ἔχειν setzt ein Verhältniß der innern wesentlichen Zugehörigkeit, nicht ein von Außen Hinzutreten, voraus. Wird solcher Glaube tobt genannt, so kann das in Verbindung mit καθ' ἑαυτήν nur bedeuten: er hat an und für sich selbst keine seinem Wesen immanente Lebenskraft, um sich in Werken bethätigen zu können, wie die blos in Worten bestehende Barmherzigkeit wegen des Mangels der Liebe als treibender Lebenskraft keine im Werk sich bethätigende, keine wirkungsfähige, und darum eine nutzlose ist. „Wenn Jakobus den der Werke ermangelnden Glauben einen todten nennt, konnte es gewiß nicht seine Meinung sein, daß die Werke, das Aeußerliche, in die Erscheinung Tretende, den Glauben zu einem lebendigen machten, daß in ihnen das Leben des Glaubens bestehe, sondern er mußte voraussetzen, daß der rechte Glaube das Leben in sich trage, das Lebensprinzip in sich habe, aus dem die Werke hervorgehen müßten, und daß dies in den Werken sich zu erkennen gebe"³).

Es ergiebt sich also 1, in Bezug auf den Glaubensbegriff des Jakobus, daß nach ihm der christliche Glaube selbst nicht ein blos theoretischer Glaube sei, zu dem die Werke hinzukommen müßten⁴), oder ein Glaube, der nicht einmal Prinzip der sittlichen Thätigkeit sei, dem alles Praktische abgesprochen werde, und der den Menschen nur ein tönendes Erz und eine klingende Schelle nach 1. Cor. 13 bleiben lasse⁵). Jakobus redet so wenig hier wie in v. 19, wo er sagt: „du glaubst, daß Einer Gott ist, auch die Teufel glauben und zittern", von dem Wesen des wahrhaft christlichen Glaubens an sich und zwar als eines solchen, wie er selbst ihn fordert, sondern von dem, was die von ihm bekämpften Leute praktisch als Glauben ansehen und factisch als Glauben haben und geltend machen. Und das ist eben ein bloßer Verstandes- und Kopf- oder theoretischer Glaube ohne sittliche

---

¹) So treffend Dächsel z. b. St. ²) Gegen Weiffenbach: Exegetisch-theol. Studie über Jakobus II, 14—26. 1871. S. 11 ff. ³) So durchaus treffend Neander.
⁴) Gegen de Wette. ⁵) Gegen Baur, Paulus S. 680 und Weiffenbach a. a. O. S. 57.

Lebenskraft, ein bloßer Wortglaube ohne entsprechende Werke. Er fordert hier einen Glauben, der Werke aus sich heraussetzt, einen Glauben, der in sich selbst die Macht hat, δύναται, selig zu machen, einen Glauben also, der für Beides die entsprechende Lebenskraft und Lebensfülle in sich trägt. Dieser Auffassung des Glaubens entspricht es völlig, wenn derselbe bisher schon in der Beziehung zu Gott als eine im Leiden ausdauernde und festhaltende Lebenskraft[1], als zweifelloses lebendiges Vertrauen beim Gebet[2], aber auch in ausdrücklicher Beziehung auf die Person Christi als ein lebendiges zuversichtliches Ueberzeugtsein von der Wahrheit seiner königlichen Majestät und als vertrauensvolle Hinwendung zu ihm als dem Herrn der Herrlichkeit[3], als ein lebendiges sich Aneignen der Heilsgüter des Reiches Christi[4], und als ein inneres Aufnehmen des Wortes und somit als ein rechtes lebendiges Hören desselben[5] bezeichnet oder vorausgesetzt wurde. — 2, Hinsichtlich der Werke redet Jakobus nicht so, daß er dieselben als zu dem von ihm gemeinten rechten Glauben erst hinzukommend denkt, sondern so, daß er sie als aus dem Wesen und Leben des Glaubens selbst herausgeboren fordert. — 3, Die Voraussetzung für dieses Verhältniß Beider zu einander ist die Substanz des neuen Lebens, zu welchem Gott selbst durch das Wort der Wahrheit nach seinem Gnadenwillen die Gläubigen gezeugt hat, 1, 18. Der Glaube als die Innenseite des christlichen Lebens hat sein Leben aus jener göttlichen Zeugungsthat und eignet sich zur Erhaltung und Stärkung seines lebendigen Wesens das Wort der Wahrheit, aus dem er geboren ist, beständig und immer völliger an. Die Werke als die in die Erscheinung tretende Seite des Christenlebens sind, wie die Frucht aus dem Lebenssaft und der Lebenskraft des Baumes[6], die naturgemäßen Auswirkungen und Bethätigungen des in und mit dem Glauben vorhandenen neuen Lebens, welches durch das Wort der Wahrheit aus Gott geboren ist. — 4, Der Gegenstand der Polemik des Jakobus ist also ein Glaube, der sich mit theoretischer Erkenntniß v. 19 und mit dem Lippenbekenntniß, dem Herr-Herr-Sagen, Matth. 7, 21, begnügen will, und die Bewährung der dem Glauben einwohnenden Lebenskraft im Thun des Willens Gottes vermissen läßt.

---

[1] 1, 3. [2] 1, 5 vergl. 5, 15. [3] 2, 1. [4] 2, 5. [5] 1, 21. [6] Vergl. dieses Gleichniß Matth. 7, 17 f.

Jakobus hat also v. 15—17 die Unlebendigkeit und Wirkungsunfähigkeit eines solchen Glaubens dargethan[1]). Nun thut er in v. 18 und 19 einen Schritt weiter und stellt diesen Glauben ohne Werke als einen solchen dar, dem es mit den Werken folgerichtig auch an seiner Nachweisbarkeit mangelt. „Aber es wird Jemand sagen: Du hast Glauben und ich habe Werke. — Zeige mir deinen Glauben ohne die Werke, und ich werde dir zeigen aus meinen Werken den Glauben[2]).

Für die Erklärung dieser schwierigen Stelle ist zunächst festzuhalten: 1, daß die Worte $\mathit{ἀλλ' ἐρεῖ τις}$[3]) jedenfalls eine gegensätzliche Beziehung zu etwas Vorhergehendem ausdrücken. Aber sie sind offenbar nicht als eine solche Einwandsformel zu fassen[4]), wodurch die Entgegnung eines Andern gegen das, was Jakobus soeben als sein Urtheil gesagt hat, angezeigt würde; denn dann dürfte der von Jakobus eingeführte Gegner nicht sagen: du hast Glauben, aber ich habe Werke, sondern umgekehrt: du hast Werke, aber ich habe Glauben; denn Jakobus hat ja denen, in deren Namen der angeführte Gegner seinen Einwand erheben würde, den Vorwurf gemacht, daß sie behaupteten, Glauben zu haben, aber Werke nicht hätten. Es ist daher auch die Erklärung unhaltbar[5]), daß hier der Einwurf erhoben werde: der Eine könne Glauben, der Andere Werke haben, es lasse sich beides trennen; dann müßte es eben heißen: du hast Werke und ich habe Glauben. Zur Unterstützung jener Erklärung kann auch nicht die willkürliche Umdeutung des du und ich in die Worte: „der eine, der andere"[6]) oder „dieser — jener"[7]) dienen. Ebensowenig kann die Auffassung gelten[8]), bei welcher der erste Satz: $\mathit{σὺ\ πίστιν\ ἔχεις}$ hypothetisch gefaßt, und dann erklärt wird: „wenn du Glauben hast, nun, so habe auch ich Werke, weil, wie du sagst, Glaube und Werke

---

[1]) Bengel: vitae expers. [2]) Die Worte $\mathit{ἐκ\ τῶν\ ἔργων}$ hinter: „zeige mir deinen Glauben", sind nur durch G. K. und einige Minuskeln bezeugt, und im Blick auf das Folgende $\mathit{ἐκ\ τῶν\ ἔργων}$ entstanden. Statt ihrer ist nach א. A. B. C. $\mathit{χωρὶς\ τ.\ ἔ.}$ zu lesen. Ebenso ist $\mathit{σου}$ hinter $\mathit{ἔργων}$ nach א. A. B. mehreren Minuskeln und vers. mit Lachm. und Tischend., und $\mathit{μου}$ hinter $\mathit{τὴν\ πίστιν}$ nach א. B. C. mit Tischend. zu streichen. [3]) Es ist nicht mit Schultheß, Gebser u. A. zu interpungiren: $\mathit{ἀλλ', ἐρεῖ\ τις, σύ}$ . . ., sondern die Worte sind als stehende Formel ungetrennt fest zu halten. [4]) Wie 1. Corinth. 15, 35. Röm. 9, 19. [5]) Erasmus. [6]) Pott. [7]) Bouman. [8]) Kern.

nicht getrennt werden können". Dieser begründende Gedanke ist hin=
eingetragen, da die Einheit von Glauben und Werken im Vorher=
gehenden wohl vorausgesetzt, aber nicht ausgesprochen ist. Und dann,
hätte es wohl einen Sinn, wenn der Gegner sich auf seine Werke
beriefe, nachdem Jakobus gerade von ihm gesagt hat, daß er
keine Werke habe?[1])

In anderer Weise will man die Schwierigkeit, welche die Bezie=
hung der Entgegnungsformel auf die unmittelbar vorhergehenden Worte
Jakobi mit sich führt, dadurch heben, daß man[2]) erklärt: Jakobus
führe einen Vertheidiger des von ihm bekämpften Werkelosen ein, und
lasse denselben mit „Du" diesen Werkelosen anreden, mit „und ich"
aber sich selbst, Jakobus, bezeichnen. Der Sinn sei also: es möchte
aber mancher gegen das oben Ausgesprochene dich vertheidigend sagen:
daß du, Werkeloser, den Glauben habest, daß ich, Jakobus, da=
gegen, der ich den Glauben ohne Werke für todt erkläre, die
Werke habe, daß also ich mit dem einseitigen Dringen auf die Werke
nicht mehr Recht habe, als du mit dem einseitigen Verharren bei
dem Glauben. Die folgenden Worte: „Zeige mir Deinen Glauben",
u. s. w. sollen nach dieser Auffassung dann die diesen Einwand zu=
rückweisende Antwort des Jakobus, und zwar nicht an den
redend Eingeführten, sondern an den werkelosen Gegner, den dieser
vertheidigen wollte, sein; und zwar soll der Sinn dann dieser sein:
hast du wirklich, wie jener sagt, den Glauben, so muß er sich auch
in Werken offenbaren; aber weil dir diese fehlen, kannst du deinen
Glauben gar nicht einmal aufzeigen. Gegen diese Erklärung ist
zunächst einzuwenden, daß Jakobus, wenn er einen von ihm redend
eingeführten Vertheidiger des bekämpften werkelosen Gegners zu
diesem in der Weise hätte reden lassen wollen, daß seine eigene,
des Jakobus, Person jenem gegenübergestellt würde, statt $\kappa\dot{\alpha}\gamma\dot{\omega}\ \ddot{\epsilon}\rho\gamma\alpha$
$\ddot{\epsilon}\chi\omega$ hätte schreiben müssen: $\kappa\alpha\dot{\iota}\ \dot{\prime}I\dot{\alpha}\kappa\omega\beta o\varsigma\ \ddot{\epsilon}\rho\gamma\alpha\ \ddot{\epsilon}\chi\epsilon\iota$. Wie kann in
der Rede eines dritten mit dem $\dot{\epsilon}\gamma\dot{\omega}$ Jakobus gemeint sein?[3])
Das $\kappa\dot{\alpha}\gamma\dot{\omega}$ kann in der directen Rede nur der sein, der da redet,
nämlich der von Jakobus redend Eingeführte. Jedenfalls
müßte nach jener Erklärung eine indirecte Rede mit $\ddot{o}\tau\iota$ erwartet
werden[4]). Bei aller Beweglichkeit und Lebendigkeit der Denk= und

---

[1]) Vergl. Huther, Brückner, Hofmann. [2]) So Huther. [3]) So mit Recht
Brückner. [4]) Vergl. Weissenbach S. 14. Hofmann.

Ausdrucksweise des Jakobus kommt es nach dieser Erklärung doch auf ein verwirrendes Hin und Her hinsichtlich der redenden und angeredeten Personen heraus, welches der sonstigen Klarheit und Einfachheit seiner Diktion widerspricht. Ein Vertheidiger des Werkelosen wird von Jakobus redend eingeführt; derselbe wendet sich aber nicht, wie zu erwarten gewesen wäre, gegen Jakobus, sondern an den Werkelosen, und zwar mit directer Anrede, ohne daß derselbe als ein Anzuredender irgendwie eingeführt wäre, drückt sich aber in Bezug auf Jakobus so aus, als ob dieser selbst aus seiner Person heraus spräche. Und darauf redet plötzlich wieder Jakobus, nicht aber wie man als natürlich erwarten sollte, zu dem eben eingeführten Redner, sondern zu seinem Gegner, zu dessen Vertheidigung dieser gesprochen hat, und zwar wieder, ohne daß dieser als Anzuredender irgendwie bezeichnet wäre. Hierin liegt doch etwas äußerst Gekünsteltes und Gezwungenes. Endlich würde Jakobus dem eingeführten Vertheidiger des Werkelosen gegen sich selbst etwas in den Mund legen, was für ihn nicht zutrifft; denn er hat dem Glauben gegenüber kein **einseitiges** Dringen auf die Werke in seinen Worten zu erkennen gegeben, sondern überhaupt dem **Mangel an Werken** gegenüber einen **Glauben mit Werken** verlangt. —

Nach einer anderen als neu auftretenden Erklärung[1]) soll mit der Entgegnungsformel ein τις als Dritter zwischen Jakobus und seinem Gegner, dem Vertreter des werklosen Glaubens, als **Vermittler oder Friedensstifter** mit der Aufstellung „einer neuen und **besseren** Alternative" als der bisherigen: einerseits „blos Glaube", andrerseits „Glaube und Werke", auftreten, nämlich mit der Entgegensetzung und schiedsmännischen Auseinandersetzung: **du werkloser hast Glauben,** — gieb dich damit zufrieden, — ich, der werkreiche, verzichte auf den Glauben und beruhige mich bei meinen **Werken**; einerseits „Glaube", andrerseits „Werke." „Jeder von beiden lasse es bei dieser Theilung des religiös-sittlichen Lebens sein Bewenden haben und sehe, wie weit er mit dem Seinigen komme"[2]). Jakobus soll ihn dann mit den Worten: „Zeige mir deinen Glauben", u. s. w. nicht gerade zurückweisen, sondern, ihn nur auf die bei jener Alternative übersehenen Punkte aufmerksam machend, sich mit ihm unter Annahme jener zweiten These: „ich habe Werke", verständigen,

---

[1]) Von Weiffenbach S. 15 f. [2]) So Weiffenbach S. 17.

während die Verständigung mit dem, zu dem der Vermittler spricht: du hast den Glauben, unmöglich sei. Die Verständigung bestehe darin, daß Jakobus den „Mittelsmann" darauf aufmerksam mache, daß eine solche Zertheilung des religiös-sittlichen Lebens in Glaube hier und Werke dort nicht angehe und daran scheitere, daß einmal die ἔργα immer auf das Vorhandensein auch der πίστις hinwiesen, andrerseits es dabei an einem Erkenntnißgrund für das Vorhandensein des Glaubens durchaus fehlen würde. Somit könne nicht behauptet werden: der Eine hat Glauben und der Andere hat Werke. Aber gegen die Grundlage dieser Erklärung spricht, daß der dramatische Apparat, der in zwei Parteien, Jakobus und seinem Gegner (v. 14), und in einer Mittelsperson angenommen wird, in dem Wortlaut und der Darstellung bei Jakobus keinen Anhalt findet, sondern hineingelegt ist. Weiter müßte man erwarten, daß diese Mittelsperson, welche mit ihren Werken jenem Gegner des Jakobus, dem ohne Werke Glaubenden, sich gegenüber stellt, den vorgefundenen andern Theil, nämlich Jakobus, doch nicht so ohne weiteres stillschweigend zurückschieben würde. Es hätte die Abweichung von der Stellung des Jakobus doch irgendwie angedeutet werden müssen, wenn der eingeführte τις in seiner Rede als „mit einiger Modifikation des Jakobus Stelle einnehmend" dargestellt werden sollte. Ferner hätten, wenn mit den Worten: „Du hast Glauben und ich habe Werke" jene Alternative: „einerseits Glaube ohne Werke und andrerseits Werke ohne Glauben", als ein neuer Vorschlag zur Ausgleichung hätte geltend gemacht werden sollen, die Zusätze: „ohne Werke" und „ohne Glauben" nicht fehlen dürfen, da Jakobus einerseits ja den Glauben tadelt, der keine Werke hat, und andrerseits die Werke als nothwendiges Zubehör zu dem Glauben fordert. Wenigstens hätte zu den Worten: „ich habe Werke", welche der Werkreiche, sich an Jakobus Stelle setzend, in dem Sinne sagen soll: „ich verzichte auf den Glauben und beruhige mich bei meinen ἔργα"[1]), ein Zusatz in diesem Sinne gemacht werden müssen, damit die Alternative klar und deutlich zum Ausdruck kommen und verstanden werden konnte. Oder aber es hätte, wenn die Worte ohne nähere Bestimmung so hingestellt würden, wie sie dastehen, doch wenigstens Jakobus nicht so abrupt und unvermittelt seine Gegenrede δεῖξόν μοι eintreten lassen dürfen, ohne vorher den

---

[1]) S. 16.

Sinn jener Alternative, der in jenen Worten an sich nicht ausgedrückt ist, zu bezeichnen. Wie gezwungen ist es ferner, daß nach dieser Erklärung Jakobus mit den Worten: „zeige mir deinen Glauben u. s. w." „ohne Weiteres wieder auf seinen alten Gegner, mit dem eine Verständigung unmöglich ist, losgeht", statt, wie man erwarten sollte, dem die Einheit von Glauben und Werken auseinanderreißenden Mittelsmann zu Leibe zu gehen! Es ist nämlich als Hauptgrund gegen diese Erklärung geltend zu machen, daß für Jakobus ebensowenig wie mit dem Standpunkt, von dem aus der Glaube ohne Werke geltend gemacht wird, mit dem entgegengesetzten, der die Werke ohne Glauben haben will, eine „Verständigung" möglich ist; denn es ist nicht etwa der Standpunkt des Jakobus „mit einiger Modifikation", den der Mittelsmann einnimmt, wenn er von sich sagt: „ich habe Werke, indem ich verzichte auf den Glauben", sondern es ist dies der reine Widerspruch mit dem Standpunkt des Jakobus, der keine Werke kennt, außer solche, die den Glauben, und zwar den lebendigen, als Wurzel zur Voraussetzung haben.

Daß Jakobus hier von **christlichen** Werken redet, die ein **Christ** als Frucht seines **christlichen** Glaubens aufweisen kann, indem er spricht: „ich habe Werke", ist nach dem Zusammenhang als selbstverständlich festzuhalten. Und zwar muß dies geschehen sowohl gegen die Auffassung, nach welcher[1]) hier von Jakobus ein pharisäisch gesinnter **Jude** redend eingeführt sein soll, der den werklosen Christenglauben bestreiten wolle, um die jüdische Werkgerechtigkeit zu verherrlichen, als auch gegen eine solche Erklärung, welche in den Worten des redend Eingeführten die Begriffe „Glaube" und „Werke" ganz **abstract ohne alle Beziehung auf ihren christlichen Gehalt** auffassen will[2]). Letzteres verbietet einfach der Zusammenhang. Wenn es sich zwischen Jakobus und dem, welchen er hernach bestreiten wird, um den **Christenglauben** und um ein **Thun**, in welchem sich derselbe erzeigt, handelt, und zwischeninne in den Worten des redend Eingeführten von Glauben und Werken in Bezug auf ihr Verhältniß zu einander und ihre Verbindung miteinander im Hinblick auf denselben Christenstand, der vorher v. 14 f. und nachher v. 20 f. vorausgesetzt ist, geredet wird, so ist nicht abzusehen, warum hier Glaube und Werke nicht nach ihrer christlichen Bestimmt-

---

[1]) Wie Stier will. [2]) Hofmann.

heit aufzufassen sein sollen[1]), zumal nach der Voraussetzung dieser Erklärung der redend Eingeführte seine Entgegnung an einen Christen richtet, der da sagt: er habe Glauben, und doch keine Werke hat.

Freilich kann die Form der Entgegnung nicht festgehalten werden, wenn die Behauptung richtig ist, $ἀλλά$ müsse jedenfalls auf das unmittelbar Vorhergehende bezogen werden[2]). Wie gestaltet sich die Erklärung bei dieser Verbindung? Man hat $ἀλλά$ = sondern gefaßt in Beziehung auf eine in $νεκρά$ v. 17 angenommene Negation[3]): der Glaube ohne Werke ist kein Glaube, und dann die Worte: $σὺ\ πίστιν\ ἔχεις$ erklärt: ich will einmal annehmen, daß du Glauben habest. Aber wie soll $νεκρὸν\ εἶναι$ „nicht sein" und $π.\ νεκρά$ „keinen" Glauben bedeuten? Auch ist es gar nicht Jakobus Meinung, Glauben als gar nicht vorhanden anzunehmen, wenn Werke fehlen, vgl. v. 19. Wie willkürlich springt die Erklärung: „ich will einmal annehmen, du habest Glauben, während du freilich keinen hast", mit den einfachen Worten des Jakobus um! — Nach einer andern Auffassung[4]) soll $ἀλλά$ eine Steigerung des vorhergehenden Urtheils und zwar im Sinn einer Correction desselben einführen: „ja sogar" oder: „ja vielmehr es möchte Einer sagen." Im folgenden $σὺ\ πίστιν\ ἔχεις$ u. s. w., welche Worte dem $τις$ zugehören, soll noch ein Mehr im Vergleich mit dem vorhergehenden Urtheil, daß der Glaube ohne Werke an sich selbst todt sei, ausgedrückt sein, nämlich: „nicht blos todt ist er, sondern er kann ohne Werke nicht einmal sein Dasein beweisen, er ist nichts"[5]). Aber abgesehen davon, daß dann nicht $ἀλλά$, sondern $ἀλλὰ\ καί$ dastehen müßte, kann doch nicht von einer Correction die Rede sein; sonst würde das Urtheil: er ist todt, als ein falsches dargestellt sein, da todt sein und nicht sein verschiedene Begriffe sind; Jakobus hätte also gemeint: vom Todtsein des Glaubens könne man eigentlich nicht reden, er sei vielmehr gar nicht vorhanden. Gesetzt aber, er hätte so in steigerndem Sinne eine Correction: „er ist vielmehr nichts", ausdrücken wollen, so stände das im Widerspruch mit seiner Ansicht, die im Zusammenhang sich darstellt, daß wohl Glaube da ist, wenn die Werke fehlen; aber es ist freilich nicht der rechte lebendige Glaube.

Indessen die Annahme, von der die Erklärung ausgeht, daß die

---

[1]) Gegen Hofmann. [2]) Brückner gegen de Wette, Wiesinger, Huther. [3]) So Schneckenburger. [4]) Von Wiesinger, Brückner. [5]) So Wiesinger.

Worte ἀλλ' ἐρεῖ τις sich auf das unmittelbar Vorhergehende beziehen müßten, ist nicht zutreffend. Das nächst Vorhergehende in v. 17: „so auch ist der Glaube, wenn er nicht Werke hat, todt in Bezug auf sich selbst", ist der Abschluß der Beweisführung, die v. 15 ff. mit dem Beispiel blos in Worten bestehender Barmherzigkeit für den in v. 14 ausgesprochenen Gedanken, daß, wenn Jemand sage, er habe Glauben und doch keine Werke, solch ein Glaube ohne Werke nutzlos und wirkungslos sei, stattgefunden hat. An der Spitze dieser ganzen Ausführung steht der gesetzte Fall: daß Jemand sagt, er habe Glauben, ohne Werke zu haben, nicht: daß Jemand Glauben habe und doch nicht Werke habe. Mit den Worten v. 14: Wenn Jemand sagt, daß er Glauben habe, aber Werke nicht hat, denen v. 16 die Worte: „wenn aber Jemand sagt" entsprechen, hat Jakobus den Irrthum nicht blos erwähnt, den er bekämpft, sondern selbst zum Wort kommen lassen und redend eingeführt[1]). Jene Worte beherrschen als Ausgangspunkt die ganze Darstellung, in der Jakobus zeigt, daß solch ein Glaube ohne Werke wirkungsunfähig und ohne Lebenskraft sei. Nachdem er nun gezeigt hat, was für eine Bewandniß es mit dem Glauben jenes v. 14 redend eingeführten werklosen Gläubigen habe, daß er nämlich, weil ohne Werke, in seiner Beschränkung auf sich selbst sich als todt darstelle, und somit aller Wirkungsfähigkeit ermangele, fährt er jetzt v. 18 mit den Worten ἀλλ' ἐρεῖ τις, welche den Worten ἐάν τις λέγῃ v. 14 entgegengestellt sind, einen Andern redend ein, der von seinem, des Jakobus, Standpunkt an jenen v. 14 redend eingeführten Gläubigen eine Entgegnung richtet, indem er ihn direct anredet[2]). Daß Jakobus nicht direct aus seiner eigenen Person diese Entgegnung an ihn richtet, ist aus seiner in dem Brief öfter hervortretenden Neigung zu dramatischer Veranschaulichung in persönlichen Gegensätzen zu erklären. „Es wird aber dagegen, oder: es kann Jemand sagen[3]), oder: „aber man wird sagen," — so wird also die Gegenrede eines im Sinn des Jakobus sprechenden und dessen Bekämpfung des τις in v. 14 fortsetzenden Gegners eingeführt, dem die folgenden Worte, und zwar bestimmt die in v. 18. 19 folgenden,

---

[1]) Gegen Wiesinger. [2]) Bengel: rectius sentiens, quam ille aliquis, de quo v. 14, et veram fidei operumque rationem vindicans. Vgl. de Wette, Neander, Hofmann. [3]) Ueber das Futurum als Bezeichnung eines denkbaren, möglicherweise eintretenden Falles s. Winer § 40. b. S. 250.

in directer Anrede als Erwiederung gegen jenen in den Mund gelegt sind[1]).

Der v. 18 redend Eingeführte stellt in seiner Gegenrede gegen die Behauptung des in v. 14 redend Angeführten zunächst die Position fest, die Jeder von ihnen in Bezug auf Glauben und Werke einnimmt, und von der aus dann in den folgenden Worten nach beiden Seiten hin ein Urtheil gefällt wird. Das Du und Ich wird hier scharf gegenübergestellt. „Du hast Glauben". Damit wird der Inhalt jener Behauptung v. 14: „ich habe Glauben" aus dem Munde dessen, dem sie dort beigelegt ist, wieder aufgenommen, aber von Werken, die eben nach v. 14 nicht da sind, geschwiegen, da der Mangel derselben neben dem behaupteten Glaubensbesitz erst nachher im ersten Theil des folgenden Satzes als Grundlage des Urtheils über den werklosen Glauben geltend gemacht wird. — „Und ich habe Werke", bildet den Gegensatz zu dem Nichtbesitz der Werke (14. 17.). Der Redende spricht dabei zunächst noch nicht von seinem Glauben, aber nicht, „weil er ebenso einseitig wie der Andere, der sich beim bloßen Glauben beruhigt, bloß auf die Werke Gewicht legt, sondern weil er vom ἔργα ἔχειν ausgehen muß, um zu zeigen, wie da, wo Werke seien, auch der Glaube vorhanden sei"[2]). Die Worte: zeige mir deinen Glauben ohne die Werke", sind nicht als Rede des Jakobus[3]), sondern als Fortsetzung der vorangehenden Worte des von ihm eingeführten Gegners zu fassen, der dem mit Du angeredeten Redner von v. 14 gegenüber jene Forderung stellt mit der Andeutung, daß derselbe sie nicht erfüllen kann. δεῖξον, „zeige", steht nicht von dem Erweisen im Leben, sondern von dem Aufweisen oder Nachweisen für die Beurtheilung[4]) im Gegensatz zu dem bloßen λέγειν 14; „deinen Glauben", d. h. von dem du sagst, daß du ihn habest. „Ohne Werke" ist nähere Bestimmung zu der Forderung: zeige, weise auf deinen Glauben, und bezieht sich auf die v. 14 und 17 bezeichnete Thatsache des Mangels der Werke. Der Sinn ist: Du kannst es nicht. Der Glaube ist etwas Unaufzeigbares, Unnachweisbares, wenn er ohne Werke ist, die eben als seine Frucht und Erscheinung unzertrennlich mit ihm verbunden sein müssen. Dem Angeredeten soll also seiner Behauptung gegenüber

---

[1]) Bengel zu v. 19: hic quoque versus continetur sub ‚dicet quis'. Wiesinger: „es ist fortgesetzte Rede des τὶς". [2]) Wiesinger. [3]) Huther, Weissenbach. [4]) So Schneckenburger: comprobare quasi ante judicem.

v. 14, daß er Glauben habe, während er doch keine Werke hat, nicht der Glaube überhaupt abgesprochen, sondern gezeigt werden, daß der Glaube, den er nach seiner Behauptung habe, und von dem Jakobus schon nachgewiesen hat, daß er, wenn auch vorhanden, doch wirkungsunfähig und todt sei, auch gar nicht ohne Werke nachweisbar und erkennbar sei. — Der Gedanke, daß der Glaube des Bekämpften kein Dasein habe, nichts sei, ist durch die Worte: „du hast Glauben, deinen Glauben" ausgeschlossen. Er hat Glauben. Aber ohne die ihm fehlenden Werke ist unnachweisbar, daß er da sei. Was er sei, wird v. 19 ins Licht gestellt.

Dem ohne Werke unaufweisbaren Glauben des Gegners stellt der Redende seinen aus den Werken nachweisbaren Glauben gegenüber: „und ich werde dir zeigen aus meinen Werken den Glauben". Welche Präcision, welche nachdrückliche Betonung im Einzelnen, und symmetrische Composition im Ganzen zeigt sich hier wieder! Es kommt hier Alles auf die Nachweisbarkeit und Unnachweisbarkeit des behaupteten Glaubens an; das wird mit den einander entsprechend obenan gestellten Worten: „zeige du mir", und „ich werde dir zeigen", ausgedrückt. Dann steht im ersten Gliede: „deinen Glauben", im zweiten: „aus meinen Werken" voran, weil es sich zunächst um die Gegenüberstellung dessen, was man auf beiden Seiten hat, als der eigentlichen Grundlage der Beweisführung, handeln mußte. „Den Glauben", nicht: „meinen Glauben", heißt es im 2. Glied, weil das Wesen des bestimmten rechten Glaubens, um den es sich handelt, durch die Werke sich erweist, im Gegensatz zu dem im 1. Gliede bezeichneten Mangel der Werke überhaupt. Zu bemerken ist endlich noch die chiastische Construction: das „aus meinen Werken"[1]) folgt auf das „ohne Werke", und über beides hinweg entspricht τὴν πίστιν an der zweiten Stelle dem τὴν πίστιν σου an der ersten. Der Sinn ist: was du nicht vermagst, nämlich deinen Glauben nachzuweisen, getrennt von den Werken, die doch von dem Glauben unzertrennlich sein sollen, das kann ich, der ich sage: ich habe Werke; meine Werke sind der dir fehlende thatsächliche Beweis von dem Glauben, der eben in den Werken zur Erscheinung

---

[1]) ἐκ bezeichnet die Quelle oder das Substrat für das Urtheil. Win. § 47. 5. b. S. 329.

kommt. „Den Glauben" heißt es, werde ich dir zeigen aus „meinen Werken", weil diese Werke als Kennzeichen des persön= lichen christlichen Glaubenslebens das Wesen des bestimmten wahren lebendigen Glaubens überhaupt, auch abgesehen von dem persönlichen Besitz desselben, dokumentiren. Die Werke sind also die Werke, die aus dem Glauben hervorgehen, da sie diesen ja sonst nicht doku= mentiren könnten[1]).

Ein Zwiefaches besagt also v. 18: ohne Werke ist der Glaube durchaus unnachweisbar und also unerkennbar, aus den Werken ist der wirklich vorhandene Glaube aufweisbar und erkennbar. Beides ist in der vorausgesetzten organischen inneren Einheit von Glauben und Werken begründet. Der Glaube erzeugt die Werke aus sich durch die ihm in Folge der Geburt aus Gott einwohnende Lebens= kraft. Daraus folgt 1, daß, wo keine Werke sind, es an dem lebendigen Glauben fehlt, indem es an dem, was derselbe aus sich heraus wirkt, mangelt; 2, daß, wo Werke sind, der lebendige Glaube als ihre Wurzel, aus der sie erwachsen, vorhanden ist, und die Werke eben darum das Kennzeichen sind, in denen sich thatsächlich der Glaube als ein lebendiger und wirksamer erweist und darstellt[2]).

Weiter wird in v. 19 der Glaube, der ohne Werke und also todt ist, als ein solcher dargestellt, der zwar seinem Wesen nach ein Fürwahrhalten, ein Wissen von göttlicher Wahrheit, aber ohne Kraft und Wirkung in Beziehung auf das Heil in der Gemeinschaft mit Gott ist. Vergl. v. 14: $μὴ\ δύναται\ σῶσαι$; Der redend Eingeführte fährt fort: „du glaubst". Diese Worte[3]) entsprechen offenbar den vorigen: du hast Glauben. Der Glaube des Werkelosen wird hier aber näher bestimmt durch ein Objekt, durch Bezeichnung einer Wahrheit, die seinen Gegenstand bildet: du glaubst, daß Einer Gott ist[4]). Wie v. 18, so nehmen wir auch hier das Glauben vom christlichen Standpunkt. Abgesehen von dem Zusammenhang, der das erfordert, würde die Polemik des Jakobus ihre Spitze ver= lieren, wenn nicht auch hier ein Glaube vom christlichen Standpunkt

---

[1]) Gegen Weissenbach mit Huther. [2]) Vergl. Weiß § 53 a. gegen Weissen= bach. [3]) Nicht mit Lachm. und Tischend. als Frage zu nehmen. [4]) Jedenfalls ist gegen B, der $θεός$ liest, nach den andern Hauptzeugen ὁ $θεός$, und statt der recepta: ὁ $θεός\ εἷς\ ἐστιν$ ist nach א. A. B. C $εἷς\ ὁ\ θεός$ zu lesen. Ob $ἐστι$ nach א. A. mit Lachm. vor, oder nach B. C mit Tischend. hinter ὁ $θεός$ zu stellen sei, muß bei dem Gleichgewicht der Zeugen und bei der Indifferenz für den Sinn dahingestellt bleiben.

gemeint wäre, wenn wirklich, wie behauptet worden¹), der Angreifende von dem absähe, „was der Angegriffene in seiner Eigenschaft als Christ sonderlich glaubt und sich an das hielte, was er als Jude gleich ihm glaubt"²). Der beispielsweise angeführte Glaubenssatz: „daß Einer Gott sei", diese elementarste Wahrheit vom Sein und Wesen Gottes in der alttestamentlichen Offenbarungsreligion gegenüber dem Heidenthum³), ist als die Wahrheit, welche die Grundlage der christlichen Religion⁴) und die Scheidewand zwischen Gläubigen und Ungläubigen bildet⁵), darum von Jakobus hier als Gegenstand des Glaubens gewählt, weil es, wie den Juden, so den Judenchristen in der Diaspora inmitten des Heidenthums bei dem Bekenntniß ihres Glaubens zunächst und vor Allem darum zu thun sein mußte, den Glauben an den Einen Gott zu bezeugen. Bei diesem Glauben und dem Bekenntniß, daß Jesus der Christ sei, wollte man sich beruhigen. Insbesondere aber liegt es dem scharfe Gegensätze liebenden Jakobus daran, die Unfruchtbarkeit und Unwirksamkeit des werklosen Glaubens hinsichtlich des Verhältnisses und Verhaltens zu Gott durch Vergleichung mit dem Verhältniß und Verhalten der bösen Geister zu dem auch von ihnen geglaubten und anerkannten Einen Gott in schneidigster Schärfe darzustellen. Die Dämonen als böse, dem Einen lebendigen Gott feindlich widerstrebende geistige Existenzen⁶), sollen als Folie für die Darlegung des religiössittlichen Unwerths des werklosen Christenglaubens dienen. Die Annahme und Anerkennung der Existenz des Einen Gottes ist das Einzige, was sie in der Beziehung zu Gott mit dem Christenglauben gemein haben. Daß von einem theoretischen Glauben die Rede ist, zeigt nicht nur der Zusammenhang, sondern auch die Ausdrucksweise: du glaubst, daß Einer Gott ist⁷). „Du thust Recht", sagt der redend Eingeführte zur einfachen Bestätigung der Richtigkeit eines solchen Glaubens als Fürwahrhaltens und Ueberzeugtseins von jener Wahrheit als einer unzweifelhaften und unstreitbaren, jedoch ohne irgend welchen Ausdruck der Ironie, den man darin hat finden wollen⁸). Ganz parallel ist Marc. 12, 32: „Richtig hast du

---

¹) Von Calvin, Hofmann. ²) So Hofmann. ³) 5. Mos. 6, 4. Jesaj. 44, 6. 45, 6. vergl. Huther. ⁴) Matth. 23, 9. 1. Corinth.8, 46. ⁵) So Bengel. ⁶) 1. Cor. 10, 20, nicht daemoniaci, Wetstein, aber auch nicht die Dämonen in den Besessenen, Schneckenb., Gebser. ⁷) De Wette, Wiesing., Philippi. ⁸) So Calvin, Schneckenb., Theile, Wiesing., Bouman.

Meister, der Wahrheit gemäß gesagt:¹) „daß Einer Gott ist und kein Anderer außer ihm". Um so schneidender ist dann aber der Gegensatz, wenn es ohne Verbindung und Uebergang weiter heißt: „auch die Dämonen glauben und schaudern". Die Annahme und Anerkennung jener Wahrheit gehört nach der intellectuellen Seite zum Besitz, zum ἔχειν der Glaubenswahrheit und Glaubenserkenntniß. Aber, nach der Voraussetzung ohne Werke (14. 17. 18), ohne organische, innere Einheit mit sittlicher Lebenskraft nach Innen und sittlicher Bethätigung nach Außen, ist solch ein Glaube ganz gleich mit dem der Dämonen. „Auch" sie glauben, daß Einer Gott ist; denn sie können sich der Anerkennung dieser Wahrheit nicht entziehen, sie müssen die Ueberzeugung davon haben. Doch wozu nützt ihnen solcher Glaube? Was ist ihr Zustand Gott gegenüber? Sie wissen wohl von dem Einen Gott; aber sie kennen nur seine Macht, während seine ethischen Eigenschaften vor ihnen verdunkelt sind. Letzteres ist die Voraussetzung, wenn es von ihnen heißt: „Sie glauben und schaudern"; φρίσσειν²) ist mehr als Furcht und Zittern: erstarren vor Entsetzen, der höchste Grad des Schreckens. Sie haben kein anderes Verhältniß zu Gott, als das der Gerichteten zu dem Richter, vergl. 4, 12, wo von dem Einen Gott als dem Gesetzgeber und Richter die Rede ist; sie zeigen kein anderes Verhalten Gott gegenüber, als das des Gegentheils von πιστεύειν, Vertrauen, nämlich Schrecken und Entsetzen gegenüber der ihnen furchtbaren göttlichen Macht, gegenüber dem verdammenden Richterspruch³). Erst in dieser unvergleichlich meisterhaften, lakonischen Zusammenstellung der Worte „glauben und schaudern"⁴) liegt die gewaltig einschneidende Ironie, mit der der blos theoretische Glaube als ein nicht nur in ethischer, sondern auch in religiöser Hinsicht werth- und wirkungsloser, als ein·heilloser charakterisirt wird. Welch eine Tiefe sittlichen Ernstes und wurzelhafter Erfassung des religiös-sittlichen Lebens bekundet sich hier in der Gleichstellung jenes werklosen Gläubigen mit den jene fundamentale Glaubenswahrheit anerkennenden Dämonen! Bei einem solchen blos

---

¹) καλῶς εἶπας, ὅτι εἷς ἐστιν καὶ οὐκ ἔστιν ἄλλος πλὴν αὐτοῦ. ²) Im N. T. nur hier. Hiob 4, 15 von den vor Schrecken sich aufsträubenden Haaren gebraucht. ³) Vergl. Matth. 8, 29. Offenb. 20, 10. 2. Petri 2, 4. Jud. 6. ⁴) Diese Uebersetzung entspricht auch dem ähnlichen Laut der Worte πιστεύουσιν und φρίσσουσιν.

theoretischen Glauben, wie er vorher als ein sittlich unwirksamer, todter und unnachweisbarer geschildert worden, kommt es nimmer zum σώζεσθαι, zur Erlangung der Rettung und des Heils (v. 14) von Seiten des heiligen und gerechten Gottes als des Richters. Statt des σώζεσθαι und des damit als Voraussetzung verbundenen δικαιοῦσθαι vor dem Einen Gott[1]) hat er in seinem Gefolge die Ver= dammniß, wie sie die Dämonen bei ihrem Glauben erfahren; statt der Liebe zu Gott, welche[2]) in organischer Verbindung mit dem Glauben an den Einen Gott gefordert wird und die Voraussetzung der Erlangung der Krone des Lebens und der Theilnahme an dem Reich ist[3]), hat er in seinem Gefolge Furcht und Schrecken vor Gott und seinem Gericht. Mächtiger und gewaltiger hätte Jakobus nach dem Vorbilde des Herrn[4]) den blos theoretischen Mundglauben, welchem die Heilskraft und religiös-sittliche Bewährung vor Gott fehlt, in seiner religiös-sittlichen Werthlosigkeit und Nichtigkeit, wie auch in seiner endlichen Verwerfungs= und Verdammungswürdigkeit, nicht darstellen können. Es ist das schärfste „Nein" auf die an der Spitze der ganzen Ausführung stehende Frage v. 14: „kann auch solch ein Glaube erretten?" die im Blick auf das endliche un= barmherzige Verdammungsurtheil, auf welches v. 13 hingewiesen wurde, gestellt war. Das bloße Wissen von der Glaubenswahrheit macht keinen Unterschied von den Teufeln, die um die Anerkennung ihres Inhalts nicht umhin können; es bewahrt den bloßen Verstandes= und Wortgläubigen ebensowenig wie jene vor dem Erzittern vor dem Zorn und Gericht Gottes.

Das von v. 14 an unter den verschiedensten Gesichtspunkten behandelte Thema: „der Glaube ohne Werke", wird auch in v. 20 festgehalten und von Neuem ausdrücklich hervorgehoben behufs Einleitung des **thatsächlichen und geschichtlichen Be= weises aus der Schrift** v. 21—26, daß der Glaube ohne Werke, d. h. der Glaube, wenn er nicht Werke hat, wirkungslos in Bezug auf das Heil ist, indem nur der in Werken sich bewährende Glaube das zu dem σώζεσθαι (v. 14) **unerläßlich nöthige** δικαιοῦσθαι **vor Gott zur Folge hat**, wie das Beispiel Abrahams v. 21—24 und der Rahab v. 25 zeigt.

---

[1]) Vergl. Röm. 3, 20. [2]) 5. Mose 6, 45. Marc. 12, 29. 30. [3]) 1, 12. 2, 5. [4]) Matth. 7, 21 ff.

Daß der Verfasser diese Beispiele nur mit Bezug auf Paulus Röm. 4 und Gal. 3 und auf Ebräer 11, 31¹) gewählt habe, ist eine durchaus willkürliche Behauptung. Beide mußten den Judenchristen wie den Juden sehr geläufig sein²).

Bisher hat der v. 18 redend Eingeführte das Wort gehabt gegen den, der v. 14 von Jakobus mit der Rede, er habe Glauben, während er doch keine Werke hatte, eingeführt wurde, um demselben die Erkenntniß beizubringen, daß ein Glaube ohne Werke gar nicht aufweisbar sei und sich von dem todten, vor dem Schrecken des Gerichts nicht bewahrenden Fürwahrhalten der Dämonen, z. B. daß Einer Gott sei, in nichts unterscheide. Jetzt wendet sich Jakobus selbst an den bisher Angeredeten, und zwar mit einer Anrede voll Unwillen und Entrüstung³): o du leerer Mensch! Das Wort κενός, nur hier im N. T. von Personen gebraucht, bezeichnet den Mangel des Glaubenslebens, da es nur in Bezug auf das, was der Angeredete in und mit seinem Glauben zu sein und zu haben behauptet, zu verstehen ist. Es ist also weder Bezeichnung des Mangels an Erkenntniß⁴), noch der Leerheit oder Nichtigkeit der Worte des Angeredeten⁵). Mit der Frage: „willst du aber erkennen, o leerer Mensch?" wird angedeutet, daß derselbe einen Beweis für das über seinen Glauben ohne Werke gefällte Urtheil verlangen könnte, und somit an sein Erkenntnißvermögen appellirt, wie bisher. Aber als die Wahrheit, für welche seiner Erkenntniß ein Nachweis zugeführt werden soll, wiederholt Jakobus nicht einfach den obigen Satz, daß der Glaube ohne Werke todt sei, sondern er führt diesen Gedanken einen Schritt weiter mit dem Satz, daß dieser Glaube für ihn, der da sagt, daß er Glauben habe, ertraglos oder fruchtlos sei⁶). Ein anderer ist der Gedanke, daß der Glaube in Bezug auf sich selbst und an sich selbst todt sei, ein anderer, daß er in Bezug auf den, der ihn hat, ἀ — εργή, un-

---

¹) W. Grimm S. 388. De Wette: Stud. u. Krit. 1830 S. 349. ²) Vgl. Beyschlag a. a. O. 121 ff. ³) ὦ steht als Ausdruck des Unwillens und Tadels auch Matth. 17, 17. Luc. 24, 25. Röm. 9, 20. ⁴) Pott. ⁵) Bengel: inania verba jactans. ⁶) Statt der lect. rec. νεκρά (א. A. C.** Reiche, Bouman) ist ἀργή nach B. C** mit Lachm., Tischend., Huth., Wiesing., Lange, Hofmann zu lesen; denn wenn νεκρά die ursprüngliche Lesart gewesen wäre, so ließe sich nicht annehmen, daß sie in ἀργή verwandelt worden wäre; wenn dieses dagegen das Ursprüngliche war, läßt sich begreifen, wie es nach v. 17 und 26 mit νεκρά vertauscht wurde.

wirksam sei¹). Mit Recht ist daran erinnert worden²), daß das Wort ἀργός von einem Kapital gebraucht werde, das keine Zinsen bringt. So sagt denn Jakobus von dem schon als für sich todt dargestellten Glauben ein Weiteres aus: daß er nämlich für den nichts erwirkt und einbringt, der ihn hat³), daß er für ihn ohne Wirkung ist. In Bezug worauf, das erhellt aus dem unmittelbar Vorhergehenden v. 19, wo gesagt ist, daß solch ein Glaube keine Rettung vom Gericht wirkt, sondern nur Schrecken und Schauer vor demselben mit sich führt, aus dem Folgenden, wo der in Werken sich beweisende Glaube, der mit den geschichtlichen Beispielen Abrahams und Rahabs aus der Schrift charakterisirt wird, als ein solcher geschildert wird, der das Gerechtfertigtwerden einbringt dem, der ihn hat, — aber auch aus dem an der Spitze der ganzen Ausführung des Themas vom Glauben ohne Werke v. 14 stehenden Fragesatz: „kann etwa ein solcher Glaube erretten?" Denn das σώζεσθαι kann er nicht einbringen, weil er das dasselbe bedingende δικαιοῦσθαι nicht zur Folge hat. Der Satz v. 14: ein solcher Glaube kann nicht die σωτηρία schaffen, die man erwartet, findet in dem nachfolgenden geschichtlichen Schriftbeweis, nach welchem nur ein in den Werken sich bewährender Glaube das Gerechtfertigtwerden vor Gott erlangt, seine Bestätigung.

Aber nicht mit einem apodiktischen Satz, sondern in Form einer Frage, die eine Bejahung fordert, stellt Jakobus dem Gegner die Thatsache vor Augen⁴): daß Abraham, der Mann des Glaubens, aus Werken gerechtfertigt worden sei. Denn mit der Frage, ob derselbe sich zu einer besseren Erkenntniß führen lassen wolle (v. 20), war zugleich die Bereitwilligkeit dazu vorausgesetzt, welcher nun die Frage entgegenkommt: „Abraham, unser Vater, wurde er nicht aus Werken gerechtfertigt, da er Isaak seinen Sohn auf den Altar brachte?" eine Frage, die zugleich die Anerkennung der mit ihr eingeführten, unzweifelhaften Thatsache der Rechtfertigung Abrahams aus Werken auf Seiten des Gegners als

---

¹) ἀργός von ἀ privat. und ἔργον, ohne Werk, unbeschäftigt, müßig, Matth. 20, 3. 6. 1. Tim. 5, 13. Tit. 1, 12. Der ἀργὸς ἀνήρ bei Homer entgegengesetzt dem πολλὰ ἐοργώς, Il. 9, 320. Ἀργός heißt dann auch „ohne Ertrag", so verbunden mit ἄκαρπος 2. Petr. 1, 8. ²) Von Huther. ³) Gegen Huther, der in beiden Ausdrücken wesentlich dasselbe bezeichnet findet. ⁴) Vergl.: „du siehest" v. 22, und „ihr sehet" v. 24.

selbstverständlich voraussetzt und mit Ja beantwortet werden mußte. In der Benennung Abrahams „unser Vater" ist die Gültigkeit und Bündigkeit des von ihm hergenommenen Beweises begründet[1]). Die gemeinsame Abstammung von ihm, dem Ahnherrn Israels, verbunden mit der allen Juden und Judenchristen gemeinsamen Ehrfurcht vor diesem erhabenen Vorbilde wahrhafter Glaubensfrömmigkeit bringt es mit sich, daß für die, deren Vater er ist, dasselbe gilt, was ihm von Seiten Gottes widerfuhr, und daß dasselbe Verhalten zu Gott von ihnen gefordert wird, welches er in seinem Glaubensgehorsam bewies. Dabei ist wohl anzunehmen, daß, wie die Juden überhaupt sich der nationalen Abstammung von Abraham rühmten und um dieser selbst willen schon Gott wohlgefällig und Glieder des messianischen Reiches zu sein glaubten, so auch manche der hier bekämpften Judenchristen sich bei ihrem bloßen Mund- und Bekenntnißglauben auf Abraham als Vorbild des Glaubens beriefen, und als Nachfolger desselben mit ihrem Glauben in gleicher Weise Gottes Wohlgefallen erlangen zu können meinten. Gegen eine solche trügerische Schlußfolgerung, zu welcher der todte Glaube führt, wendet Jakobus sich mit der Thatsache: Abraham hat das Wohlgefallen Gottes oder die göttliche Erklärung Gott wohlgefälliger Rechtbeschaffenheit nur in Folge der Beweisung seines Glaubens durch Werke, in Folge der aus seinem Glaubensleben fließenden Gehorsamsthat in der Opferung Isaaks, seines Sohnes, durch den er eben „unser Vater" ist, erlangt. „Wurde er nicht aus Werken gerechtfertigt?"

Da es sich nach dem Zusammenhang und Gedankengang um das Verhältniß, in dem der Mensch mit seinem Glauben und Thun zu Gott sich befindet, insbesondere um das Gerettetwerden und Bestehen vor dem als nahe gedachten Gericht handelt[2]), so kann das $\dot{\varepsilon}\delta\iota\varkappa\alpha\iota\dot{\omega}\vartheta\eta$ nicht von der Erweisung Abrahams als eines Gerechten oder Gerechtfertigten vor Menschen[3]), sondern nur als etwas, was ihm in der Beziehung zu Gott und zwar von Seiten Gottes widerfuhr, verstanden werden. Es muß aber auch sowohl nach dem rückwärts (v. 12. 13), wie vorwärts (v. 23), ins Auge gefaßten Zusammenhang, wie nach dem alt- und neutestamentlichen Sprachgebrauch[4]) endlich als ausgemachte Sache gelten, daß $\delta\iota\varkappa\alpha\iota o\tilde{v}\sigma\vartheta\alpha\iota$

---

[1]) Vergl. „Abraham unser Vater" Röm. 4, 1 ff. [2]) V. 12—14 vergl. mit 4, 12. 5, 8. 9. [3]) Calvin, Baumgarten. [4]) S. Huther, Cremer, Beyschlag a. a. O. S. 118. — In Jesu Munde kommt der Ausdruck in declarativem oder forensischem Sinne vor Matth. 12, 37. Luc. 16, 15. 18, 14.

auch hier in gerichtlichem oder beclaratorischem Sinne zu nehmen ist: „er warb für gerecht erklärt oder anerkannt", nämlich von Seiten Gottes[1]). Solche Erklärungen, wie: er wurde als ein Gerechter von Gott geliebt[2]), er wurde des Beifalls Gottes und aller daraus entsprungenen Wohlthaten theilhaftig[3]), verfehlen ganz die Bedeutung des Wortes. Ebenso unhaltbar ist die Erklärung, welche unter δικαιοῦσθαι nur eine Erweisung der Gerechtigkeit verstehen will.[4]) Aber auch die Auffassung, welche δικαιοῦσθαι als „gerecht werden" nimmt und erklärt: „Abraham sei dazu gelangt, ein Gerechter, ein richtig zu Gott Stehender zu sein, der Stand der Rechtschaffenheit sei ihm von seinem Thun her **erwachsen**"[5]), verläßt völlig den biblischen Sprachgebrauch, nach welchem es den Akt göttlicher Anerkennung bezeichnet. „**Aus Werken**" warb Abraham von Gott für gerecht erklärt. Das Fehlen des Artikels bezeichnet die Allgemeinheit des principiellen Satzes, daß ohne Werke ein für gerecht Anerkanntwerden von Seiten Gottes nicht möglich sei. Abraham warb dies zu Theil in Folge von Werken, aus Ursache der Bethätigung seines Glaubens[6]), indem er **seinen Sohn Isaak auf den Altar brachte** 1. Mose 22, 9. „**Seinen Sohn**" heißt es entsprechend dem Wort v. 16: „weil du solches gethan und deines **eigenen Sohnes** nicht verschonet hast". Denn an diesem hing die Erfüllung der empfangenen Verheißungen. Er bewährte[7]) seinen Glauben in der That der Hinauflegung seines Sohnes auf den Altar; **daher rührte, daraus**[8]) folgte sein Gerechtfertigtwerden. In Beziehung auf die Erzählung von Isaaks Opferung 1. Mose 22 kommt nun zwar kein göttlicher Ausspruch vor, der ausdrücklich sagt: „Gott habe ihn auf Grund dieser That für gerecht erklärt". Man hat daher an eine **thatsächliche** Gerechterklärung Abrahams gedacht, welche in die ihm zu Theil gewordenen **Segensverheißungen** eingeschlossen gewesen sei[9]). Diese wären dann die thatsächliche Anerkennung Abrahams als eines gerechten auf Grund jener Gehor-

---

[1]) Vergl. den synonymen Ausdruck λογίζεσθαι εἰς δικαιοσύνην 2, 24. [2]) Grotius. [3]) Theile. [4]) Vergl. Preuß Ev. K. Z. 1867. N. 40. [5]) So Hofmann. [6]) Vergl. die Ausführung Ebr. 11, 17—19. [7]) Sir. 44, 21. 22: „er warb treu erfunden, da er versucht warb." [8]) ἐκ bezeichnet die Ursache des δικαιοῦσθαι. Vergl. Matth. 12, 37: „**aus deinen Worten**, nämlich wenn sie rechter Art sind, wirst du **gerechtfertigt werden**, und **aus deinen Worten** wirst du verurtheilt werden. Vergl. Lysias: ἐκ τῶν ἔργων χρὴ μᾶλλον ἢ ἐκ τῶν λόγων τὴν ψῆφον φέρειν. [9]) So Weissenbach S. 31.

samsthat, die thatsächliche Bestätigung des Satzes: der Glaube **ohne Werke** kann nicht zum Errettetwerden und zum Heil führen, oder der positiven Aussage: nur ein in Werken sich bethätigender und mit Werken als seiner Frucht organisch verbundener Glaube ist wirksam zur Erlangung des Heils und Segens. Wie Jakobus mit dieser Verbindung von 1. Mose 15 und 22 einer allgemein geläufigen Auffassung entgegenkam, zeigt außer den angeführten Stellen auch 2. Makkab. 2, 52: „Abraham ward versucht und blieb fest im Glauben; das ist ihm gerechnet worden zur Gerechtigkeit".

Allein wegen der Bedeutung des $\delta\iota\kappa\alpha\iota o\tilde{\upsilon}\sigma\vartheta\alpha\iota$ kommt es auf ein **Gotteswort** an, durch welches Abraham auf Grund jener Glaubensthat als der rechtbeschaffne, als welcher er sich bewiesen hatte, erklärt und anerkannt wurde. Und solche Erklärung enthalten die Aussprüche 1. Mose 22, 12. 16. 18: „Nun **weiß ich**, daß du Gott fürchtest", — „weil du solches **gethan** und meiner Stimme **gehorchet hast**", Aussprüche, die also wirklich eine Gerechterklärung Abrahams von Seiten Gottes enthalten, und die Grundlage für die Heilsverheißungen Gottes v. 16—18 bilden. Der Gegensatz von 21 zu 20 ist klar; $\dot{\varepsilon}\xi\ \dot{\varepsilon}\rho\gamma\omega\nu$ steht dem „**ohne Werke**" gegenüber; mithin ist auch Abrahams **Glaube**, als ein solcher, der Werke hatte, das Gegentheil jenes Glaubens ohne Werke, und seine auf Grund seiner Gehorsamsthat erfolgte Gerechterklärung als Ertrag seines werkthätigen Glaubens entgegengestellt der Wirkungs- und Ertragslosigkeit jenes werklosen Glaubens, die mit dem Prädicat $\dot{\alpha}\rho\gamma\dot{\eta}$ bezeichnet ist. Das Ergebniß der Beweisführung ist: nicht ein werkloser, unthätiger Glaube führt dazu, von Gott für gerecht erklärt und anerkannt zu werden, um auf Grund dessen des $\sigma\dot{\omega}\zeta\varepsilon\sigma\vartheta\alpha\iota$ theilhaftig zu werden, sondern ein in **Werken** sich bethätigender, lebendiger Glaube, wie er bei Abraham in Werken, insbesondere in jener Gehorsamsthat, sich darstellte und wirksam bewies. Dabei ist zu bemerken, daß Jakobus, wenn er hier das $\delta\iota\kappa\alpha\iota o\tilde{\upsilon}\sigma\vartheta\alpha\iota$ und in v. 14 das $\sigma\dot{\omega}\zeta\varepsilon\sigma\vartheta\alpha\iota$ mit der Frage in Betreff der $\pi\iota\sigma\tau\iota\varsigma$ und $\ddot{\varepsilon}\rho\gamma\alpha$ in Verbindung bringt, keineswegs beide Begriffe als synonyme gebraucht[1]). Wie v. 13 „das Barmherzigkeitthun" oder Gethanhaben, weil als solches als vorhanden erkannt und anerkannt, die Bedingung des Bestehens vor „dem Gericht" ist, so ist hier das $\delta\iota o\tilde{\upsilon}\sigma\delta\iota\kappa\alpha\alpha\iota$, das von

---

[1]) Gegen Beyschlag a. a. O. S. 150.

Gott als gerecht, d. h. in Werken, die aus dem Glauben kommen, als sittlich rechtbeschaffen Anerkanntsein die Bedingung für die σωτηρία in der Gemeinschaft mit Gott.

In v. 22 sind die Worte: βλέπεις ὅτι, die den Worten θέλεις δὲ γνῶναι v. 20 entsprechen, nicht als Frage, sondern als Aussage zu fassen, welche das Ergebniß aus der Thatsache, daß Abraham aus Werken gerechtfertigt ward, als etwas vor Augen Liegendes bezeichnen. Der Satz 20, daß der Glaube „ohne Werke" für das Heil unwirksam und ertraglos sei, ist 21 durch die Thatsache bewiesen, daß der nach 22—24 glaubende Abraham „aus Werken" die Gerechterklärung, welche eben die Bedingung des in der Segensverheißung ihm widerfahrenen Heils ist, erlangt hat, indem dem χωρὶς τῶν ἔργων das ἐξ ἔργων entgegengesetzt ist. Aus dieser Thatsache folgt v. 22 mit Evidenz: „du siehst 1, daß der Glaube (Abrahams) mitwirkte mit den Werken desselben und 2, aus den Werken der Glaube vollendet ward". In beiden Aussagen sind die Werke und der Glaube einerseits im Gegensatz zu dem Glauben, der ohne Werke ist, durch die Worte συνήργει und ἐτελειώθη als in innerer, organischer Einheit mit einander verbunden, und andrerseits beide in ihrer Bedeutung und Wirkung für einander dargestellt. Das Beispiel Abrahams, auf welches sich der berief, der da sagte: ich habe Glauben, aber keine Werke hat, lehrt, daß der Glaube, den Abraham hatte, nicht ein Glaube ohne Werke, also nicht unwirksam und müßig v. 20, sondern, da Abraham aus Werken gerechtfertigt ward, ein mit Werken behafteter, in Werken sich bethätigender, also lebenskräftiger und wirksamer Glaube war. Das ist offenbar im Gegensatz zu jenem Wahn, daß ein Glaube ohne Werke genüge, die Voraussetzung der Aussage: „daß der Glaube mitwirkte mit seinen Werken". Denn die gegensätzliche Beziehung des συνήργει τ. ἔργ. zu den Worten χωρὶς τ. ἔργ. ἀργή v. 20 liegt auf der Hand.

Aber es darf nicht erklärt werden: er wirkte zu seinen Werken, verhalf ihm zu seinen Werken, oder: „war das wirksame Princip für die Erzeugung seiner Werke"[1]). Dann müßte εἰς τὰ ἔργα geschrieben stehen. Auch ist σὺν nicht völlig beziehungslos zu nehmen.

---

[1]) Kern, de Wette.

Nirgends), auch nicht Röm. 8, 28[1]), findet es sich ohne die Bedeutung der Begleitung oder Gemeinschaft. Es heißt daher auch nicht: der Glaube half den Werken, nämlich dazu, daß Abraham gerecht wurde[2]). Der Begriff des Helfens oder Verhelfens ist hier geradezu hineingetragen. Nach dem Zusammenhang und der Stellung der Worte soll gerade der Begriff des Wirkens im Gegensatz gegen die $\pi\iota\sigma\tau\iota\varsigma\ \dot{\alpha}\rho\gamma\dot{\eta}$, den mäßigen Glauben, mit Nachdruck hervorgehoben werden. In $\sigma\upsilon\nu\dot{\eta}\rho\gamma\epsilon\iota$ ist mitten in dem Reden von Werken daher umsomehr die Bedeutung des Wirkens festzuhalten. Nun könnte man erklären: er wirkte mit den Werken dazu, daß Abraham rechtfertigt ward. Aber diesen Gedanken hätte Jakobus um so mehr ausdrücklich, etwa durch ein $\epsilon\dot{\iota}\varsigma\ \tau o\tilde{\upsilon}\tau o$, aussprechen müssen, als er vorher ganz ohne Beziehung auf den Glauben gesagt hatte: aus Werken sei Abraham gerechtfertigt worden. Nur auf das Verhältniß und auf die Beziehungen zwischen diesen Werken und dem Glauben, den Abraham hatte, will er mit $\beta\lambda\dot{\epsilon}\pi\epsilon\iota\varsigma\ \ddot{o}\tau\iota$ den Blick richten. Die Werke Abrahams kommen nach dem Gegensatz seines Redens wider die, welche sich etwa rühmen, Glauben wie Abraham zu haben, und doch die Werke außer Augen lassen, in Betracht, sofern zu ihnen der Glaube eine durch $\sigma\dot{\upsilon}\nu$ ausgedrückte begleitende Beziehung, und zwar in und mit derselben ein durch $\sigma\upsilon\nu\dot{\eta}\rho\gamma\epsilon\iota$ bezeichnetes Verhältniß des Wirkens und sich Bethätigens in Gemeinschaft mit den Werken hatte. Da von Werken schlechthin die Rede ist, zu denen der Glaube eine solche Beziehung hat, so trifft auch die Erklärung nicht zu: der Glaube half den Werken mit, nämlich zu werden, was sie nach v. 21 gewesen sind, Bethätigung unbedingten Gehorsams und Grundlage der Rechtfertigung aus Werken[3]), oder: der Glaube leistete den Werken dadurch Unterstützung, daß er, wie zu ihrer Hervorbringung, so zu ihrer dem Willen Gottes entsprechenden Ausführung wirkte[4]). Nach dem Wortlaut $\tau o\tilde{\iota}\varsigma\ \ddot{\epsilon}\rho\gamma o\iota\varsigma$ handelt es sich um die Werke an und für sich, kann also nicht solch ein Unterschied zwischen den Werken und ihrer sittlichen Qualität gemacht werden, als ob Jakobus meinte, der Glaube habe erst den Werken zu der letzteren, nämlich zur Angemessenheit zu dem Willen Gottes oder zu der Signatur unbedingten Gehorsams gegen Gott verholfen. Diesen im Zusammenhang neuen Ge-

---

[1]) Gegen Hofmann. [2]) Gegen Hofmann. [3]) So Brückner. [4]) So Luther.

banken hätte Jakobus ausdrücklich aussprechen müssen. Er redet von Werken, aber nicht zugleich von ihrer Beschaffenheit als Wirkung des Glaubens; und zwar redet er von solchen bestimmten Werken, wie Abrahams Opferthat eins war, worin selbst schon der unbedingte Gehorsam und die Uebereinstimmung mit dem göttlichen Willen sich wesentlich und thatsächlich darstellte.

Der einfache Wortlaut stellt vielmehr dem Zusammenhang gemäß rein geschichtlich, indem die Folgerung aus dem v. 21 angeführten Beispiel gezogen wird, das Verhältniß bar, in welchem die Werke, aus denen Abraham gerechtfertigt ward, zu dem Glauben standen, den er nach v. 23 hatte, und der ihm zur Gerechtigkeit angerechnet ward; sie erfuhren von ihm eine Mitwirkung. Was für ein Glaube das war, zeigt das mit v. 23 angedeutete geschichtliche Verhältniß Abrahams zu Gott. Abraham setzte in lebendigem Glauben und in festem Vertrauen seine Zuversicht auf die Treue, Wahrhaftigkeit und Macht Gottes angesichts der Verheißungen Gottes, die er empfangen, als er zu der That unbedingten Gehorsams in der Opferung seines Sohnes schritt. Diese That unbedingten Gehorsams hatte zu ihrer Begleiterin die mitwirkende Kraft jenes Glaubens oder unerschütterlichen Vertrauens auf die Gnadenverheißung Gottes. Indem Abrahams Glaube in seinem inneren Leben durch solche Zuversicht zu Gottes Macht und Treue sich bethätigte, half er den Werken Abrahams, d. h. der Gehorsamsthat Abrahams in der Opferung seines Sohnes zu ihrem zu Stande kommen, zu ihrer Vollbringung. Es werden der Glaube und die Werke gleichsam personificirt, und behufs der Veranschaulichung ihres inneren Verhältnisses in der Weise unterschieden und gegenübergestellt, daß der Glaube, aus welchem doch die Werke als Frucht seiner Lebenskraft hervorgehen, als ein in Gemeinschaft mit diesen wirksamer hingestellt wird. Es ergiebt sich also, daß der bei ihm vorhandene Glaube, weit entfernt davon, „ein Glaube ohne Werke" zu sein, vielmehr in der Begleitung und Gemeinschaft mit den Werken sich zu und bei ihrer Ausrichtung als thätig, werkkräftig erwies, sich als in gemeinsamer und gleicher Wirksamkeit mit den Werken darstellte. Die innige Gemeinschaft und Einheit der sittlichen That des Glaubens im innern Leben, nämlich des Setzens unerschütterlichen Vertrauens und fester Zuversicht auf die Verheißungsworte Gottes, mit dem dadurch unterstützten, sich äußerlich vollziehenden Werk des unbedingten Gehorsams gegen das Gebot Gottes wird bezeugt im Gegensatz gegen den Wahn, daß die Erlangung des Wohlgefallens Gottes oder eines göttlichen Gerechterklärungsspruchs durch einen Glauben ohne Werke möglich sei. Es ist also nachgewiesen, daß bei Abraham Beides zusammen war, Glaube und Werke, und der Glaube als ein sittliches Thun des inneren Lebens mitwirksam war mit den ihm entsprungenen Werken. Das Imperfectum bezeichnet das Dauernde des Verhaltens des Glaubens, seine bleibende, zeitliche Zugehörigkeit zu den Werken.

Die zweite Aussage: „und daß aus den Werken der Glaube ist vollendet worden", ist ebenfalls als geschichtliche Thatsache oder Wahrheit, die sich aus der auf Grund der Werke erfolgten Rechtfertigung Abrahams ergiebt, und im Gegensatz gegen die Annahme eines selbständigen, mit dem Folgenden zusammenzunehmenden Satzes[1]) ebenfalls als abhängig von $\beta\lambda\acute{\epsilon}\pi\epsilon\iota\varsigma\ \ddot{o}\tau\iota$ zu fassen, was auch durch die Wechselbeziehung der chiastisch gestellten Begriffe von Glaube und Werken gefordert wird. Der Aorist $\dot{\epsilon}\tau\epsilon\lambda\epsilon\iota\acute{\omega}\vartheta\eta$ bezeichnet das abgeschlossene Ergebniß des $\tau\epsilon\lambda\epsilon\iota o\tilde{\upsilon}\sigma\vartheta\alpha\iota$ des Glaubens. Dieses Verbum heißt aber nicht „erwiesen oder bewährt werden"[2]), für welche Bedeutung auch Joh. 19, 28 kein Beweis ist[3]), sondern „vollkommen oder vollendet" werden. Der Glaube ward „vollkommen gemacht oder ist vollendet worden", bedeutet also nicht: er ist als ein vollkommener, lebendiger erwiesen oder bewährt worden, sondern: er ist zur Vollendung, Vollkommenheit gebracht, vollendet, vollkommen geworden, d. h. es ist Alles verwirklicht worden, was zur Idee und zum Wesen des Glaubens gehört; er ist zu vollständiger Verwirklichung gelangt nach allen Momenten seines Inhalts. Das ist bei Abraham geschehen „aus den Werken." In welcher Weise und in welchem Sinne Jakobus dies meint, kann nur aus der im ganzen Brief hervortretenden, ihn charakterisirenden Richtung auf ethische Ausgestaltung des Glaubens in seiner praktischen Bethätigung verstanden werden. Wie nach dem ersten Satz in der bezeichneten Weise der Glaube Abrahams als ein thätiger und wirksamer Glaube bei seinen Werken, bei seiner

---

[1]) Hofmann. [2]) Calvin, Bengel, Gebser, de Wette, Brückner, Wiesinger. [3]) S. Cremer, Huther.

Gehorsamsthat mitwirkte, so hat er andererseits nach dem **zweiten Satz** seine **vollkommene Verwirklichung und vollendete Ausgestaltung** gefunden, nicht blos aus **Veranlassung** seiner Werke, seiner Gehorsamsthat[1]), sondern aus **Ursache** derselben. Die Werke, die unter seiner begleitenden Mitwirkung vollbracht wurden, hatten für ihn die **Bedeutung**, daß er wiederum eben durch **sie**, durch die Gehorsamsthat, zur vollen **Ausgestaltung und vollständigen Verwirklichung** gelangte. So kommt die Sünde nach 1, 16 durch ihre Bethätigung zur Vollendung, d. h. zur vollkommenen Ausgestaltung und Verwirklichung aller Momente ihres Wesens. So soll nach 1, 4 die Geduld zu allseitiger vollkommener Entfaltung ihrer Natur durch ihre praktische Bethätigung in sittlichem Verhalten gelangen. Es ist also nicht der an sich wahre und schöne Gedanke ausgedrückt, daß der Glaube in seiner innern Kraft wächst und sich fortschreitend vervollkommnet durch die Uebung der Werke, in denen er sich bethätigt[2]). Dagegen ist auch der Aorist; dieser bezeichnet nicht die fortschreitende Vervollkommnung des innern Wesens, sondern das vollkommen Gewordensein des Glaubens ἐξ ἔργων, aus seiner Bethätigung heraus in den Werken. Der Glaube Abrahams und demgemäß jeder ihm gleich geartete Glaube kommt nach Jakobus Anschauung erst dadurch zur völligen Verwirklichung, daß er durch praktische Bethätigung seines innern Wesens in die geschichtliche Erscheinung tritt, oder aus seiner vollen Lebenskraft, die er durch das Gezeugtsein aus dem Vater besitzt, die Werke, in denen er sich ausdrückt, als reife Frucht aus sich heraussetzt. Das ἐτελειώθη bezeichnet das Eingetretensein in die Reife, nicht erst das **Entgegenreifen**[3]). Geradezu im Widerspruch mit Jakobus Grundanschauung von der organischen Einheit zwischen Glauben und Werken steht es, wenn man ihm hier den Gedanken zuschreibt, daß Glaube und Werke zwei mit und nebeneinander wirkende, coordinirte Principien seien, von denen das letztere als das höhere die an sich unvollkommene und unwirksame πίστις erst zum Leben und zur Vollendung bringe[4]). Wie sollen die Werke von **außen** her den **in sich selbst todten**

---

[1]) So Weissenbach S. 40. [2]) Gegen Huther. [3]) Hofmann; Polus: per opera fidei ad maturitatem pervenit, quomodo arbor perfecta fit, quum ita excrevit, ut fructus ferat. Fides tum demum consummata redditur, postquam bonos fructus protulit. [4]) So Weissenbach S. 57. Gegen ihn vergl. Weiß § 53 a. Anm. 1. S. 181. 2. Aufl. und Ritschl Lehre von der Rechtfertigung; II. 357 f.

Glauben lebendig machen und zur Vollendung bringen? Setzt nicht Jakobus bei seinen Reden vom Glauben ausdrücklich dem **todten Glauben ohne Werke**, mit dem sich die faulen Orthodoxen begnügten, den **lebendigen Glauben** entgegen, wie er in Abraham vorhanden war, als derselbe aus den ihm entsprossenen und unter seiner Mitwirkung geschehenen Werken gerechtfertigt ward und in organischer, lebendiger Einheit mit **seinen Werken** stand? Die Werke können also bei allen Gläubigen ebenso wie bei Abraham 1, ohne seine mitwirkende **Macht** nicht gedacht werden und haben, 2, **für ihn selbst** die Bedeutung, daß **er in ihnen und durch sie**, als seine reife Frucht, zur **völligen Ausgestaltung und Verwirklichung** seines Wesens und Lebens in dem praktischen Christenleben gelangt. „Indem Jakobus vom Standpunkt des menschlichen Bewußtseins und nur darauf hinsah, wie in der Erscheinung sich die Sache darstellte, drückte er sich so aus, daß Glauben und Werke zur Rechtfertigung zusammenwirken mußten. So auch, wenn er sagt, daß in den Werken der Glaube vollendet wurde, konnte er nicht meinen, daß das äußerlich Erscheinende, die Werke, das Vollendende des Glaubens seien, sondern nur, daß der Glaube als der ächte, vollkommene in den Werken sich darstellte — die Bewährung des Glaubens im werkthätigen Handeln"[1].

Es ist somit eine durchaus falsche Auffassung der Stellung des Jakobus zur Glaubensfrage, wenn man meint, er habe denselben Glaubensbegriff, wie die von ihm bekämpften Leute, und er sage von **diesem** Glauben das Alles aus, was v. 22 gesagt ist[2]. Unter **derselben** Bezeichnung „Glaube", vergl. v. 24, setzt er dem, was die Gegner darunter verstehen, das, was nach seiner Meinung der Glaube sein soll und Abrahams Glaube war, also dem werk- und wirkungslosen den wirkungskräftigen Glauben, entgegen. Der Wahn, daß man auf Grund eines faulen, thatlosen Glaubens, der ohne Werke sich darstellt, vor Gott als rechtschaffen oder gerecht anerkannt werden könne, wird v. 21 durch die **Thatsache**, daß Abraham aus Werken, in denen sich sein Glaube als ein lebendiger und thatkräftiger erwies, gerechtfertigt worden ist, und v. 22 durch die hieraus sich ergebende **Wahrheit**, daß nur ein Glaube, der sich in Werken lebendig und wirksam beweist, die Voraussetzung und Bedingung der Gerechterklärung sein könne, abgewiesen.

---

[1] So Neander. [2] Gegen Weissenbach.

In v. 23 setzt Jakobus dieses beides in Beziehung zu einem Schriftwort, welches er als dadurch erfüllt bezeichnet: „und es ist erfüllt worden die Schrift, die da sagt: es glaubte aber Abraham Gotte, und es ward ihm gerechnet zur Gerechtigkeit, und ein Freund Gottes ward er geheißen". So unnatürlich es ist, den zweiten Satz in v. 22 von dem ersten loszureißen und unabhängig von $\beta\lambda\acute{\epsilon}\pi\epsilon\iota\varsigma$ zu fassen[1]), so unzulässig ist's, die Worte jenes Satzes: „und aus den Werken" mit $\kappa\alpha\grave{\iota}\ \grave{\epsilon}\pi\lambda\eta\rho\dot\omega\vartheta\eta$ zu dem Satz: aus den Werken ist die Schrift erfüllt worden, zu verbinden[2]). Denn das $\epsilon\grave{\iota}\varsigma\ \delta\iota\kappa\alpha\iota\sigma\acute\upsilon\nu\eta\nu$ weist eben so auf v. 21, wie das $\grave{\epsilon}\pi\acute\iota\sigma\tau\epsilon\upsilon\sigma\epsilon\nu$ auf den ganzen Inhalt von 22 zurück. Der Satz $\kappa\alpha\grave{\iota}\ \grave{\epsilon}\pi\lambda\eta\rho\dot\omega\vartheta\eta$ ist eine selbständige, von $\beta\lambda\acute{\epsilon}\pi\epsilon\iota\varsigma$ unabhängige Aussage, welche darauf hinweist, daß das v. 21 und 22 Gesagte die Erfüllung des für die Anschauung von Abrahams Glauben und Gerechterklärung grundlegenden Schriftwortes 1. Mose 15, 6 sei.

Wie Paulus Röm. 4, 3 und Gal. 3, 6, führt auch Jakobus diese Stelle nach der Septuaginta an[3]); und zwar findet sich hier dieselbe Abweichung von ihrem Text wie Röm. 4, 3, indem statt des $\kappa\alpha\grave\iota$ vor $\grave{\epsilon}\pi\acute\iota\sigma\tau\epsilon\upsilon\sigma\epsilon\nu$ hinter letzteres $\delta\grave{\epsilon}$ gesetzt ist. Die Worte stellen jenen Vorgang zwischen dem kinderlosen Abraham und dem ihm großen Samen verheißenden Gott dar, bei welchem Abraham Gott unbedingtes Vertrauen auf sein Verheißungswort, unerschütterliche Zuversicht zu seiner Macht und Treue, vermöge welcher er der Erfüllung der Verheißung gewiß war, entgegenbrachte, und Gott solchen Glauben ihm als Gerechtigkeit anrechnete, d. h. aus freier Gnade die vertrauensvolle Hinnahme seiner Verheißung als das, was Abraham an und für sich selbst nicht hatte, in seinem Urtheil annahm und vor sich gelten ließ, als Gerechtigkeit. Als volles lebendiges Vertrauen zu Gott, $\tau\tilde\omega\ \vartheta\epsilon\tilde\omega$, im Gegensatz zu dem vertrauenslosen $\pi\iota\sigma\tau\epsilon\acute\upsilon\epsilon\iota\nu\ \ddot\sigma\tau\iota$ v. 19, faßt Jakobus hiernach Abrahams Glauben, wie Paulus. Er ist ihm die wirkliche völlige Herzensstellung zweifelloser Zuversicht zu der göttlichen Verheißung. Ebenso erblickte er darin, daß Gott Abraham diesen Glauben als Gerechtigkeit zurechnete, eine in sich abgeschlossene That göttlicher Gnadenerweisung, durch welche derselbe wegen seines

---

[1]) Mit Hofmann. [2]) Mit Hofmann. [3]) Die Sept. hat statt des hebräischen Aktivums das Passivum $\grave{\epsilon}\lambda o\gamma\acute\iota\sigma\vartheta\eta$. Psalm 106, 31 steht auch im Hebräischen das Passiv.

Glaubens nach dem göttlichen Urtheil als ein Gerechter vor Gott galt. Es ist also falsch, anzunehmen, daß Jakobus, da ihm ein Glaube ohne Werke nichts gewesen, auch in jenem Verheißungsglauben, und in der Zurechnung desselben etwas noch nicht ganz Reales gesehen habe, und die volle Realität von beidem erst durch die Beweisung des Gehorsams in der Opferung Isaaks habe eintreten sehen[1]). Der Glaube „ohne Werke", den Jakobus nicht gelten lassen will, ist nach seiner Erklärung in sich selbst ein todter, unwirksamer Verstandsglaube. Abrahams πιστεύειν τῷ θεῷ dagegen ist ihm ein lebendiges, herzliches, volles Vertrauen, welches die Kraft zur Bethätigung des Willens in der That des Gehorsams in sich schließt, und aus seiner Lebensfülle, wie der Baum die Früchte, die Werke hervorbringt, nicht aber erst durch die Werke als etwas von Außen Hinzukommendes vollendet wird. Jener Glaube ohne Werke ist ohne irgend welchen Ertrag an Heilsbesitz und Heilsgenuß. Dagegen Abrahams Glaube hat wirklich für ihn einen Heilsstand zur Folge; denn auf Grund dessen, daß Abraham sein Glaube thatsächlich angerechnet worden zur Gerechtigkeit, hat er nunmehr nach dem Urtheil Gottes ganz und voll die Stellung und die Geltung eines Gerechten vor Gott.

Worin besteht nun aber das ἐπληρώθη jenes Schriftwortes? Mit Recht ist die Erklärung: Bestätigung oder Erweisung als eine Abschwächung des Begriffs πληροῦν, welches nicht bestätigen, sondern immer erfüllen bedeutet, abgewiesen worden[2]). Was soll auch die „Bestätigung" hier besagen? Die Erklärung, daß das frühere Factum in dem späteren eintraf[3]), ist unklar und wird nicht klarer durch die Erläuterung: daß die Wahrheit des ersten durch die Realität des zweiten sich bestätigt habe, was zuletzt auf ein idem per idem herauskommt. Unnatürlich und gewaltsam ist's, wenn man[4]) das Schriftwort, ἡ γραφὴ ἡ λέγουσα, als göttliches Zeugniß über Abraham von dem Inhalt, von dem darin Berichteten, trennt, um nur von dem ersteren das ἐπληρώθη, und zwar als thatsächliche Bewahrheitung oder Bestätigung, welche die Schriftaussage über die Zurechnung des Glaubens Abrahams zur Gerechtigkeit durch die Werke Abrahams

---

[1]) Gegen de Wette. Ebenso ist Hengstenbergs Vorstellung von einer erst stufenmäßig sich vollziehenden Rechtfertigung, Ev. K.-Ztg. 1866. N. 93. 911, welche in die Worte des Jakobus als etwas ihm sprachlich und sachlich durchaus Frembes hineingetragen ist, abzuweisen. [2]) Von Huther gegen Knapp, Wiesinger, Brückner u. A. [3]) Frank, Zeitschr. für Prot. u. K. 1861. S. 367. [4]) Wie Hofmann.

erfahren habe, zu verstehen. Das ἐπληρώθη kann doch naturgemäß von der Aussage der Schrift nicht anders, als in Bezug auf den Inhalt dieser Aussage, auf „das darin Berichtete", verstanden werden.

Daß dieses nun nicht in dem Sinne als erfüllt angesehen werden darf, als wenn der Glaube Abrahams und die Zurechnung desselben zur Gerechtigkeit nicht etwas Reales gewesen, sondern erst durch die Werke und durch die Gerechterklärung Abrahams aus den Werken zur Wirklichkeit gelangt seien, ist schon durch Widerlegung dieser Voraussetzung abgewiesen. Das ἐπληρώθη ist aber auch nicht als Verwirklichung eines in dem Schriftwort ausgesprochenen bloßen Gedankens zu verstehen[1]); denn sein Inhalt ist nicht ein Gedanke oder eine ideale Wahrheit, sondern eine Thatsache, ein wirklicher Vorgang zwischen Gott und Abraham. Was schon wirkliche Thatsache war, bedurfte nicht erst noch der thatsächlichen Verwirklichung. —

Die Frage, inwiefern hier von einer Erfüllung, nicht von einer bloßen Bestätigung die Rede sein kann, erledigt sich aus der Vergleichung der beiderseitigen Thatsachen v. 21 und v. 23. Jakobus denkt sich dieselben der Zeit nach geschieden. Das v. 23 Berichtete ist dem Vorgang in v. 21 vorangegangen. Zuerst bewies Abraham seinen Glauben an das göttliche Verheißungswort. Dann sehen wir ihn in seinen Werken, wie er die That der Opferung Isaaks im Gehorsam gegen das göttliche Gebot vollbringt. Dort folgt die Zurechnung seines Glaubens zur Gerechtigkeit; hier folgt als späteres Factum seine Gerechterklärung aus Werken, d. h. in Folge und auf Grund seiner Gehorsamsthat. Wie ward nun das Wort: „es glaubte Abraham Gott", erfüllt? Dadurch, daß nach v. 21 und 22 der in seinem Herzen wirklich vorhandene Glaube als ein lebendiger sich in Werken, nämlich in den Momenten jener Opferthat bethätigte, und sich somit völlig ausgestaltete und darstellte. Und wie ward das, was mit dem Worte: „es ward ihm gerechnet zur Gerechtigkeit" berichtet ist, erfüllt? Durch diese aus göttlicher Gnade erfolgte Zurechnung des Glaubens als Gerechtigkeit ist Abraham in das Verhältniß eines für gerecht Erklärten oder Rechtbeschaffenen versetzt worden. Da sich nun sein Glaube in Werken des Gehorsams

---

[1]) Huther.

bethätigte, so entstand daraus eine sittliche Rechtbeschaffenheit seines Lebens und Verhaltens Gott gegenüber, in Folge deren er als ein Gerechter, d. h. als ein dem Willen Gottes unbedingt Gehorsam leistender von Gott anerkannt und erklärt wurde. Die göttliche That, durch welche ihm sein Glaube angerechnet ward als Gerechtigkeit, und er hinein versetzt ward in den Stand der Glaubensgerechtigkeit vor Gott, fand, nachdem das damit gesetzte neue Lebensverhältniß zu Gott sich in der Angemessenheit seines Willens zur Forderung des göttlichen Willens in einer aus dem lebendigen Glauben fließenden Lebens= gerechtigkeit bethätigt hatte, ihren Abschluß und ihre Vollendung in der neuen göttlichen That der Anerkennung Abrahams als eines solchen, der in den aus seinem thatkräftigen Glauben erwachsenen Werken als ein Gerechter sich bewiesen hatte.

Die Worte: „und Freund Gottes ward er genannt" sind unabhängig von $\lambda\acute{\epsilon}\gamma o \nu \sigma a$, indem die angezogene Schriftstelle einen solchen Spruch nicht enthält[1]). Auch sind sie nicht als ein Zusatz des Jakobus zu derselben[2]), oder als ein rabbinisches Scholion oder als eine Anspielung auf Philo, der Abraham so nennt, zu fassen; sondern sie bilden eine selbständige, dem $\dot{\epsilon}\pi\lambda\eta\rho\acute{\omega}\vartheta\eta$ gleichgeordnete Aussage des Jakobus, die parallel ist der Aussage $\dot{\epsilon}\delta\iota\varkappa\alpha\iota\acute{\omega}\vartheta\eta$ in v. 21, aber nicht gleichbedeutend mit ihr[3]). Sie bezeichnet die Folge, die sich für Abraham in seinem Verhältniß zu Gott daraus, daß er aus Werken gerechtfertigt oder als ein Gerechter erklärt ward, ergab. So wenig $\varkappa\alpha\grave{\iota}$ $\dot{\epsilon}\pi\lambda\eta\rho\acute{\omega}\vartheta\eta$ mit $\dot{\epsilon}\varkappa$ $\tau\tilde{\omega}\nu$ $\ddot{\epsilon}\rho\gamma\omega\nu$ v. 22 zu verbinden ist, als sollte damit verständlich werden, worin Jakobus die Erfüllung des angezogenen Schriftworts finde, ist auch $\varphi\acute{\iota}\lambda o \varsigma$ $\vartheta\epsilon o \tilde{v}$ $\dot{\epsilon}\varkappa\lambda\acute{\eta}\vartheta\eta$ damit zu verbinden[4]); sondern, wie für $\dot{\epsilon}\delta\iota\varkappa\alpha\iota\acute{\omega}\vartheta\eta$ die Grundlage das $\dot{\epsilon}\xi$ $\ddot{\epsilon}\rho\gamma\omega\nu$ v. 21 ist, so bildet dies, nämlich die Thatsache, daß Abraham seinen Glauben in Werken be= thätigte, auch die Voraussetzung für das $\varphi\acute{\iota}\lambda o \varsigma$ $\vartheta\epsilon o \tilde{v}$ $\dot{\epsilon}\varkappa\lambda\acute{\eta}\vartheta\eta$. Und wie jenes $\dot{\epsilon}\delta\iota\varkappa\alpha\iota\acute{\omega}\vartheta\eta$, so muß auch dieses $\dot{\epsilon}\varkappa\lambda\acute{\eta}\vartheta\eta$ als von Seiten Gottes, nicht als von menschlicher Seite[5]) geschehen gedacht werden. Wie Abraham in Folge seiner Gehorsamsthat von Gott als ein Gerechter erklärt worden war, ward er auch von Gott benannt als ein solcher, der ein Gottesfreund, ein Liebhaber Gottes sei, d. h. nicht „den Gott

---
[1]) Gegen Kern. [2]) Gegen Rönsch: Abraham, der Freund Gottes, bei Hil= genfeld a. a. O. 1873. S. 583 ff. [3]) Gegen Schneckenburger. [4]) Gegen Hofmann. [5]) Gegen Bengel.

lieb hatte", sondern: „der Gott lieb hatte". So ist doch nach Jes. 41, 8. 51, 2 und 2. Chron. 20, 7[1]), an welche Stellen Jakobus wohl gedacht hat, zu erklären. Das stimmt zu dem gegensätzlichen Begriff φίλος τοῦ κόσμου 4, 4 und zu dem ganzen Gedankengang, nach welchem dem Rechtbeschaffensein und Rechtthun Abrahams seine Gesinnung der Liebe zu Gott, als Wurzel von jenem, entspricht. Der Erklärung und Anerkennung von Seiten Gottes, daß er ein Gerechter sei, reiht sich das göttliche Zeugniß an, daß er auch ein Freund und Liebhaber Gottes sei, da er in seinen Werken seine Liebe zu Gott bewiesen hat[2]). Sachlich parallel ist Jesu Wort Joh. 15, 14: „Ihr seid meine Freunde, so ihr thut, was ich euch gebiete." —

In v. 24 wendet sich Jakobus, wie die pluralische Anrede zeigt, von dem Gegner wieder zu seinen Lesern, vergl. v. 14, indem er eine allgemeine Folgerung aus Abrahams Beispiel 21—23 zieht. „**Ihr sehet**[3]), **daß aus Werken ein Mensch gerechtfertigt wird und nicht aus Glauben allein**". Zu dem: „ihr sehet" ist zu vergleichen „du siehst" 22; und „willst Du erkennen?" 20. Jakobus bringt auf klare Erkenntniß und nimmt auch hier das Erkenntnißvermögen wieder in Anspruch. Das δικαιοῦσθαι wird aus 21 wieder aufgenommen. Aus Abrahams Erfahrung wird das δικαιοῦται als allgemeine und dauernd gültige Wahrheit, die alle Menschen betrifft, abgeleitet. Sowohl das Beispiel Abrahams, welchem das Gerechtfertigtwerden im Laufe, nicht am Ende seines Lebens zu Theil ward, als auch dieser allgemein gehaltene Satz: „aus Werken wird gerechtfertigt ein Mensch", lassen die Erklärung nicht zu, daß Jakobus in dem ganzen Abschluß überhaupt nur von dem δικαιοῦσθαι **vor dem Gericht in der Parusie rede**[4]), während andrerseits die Ausschließung der Beziehung auf das Gericht ebenso ungerechtfertigt sein würde. Daß das Gerechtfertigtwerden überhaupt als ein für gerecht Anerkanntwerden vor dem Urtheil Gottes im Laufe, wie am Endpunkt des Christenlebens im Gericht, aufzufassen sei, ergiebt sich deutlich und

---

[1]) Mit Hofmann. Die Septuag. übersetzt abweichend vom Grundtext: „Den Gott liebte", und nimmt dies als Apposition zu Abrahams Samen, nicht zu Abraham. Vergl. Judith 8, 22. Vulg.: dei amicus factus est. 4. Esr. 3, 13. — Bei den Muhamedanern hat Abraham den stehenden Beinamen „Freund Gottes." [2]) Gegen Mönsch a. a. O., der doch ziemlich gekünstelt die Bezeichnung aus dem Namen „Abraham" selbst etymologisch abzuleiten versucht. [3]) Das τοίνυν hinter ὁρᾶτε ist nach א. A. B. C. vulg. zu streichen. [4]) Gegen Huther.

klar aus dem Zusammenhange der Gedankenbewegung des Jakobus. Das „aus den Werken" darf nach v. 22 und 23 nicht anders als von solchen Werken verstanden werden, die aus der Wurzel des die Triebkraft zur Selbstbethätigung in sich schließenden Glaubens, wie ihn Abraham hatte, und Jakobus im Gegensatz gegen einen Glauben, der keine Werke hat, fordert, als gereifte Frucht hervorsprießen. Es sind nicht Werke gemeint, die zu einem solchen Glauben, der ohne Werke ist, hinzukommen, um die bei jenem Glauben nicht mögliche Gerechterklärung zu begründen, sondern Werke, in denen der zur Gerechtigkeit von Gott zugerechnete Glaube als ein lebendiger und lebenskräftiger sich ausweist und bethätigt, Werke, die aus der Lebenskraft des Glaubens herauskommen.

Der Zusatz: „nicht aus Glauben allein", ist der ausdrücklich ausgesprochene Gegensatz gegen den Wahn, der Mensch könne bei bloßem Besitz jenes todten, unwirksamen Glaubens die göttliche Anerkennung seiner selbst als eines gerechten erlangen. „Glaube allein" ist wegen der abjectivischen Bedeutung von μόνον[1]) genau dasselbe, wie Glaube „ohne Werke" (14. 18. 20.). Abzuweisen ist also die Erklärung, Jakobus wolle nicht blos, also doch zu einem Theil, dem Glauben die Rechtfertigung zuschreiben, und nur zur Ergänzung die Werke noch hinzukommen lassen[2]). Da, wo blos Glaube ist, nämlich nach dem ganzen Zusammenhang „ohne Werke", wie dort auf Seiten der Gegner, wo also der Glaube fehlt, der aus seiner Lebenskraft die Werke als seine Frucht aus sich heraussetzt, wie Abrahams Glaube, wo es also an solchen Werken fehlt, wie sie bei Abraham aus dem Wesen seines lebendigen Glaubens hervorgehen, — da kann von einer Rechtfertigung von Seiten Gottes, d. h von einem für gerecht Erklärtwerden, einer göttlichen Anerkennung des Menschen als eines solchen, der sittlich als gerecht, d. h. dem Willen Gottes entsprechend vor Gott gelten kann, nicht die Rede sein. Das ist des Jakobus Meinung. Im Hinblick auf Abraham betont er nachdrücklich das „aus den Werken" gegen die, welche sich mit einem todten Glauben ohne Werke begnügten, und vor Gott als Gerechte Anerkennung zu finden meinten. Dabei ist aber für das Gerechtfertigtwerden aus den Werken die Voraussetzung ein Glaube, wie er ihn meint, ein Glaube, der im Gegensatz zu dem werklosen, blos theoretischen Glauben

---

[1]) Winer § 54. 2. A.   [2]) Mit Wiesing. gegen Theile.

(v. 14. 19) seiner Natur gemäß mit ethischer Nothwendigkeit aus der Wurzel und Triebkraft des durch das Wort der Wahrheit gezeugten Lebens heraus, wie bei Abraham v. 22, in Werken sich wirksam zeigt, und nach Außen zu seiner vollen Bethätigung und Verwirklichung gelangt. —

Zu dem von Abraham (21—23) hergenommenen geschichtlichen Beweis für den negativen Satz v. 20 und für die positive und negative Aussage v. 24 wird in v. 25 noch ein zweites historisches Argument hinzugefügt, hergenommen aus der Geschichte der Buhlerin Rahab. „Gleicherweise aber auch Rahab, die Buhlerin, — ist sie nicht aus Werken für gerecht erklärt worden, nachdem sie die Boten aufgenommen und auf einem anderen Wege hinausgeschafft hatte"? Das ὁμοίως bezieht sich auf den Inhalt von v. 24, auf die allgemeine Wahrheit, die sich aus dem, was Abraham erfahren, für jeden Menschen unter gleicher Voraussetzung ergiebt. Ein Gleiches, will Jakobus sagen, erhellt aus der Geschichte der Rahab; denn sie wurde ebenso, wie Abraham, aus Werken und nicht auf Grund eines thatlosen Glaubens gerechtfertigt. Mit δὲ καί wird in der Gleichstellung zugleich die Gegenüberstellung beider Personen ausgedrückt. Rahab wird Abraham, „unserem Vater", hinsichtlich ihres Gerechtfertigtseins aus Werken gleichgestellt; gegenübergestellt wird sie ihm als die in der alttestamentlichen Geschichte mit der stehenden Benennung πόρνη gekennzeichnete Person[1]), die dem Volke Israel nicht angehörte, sondern erst als ein Glied in die Kette seiner Ahnen aufgenommen wurde[2]). Die Stellung, welche sie als letzteres, und das Ansehn, welches sie wegen ihrer Glaubensthat Jos. 2 in den Augen des jüdischen Volkes hatte, bestimmte die Wahl ihres Beispiels[3]). Dieses Beispiel wird hinsichtlich seiner Bedeutung für die darzustellende Wahrheit durch καί dem des Abraham coordinirt. Nicht aber wird mit diesem καί die Absicht bezeichnet, neben dem Stammvater Israels auch eine Heidin behufs Veranschaulichung der Universalität der Wahrheit von der Rechtfertigung aus Werken auftreten zu lassen[4]), oder dem Beispiel eines Mannes ein gleiches aus der Frauenwelt zur Seite zu stellen[5]), oder die Gerechterklärung aus Werken in um so hellerem

---

[1]) Josua 2, 1. 6, 17. 22. 25. [2]) Matth. 1, 5. [3]) Vergl. Schneckenburg., Theile. [4]) Wiesinger, Hofmann, Schriftbew. I, 640. [5]) Bengel, Gebser.

Licht im Gegensatz gegen das schändliche Leben einer πόρνη erscheinen zu lassen¹), — lauter in die Worte hineingetragene Motive, die irgendwie hätten ausgedrückt oder angedeutet werden müssen. Noch weniger ist gelten zu lassen, daß hier auf Hebr. 11, 31 Bezug genommen sei, und zwar so, daß wegen der Abweichungen von dieser Stelle eine freie Berücksichtigung derselben aus dem Gedächtniß stattgefunden habe, um im Gegensatz gegen jenes in den paulinischen Kreisen von der Rahab hergenommenen Beispiel des rechtfertigenden Glaubens dieselbe als Beispiel einer Rechtfertigung aus Werken hinzustellen²). Wo ist dort von einer Rechtfertigung der Rahab aus dem Glauben die Rede? Wo ist solch ein Gegensatz zu finden? während vielmehr der Glaube der Rahab, ähnlich wie der Glaube aller Ebr. 11 aufgezählten Personen, ganz im Sinne des Jakobus gerade als ein wirksamer, in der Aufnahme der Kundschafter sich werkthätig beweisender Glaube, aufgeführt wird. — Der Gleichheit des Beispiels der Rahab mit dem Abrahams in Bezug auf dieselbe Erfahrung der Gerechterklärung, die Jakobus mit ὁμοίως-καὶ bezeichnet, entspricht die völlige Symmetrie der Satzbildung in v. 25 mit v. 21. Dieselbe Einführung des Subjects mit bedeutungsvollem Prädikat, dasselbe Abbrechen der Rede behufs nachdrucksvoller Fragestellung. Auch hier findet das allgemeine ἐξ ἔργων seine Erklärung durch das nachfolgende specialisirende Particip. Der Glaubensthat Abrahams entspricht hier die Aufnahme und Fortschaffung der Kundschafter, Anfang und Ende der Glaubensthat, welche die Grundlage ihrer Rechtfertigung ward. In Ebr. 11, 31 ist nur die Aufnahme „mit Frieden" erwähnt. Jakobus fügt die That der Rettung derselben durch ihre Fortschaffung auf einem anderen Wege, als sie gekommen, hinzu. Das ἐκβάλλειν bezeichnet das eilige, drängende Fortschaffen aus dem Hause³) mittelst des Seiles durch das Fenster auf „den Weg in das Gebirge" Jos. 2, 15. 16. — Das ἐδικαιώθη ist nicht ausdrücklich in der Geschichte erwähnt, aber es liegt darin, daß sie, um jener That willen des göttlichen Wohlgefallens theilhaftig, für würdig erachtet ward, vor dem Verderben, welches über ihre Volksgenossen kam, bewahrt zu werden, nachdem sie selbst Jos. 2, 12 ihr Rettungswerk geltend gemacht und die entsprechende Vergeltung gefordert hatte. Auch hier ist ebensowenig,

---

¹) Huther. ²) De Wette. ³) Theile: modum dimittendi partim festinatim, partim operosum.

wie v. 21, eine Rechtfertigung vor oder durch Menschen gemeint[1]); denn es war Gottes Fügen und Walten, daß sie, als gerecht anerkannt, erhalten ward. Die Erklärung des ἐδικαιώθη, daß sie in Folge ihres Thuns in der Eigenschaft als eine Gerechte in der heiligen Schrift ihre Stelle bekommen habe[2]), ist ebenso in den Jakobus-Text und in die Geschichte hineingetragen, wie die Erklärung von einer zwiefachen Gerechterklärung[3]), die sie erfahren haben soll, nämlich der einen, die sie auf Grund ihres Glaubens, den sie schon vor der Ankunft der Kundschafter hatte, bereits empfangen gehabt, und einer anderen auf Grund ihres Thuns, als sie dieselben aufnahm und fortschaffte. Daß aber ebenso, wie bei Abraham, das „aus den Werken" die Wurzel des Glaubens, und zwar wie ihn Jakobus meint, zur Voraussetzung hat, folgt nicht blos aus der Parallele mit Abraham, sondern auch aus Jos. 2, 9—13, wo Rahab ihren Glauben an den lebendigen und allmächtigen Gott Israels ganz bestimmt ausspricht. Gegen die werklosen Gläubigen, die wie auf Abrahams, so auch auf das Beispiel der Rahab, dieser in Israel um jener ruhmvollen That willen angesehenen Frau, sich beriefen, wird auch ihre Werkthätigkeit geltend gemacht, die aus der Wurzel des Glaubens erwuchs, der auch Ebr. 11, 31, wie der Glaube aller anderen Ebr. 11 angeführten Glaubenshelden, als ein in dem sittlichen Verhalten sich werkthätig beweisender dargestellt wird. Aus ihren Worten Jos. 2, 9 erhellt, wie ihr Glaube an den Gott Israels durch die Machtthaten desselben gewirkt war, und wie sie aus dieser Glaubensüberzeugung heraus so handelte, wie sie gehandelt hat. Daß sie, die außerhalb des Volkes Gottes, der Nachkommenschaft Abrahams, stand, mit diesem Glauben und dem daraus hervorgegangenen Werke zu solcher Anerkennung vor Gott als einer gerechten gelangte, soll neben dem Beispiel Abrahams um so evidenter den Lesern die Wahrheit vor Augen stellen, daß ein werkloser Glaube für das Heil todt, und darum wirkungs- und fruchtlos ist. Es liegt aber keine Andeutung im Context vor, daß die Leser davon die Anwendung auf die aus der heidnischen Welt in das neutestamentliche Volk Gottes Eintretenden machen sollten. Eine Beziehung auf Heidenchristen kommt nirgends im Briefe vor. Vollends können diese beiden Bei-

---

[1]) Gegen Calvin. [2]) So Hofmann. [3]) Frank, Zeitschrift für protest. Theol. 1861. S. 365.

spiele nicht als Beweise einer polemischen Beziehung auf Paulus[1]) gelten. Wo ist denn hier eine Spur von einer polemischen Bezugnahme, während Jakobus seine eigene Behauptung damit begründet? Der praktische Jakobus hat nur seine judenchristlichen Leser im Auge. Diese sollen auf sich jene Anwendung machen; diesem unmittelbar praktischen Zweck würde solch eine Hinweisung der Leser von sich weg auf die Heidenchristen nicht angemessen gewesen sein[2]).

Dies wird bestätigt durch v. 26, wo zur Begründung des von der Rahab Gesagten der gegen den Wahn von der Genugsamkeit eines Glaubens ohne Werke ausgesprochene Satz: „der Glaube ohne die Werke ist todt", wieder aufgestellt wird. „Denn wie der Leib ohne Geist todt ist, so ist auch der Glaube ohne die Werke todt." Das „denn" führt zwar eine erklärende Bestätigung der Ausführung von v. 21 an ein, aber grammatisch kann es sich doch nur auf v. 25 beziehen, in welchem an einem zweiten historischen Beispiel dieselbe Wahrheit veranschaulicht ist, daß nämlich aus Werken das Gerechtfertigtwerden komme. Wenn dies nun damit bestätigt wird, daß „der Glaube ohne die Werke todt sei", so liegt darin schon, daß Jakobus bei dem Begriff: „gerechtfertigt werden aus Werken" den Glauben, und zwar in seinem Sinn als die Lebens- und Triebkraft für die Werke voraussetzt. Wie er keine Werke kennt, die nicht aus dem Glauben kommen, so erkennt er auch keinen Glauben als einen wahren, lebenskräftigen an, der nicht die Werke aus sich hervorbringt. Aber durch den Vergleich mit dem Leibe und mit dem ihn beseelenden Geiste wird dies noch näher veranschaulicht. Es handelt sich nicht um die Ausführung einer Parallele: der Glaube verhalte sich zu den Werken, wie der Leib zum Geiste. Dann würde incongruent das Innere, der Glaube, mit dem sichtbaren Leib, und das Aeußere, die Werke, mit dem unsichtbaren Geist gleichgestellt werden. Vielmehr soll nur der Zustand oder die Eigenschaft des Todtseins veranschaulicht werden. Ein Leib ohne den zu ihm gehörigen Geist ist todt, ein Leichnam; so ist auch der Glaube todt, wirkungsunfähig, wenn er ohne die Werke ist. Diese gehören organisch zu ihm, wenn er, wie der mit dem beseelenden Geiste zusammengehörende Leib, lebendig sein soll. Der Artikel τῶν vor ἔργων ist bedeutungsvoll, er

---

[1]) Gegen Holtzmann in Schenkels Bibellexikon „Jakobusbrief." Vergl. Beyschlag a. a. O. 121. [2]) Gegen Hofmann.

bezeichnet als Ergebniß oder Frucht des Glaubens die ihm entsprechenden Werke. Jakobus vergleicht mit dem den Leib bewegenden, im Thun sich äußernden Geist dasjenige, was den Glauben thatkräftig und fruchtbar an Werken macht¹). Völlig verfehlt ist es also und im Widerspruch mit dem Gedankengang des Jakobus, unter jener falschen Voraussetzung einer substantiellen Parallelisirung den Gedanken hier zu finden: wie der Geist zu dem Leibe hinzukommen muß, um ihn zu beseelen, so müssen die Werke zu dem Glauben hinzukommen, damit er lebendig werde²). Der Satz ist widersinnig: vom Glauben der Gegner, der, weil ohne Werke, todt ist, soll gesagt sein, daß er durch die von Außen zu ihm hinzukommenden Werke erst lebendig werde! Der richtige Gedanke ist dieser: wie natur- und erfahrungsgemäß der Leib, wenn er der organischen Einheit m dem Geist entbehrt, als ein Leichnam sich erweist, so zeigt sich auch das, was man auf gegnerischer Seite Glaube nennt, ohne das, was mit dem wahren, lebendigen Glauben organisch als seine Wirkung verbunden sein muß, todt. Damit nimmt Jakobus den v. 17 ausgesprochenen Gedanken wieder auf, um zu bestätigen, was aus den beiden geschichtlichen Thatsachen sich ergeben hat, daß nicht ein δικαιοῦσθαι aus einem werklosen, also todten Glauben, sondern aus „Werken" erfolge, in denen sich der Glaube als ein lebendiger und wirksamer darstelle. Damit ist der Wahn zerstört, als könne es ein Gerecht- und Gerettetwerden vor Gott auf Grund eines unlebendigen, und darum unwirksamen, und darum ertrag- und fruchtlosen Glaubens geben. —

Bei der Erklärung des Abschnitts v. 14—26 und bei der Vergleichung seines Inhalts mit der paulinischen Lehre vom Verhältniß des Glaubens zu den Werken und beider zur δικαίωσις muß, wie ein Rückblick auf die bisherige Erörterung lehrt, vor Allem die Voraussetzung festgehalten werden, unter welcher Jakobus hier zu seinen Lesern redet. Diese Voraussetzung bildet nach 1, 18 das neue Leben der Christen als Kinder des Vaters der Lichter, des Spenders aller guten und vollkommenen Gabe, begründet in dem freien, göttlichen Gnadenwillen, bewirkt durch das schöpferische Wort der Wahrheit. Alles, was von Glauben, Werken, δικαιοῦσθαι, σωτηρία gesagt wird, hat nicht den Zweck einer theoretischen Erörterung, sondern einer ethisch-

---

¹) So de Wette.　²) Gegen Weiffenbach.

praktischen Einwirkung auf die Leser, und zwar gilt es diesen nicht als solchen, die erst in das Verhältniß des neuen Kindeslebens zu Gott gelangen sollen, sondern schon darin stehen, und das durch das Wort der Wahrheit empfangene neue Leben durch stetige Aufnahme dieses Worts erhalten, aber auch in ihrem ganzen sittlichen Verhalten und Thun aus der Kraft und nach der Norm des Gesetzes der Freiheit, welches den ethischen Gehalt des Wortes der Wahrheit bildet, werkthätig bewähren und darstellen sollen. —

Zum andern ist das richtige Verständniß der Worte Jakobi bedingt durch das Festhalten des scharfen Gegensatzes, in welchem er mit schneidiger Energie gegen eine Depravation und ethische Entleerung des aus Gott geborenen Christenlebens redet, und zwar wiederum nicht aus doctrinärem Interesse, sondern in praktischer Beziehung auf die ethische Mißgestalt des Christenlebens, wie sie sich ihm in einzelnen Zügen bei seinen Lesern vor Augen stellt. Es fehlt an der inneren sittlichen Wahrheit und an der nach Außen sich darstellenden sittlichen Energie in werkthätiger Bewährung des vom Vater erzeugten neuen Lebens. Das sittliche Leben und Thun entspricht vielfach nicht dem mit der Geburt aus Gott gestifteten neuen Lebensverhältniß und Lebensprincip, welches die Christen als die Erstlinge der neuen Schöpfung empfangen haben, 1, 18. Es mangelt hinsichtlich des inneren Lebens an dem rechten receptiven Verhalten zu dem Worte der Wahrheit, aus dem sie geboren sind, an der fortdauernden Aufnahme des schon eingepflanzten Wortes mit stillem, gelassenem Sinn durch rechtes bereitwilliges Hören. Das wird gefordert 1, 19—21. Es giebt aber auch ein bloßes Hören, welchem ein Thun des Wortes nicht entspricht; denn es mangelt an dem inneren Leben, an dem rechten activen Verhalten zu dem gehörten Wort, nämlich an der beharrlichen, in die Tiefe desselben eindringenden, und das innere Leben durchdringenden Aneignung der Lebenskraft, die zum Thun des Gesetzes der Freiheit treibt. Dieses innere Werk der Aneignung des Worts und der Durchdringung des Herzens mit seiner von allem sündlichen Wesen freimachenden Lebenskraft, sowie als Folge davon die Bethätigung oder werkthätige Erfüllung des ethischen Inhalts des Wortes der Wahrheit wird gefordert 1, 22—25. Einem eitlen gottesdienstlichen Wesen, bei dem man Gott zu dienen wähnt, aber in Worten und Werken es an der Uebung der Liebe und am Ernst der Heiligung fehlen läßt, wird die Bethätigung der barmherzigen Liebe an den Hülflosen und die Reinerhaltung des Lebens von Befleckungen seitens der Welt gegenübergestellt 1, 26. 27. —

Bei dem Allen setzt Jakobus ferner bei seinen Lesern voraus, daß sie im Glauben stehen, und daß ihr Christenglaube 2, 1 zu dem nach 1, 18 aus Gott durch das Wahrheitswort geborenen neuen Leben gehöre. Aber wie sie schon nach 1, 2—15 in ihrer Glaubensstellung zu Gott unter Leidensanfechtungen und Versuchungen der Ermahnung zur Bethätigung und Bewährung der Lebenskraft des Glaubens 1, 4 in geduldigem Ausharren, im Streben nach der sittlichen Vollkommenheit, im zweifellosen Beten aus einem ungetheilten Herzen und in der Beweisung der Liebe zu Gott 1, 12 bedurften, mußten sie auch in Bezug auf ihr Verhalten untereinander daran erinnert werden, daß mit ihrer Glaubensstellung zu Jesu Christo, dem Herrn der Herrlichkeit, solch ein liebloses Verhalten gegen die armen Brüder sich nicht vertrage, sondern die Erfüllung des königlichen Gebotes der Liebe von ihnen gefordert werde 2, 1—13. Dem Glauben, den zu haben man behauptet, ohne doch Werke zu haben, in denen sich die Lebenskraft des wahren Glaubens bethätigen soll, stellt er das Zeugniß aus, daß er als ein sogenannter Glaube unwirksam sei zur Erlangung der $\sigma\omega\tau\eta\rho\iota\alpha$, in sich selbst todt, eine bloße Verstandessache, ein bloßes theoretisches Wissen von der Wahrheit, ohne Ertrag und Frucht hinsichtlich der Bedingung des $\sigma\dot{\omega}\zeta\varepsilon\sigma\vartheta\alpha\iota$, die darin besteht, daß man im Urtheil Gottes als ein Rechtbeschaffener anerkannt wird. Diesem todten Glauben stellt er in jenen beiden Beispielen den im sittlichen Thun sich wirksam zeigenden lebendigen Glauben, der Werklosigkeit des vermeintlichen Glaubens die Forderung der Werkthätigkeit, als der Auswirkung des wahren Christenglaubens, dem Wahne, man könne mit einem todten Glauben ohne Werke als ein Gerechter vor Gott gelten und bestehen, die geschichtlich erwiesene Wahrheit, daß nur auf dem Grunde der Werke, in denen sich der lebendige Glaube thätig beweise, eine Gerechterklärung vor Gott erfolgen könne, entgegen 2, 14—26.

Es liegt weiter auf der Hand, daß hierbei zweierlei Begriffe von Glauben in Betracht kommen. Der eine ist der todte, blos theoretische Verstandesglaube, der keine Werke aus sich hervorbringt; der andere ist der in Werken sich bethätigende lebendige Glaube, der jenem gegenüber als der wahre Glaube von Jakobus bezeichnet und gefordert wird.

Von hier aus erhellt, daß Jakobus hier nicht einen Gegensatz zu Paulus Lehre vom Glauben als subjectiver Bedingung des Empfanges der Rechtfertigung ausspricht. So gewiß Jakobus, wenn er blos „einen schändlichen und verderblichen Mißverstand" der Lehre Pauli bekämpfen wollte[1]), zur Vermeidung des Scheines einer Bekämpfung Pauli selbst den Lesern dies ausdrücklich sagen mußte, so gewiß hätte auch der Verfasser, wenn er Pauli Lehre selbst direct bekämpfte[2]), diesen ausdrücklich als seinen Gegner den Lesern bezeichnen müssen. Denn das ist doch ausgemacht, daß es sich hier nicht, wie in den classischen Aussprüchen Pauli im Römerbrief 3 und 4 und Galaterbrief 2, um den Eintritt des sündigen Menschen in das Kindesverhältniß zu Gott und das Unterthanenverhältniß zu Christo, und um den Empfang des Geistes und seines Zeugnisses von diesem Verhältniß Röm. 8, Gal. 4 handelt, sondern, daß hier der Lebensstand und die Lebensführung in jenem Verhältniß und der Besitz des Glaubenslebens vorausgesetzt ist. Jakobus bezeugt und betont in Abrahams Beispiel mit Nachdruck den Glauben als kindliches Vertrauen auf die in dem Verheißungswort sich ihm kundgebende Gnade Gottes, die sich in der Anrechnung solchen Glaubens als und zur Gerechtigkeit kundgiebt 1, 23, und stimmt hierin ganz mit Paulus überein Röm. 4. Aber während dieser in seinem Kampfe mit der pharisäisch-judaistischen Geltendmachung der todten Werke, d. h. der äußeren und vereinzelten gesetzlichen Leistungen, als subjective Bedingung des Eintritts in das Verhältniß der durch das Gerechtfertigtwerden vermittelten Kindschaft mit Gott den die Gnade Gottes sich aneignenden lebendigen Glauben zum Gegenstande seiner lehrhaften Ausführungen macht, hat es Jakobus seinen Lesern gegenüber mit einem Irrwahn zu thun, der sich auf dem Grunde und Boden des schon gepflanzten Kindeslebens 1, 18. 21. in Folge der Vernachlässigung der ethischen Seite desselben herausbildete. Er muß dem todten Glauben gegenüber die lebendigen Werke fordern, die auf jenem Boden als des lebendigen Glaubens sittliche Bethätigung unerläßlich sind, wenn der Christ in dem Besitz und in der Continuität des neuen Lebens aus Gott von Seiten Gottes als ein wahrhaft Gerechter,

---

[1]) Hengstenberg a. a. O. 1116—1119. 1126. [2]) W. Grimm, z. Einl. in den Brief Jakobi, in Hilgenfelds Zeitschr. 1870 S. 378 und Holtzmann a. a. O.

als ein sittlich Rechtbeschaffener, Anerkennung finden soll. Was Paulus gleichfalls, aber sporadisch, als sittliche Verirrung andeutet und bekämpft Röm. 6, 1. Gal. 5, 13. 6, 7 ff., indem er von dem Mangel an Heiligung neben und in dem mittelst des Glaubens angenommenen Gnaden= und Freiheitsstand redet, das hat Jakobus hier Ursache, so ausführlich im Blick auf den schon vorhandenen Bestand des Christenlebens zu behandeln unter energischer Forderung der Werke, darin sich der Glaube als ein lebendiger und wirkungsfähiger bezeugen soll. Der gefahrvolle religiös-sittliche Zustand seiner Gemeinden, in denen man den Glauben auf Kosten der Werke betont, und von diesen als seinem ethischen Zubehör isolirt, nöthigt ihn, die That des Glaubensge hor= sams gegen die Forderung des göttlichen Willens, welche das Vertrauen auf die Verheißung der göttlichen Gnade zur Voraussetzung hatte, dem werklosen Glauben gegenüberzustellen, während Paulus unter Hinweisung auf jenen Glauben Abrahams an die göttliche Gnadenverheißung einen gleichen Glauben gegenüber dem Pochen auf die todten Werke des Gesetzes als Bedingung der Rechtfertigung hinstellt.

Indem Jacobus das fortwährende Bedürfniß der Sünden= vergebung im Lauf des Christenlebens indirect 2, 9 f. 3, 2. und direct 5, 15. 16. bezeugt, redet er von der „Rechtfertigung" durchaus nicht als von einem Gnadenakt Gottes, durch welchen er dem zu ihm sich erst bekehrenden Sünder die Sündenschuld erläßt, Gnade für Recht ergehen läßt, und damit das Kindesverhältniß zu ihm begründet, indem der Mensch die göttliche Gnadenzusage mit lebendigem Vertrauen sich aneignet, sondern als von einem Gerechtigkeitsakt Gottes, durch welchen dem durch jenen Gnadenakt im Kindesleben stehenden Menschen wie dem Abraham auf Grund seiner Bethätigung des Glaubens in Erfüllung der göttlichen Willensforderung die Anerkennung, daß er ein Gerechter, ein Rechtbeschaffener nach dem Willen Gottes sei, zu Theil wird[1]). Paulus hat es zu thun mit der Frage: wie der Mensch als Sünder aus dem Zustand außer der Gemeinschaft mit Gott durch den Spruch der Gnade Gottes von seiner Sündenschuld und Sündenstrafe frei, und mit dem Empfange des Geschenks der Vergebung der Sünde von Seiten Gottes in das Verhältniß eines Schuld= losen oder Gerechten hineinversetzt werde. Jacobus blickt auf den

---

[1]) Gegen W. Schmidt, S. 109 und Weiffenbach S. 26.

Stand und Zustand des Christenlebens, wie es schon in Folge der Neugeburt vorhanden ist und vor der Gefahr des Verlustes des Wohlgefallens Gottes und des Heils in ihm, die ihm durch den Wahn von der Genugsamkeit eines Glaubens ohne Werke zum Bestehen vor Gott, dem Richter, droht, bewahrt werden muß durch die Ermahnung, den Glauben in Werken zu bethätigen und so als einen lebendigen, heilswirksamen zu erweisen. Denn der gläubige Christ kann nur dadurch, daß er als ein nach der Forderung des göttlichen Willens Gerechter, als Einer, der das mittelst des Wortes der Wahrheit ihm eingepflanzte Kindesleben auch nach der Norm und dem Trieb desselbigen Wortes als des vollkommenen Gesetzes der Freiheit bethätigt, vor Gott Anerkennung finden. Es handelt sich um die Gerechterklärung des schon in der Gemeinschaft Gottes Lebenden auf Grund der Bethätigung und Erweisung seines Glaubens durch Werke des Gehorsams, wie bei Abraham.

Die Gerechterklärung des Sünders aus Gnade unter Zurechnung des Glaubens läßt Jakobus 2, 23 der Gerechterklärung des im Gehorsam seinen Glauben bethätigenden Gerechten in v. 21 vorangehen. Dies erhellt aus der Zusammenstellung jener beiden Vorgänge im Leben Abrahams. Der eine veranschaulicht in v. 23 die aus freier Gnade fließende Anrechnung des ihr sich zuwendenden Glaubens als Gerechtigkeit, und somit die Einsetzung in den Stand des Gerechten, die Herstellung des Verhältnisses des Sünders zu Gott als eines Gerechten. Der andere in v. 21 läßt uns die der göttlichen Gerechtigkeit entsprechende Anerkennung des in jenem Stande in der Erfüllung des göttlichen Willens sich als gerecht erweisenden, durch die Willensthat Gottes neugeborenen Menschen, als eines in solcher Lebensgerechtigkeit Bewährten vor Augen treten.

Und Paulus wiederum betont nachdrücklich ebenso die sittliche Bethätigung des Glaubens seitens des aus Gnaden Gerechtfertigten in der Heiligung, in der Erfüllung der Forderungen des göttlichen Willens. Er redet von einem durch die Liebe wirksamen Glauben[1] und fordert die Frucht des empfangenen Geistes[2]. Er spricht von guten Werken, zu denen der nicht „aus Werken" sondern „durch Gnade" des Heils theilhaftige Mensch „als ein neues Geschöpf in Christo Jesu" bestimmt ist[3]. Er bezeichnet als den

---

[1] Gal. 5, 6. [2] Gal. 5, 22 f. [3] Ephes. 2, 10.

Zweck der Erlösung im Christenleben, daß die Forderung des Gesetzes ihre Erfüllung in uns, sofern wir nicht nach dem Fleisch, sondern nach dem Geist wandeln, finden soll[1]). Das Leben ist für die Zukunft abhängig von der Tödtung der Geschäfte des Leibes durch den Geist[2]). Die Erlösungsthat Christi zweckt ab auf die Herstellung eines ihm zugehörigen, in guten Werken eifrigen Volkes[3]).

Aber nicht blos in der Betonung der guten Werke als Frucht des Glaubens und Geistes sehen wir Jakobus mit Paulus übereinstimmen, sondern wir finden auch bei Paulus an einzelnen Stellen neben der alles beherrschenden Polemik gegen die Werkgerechtigkeit denselben Gegensatz gegen einen judaistisch-doctrinären Standpunkt, wie er von Jakobus bei seinen vormalig jüdischen Lesern bekämpft wird, denselben Gegensatz gegen ein bloßes Wissen von Gott und göttlichem Willen, gegen ein Reden und Rühmen von Gott, gegen ein lehrsüchtiges Gebahren Anderen gegenüber, bei dem die sittliche Bethätigung des göttlichen Willens, der Gehorsam gegen Gottes Gebote fehlt[4]), gegen eine Sinnesart von judaistischem Standpunkt, bei der man die Lehre vom Gesetz und seinem Thun mit allem Eifer treibt, aber des Haltens des Gesetzes sich nicht befleißigt[5]). Ebenso stimmt es mit der Forderung der Werke aus dem Glauben, die Jakobus als Bedingung der Gerechterklärung des gläubigen Christen vor dem Forum Gottes hinstellt, wenn von Paulus mit allem Nachdruck im Blick auf das Gericht die Werke, in welchen sich der Glaube wirksam beweisen soll, als Grundlage für die göttliche Rechtsentscheidung über gerecht oder ungerecht, selig oder verdammt, betont werden[6]).

Jakobus muß nach dem für ihn geschichtlich nothwendigen Gegensatz gegen einen Glauben ohne Werke im Lauf des Christenlebens die Gerechterklärung aus Werken, in denen sich der Glaube als ein lebendiger ausweisen soll, fordern, während er die Gerechterklärung aus Gnaden auf Grund des Glaubens, der die Gnade ergreift 2, 23, als Voraussetzung des Christenlebens betrachtet, und wegen der dem Christen anhaftenden Sünde in der Vergebung der Sünden als fortdauerndes Bedürfniß anerkennt. Paulus muß nach dem ihm geschichtlich aufgenöthigten Gegensatz gegen die judaisirende Betonung der

---

[1]) Röm. 8, 11. [2]) Röm. 8, 13. [3]) Col. 1, 10. Tit. 2, 14. [4]) Röm. 2, 17—23. [5]) Gal. 6, 13. [6]) Röm. 2, 5 ff. 2. Corinth. 5, 10.

Werkgerechtigkeit neben dem Glauben, den lebendigen Glauben als Bedingung des Empfangs der freien Gnade Gottes in der das Heilsverhältniß zu Gott constituirenden Sündenvergebung und $υἱοθεσία$ hinstellen; aber er fordert ebenso wie Paulus die Bewährung des Kindesverhältnisses und der Stellung zu Gott in der aus Gnaden geschenkten Gerechtigkeit in der Bethätigung des Glaubens durch das „Thun" guter Werke. Die Ansicht, daß Jakobus und Paulus sich dadurch unterschieden, daß jener von der $δικαίωσις$ im jüngsten Gerichte, dieser von derselben als einem in die Gegenwart des Christenlebens fallenden Akt rede[1]), hat nur dies Wahre, daß allerdings Jakobus den Blick auf die nahe Parusie des Herrn gerichtet hält, also vorwiegend alle Ermahnungen und Weisungen unter diesem Gesichtspunkt ausspricht, Paulus dagegen vorwiegend die für das Heil grundlegende Frage, wie der sündige Mensch durch die sündenvergebende und an Kindesstatt annehmende Gnade in den Stand des vor Gott Gerechtfertigten im gegenwärtigen Leben kommt. Aber wie Paulus im Blick auf das Endgericht von den Gläubigen am Endpunkt ihrer Lebensentwickelung die Werke fordert als Bedingung des Bestehens im Gericht, so spricht andererseits Jakobus durchaus zugleich von dem gegenwärtigen Bestehen des Christen als eines Gerechten vor Gott als Bedingung des Heils. Dafür zeugt das Präsens $δικαιοῦται$ v. 24, das dem Christen vorgehaltene Beispiel Abrahams, bei dem von der Idee eines zukünftigen Gerichtes keine Spur ist, und die durch den ganzen Brief hin ins Auge gefaßte gegenwärtige Gestalt des Christenlebens der Leser, wie sie mit einem Glauben ohne Werke vor dem Urtheil Gottes nicht bestehen könne. Für den zeitlichen Verlauf des Christenlebens faßt Jakobus ebenso das Gerichtsurtheil Gottes in den Blick, wie für den Abschluß desselben im Endgericht. Der aus Gott durch das Wort der Wahrheit zu einem neuen sittlichen Leben erzeugte Christ soll nun im Lauf seines Christenlebens seinen Glauben durch die aus demselben naturgemäß hervorgehenden Werke bewähren, um als ein wirklich Gerechter vor Gott anerkannt, und des Heils sowohl in der Gegenwart wie in der Zukunft des Gerichts theilhaftig werden zu können.

---

[1]) Huther.

Vierter Abschnitt. Cap. 3.

Der Inhalt dieses ganzen Abschnittes wird beherrscht von dem Gesichtspunkt des Verhältnisses und Verhaltens der Leser zu einander in der christlichen Gemeinschaft. Auf dieses hinblickend sieht sich Jakobus veranlaßt, vor der Zuchtlosigkeit und den Sünden der Zunge, wie sie in eitler Lehrsucht v. 1 f. und in leidenschaftlichem Eifern v. 13 f. sich darstellen, zu warnen. Dem Sündigen mit der Zunge in falschem Lehreifer v. 1 und dem vielen Reden von Weisheit und Wissen v. 13 stellt er 1, ein abschreckendes Bild der Zungensünden und ihrer verderblichen Wirkung 1—12 und 2, die Forderung, in den Werken eines guten Wandels die Gesinnung weisheitsvoller Sanftmuth und Friedfertigkeit gegen einander zu bethätigen 13—18, entgegen. Er rechnet zu der sittlichen Bethätigung des Christenthums in Werken auch das rechte Verhalten und Thun im Reden als Ausdruck der rechten Gesinnung, als Bedingung des Bestehens vor dem Urtheilsspruch Gottes nach dem Gesetz der Freiheit, welches nach 2, 12: „so redet und so thut, als die ihr durch das Gesetz der Freiheit werdet gerichtet werden", auch das rechte Verhalten im Reden umfaßt. Da nun v. 1 von eifrigen Lehrbestrebungen die Rede ist, die Jakobus den Lesern untersagt, so erhellt, daß er hier solch eine Redethätigkeit vor Augen hat, bei der man im Widerspruch mit der Mahnung: langsam zum reden zu sein 1, 19, und die Zunge im Zaume zu halten 1, 26, den doctrinären Inhalt des werklosen Glaubens Anderen mitzutheilen in leidenschaftlichem Eifer beflissen war. Man erblickte in solchem Reden, in vielem Lehren, eine gottwohlgefällige Bethätigung des blos theoretischen Verstandesglaubens zur Einwirkung auf Andere während mit der Zunge im Gegentheil viel gesündigt wurde, und also auch in dieser Hinsicht die Bethätigung des Glaubens in Werken mangelte.

Hiermit ist auf die Ideenverbindung hingewiesen, welche trotz des schroffen, sprachlich unvermittelten Uebergangs vom Vorhergehenden zu diesem Abschnitt im Gedankengange des Jakobus einen Zusammenhang erkennen läßt. Er hat bei dem Schlußwort 2, 26: „der Glaube ohne die Werke ist todt", mit welchem er unter Wiederaufnahme desselben Gedankens aus v. 14 und 17 die Polemik gegen den blos theoretischen werklosen Glauben zu Ende führt, nachdem er auf die getrennte Beurtheilung von Glauben und Werken nur des Gegners wegen eingegangen war¹), einerseits die im Vorhergehenden nachgewiesene positive Wahrheit vor Augen, daß, so gewiß die Neuzeugung des ganzen inneren Lebens durch das im Gauben an Christus aufgenommene Wort der Wahrheit erfolgt ist, ebenso unzweifelhaft auch dieser Glaube seine Lebenskraft unmittelbar in sittlicher Thatkraft und im sittlichen Thun nach dem mit jenem Wort in seinem ethischen Gehalt identischen Gesetz der Freiheit entfalten muß. Er hat also die Werke als die Erscheinungen des Glaubens und somit den Glauben als den Grund der Werke, mithin beide in ihrer organischen Einheit den Lesern vor Augen gestellt, weit davon entfernt, die Werke erst als von Außen zu dem Glauben hinzukommend zu denken und unter Glauben und Werken zwei verschiedene Prinzipien zu verstehen²). Andererseits aber hat Jakobus dabei im Auge, wie man sich in seinem Leserkreise in sittlicher Schlaffheit und Trägheit mit jenem blos theoretischen Wissensglauben begnügt, der eben ohne Werke, ohne solche lebendige sittliche Selbstbethätigung sich darstellt. Und dieser Mangel tritt ihm nun in dem Blick auf ihr Gemeinschaftsleben und Verhalten zu einander gerade in religiöser Beziehung recht auffallend vor die Augen, indem er, wie v. 19 schon summarisch geschehen, auf das viele Reden von dem Inhalt dessen, was Gegenstand des blos theoretischen Wissensglaubens ist, hinblickt.

1. Cap. 3, v. 1—12. Die Warnung vor Zungensünden mit Hinweisung auf das Gericht.

Zuerst wird v. 1 und 2 der falsche Lehreifer gerügt, bei dem viel mit Worten gesündigt ward. „Wollet nicht viel Lehrer sein, meine Brüder". Von Lehreifer getrieben warfen sich unter den Lesern Viele als Lehrer auf. Es fehlte nicht an christlicher Erkenntniß nach 1, 3. 19. 2, 1 und 13. Aber statt praktischer Bethätigung derselben begnügte man sich bei dem bloßen Wissensglauben und ließ dem ungeheilten fleischlichen Sinn freien Lauf in vielem Reden von christlicher Wahrheit behufs doctrinärer und intellektualistischer Einwirkung auf Andere. Der Wissens- und Weisheitsdünkel führte viele zum Lehrdünkel. Es ist jedoch nicht an Lehrstreitigkeiten über die Materie von Glauben und Werken, wie sie in 2, 14 f. enthalten ist, zu denken³). Weder v. 16, wo vor Streit überhaupt ge-

---
¹) Ritschl, Lehre von d. Rechtf. II. 358. ²) Vergl. Ritschl a. a. O. gegen Weiffenbach. ³) Gegen Kern, de Wette.

warnt wird, noch 2, 14—26, wo der Glaube gar nicht als Gegenstand einer Lehrcontroverse oder Lehrdifferenz dargestellt ist, berechtigt dazu. Das vorangestellte $\mu\dot\eta$ $\pi o \lambda \lambda o \iota$ ist nicht mit $\gamma \iota \nu \varepsilon \sigma \vartheta \varepsilon$ zu verbinden, als sollten die Lehrer davor gewarnt werden, so zahlreich zu werden¹), auch nicht mit $\delta \iota \delta \acute{\alpha} \sigma \varkappa \alpha \lambda o \iota$, als sollten die Leser ermahnt werden, nicht eine Menge von Lehrern zu werden²), sondern es „steht in der Art anstatt eines adverbialen Ausdrucks, daß es eine Näherbestimmung des Subjects in Rücksicht auf das Prädicat beifügt³)". Es sollen sich nicht so Viele, wie Jakobus das bei ihnen sieht, als Lehrer aufwerfen, zum Lehren herzudrängen. Wie in den Synagogenversammlungen mehrere auftreten konnten, das gelesene Wort auszubeuten oder anzuwenden, so geschah es natürlich auch in den ersten christlichen Gemeindeversammlungen, wo Jeder, der sich berufen und tüchtig fühlte, lehrend auftreten konnte⁴). Aber auch außer der gottesdienstlichen Gemeindeversammlung ist dieses sich Drängen und Auftreten Vieler mit dem Bestreben, auf Andere lehrend einzuwirken, zu denken. Fern liegt den Worten eine Beziehung auf das eigentliche Lehramt⁵), noch ferner eine Beziehung auf unbefugtes Richten und Verdammen⁶), oder auf Irrlehrer⁷). Die dem jüdischen Naturell eigenthümliche Betriebsamkeit zu lehren und zu disputiren, wie sie Paulus Röm. 2, 17 f. übereinstimmend mit Matth. 15, 14 in Bezug auf das Gesetz so anschaulich schildert, zeigt sich auch hier auf christlichem Gebiet.

Der Warnung wird wieder so bedeutungsvoll wie schon öfter die Anrede: meine Brüder! beigefügt. Die Begründung: „da ihr wisset, daß wir ein größeres Strafurtheil empfangen werden", geschieht wieder mit Berufung auf das Wissen der Leser. Das „größere" oder schwerere Strafurtheil — $\varkappa \varrho \tilde{\iota} \mu \alpha$, der Urtheilsspruch — entspricht dem größeren Umfang der Verschuldung, die dem sündlichen Verhalten in dem sich Drängen zum Lehren anhaftet⁹). Es geht dabei nicht ohne schwere Zungensünden ab, wie sie ohnehin schon unter den Lesern nach 1, 19. 26. 2, 12 und nach dem Folgenden v. 2 f. vorhanden sind, aber hier noch größere Schuld wegen des höheren Grades von Verantwortung mit sich führen. Eine

---

¹) Gegen Schneckenburger. ²) Gegen Huther. ³) So treffend Hofmann. ⁴) Vgl. 1. Corinth. 14, 26. ⁵) Gegen Schneckenb. ⁶) Gegen Calvin. ⁷) Jachmann. ⁸) Beispiele solcher Steigerung im Ausdruck, wie $\pi \varepsilon \varrho \iota \sigma \sigma \acute{o} \tau \varepsilon \varrho o \nu$ $\varkappa \varrho \tilde{\iota} \mu \alpha$ Mark. 12, 40. Luc. 20, 47. Röm. 13, 2.

Abschwächung des $\kappa\rho\tilde{\iota}\mu\alpha$[1]), als sei nicht von dem Verwerfungsgericht die Rede, ist nicht zulässig, auch nicht mit Rücksicht darauf, daß Jakobus durch „wir" sich mit einschließt. Er stellt sich mit unter den ganzen vollen Ernst der Wahrheit, daß ein der größeren Verschuldung entsprechendes größeres Strafurtheil nach der göttlichen Gerechtigkeit unausbleiblich ist, selbstverständlich wenn die 2, 13 bezeichnete Bedingung der Abwehr desselben nicht vorhanden ist. Der Gedanke: desto gewisser werde die Vollstreckung stattfinden[2]), ist hineingetragen, da der Nachdruck auf „größer", nicht auf „empfangen" liegt.

Die Worte v. 2: „denn vielfach fehlen wir allesammt", begründen diese Aussage, nicht jene Warnung. Es ist jedoch nicht so zu disponiren[3]), als ob mit jenen Worten der Ausspruch $\kappa\rho\tilde{\iota}\mu\alpha$ $\lambda\eta\mu\psi\acute{o}\mu\varepsilon\vartheta\alpha$, und mit den folgenden Worten $\varepsilon\check{\iota}$ $\tau\iota\varsigma$ $\grave{\varepsilon}\nu$ $\lambda\acute{o}\gamma\omega$ der Begriff $\mu\varepsilon\tilde{\iota}\zeta o\nu$ begründet würde. Mit dem verstärkten $\ddot{\alpha}\pi\alpha\nu\tau\varepsilon\varsigma$ „allesammt" sind nicht die $\pi o\lambda\lambda o\grave{\iota}$ $\delta\iota\delta\acute{\alpha}\sigma\kappa\alpha\lambda o\iota$[4]) gemeint, dann hätte der Begriff „Lehrer" ausdrücklich wieder aufgenommen werden müssen, sondern es wird damit weit über den doch verhältnißmäßig beschränkteren Kreis der Lehrenden hinausgewiesen. Aber nicht an alles und jedes sittliche Fehlen, welcher Art es auch sei, ist nach dem Zusammenhang zu denken[5]), sondern nur an sittliche Verfehlung im Wort. Das Wir bezeichnet das allgemein vorhandene Sündigen mit der Zunge. Die Begründung des Ausspruchs: $\mu\varepsilon\tilde{\iota}\zeta o\nu$ $\kappa\rho\tilde{\iota}\mu\alpha$ $\lambda\eta\mu\psi\acute{o}\mu\varepsilon\vartheta\alpha$, in welchem das vorangestellte $\mu\varepsilon\tilde{\iota}\zeta o\nu$ den Kern bildet, geschieht in folgendem Sinn: vielfach, — $\pi o\lambda\lambda\grave{\alpha}$ dem $\pi o\lambda\lambda o\grave{\iota}$ entsprechend, steht adverbiell[6]) — sündigen wir allesammt schon, nämlich im Reden; und schon dieses allgemeine Sündigen im Wort wird einem harten Strafurtheil unterworfen werden[7]). Größer aber und noch schwerer wird dasselbe sein, wenn wir im Lehren in noch weiterem Umfang, mit noch tieferer Wirkung, mit unberechenbarer Tragweite, unter noch schwererer Verantwortung Zungensünden begehn. Um hiervon zurückzuschrecken, deckt Jakobus im Folgenden die ganze Masse und Tiefe des Verderbens auf, welches allgemein das Fehlen oder sittliche Straucheln im Gebrauch des Worts zur Folge hat.

Und zwar thut er das so, daß er jene besondere Beziehung auf

---

[1]) Mit Wiesinger. [2]) Gegen Huther. [3]) Gegen Huther. [4]) Gegen Hofmann. [5]) Gegen Huther, Wiesinger. [6]) Wie Matth. 9, 14. [7]) Vergl. Matth. 12, 36.

das Sündigen beim Lehren bis v. 13, wo sie wieder eintritt, zurücktreten läßt, und zunächst die positive ideale Wahrheit von der Bewährung der sittlichen Vollkommenheit im Nichtsündigen mit dem Wort jener Thatsache des allgemeinen Fehlens im Wort gegenüberstellt, v. 2ᵇ, um dann im Gegensatz zu 2ᵇ von v. 3 ab in zwei Bildern höchst anschaulich und poetisch die furchtbare Gewalt und Macht der Zungensünden zu schildern, was zu desto stärkerer Begründung der an die Spitze gestellten Warnung dient. Das Motiv hierzu ist unzweifelhaft die Wahrnehmung, daß die Zungensünden bei den Lesern eine große Rolle spielten.

„Wenn Jemand im Wort sich nicht versehlt, der ist ein vollkommener Mann". Das εἴ τις ist nicht gleich ὅστις, als gäbe es wirklich solch einen Unfehlbaren, sondern bedeutet einen nur angenommenen Fall, der freilich nach der Erfahrung keine Wirklichkeit hat¹). Das οὐ hinter εἰ statt μή steht wie 2, 11, weil die Negation den Nachdruck hat und im Gegensatz gegen das πταίομεν mit πταίει einen Begriff, den des Nichtfehlens, in dem Sinne der Unfehlbarkeit bildet.²) Gesetzt, es wäre Jemand unfehlbar, — d. h. nicht im Wort der Lehre, sondern im Reden überhaupt, im λαλῆσαι 1, 19, — so wäre dieser — οὗτος ist Subjekt — ein vollkommener Mann³). Mit δυνατός wird der Begriff des Vollkommenen erläutert: „fähig im Zaum zu halten auch den ganzen Leib." Der „ganze Leib" ist nicht als die gesammte geistleibliche Natur⁴), nicht als der leibliche Organismus mit Einschluß der Gemüthsbewegungen⁵), nicht als das gesammte Leben⁶), nicht als der ganze Zusammenhang der Handlungen und Veränderungen der Menschen⁷), sondern in eigentlichem Sinn zu nehmen. Der Leib mit allen seinen Gliedern wird dem einen kleinen Gliede, der Zunge, entgegengesetzt und kommt ebenso, wie diese als das Organ der Versündigungen durch Reden, als das Organ in Betracht, wodurch die Sünde sich im gesammten persönlichen Verhalten, im ganzen Menschenleben auswirkt und in die Erscheinung tritt. So bezeichnet Paulus die Sünde als Organismus des Bösen und als einzelnes

---

¹) So steht εἰ c. Indic. z. B. Matth. 12, 26. Joh. 18, 23. 1. Cor. 15, 26. S. Winer § 41, 2. ²) Vergl. Winer § 55, 2. ³) Vergl. über die sittliche Bedeutung und den Werth des Worts Matth. 12, 36; 15, 11. Eph. 4, 29; 5, 4. ⁴) Wiesing. ⁵) De Wette. ⁶) Schneckenb., Gebser. ⁷) Baumgarten.

Sündigen mit dem Bilde des Leibes und seiner Glieder¹). Das Bild vom Zügel setzt das Böse als eine ungebändigte Macht voraus, die den Menschen durch ihre Gewalt fortreißen und ihrer Herrschaft unterwerfen will. Die Zunge und den ganzen Leib im Zaum halten, stellt Jakobus auf gleiche Stufe. Er will keiner atomistischen Auffassung der Sünde Vorschub leisten. Was sich durch die Zunge als Macht des Bösen vom Innern des Menschen aus offenbart, ist dasselbe, was im Leib und allen seinen Gliedern zur Erscheinung kommt. Es handelt sich also auch nicht um eine vereinzelte Action des Guten im „Nichtfehlen mit dem Wort", sondern um ein sittliches Thun, welches den ganzen Menschen, wie er in seiner leiblichen Erscheinung sich darstellt, umfaßt. Die sittliche Vollkommenheit wird hier negativ als Vermögen der Selbstbeherrschung gegenüber der Macht des Bösen im Menschen dargestellt: wer diese so beherrscht, daß sie in dem Wort nicht zum Ausbruch kommt, der hat sie auch so in der Gewalt, daß sie in seiner ganzen persönlichen Erscheinung und in seinem Thun nicht zur Erscheinung kommt. Das Beherrschen der Zunge ist ja freilich ein speziell nach dieser Seite hin wirksames Moment in dem Gesammtwerk der Selbstzucht und in der allgemeinen Selbstbeherrschung. Aber „praktisch bewährt es sich immer, daß, wer seine Zunge bemeistert, durch diese Zucht, in die er seine Worte nimmt, die sittliche Kraft, Ruhe und Besonnenheit erlangt, um auch sein Handeln, ja durch Rückwirkung vom Aeußern auf das Innere, selbst sein Wollen und Denken in gesetzmäßige Ordnung zu bringen"²). Der ohne Verbindungspartikel angefügte Satz: wenn einer im Wort unfehlbar ist, bildet eine Illustration zu der vorangehenden Aussage, daß wir allesammt vielfach im Reden fehlen, durch Gegenüberstellung des Bildes sittlicher Vollkommenheit, wie sie in einem Mann sich darstellen würde, der im Stande wäre, sein ganzes Selbst im Zaum zu halten. So sollte es sein, aber so ist es nicht.

Das Gegentheil, die durch die Zunge als ihr Organ Alles beherrschende Macht des Bösen, wird behufs weiterer Ausführung des Satzes: vielfach fehlen wir allesammt, in v. 23 — 5ᵃ durch Anwendung der Gleichnisse vom Pferd und Schiff veranschaulicht. Der Schlüssel zum Verständniß dieser Bildrede liegt in

---

¹) Röm. 6, 13; 7, 23; 8, 13. Col. 2, 11; 3, 5. ²) So treffend Palmer a. a. O. 31.

der Erklärung 5ᵃ: so ist auch die Zunge ein kleines Glied und rühmt sich großer Dinge. Als ein kleines Glied ist sie dem ganzen Leib entgegengesetzt, wie schon in v. 2; dem entsprechend wird sie hier dem kleinen Zügel im Maul des Pferdes, dem kleinen Steuerruder am Ende des Schiffes gleichgestellt. Das μεγάλα αὐχεῖ¹) contrastirt mit ihrer Kleinheit. *Μεγαλαυχεῖ* würde heißen: sie thut groß, ohne daß die Wirklichkeit dem Großthun entspräche²); das würde aber dem Zusammenhang und der Absicht des Jakobus, die großen Wirkungen der Zunge der Macht des Zügels über das starke Pferd und des Steuers über das mächtige Schiff gleichzustellen, widersprechen. Dagegen μεγάλα αὐχεῖ ist wirklicher Gegensatz zu dem μικρὸν μέλος. Das Verbum bezeichnet keck und kühn sich dessen rühmen, was man vermag, groß reden von dem was man kann. Die Zunge, als Person dargestellt, rühmt sich großer Dinge, die sie wirklich vollbringt, wie nach der vorangehenden dichterischen Malerei der kleine Zügel im Maul des Pferdes und das von dem Druck des Steuerers geleitete Steuer große Wirkungen ausübt. Hierdurch wird die Macht und Gewalt, welche in ihrer Weise die Zunge als Organ des Bösen ausübt, veranschaulicht.

Mit εἰ δέ³) — wenn aber — wird ein Gegensatz zu 2ᵇ eingeführt, indem das erste Gleichniß vom Zügel an das gleiche Bild im Vorhergehenden sich anschließt, aber mit entgegengesetztem Sinn. Ein vollkommener Mann, der, im Wort ohne Fehl, die Zunge zügelt und so auch den ganzen Leib im Zaum hält! Aber es verhält sich umgekehrt: die kleine Zunge regiert den ganzen Menschen mit Allgewalt, wie der Zügel den ganzen Leib des Pferdes, wie das Steuerruder den ganzen Schiffskörper. Der Genitiv τῶν ἵππων ist nicht von χαλινοῖς sondern στόματα abhängig; er steht wie nachher τὰ πλοῖα nachdrucksvoll voran zur besto deutlicheren Hervorhebung des Vergleichungsgegenstandes. „Wenn wir aber in der Pferde Mäuler Zügel legen, auf daß⁴) uns sie⁵) gehorchen,

---

¹) So ist statt μεγαλαυχεῖ superbire, jactare nach A. C. mit Lachmann, Tischendorf, Tregelles und Hofmann zu lesen. ²) Gegen Huther. ³) Die lect. rec. ἰδού verdankt ihre Entstehung dem folgenden ἰδού. Gegen ἰδέ O. Bengel, Griesbach spricht der Umstand, daß Jakobus sonst nur ἰδού schreibt. Εἰ δέ, Lachm. Tischenb., hat die Schwierigkeit der Erklärung wie das Gewicht der Auctoritäten א. A. B, viele Uebersetz. für sich. ⁴) εἰς τό nach א. B. C. mit Lachm., Tischenb. statt πρὸς τό. ⁵) ἡμῖν αὐτοῖς statt der rec. αὐτοῖς ἡμῖν nach א. A. C. mit Tischenb., auch dem Sinn angemessener.

so lenken wir auch ihren ganzen Leib". Μετάγειν¹) heißt hin und her führen; das Lenken auch des ganzen Leibes der Pferde wird mit der ersten Wirkung des Zügels, dem Gehorchen, auf gleiche Linie gestellt. Aber der Nachsatz mit auch, welcher dem Zusatz in v. 2: δυνατὸς ... καὶ ὅλον τὸ σῶμα entspricht, bezeichnet den noch größeren Umfang der Wirkung. Gegen die periodische correcte Schreibweise des Jakobus verstößt die Auffassung, nach welcher der Ausspruch καὶ ὅλον — μετάγομεν nicht Nachsatz zu dem Vordersatz εἰ δὲ — ἡμῖν αὐτοῖς sein, sondern noch zu diesem Vordersatz gehören, der Nachsatz aber hier fehlen soll. Entweder ergänzt man dann willkürlich einen Gedanken, z. B. daß die Zunge nicht gezähmt werde²), daß wir um so mehr der Zunge Zügel anlegen sollen³), oder man findet im Widerspruch mit der Structur den Nachsatz in v. 4 und v. 5. Vordersatz und Nachsatz stehen offenbar in Symmetrie mit dem Vorder- und Nachsatz in v. 2, nur daß nicht das Gezügeltwerden der Zunge, die Ursache des Nichtfehlens im Reden, und nicht das Gezügeltwerden des ganzen Menschen von der gezügelten Zunge aus, sondern die selbst den Zaum und Zügel führende Gewalt der Zunge, die den inwendigen Menschen beherrscht, so daß er ihr, wie das Pferd dem, der es zügelt, Gehorsam leistet, und den ganzen Leib mit allen seinen Gliedern, die äußere Erscheinung des Menschen, regiert und lenket, veranschaulicht wird. Es erhellt also, daß nicht die Mäuler der Pferde⁴), als das Analogon der Zunge, weil diese im Munde sei, sondern die in die Mäuler gelegten Zügel den Vergleichungspunkt bilden. Wie von dem kleinen Zügel im Maul des Pferdes die dasselbe beherrschende Macht ausgeht, und sich in seiner Unterwerfung zu folgsamem Gehorsam und in der Lenkung seines ganzen Leibes wirksam zeigt, so verhält es sich auch mit der Zunge, indem von ihr aus der ganze Mensch beherrscht wird.

Diese Erklärung wird auch v. 4 durch die zweite Vergleichung, bei der eben in dem das Schiff in Bewegung setzenden Steuer der Vergleichungspunkt liegt, bestätigt. „Siehe, auch die Schiffe, obwohl sie so groß sind und von heftigen Winden getrieben werden, werden doch von einem höchst kleinen Steuerruder gelenkt, wohin immer der An=

---

[1]) Nur hier und v. 4 im N. T. [2]) De Wette. [3]) Beda. [4]) Bengel, Huther.

bruck des Lenkenden will". Das καὶ vor τὰ πλ. ist nicht
= selbst, sogar[1]), sondern = auch, einfach anreihend und gleichstellend. Eine Steigerung in quantitativem Sinn liegt in der ganzen Darstellung, und zwar nicht blos gegenüber dem Körper der Pferde in der Größe der Schiffe, und gegenüber der Bewegung der Pferde in der Gewalt der Winde, sondern zugleich in der hierin begründeten größeren Schwierigkeit, die Schiffe zu lenken, sowie in dem Abstand zwischen der mit dem Superlativ ἐλάχιστον, welcher dem μικρὸν μέλος entspricht, bezeichneten Geringheit des Bewegungsmittels und der colossalen Masse des zu lenkenden Schiffskörpers als des Objects der bewegenden Kraft. Diese liegt in der ὁρμή des Steuermanns gegen ober auf das Steuerruder. Das Wort ὁρμή ist hier wie im häufigen klassischen Gebrauch und wie Apost. 14, 5 im ursprünglichen physischen Sinn von Andrang oder Andruck mit Kraft und Gewalt, also von dem Andrängen des Steuermanns gegen das Steuerruder im Kampf mit Sturm und Wogen[2]), nicht im geistigen Sinne von der „Absicht", was die prächtige poetische Darstellung des Jakobus sehr abschwächen würde, zu verstehen[3]). So, nämlich, wie mit beiden Gleichnissen veranschaulicht ist, verhält es sich auch mit der Zunge. Sie ist ein kleines Glied, entsprechend dem kleinen Zügel und Steuer, macht sich aber groß mit gleichen mächtigen Wirkungen. Bei dem Allen ist als selbstverständlich vorausgesetzt, daß die dirigirende Stelle, von der aus dieses kleine Glied zu solchen den ganzen Menschen umfassenden Wirkungen in Bewegung gesetzt wird, der menschliche Wille ist, wie beim Zügel und beim Steuerruder. Dem βάλλομεν und der ὁρμή τοῦ εὐθύνοντος entspricht in dieser Beziehung die in μεγάλα αὐχεῖ nicht blos vorausgesetzte, sondern auch angedeutete selbst- und herrschsüchtige, eigenmächtige Action der Gesinnung und des Willens, von welcher her die Macht der Zungensünde ihren Ursprung und ihre Direction hat.

Nachdem so v. 3—5ᵃ geschildert worden, wie mächtig die Zunge ihre Herrschaft und Gewalt ausübt, wird 5ᵇ—8 wieder unter Anwendung mehrerer Bilder, besonders des Bildes vom Feuer, die große weitgreifende Gefährlichkeit und Verderblichkeit der Zunge als des Werkzeuges des Bösen veranschaulicht. Das Folgende

---

[1]) Huther, de Wette. [2]) So auch Theile, Wiesing., Hofmann. [3]) Gegen Calvin, Gebs., Huther, de Wette.

schließt sich an μεγάλα αὐχεῖ inhaltlich an, ist aber nicht bloß Erläuterung desselben[1]), sondern schildert, welch' **gefährliche und verderbliche Wirkung** sie in dem weiten Bereich ihrer unbändigen Machtentfaltung und zügellosen Herrschaft habe.

„**Siehe! welch ein großes Feuer! welch einen großen Wald zündet es an!** Das Siehe! nimmt wie in v. 4 nachdrücklich die Aufmerksamkeit für die folgende Schilderung in Anspruch. Ein **wie großes Feuer**, so ist das als ächt bezeugte ἡλίκον zu übersetzen[2]). Mag auch dieses an sich weder groß noch klein, sondern nur die Beschaffenheit des Maaßes bezeichnen, also einen relativen Sinn haben[3]), so kann es doch nicht zweimal so dicht hintereinander gesetzt, wie hier, das erste Mal „wie klein", und das zweite Mal „wie groß" bedeuten[4]). Abgesehen von der gewöhnlichen Bedeutung: „wie groß"[5]), spricht auch der **Zusammenhang**, wie gegen die Lesart ὀλίγον, so gegen die Fassung des ἡλίκον: „wie klein". Das μικρὸν μέλος v. 5 spricht nicht für ὀλίγον πῦρ. Dort ist die Rede von der Kleinheit ihrer Erscheinung gegenüber ihrer großen Machtentfaltung. Dagegen wird das Bild des Feuers in v. 6 in Anwendung auf die Zunge mit den Worten: „die Welt der Ungerechtigkeit", erläutert, und somit von der **Größe** und weitgreifenden **Intensität** ihrer bösen Macht, von ihrer als Feuer — nachher als Gift — weithin und tief hinein ansteckenden Kraftwirkung gedeutet. Also: „**Welch ein großes Feuer! welch großen Wald zündet es an!**" Auch das „Anzünden" ist nicht für die Lesart, resp. Erklärung: welch **kleines** Feuer! geltend zu machen[6]); denn Jakobus kann bei Einführung des Gleichnisses vom Feuer gar nicht anders gedacht werden, als erfüllt von dem Gedanken an die Zunge, nicht bloß, wie sie ihm gleich einem brennenden Feuer, sondern auch als eine **Welt voll Ungerechtigkeit** nach v. 6 vor Augen steht, die, vom Feuer der Hölle in Brand gesetzt, ihre Flammen weithin züngeln läßt, und somit wie ein großes ausgebreitetes Feuer in ungemessenem Umfang ihre verheerende Macht ausübt. Dieses ge-

---

[1]) Gegen Wiesinger, Huther. [2]) Statt der l. rec. ὀλίγον A* C** G. haben ℵ. A.** B. C.* Vulg. Lachm. und Tischenb. ἡλίκον. Wäre jenes ursprünglich, so hätte es keine Vertauschung mit dem für die Erklärung schwereren ἡλίκον erfahren. [3]) So Hofmann mit Berufung auf Kühner, Gramm. 2, 906. [4]) Gegen Hofmann und Huther. [5]) S. Pape gr. W. B. s. v. [6]) Gegen Wiesinger.

schießt in dem weiten Bereich des viel Brennstoff darbietenden irdisch-menschlichen Lebens und Treibens, der mit dem Ausruf: „wie ein großer Wald!" bezeichnet wird.

Wie nach Aufstellung der Vergleiche v. 3 und 4 die Ausbeutung und Anwendung v. 5ᵃ folgte, so auch nach Hinstellung des Bildes 5ᵇ die Anwendung. „**Und die Zunge ist ein Feuer**", nicht: **auch die Zunge**. Was vom **Feuer** gesagt ist, ist genau ebenso von der **Zunge** zu sagen¹). Nach seiner bekannten Weise hat Jakobus diese Aussage vorangestellt, um sie im Folgendem auszuführen und zu erläutern. Ὁ κόσμος τῆς ἀδικίας ist nicht Apposition zum Vorhergehenden, als sollte mit dem zweiten ἡ γλῶσσα ein neuer Satz anfangen²). Damit wird der Unterschied von **Bildzeichnung** und **Bildbeutung** verwischt und die Vergleichung selbst verwirrt³). Es ist logisch und sprachlich angemessener, daß die der Vergleichung folgende neue Bezeichnung des Wesens der Zunge als „Welt der Ungerechtigkeit", mit der angedeutet wird, wodurch sie ein Feuer ist und als solches wirkt, den Satz eröffnet, der die Beschreibung der Wirkung der Zunge als eines Feuers enthält, und damit den ihr gebührenden Hauptaccent empfängt. Nur aus dem Bedürfniß, bei Verbindung mit dem Vorhergehenden die Vergleichung klar auszudrücken, ist die Lesart οὕτως vor dem zweiten ἡ γλῶσσα in v. 6 entstanden⁴). Denn ohne solche nähere Bestimmung bei γλῶσσα ist die Construction: „die Zunge kommt unter den Gliedern als die den ganzen Leib besudelnde zu stehen", viel härter und schwerfälliger als diejenige, welche die Worte ὁ κόσμος τ. ἀδικ. als nähere, die Ausbeutung des Bildes vom Feuer beginnende Bestimmung mit dem folgenden ἡ γλῶσσα verbindet, und mit ihnen den neuen Satz beginnt⁵). Demnach heißt es: „**als die Welt der Ungerechtigkeit stellt die Zunge sich unter unseren Gliedern dar, als die den ganzen Leib besudelt, indem sie in Brand setzt das Rad des Lebens und in Brand gesetzt wird von der Hölle**". Nach der Bedeutung des κόσμος

---

¹) Vergl. Spr. 16, 27: „auf den Lippen des bösen Menschen ist es wie **Feuer**". Psalm 120, 4 wird die böse Zunge mit glühenden Ginsterkohlen verglichen. Zur weiteren Erläuterung des Bildes dient Spr. 26, 20—22 und Sir. 28, 11—14. ²) So die Meisten. ³) So treffend Hofmann. ⁴) Die Weglassung des οὕτως ist auch durch א. A. B. C. K. Vulg. hinreichend gerechtfertigt. ⁵) So auch außer Hofmann Neander, Tischendorf, Lange.

als der geordneten Gesammtheit alles Daseins ist „die Welt der Ungerechtigkeit[1])" alles ungerechte Wesen als ein einheitliches Ganze. Die Ungerechtigkeit in der Einheit und Geschlossenheit aller ihrer einzelnen Momente und Bethätigungen bildet eine Welt für sich. Als solche **stellt die Zunge sich dar oder kommt sie zu stehen unter unseren Gliedern.** Die Beziehung der Zunge auf den Leib und die **Persönlichkeit** v. 2 wird festgehalten, und bedingt das Verständniß alles Folgenden. Sie selbst physisch ein kleines Glied unter den Gliedern, giebt sich selbst die ethische Stellung unter denselben oder inmitten der Erscheinungen des durch den Leib und seine Glieder vermittelten persönlichen Lebens, daß sie da als ein Mikrokosmos, als die Welt der Ungerechtigkeit auftritt. Während die einzelnen Glieder einzelnen Sünden zum Organ dienen, ist die Zunge Organ eines Redens, in welchem sich die Allheit und Gesammtheit des ungerechten sündigen Wesens darstellt. Das καθίσταται entspricht nicht dem ἀνάπτει in 5b[2]), der **bösen Wirkung** der Zunge, sondern ist die Voraussetzung davon, daß sie nämlich jene Centralstellung unter den Gliedern als Inbegriff aller Ungerechtigkeit, die sonst vereinzelt durch die Glieder in die Erscheinung tritt, einnimmt. Die **verderbliche Wirkung**, also das dem ἀνάπτει Entsprechende, folgt in den coordinirten Participialzusätzen: ἡ σπιλοῦσα — und καὶ φλογίζουσα.

Die Zunge wird näher bestimmt als „**eine solche, die den ganzen Leib befleckt.**" Der **ganze Leib** steht im Gegensatz zu den **Gliedern**, unter denen die Zunge als Welt der Ungerechtigkeit ihre Stellung hat. Als solche übt sie nun ihre böse Einwirkung auch auf die gesammte Persönlichkeit aus. In dem sündlichen Reden kommt die Gesammtheit aller in dem Herzen wohnenden Sünden zum Ausdruck. Der durch das Wort zum Vorschein gelangte sündliche Schmutz des inwendigen Menschen verbreitet sich nun befleckend und besudelnd, wie über die einzelnen übrigen Glieder, die in den Dienst der Zungensünden mit hineingerissen werden, so über die gesammte in der Leiblichkeit sich darstellende Persönlichkeit[3]). Die Erfahrung bestätigt das überall. Die in das Wort sich ergießende Unreinheit des Herzens giebt alsbald auch den Mienen, Geberden, Blicken, Bewegun-

---

[1]) Nach Blom eine Glosse! [2]) Gegen Wiesinger. [3]) Abweichend vom Bilde Bengel: maculans, ut ignis per fumum.

gen, der Haltung und den Thätigkeiten des Körpers, dem ganzen persönlichen Verhalten ein entsprechendes Gepräge. Wie trefflich stimmt Jakobus Wort hier mit den Aussprüchen des Herrn sowohl über das Herkommen der **bösen Worte** aus dem **Bösesein** und dem **Ueberschwang eines bösen Herzens**[1]), als auch über die **Verunreinigung des ganzen Menschen** durch die Worte, welche aus dem Grunde des mit allerlei Bösem erfüllten Herzens kommen[2]).

Der durch die Zungensünden angerichtete Schaden wird mit dem Bilde vom **Feuerbrande** illustrirt. Schon die disparaten Bilder zeigen, daß die Satztheile, in denen sie auftreten, coordinirt stehen, und nicht der Participialsatz $\varphi\lambda o\gamma i\zeta o\upsilon\sigma\alpha$ mit seinen durch $\varkappa\alpha i - \varkappa\alpha i$ verbundenen beiden Participien dem Satz η $\sigma\pi\iota\lambda o\tilde{\upsilon}\sigma\alpha$ $\ddot{o}\lambda$. τ. σ. untergeordnet sein kann, in welchem Fall in unerträglicher Weise von dem in seiner Rede so sauberen und exakten Jakobus die beiden Bilder, Besudelung und Entflammung, vermischt wären, ja das erstere durch das letztere erläutert worden wäre.[3]) Vielmehr wird mit dem folgenden Participialsatz ein neuer Gedanke ausgesprochen, mit welchem das, was in dem Bilde vom Feuer und Wald an zweiter Stelle vom Anzünden des letzteren gesagt worden, nämlich das $\dot{\alpha}\nu\dot{\alpha}\pi\tau\epsilon\iota$, in Anwendung auf die Zunge ausgeführt wird, und zwar so, daß erhellt, wie die Zunge als die Welt voll Ungerechtigkeit ein Feuer ist, welches sowohl **in Flammen setzt, als auch entflammt wird**[4]). Dem Object des $\dot{\alpha}\nu\dot{\alpha}\pi\tau\epsilon\iota$ in 5^b, der $\ddot{\upsilon}\lambda\eta$, entspricht der $\tau\varrho o\chi\dot{o}\varsigma$ $\tau\tilde{\eta}\varsigma$ $\gamma\epsilon\nu\acute{\epsilon}\sigma\epsilon\omega\varsigma$. Daß die Zunge als Feuer **diesen in Brand setze**, wird zuerst ausgesagt. Statt $\tau\varrho\acute{o}\chi o\varsigma$ „Lauf" ist $\tau\varrho o\chi\dot{o}\varsigma$ „Rad" zu lesen. Das Object des $\varphi\lambda o\gamma i\zeta\epsilon\iota\nu$ kann nicht solch ein Abstractum wie „Lauf", sondern muß nach der Bildrede brennbares Material sein. Unter $\gamma\acute{\epsilon}\nu\epsilon\sigma\iota\varsigma$ ist, wie 1, 23, nicht die Geburt, sondern das Dasein, das Leben in dem Proceß seines Werdens, der Organismus des persönlichen Lebens zu verstehn[5]). „Das Rad des Daseins, des Lebens" ist bildliche Bezeichnung des sowohl in stetem Kreisumlauf als auch in steter Fortbewegung begriffenen persönlichen Daseins oder Lebens[6]). Der Zusammenhang und das wiederholt betonte $\ddot{o}\lambda o\nu$ $\tau\dot{o}$ $\sigma\tilde{\omega}\mu\alpha$ als Sphäre

---

[1]) Matth. 12, 34. [2]) Matth. 15, 17—20. [3]) Gegen Wiesinger. [4]) Vergl. in Betreff der Structur Hofmann. [5]) S. Suicer thesaur. Bengel: constitutio naturalis, hominis natura. Vergl. Plato Phädrus p. 252 D: $\varkappa\alpha i$ $\tau\dot{\eta}\nu$ $\tau\tilde{\eta}\delta\epsilon$ $\pi\varrho\dot{\omega}\tau\eta\nu$ $\gamma\acute{\epsilon}\nu\epsilon\sigma\iota\nu$ $\beta\iota o\tau\epsilon\dot{\upsilon}\epsilon\iota$, „und lebt das diesseitige erste Dasein durch", Schleiermach. bei de Wette.
[6]) Vergl. Anacreont. Od. IV, 7: $\tau\varrho o\chi\dot{o}\varsigma$ $\ddot{\alpha}\varrho\mu\alpha\tau o\varsigma$ $\gamma\dot{\alpha}\varrho$ $o\tilde{\iota}\alpha$ $\beta\iota o\tau o\varsigma$ $\tau\varrho\acute{\epsilon}\chi\epsilon\iota$ $\varkappa\upsilon\lambda\iota\sigma\theta\epsilon\acute{\iota}\varsigma$.

der Wirkung der Zunge gestattet nicht, bei jenem Ausdruck über die Grenze des persönlichen Einzellebens hinauszugehen und an den Kreis der Schöpfung oder des Lebens der Menschheit im Ganzen[1]), oder wohl gar nach einer Vorstellung orphischer Mystik an einen immer erneuten Kreislauf der Seelen zu denken[2]), sondern fordert die Beschränkung auf das individuelle persönliche Dasein.

Der Gedanke ist der: das menschliche Personleben ist in seinem ganzen Organismus gleich einem rollenden Rade. Die Zunge mit ihrem sündigen Reden ist unter den Gliedern des Leibes nach ihrer Centralstellung die Trägerin des Feuers, ja selbst das Feuer der Selbstsucht in Haß, Zorn, Neid, welches jenes Rad von dem Mittelpunkt, seiner Axe aus, in Brand setzt, und zwar nach dem Präsens beständig in Flammen setzt und immer mehr entzündet[3]). Auch dieses kühne Bild von einem durch die sündlichen Flammen der Zunge in Brand gesetzten dahinrollenden Feuerrad des menschlichen Lebens findet seine Bestätigung durch die Erfahrung. Freilich will Jakobus nicht sagen, daß alle Sünden von der Zunge herrühren, wohl aber sagt er, was die Erfahrung täglich zeigt, daß die im Herzen glühende Sünde, Haß, Neid, Zorn, Rachsucht, diese Welt der Ungerechtigkeit gegen den Nächsten, zuerst unmittelbar durch das Wort sich offenbart, und wenn sie einmal durch die Zunge zur hellen Flamme geworden und in dem entsprechenden Wort entfesselt worden, dann das Thun und Verhalten des Menschen ergreift und den ganzen Menschen, das ganze Rad seines Lebens, in welchem der Leib mit seinen Gliedern sich bewegt, in Flammen setzt. Solche Macht und Wirkung hat das durch das Wort entfesselte Sündenfeuer des Herzens; es entsteht eine Feuersbrunst, die das ganze Dasein durchflammt und verzehrt[4]), das Gegentheil der vom Feuer des heiligen Geistes entzündeten feurigen Zungen, von denen die Flammen der Gottes- und Bruderliebe sprühen.

Es ist ein Feuer, welches von der Hölle entflammt

---

[1]) De Wette, Wolf cur. ph. [2]) So Hilgenfeld a. a. O. 1873. S. 20, wo aus Simplicius de coelo II p. 916 der Ausdruck τροχὸς τ. γ. als Bezeichnung des Rundlaufs des Lebens mit dem Bilde des Rades angeführt ist. [3]) Vergl. zu dem Bilde Horat. Od. I, 1. 3: metaque fervidis evitata rotis. — Bengel: confer de rotis flammeis throni divini Dan. 7, 9; hominis natura, accensa, dum circumagitur, mox tota exardescit, ut ignis non solum in gyrum agi, sed gyrus esse videatur. [4]) Benson: vita quasi rota ignem concipit, quo tota machina consumitur.

wird¹). Das Feuer der Zungensünden stammt und flammt aus der Hölle, dem Reich des Bösen. Also auch die ἐπιθυμία des Herzens, aus der diese Sünden aufsteigen, wird von dem höllischen Feuer her, von dem außer dem Menschen und im Bereich des Teufels und seiner Engel liegenden Heerde des Hasses in Brand gesetzt. Auch hierin findet der Ausdruck: „die Zunge die Welt der Ungerechtigkeit", ihre volle Erklärung und Bestätigung. Das Präsens des Particips ist genau festzuhalten. Die ihm widersprechende perfectische Auffassung, als wäre die Zunge nur einmal beim Sündenfall von der Hölle entzündet worden, wie die futurische Erklärung von dem Feuer der zukünftigen Höllenstrafe, sind nicht blos Abschwächung, sondern gradezu eine Beseitigung dessen, was Jakobus mit dem Präsens sagen will, daß nämlich fortdauernd und beständig das Feuer der Zungensünden von Unten her, von dem Feuer der Hölle, entzündet wird. Eine großartig schöne Darstellung zeigt hier im Gegensatz gegen jede laxe oberflächliche und atomistische Beurtheilung der Zungensünden den tiefen Abgrund des Reiches des Bösen, aus dem sie emporzüngeln, die ungeheure Tragweite des sittlich verderbenden Einflusses, den sie auf das gesammte Menschenleben an und für sich und in seiner Beziehung zu dem Nächsten im Bereich des Gemeinschaftslebens ausüben, nicht minder aber auch den engen Zusammenhang der Zunge, als des Centralorgans des Leibes für die Aeußerungen der Sünde im Wort, und der einzelnen Zungensünden, einerseits mit dem ganzen Organismus des Bösen, der Welt der Ungerechtigkeit, in dem einzelnen Menschen, und andererseits mit dem Reich des Bösen außer dem Menschen. Von dem Uebel, welches durch die Zungensünden Anderen zugefügt wird, und von der Strafe, die der Mißbrauch der Zunge zur Folge hat, reden auch mehrere alttestamentlichen Stellen²), aber nicht, wie Jakobus, von der sittlich verderblichen Wirkung der Zunge für das leiblich persönliche Leben dessen selbst, der von der Macht des Bösen, die in ihr sich auswirkt, sich überwältigen läßt, statt dieselbe zu überwältigen.

Nachdem die verderbliche Wirkung der Zungensünden dargestellt worden, ist in v. 7 und 8 weiter die Rede von der **Unmöglichkeit der Zähmung der Zunge durch menschliche Macht.**

---

¹) γέεννα außer hier nur Matth. 5, 22; 18, 9. Mark. 9, 47 und zwar mit πυρός. ²) Ps. 52, 4; 120, 2—4. Spr. 16, 27. Vergl. Sir. 28, 11 ff.

Und zwar wird die Unbändigkeit und Unbezähmbarkeit derselben durch den Gegensatz (vergl. das δὲ in v. 8) gegen die doch durch menschliche Kraft gebändigte Naturgewalt der Thierwelt in desto helleres Licht gestellt. Das γὰρ kann sich nicht auf das μεγάλα αὐχεῖ in v. 5 beziehen[1]), da dieser Begriff mit dem der Unbezähmbarkeit in keinem logischen Connex steht, sondern führt in der Bedeutung „nämlich" das Folgende als Erläuterung zu der vorangehenden Darstellung der überwältigenden verderblichen Wirkung der Zunge ein. In vier zu je zwei verbundenen Gliedern werden in derselben Ordnung wie 1. Mose 9, 2 die Arten der Thierwelt aufgezählt. „Jegliche Natur — nicht: Anlage und Fähigkeit[2]), auch nicht: Art oder Gattung[3]) — sondern jegliche Naturkraft, — der vierfüßigen sowohl — Θηρία ist nicht der Gesammtbegriff für die folgenden Benennungen, als dieselben umfassend — wie der geflügelten, der kriechenden sowohl, wie der Seethiere, wird gebändigt und ist gebändigt — δαμάζεται veranschaulicht das fortdauernde Ueberwältigtwerden, δεδάμασται den erfahrungsmäßig von je her vorhandenen Zustand des Ueberwältigtseins[4]) — durch die menschliche Natur, d. h. nicht menschliche Gattung[5]), sondern die dem Menschen von seinem Ursprung her eigene Kraft, welche die Thiernatur trotz ihres mächtigen Widerstrebens überwältigt. Wie gewaltig ist also die von dem Schöpfer in die Menschennatur gelegte Kraft, daß sie auch die gesammte übrige lebendige Creatur mit ihrer gefährlichen unbändigen Macht in der vierfüßigen, mit ihrer flüchtigen Unnahbarkeit in der beflügelten, mit ihrer schleichenden List in der kriechenden, mit ihrer unstäten Gewandtheit in der schwimmenden Thierwelt sich unterwerfen und zu Füßen legen kann! Es ist wegen der wesentlichen Uebereinstimmung hinsichtlich der aufgeführten Thierarten unzweifelhaft, daß Jakobus bei dieser Darstellung die Worte des 8. Psalms v. 7—9 im Sinne gehabt hat: „du lässest ihn herrschen über das Werk deiner Hände; Alles legtest du unter seine Füße, Schaafe und Rinder und auch die Thiere des Feldes, die Vögel des Himmels und die Fische des Meeres, was nur durchwandert die Pfade des Meeres". Vor dem Fall war der Gehorsam der Creatur gegen den ihr von Gott zum Herrscher gesetzten Menschen ein freiwilliger; seit dem Fall und in Folge desselben ist er

---
[1]) Gegen Wiesinger. [2]) De Wette. [3]) Gebs., Schneckenbg., Hofmann.
[4]) Grotius: ut nunc fit, ita factum est semper. [5]) So Hofmann.

ein erzwungener. Aber die Beherrschung und Ueberwältigung der Natur ist ein Ausfluß der ihm auch nach dem Fall gebliebenen Ebenbildlichkeit mit Gott. „Und doch — δὲ — die Zunge vermag Niemand von den Menschen zu bändigen. — Οὐδεὶς der Gegensatz zu *πᾶσα φύσις*. Dort kann sich nichts der bändigenden Macht der Menschennatur entziehen; hier ist keine Menschenmacht im Stande, die Zunge zu bändigen. Das ungebändigte sich Erstrecken der Macht der Zunge über den ganzen Leib und Lebenskreis der Menschen erklärt sich nur daraus, daß kein Mensch durch seine Macht leisten kann, was v. 2 als möglich oder sein sollend angenommen ist. Stärker konnte die Macht der Zunge, schärfer aber auch das sittliche Unvermögen der Menschen zu ihrer Zähmung nicht bezeichnet werden.

Mit dem energischen Affect der Entrüstung[1] darüber bricht Jakobus in die verbindungslosen Worte aus: Ein unbändiges Uebel, voll todtbringenden Giftes! Bloß als Apposition gefaßt, würden sie die Macht des Lapidarstyls verlieren[2]. Das ἀκατάστατον[3] würde als Bezeichnung der „Unruhe der Leidenschaft"[4] nicht zu dem vorhergehenden Begriff der Unbezähmbarkeit der Zunge passen, aber auch nicht zum Folgenden als Bezeichnung der Unbeständigkeit[5]; denn nicht um diese handelt es sich dort, sondern um den Widerspruch und Gegensatz in ihren Aeußerungen. Es mag daher aus inneren Gründen ἀκατάσχετον, d. h. was nicht niederzuhalten, zu überwältigen ist, als ursprüngliche Lesart anzunehmen sein. Der zweite Ausruf: voll von todtbringendem Gift! erklärt, wie sie in ihrer Unbändigkeit ein bis zum Tod Verderben wirkendes Uebel ist. Offenbar ist die Vergleichung mit dem Schlangengift, Ps. 140, 3, vorausgesetzt. Das Gift ist der durch die Zunge tödtlich wirkende Haß. Das Gift des Hasses wirkt die That des Todtschlags. „Wer seinen Bruder hasset, ist ein Todtschläger"[6]. Todesverderben wirkt sie eben nicht als unruhiges, sondern als unbändiges, in seiner gewaltsamen Macht nicht niederzuhaltendes Uebel. Vorher war die Rede von der sittlich verderblichen Wirkung der Zunge für den von ihr Beherrschten selbst; hier wird geredet von dem Verderben, und zwar in der höchsten Potenz, dem Tode, welches

---

[1] So Huther. [2] Gegen de Wette. [3] Freilich durch N. A. B. bezeugt. [4] Huther. [5] Wiesinger, de Wette. [6] 1. Joh. 3, 15.

anberen baburch bereitet wird. Letztere Beziehung bleibt in dem zweiten Gliede der v. 9 und 10 aufgeführten Gegensätze und widerspruchsvollen Aeußerungen der Zunge. Dieselbe Zunge ergießt sich in **Lob Gottes** und in **Fluch** gegen die Menschen. Der „Fluch" ist der Erguß des wie eine giftgeschwollene Schlange sie erfüllenden Giftes des Hasses und der bösen Leidenschaft überhaupt gegen andere Menschen. Das Nichtbändigen der Zunge als Zeichen von der ungebändigten sündlichen Natur des inneren Lebens führt im religiös-sittlichen Leben zu den schneidendsten ethischen Widersprüchen und Gegensätzen. Der Begriff des Unnatürlichen oder Widernatürlichen ist hier nicht ausgedrückt, sondern folgt erst 11 und 12[1]). Auch von einer „Unbeständigkeit", einem $\dot{\alpha}\kappa\alpha\tau\dot{\alpha}\sigma\tau\alpha\tau\sigma\nu$ der Zunge kann hier, wenn ihr Lob Gottes und Verfluchung der Menschen zugeschrieben wird, nicht die Rede sein. Denn wenn es heißt: „**in ihr loben wir den Herrn**[2]) **und Vater, und in ihr fluchen wir den Menschen, die nach dem Ebenbild Gottes geworden sind; aus demselben Munde geht heraus Loben und Fluchen**", so wird damit doch nicht gesagt, „daß wir bald das Eine, bald das Andere thun, in welchem Falle beide Verba ein und dasselbe Object haben müßten, sondern daß wir beides gleicherweise thun, daß beides, $\varepsilon\dot{\upsilon}\lambda o\gamma\varepsilon\tilde{\iota}\nu$ und $\varkappa\alpha\tau\alpha\varrho\tilde{\alpha}\sigma\vartheta\alpha\iota$, aus einem und demselben Munde kommt"[3]). Indem wir die Zunge nicht zügeln, sie vielmehr mit uns durchgeht, — Jakobus redet so, daß er sich mit einschließt, da er ja im Blick auf das wirkliche Leben mit allen seinen von der Zunge herrührenden Sünden gesagt hat, **Niemand** könne sie bändigen, — stellen wir uns als solche dar, die neben der Erfüllung ihrer Pflicht, **Gott** als ihren **Herrn**, dem sie sich unterthänig und zum Gehorsam verpflichtet fühlen, und als ihren **Vater**, dem sie als seine Kinder für alle gute und vollkommene Gabe Dank schuldig sind, lobend und preisend anzurufen, im Widerspruch damit den **Menschen** fluchen und alles mögliche Böse anwünschen. Letzteres ist nicht etwa Ausbruch dogmatischer Unduldsamkeit, als wäre hier von fanatischer Lehrthätigkeit die Rede[4]), sondern Erguß eines von Haß und Zorn erfüllten Herzens, dem die Bruderliebe mangelt. So verhält sich's bei den Lesern. Solch einen

---

[1]) Gegen Wiesinger. [2]) Nach ℵ. A. B. C. ist mit Lachmann und Tischendorf gegen die l. rec. $\vartheta\varepsilon\grave{o}\varsigma$ $\varkappa\alpha\grave{\iota}$ $\pi\alpha\tau.$, welches nach 1, 27 als das gewöhnliche gesetzt ist, die ungewöhnliche Lesart $\varkappa\acute{\upsilon}\varrho\iota o\nu$ $\varkappa\alpha\grave{\iota}$ $\pi.$ vorzuziehen. [3]) So ganz treffend Hofmann gegen de Wette und Wiesinger. [4]) Gegen Benson, Seml., Pott.

absoluten Widerspruch, Gott loben und den Menschen fluchen,
läßt ihre Zunge verlauten. Sie haben religiöses Wissen, Erkenntniß
Gottes, von ihren Lippen strömt Bekenntniß des Glaubens und Lob Got=
tes; aber darneben zeigt sich ungezügeltes Gebahren der Zunge im Fluchen
wider den Nächsten, das Gegentheil von der Bethätigung des Kindes=
verhältnisses zu Gott als dem Vater und des Kindeslebens und
der brüderlichen Liebe im Verhältniß zu den Mitkindern. Diese Sünde
richtet sich gegen die menschliche Gemeinschaft als Familie
Gottes. Aber sie ist auch Widerspruch gegen die göttliche Ehre
und Würde, welche die Persönlichkeit des einzelnen Menschen
in dem Ebenbild Gottes besitzt. In dieser Beziehung wird die Schuld
der Zunge bei solchem Verhalten noch schärfer betont durch die nähere
Bestimmung: „die nach dem Ebenbild Gottes geworden",
d. h. in ihrem persönlichen Wesen ein dem Sein Gottes gleichendes
empfangen haben. Der Ausdruck stimmt genau mit 1 Mos. 1, 26.
Eine Gottebenbildlichkeit ist vorausgesetzt, die auch im Stande der
Sünde geblieben, und zwar die geistige Natur des persönlichen Lebens
des Menschen, die ihn wesentlich von allen anderen lebendigen Geschöpfen
unterscheidet und ihn auf Grund des so Geschaffenseins Gott gleich sein
läßt. Ihrem Inhalt nach näher bestimmt ist sie die gottgleiche Wesens=
beschaffenheit, welche die menschliche Persönlichkeit von Natur durch
den göttlichen Schöpfungsakt besitzt, und die darin besteht, daß die
Menschen allein unter allen irdischen Creaturen in ihm leben, weben
und sind, so daß es heißen kann: wir sind seines Geschlechts.
Apost. 17, 28. 29. Statt diese Gleichbeschaffenheit mit Gott zu
achten und in ihr den Schöpfer zu ehren, wird alles mögliche Böse
auf das Abbild Gottes gehäuft, wird es durch den Fluch der Ver=
nichtung Preis gegeben. Nicht das Erzeugtsein aus Gott zu neuem
Leben, sondern die in der Ebenbildlichkeit der menschlichen Persönlich=
keit mit Gott durch die natürliche Zeugung fortwirkende alte Schöpfung
ist's, die Jakobus ins Auge faßt, wie sie 1 Mos. 5, 3 bezeichnet ist,
wenn es heißt: Gott habe Adam ihm selbst ähnlich geschaffen, und
dann sofort weiter erzählt wird, Adam habe einen Sohn nach seiner
Aehnlichkeit und seinem Bilde gezeugt. Daß diese Ebenbildlichkeit mit
Gott der Mensch auch im Stande der Sünde noch an sich trägt, wird
1 Mos. 9, 6 vorausgesetzt; denn sie wird dort als Grund der Un=
verletzlichkeit des persönlichen Menschenlebens unter Androhung schwerster
Ahndung geltend gemacht. In gleichem Sinn und in gleicher Be=

ziehung betont sie Jakobus hier, um zu zeigen, wie die Zunge mit ihrer ungebändigten Herrschaft feindseliger Leidenschaftlichkeit, wie sie im Fluchen sich darstellt, dieses Siegel der Unverletzlichkeit des Menschen antastet, wider Gott selbst in seinem Ebenbilde frevelt, und so den Menschen mit sich selber in Widerspruch setzt. —

Der fulminante Ton der Rede mildert sich, indem Jakobus aus einem schmerzbewegten vollen Herzen klagt: nicht soll[1]), meine Brüder, dies also geschehn". Das Wort οὐ χρή ist ethisch zu verstehn: es ist unstatthaft, und weist mit ταῦτα auf solche Zungensünden, wie sie wirklich bei den Lesern im Schwange waren, hin. Das οὕτως entspricht der Schilderung, wie das Segnen und Fluchen von der ungebändigten Zunge als Ausdruck der bösen Gesinnung aus demselben Munde zum Vorschein kommt. „Meine Brüder", heißt es hier, und gleich nachher wieder mit Erinnerung an das Bruderverhältniß, dem solches Gebahren der Zunge widerstreitet, an die Bruderpflicht, die so gröblich verletzt wird. —

In v. 11 und 12 schreitet Jakobus von der Vorstellung des Widerspruchsvollen in jenem Gebahren zu einem zwiefachen neuen Gedanken vor, indem er 1, v. 11 das Unnatürliche, ja Widernatürliche und Monströse, und 2, v. 12, das bei einheitlichem Lebensgrunde Unmögliche einer solchen Zwiespältigkeit vor Augen stellt. „Es läßt doch nicht die Quelle aus derselben Oeffnung sprudeln das Süße und das Bittere? Kann etwa, meine Brüder, ein Feigenbaum Oliven bringen, oder ein Weinstock Feigen? und es kann nicht salziges Wasser süßes geben". „Aus derselben Höhlung, Oeffnung" entspricht dem „aus demselben Munde", das „Süße" der Lobpreisung, das „Bittere", d. h. Ungenießbare, Ungesunde[2]) dem Fluch. Die „Quelle" ist das Herz, die Gesinnung, der sittliche Ausgangspunkt des inneren Lebens. Μήτε bezeichnet die Verneinung der Frage. Was in der Natur nicht geschieht, das ereignet sich auf dem Gebiete des sittlichen Lebens, wenn es kein einheitliches Ganzes ist, nämlich solch ein Widerspruch und Gegensatz, wie v. 9 dargestellt ist. Aus einem Munde Segnen und Fluchen strömen lassen, das ist für das wahre Leben aus Gott 1, 18 etwas ganz Widernatürliches,

---

[1]) χρή im N. T. ἅπ. λεγ., statt des gewöhnlichen δεῖ. [2]) Vergl. 2. Mos. 15, 23. Sept. Offenb. 8, 11.

ist Widerspruch mit dem **einen** Quell, der Liebe zu Gott und zum Nächsten.

Nach v. 12 ist's aber ganz **unmöglich**, daß solch ein widerspruchsvolles und widernatürliches Verhalten aus **Einem Grunde** hervorgehe. Was nicht sein **soll**, ist auch etwas, was nicht sein **kann**[1]), wenn der rechte Lebensgrund vorhanden. Wenn auch **hier** noch der empirische Gegensatz des Bitteren und Süßen, des Bösen und Guten in einem und demselben Subject dargestellt werden sollte, dann würde der Tadel, daß Jakobus statt des Weinstocks passender die Distel hätte setzen sollen, oder die Verwandlung des Feigenbaums in einen **Dornstrauch**, wie man übersetzt hat, begründet sein[2]). Das Gleichniß vom faulen Baume Matth. 7, 16 paßt hier nicht. Es drückt einen ganz anderen Gedanken aus, nämlich den, daß man von einem Menschen mit böser Gesinnung nicht wahrhaft Gutes erwarten könne, und umgekehrt. Jakobus will vielmehr die Unmöglichkeit zeigen, daß im sittlichen Leben wie im Naturleben irgend eine Potenz etwas ihrer Eigenart Widersprechendes hervorbringen könne. Solchen Widerspruch **kann** es nicht geben, daß ein Feigenbaum Oliven, und ein Weinstock Feigen bringe[3]). Dasselbe besagt das folgende Bild: **auch kann nicht salziges Wasser süßes geben**"[4]). Die verneinende **Frage**: kann etwa? geht geht über in die verneinende **Aussage**: und es kann nicht, indem δύναται sich aus dem Vorigen ergänzt, und οὔτε einem dem Sinne nach in jener verneinenden Frage steckenden οὐ oder οὔτε entspricht. Die Lebhaftigkeit des Nebeneu erklärt leicht solch harten Uebergang[5]). Der Vorschlag, statt οὔτε zu lesen οὔτε ἁλικόν 2c.[6]), hat keinerlei kritische Auctorität für sich und ist reine Conjectur, führt aber auch zu noch größerer Härte, ja u einer für Jakobus unmöglichen Ausdrucksweise, wenn οὐ als geni=

---

[1]) Huther, Hofmann. [2]) Gegen de Wette. [3]) Bemerkenswerth ist die ähnliche Veranschaulichung der Unmöglichkeit solcher Naturwidrigkeit in den Aussprüchen Plutarchs: de anim. tranqu. 472 E: τὴν ἄμπελον σῦκα φέρειν οὐκ ἀξιοῦμεν, (bei Wetst.), und Arrians: Epict.: πῶς γὰρ δύναται ἄμπελος μὴ ἀμπελικῶς κινεῖσθαι ἀλλ' ἐλαικῶς; ἢ ἐλαία πάλιν μὴ ἐλαικῶς ἀλλ' ἀμπελικῶς; ἀμήχανον, ἀδιανόητον. [4]) Die Lesart οὕτως οὐδὲ im Cod. ℵ. ist offenbar aus dem Bestreben nach Erleichterung der Lesart: οὔτε ἁλυκὸν γλυκὺ ποιῆσαι ὕδωρ, welche A. B. C. haben, und die mit Lachm. und Tischenb. festzuhalten ist, entstanden. Ebenso ist die lec. rec. οὐδεμία πηγὴ ἁλυκὸν καὶ γλυκὺ ποιῆσαι ὕδωρ als erleichternde Correctur zu verwerfen. [5]) Vergl. Winer § 55, 6. S. 437. [6]) So Hofmann.

tivische Bezeichnung des Ortes diesen als Subject für δύναται liefern, und mit τε die verneinende Frage fortgesetzt werden soll, also daß es hieße: und kann ein Ort, wo salziges Wasser ist, süßes hervorbringen? — Wenn es heißt: „Und nicht kann salziges Wasser süßes hervorbringen", so kann das wegen des ποιῆσαι nur in dem Sinne verstanden werden, wie es im Vorhergehenden ausgedrückt ist. Nicht die Localität, sondern die natürliche, eigenthümliche Qualität der genannten Baum- und Wasserarten, die sich nicht in andere umsetzen können, ist es, von der aus der Gedanke veranschaulicht wird: es ist unmöglich, daß Segnen und Fluchen aus einem Munde kommt; der Feigenbaum kann nicht lügen und anderes tragen als Feigen ꝛc. — Das Fluchen ist der Ausdruck einer gehässigen Gesinnung, welche da unmöglich ist, wo in Wahrheit das Lob Gottes aus einem Herzen, das von Liebe zu Gott erfüllt ist, laut wird, und umgekehrt. Findet daneben doch dem Wortlaut nach ein εὐλογεῖν statt, so ist das kein wahres Lobpreisen, sondern leeres Wort, eine heuchlerische Larve[1]), eine Lüge, parallel dem Sagen: ich habe Glauben, während der lebendige Glaube fehlt, Frömmelei der Rede[2]). Daß Jakobus hier sagen wolle, ein Jeder möge zusehen, ob er darauf angelegt sei, ein Lehrer Anderer zu sein, ist mit keinem Wort angedeutet; es kann mit Hinweisung auf das zu weit von dieser Stelle entfernte Wort v. 1 nicht begründet werden[3]). Daß Jakobus vielmehr an jene Lüge und Heuchelei beim εὐλογεῖν hier denkt, erhellt deutlich aus dem gleich folgenden v. 14. —

II. In v. 13—18 folgt in engem Anschluß an 1—12, und zwar an die in v. 1 ausgesprochene und in den Worten v. 2—12 motivirte Warnung vor Versündigung mit der Zunge im Gegensatz gegen die letztere die Ermahnung zur Beweisung rechter Weisheit in sanftmüthiger Gesinnung und liebreichem Wesen. Sie soll sich dem Nächsten gegenüber in entsprechendem Verhalten und in den Werken eines guten Wandels bethätigen. Weisheits- und Wissensdünkel führte vielfach zu der Sucht, den Lehrer anderer zu spielen und auf dem Gebiet des Wissens eine Herrschaft auszuüben. Darauf und auf die Warnung in v. 1 greift Jakobus in v. 13ᵃ zurück mit dem Prädicaten σοφός und ἐπιστήμων, die den Gegensatz bilden zu jenem falschen, doctrinären Gebahren.

---

[1]) Vergl. Huther. [2]) Neander. [3]) Gegen Hofmann.

„Wer ist weise und verständig unter euch"? Die Frage tritt in Gegensatz gegen die eingebildete Weisheit und fordert auf zur Selbstprüfung, ob man wahrhaft weise und verständig sei, indem man der Lehrer anderer sein will[1]), ja leitet selbst schon solche Prüfung ein. Beide Worte stehen für חכם ונבון 5. Mose 1, 13. 4, 6. Hos. 14, 10. Weise ist, wer durchdrungen ist von der Erkenntniß des göttlichen Willens, wie er für das ganze religiös-sittliche Leben nach seinen Motiven und Zwecken maßgebend sein soll. Verständig ist, wer vermöge solcher Intelligenz in jedem einzelnen Falle richtig erkennt und beurtheilt, wie in Gesinnung und Verhalten der göttliche Wille zu erfüllen ist. Wer Beides in Wahrheit ist, wie Jakobus sagt: „der zeige aus dem guten Wandel seine Werke in Sanftmuth der Weisheit". Wiederum, wie oben einem leeren Glauben gegenüber, werden hier, und zwar im Gegensatz gegen ein eingebildetes bloßes Wissen, welches sich in unfruchtbaren Worten breit macht, die Werke, in denen sich rechte practische Erkenntniß und wahre Weisheit bethätigen soll, mit gleichem Nachdruck betont. Die nachdrückliche Voranstellung des δειξάτω, wie 2, 18 in Beziehung auf den Glauben, kehrt sich gegen das bloße Reden von Weisheit und Erkenntniß, und deutet an, daß es den Lesern bei ihrem vielen und anmaßlich doctrinären Reden aus vermeintlicher Weisheit und Erkenntniß heraus an solchen Werken fehle, in denen sich eine durch wahre christliche Weisheit und Einsicht beherrschte, liebreiche, sanftmüthige Gesinnung bethätige[2]). Die Werke sollen „aus dem guten Wandel", durch welchen die Weisheit als Tugend des Wissens sich verwirklicht, als dessen einzelne, mit dem Plural ἔργα bezeichnete thatsächliche Momente in die augenfällige Erscheinung treten. Der gute Wandel ist als Hinter- und Untergrund, als der allgemeine Boden betrachtet, aus dem die einzelnen Bethätigungen einer liebevollen, sanftmüthigen Gesinnung hervorgehen sollen[3]). Es ist somit nach dem Wortlaut und Zusammenhang ganz verfehlt, in Rücksicht auf die Gleichheit der Ausdrucksform des Satzes mit 2, 18 τὰ ἔργα hier einen gleichen Gegensatz zu ἡ καλὴ ἀναστροφή wie dort zu πίστις bilden zu lassen und darunter ein rein innerliches Thun, die erfolgreiche Bemühung um Weisheit und Wissen-

---

[1]) Bengel: omnes videri sapientes volunt, non omnes sunt.
[2]) Theile: ἀναστροφή opponitur dicendo et docendo, quo illi sapientiam monstrare gestiebant. [3]) Vergl. Huther.

schaft, zu verstehen[1]). Das Prädicat „schön" bezeichnet das sittlich Gute in seiner harmonischen Angemessenheit zu seiner Idee. „Seine Werke" ist nicht durch Ergänzung eines $ὡς\ σοφοῦ$ zu erklären[2]), sondern ist auf das Subject in $δειξάτω$ zu beziehen. Der Sinn ist: wer wirklich weise und verständig ist, soll als practischen Beweis dafür, statt lehrsüchtigen Geredes in leidenschaftlicher Erregtheit, ein aus einem rechten Christenwandel hervortretendes und von demselben zeugendes Handeln und Thun in Sanftmuth, die der Weisheit entstammt, aufzuweisen haben. Die Worte $ἐν\ πραΰτητι\ σοφίας$ sind aber grammatisch nicht mit $τὰ\ ἔργα\ αὐτοῦ$ zu verbinden wegen des dann mangelnden Hauptons, den Jakobus offenbar nach der Frage $τίς\ σοφός;$ auf dieselben legen will. Auch ist nicht zu ergänzen: „vollbracht" in der der Weisheit entsprechenden Sanftmuth[3]). Noch weniger sind die Worte über $τὰ\ ἔργα\ αὐτοῦ$ hinweg mit $ἀναστροφῆς$ zu verbinden. Sie sind die nähere Bestimmung zu der ganzen Forderung: $δειξάτω — τὰ\ ἔργα\ αὐτοῦ$. Werke werden vor Allem auch hier wieder gefordert; aber ihre Erweisung oder Darstellung soll „in Sanftmuth der Weisheit", d. h. so geschehen, daß man daraus sieht, daß die aus der wahren Weisheit fließende Sanftmuth[4]) im Gegensatz gegen die nachfolgend gezeichnete, leidenschaftlich-gehässige Gesinnung — die sittliche Atmosphäre ist, in welcher die aus dem schönen, angemessenen Christenwandel hervortretenden einzelnen Werke in der Bethätigung der christlichen Liebe als Früchte gedeihen und zur Reife kommen. Es ist also ganz unberechtigt, zu erwarten, daß Jakobus sagen würde: „er beweise durch seinen guten Wandel oder seine guten Werke seine Weisheit"[5]). Der ganze ethische Zustand der Leser bei ihrem werklosen Glauben, werklosen Reden und ihrer werklosen Weisheit nöthigt ihn zu der Forderung, die der wahren Weisheit entsprechenden Werke aufzuweisen, aber dabei auch im Gegensatz gegen das nachher geschilderte leidenschaftliche, lieblose Gebahren, die die Weisheit begleitende Sanftmuth, die aus der Weisheit fließende milde, friedsame und gelassene Gesinnung gegen den Nächsten zur Erscheinung kommen zu

---

[1]) Gegen Hofmann. [2]) Gegen Schneckenb., Theile, Wiesinger. [3]) So Neander, der überdies hinter $ἀναστροφῆς$ interpungirt und übersetzt: „der zeige es in seinem Wandel," wodurch die folgenden Worte zu abgerissen und einer zu umständlichen Ergänzung bedürftig erscheinen. [4]) Das bedeutet der Genitiv. [5]) Gegen de Wette.

laſſen. Dieſe Einwirkung auf Andere wird mit dem δειξάτω ge=
fordert im Gegenſatz gegen die ſchlimme Einwirkung durch jene aus
eingebildeter Weisheit und Wiſſensdünkel ſtammende Vielgeſchäftigkeit
im Lehren, bei der die Menge der Zungenſünden als Ausfluß der im
Herzen vorhandenen bitteren Eifer= und Parteiſucht ihr böſes Spiel
treibt. Zu vergleichen iſt hier das Wort des Herrn: „ſo leuchte
euer Licht vor den Leuten, damit ſie eure guten Werke ſehen"
Matth. 5, 16.

Daß v. 14—18 die weitere Ausführung der Mahnung „langſam
zum Zorn" 1, 19 ſei¹), trifft nicht zu, da von der ὀργή auch nicht
mit einem Worte die Rede iſt. Vielmehr herrſcht auch hier, wie
v. 13 auf v. 1 zurückgreift, der Geſichtspunkt der Wortſünden,
und zwar, nachdem v. 2—7 oben hauptſächlich ihre verderbliche
Wirkung für das eigene Selbſt gezeigt ward, in der Beziehung
auf Andere, denen gegenüber die Zunge ſchon v. 6 als die „Welt
der Ungerechtigkeit" bezeichnet wurde, und in Beziehung auf die
innere Welt des Herzens, die wegen des darin vorhandenen
bitteren Eifers und parteiſüchtigen Weſens eine
Welt der Ungerechtigkeit iſt, aber ſtatt derſelben die Frucht der Gerech=
tigkeit hervorſprießen laſſen ſoll v. 18.

v. 14. „Wenn ihr aber bitteren Eifer habt und
Parteiſucht in eurem Herzen, ſo rühmet euch nicht
und lüget nicht wider die Wahrheit".

Hier wird der wirkliche Herzenszuſtand der Leſer geſchildert; „wenn
ihr habt", bezeichnet nicht blos einen möglichen Fall, ſondern die
Wirklichkeit. Die Leſer haben nichts von dem eben Geſagten
aufzuweiſen, ſondern was ſie in ihrem Herzen haben, das iſt,
wie ſich bei ihrer Rede= und Lehrſucht zeigt, 1, bitterer Eifer,
d. h. leidenſchaftliche, heftige Erregtheit gegen Andere aus ſelbſt=
ſüchtigem Grunde, Eiferſucht, Röm. 13, 13. 1. Cor. 3, 3.
Das πικρόν bedeutet, die Gehäſſigkeit, die dem Gemüth des
Nächſten Aerger bereitet und entſpricht dem πικρόν in v. 11, nicht
aber zugleich dem in v. 12 Geſagten²). Sie haben 2, in ihrem
Herzen ἐριθεία, d. h. Eigenſucht, die aus niederen ſelbſt=
ſüchtigen Motiven und mit gemeinen Mitteln in Feindſeligkeit gegen

---

¹) So Huther. ²) Gegen Grotius, Gebſer, Huther, Wieſinger.

Andere nach Vortheil und Gewinn begierig ist¹), woraus dann Partei- und Ränkesucht kommt. Röm. 2. 8. Phil. 1, 17. 2, 3. Beide Worte stehen Gal. 5, 20. 2. Cor. 12, 20, $\vartheta\upsilon\mu o\iota$ dazwischen, und zwar²) $\zeta\tilde{\eta}\lambda o\varsigma$ im Singular, zusammen, der $\zeta\tilde{\eta}\lambda o\varsigma$ ebenso mit parteisüchtigem Wesen verbunden 1. Cor. 3, 3. Daß alle Einzelnen, in dieser Weise sich für weise unverständig haltend, der Eifersucht und parteisüchtigen Leidenschaftlichkeit im Reden und Lehren von der christlichen Wahrheit die Zügel hätten schießen lassen, wird nicht gesagt. Aber daß solch ein Treiben unter den Lesern herrschte, um in dieser Allgemeinheit von ihnen ausgesagt werden zu können, ist unzweifelhaft. Das Herz ist das Centrum des inneren Lebens, von wo sich jene eigensüchtige Leidenschaftlichkeit in Eifer- und Parteisucht über das ganze innere Leben vergiftend ausbreitet, und in den Wortsünden durch die Zunge zum Ausbruch kommt.

Der Nachsatz: $\mu\eta$ $\kappa\alpha\tau\alpha\kappa\alpha\upsilon\chi\tilde{\alpha}\sigma\vartheta\varepsilon$ ist nicht als Frage zu fassen, da $\mu\eta$ nicht nonne bedeutet, und die Energie der Rede dadurch aufgehoben wird, welche in dem kategorischen Satz liegt: so rühmt euch nicht³) ... und lüget nicht ...! Das $\mu\eta$ ist vor $\psi\varepsilon\upsilon\delta\varepsilon\sigma\vartheta\varepsilon$ nicht wiederholt, da es auf diesen angeschlossenen Satz fortwirkt⁴). Zu den Worten: „rühmt euch nicht", muß nach dem Zusammenhang, und zwar mit Rücksicht auf die Frage v. 13 und auf die Worte $\delta\varepsilon\iota\xi\alpha\tau\omega$ — $\sigma o\varphi\iota\alpha\varsigma$, als Gegenstand des Rühmens „das weise und verständig sein" ergänzt werden. Bei jenem Besitz in eurem Herzen rühmt euch nicht des Besitzes der Weisheit. Rühmt euch nicht christlicher Weisheit v. 13, der Wahrheit entgegen"⁵). Es könnte einfach heißen: $\mu\eta$ $\kappa\alpha\tau\alpha\kappa\alpha\upsilon\chi\tilde{\alpha}\sigma\vartheta\varepsilon$ $\tau\tilde{\eta}\varsigma$ $\dot{\alpha}\lambda\eta\vartheta\varepsilon\iota\alpha\varsigma$. Aber um den Begriff des Unwahren oder Wahrheitswidrigen, welches in dem sich Rühmen christlicher Weisheit liegt, während man das Gegentheil von der Sanftmuth der Weisheit im Herzen hat, recht stark hervorzuheben, wird noch dazwischen geschoben: und lüget nicht — wider die Wahrheit. Bei $\kappa\alpha\tau\alpha\kappa\alpha\upsilon\chi\tilde{\alpha}\sigma\vartheta\alpha\iota$ konnte $\kappa\alpha\tau\alpha$ vor $\tau\tilde{\eta}\varsigma$

---

¹) $\dot{\varepsilon}\rho\iota\vartheta\varepsilon\iota\alpha$, nicht $\dot{\varepsilon}\rho\iota\vartheta\varepsilon\iota\alpha$, ist zu accentuiren, da das Wort von $\dot{\varepsilon}\rho\iota\vartheta\varepsilon\upsilon\omega$, um Lohn arbeiten, herkommt. S. Winer § 16, 2. Anm. 1. Es kommt nicht von $\dot{\varepsilon}\rho\iota\varsigma$ her und bedeutet nicht Streitsucht, sondern bezeichnet die gemeine Gesinnung eines selbstsüchtigen Mannes, $\dot{\varepsilon}\rho\iota\vartheta o\varsigma$, der auf Kosten anderer nur seinen Vortheil im Auge hat, daher dann Partei- und Ränkesucht. S. Fritzsche zu Röm. 2, 8.
²) Nach Lachm., Tischend., Tregelles. ³) Gegen Gebser mit Win. § 57, 3.
⁴) Winer § 55, 1. ⁵) Winer § 57, 3, Seite 454.

ἀληθείας fehlen¹), vergl. 2, 13: κατακαυχᾶται ἔλεος κρίσεως. Aber um jenen Begriff der Unwahrheit, der schon in den Worten: „rühmt euch nicht gegen die Wahrheit" liegt, durch Einfügung des „**und lüget nicht**" zu verstärken, setzte Jakobus statt des Genitivs das von ψεύδεσθε abhängige κατά. Bei der Absicht, die hier vorliegende Unwahrheit recht nachdrücklich als Lüge zu bezeichnen, kümmert sich Jakobus nicht darum, daß eigentlich eine Tautologie in dem μὴ ψεύδεσθε und κατὰ τῆς ἀληθείας liegt. Die ἀλήθεια ist nämlich nicht die **christliche Wahrheit**²), sondern wegen des μὴ ψεύδεσθε und wegen des Zusammenhanges mit dem Vorhergehenden und mit dem Nachfolgenden in v. 15, wo der Widerspruch zwischen der Weisheit von Oben, der man sich rühmt, ohne sie zu haben, und der Weisheit von Unten, die statt jener das Herz erfüllt, constatirt ist, die Wahrheit in dem allgemeinen Sinne. Die Erklärung³), Jakobus warne davor, „von der christlichen Wahrheit unwahr zu reden", widerspricht nicht nur dem Wortlaut μὴ κατακαυχᾶσθε und μὴ ψεύδεσθε, statt dessen es *κ α τ α ψ ε ύ δ ε σ θ ε* heißen müßte, sondern erweist sich auch hinsichtlich des Gedankens als eine höchst gezwungene, wenn zur Erläuterung des ψεύδεσθαι κ. τ. ἀλ. gesagt werden muß: „sie, die giftige Leidenschaftlichkeit im Herzen haben, reden eben nur unwahr von der christlichen Wahrheit, sofern nämlich, was immer sie lehren mögen, durch die Sinnesart, mit der sie es thun, der Wahrheit, als deren Ausdruck sie es geben, entfremdet wird", und wenn κατακαυχᾶσθαι κ. τ. ἀλ. heißen soll: „der christlichen Wahrheit mit dem Anspruch gegenüberzutreten, daß sie gelten lassen müsse, was man vorbringt⁴)." Vom Lehren der christlichen Wahrheit, in dem man sich als Lehrer aufspiele, was bei dieser Erklärung vorausgesetzt wird, ist hier überall nicht die Rede.

In v. 14, 15 und 16 folgt die Schilderung der **sündlichen Weisheit**, die von unten ist, und lieblose, gehässige Gesinnung erzeugt. In v. 15 spricht Jakobus sein **Urtheil** über einen sittlichen Zustand aus, in welchem man „grimme Leidenschaftlichkeit und gemeine Eifersucht im Herzen hat"⁵). „**Nicht ist diese Weisheit eine von Oben herniederkommende, sondern irdisch, seelisch, teuflisch.**" Wie oben von einem Glauben die Rede war,

---

¹) So liest Cod. ℵ: μὴ κατακαυχᾶσθε τῆς ἀληθείας und läßt dann καὶ ψεύδεσθε folgen, eine Lesart, die offenbar aus exegetischen Erwägungen entstanden ist. ²) Wiesinger, Hofmann. ³) So Hofmann. ⁴) So Hofmann. ⁵) Hofmann.

der doch in Wahrheit kein lebendiger Glaube ist, den auch die Dämonen haben, so ist hier mit αὕτη ἡ σοφία jene vermeintliche Weisheit gemeint, auf die v. 13 hingewiesen ist, bei welcher statt der Beweisung der rechten Weisheit durch Werke bitterer Eifer im Herzen ist. Ganz willkürlich und wider den Zusammenhang ist es, hier eine Polemik gegen gnostische Weisheitslehre zu finden[1]). Ἔστιν ist nicht mit κατερχομένη zusammenzufassen, so daß es = κατέρχεται wäre[2]), sondern gehört zu den folgenden drei Prädikaten, mit denen κατερχομένη in der Bedeutung eines Adjektivs auf gleicher Linie steht[3]), aber mit ἄνωθεν verbunden als Gegensatz zu diesen. „Nicht ist", sagt Jakobus mit starkem Nachdruck vorweg, um den Gegensatz zu dem, was die wahre Weisheit ihrem Ursprung und ihrer Natur nach als eine von oben kommende ist, recht scharf auszusprechen. „Nicht ist diese Weisheit", sagt er, αὕτη mit dem οὐκ ἔστιν betonend, indem er auf den bitteren Eifer und parteisüchtigen Sinn zurückweist, und damit implicite eine Characteristik dieser Weisheit giebt, die explicite mit den Worten in v. 16ᵃ unter Wiederaufnahme von v. 14ᵃ gegeben wird. Diese mit αὕτη in solcher Beziehung nach ihrer unsittlichen Beschaffenheit gekennzeichnete Weisheit wird nun hinsichtlich ihres Ursprungs, aus dem solche Beschaffenheit sich erklärt, umständlich geschildert, und zwar zuerst durch die negative Aussage, daß sie nicht eine von Oben kommende sei, und dann durch die drei positiven Prädikate, die auf den widergöttlichen Quell, aus dem sie fließt, zurückweisen. Sie ist nicht eine von den guten und vollkommenen Gaben, die ihren Ursprung vom Himmel her haben, 1, 17, nicht also jene Weisheit, die von Gott her erbeten und gegeben wird, 5, 1. Die wahre Weisheit, die praktische Erkenntniß des göttlichen Willens als Grund, Norm und Zweck des aus Gott geborenen Lebens, hat der Mensch nicht aus und durch sich selbst, sondern sie ist eine **vom Himmel her gegebene**, und darum ihrem Wesen nach eine göttliche, ein Ausfluß und Abbild der **göttlichen Weisheit**.

Diesen drei Momenten gegenüber, zu denen das Prädikat, „nicht von Oben herabkommend" den Gegensatz bildet, wird diese Weisheit characterisirt als solche, die einen dreifachen Ursprung und eine dem entsprechende dreifache Beschaffenheit hat. Sie ist 1, eine **irdische**, die ihren Ursprung von **der Erde** hat und also mit ihrem Wesen der Erde, der irdisch-sinnlichen Welt, angehört. Da in dem Begriff

---

[1]) Schwegler.   [2]) Gegen Gebs., Schnedenb.   [3]) Winer § 45, 5.

σοφία die Beziehung auf das Practische liegt, so ist ihr Bestimmtsein durch außergöttliche, irdische Motive, Mittel und Zwecke in dem Prädicat ἐπίγειος im Gegensatz zu der unsichtbaren himmlischen Welt bezeichnet, wie Philip. 3, 19¹), also das ethische Moment mit eingeschlossen, wie in dem Prädicat ψυχικός²). Sie entstammt und entspricht nämlich 2, dem natürlichen, individuellen Seelenleben, sofern dieses in derm enschlichen Persönlichkeit den Gegensatz bildet gegen das, was von dem göttlichen πνεῦμα ausgeht. „Seelisch" ist gleichbedeutend mit „fleischlich" 1 Cor. 2, 14. 3, 3. Jud. v. 19. Sie ist also eine Weisheit, die nicht vom heiligen Geiste stammt, sondern der ihm entgegengesetzten individuellen sündlichen Menschennatur entspringt, von dieser ihre Motive empfängt und durch ihre widergöttlichen Zwecke bestimmt wird. Sie heißt 3, eine teuflische³), sofern sie, als der Erde angehörig und nicht vom Himmel stammend und von der sündlichen Natur bedingt, in ihrem tiefsten Grunde dem Teufel, dem Reich des Bösen, angehört und mit diesem dem göttlichen Willen und seinen Zwecken widerstreitet. Sie gehört zu dem Feuer, das von der Hölle her entzündet ist nach v. 6, und steht im Dienst des Teufels als des Hauptes der bösen Geisterwelt, vergl. 4, 7, und ist somit Feindschaft wider Gottes Reich. —

In v. 16 wird das in v. 14 ausgesprochene Urtheil begründet durch Hinweisung auf die bösen, unheilvollen Wirkungen der in eifersüchtiger und eigensüchtiger Leidenschaftlichkeit sich darstellenden Weisheit von Unten: „denn wo Eifersucht und Parteisucht, hier wird 14ᵃ wieder aufgenommen, da ist Verwirrung und eitel böses Treiben." Ἀκαταστασία ist hier nicht Aufruhr⁴), wie 2. Cor. 6, 5 und Luc. 21, 9, sondern Verwirrung, Unordnung, wie 1. Cor. 14, 33, als Folge leidenschaftlichen, selbstsüchtigen Eifers, der Gegensatz zur εἰρήνη, und steht 2. Cor. 12, 20 in gleicher Reihe mit ζῆλος und ἐριθεῖαι⁵). Die Erfahrung bestätigt, wie leidenschaftlicher Eifer und selbstsüchtiges, parteiisches Treiben durch die Zunge göttliche und menschliche Ordnungen stört und die sittlichen und socialen Verhältnisse verwirrt. Da hat nichts mehr geordneten Bestand, wo die Menschen in solchem Treiben nur das Ihre suchen, ihre Ehre, ihren Gewinn, ihren Vortheil, ihr

---

¹) Wiesinger, Kern. ²) Gegen Huther. ³) δαιμονιώδης nur hier im N. T. ⁴) Gegen Huther. ⁵) Vergl. Spr. 26, 28 Sept.: στόμα ἄστεγον ποιεῖ ἀκαταστασίας.

vermeintliches Recht erstreben. An einen Streit zwischen Juden- und Heidenchristen ist nicht zu denken[1]). Im ganzen Briefe ist nirgends von Heidenchristen die Rede. Die Worte: „und eitel böses Treiben" bezeichnen neben der negativen Wirkung der ἀκαταστασία die Gesammtheit aller positiven schlechten Praktiken auf dem Gebiet des sittlichen Lebens, in denen sich die leidenschaftliche Selbstsucht auswirkt, als Gegensatz zu πᾶσα δόσις ἀγαθή 1, 17. Πᾶν ist, wie 1, 17, nicht = jedes, sondern „alles", oder „eitel", „lauter" zu fassen. Πρᾶγμα ist nicht That[2]), oder Ding[3]), sondern allgemeiner negotium, Geschäftigsein, Thun und Treiben.

Aus solchen Wirkungen ist ersichtlich, welcher Art jene Weisheit sei; durch sie wird das von ihr in v. 15 negativ und positiv Ausgesagte bestätigt[4]). Denn nicht blos das letzte jener Prädicate, „teuflisch", ist hier begründet, als ob nur das teuflische Wesen solcher Weisheit sich in diesen Wirkungen offenbarte[5]). Jene Prädicate stehen ganz coordinirt als gleichberechtigte Momente in dem Urtheil, das Jakobus nach allen Dimensionen hin, nämlich im Blick auf die obere, unsichtbare Welt, in die Tiefen des natürlichen Menschenherzens, und in den Abgrund der Hölle, über jene Weisheit fällt. Wo liegt in den Worten eine Veranlassung, das dritte Prädicat so zu isoliren? und wo ist ein sachlicher Grund, die Verwirrung und alles schlechte Treiben in der Menschenwelt nicht ebenso von der niederträchtigen, leidenschaftlichen Selbstsucht des Menschenherzens, auf dessen Inneres als Wohnsitz und Herrschaftssphäre derselben v. 14 so nachdrücklich hingewiesen worden ist, herzuleiten, und es blos auf „des argen Geisterthums Art und Trachten[6])" zurückzuführen?

Nun wird in v. 17 und 18 im Gegensatz zu 15 und 16 die **wahre Weisheit nach ihrem Ursprung, ihren Eigenschaften und ihrer Frucht dargestellt.** v. 17: „**dagegen die Weisheit von Oben her ist vor Allem lauter, dann friedsam, mild, nachgiebig, voll Barmherzigkeit und guter Früchte, ohne Zweifelei, ohne Heuchelei.** Mit dè wird im Gegensatz zu v. 15 die **Schilderung der Weisheit von Oben** eingeführt. Die Weisheit von Oben her ist der parallele Gegensatz zu v. 15; sie gehört zu den Gaben, die nach

---

[1]) Gegen de Wette und Kern, vergl. Brückner. [2]) Huther. [3]) Luther, Hofmann. [4]) Treffend Bengel: fructum appellare dedignatur Jacobus, coll. S. 17. 18. [5]) Gegen Hofmann. [6]) So Hofmann.

1, 17 von Oben herabkommen. Der entgegengesetzte Ursprung und Quell der wahren Weisheit hat auch entgegengesetzte Eigenschaften zur Folge, diese Eigenschaften werden hergeleitet von den Wirkungen, die sie hervorbringt; denn in dem, was sie wirkt, prägt sie ihre Art und Beschaffenheit aus. Die Aussagen aber werden durch πρῶτον μέν und ἔπειτα in zwei Theile getheilt. Die erste Abtheilung bildet das Prädicat ἁγνή. Vor Allem, so ist πρῶτον zu fassen. Dem μέν folgt kein δέ, statt dessen aber das ἔπειτα, wie Joh. 11, 6. 7[1]), die folgenden Prädicate als eine Gruppe dem ἁγνή nachstellend, so daß dieses Prädicat mit besonderer Bedeutung hervortritt. Es heißt nicht „keusch"[2]), sondern „rein von aller sittlichen Befleckung"[3]), wie sie in jenen drei Prädicaten v. 15 und v. 6 bezeichnet ist. Als Lauterkeit und Reinheit wird das Innere, die von allen selbstsüchtigen und leidenschaftlichen Elementen freie Gesinnung als Wesen der Weisheit characterisirt. Wenn es weiter heißt: dann friedsam u. s. w., so folgt die Reihe der Prädicate, welche die Eigenschaften derselben in ihrer Beziehung nach Außen, in dem Verhältniß der Menschen zu einander darstellen. Wo die wahre Weisheit das Leben mit ihrer Lauterkeit und Reinheit beherrscht, da fehlt es auf Grund dessen nicht an der Erweisung der rechten selbstsuchtslosen und selbstverleugnungsvollen Liebe, aus der alle diese Eigenschaften fließen. Demnach ist die Weisheit 1, friedsam, im Verhältniß zum Nächsten, namentlich der Streitsucht Anderer gegenüber, stets bereit, die Gesinnung der Friedfertigkeit zu bethätigen, Versöhnung und Frieden zu stiften zwischen Streitenden, und Frieden zu bewahren gegen Störungen des Friedens. Vergl. Jesu Worte Matth. 5, 9. 23. 24. 40—42. Sie ist 2, milde, den Mängeln und Gebrechen des Nächsten gegenüber, zunächst billig, festhaltend an εἰκός, Schicklichkeit und Billigkeit, dann menschenfreundlich, gütig, human, schonend in Beurtheilung Anderer. Phil. 4, 5. 2. Cor. 10, 1. 1. Tim. 3, 3, wo es mit den Prädicaten „nicht streitsüchtig" und „sanftmüthig" zusammensteht. Sie ist 3, nachgiebig, oder fügsam, εὐπειθής[4]), dem Recht und den berechtigten Ansprüchen oder Vorstellungen des Nächsten gegenüber, eigentlich: leicht zu überreden, zu überzeugen, also nicht rechthaberisch, willig sich bescheidend, wo ihr berechtigter Widerspruch oder bessere Einsicht ent-

---

[1]) Winer § 63 I. 2 e. [2]) So Luther. [3]) Wie 2. Cor. 7, 11; 1. Joh. 3, 3.
[4]) Nur hier im N. T.

gegentritt[1]). Sie ist 4, voll Barmherzigkeit und guter Früchte dem physischen und ethischen Elend des Nächsten gegenüber; es ist von der nicht an ihren eigenen Gewinn und Genuß denkenden, sondern von der die Noth des Bruders sich zu Herzen nehmenden Liebe die Rede. Das Vollsein von ihr wird betont im Gegensatz zu dem „Vollsein von dem todbringenden Gift der Lieblosigkeit und des Hasses" v. 8, das in Fluchen wider den Nächsten überschäumt v. 9. 10. Das Vollsein von erbarmender Liebe wird gefordert gegenüber den intermittirenden, flüchtigen, vereinzelten, schwächlichen Regungen derselben. „Voll guter Früchte" gehört mit dem „voll Barmherzigkeit" eng zusammen. Die „Früchte" sind die Aeußerungen, Bethätigungen der erbarmenden Liebe aus dem Triebe der ihr innewohnenden Lebenskraft, die gleich dem treibenden Lebenssaft den Drang hat, sich zu bethätigen, wie der Baum den Trieb und Drang hat, die Früchte aus sich herauszusetzen. Die Werke der Barmherzigkeit sind unter Anstreifung an das Bild des Baumes als der Fruchtertrag aus der lebensvollen Wurzel oder dem Samen oder dem Stamm der barmherzigen Liebe gedacht. Vergl. Matth. 3, 8. Gal. 5, 22: „die Frucht aber des Geistes." Gut heißen die Früchte, weil sie die edlen, gesunden, fehllosen Erzeugnisse der selbstsuchtslosen Liebe sind, die der göttlichen Forderung entsprechen.

Das Vollsein von Barmherzigkeit und guten Früchten, dem scharfen Gegensatz zu $πᾶν φαῦλον πρᾶγμα$, setzt das Leben unter dem Einfluß der Weisheit als ein Gefäß voraus, welches mit solchem Inhalt, wie die Weisheit selbst, von Oben erfüllt ist, so daß ein Ueberfließen oder Ueberschwänglichsein zu jeglichem guten Werk nach 2. Cor. 9, 8 erfolgen kann. Gegenüber dem leeren Weisheitsdünkel und der Leerheit des werklosen Glaubens 2, 20 wird die wahre ächte Weisheit als eine solche dargestellt, die nach Innen erfüllt ist von der Gesinnung barmherziger Liebe und nach Außen sich bethätigt in entsprechenden Werken, welche als die in die Erscheinung tretenden Früchte jener Gesinnung sich erweisen und gute Früchte heißen, weil sie einem durch den heiligen Liebeswillen Gottes neugeborenen Leben entsprießen.

Endlich 5, wird die Weisheit von Oben noch mit zwei Prädicaten characterisirt, $ἀδιάκριτος$ und $ἀνυπόκριτος$. Die verschiedenen Erklärungen, welche das Prädicat $ἀδιάκριτος$ er-

---

[1]) So Hofmann.

fahren hat, entsprechen den verschiedenen Auffassungen der Bedeutung von διακρίνειν und διακρίνεσθαι. Man erklärt: **unparteiisch, keinen Unterschied machend**¹), mit nicht gerechtfertigter activer Bedeutung und mit angeblicher Beziehung auf das Verfahren 2, 4, auf welches aber eine Rückbeziehung hier deutlicher hätte ausgedrückt werden müssen. Oder man erklärt in ähnlichem Sinn: **nicht absonderungssüchtig, sectirerisch**²), oder: **ungetrennt**, als wollte Jakobus sagen: die wahrhaft Weisen trennen sich nicht von einander³); aber wie könnte von der Weisheit selbst das Prädicat „getrennt" in solchem Sinne gelten? Oder man erklärt: **nicht richtend über Andere**⁴), **frei von Streit mit Anderen**⁵), die man nicht aufkommen lassen will gegen sich selbst; aber das ist schon mit εἰρηνική gesagt. Als die angemessenste Ableitung möchte sich die von διακρίνεσθαι = **zweifeln**, empfehlen⁶). Denn 1, 6 steht das Wort in dieser Bedeutung; dort wird das Wesen des Zweifels im Zustand der Doppelherzigkeit geschildert v. 6—8, und, was besonders ins Gewicht fällt, dort ist gerade von der Weisheit, die von oben mit einem **zweifellosen** Herzen erbeten werden soll, die Rede. Daß bei den Lesern solche Doppelherzigkeit des Zweifels zu rügen war, erhellt zur Genüge aus jener Schilderung. Darum ist die Erklärung, nach welcher die wahre Weisheit **keinen Zweifel kennt**, auch durch das praktische Interesse des Jakobus gerechtfertigt. In welcher Beziehung aber und in welchem Sinne zweifellos gemeint sei, kann nach 1, 6 ff. nicht zweifelhaft sein; denn dort ist von dem **ungetheilten Vertrauen auf Gott** die Rede; der Sinn also nicht: ungetheilt in sich selbst, nicht hin und her schwankend in ihren Gedanken⁷). Jakobus blickt tiefer auf das Zweifeln in der Stellung des Herzens zwischen Gott und Welt⁸). Das Vertrauen auf Gott schließt allen Zweifel in Bezug auf ihn aus, wie Liebe zu Gott und Liebe zur Welt sich ausschließen 4, 4. Die Weisheit von Oben ist unvereinbar mit einem Zustand des inneren Lebens, in welchem die Einheit und Harmonie der Seele gestört ist durch den Zweifel, der aus der Getheiltheit des Herzens zwischen Gott und Welt entspringt.

---

¹) Luther, Bengel, Kern, Schneckenburger. ²) Lange. ³) Gebser. ⁴) Vulgata, Semler. ⁵) So Hofmann. ⁶) So Huther, de Wette, Brückner, Wiesinger. ⁷) Wetstein bei Theile: non duplex sapientia, una eademque semper sibi similis. So auch de Wette, Wiesinger. ⁸) Vergl. 4, 4. 8, welche Stelle eben gegen jene Ansicht spricht, die sich auf sie beruft; so Wiesinger.

Das zweite Prädicat ἀνυπόκριτος schließt sich durch die gleichartige Wortbildung eng an ἀδιάκριτος an, indem es sich zu ὑποκρίνεσθαι verhält, wie dieses zu διακρίνεσθαι¹). „Ohne Heuchelei" ist die Weisheit; sie giebt sich nicht den Schein der Gläubigkeit, indem die Werke doch fehlen 2, 14 f., nicht den Schein der Lobpreisung Gottes, indem der Mund dem Nächsten flucht 3, 10, nicht den Schein des Hörens des Wortes, während das Thun desselben ausbleibt 1, 22, nicht den Schein eines Gottesdienstes, während die Zunge nicht gezügelt und die Liebe nicht geübt wird 1, 26, nicht den Schein der Unterthänigkeit unter den Herrn der Herrlichkeit, während das königliche Gebot unerfüllt bleibt 2, 1. 8. So tief ausgeprägte Züge der Hypokrisie zeigten sich in dem Christenleben der Gemeinden. Darum hebt Jakobus mit Recht das Prädikat „ohne Heuchelei" dadurch mit besonderem Nachdruck hervor, daß er es die Reihe der Eigenschaften beschließen läßt. Ueberhaupt aber steigert sich die Schilderung der Weisheit von Oben zu diesen beiden letzten Prädikaten. Sie sind gewiß nicht ohne Absicht an das Ende gestellt; aber es ist nicht deshalb geschehen, weil sie als verneinende Prädikate das Wenigste wären, was sich von der rechten Weisheit sagen läßt²), sondern weil sie das praktische, durch die Erkenntniß des Willens Gottes beherrschte Leben in der Beziehung zu Gott unter den beiden höchsten Gesichtspunkten der Einheit und der Wahrheit nach zwei Seiten hin bezeichnen. Das **erste** weist nach Innen, um die **Einheit des innersten Lebensgrundes** in seiner ungetheilten **Hingabe an Gott** im Gegensatz gegen das **Zweifeln** auszudrücken. Das **zweite** weist auf die Erscheinung hin, um die **Wahrheit der Führung und Darstellung des Lebens vor Gott in Aufrichtigkeit und Wahrhaftigkeit** im Gegensatz gegen den Schein der Wahrheit, das **Heucheln**, zu veranschaulichen. Es **gipfelt** also vielmehr in ihnen die Schilderung der Weisheit. In allen diesen Eigenschaften zeigt sich die Entfaltung der πραΰτης σοφίας v. 13, gegenüber dem ζῆλος und der ἐριθεία in v. 14 und 16, die „in den Herzen" der Leser als das Gegentheil der πραΰτης und als Kennzeichen der entgegengesetzten Weisheit dargestellt sind.

In v. 18 wird der in 16ᵇ bezeichneten bösen Wirkung des

---

¹) Das καί der l. rec. zwischen beiden Prädikaten ist nach א. A. B. C. zu streichen. Das Asyndeton ist viel kräftiger und schlagender. ²) So Hofmann.

ζῆλος und der ἐριϑεία als der Entfaltung der falschen Weisheit die heilsame Wirkung der rechten Weisheit gegenübergestellt: „Frucht aber von Gerechtigkeit, oder Gerechtigkeitsfrucht, wird in Frieden gesät denen, die Frieden schaffen."[1]) Die richtige Erklärung dieser gedrungenen fast räthselvollen Worte hängt von einzelnen von vornherein exegetisch festzustellenden Positionen ab. Zunächst ist, wie die Präsentia und der Zusammenhang zeigen, jede Beziehung blos auf die Zukunft oder das jenseitige Leben hier, wie im Vorhergehenden, ausgeschlossen. Ἐν εἰρήνῃ heißt nicht: in Hoffnung auf Frieden. An das ewige Leben als einen bereinst zu erntenden Ertrag der als Same ausgestreuten Frucht ist hier nicht zu denken.[2]) Es handelt sich um gegenwärtiges Verhalten und Erleben. Zweitens ist die εἰρήνη an erster Stelle nicht als Frieden mit Gott zu verstehen, während an zweiter Stelle es friedsame Handlungsweise bedeuten soll.[3]) Zweimal so nachdrücklich und dicht hintereinander in diesem sentenziösen Spruch hervorgehoben kann es nicht so Verschiedenes bedeuten. Wegen des offenbaren Gegensatzes gegen das zweimal nachdrücklich betonte ζῆλος und ἐριϑεία, also gegen den unter den Lesern herrschenden Unfrieden, und wegen der Beziehung auf das Prädicat εἰρηνική bedeutet es Frieden der Christen untereinander, entsprechend der Sanftmuth in v. 13 als Charakteristikum der wahren Weisheit. Drittens ist die Verbindung des ἐν εἰρήνῃ mit δικαιοσύνης, die im Interesse jener Auffassung des Friedens als des Friedens mit Gott beliebt worden ist, um zu erklären: „Gerechtigkeit vor Gott, die sich im Frieden mit Gott erweist," grammatisch durchaus unzulässig.[4]) Viertens ist diese Auffassung der Gerechtigkeit als Gerechtigkeit vor Gott, deren der Mensch durch seine „friedsame Handlungsweise" theilhaftig werde, indem diese als die Aussaat, jene als die Frucht von dieser Aussaat verstanden wird[5]), ebenso falsch, wie die Fassung „Rechtfertigung vor Gott."[6]) Denn nach dem Zusammenhang des Ganzen kann nur an Gerechtigkeit als rechtes, sittliches Verhalten oder als sittliche Rechtbeschaffenheit nach Maßgabe des göttlichen Willens gedacht werden. Nicht vom Stande des Gerechten, der geschenkt ist, sondern von dem rechtbeschaffenen Verhalten, das gefordert

---

[1]) τῆς vor δικαιοσύνης ist nach ℵ. A. B. C. G. zu streichen. [2]) Beides gegen de Wette. [3]) Gegen Kern. [4]) Gegen Kern. [5]) Kern. [6]) Gebser, Schneckenburger.

wird, ist hier überall die Rede. Auch die unklare Zusammenfassung beider Deutungen: Frucht, die in Gerechtigkeit, das rechte Verhältniß und Verhalten zu Gott umfassend, besteht,[1]) ist unstatthaft. Es handelt sich um das rechte sittliche Verhalten gegen die Brüder. Der Begriff „Gerechtigkeit" weist zurück auf die „Welt der Ungerechtigkeit" v. 6, welche Jakobus in den Zungensünden als dem Ausbruch unrechter Gesinnung gegen den Nächsten sammt den Ausflüssen jener $ἀδικία$, dem bitteren Eifer und streitsüchtig rechthaberischen Verhalten, die sich mit der fanatischen Lehrsucht verbunden zeigen, vor Augen hat. Die $δικαιοσύνη$ im Gegensatz hierzu ist die rechte, rechtschaffene Gesinnung und das rechtschaffene Verhalten gegen den Nächsten. Sie ist dieselbe $δικαιοσύνη$, von der 1, 20 in derselben gegensätzlichen Beziehung zu der $ὀργή$ die Rede war. Es fehlt auch nach jener Stelle bei dem vorhandenen Zorn an der rechten Sanftmuth, wenngleich der Mangel derselben dann als Hinderniß der inneren Aufnahme des Worts aufgefaßt wird. Nach dieser Bedeutung der Gerechtigkeit, die sich aus dem Zusammenhang und dem Gedankengange des Jakobus ergiebt, kann also an unserer Stelle ebensowenig wie 1, 20 die Gerechtigkeit als die von Gott zu bewirkende gefaßt werden.[2]) Bei dieser Auffassung wird Gott als das Subject des $σπείρειν$, und dieses Wort mit Rücksicht auf den Ausdruck „Frucht" als „reichlich spenden" genommen.[3]) Aber an der für das Letztere angezogenen Stelle 1 Corinth. 9, 11 ist das $σπείρειν$ wegen seiner Beziehung zu $θερίζειν$ nur als säen zu verstehen. Und so kann es auch hier nur wegen der Beziehung auf $καρπός$, welches sich an das vorhergehende $καρπῶν ἀγαθῶν$ anschließt, genommen werden. Gott aber als den Säenden zu denken, ist nach dem Zusammenhang unzulässig; denn hier ist, wie alles Vorhergehende, besonders aber v. 17 mit seinem Prädicat $μεστή καρπῶν ἀγαθῶν$ zeigt, nicht von einem Thun Gottes, sondern überall von dem Verhalten der Christen die Rede[4]). Andrerseits aber erhellt auch aus dem Zusammenhang und der ganzen Gedankenrichtung des Jacobus, daß die „Gerechtigkeit" nicht als Rechtbeschaffenheit in Bezug auf das eigene Leben des Christen in seinem Verhalten zu Gott[5]), sondern in Beziehung auf die christliche Gemeinschaft, auf das Verhalten gegen die Brüder zu verstehen ist.

---

[1]) Wiesinger. [2]) Gegen Brückner. [3]) So Brückner. [4]) Mit Huther gegen Brückner. [5]) So Huther, Wiesinger, Bouman u. A.

Was bedeutet nun καρπὸς δικαιοσύνης? Ausgeschlossen ist durch den Wortlaut und Zusammenhang die blos eigenschaftliche Fassung des Wortes δικαιοσύνη und demnach die Erklärung: richtige Frucht[1]). Gegen den neutestamentlichen Sprachgebrauch ist ferner die Erklärung: "Lohn der Gerechtigkeit"[2]). Eben so wenig kann[3]) nach Wortlaut und Zusammenhang καρπός als sittliches Thun, als Handlung der Gerechtigkeit genommen werden, indem der Genitiv als Apposition: das in Gerechtigkeit bestehende Thun oder Handeln, aus dem einst als Ertrag das ewige Leben geerntet werde,[4]) verstanden wird. Es kommt auf ein Zwiefaches für die Erklärung des Ausdruckes an. Zunächst muß das Bild von Frucht und Saat fest im Auge behalten werden. Mit geisterfüllter Prägnanz sagt Jakobus: „Frucht von Gerechtigkeit wird gesät" im Blick auf eine Saat, die ausgestreut wird, so daß eine Frucht als Ertrag erzielt wird, die in und mit der Saat ausgestreut gedacht wird[5]).

Weiter fragt sich's, wie der Genitiv δικαιοσύνης zu fassen ist, ob als Genitiv der Apposition oder des Subjects, des Ursprungs. Im ersteren Fall wird erklärt: die Frucht, welche die Gerechtigkeit ist, in der Gerechtigkeit besteht. Als Same wird dann bald die in der wahren Weisheit bestehende Friedfertigkeit oder friedliche Gesinnung, als deren Erzeugniß oder Folge die Gerechtigkeit sich darstelle[6]), bald die Gerechtigkeit selbst, die, als Same in Frieden ausgestreut, den Friedfertigen die Gerechtigkeit wieder einbringe[7]), gefaßt. Aber gegen das Erstere spricht nicht blos der Ausdruck ἐν εἰρήνῃ an sich, sondern auch der Umstand, daß mit ihm das σπείρεται nicht hinsichtlich des Samens, der gestreut wird, sondern hinsichtlich des Bereiches, in welchem, oder der Art und Weise, in der gesät wird, näher bestimmt wird. Gegen das Letztere spricht, daß Gerechtigkeit als Same hineingetragen wird, während doch ausdrücklich die Gerechtigkeit als Frucht bezeichnet wird.

Dagegen wird bei der Annahme eines Genitivs des Subjects oder Ursprungs der Begriff der Frucht von dem der Gerechtigkeit so unterschieden, daß diese als Ursprung und Ursache der Frucht, als

---

[1]) Wie angeblich λόγος δικ. Ebr. 5, 13 richtige Rede bedeuten soll; so Hofmann. [2]) Grotius, Gebser, Schneckenb., Theile, Bouman. [3]) Mit de Wette. [4]) So Brückner gegen de Wette. [5]) Aehnlich heißt's bei Plutarch in der von Wetstein angeführten Stelle de foener.: σπείροντες οὐχ ἥμερον καρπόν. [6]) So Brückner. [7]) So Huther.

der die Frucht hervorbringende Same, gedacht wird. Für diese Erklärung: Frucht von Gerechtigkeit, spricht, daß der Genitiv auch sonst öfters im N. T. als Genitiv des Subjects und Ursprungs bei Anwendung des gleichen Bildes des καρπός vorkommt¹). Wie Philipp. 1, 11 ist auch hier von einer Frucht die Rede, die sich aus „Gerechtigkeit" als Ertrag ergiebt. Die Tugend der Gerechtigkeit, die sittliche Rechtbeschaffenheit der Gesinnung und des Verhaltens gegen die Brüder, ist als das wirksame Princip gedacht, welches als Same gestreut wird. Was mit diesem Bilde gesagt wird, entspricht sachlich dem Begriff der καλὴ ἀναστροφή v. 13, aus welchem heraus wie aus der Wurzel oder dem Samen die Frucht, die entsprechenden Werke, sich ergeben, in denen sich die wahre Weisheit darstellen soll. Die Frucht aber jener Gerechtigkeit sind die aus ihr hervorgehenden sittlichen Wirkungen, oder die Bethätigungen ihres Princips, jene ἔργα, als Einheit gedacht, und zwar in ihrer Beziehung und Einwirkung auf die christlichen Brüder. Jakobus ist ausgegangen von dem doctrinären Eifer, in welchem so Viele auf Andere lehrend einzuwirken suchten, aber bei ihrem ζῆλος und ihrer ἐριθεία der πραΰτης der wahren σοφία ermangelten, indem sie hochmüthig meinten, recht weise und gescheute Leute zu sein. Im Gegensatz dazu bezeichnet er mit δικαιοσύνη diejenige rechtbeschaffene Gesinnung, deren einzelne Momente er als Bestimmtheiten der wahren σοφία in v. 17 aufgeführt hat. Die Frucht davon, sagt er in der besprochenen, prägnanten Ausdrucksweise, — und zwar mit δὲ die Rede jetzt zur Bezeichnung der Wirkung der σοφία weiterführend, — die Frucht von jener Rechtbeschaffenheit dem Nächsten gegenüber wird gesät, d. h. aus dieser Gesinnung als einem lebendigen fruchtbaren Samen wird gewonnen und kommt zur Reife eine sittliche Frucht oder Wirkung für Andere. Es heißt nicht: Frucht wird geerndtet aus der Saat der Gerechtigkeit, sondern mit prägnantem Ausdruck: Frucht wird gesät, wie in der Ackerbausprache auch jetzt öfters Saat statt Erndte gesetzt wird, indem jene als Ursprung der Erndte an Stelle der letzteren gebraucht wird. Jakobus faßt ins Auge, wie aus der rechtbeschaffenen Gesinnung der Liebe zum Nächsten die Frucht, die in den einzelnen Erweisungen der rechtbeschaffenen Gesinnung, in Friedfertigkeit, Milde, Nachgiebigkeit, Barmherzigkeit, als

---

¹) Gal. 5, 22 κ. τ. πνεύματος. Ephes. 5, 9. κ. τ. φωτός. Philip. 1, 22 ἔργου, 1, 11. κ. τ. δικαιοσύνης.

eble Saat sich erweist, zum Gedeihen gelangt, gleich dem gestreuten Samen. Und zwar geschieht solches Säen in der Sphäre des Friedens, in dem Zustande friedlichen und friedfertigen Seins und Verhaltens. Das ἐν εἰρήνῃ entspricht somit dem ἐν πραΰτητι σοφίας v. 13.

Der Dativ τοῖς ποιοῦσιν εἰρήνην ist nicht der Dativ der Aktion[1]) = ὑπὸ τῶν ποιούντων εἰρήνην. Das käme tautologisch auf eins heraus mit dem Gedanken: ἐν εἰρήνῃ σπείρεται, daß nämlich nur die, welche in der Herzensverfassung der εἰρήνη und im Besitz der σοφία εἰρηνική sich befinden, die Saat zu solcher Frucht streuen können. Die Meisten nehmen den Dativ als Dat. commodi, als die Bezeichnung des Gewinns, der durch die Erzielung solchen Ertrages, durch die Erreichung solcher Wirkung, den Friedfertigen zu Theil werde. Aber genauer ist bei der Auffassung des καρπός als Ertrag von Gerechtigkeit für die Brüder der Dativ zu fassen als Dativ des Widerfahrnisses oder Ergebnisses in Beziehung auf das Subject, dessen Handeln durch das Passiv des betreffenden Verbi bezeichnet wird, damit dadurch diesem Handeln an sich dem Subject gegenüber eine größere Objectivität und Selbständigkeit beigelegt werde[2]). Besonders ist hierfür Luc. 23, 15: οὐδὲν ἄξιον θανάτου ἐστὶ πεπραγμένον αὐτῷ und Apost. 24, 14 πιστεύων... πᾶσιν... τοῖς προφήταις γεγραμμένοις zu vergleichen. Der persönliche Dativ bezeichnet in solchen Fällen das Geschehn oder den Vollzug der passivisch ausgedrückten und damit dem handelnden Subject gleichsam gegenübergestellten Handlung als ein Ereigniß oder Ergebniß für das Subject. Indem die „Gerechtigkeit" der rechtbeschaffne Habitus der Gesinnung gegen den christlichen Bruder ist, wird seine Bethätigung in den einzelnen Fällen des Verhaltens gegen den Nächsten als das Säen jenes Samens bezeichnet. Καρπός ist der sittliche Ertrag und Gewinn, der sich daraus den ποιοῦσιν εἰρήνην ergiebt, im Gegensatz gegen die Verwirrung und die schlechten Umtriebe v. 16 als Wirkungen des κόσμος τῆς ἀδικίας. Die ποιοῦντες εἰρήνην sind dieselben, die Matth. 5, 9 vom Herrn als εἰρηνοποιοί selig gepriesen werden, die ihre Gesinnung des Friedens dem Nächsten gegenüber bethätigen. Die wahre Weisheit allein, wie sie in v. 17

---

[1]) Wiesing., de Wette. [2]) S. die Beispiele aus der class. Gräcität und aus dem N. T. bei Winer § 31, 10.

geschildert ist, erreicht auch ihr Ziel; denn nur von den Friedfertigen, die mit Bewahrung des Friedens auf den Nächsten lehrend einzuwirken suchen, wird wirklich erreicht, was die eifernde und streitsüchtige Weisheit nie erreicht, eine Frucht der Gerechtigkeit, die in den Anderen zur Reife kommt[1]).

Wenn Jakobus in v. 18 mit so starkem Nachdruck den **Frieden und seine Bethätigung als das Element und die Bedingung des Fruchtschaffens der Gerechtigkeit** für das Heil des Nächsten betont, so sieht man schon hieraus, was für Zerwürfnisse, Zerrüttungen und Umtriebe (v. 16), wie sie eben zunächst aus dem mit der weisheitsstolzen Lehrsucht gepaarten, lieblosen Eifern und rechthaberischen Egoismus v. 14. 16 hervorgingen und die zerstörenden Wirkungen des **Feuers** der Ungerechtigkeit und des **Giftes** der Zungensünden offenbarten, im Gemeinschaftsleben seiner Leser ihm vor Augen standen. Besonders aber ist dies aus der plötzlichen, raschen Wendung ersichtlich, mit der er von dem „Thun, der Bethätigung des Friedens" zu der Frage nach dem Woher der **Feindseligkeiten und Zwistigkeiten**, die er ausdrücklich als unter ihnen 4, 1 vorhanden bezeichnet, übergeht. Aber nicht speziell von dem Handeln derer, welche wider einander streitend sich als Lehrer aufspielten[2]), noch im Allgemeinen von feindlichen Zerklüftungen des jüdischen Volkes und der Judenchristen in **Sekten**[3]) ist die Rede; wo wäre auch nur eine Andeutung von Beidem? Jakobus blickt auf die ethisch-socialen **Zerwürfnisse und Zerklüftungen** des christlichen Gemeinschaftslebens hin. Als innerste Quelle derselben bezeichnet er 4, 1—3 die ihr inneres Leben beherrschenden selbstsüchtigen **Lüste und Begierden**, sofort aber in die tiefste Tiefe bringend als Grund davon die **falsche Stellung des Herzens zu Gott** im Erfülltsein von der Liebe zur Welt. Damit leitet sich der folgende Abschnitt ein.

Fünfter Abschnitt Cap. 4 u. 5.

Unter dem Gesichtspunkt des absoluten Willens und Waltens Gottes über dem Menschenleben fordert Jakobus im Blick auf das Verhältniß und Verhalten der Leser zur Welt und in ihrer Gemeinschaft untereinander die Beweisung und Bethätigung des

---

[1]) So treffend Weiß a. a. O. S. 193. [2]) Gegen Schneckenburger. [3]) So Lange.

rechten Verhaltens und Verhältnisses zu Gott in den
Beziehungen ihres Lebens zur Welt und zum christlichen Gemein=
schaftsleben.

I. Cap. 4, 1—6. Im Blick auf ihr Verhältniß zur Welt
fordert Jakobus im Gegensatz gegen die in selbstsüchtigen Lüsten
und sündlichen Begierden des Herzens, der Quelle der Streitigkeiten
und Zwistigkeiten, sich darstellende **Weltliebe** die Beweisung der
rechten **Stellung des Herzens zu Gott in der Liebe
zu Gott**.

v. 1—3. „**Woher Kriege und woher Kämpfe unter
euch**"?[1]) Die Erregtheit, die sich in der Doppelfrage: Woher? aus=
drückt, hat ihren Grund nicht in der Beziehung auf ihm gegenüber
aufgeworfenen Fragen über die Ursachen der Feindseligkeiten, die doch
vor Augen lägen[2]), sondern in dem Umfang und der Verderblichkeit
derselben, auf welche ohne Bezeichnung des Gegenstandes die Worte
πόλεμοι — μάχαι hinweisen. Statt bei Bethätigung der Sanftmuth
christlicher Weisheit untereinander zerklüften ihr Gemeinschaftsleben
Feindseligkeiten, gegenseitige Anfeindungen; die ver=
schiedenen Erscheinungen, πόλεμοι, in denen dieselben hervortreten,
haben ihren Ursprung in der Gesinnung des ζῆλος und in der ἐριϑεία.
An Stelle des Zustandes der εἰρήνη treten feindliche **Angriffe** auf
einander, die μάχαι, das Gegentheil von dem ποιεῖν εἰρήνην. Daß
es sich dabei um Mein und Dein gehandelt habe, liegt nahe[3]); daß
aber wirkliche Kriegsunruhen, etwa vor der Zerstörung Jerusa=
lems[4]), gemeint seien, ist mit keinem Wort angedeutet. Und daß
diese Streitigkeiten die Leser überall und insgesammt in Bewegung
gesetzt hätten[5]), wird durch das ἐν ὑμῖν = „unter euch" nicht bewiesen,
sondern ausgeschlossen. Aber die der Kriegssprache entnommenen
starken Ausdrücke zeugen allerdings von der Heftigkeit und dem weiten
Umfang dieser **unter den Lesern** offenkundig vorhandenen Feind=
seligkeiten. Wie jedoch die Behauptung[6]), daß diese innere Zerrissen=
heit als „eine traurige Folge des Paulinismus" sich ergeben habe,
wirklich begründet werden könnte, ist schlechterdings nicht abzusehn.

Die Beantwortung des zweimaligen Woher? erfolgt mit noch

---

[1]) Das zweite πόθεν ist nach ℵ. A. B. C. mit Lachm. u. Tischenb. gegen die l. rec. festzuhalten. Seine leicht erklärliche Weglassung beeinträchtigt die Kraft der Rede. [2]) So Bengel. [3]) De Wette, Wiesinger. [4]) So Grotius. [5]) So Wiesinger. [6]) Hilgenfeld a. a. O. 1873, S. 21.

gesteigerter Lebendigkeit und Erregtheit. Diese giebt sich theils in der erneuten Frageform der Rede, mit der zur Selbstprüfung aufgefordert und an die Wahrhaftigkeit und Ehrlichkeit der Leser appellirt wird, theils in dem nachdrücklich betonten ἐντεῦθεν, der demonstrativen Vorwegbezeichnung des Folgenden[1]) kund.

Die Antwort erfolgt mit der Gegenfrage: „nicht daher? aus euren Lüsten, welche Streit führen in euren Gliedern"? Die rhetorische Fragestellung als Ausdruck des unmittelbaren dialogischen Rapports, in den sich der Verfasser im Geist mit den Lesern versetzt, kommt im Brief verhältnißmäßig oft vor[2]). Dem πόθεν entspricht das ἐκ, welches den Ursprung aus der verursachenden Potenz bezeichnet; diese liegt in den in ihrem inneren Leben verborgenen Lüsten. Die ἡδοναί sind nicht metonymisch als ἐπιθυμίαι zu nehmen[3]); denn ἡδονή unterscheidet sich von ἐπιθυμία wie voluptas und cupiditas. Die Lüste beziehen sich auf den irdischen Lebensgenuß Luc. 8, 14; 2. Petri 2, 13. Erst in v. 2 ist von ἐπιθυμεῖν, dem Begehren nach irdischem Besitz, die Rede. Von dem ἐπιθυμεῖτε v. 2 darf nicht auf Gleichheit der ἡδονή mit ἐπιθυμία geschlossen werden, so gewiß wie an etwas seine Lust haben und nach etwas begehren verschiedene Begriffe sind[4]). Die Lüste sind nach dem ins Auge gefaßten Bilde von der Kriegführung ein Heer, welches zu Felde liegt und Krieg führt. Dieses geschieht „in euren Gliedern," d. h. nicht: durch eure Glieder, weil sich die Lüste derselben als ὅπλα ἀδικίας[5]) bedienten. Die Glieder des Leibes sind nach ἐν als das Terrain gedacht, wo das feindliche Heerlager der Lüste sich als ein kriegführendes thätig und wirksam zeigt. Die sinnlich-leibliche Seite der menschlichen Persönlichkeit wird hier genau so wie 3, 2 und 6 als von der Macht der sündlichen Leidenschaften eingenommen und beherrscht gedacht. Jakobus fügt daher auch keine nähere Bestimmung eines Begriffsobjekts für die Kriegführung der ἡδοναί hinzu. Ein Kriegführen derselben unter sich und wider einander[6]), oder wider die Seele, wie Petrus[7]), oder wider den νοῦς, die bessere Einsicht, wie Paulus[8] das Gesetz der Sünde in seinen Glie-

---

[1]) Vergl. 1, 27. [2]) Bisher 2, 4. 5. 6. 7. 14. 15. 16. 19. 20. 21. 25. 3, 11. 12. 13. Dann 4, 4. 5. 12. 14. [3]) Grotius, de Wette, Wiesing., Huther, Bouman. [4]) Gegen Huther. Tit. 3, 3 stehn die ἡδοναί mit ἐπιθυμίαις verbunden, sind also nicht identisch mit diesen. [5]) Gegen Bouman, Wiesing., de Wette. [6]) So Gebser, Schneckenb., Theile, Lange. [7]) I. 2, 11. [8]) Römer 7, 23.

bern als ein feindliches Heerlager beschreibt[1]), hätte er als solches ausdrücklich bezeichnen müssen. Dasselbe müßte man erwarten, wenn als Object des Ankämpfens Alles, was die Befriedigung hindert, oder die entgegengesetzten Bestrebungen Anderer[2]), oder gar das, was in den nachfolgenden Worten οὐ δύνασθε ἐπιτυχεῖν, οὐκ ἔχετε bezeichnet ist[3]), gedacht wäre. Das letztere ist übrigens eine „unvollziehbare Vorstellung"[4]). Alle diese Auffassungen gehn von der unzutreffenden Identificirung des ἐπιτυχεῖν und der ἡδοναί aus, gegen die auch das in v. 3 wiederkehrende ἡδοναί spricht.

Das objectslose[5]) στρατεύεσθαι bedeutet hier einfach Krieg führen. Die sündlichen Gelüste erweisen sich als eine Krieg führende, Streit herbeiführende Macht in ihnen selbst, in ihren Gliedern. Nicht auf das selbstverständliche Object der Befeindung, sondern auf den Schauplatz des Kriegslagers sollte hingewiesen werden, gegenüber dem vorhergehenden ἐν ὑμῖν = unter euch. Der Ursprung der unter ihnen vorhandenen Kriege und Kämpfe liegt in dem Bereich der Glieder jedes Einzelnen. Jakobus, der Mann der concreten Anschauung, weist statt auf das verborgene Innere, wo die bösen Lüste ihren Sitz haben, auf ihren Erscheinungsbereich hin, um sie als eine in ihrem Personenleben Krieg führende Macht oder als ein feindliches Heerlager zu veranschaulichen. „Wie Paulus die Macht des Bösen, insofern der Leib die äußerliche Erscheinung des Menschen darstellt, und insofern an und in demselben die Herrschaft der sündlichen Begierden sich erweist, das Gesetz in den Gliedern nennt, so redet Jakobus von den Wollüsten, die da streiten in den Gliedern."[6])

Wie aber von dort aus durch Zerstörung des Friedens im eigenen Innern das Friedensverhältniß zum Nächsten vernichtet wird, und Feindseligkeiten unter einander zu Wege kommen, wird in v. 2 dargelegt. „Ihr begehret und habt nicht; ihr mordet und eifert und könnt's nicht erlangen; ihr streitet und krieget". Die sinnlichen, sündlichen Lüste werden nämlich activ in dem Begehren nach dem Besitz dessen, worin sie ihre Befriedigung suchen. „Ihr begehret". Das Object sind nach dem unmittelbar Folgenden: „ihr habt nicht", die zeitlichen

---

[1]) So de Wette. [2]) Huther. [3]) Wiesinger. [4]) So Hofmann. [5]) So öfters in der klassischen Gräcität. S. Pape s. v. [6]) Neander.

irbischen Güter, in deren Besitz und Genuß sich die Lüste Befriedigung schaffen wollen. Das Begehren entsteht, indem sie den Willen auf dieselben in Bewegung setzen. Die Lüste überwältigen als eine kriegführende Macht den Menschen und stacheln ihn auf zur Begierde nach dem ἔχειν dessen, was ihr Genuß sein soll. Die Habgier steht im Kriegsdienst der selbst- und genußsüchtigen Gelüste. „Und ihr habt nicht", ist nicht Bezeichnung des Grundes des Begehrens[1]). Dagegen ist das καί und der offenbare Parallelismus mit dem Nachfolgenden: „und ihr könnt nicht erlangen". Diesem entsprechend constatirt Jakobus die Thatsache des Nichterfolgs des Begehrens, indem ἔχειν hier ebensowenig wie Matth. 19, 16 erlangen[2]), sondern einfach haben bedeutet. Dem Begehren wird entgegengesetzt das Begehrte doch nicht haben; es ist also ein vergebliches ἐπιθυμεῖν sei's des Armen oder des Reichen, der noch mehr haben und genießen will, als er hat. Die Begierde nach dem Besitz der irdischen Güter gelangt nicht einmal dazu, dieser vergänglichen Dinge habhaft zu werden; sie erhascht nichts; alles Hindrängen des Willens durch ihre tyrannische Macht auf das Begehrte endet mit dem Gegentheil des heißersehnten Erfolgs, — mit Nichthaben. Indem nun die einzelnen Begierden suchen, das ihren Gelüsten Entsprechende zu erjagen, und die Erfolglosigkeit die Begierde immer weiter anstachelt, wird dadurch Ungerechtigkeit, selbstsüchtige Concurrenz und gehässiger Widerstreit im Jagen nach der Befriedigung der Habgier in der menschlichen Gemeinschaft erzeugt.

Es bezeichnet daher der zweite Gegensatz, dessen beide Glieder denen des unmittelbar vorhergehenden Satzes parallel sind und genau entsprechen, den feindlichen Gegensatz von Person zu Person, den die Habgier erzeugt, während jener erste: „ihr begehret und habt nicht" die Beziehung des von der Begierde beherrschten persönlichen Subjects auf das begehrte Gut ausdrückt. Hier tritt an Stelle der Begierde in Folge des Nichthabens des Begehrten die Gesinnung des Hasses und Neides gegen den Nächsten in Bezug auf das, was er hat, indem es heißt: „ihr mordet und neidet und könnt es nicht erlangen." Das φονεύειν[3]) ist nicht im eigentlichen

---

[1]) Gegen Hofmann. [2]) So Gebser, de Wette. [3]) Ewald's Vorschlag, φθονεῖτε zu lesen, nach Erasmus, Luthers, Beza's Vorgang, ist als bloße Conjectur, die den Anstoß, den φονεύετε giebt, beseitigen will, abzuweisen.

Sinn zu nehmen¹). Auch ist nicht unter der Annahme eines Hendiadyoin zu erklären: ihr eifert tödtlich oder bis auf Mord und Todtschlag²); oder durch Haß und Neid tödtet ihr³); dann müßte es als Steigerung zu ζηλοῦτε hinter diesem stehen. Vor demselben ist es nur von der zuletzt auf das Tödten hinauskommenden gehässigen und feindlichen Gesinnung zu verstehn, wie sie Cain erfüllte und zum Mörder machte, nach dem Ausspruch des Herrn Matth. 5,22 schon des Gerichts und der Verdammniß schuldig macht, und von Johannes mit den Worten: „wer seinen Bruder hasset, der ist ein Todtschläger" 1. Joh. 3,15 dem Morde gleich gestellt wird⁴). Dafür spricht auch die folgende Steigerung: „ihr kämpfet und krieget", und daß Jakobus überhaupt hier die Sprache der Kriegführung und bald nachher in v. 4 auch vom Ehebruch im uneigentlichen Sinn redet. Die Begierde nach irdischem Gut, deren Feuer vom Heerd der φιλία τοῦ κόσμου (v. 4) stammt, und von den nicht befriedigten Lüsten immerfort genährt wird, entflammt sich im Blick auf des Nächsten Hab und Gut 1, zum Haß, der gleich dem Todtschlag ist, indem er die Existenz des Nächsten zur Erlangung seines Guts beseitigt sehen möchte, und gleichzeitig 2, zum neidvollen Eifer, der ihm seinen Besitz nicht gönnt, dem πικρὸς ζῆλος 3, 14 in Beziehung auf das Gut des Nächsten. „Haß und Neid trägt ja in sich das Verlangen, seinen Gegenstand aus dem Wege zu räumen. Wenn auch dies noch nicht zur That geworden, und die Macht der höheren Regungen noch zu groß ist, als daß dies zur That werden könnte, so liegt doch dies in der Gesinnung zu Grunde, und das göttliche Wort läßt in dem verborgenen Keimen des Herzens schon dasselbe erkennen, was nachher zur That geworden Gegenstand des allgemeinen Abscheu wird"⁵).

In gleichem Gegensatz dazu wie vorher: „ihr habt nicht" zum Begehren, heißt es nun: „und ihr könnt es nicht erlangen", nämlich, um es zu haben. Das „ihr könnt nicht", das Unvermögen, wird nachdrucksvoll gegenübergestellt dem leidenschaftlichen Gebahren in Haß und Neid, welche noch durch das Gefühl der Ohnmacht und des Mißlingens immer weiter gestachelt werden, und dem vorhergehenden: „ihr habt nicht" als Erklärung desselben. Die Erfolglosigkeit des leidenschaftlichen Begehrens ist begründet in der Machtlosigkeit und Un-

---

¹) Winer, Lange, Bouman. ²) Gebser, Schneckenburger, de Wette. ³) Bengel.
⁴) Vergl. auch Huther Wiesinger, de Wette schwankend in Aufl. 3. ⁵) Neander.

fähigkeit, trotz aller Veranstaltungen und Bestrebungen des Hasses und Neides in feindseligen Unternehmungen wider einander die begehrten Güter und Genüsse zu erlangen. Das Nichthaben steigert sich zum Nichterlangenkönnen, wie sich das Begehren zu dem Hassen und Neiden steigert. Letzteres steigert sich dann weiter in der erregten Rede.

Die abrupt und verbindungslos folgenden Worte: „ihr streitet und krieget," als selbständige Aussage, vom Vorhergehenden zu trennen[1]), schließen die mit der Frage in v. 1 begonnene Erörterung ab, indem sie kurz und knapp eben die Zustände des Kriegens und Streitens, nach deren Ursprung v. 1 gefragt ward, als die thatsächliche Wirkung des in jenen beiden parallelen Gegensätzen bezeichneten $\dot{\epsilon}\pi\iota\vartheta\nu\mu\epsilon\tilde{\iota}\nu$, $\varphi o\nu\epsilon\acute{\iota}\epsilon\iota\nu$ und $\zeta\eta\lambda o\tilde{\nu}\nu$, welches sich eben innerhalb des Gemeinschaftslebens der Leser so unheilvoll bethätigt, hinstellt. Nur steht das $\mu\acute{\alpha}\chi\epsilon\sigma\vartheta\epsilon$ hier voran, weil es in dem unmittelbar Vorhergehenden $\varphi o\nu\epsilon\acute{\iota}\epsilon\iota\nu$ und $\zeta\eta\lambda o\tilde{\nu}\nu$ seinen Ursprung hat, während das $\pi o\lambda\epsilon\mu\epsilon\tilde{\iota}\nu$ in dem $\dot{\epsilon}\pi\iota\vartheta\nu\mu\epsilon\tilde{\iota}\nu$ seinen Grund hat. Das folgende $o\dot{\nu}\kappa$ $\ddot{\epsilon}\chi\epsilon\tau\epsilon$ ist also nicht als das mit $\varkappa\alpha\dot{\iota}$ $o\dot{\nu}\kappa$ $\ddot{\epsilon}\chi\epsilon\tau\epsilon$ und mit $\varkappa\alpha\dot{\iota}$ $o\dot{\iota}$ $\delta\acute{\nu}\nu\alpha\sigma\vartheta\epsilon$ parallele zweite Glied eines dritten Parallelsatzes, in welchem das „ihr streitet und krieget", entsprechend dem $\dot{\epsilon}\pi\iota\vartheta\nu\mu\epsilon\tilde{\iota}\tau\epsilon$ im ersten und dem $\varphi o\nu\epsilon\acute{\iota}\epsilon\tau\epsilon$ $\varkappa\alpha\dot{\iota}$ $\zeta\eta\lambda o\tilde{\nu}\tau\epsilon$ im zweiten, das erste wäre, anzusehen, eine Auffassung, welche im Interesse der Conformirung das $\varkappa\alpha\dot{\iota}$ vor $o\dot{\nu}\kappa$ $\ddot{\epsilon}\chi\epsilon\tau\epsilon$ veranlaßt hat[2]), und auf einer Verkennung des neuen Gedankenganges, der mit $o\dot{\nu}\kappa$ $\ddot{\epsilon}\chi\epsilon\tau\epsilon$ $\delta\iota\grave{\alpha}$ $\tau\acute{o}$ . . . beginnt, beruht.

Ein ganz anderes Wort- und Gedankengefüge entsteht bei der Auffassung[3]), bei welcher man $\dot{\epsilon}\pi\iota\vartheta\nu\mu\epsilon\tilde{\iota}\tau\epsilon$ $\varkappa\alpha\dot{\iota}$ $o\dot{\nu}\kappa$ $\ddot{\epsilon}\chi\epsilon\tau\epsilon$ als einen Vordersatz, und dazu $\varphi o\nu\epsilon\acute{\iota}\epsilon\tau\epsilon$ als Nachsatz nimmt und demnach übersetzt: „begehret ihr und habt nicht, so mordet ihr." Aber diese Erklärung streitet gegen die einfache, natürliche Wort- und Gedankenfolge, die sich beim Lesen der Worte in den zwei gegensätzlich gegenüber gestellten Aussagen aufdrängt. Das $\varphi o\nu\epsilon\acute{\iota}\epsilon\tau\epsilon$ als angeblicher Nachsatz zu jenem für die leichte Diktion des Briefes viel zu schwerfälligen Vordersatz ohne $\epsilon\dot{\iota}$ wird dann gezwungen so erklärt: wer begehrt und nicht hat, der bringt den Andern um das, was derselbe

---

[1]) Mit Lachmann. [2]) Also nach A. B. mit Lachmann und Tischendorf zu tilgen gegen N. C. [3]) So Hofmann.

zum Leben braucht, um das zu haben, wonach er begehrt, und in dieser Entziehung des Lebensbedarfs besteht eben das φονεύειν[1]). Aber welch ein Complex von Gedanken muß da erst hineingelegt werden, und wie künstlich wird das φονεύειν interpretirt!

Bei jener Auffassung werden 2, die Worte καὶ ζηλοῦτε bis ἐπιτυχεῖν als ein jenem ersten entsprechender Vordersatz, und μάχεσθε καὶ πολεμεῖτε als ein jenem Nachsatz φονεύετε correspondirender Nachsatz gefaßt. Aber wie schwerfällig wird der angebliche Vordersatz mit dem doppelten καί! Und wie soll „kämpfen und kriegen" die behauptete Steigerung zu der angeblich das Leben gefährdenden „Entziehung des Lebensunterhaltes" sein? Am meisten ist gegen diese Construction die gewaltsame Auseinanderreißung des φονεύετε und καὶ ζηλοῦτε und die dargelegte dem exegetischen Gefühl sich aufdrängende Correspondenz der Satzglieder. Ueberdies wird bei dieser Fassung die schlagende Kraft, die in den kurz und scharf hingestellten Antithesen liegt, aufgehoben.

In einem neuen Gedankengange zeigt Jakobus weiter, wie zugleich mit jenem ethischen Grunde des Kämpfens und Kriegens, der in den Lüsten und dem daraus entstehenden bösen Begehren, im Hassen und Neideifer liegt, die tiefste Wurzel davon in dem religiösen Zustande ihres Herzens Gott gegenüber zu finden sei: „ihr habt nicht, weil ihr nicht bittet". Mit dem wieder aufgenommenen οὐκ ἔχετε stellt er den Lesern von neuem das Rechthaben der begehrten Güter und das Haschen der Begierde nach denselben vor Augen, um ihnen den Grund davon in der Unterlassungssünde des Nichtbetens, also in dem Mangel der Herzensstellung zu Gott zu zeigen, in welcher von ihm, „dem Vater", als von dem allein alle gute und vollkommene Gabe kommt, auch solche Güter, wie in sündlicher Weise die Begierde sie erjagen will, mit kindlichem Vertrauen erbeten werden sollen. Αἰτεῖν ist immer bitten um das, was man nicht hat. Das Medium ist gewählt, weil es sich hier um ein Bitten des Subjects für sich selbst, nicht für Andere handelt; denn der Gegenstand des Bittens sind hier nach dem Zusammenhang die irdischen zeitlichen Güter, deren das menschliche Leben bedarf. Des Christen hierauf gerichtete rechtmäßige

---

[1]) Hofmann beruft sich auf Sir. 34, 21 f. φονεύων τὸν πλησίον ὁ ἀφαιρούμενος ἐμβίωσιν. Hier ergiebt die umständliche Darlegung eines bestimmten Verhaltens die Bedeutung des φονεύειν.

Wünsche sollen sich behufs ihrer Erfüllung nicht zu sündlicher leidenschaftlicher Begierde verwandeln und nicht mit Haß und Neid gegen den Nächsten paaren, was bei einer auf das Irdische um seiner selbst willen gerichteten selbstsüchtigen Gesinnung geschieht, sondern zu kindlichem Anliegen an den Vater, zum Gebet und Flehn um die irdischen Bedürfnisse zu Gott, der durch seine Allmacht und Güte sie spendet, mit selbstverleugnender Ergebung in seinen Willen: „nicht mein Wille, sondern dein Wille geschehe", gestalten. So lehrt der Herr die Seinen beten: unser täglich Brod gieb uns heute. So verheißt er ihnen Erfüllung ihrer Bitte: bittet, so wird euch gegeben, Matth. 7, 7. Auf dieses Wort spielt Jakobus an mit dem Ausruf: ihr habt nicht, weil ihr nicht bittet.

Das rechte kindliche Bitten als eine That des innersten religiösen Lebens, das Beten als die Hinwendung des Herzens zu Gott in Gott wohlgefälligem Begehren, wird unmöglich gemacht durch die Herrschaft jener kriegführenden Macht der ἡδοναί und ihrer kriegerischen Action in dem ἐπιθυμεῖν ꝛc., wie es andererseits wieder diese Herrschaft ausschließt, wenn das Herz von der Liebe zu Gott erfüllt ist und am ersten trachtet nach dem Reich Gottes, Matth. 6, 31.

Das Nichtbeten ist ein Symptom der Abkehr des inneren Lebens von Gott in Liebe zur Welt v. 4, daraus eben das Erfülltsein desselben von Lüsten und Begierden sich erklärt. Seine Folge ist das Nichtempfangen und Nichthaben dessen, was man wünscht und begehrt.

Damit steht v. 3: „ihr bittet und empfanget nicht," so wenig in Widerspruch, wie wenn von den Lesern ausgesagt wird, daß sie Glauben haben und dabei doch des Glaubens im wahren und vollen Sinn des Worts ermangeln. Die Aktivform αἰτεῖτε steht wie 1, 5 nicht blos zur Bezeichnung des Bittens als eines Thuns gegenüber dem „Empfangen"[1], sondern gegenüber dem Vorwurf „ihr bittet nicht" als Ausdruck der allerdings vorhandenen objectiven Thatsache, daß sie bitten. Der Sinn ist: ein Bitten giebts wohl bei euch, gebetet wird von euch. Aber dieses Bitten ist kein rechtes ächtes Bitten aus innerlichster Subjectivität, wie es sein soll, weshalb es vorher heißt: ihr bittet nicht. Wider Wortlaut und Zusammenhang kann[2] αἰτεῖτε nicht in dem Sinn: wenn ihr aber auch einmal bittet,

---

[1] So Huther. [2] Mit Kern.

gefaßt werden. — "Und empfanget nicht", steht parallel dem Nichterlangen des Erstrebten v. 2, wie das Nichthaben, das nach v. 2 im Nichtbitten begründet ist, dem in v. 2ᵃ bezeichneten obigen "Nichthaben" des Begehrten. Ist nun das Nichthaben eine Folge vom Nichtbitten, und doch von einem Bitten die Rede, bei dem man nicht empfängt, und dieses Nichtempfangen eben jenes Nichthaben erklärt, so muß es wohl mit dieser Aktion des Bittens, die man vielleicht dem Vorwurf des Nichtbittens gegenüber geltend machte, eine andere Bewandniß haben, als mit dem Bitten, in Folge dessen man hat und empfängt. Wenn man mit Recht hervorgehoben hat[1]), daß Jakobus sich hier und 1, 5. 5, 13—18 als ein Mann darstelle, der großes Gewicht auf das Gebet lege, daneben aber es als etwas Befremdliches ansieht, daß Jakobus glaube: "man könne selbst irdische Güter durch das Gebet erlangen"[2]), so ist das letztere eine ebenso unglückliche Verirrung, wie die Ansicht[3]), Jakobus habe bei dem folgenden Ausdruck: "übel bitten", an Rache- und Fluchgebete gegen den römischen Kaiser gedacht.

Jakobus spricht nach dem Zusammenhang hier und an den Stellen 1, 5. 5, 13—18 eine solche Anschauung von dem Wesen, der Macht und Wirkung des Gebets aus, daß er, wenn es rechter Art sei, d. h. mit demüthiger Ergebung in den Willen Gottes und in der Gewißheit des Glaubens geschehe, Gott werde nach seiner Güte und Weisheit das, was uns heilsam und ersprießlich ist, gewähren, die Erhörung auch in Bezug auf äußere Güter als seine Folge ansieht. Er kann daher mit dem αἰτεῖτε eben wegen des Zusatzes: "und ihr empfanget nicht", nur ein kraft- und wirkungsloses, also nicht ein rechtes, wahres Bitten meinen. Darum heißt es auch ausdrücklich weiter: "weil ihr übel bittet, damit ihr es in euren Lüsten vergeudet." Das κακῶς αἰτεῖσθαι stellt Jakobus also jenem αἰτεῖν, bei dem man nicht empfängt, gleich. Es ist eben das Gegentheil des in dem Wort des Herrn: bittet, so wird euch gegeben, an welches Jakobus denkt, bezeichneten Bittens[4]). Es ist ein schlechtes Bitten, weil es nach dem Zusammenhang von dem ἐπιθυμεῖν, das eben nicht zu dem Besitz des Begehrten führt, eingegeben wird, oder weil es mit einem Herzen voll sündlicher Begierde nach irdischem Gut geschieht[5]). Der

---

[1]) De Wette. [2]) So de Wette. [3]) Semler. [4]) Matth. 7, 7. 8. 11.
[5]) Oekumenius: οὐχὶ αἰτεῖσθε ὃν δεῖ τρόπον.

Satz ἵνα – δαπανήσητε ist nicht nähere Bestimmung des Wesens des κακῶς αἰτεῖσθαι¹), sondern des Zweckes, den man bei einem solchen üblen Bitten verfolgt: Vergeudung des begehrten irdischen Guts in dem Zustand des Beherrschtseins von den bösen Lüsten, in selbstsüchtiger, genußsüchtiger Befriedigung derselben. Es ist nirgends angedeutet, daß Jakobus dabei einen gedrückten und armseligen Zustand voraussetze²). Das „in euren Lüsten" bezeichnet das Eingenommen- und Erfülltsein von der Macht der Lüste und gilt ebenso vom Reichthum wie von der Armuth. Man will bei solchem üblen Bitten das von Gott Erbetene und somit Gott selbst zum Mittel für die Sinnenlust mißbrauchen und in den Dienst der Lüste und Begierden stellen. Zu vergleichen ist hier das τρυφᾶν und σπαταλᾶν in 5, 5. — Jakobus sagt also, daß es ein Beten um irdische Güter gäbe, welches aber aus einer auf das Irdische und Vergängliche gerichteten Gesinnung hervorgehe, und so weit davon entfernt sei, dem Willen Gottes und den Zwecken seiner gnädigen und heiligen Liebe entsprechend zu bitten, daß vielmehr das Gegentheil der Fall sei: ein Bitten um Gottes Gaben zur Befriedigung der bösen Lüste und Begierden des Herzens, ein sündliches Bitten bei der äußeren Gestalt und That des Bittens, und darum ein Bitten ohne Erlangung des sündlich Erbetenen.

Weiter bezeichnet nun Jakobus in v. 4 und 5 als tiefste Wurzel einer solchen von den Lüsten beherrschten gehässigen und neidischen Gesinnung die mit dem Bilde des Ehebruchs gezeichnete Abwendung des Herzens von Gott in Liebschaft mit der Welt. Er thut es mit strafendem Ernst, der sich in der die Perfidie dieser Herzensstellung charakterisirenden Anrede ausspricht, und zwar wiederum in der Form einer auf das bessere Wissen der Leser provocirenden Frage. „Ehebrechervolk, wisset ihr nicht, daß die Liebschaft mit der Welt Feindschaft wider Gott ist?"

Wie man sich auch über die viel besprochenen Varianten der Lesart entscheiden möge, mag man μοιχοὶ καὶ μοιχαλίδες oder blos μοιχαλίδες lesen³), über den Sinn kann nach dem Zusammenhang

---

¹) So Huther, Wiesinger, de Wette. ²) So Huther. ³) Μοιχαλίδες allein lesen mit Recht Lachm., Tischend., Theile, Reiche, Lange, Huther, Brückner, Hofmann u. A. nach A. B. K. erster Hand, mehr. Uebersetzungen und Beda. Dagegen μοιχοὶ καὶ μοιχαλίδες ist die lect. recepta nach G. K., den übrigen Handschriften, Theophylakt und Oekumenius, aber auch א². C hat hier eine Lücke.

kein Zweifel sein. Auf keinen Fall kann nach dem Folgenden, wo von ethisch-geistigem Verhältniß die Rede ist, an Ehebruch im eigentlichen Sinne gedacht werden[1]). Jakobus erblickt ganz nach der in vielen Stellen des alten Testamentes[2]) in mannigfaltigster Weise ausgesprochenen Grundanschauung von dem zwischen Jehova und seinem Volk bestehenden Ehebunde in der Hingebung des Herzens an die irdischen vergänglichen und zeitlichen Güter und Genüsse einen Bruch der ehelichen Liebe und Treue gegen Gott[3]). Die Femininbezeichnung μοιχαλίδες erklärt sich nur aus strenger Durchführung dieser Anschauung von Gott als dem Eheherrn, dem gegenüber die mit solcher Benennung Angeredeten als weiblicher Theil nach Art der Ehebrecherinnen sich verhalten, indem sie einem andern Mann, dem κόσμος, in ehebrecherischer Liebe sich hingeben.

Der κόσμος ist wegen des innern Anschlusses des Gedankens an den Inhalt von v. 1—3 nicht als Inbegriff von Personen und deren widergöttlichen Bestrebungen zu verstehen[4]). Gegen die Begründung, daß φιλία[5]) nur persönliche gegenseitige Freundschaft bezeichne, hier also ein Liebesverhältniß zu den Kindern der Welt und ein auf freundliche Erwiderung berechneter Anschluß an ihre Bestrebungen gemeint sei[6]), zeugt schon der Widerspruch, daß auch bei dieser Erklärung doch ein „Vorwiegen des activen Verhaltens zur Welt" in jenem Verhältniß zugegeben wird, und außerdem daß jene Ausbeutungen der φιλία durch Hinweisung auf den Sprachgebrauch[7])

Eine dritte Lesart ist blos μοιχοί nach mehreren Uebersetzungen: Syr. Copt. Aeth. Armen. Vulg. Die Differenzen zwischen den Hauptcodices A. B. ℵ[1] u. C. ℵ[2] und alten Uebersetzungen lassen allerdings die Frage als berechtigt erscheinen, ob die Weglassung der Wörter μοιχοί καί nicht auf einem durch die Aehnlichkeit derselben mit μοιχαλίδες veranlaßten Versehen beruhe, wie Winer Gr. § 27. 6. A. 1. und Gebser annehmen. Für μοιχοί καί μοιχαλίδες sind daher auch Scholz, Fritsche, Kern, Schneckenburger, de Wette, Blom, Bouman, letzterer mit besonderer Bekämpfung der Ausführungen Tischendorfs in der edit. 7, eingetreten. Indessen fällt doch immer das Zeugniß von A. B. ℵ. gegen das der übrigen Zeugen, die wieder unter sich zwischen der vollen Lesung und μοιχοί schwanken, sowie der Umstand, daß, wenn das schwierige und auffallende μοιχαλίδες das Ursprüngliche war, daraus sich die Entstehung der anderen Lesarten, nicht aber das Umgekehrte, wohl begreifen läßt, ins Gewicht. [1]) Gegen Augusti, Zachmann, Winer. [2]) Pf. 73, 27. Jos. 57, 3 f. Ezech. 23, 37. Hof. 2, 2. 4; 3, 1 u. a. [3]) In solchem Bilde redet der Herr Matth. 12, 39; 16, 4 vom jüdischen Volk als einer γενεά μοιχαλίς. [4]) So Huther nach Piskator: amicitia cum impiis. [5]) Nur hier im N. T. [6]) So Huther. [7]) Von Hofmann, Sprüche 27, 5. Sept. 4. Mak. 3. Thucydid. 1, 91. 1. Xenophon Anab. 5, 6, 11.

widerlegt werden. Der κόσμος ist hier der Inbegriff alles dinglich Irdischen, sofern es außer ethischen Zusammenhang mit Gott, oder für sich selbst als höchstes Gut im Gegensatz zu Gott gestellt wird. Was v. 1—3 als Gegenstand des selbstsüchtigen Gelüstens und Begehrens vorausgesetzt ist, das Irdische, das wird hier in seinem ganzen Umfang mittelst einer jenem Bilde entsprechenden Personifikation als Gegensatz gegen Gott, als Inbegriff aller ungöttlichen und widergöttlichen irdischen Dinge angeschaut. So steht κόσμος im Gegensatz zu Gott als Gegenstand sündlicher Liebe 1 Joh. 2, 15, wo Weltliebe und Gottesliebe so wie hier entgegengesetzt sind. So ist er dem persönlichen Gott gegenüber der Buhler, dem ehebrecherisch die ganze Liebe des Herzens, die Gott als dem Eheherrn gebührt, zugewendet wird.

Die Leser müssen nun doch selbst wissen, daß das **Feindschaft wider Gott** ist, d. h. nicht blos Entfremdung von Gott, sondern, weil die Welt Gegenstand der Liebe ist, Zerfallenheit mit Gott, feindseliges Verhalten gegen Gott. Dieser Gegensatz von **Lieben** und **Hassen** entspricht genau dem von dem Herrn Matth. 6, 24 und 10, 34—39 hingestellten ausschließenden Widerspruch zwischen Weltliebe und Gottesliebe[1]). Demnach ist mit ἔχθρα τοῦ θεοῦ nicht ein **gegenseitiges Verhältniß**[2]), sondern die feindselige Stellung, in die sich der Mensch seinerseits durch die Hingebung seines Herzens an die Welt zu Gott versetzt, die ἔχθρα εἰς τὸν θεόν gemeint. Somit versteht Jakobus auch φιλία τοῦ κόσμου nicht als ein gegenseitiges Verhältniß, bei dem der Mensch für seine Zuneigung zur Welt auch von ihrer Seite geachtet zu werden hoffe, sondern er stellt den Lesern diese Liebe zur Welt als das gottvergessene, ehebrecherische Verhalten des Menschen, der mit seiner Herzensliebe dem κόσμος, nicht Gott, angehört, vor die Augen. „Er macht sie darauf aufmerksam, daß Gott das ganze Herz des Menschen verlangt, daß dasselbe nicht zwischen Gott und Welt getheilt sein dürfe, daß entweder die Liebe zu Gott oder die Liebe zur Welt das Beseelende sein müsse, und daß die Hingebung, die die Welt als das Ziel des Strebens, die Weltliebe, welche in der Welt ihr höchstes Gut suche, ohne eine gegen Gott feindliche Richtung nicht bestehen könne"[3]). So erklärt sich völlig aus der

---

[1]) Vergl. Röm. 8, 7: des Fleisches Trachten Feindschaft wider Gott. [2]) So Huther. [3]) Neander.

Anschauung von dem persönlichen Verhältniß der Treue, in dem der Mensch zu dem persönlichen Gott als dem Eheherrn in jenem mit der Ehe verglichenem Bunde der Liebe stehen soll, der femininale Ausdruck μοιχαλίδες. Wenn derselbe auch von den Einzelnen in der Gemeinde Gottes singulär ist[1]), so ist er deshalb nicht auf die Gemeinden, an die Jakobus schreibt, zu deuten[2]). Denn nirgends ist im Zusammenhang und in Verbindung mit jenem Ausdruck eine Beziehung auf Gemeinden ausgedrückt, sondern Jakobus hat überall die einzelnen Persönlichkeiten im Auge, indem er jenen Gegensatz aufstellt und im Folgenden die Folgerung zieht, die sich für den Einzelnen aus der Wahrheit, daß die Liebe zur Welt Feindschaft wider Gott ist, ergiebt.

„Wer also gewillt ist, ein Liebhaber der Welt zu sein, kommt als ein Feind Gottes zu stehen"[3]). Mit ὃς ἂν βουληθῇ wird unter dem Gesichtspunkt der Möglichkeit das Wollen als eine in der Zukunft vorhandene Thatsache, die dem im Nachsatz Gesagten vorangeht, gedacht. Βούλεσθαι ist nach dem Zusammenhang die von den ἡδοναῖς und dem ἐπιθυμεῖν v. 1. 2 her verursachte Selbstbestimmung des Willens zu einer solchen Freundschaftsstellung zur Welt. Vorher ist die allgemeine Wahrheit: Liebe zur Welt ist Feindschaft wider Gott, ausgesprochen. Jetzt wird praktisch die Stellungnahme des Subjects ins Auge gefaßt. Vorausgesetzt ist dabei, daß die Leser in der Liebesgemeinschaft mit Gott stehen und auch als solche, die Gott lieben, angesehen werden wollen. Aber dem widersprechen thatsächlich die in ihnen wohnenden Lüste und Begierden und die unter ihnen von diesen angerichteten Feindseligkeiten. Darum sagt Jakobus warnend unter Geltendmachung der Consequenz aus jenem Satz: wer etwa sich in seinem Willen nun dahin bestimmen läßt oder entschließt, ein Liebhaber der Welt zu sein und sein Herz an die Welt hingiebt, der stellt sich damit bar als ein Feind Gottes, welcher solche Herzenshingebung für sich allein in Anspruch nimmt, der nimmt mit seinem ganzen persönlichen Leben damit die Stellung einer Ehebrecherin Gott dem Herrn gegenüber ein. Warum das βούλεσθαι dem κόσμος gegenüber, auch wenn er nicht als aus Personen bestehend gedacht wird, „störend"

---

[1]) Wiesinger. [2]) So Brückner, Huther. [3]) Cod. א hat τοῦτον hinter κόσμον und liest statt des Gen. τοῦ θεοῦ den Dativ τῷ θεῷ. Nichts als Interpretamente.

sein würde¹), ist nicht abzusehen, da es sich lediglich um das Eingehen des Willens in die von den Lüsten und der ἐπιθυμία gewiesene Richtung auf ihr Object, um das durch die Willensentschließung vermittelte Aufgehen des Herzens mit seiner ganzen Liebe in die Welt handelt. Auch heißt nach dem Zusammenhang βούλεσθαι nicht bloßes Geneigtsein oder Wünschen im Gegensatz zu der ausgesprochenen Thatsache der Liebe zur Welt, als wolle Jakobus sagen, schon die Geneigtheit, in ein solches Verhältniß zur Welt zu treten, falle unter dasselbe Gericht²). Ein hineingelegter Gedanke. Ebensowenig drückt es den Begriff des Ueberlegten und Geflissentlichen aus³). Auch ist es nicht nöthig, es gleich βούλεσθαι ἤ in dem Sinne „lieber wollen"⁴) zu nehmen. Jakobus denkt einfach an die ethische Entscheidung zwischen Gott und Welt, Gottesliebe und Weltliebe, vor die der Einzelne mit seinem Willen gestellt ist, indem der Zustand der Unentschiedenheit und Getheiltheit des Herzens und Lebens zwischen Gott und Welt als ein verwerflicher Zustand vorausgesetzt wird. Zur Erläuterung ist hier das Wort 1, 27 als sachliche Parallele zu vergleichen: das sich von der Welt unbefleckt halten ist wahrer Gottesdienst. Daß καθίσταται wie 3, 6 zu fassen ist, bestätigt die Auffassung des βούλεσθαι als einer Selbstbestimmung des Willens, die eine solche Selbstdarstellung als Feind Gottes zur Folge hat, der nachher das ἀντιτάσσεσθαι Gottes entspricht. — So hat Jakobus in v. 4 ausgeführt, wie sich die Gier nach irdischem Gut als „Liebe zur Welt", als Herzensdisposition und Willensrichtung darstellt, und wie hieraus mit jener Feindschaft untereinander, die aus dem Gelüst und Begehren nach dem Irdischen entsteht, eine Feindschaft wider Gott entsteht, indem der Mensch durch die Entscheidung seines Willens für die Freundschaft mit der Welt Gott die eheliche Treue bricht, Gottes Eifersucht herausfordert und so als Feind Gottes sich darstellt. —

Im Folgenden, v. 5, wird diese letzte Aussage unter Festhaltung der Anschauung von dem Ehebund und mit Hinweisung auf die Eifersucht Gottes als des Eheherrn durch Berufung auf eine Schriftaussage bestätigt und bekräftigt.

---

¹) So Huther. ²) So Laurentius, Wiesinger. ³) Baumgarten. ⁴) Mit Hofmann.

Die zahlreichen Versuche, die schwierigen Worte v. 5 und 6ᵃ zu erklären¹), wäre verlorene Mühe gewesen, wenn die Worte: πρὸς φθόνον ἐπιποθεῖ — διὸ λέγει, wie man im Widerspruch mit allen kritischen Zeugen und mit aller kritisch-exegetischen Tradition hat behaupten wollen, gar nicht des Jakobus Worte, sondern das Einschiebsel eines Glossators sein sollten²). Das heißt den Knoten nicht einmal zerhauen, sondern wegschneiden. Und wie soll man die Entstehung eines solchen Glossems erklären, durch welches die angeblich ursprünglich leichte, einfache und unzweifelhafte Structur eine so schwierige wurde, während sonst solche Einschiebsel zur Erleichterung dienen?³)

Mit der Frage: „oder meinet ihr, daß leerhin die Schrift sagt?" will Jakobus offenbar eine Bekräftigung des unmittelbar Vorhergehenden einleiten, und zwar mit Geltendmachung der Autorität der Schrift, indem er mit der Fragewendung: oder meinet ihr? einer etwaigen in Weltliebe begründeten Geringschätzung derselben begegnet. Das δοκεῖν bedeutet wie 1, 27 wähnen, sich dünken lassen. Κενῶς nicht: umsonst, vergebens⁴), sondern: inhaltsleer; es bezieht sich auf die Wahrheit, die den Inhalt der Schriftaussage bildet. So nachdrücklich vorangestellt hebt es den Ernst des Wahrheitsgehalts der Schrift desto stärker hervor⁵). Hier, wie nachher mit διὸ λέγει, kann nur die Schrift alten Testamentes gemeint sein. Die Annahme einer Beziehung auf neutestamentliche Stellen, wie 1. Petri 2, 1⁶), Galat. 5, 17 f.⁷), Matth. 6, 24⁸), diese Stelle und (Galat. 5, 17⁹), beruht meistens auf der irrthümlichen Voraussetzung¹⁰), daß der Brief erst nach den betreffenden neutestamentlichen Schriften geschrieben sei. Vor Erörterung der Frage, ob und in wie weit ein Citat vorliege, ist die Erklärung der Worte πρὸς φθόνον bis ἐν ἡμῖν und der folgenden μείζονα δὲ δίδωσιν χάριν erforderlich. Zunächst ist der Zusammenhang mit dem Vorhergehenden und Folgenden, sowie die Wortbedeutung und Wortverbindung im Einzelnen festzustellen.

---

¹) S. die Erklärungen der älteren griechischen und lateinischen Ausleger zusammengestellt bei Gebser S. 329 f. Die wichtigsten Erklärungen seit Erasmus bei Pott Comm., vierter Excurs, bei Heisen nov. hypoth. p. 881 sqq., besonders übersichtlich und vollständig bei Theile p. 215 f. ²) Hottinger, Reiche, Blom. ³) S. die treffenden Bemerkungen von Pouman. ⁴) Gegen de Wette, Neander. ⁵) Bengel: seria sunt, quaecunque scriptura dicit; omnia verba revereri debemus. ⁶) Bengel. ⁷) Stier. ⁸) Benson. ⁹) Stäublin. ¹⁰) So bei de Wette. Vergl. dagegen Brückner.

Das πρὸς φϑόνον hat man in verschiedener Weise, sowohl nach seiner Bedeutung, wie nach seiner Verbindung, unrichtig aufgefaßt. Gegen die Erklärung: wider den Neid oder Haß, sei es daß man es mit λέγει oder mit ἐπιποϑεῖ verbindet[1]), spricht, daß πρὸς nicht an und für sich, sondern nur, wenn sonst der Zusammenhang darauf führt, eine feindliche Beziehung ausdrückt.[2]) Es heißt aber auch nicht: in Beziehung auf Neid oder de invidia,[3]) nicht = ad invidiam, indem man den Satz als Frage faßt und gegen die Worte entweder übersetzt: ist etwa der Geist zum Neide geneigt?[4]) oder: treibt der Geist zum Neide?[5]) Es ist ja im Vorhergehenden gar nicht von Neid, sondern von buhlerischer Weltfreundschaft die Rede, und in Bezug darauf soll ein bestätigender Schriftbeweis beigebracht werden. Diesem Zweck entspricht nur die sprachlich unzweifelhaft zulässige adverbielle Fassung des πρὸς φϑόνον = φϑονερῶς, invidiose.[6]) Dann ist es aber ebenso wenig, wie in der Fassung: wider den Neid, als nähere Bestimmung mit dem vorhergehenden λέγει zu verbinden[7]); es müßte dann vor λέγει stehen, würde aber als nachschleppende zweite adverbielle Bestimmung desselben den Satz recht unjakobisch schwerfällig machen; auch würde die Aussage: meint ihr, daß die Schrift ins Leere hinein neidisch rede? keinen klaren Gedanken ergeben. Πρὸς φϑόνον gehört als adverbielle Bestimmung mit ἐπιποϑεῖν zusammen. Gemäß dem v. 4 beherrschenden Bilde vom Ehebruch und von der darin begründeten Eifersucht ist der Ausdruck „neidisches Begehren oder Verlangen" die durch die Voranstellung des πρὸς φϑόνον noch verstärkte Bezeichnung der göttlichen Eifersucht auf den κόσμος, dem in ehebrecherischer Untreue gegen Gott der Mensch seine Liebe zuwendet. Der energische feurige Jakobus bedient sich des Ausdrucks statt des naheverwandten ζῆλος[8]), um desto stärker mit dieser gesteigerten anthropopathischen Ausdrucksweise[9]) die reagirende Bewegung der heiligen Liebe Gottes auszudrücken. Namentlich entspricht φϑόνος auch besser der Voraussetzung des Contextes von einer bereits an die Welt hingegebenen

---

[1]) Luth., Bengel, Pott, Hensler, Stier, Lange. [2]) S. die Stellen bei Grimm clavis p. 377 a. [3]) Seml., Michael. [4]) Calvin, Beza, Morus, Gabler. [5]) Witsius, Wolf, Pouman. [6]) S. Winer § 51. 2. 3. B. πρὸς ὀργὴν ὀργίλως Sophoc. Electra 369; πρὸς βίαν-βιαίως Aeschyl. Eumen. 5. [7]) So Oecum., das Scholien bei Matthäi (= φϑονοῦσα), Gebser. [8]) Vergl. Hofmann. [9]) Gegen Lange.

Gesinnung,¹) die von der göttlichen Seite her den Neid und in einer dem Neid entsprechenden Weise das Verlangen nach dem, was Gottes Eigenthum ist, indem dasselbe einem andern Liebhaber nicht gegönnt wird, herausfordert.

Als Subject aber zu $\dot{\epsilon}\pi\iota\pi o\vartheta\epsilon\tilde{\iota}$ ergiebt sich aus dem rückwärts und vorwärts betrachteten Zusammenhang Gott; der Gedanke an ihn beherrscht im Vorhergehenden Alles. Gott ist als der Eheherr gedacht im Gegensatz gegen den Nebenbuhler $\varkappa\acute{o}\sigma\mu o\varsigma$. Im Folgenden v. 8—10 ist von Gott die Rede. Das Subject von $\delta\acute{\iota}\delta\omega\sigma\iota$ $\chi\acute{a}\varrho\iota\nu$, welches nach dem Folgenden: „Gott widersteht", nur Gott sein kann, muß es auch zu $\dot{\epsilon}\pi\iota\pi o\vartheta\epsilon\tilde{\iota}$ sein; es ist also weder die Schrift noch das $\pi\nu\epsilon\tilde{\nu}\mu a$, letzteres auch deshalb nicht,²) weil $\dot{\epsilon}\pi\iota\pi o\vartheta\epsilon\tilde{\iota}$ dann ohne Object stehen würde, was nach dem sonstigen Gebrauch des Wortes, s. Phil. 1, 8, nicht wohl angeht, und nach dem Zusammenhange, der eine solche Objectsbezeichnung fordert, ein für die correcte Schreibweise des Jakobus auffallender Mangel sein würde³).

Der Gegenstand des neidischen Verlangen Gottes ist **der Geist, welchen er in uns hat Wohnung machen lassen**⁴). Die Erklärung: „zum Neide", nämlich gegen das Göttliche, also feindlich gegen Gott begehrt der Geist der Welt, der in uns Wohnung nahm,⁵) widerspricht dem Wortlaut und Zusammenhang, in welchem von einem Geist der Welt nichts angedeutet ist. Das $\pi\nu\epsilon\tilde{\nu}\mu a$ ist entweder vom heiligen Geist oder vom natürlichen Menschengeist zu verstehen. Nach der letzteren Auffassung denkt Jakobus an den natürlichen **Menschengeist**, wie er 2, 26 dem Leibe entgegengesetzt ist. Dieser ist dem Menschen durch einen besondern göttlichen Akt eingehaucht 1 Mos. 2, 7⁶). Auf die Einschaffung des Geistes als des Schöpfungsgeistes

---

¹) So Wiesinger. ²) Gegen W. Grimm: Theol. Stud. und Krit. 1854, 937 f., der übrigens gegen den Zusammenhang das Ganze als Frage faßt: Begehrt der Geist etwa neidisch? Vergl. sein Lexic. ³) Gegen de Wette — Brückner, W. Schmidt (92), Hofmann, die als Object „die Christen" aus dem $\dot{\epsilon}\nu$ $\dot{\nu}\mu\tilde{\iota}\nu$ nehmen, und gegen Engelhardt (Zeitschr. für luth. Theol. v. Delitzsch 1869. 2, der gar kein Object ergänzen will. ⁴) Statt $\varkappa a\tau\acute{\omega}\varkappa\eta\sigma\epsilon\nu$ ist nach ℵ. A. B. mit Lachm. Tischd., Wiesinger und Hofmann, Huther $\varkappa a\tau\acute{\omega}\varkappa\iota\sigma\epsilon\nu$ zu lesen. Jenes entstand leicht durch Täuschung des Ohrs und gleichzeitige Erinnerung an Stellen, wo vom Wohnen des Geistes in den Gläubigen die Rede ist: Röm. 8, 9. 11; 1. Corinth. 3, 16; 1. Tim. 1, 14. Uebrigens müßte es dann auch nicht $\varkappa a\tau\acute{\omega}\varkappa\eta\sigma\epsilon\nu$, sondern $\varkappa a\tau o\iota\varkappa\epsilon\tilde{\iota}$ heißen. ⁵) So Hilgenfeld a. a. O. 23. ⁶) Vergl. Jes. 42, 5; Pred. 12, 7: „er giebt ihn denen, die auf Erden wandeln."

in den Menschen bezieht sich dann das κατῴκισεν. Durch die Schöpfung dem Menschen einwohnend, ist er der Träger des geistig-ethischen Theils des göttlichen Ebenbildes und begründet das Wesen der menschlichen Persönlichkeit, sein Selbst, bei dem es sich nun darum handelt, ob es mit der 5 Mos. 6, 5 geforderten Liebe ganz und ungetheilt Gott oder der Welt angehört. Es ist also hier die durch die Mittheilung des Geistes aus Gott begründete Verwandschaft des Menschen mit Gott und die daraus sich ergebende Verpflichtung zur vollen Selbsthingabe an Gott vorausgesetzt. Jakobus sieht nun eine damit streitende Weltliebe nach v. 4 bei den Lesern schon eingetreten. Daraus erklärt sich, daß er statt des ζηλοῦν, das dem קנא und der קנאה Gottes im A. T. entspricht, also statt des Begriffes der Eifersucht, die das ihr Zugehörige an einem Andern zu verlieren besorgt ist, den stärkeren des Neides setzt, und von einem neidischen Begehren Gottes nach dem Geist der Menschen als seinem durch das κατῴκισεν rechtmäßigen Eigenthum, welches er dem κόσμος in der Eifersucht seiner Liebe nicht gönnen kann, redet. Man kann nicht abgeneigt sein, dieser Erklärung als einer ungezwungenen und durchaus sach- und schriftgemäßen Beifall zu zollen.

Allein bei näherer Erwägung drängen sich doch gegen diese Auffassung von dem πνεῦμα als Menschengeist manche Bedenken auf, die wenigstens Ausdruck finden müssen, wenn man auch beim Schwanken über die anzunehmende Erklärung sich vielleicht mehr jener Auffassung zuneigen sollte. Schon die Ausdrucksweise κατῴκισεν, dann aber die Worte: „in uns" lassen eher an das πνεῦμα ἅγιον denken, welches den Christen nach den Stellen Röm. 8, 11—15, 1 Corinth. 3, 16, Gal. 4, 6 u. a. von Gott zur Einwohnung in ihre Herzen gegeben ist. Jakobus schreibt doch an Christen, die des heiligen Geistes Gottes theilhaftig sind, welcher schon im alten Testament sporadisch im Volke Israel und in einzelnen Trägern der göttlichen Offenbarung wohnte, und von Joel c. 2 als allgemeine Gottesgabe in der Zukunft des messianischen Reiches geweissagt war. So liegt es doch näher, an das Offenbarungs- statt an das Schöpfungsverhältniß Gottes zum Menschen bei πνεῦμα und κατῴκισεν zu denken, und wegen der nur auf dem Bundesverhältniß Gottes zu seinem Volk gegründeten Vorstellung von dem Neideifer Gottes bei ἡ γραφὴ λέγει an eine hierauf sich beziehende Stelle des alten Testamentes das Augenmerk zu richten.

Nun hat man gesagt: die Worte πρὸς φθόνον—ἐν ἡμῖν fänden sich im A. T. nicht, und doch werde ein Citat eingeführt; folglich müsse man, um ein solches zu gewinnen, zu der Auskunft greifen: Jakobus habe bei der Ankündigung ἡ γραφὴ λέγει schon das erst in v. 6 folgende Schriftwort im Sinne gehabt; es habe sich ihm aber sofort ein zur Bekräftigung des οὐ κενῶς geeigneter Zwischengedanke aufgedrängt, den er nun parenthetisch mit den Worten: πρὸς φθόνον bis δίδωσι χάριν ausgedrückt habe, um dann erst mit διὸ λέγει v. 6 die vorherige Citationsformel λέγει wieder aufzunehmen und damit das Schriftwort nachzubringen[1]). Aber das giebt eine unerträglich schwerfällige und zerhackte Structur, die der leichtfließenden Schreibweise des Jakobus ganz fremd ist. Auch würde er dann bei der Zwischenrede aus dem Citat den zweiten Theil schon vorweggenommen haben. Seltsam würde es sein, wenn er sich durch den adverbiellen Ausdruck in der Citationsformel, der doch keine solche Bedeutung hat, daß er eine so gewaltsame Unterbrechung der Rede motiviren könnte, von der sofortigen Aufführung des Schriftwortes, dessen Inhalt selbst er ja für eine kräftigere Bestätigung des οὐ κενῶς erachten mußte, als die eigene Zwischenrede, hätte ableiten lassen; jener Ausdruck hat seine Bedeutung nur in Beziehung auf den vorhergehenden Gedanken, daß Weltfreundschaft Gottesfeindschaft sei und in Beziehung auf das bestätigende Wort, welches die Citation einführt. Diese aber ist so beschaffen, daß Jakobus bei dem unmittelbar Folgenden wirklich an ein Schriftwort gedacht haben muß.

Allerdings ist nun ein solches Citat wörtlich nicht zu finden. Aber Beibringung eines wörtlichen Citats ist auch gar nicht erforderlich, um eine Bezugnahme auf „Schriftworte" hier gerechtfertigt erscheinen zu lassen. Eine Citationsformel steht Joh. 7, 38. Ephes. 5, 14, sowie hier; aber die von ihr eingeleiteten Worte finden sich nirgends so im A. T., sondern erweisen sich als eine das Wesen der Sache treffende freie Reminiscenz aus einzelnen Stellen[2]). So auch hier.

Es ist aber nicht wohl an solche Stellen zu denken, in denen überhaupt nur von der Eifersucht Gottes auf sein Volk, wie z. B. 2. Mos. 20, 5 die Rede ist. In dieser Stelle bezeichnet sich Gott

---

[1]) So Kern, Pfeiffer, Wiesinger, Huther, Bouman. [2]) Sach. 14, 8; Jes. 58, 11 resp. Jes. 60, 1; 26, 19.

als einen „eifrigen Gott", θεὸς ζηλωτής. Aber von einem „Wohnen Gottes inmitten seines Volkes", was Jakobus hier in die neutestamentliche Wahrheit von der Einwohnung des heiligen Geistes in die Herzen der einzelnen Christen übertragen haben soll[1]), ist an jener Stelle gar nicht die Rede, sondern es muß dafür eine andere Stelle herangezogen werden[2]), die von dem Wohnen Jehova's unter den Kindern Israel redet, aber nichts von seinem Eifer gegen das abtrünnige Volk enthält[3]). Eine andere Stelle, auf die man hier eine Beziehung annahm[4]), ist 4. Mos. 11, 29, wo Moses auf Josuas Anzeige, daß außer den mit dem Geist Gottes begabten siebenzig Aeltesten noch zwei andere Männer weissagten, die Antwort giebt: bist du ein Eiferer für mich? Möchte doch alles Volk weissagen, indem Gott seinen Geist auf sie legte! Aber der Inhalt des Wortes bei Jakobus läßt sich mit diesen Worten in keinen Zusammenhang bringen. Dies vermag auch nicht die Erklärung, welche neuerdings mit Herbeiziehung der Hypothese von einer Volksbibel versucht worden ist, indem man meinte[5]), statt des „Du" in der Frage Mosis: „bist du ein Eiferer für mich"? habe die Volksbibel das gleichlautende Verbum „kommen" gesetzt, und als der „Eiferer" sei der „Geist" verstanden worden, so daß der Sinn entstanden sei: ist der Geist Gottes als Eiferer mir gekommen, d. h. als Einer, der seine Gaben neidisch für sich behalten will? Jakobus habe nun mit sehr freier Gestaltung der Worte daraus die eine Verneinung in sich schließende Frage gebildet: mit Neidgefühl liebt der Geist, der in uns Wohnung gemacht hat? indem er die Worte: „der Geist ist Eiferer" in solcher Weise erweitert, und aus den Worten: „ist mir gekommen" den Satz gebildet habe: „der in uns Wohnung gemacht hat". Der Sinn soll sein: der Geist liebt nicht mit Neidgefühl, er giebt vielmehr größere Gnade, indem er nämlich die Gabe der Weissagung auch in weiterem Umfange verleiht. Josua mit seinem bösen Eifersuchtsgeist, der aus seinem Wort zu Moses geredet habe, sei ebenso ein ὑπερήφανος gewesen, dem gegenüber das nachfolgende Schriftwort seine Anwendung gefunden habe. Allein abgesehen von der Hypothese einer Volksbibel gründet sich diese ganze Auffassung theils auf falsche, theils auf willkürliche Gestaltung der hebräischen Worte. Und dann ist der Gedanken-

---

[1]) So Hofmann. [2]) 2. Mos. 29, 45. [3]) Gegen Hofmann. [4]) Capellus spicileg. p. 130. [5]) Böhl, die alttestamentlichen Citate des neuen Testaments. Wien 1878. S. 314 f.

zusammenhang bei Jakobus ein ganz anderer als der, welcher auch bei jener angeblichen Verunstaltung des Grundtextes herauskommt. Es kommt auf das Finden solcher Worte an, die dem Inhalt und der Beziehung des Jakobuscitats im Zusammenhang möglichst conform sind.

Als eine solche Stelle ist Jesaj. 63, 8—14 anzusehen. Hier wird gegenüber der **inbrünstigen Liebe, mit der Gott sein Volk in der Zeit der Noth erlöset und seine helfende Gegenwart ihm durch den Engel seines Angesichts bezeugt, und seinen heiligen Geist in sein Inneres gesetzt und hineingegeben habe, der in fleischlichen Lüsten begründete Abfall und Ungehorsam** geschildert, in dem es seinem **heiligen Geist widerstrebte und ihn entrüstete, also daß er, Jehova, sich ihnen wandelte in einen Feind und**[1]) **wider sie kriegte.** Auch hier bei Jakobus wird von v. 2 an auf die Gnade Gottes hingewiesen, die den Bittenden ihre Gaben spenden will, und im Gegensatz dazu von den sündlichen Lüsten, die von Gott und dem Genuß seiner Gnade ausschließen, und von der Abtrünnigkeit des Herzens von Gott und Weltliebe, die mit Gott **verfeindet**, geredet. Es wird dann ebenso geredet von dem **Geist, welchen Gott in dem Innern der Leser habe wohnen lassen, und dessen Betrübung voraussetzt**[2]). Das nach Weltlust und Weltbesitz gierige Herz setzt sich in Widerspruch mit dem heiligen Geist, den Gott in ihr inneres Leben hat einwohnen lassen; ihm macht die Liebe zur Welt die Herrschaft streitig; und so entsteht daraus Feindschaft wider Gott. Der **Geist ist darnach auch nicht der vom heiligen Geist geheiligte Menschengeist**[3]), sondern wegen des κατῴκισεν ἐν ὑμῖν der heilige Geist selbst, durch welchen Gott den Christenmenschen sich zu eigen gegeben hat. Das ist geschehn durch die Zeugung des wiedergeborenen Menschen aus dem Wort der Wahrheit. Dadurch hat Gott seinen Geist ihm einwohnend gemacht. Der Geist ist nun als das spezifisch Göttliche im Menschen, als das von Gott ihm gegebene göttliche Eigenthum Gegenstand des eifersüchtigen Neides gegenüber der Weltliebe, mit der sich trotzdem der Mensch zum Feinde Gottes macht. Jakobus überträgt den Gedanken der Liebesgemeinschaft Gottes mit seinem alttestamentlichen Volk und

---

[1]) Sept: καὶ ἐστράφη αὐτοῖς εἰς ἔχθραν καὶ αὐτὸς ἐπολέμησεν αὐτούς.
[2]) Vergl. Psalm 51, 13. 14. Vergl. Eph. 4, 30: μὴ λυπεῖτε τὸ πνεῦμα ἅγιον τοῦ θεοῦ, womit Paulus auf die Stelle Jes. 63, 8 ff. anspielt. [3]) So Kern.

des durch die Weltlust mit Gott sich verfeindenden und seine Eifersucht herausfordernden Volkes auf das neutestamentliche Volk des in Christo gegründeten Reiches Gottes. Aber das neutestamentliche Gottesvolk wird nur dadurch gewonnen und ist nur dadurch vorhanden, daß „die Hineinsetzung des Geistes Gottes in das Innere", von der das prophetische Wort bei Jesajas in Bezug auf das nationale Israel des alten Bundes redet, in die einzelnen Menschenherzen hinein mittelst des 1, 18 bezeugten göttlichen Zeugnißaktes erfolgt, und dadurch von Gott die Einwohnung des heiligen Geistes in das innere Leben bewirkt wird. Diese Einwohnung des heiligen Geistes in den einzelnen Christen ist die wahre Erfüllung und vollkommene Verwirklichung jenes alttestamentlichen Gedankens Jesaj. 63, 11 von der „Hineinversetzung des göttlichen Geistes in das Innere" des Volkes Israel. Aber die dadurch bewirkte innige Verbindung des Herzens mit Gott, diese Liebesgemeinschaft mit ihm wird durch die Weltliebe zerstört, und Gott sieht, was er ausschließlich als sein Eigenthum im Christenherzen beansprucht, nämlich seinen zur Einwohnung dahineingegebenen Geist sammt der Wohnung, dem Menschenherzen, der Welt Preis gegeben. So begehrt denn Gott mit eifersüchtigem Neid nach seinem mit dem Herzen, darin er ihn hat Wohnung nehmen lassen, der Welt Preis gegebenen und durch die Liebe zur Welt unterdrückten Geist, der aus der ihm bereiteten Wohnung durch die Weltliebe verdrängt wird.

Die Annahme einer solchen freien Bezugnahme auf eine Reminiscenz an die bezeichnete Stelle im Jesajas c. 63 ist durchaus ebenso berechtigt und begründet, wie die Annahme einer gleichen Reminiscenz in den Aussprüchen Joh. 7, 38 und Ephes. 5, 14 an die vorhin angeführten Stellen bei Jesaja und Sacharja. So braucht man denn nicht zu dem Auskunftsmittel zu greifen[1]), die mit der Formel ἡ γραφὴ λέγει von Jakobus eingeführten Worte aus irgend einer verlorenen Schrift herzuleiten.

Man kann nun zwischen jener Erklärung, welche unter dem πνεῦμα hier den in der Schöpfung dem Menschen mitgetheilten Geist versteht, und dieser Auffassung, welche die neutestamentliche Einwohnung des heiligen Geistes in das Menschenherz nach Analogie der alttestamentlichen Offenbarung annimmt, schwanken. Aber für die

---

[1]) Mit Ewald.

letztere Auffassung fällt doch ins Gewicht 1, der Umstand, daß mit κατῴκισεν eine geschichtliche Offenbarungsthat, durch welche von Gott die Einwohnung seines Geistes in das Innere des Menschen bewirkt worden, und zwar eine mit der Selbstoffenbarung Gottes in Christo gesetzte Thatsache bezeichnet ist, und 2, die Nachweisbarkeit alttestamentlicher Schriftworte, wie der besprochenen, mit deren Gedankengang die Worte bei Jakobus in wesentlichen Grundanschauungen zusammentreffen.

Die Worte: „aber größere Gnadengabe giebt er", gehören nicht mehr zu den mit jener Citationsformel eingeführten Worten[1]), sondern drücken einen selbstständigen Gedanken aus, welcher, mit δέ jenem entgegengesetzt, die Gedankenentwicklung weiterführt. Das Subject von δίδωσι ist nach dem folgenden Citat nicht der Geist, sondern Gott[2]). Die Gnade, die Gott „giebt", wird nach dem Zusammenhang der Eifersucht Gottes gegenübergestellt. Und dies geschieht behufs des Uebergangs zu dem weiteren im Nachfolgenden ausgeführten Gedanken, daß eine Umkehr von jener weltsüchtigen, gottfeindlichen Gesinnung eben auf Grund jenes πρὸς φθόνον ἐπιποθεῖ τὸ πνεῦμα ein gnädiges sich Zuwenden von Seiten Gottes zur Folge haben werde. Mit einer raschen, ja überraschenden Wendung springt Jakobus zu dem entgegengesetzten Gedanken von der Gnade über, die derselbe Gott giebt und verleiht, der so in Eifersucht und Neid zürnen muß. Es entspricht dies ganz der Weise, in welcher Jesaj. 63, 15; 64, 9 von jener Schilderung der Erzürnung Gottes durch die Betrübung seines Geistes und der dadurch verursachten Feindschaft zwischen Gott und seinem Volk zur Bezeugung und Anrufung der göttlichen Gnade übergegangen wird[3]). Mit dem Komparativ μείζονα wird aber inhaltlich und sachlich die Gnade und ihre Ertheilung in Vergleich gestellt mit der Liebe Gottes, welche sich kund giebt in seinem heiligen Neideseifer, und zwar nach dem Gesichtspunkt der Quantität: größer nach Umfang und Fülle ist die Gnade, die Gott giebt, im Vergleich mit jenem Liebeseifer. Derselbe Gedanke von der Abundanz der göttlichen Gnade ist Röm. 5, 20[4]) ausgesprochen. Die Gnade, die Gott giebt, heißt nicht eine

---

[1]) Gegen Hilgenfeld. [2]) Gegen Hofmann. [3]) Vergl. 2. Mos. 20, 5. 6, wo unmittelbar auf die Bezeugung des Zorneseifers Jehova's die Verheißung seiner Gnade folgt. Aehnlich Ps. 51, 13. 14. [4]) οὗ δὲ ἐπλεόνασεν ἡ ἁμαρτία, ὑπερεπερίσσευσεν ἡ χάρις.

größere im Vergleich mit den Gütern und Gaben, die die Welt bietet und der Christ abweisen soll¹), nicht im Vergleich mit dem Sehnen darnach²), auch nicht im Vergleich mit dem Fall, daß das ἐπιποθεῖ πρὸς φθόνον nicht stattfinde³) — ein sehr unklarer Gedanke —, sondern im Vergleich mit der schon verliehenen Gnade⁴), mit der Liebe und Gnade, die sich in jener heiligen Eifersucht Gottes im Gegensatz gegen die ihn verursachende buhlerischen Weltliebe offenbart. Wir finden hier also eine Vergleichung von Gnade mit Gnade, nicht quantitative Vergleichung der göttlichen Gnade mit der menschlichen Sünde und der strafenden Gerechtigkeit Gottes, wie sie Röm. 5, 15—20, 1. Tim. 1, 13. 14 stattfindet, oder mit den weltlichen Gütern, welche Preis gegeben werden, und für die die Gnadengaben Entschädigung sein sollen⁵). Es müßte dann heißen: „Größeres giebt die Gnade", oder: „Größeres giebt er durch seine Gnade". Dagegen müssen die Worte so betont, wie sie dastehen: „größere Gnade aber giebt er", nämlich Gott, und nicht der Geist, sich auf etwas beziehen, was als eine Gnadenerweisung aufzufassen ist, wenn es auch nicht als eine solche ausdrücklich bezeichnet wird. Als solches ist aber die mit der Schrift bezeugte Kundgebung der Liebeseifersucht Gottes um das, was im Menschen ihm und nicht der Welt gehört, und was er als sein eigen beansprucht im Gegensatz zu der Welt und Weltliebe anzusehen.

Ist das schon Gnade, daß Gott seinen von Weltliebe umstrickten Kindern, um sie vor dem gänzlichen Abfall zu bewahren, oder von ihrem Abfall wieder zu sich zurückzubringen, in der Weise wie es Jakobus durch Berufung auf die Gedanken und den Geist der Schrift darstellt, die Heiligkeit und Macht seines Neideifers um das der Welt preisgegebene Leben, Wesen und Wirken des πνεῦμα, das er ihren Herzen hat einwohnen lassen, in ihrem Innern fühlbar werden läßt, so wird ihnen dagegen größere Gnade zu Theil werden, wenn sie, statt in hochmütiger Bestimmung über sich selbst ihre Herzen an die Welt als ihre Herrin hinzugeben, in demüthiger Unterwerfung unter Gott als ihren Herrn mit ihrem ganzen Sein und Leben ihm angehören. Das Größere an Gnade, was er ihnen dann giebt, wenn sie ihm, dem Herrscher, unterthänig sind, und seinem Reiche, nicht

---
¹) Hofmann mit Schneckenburger, Bernhard Jakobi (der Brief Jakobi S. 140), Kern, Bouman. ²) Lange. ³) Wiesinger, de Wette, Huther. ⁴) Neander. ⁵) Letzteres Dächsel.

der Welt und ihrem Fürsten, dienstbar angehören, besteht in der Fülle der Gnadenspendungen, welche Gott den Angehörigen seines Reiches zu Theil werden läßt, in dem Reichthum an Heilsgütern, die den Erben des Reiches Gottes geschenkt werden. Das „Geben" dieser größeren Gnade von Seiten Gottes ist auf menschlicher Seite bedingt durch die Gesinnung der Demuth, in welcher der Christ, weit davon entfernt, in eigenmächtiger Weise über sich selbst durch Hingebung seiner selbst an die Welt in abgöttischer und selbstsüchtiger Welt'liebe zu verfügen und damit sich wider Gott aufzulehnen, sein ganzes Sein und Leben Gott zu eigen hingiebt und in absolute Abhängigkeit von ihm stellt. Daß Jakobus in solchem Gedankengange sich hier bewegt, erhellt aus dem unmittelbar Folgenden, wo er ein in diesem Sinne sich aussprechendes Schriftwort zur Bestätigung des Gesagten beibringt.

Es wird nämlich zunächst in 6ᵇ die in Betreff der Spendung göttlicher Gnade ausgesprochene Wahrheit durch ein Schriftwort, Sprüche 3, 34, und zwar durch ein solches, welches dieselbe näher hinsichtlich der Bedingung ihrer Verwirklichung bestimmt, erhärtet.

„Darum sagt sie, die Schrift: „Gott widersteht Hoffärtigen; Demüthigen aber giebt er Gnade.[1])"

Die Bestätigung erfolgt nicht mit einem „denn" in dem Sinne: weil die Schrift es sagt, darum ist es so, wie v. 6ᵃ gesagt worden, sondern mit einem „darum" in dem Sinne: weil es sich so verhält, deshalb sagt die Schrift. Die Sentenz der Schrift dient somit dem Inhalt jenes Ausspruchs: größere Gnade aber giebt Gott, zur Bekräftigung. Es ist zuvörderst der Gegensatz, in welchem das $\delta i\delta\omega\sigma\iota$ $\chi\acute{a}\varrho\iota\nu$ dem $\dot{a}\nu\tau\iota\tau\acute{a}\sigma\sigma\varepsilon\sigma\vartheta\alpha\iota$ in dem Schriftwort gegenübergestellt wird, ins Auge zu fassen. Das $\dot{a}\nu\tau\iota\tau\acute{a}\sigma\sigma\varepsilon\sigma\vartheta\alpha\iota$ ist die mit jenem heiligen Neid Gottes verbundene Bethätigung seines Zornes und seiner strafenden Gerechtigkeit wider den menschlichen Hochmuth, der sich trotz jenes Liebeseifers Gottes und seiner darin den Sünder zur Umkehr aus der Welt mahnende Gnade in der eigenwilligen und eigenmächtigen Stellung wider Gott behauptet und verfestigt. Diesem hochmüthigen Widerstande gegenüber kann sich Gott überhaupt nicht als der Gnadenspendende offenbaren; ihm entspricht das $\dot{a}\nu\tau\iota\tau\acute{a}\sigma\sigma\varepsilon\sigma\vartheta\alpha\iota$ Gottes wider den in seinem

---

[1]) Wörtlich nach der Sept. bis auf ὁ θεός statt κύριος.

Hochmuth sich versteifenden Menschen als Reaction seiner Heiligkeit und Gerechtigkeit, als Manifestation seiner Ungnade und seines Zornes. Jakobus will im Zusammenhang mit seiner Ausführung von der weltsüchtigen, gottwidrigen, hochmüthigen Gesinnung sagen: das Schriftwort schließt freilich alle Gnadenerweisung Gottes solch einem menschlichen Verhalten gegenüber aus; aber es giebt doch eine solche, wenn der Mensch sich vor Gott bemüthigt; und reicher, als er sie zuvor erfahren, empfängt sie der sich vor Gott von seinem Hochmuth abwendende und sich bemüthigende Mensch.

Jakobus gebraucht das Schriftwort also nicht blos zur Bestätigung der W a h r h e i t, d a ß Gott reichere Gnade giebt, sondern ebenso, um den Grund zu zeigen, w a r u m das geschieht, indem er mit dem Gegensatz von Hochmüthigen und Demüthigen die Gesinnung charakterisirt, der das entgegengesetzte göttliche Verhalten entspricht[1]). Wie die Worte: „Demüthigen giebt Gott Gnade" den Worten: „aber größere Gnade giebt er" correspondiren, so entsprechen die Worte: „Gott widersteht Hoffärtigen" dem Schriftzeugniß v. 5 von dem Neideifer um den Geist, wider den derjenige, in dessen Herzen Gott ihn hat wohnen lassen, durch seine Weltlust und Weltbegierde feindlich zu stehen kommt. Weiter entsprechen die Worte: „Gott widersteht Hoffärtigen" genau den Worten v. 4. Denn es wird als der letzte ethische Grund der Weltfreundschaft und der Willensneigung zur Weltliebe der selbstsüchtige H o c h m u t h aufgedeckt. Er ist die Wurzel der Gesinnung, in welcher der Mensch nicht dem Geist Gottes über sich die Herrschaft einräumt, sein Hab und Gut nicht als ein Geschenk der freien Gnade Gottes ansieht und sich wider und über Gott als Gründer seines vermeintlichen irdischen Glückes aus eigener Kraft und mit den von der Welt ihm gebotenen widergöttlichen Mitteln erhebt. Da Jakobus diese auf irdischen weltlichen Besitz und Genuß in widergöttlicher und dem Nächsten schädlicher Weise gerichtete Gesinnung des über Gott und Menschen sich erhebenden H o c h m u t h s v. 1—4 geschildert hat, so ist die Hoffart nicht auf g e i s t l i c h e n Besitz mit Ausschließung des weltlichen[2]) zu beschränken. Zum Andern besagen die Worte: ὁ θεὸς ἀντιτάσσεται, was von Seiten Gottes die Folge davon sein muß, wenn man in solcher Weise sich in Feindschaft mit ihm setzt. Dem ἐχθρὸς

---

[1]) Bengel: Utrisque par pro pari refert. Superbis resistit, humilibus dat gratiam. [2]) Gegen Hofmann.

καθίσταται ist das ἀντιτάσσεται gegenübergestellt, die Erweisung der heiligen zürnenden Liebe Gottes, die neidisch und eifersüchtig ist auf ihr pneumatisches Eigenthum im Christenleben, welches eben dem hochmüthigen Weltsinn Preis gegeben und an die Weltluft verrathen wird. Zum Dritten bahnt sich Jakobus mit diesem Schriftwort den Weg zu den weiteren Ermahnungen, die er an die Leser nach den in v. 1—6 wegen ihrer Weltluft und Weltliebe ihnen gemachten Vorhaltungen zu richten hat. Die Voraussetzung und Grundlage derselben ist eben die Forderung der **demüthigen Gottesliebe im Gegensatz gegen die hochmüthige Weltliebe.**

So folgen denn nun

II. v. 7—10

die Ermahnungen zur Bethätigung der **demüthigen Herzensstellung zu Gott** in vertrauensvoller demüthiger **Unterwerfung des ganzen Lebens unter den Willen Gottes** v. 7ª, im **Widerstand gegen den Teufel** v. 7ᵇ, im **kindlich gläubigem Nahen zu Gott** 8ª, in **Reinigung des äußern und innern Lebens vom Bösen** 8ᵇ, und in der Umkehr von hochmüthiger Weltseligkeit zu bemüthiger Selbstverleugnung und aufrichtiger Buße v. 9, behufs Erlangung der **Höhe der Seligkeit in der Gemeinschaft mit Gott** v. 10.

Die erste **Forderung v. 7ª**: „**unterwerfet euch also Gott**", mit οὖν als praktische **Folgerung** aus der Wahrheit in v. 6ᵇ eingeführt[1]), umfaßt entsprechend dem Gegensatz von: „Hoffärtigen" und „Demüthigen" in v. 6: 1) das **negative Moment des Aufgebens der hoffärtigen Gesinnung**, welche der v. 4—6 geschilderten Weltliebe zu Grunde liegt und zu der Entzweiung der Herzen untereinander und mit Gott führt; dem ὁ θεὸς ἀντιτάσσεται und dem ἐχθρός τοῦ θεοῦ καθίσταται ist das ὑποτάγητε entgegengesetzt; — 2) das **positive Moment der bemüthigen Selbsthingabe in die Unterthänigkeit unter Gott** im Gegensatz gegen die φιλία τοῦ κόσμου. Diese Ermahnung gilt nicht Anderen, als denen, die vorher angeredet wurden, wie der Zusammenhang und die einfache Folge der Worte zeigt[2]). Die Hoffart, die hier bekämpft wird, kommt nicht blos als Mangel dessen, was die Bedingung ist, um geistliche Gaben von Gott zu empfangen[3]), in Be-

---

[1]) Bengel: hoc „submittite vos" congruit cum humilibus v. 6. [2]) Gegen Hofmann. [3]) Gegen Hofmann.

tracht, sondern als die Wurzel jener Weltliebe, die von Gott abführt und in die Feindschaft mit ihm hineinführt. „Dem herrschenden Weltsinn liegt immer der Mangel an Demuth zu Grunde. Deshalb macht Jakobus darauf aufmerksam, daß Gott den Hoffärtigen seine Gaben und seinen Beistand entziehe, weil ihnen die von Seiten des creatürlichen Geistes für das Empfangen jeder Mittheilung von Seiten Gottes nothwendige Bedingung fehle. Wo aber Demuth sei, da sei die Empfänglichkeit für die göttliche Gnade"[1]. Welt und Gott sind hier als die sich ausschließenden Mächte gegenübergestellt. Da es sich um ethisches Verhalten des Menschen nach beiden Seiten hin handelt, so ist nicht einzusehen, warum in dem: „unterwerfet euch" nicht das ethische Moment der Unterordnung des menschlichen Willens unter den göttlichen in voller Hingebung des Gehorsams gegen denselben mit umfaßt sein soll.[2] Mit seinem ganzen Wesen und Willen soll der Mensch Gott als seinem allmächtigen Herrn und Gebieter sich unterthänig machen als Bürger und Genosse seines Reiches gegenüber dem Reich der Welt, dessen Herrscher der Fürst der Welt ist.

Die zweite Forderung 7b schließt sich somit sachgemäß an: „widerstehet aber[3] dem Teufel, so fliehet er von euch." Gott gegenüber ist der Teufel der Fürst des dem Reich Gottes 2, 5 feindlich gegenüberstehenden Reiches der Welt. Von ihm gehen die mächtigen Versuchungen zum Hochmuth und zur Verstrickung in die Weltliebe aus; denn er ist der Fürst der Welt. Ihm dient der Hochmuth und der Neid in der Welt.[4] „Und so kann Satan nebenbuhlerisch hoffen, Gott das Seinige, die auf Gott geschaffene freie Kreatur zu entreißen und sie, was auch ihm der höchste Triumph ist, geistig zu beherrschen."[5] So wird hier, wie schon 3, 6 angedeutet ist, der außer dem Menschen im Reiche des Bösen liegende Ausgangspunkt von Versuchungen vorausgesetzt. Es ist hier der Widerstand des Christen gegen des Teufels Macht und List[6] die

---

[1] So Neander. [2] Gegen Huther, Hofmann mit Schneckenburger, Wiesinger. [3] Hinter ἀντίστητε ist nach K. A. B. und vielen Minuskeln δὲ zu lesen. Die Weglassung erklärt sich aus der Neigung, das Asyndeton für alle Anfänge dieser Ermahnungssätze v. 7—10 durchzuführen. [4] Bengel: diabolo superbo, maxime per superbiam tentanti; hosti, cui militant superbia et invidia in mundo. [5] Dorner, christl. Glaubenslehre II, 1. 207. [6] Vergl. 1. Petr. 5, 6. 8. 9.

nothwendige Kehrseite der Unterwerfung seines ganzen Lebens unter Gott, damit er nicht dem ἀντιτάσσεσθαι des heiligen Gottes verfalle. Jakobus meint denen gegenüber, die mit unwiderstehlicher Versuchung durch den Teufel sich bei der Sünde entschuldigten: es sei ihre eigene Schuld, wenn sie den Versuchungen desselben zu unterliegen glaubten. Es komme auf die Richtung ihres eignen Willens an; sie brauchten nur dem Bösen, der über Keinen Macht habe, der sich ihm nicht selbst hingebe, zu widerstehen, so werde die Macht des Bösen von ihnen weichen[1]). Zur Ermunterung wird die Verheißung des sicheren Erfolges hinzugefügt: „und fliehen wird er von euch". Das „Fliehen" des Teufels bedeutet nicht blos, daß er unverrichteter Sache abziehen muß, sondern auch, daß er, durch höhere göttliche Macht überwältigt und in die Flucht geschlagen, in seiner Macht gebrochen den Siegern das Feld räumt. Damit ist die Wiederholung seiner Angriffe nicht ausgeschlossen. Darum heißt es eben allgemein und für alle Zeit: „widerstehet ihm." Damit wird unter der Voraussetzung einer für Gott und wider den Teufel eingenommenen Stellung des innern Lebens und einer festen Entschiedenheit in der Treue gegen Gott eine energische Bethätigung des Willens gefordert. Jakobus spricht zu Christen, die die Neugeburt aus Gott erfahren haben, aber auch das Wort der Wahrheit, welches stark und tüchtig macht zum Widerstand und Kampf gegen die Macht des Bösen, immerfort in sich aufnehmen sollen. In diesem Grund und Boden göttlicher Gnaden- und Lebensmittheilung liegen die Wurzeln der menschlichen Willenskraft, die sich tapfer, fest und unerschütterlich im Widerstand gegen den Teufel erweisen soll. Den verheißenen Erfolg davon, sowie das Vermögen dazu hat der Christ nur durch demüthige Unterthänigkeit unter Gott. Darum steht die Ermahnung hierzu voran. Wie nahe liegt hier der Gedanke an die Versuchung Christi durch den Teufel! Er widerstand demselben, indem er sich demüthig als dem Willen des Vaters unterthan bewährte; und der Teufel verließ ihn, Matth. 4, 11, stand von ihm ab, Luc. 4, 13. Freilich sagt Lucas: ἄχρι καιροῦ. Aber zuletzt heißt es trost- und verheißungsvoll Joh. 14, 30: „er hat nichts an mir." Das ἀντιστῆναι gegen den Teufel hat zur Folge sein ἀφιστῆναι von uns. Das Be-

---

[1]) Neander.

harren darin hat zuletzt die Folge, daß er in die Flucht geschlagen bleibt; das φεύξεται bezeichnet die immer weitere Entfernung des Teufels von dem im Widerstandskampf sich als beharrlich bewährenden Christen[1]).

Die dritte Ermahnung 8ᵃ: „nahet euch Gott und nahen wird er euch" schließt sich nach ihrem Inhalt durch den Gegensatz von Gott und Teufel eng an die zweite an. Denn das Widerstehn gegen den Teufel, einerseits nur möglich durch das sich Unterwerfen unter Gott, hat andererseits zur Folge die immer innigere Hingabe des Herzens und Lebens an Gott. Vorausgesetzt ist dabei 1, die selbstverschuldete Entfremdung des Menschen von Gott durch die Liebe zur Welt[2]). Darum heißt: „nahet euch Gott" soviel als: verlasset den Zustand der selbstverschuldeten Gottesferne und gebt eurem ganzen Leben die Richtung auf Gott[3]). Vorausgesetzt ist aber auch 2, die Verwandtschaft des Menschen mit Gott, seine Bestimmung für die Gemeinschaft mit Gott und das Leben in Gott, seine in seinem göttlichen Ursprung begründete Zugehörigkeit zu Gott. Das Nahen zu Gott geschieht also dadurch, daß der Wille in den Zug des Herzens zu Gott hin, wo es seine wahre Heimath und Ruh, seinen Frieden und sein Genüge finden möchte, eingeht und nun das ganze innere Leben die Richtung zu Gott einschlägt. Die Beschränkung des Nahens zu Gott auf das Gebet ist nicht gerechtfertigt, wenn dasselbe auch darin mit eingeschlossen ist[4]). Das Nahen Gottes ist somit die Bewegung der heiligen, aber auch gnädigen und erbarmenden Liebe Gottes zu dem seine Gemeinschaft demüthig wieder begehrenden Menschenherzen[5]), das sich finden Lassen Gottes von denen, die ihn suchen[6]). Die Möglichkeit für das gegenseitige sich wieder Nahen ist in der Liebe des Vaters, durch die das Christenleben aus Gott geboren ist 1, 18[7]), und in dem dadurch gesetzten Kindschafts- und geistlichen Verwandtschaftsverhältniß zu Gott gegeben. Die Wirklichkeit ist bedingt durch den sittlichen Ernst des menschlichen Willens, der dem Zuge und dem Triebe zu Gott, der mit der Geburt aus Gott dem Herzen ein-

---

[1]) Vergl. den Pastor des Hermas II. mand. 12: δύναται ὁ διάβολος παλαῖσαι, καταπαλαῖσαι δὲ οὐ δύναται. ἐὰν οὖν ἀντιστῇς αὐτῷ, νικηθεὶς φεύξεται ἀπὸ σοῦ κατῃσχυμμένος. [2]) Vergl. Jes. 59, 2. [3]) Vergl. Luc. 15, 1 f. [4]) Gegen Bengel und Hofmann. [5]) Jesaj. 57, 15. [6]) 2. Chron. 5, 2. Sacharja 1, 3. Maleachi 3, 7. [7]) Bengel: ἐγγιεῖ ut propitius.

gepflanzt ist, nicht widerstrebt, sondern ihm Folge leistet. Zu vergleichen ist hier die Darstellung des Herrn im Gleichniß vom verlorenen Sohn; von der einen Seite das sich Aufraffen und Aufmachen des Willens, der durch das Elend in der Sünde, das Gefühl der Schuld und den Gedanken an die Ehre und das Glück des Vaterhauses in Bewegung dorthin gesetzt wird und nun in der reuevollen Rückkehr sich bethätigt; von der andern Seite das Sehen des Vaters aus der Ferne und sein durch barmherzige Liebe beflügeltes ihm Entgegeneilen[1]). Das sich Nahen Gottes zu dem sich ihm nahenden Menschen schließt in sich die Vergebung seiner Sünde und die Mittheilung seines Friedens und des Heils in seiner Gemeinschaft. In diesem sich Nahen Gottes, welches zugleich ein Spenden seiner Gnade ist, stellt sich die größere Gnade dar, die Gott giebt, indem der Mensch sich **demüthig** ihm unterwirft und **heilsbedürftig** ihm sich naht. Der zu Gott sich Nahende tritt aber zunächst dem **heiligen** Gott unter die Augen und muß gewahr werden, wie er in seinem äußern und innern Leben voll von Sünden ist.

Die vierte Forderung lautet daher v. 8ᵇ: „**reiniget die Hände, ihr Sünder, und heiliget die Herzen, ihr Doppelseelen.**" Nicht um zu nahen zu Gott, soll **zuvor** die Reinigung von Sünden Statt finden, sondern wenn die Ermahnung, „zu Gott zu nahen", befolgt wird, drängt sich vor allem die Nothwendigkeit der geforderten Reinigung von Sünden auf. Der innere Proceß des in μετάνοια zu Gott rückläufigen Lebens wird, wie er nach der Erfahrung jedes Christen sich vollzieht, von Jakobus Stufe für Stufe verfolgt. Beim Nahen zu Gott müssen die noch mit Sünde behafteten Menschen angesichts der **Heiligkeit** Gottes beflissen sein 1, das was sie in ihrem Leben und Thun als **Widerspruch** gegen den heiligen Gott **sehen,** von sich **abzuthun.** „**Ihr Sünder**", ruft daher Jakobus in die Masse seiner Leser hinein. Mit diesem Ausruf bezeichnet er sie als das, was sie vor dem heiligen Gott **sind,** und **als was sie sich** in seiner Nähe klar und deutlich erkennen müssen, nachdem er ihnen einen Spiegel ihrer Sünden von 3, 1 an vorgehalten hat. Diese Aufforderung zur Reinigung setzt die Sünde als eine der Menschennatur ursprünglich widerstreitende Unreinigkeit voraus, und steht auch in Bezug auf dieses Bild mit der Ermahnung, jeglichen **Schmutz des Bösen** abzuthun 1, 21,

---

[1]) Luc. 15, 18—20.

und sich unbefleckt von der Welt zu halten 1, 27, sowie mit der Warnung vor der Befleckung, die von den Zungensünden sich über den ganzen Leib erstrecke, 3, 6, in Einklang. Die Hände sollen gereinigt werden. Damit wird hingewiesen auf den Inbegriff der Sünden, die nach Außen in allem Handeln, wozu die Hand das Organ ist, in die Erscheinung treten, nicht aber auf die zum Gebet aufgehobenen Hände; denn vom Gebet speziell ist nirgends hier die Rede. In dem Aeußeren des handelnden, thätigen Christenlebens soll, das bedeutet die Reinigung der Hände, in fortschreitender Heiligung alles böse Thun abgethan, alles gute rechte Thun nach Gottes heiligem Willen gefördert und geübt werden. Aber Reinigung vom Bösen muß tiefer gehen, in das Innerste des Menschenherzens hineindringen: „heiliget die Herzen, ihr Doppelseelen." Von dem Herzen geht alles böse Handeln und Thun aus, wird die Hand zum Thun des Bösen in Bewegung gesetzt. Vergl. Matth. 15, 19. Diese Verbindung bezeichnet das καί, welches beide Ermahnungen[1]) zu einer verknüpft. Das Herz ist bildlich der Mittelpunkt des inneren Lebens des Menschen. Auf seine rechte Stellung zu Gott, auf seine Heiligung und Weihung für Gott kommt es daher an. Das Wort ἁγνίζειν behält seine ursprüngliche Bedeutung religiöser Reinigung und Weihe, in der es in ritueller Beziehung Joh. 11, 55; Apostelg. 21, 24. 26; 24, 18 vorkommt, auch an den Stellen bei, wo wie hier von der Weihung des innern Lebens an Gott die Rede ist: 1 Petr. 1, 22. 1 Joh. 3, 3. Wenn καθαρίζειν das Wegthun der Sünde, die als Schmutz mit dem zur sittlichen Reinheit berufenen Christenleben unverträglich ist und ihm anhaftet, bezeichnet, so ἁγνίζειν das Abthun alles sittlich Unreinen, sofern es mit Gottes heiligem Wesen selbst und mit der Bestimmung des menschlichen Herzens zur Gemeinschaft mit dem heiligen Gott unvereinbar ist: die religiössittliche Weihe des Herzens für den Zutritt zu, und für den Verkehr mit dem heiligen Gott. Die zweite Anrede: δίψυχοι weist auf den tiefsten Grund hin, aus dem sie vor Gott mit ihrem Leben und Handeln das sind, als was sie mit der ersten Anrede ἁμαρτωλοί bezeichnet sind. Dieser Grund ist das ehebrecherische Getheiltsein des Herzens und Willens zwischen Gott und Welt, wie es v. 4 und 1, 8, hier in der Gestalt des ἀνὴρ δίψυχος,

---

[1]) Bengel: Bianimus laborat corde, peccator etiam manibus.

anschaulich geschildert ist. Wie die Zweiheit nach der Seite des Erkennens Zweifel ist 1, 6, so nach der Seite des Willens Doppelheit der Seele[1]). Zugleich Gott und der Welt angehören wollen, ist vor Gott eine unmögliche Position. Wenn daher die Herzen befleckt sind und befleckt werden von der Welt her 1, 27, erfüllt von den bösen Lüsten und Begierden 4, 1. 3. und von Weltliebe v. 4, so bedarf es, um Gott angehören und mit ihm verkehren zu können, der Weihung derselben an Gott durch Abthun alles Unheiligen und Unreinen, was in der Hingebung des Herzens an die Welt die Gemeinschaft mit Gott nicht bestehen läßt[2]). Das $\kappa\alpha\vartheta\alpha\rho i\zeta\epsilon\iota\nu$ des Handelns und Wandelns ist in Wahrheit nicht möglich und bleibt nur äußerliches Werk ohne die volle weihende und heiligende Hingebung des Herzens an Gott bei einem Herzenszustande, dem die wahre Einheit des innern Lebens fehlt, die allein von der Alles bestimmenden Richtung zu Gott ausgehen kann. „Die wahre Heiligung ist darin begründet, daß nur Eine Seele in dem Menschen wohnt, die Liebe zu Gott das beseelende Prinzip für Alles ist[3]).“ Derselbe Gedanke ist in dem bei diesen Worten von Jakobus vielleicht ins Auge gefaßten 24. Psalm, v. 3 und 4 ausgesprochen, wo auf die Frage, wer nur in der heiligen Gnadennähe Gottes bestehen könne? die Doppelantwort gegeben wird: „wer unschuldige Hände hat und reines Herzens ist.“ Diese Reinigung der Hände und Heiligung der Herzen wird als ein Thun der Menschen, als eine Bethätigung des das Christenleben bestimmenden Willens gefordert. Aber dieser Forderung kann nicht genügt werden durch menschliche Kraft, sondern allein durch göttliche Macht, die dem Christen in dem Maße durch die Gnade gespendet wird, in welchem er sich vor Gott in aufrichtiger Buße bemüthigt und über die Sündenschuld, die Sündenmacht und das Sündenelend, darunter er durch eigene Schuld gebannt ist, Schmerz und Traurigkeit empfindet.

Die fünfte Ermahnung v. 9 schließt sich daher eng an die vorige, und zwar besonders an die letzte zur Heiligung der Herzen an; denn die schmerzliche Empfindung der Traurigkeit über die Sünden, von denen die „Sünder“ ihre Hände rei-

---

[1]) Dorner a. a. O. S. 19. [2]) Bengel sehr gut: ἁγνίσατε i. e. ut possetis accedere ad deum deposito adulterio animae. [3]) Neander.

nigen, und über die Verstrickung in die Welt, aus der heraus die „Doppelseelen" ihre Herzen Gott weihen und heiligen sollen, ist der Gegenstand dieser Ermahnung, und ihr Sitz ist im Herzen, dem Centralpunkt des persönlichen Lebens. „Fühlet euch elend, und traget Leid und weinet. Euer Lachen möge in Trauer sich verwandeln und die Freude in Niedergeschlagenheit." Wiederum eine Doppelmahnung. Der erste Theil derselben fordert mit seinem dreifachen Ausruf das tiefe Durchdrungensein des Herzens von dem Schmerz aufrichtiger Buße. „Fühlet euch elend." Das ταλαιπωρεῖν[1]) eigentlich: äußere Drangsale und Leiden ertragen; dann bezeichnet es aber auch die innere Bedrängniß, die Bekümmerniß des Herzens; hier bedeutet es sich unglücklich fühlen unter dem Druck des Elendes, das die Sünde mit sich führt, die Empfindung des unglücklichen Zustandes, den die sündliche Weltliebe erzeugt, tief im Herzen tragen. Mit solchem Schmerzgefühl soll nach dem zweiten Ausruf: „traget Leid", die Trauer über die eigene Schuld an diesem Elend, die Betrübniß über die Ursache davon, den Abfall von Gott, verbunden sein. Es ist dieselbe Ermahnung, wie sie der Herr Matth. 5, 5 in dem zweiten Makarismus: „selig sind die da Leid tragen" ausspricht, nachdem er eben so zuvor in dem ersten das Gefühl und die Empfindung des unseligen Zustandes gefordert hat. Der dritte Ruf: weinet! fügt das äußere Zeichen des Hingenommen- und Ueberwältigtseins von dem Schmerz über die Sünde hinzu[2]). An die Thränen Petri ist dabei zu denken. Die Verbindung der drei Worte mit „und" ist nicht Ausdruck des Affects[3]), sondern bezeichnet die innere Einheit der drei Forderungen, welche eine Klimax von Innen nach Außen erkennen lassen; die volle Wahrheit und die ganze Energie des Bußschmerzes soll damit ausgedrückt werden, wie er sich z. B. in Psalm 51 ausspricht[4]). Es handelt sich um das ernste, schmerzliche Bußethun im Lauf des Christenlebens wegen der demselben sich anheftenden Sünden in Weltlust und Weltliebe, nicht aber um ein Joch, das man sich mit dem Leidtragen zur Büßung der Sünde auferlegen solle[5]).

---

[1]) Nur hier im N. T. das Verbum; das Adjectiv Röm. 7, 24; Offenb. 3, 17; das Substantiv 5, 1; Röm. 3, 16. [2]) Das πενθεῖν und κλαίειν ebenso verbunden Mark. 16, 10. Luc. 6, 25. Offenb. 18, 15. 19. [3]) Gegen Huther. [4]) Calvin: agit de salutari tristitia, quae nos ad poenitentiam adducit. [5]) Gegen Palmer a. a. O. 15.

Der zweite Theil fordert dieselbe göttliche Traurigkeit im ausgesprochenen Gegensatz gegen die in der Weltliebe wurzelnde sündliche Freude. Jakobus faßt den v. 1—6 geschilderten Zustand der weltlichen Lüste und Begierden, die ihre Befriedigung in dem Besitz und Genuß der irdischen Güter suchen, ins Auge und fordert mit gewaltigem Ernst einen völligen Bruch mit dieser von Gott ab- und zur Feindschaft wider Gott hinführenden Weltseligkeit. „Euer Lachen soll in Trauer sich verkehren." Er vergegenwärtigt sich in diesem Augenblick den Leichtsinn und den sorglos leichtfertigen Weltsinn, mit dem man der vergänglichen Freude im Besitz und Genuß der irdischen Güter sich hingiebt und sich in der Welt nicht will stören lassen. „Euer Lachen", steht in dem schärfsten Gegensatz zu dem unmittelbar vorgehenden „weinet!" Es liegt nahe anzunehmen, daß Jakobus absichtlich diesen schneidenden Contrast angesichts des Lachens über die ernste Ermahnung zum Weinen ausgedrückt habe. Jedenfalls ist aber das Lachen die äußere Kundgebung des Hingenommen- und Ueberwältigtseins des ganzen Menschen von der Weltlust. In Trauer verkehren soll es sich. Nachdrücklich betont steht „die Traurigkeit" vor dem Verbo. Die Voraussetzung davon ist die gründliche und völlige Umkehr von der wider Gott streitenden fröhlichen Weltlust zum aufrichtigen Leibtragen über die Versündigung gegen Gott durch hochmüthige Weltliebe. Parallel geht die Ermahnung: „und die Freude", die innere Voraussetzung des Lachens, die gottwidrige Freude, die ihren Quell außer Gott hat, die innere Disposition des in der Weltlust aufgehenden Herzens, „in Niedergeschlagenheit." Κατήφεια[1]) eigentlich das zu Boden Schlagen der Augen vor Trauer oder Scham; dann die überhaupt in den Mienen und Geberden sich darstellende Niedergeschlagenheit als Ausdruck der Trauer. Es ist hier in die einzelnen psychologischen Momente auseinandergelegt, was Paulus als τὴν κατὰ Θεὸν λύπην 2. Cor. 7, 10 bezeichnet. — In dem ersten Theil dieses Ermahnungsrufes, den ersten drei Zurufen, bringt Jakobus als gewaltiger Bußprediger in die Tiefe der von Weltlust bethörten und eingeschläferten Herzen, um sie zu der göttlichen Traurigkeit und zum wahrhaftigen Ausdruck derselben in ihrem persönlichen Verhalten zu führen. Im

---

[1]) Nur hier im N. T. von κατηφής niedergeschlagenen Blicks und dies von κατὰ und τὰ φάη = lumina. Etym. Magn.: ἀπὸ τοῦ κάτω τὰ φάη βάλλειν τοὺς — λυπουμένους.

zweiten Theil wendet er sich gegen die diesem Ausdruck entgegengesetzte Aeußerung der zügellosen Weltlust und Weltfreude, da die
geforderte bußfertige Trauer nur dann eintreten kann, wenn das Lachen und die Freude des Weltlebens in Trauer und Niedergeschlagenheit sich verwandelt[1]).

Die sechste Ermahnung v. 10 vollendet die Reihe der Ermahnungen, zurückgreifend auf das ihnen zu Grunde gelegte Schriftwort in v. 6, namentlich die zweite Hälfte: den Demüthigen
giebt er Gnade. „Demüthiget euch vor dem Herrn, und
er wird euch erhöhen." Das „demüthiget euch[2])" weist auf das
ταπεινοῖς in v. 6 zurück, und schließt sich mit dem ὑποτάγητε in
v. 7 wie zu einem festgeschlossenen Ringe zusammen. Alle Ermahnungen von ὑποτάγητε an führen von der falschen Höhe der ὑπερ-
ηφανία in der Weltfreundschaft und Gottesfeindschaft stufenweise, wie
aus der Erklärung erhellt, in die Tiefe der Selbsterniedrigung hinab.
Das „vor" oder „vor dem Angesicht" des Herrn[3]) bezeichnet Beu-
gung des bußfertigen Menschen im Bewußtsein der Gegenwart des
heiligen und gnädigen Gottes, und zwar 1, in dem niederdrückenden
Gefühl der Schuldbeladenheit angesichts seiner Heiligkeit, 2, in dem
beschämenden schmerzlichen Gefühl der Unwürdigkeit gegenüber seiner
Gnade und Barmherzigkeit, wovon vorher die κατήφεια als persönlicher Ausdruck gemeint war. Diese Selbstbemüthigung vor dem
heiligen und gnädigen Gott ist nach dem Zusammenhang nicht der
Gegensatz zu der fleischlichen Sicherheit und Selbstzufriedenheit, sondern zu der Hoffart, vermöge der sich der Mensch in der Freundschaft mit der Welt auf eine widergöttliche Höhe stellt. Von dieser
Höhe, ihr ὑπερήφανοι, herunter auf dem Wege, der von 7—9 gewiesen ist zur Erniedrigung „vor dem Herrn!" Jakobus bezeichnet hier eine innere Handlung des Geistes, nicht was Gegenstand
äußerlicher Wahrnehmung werden kann, wenngleich diese innere Handlung sich in der Gestaltung des ganzen Lebens zu erkennen geben
muß. Darum sagt er: Demüthigung vor Gott, in den Augen

---

[1]) Calvin: eos alloquitur, qui mente inebriati Dei judicium non sentiunt; ita
fit, ut sibi in vitiis placeant. Mortiferum hunc torporem ut illis excutiat,
admonet, ut lugere discant, conscientiae scilicet dolore tacti, ac sibi adu-
lari et plaudere in propinquo exitio desinant. [2]) Der Aor. pass. ταπεινώ-
θητε in medialer Bedeutung. S. Winer § 39. 2. [3]) ἐνώπιον κυρίου ist mit
ℵ. A. B. K. statt ἐνώπιον τοῦ κυρίου zu lesen.

Gottes, etwas, was nur zwischen Gott und dem Menschen vorgehen kann¹). „Und erhöhen wird er euch." Das ὑψοῦν im Gegensatz zum ταπεινοῦν²) kann wegen der Rückbeziehung des Verheißungswortes auf die Worte v. 6: den Demüthigen aber giebt er Gnade, und weiter rückwärts auf μείζονα δὲ δίδωσιν χάριν, nicht anders erklärt werden, als von der Erhebung des bußfertigen Menschen zu dem Verhältniß zu Gott, in welchem er des Gnadenstandes vor Gott durch die Vergebung der Sünden theilhaftig wird und gewiß bleibt, die Fülle der Gnadengaben Gottes als unvergänglichen Besitz empfängt, im Genuß seiner Gnadensegnungen volles Genüge findet, und die heiligenden Gnadenwirkungen fort und fort an sich erfährt, — alles im Gegensatz gegen die Feindschaft mit Gott und die Weltfreundschaft in der Begierde nach dem Besitz und Genuß der vergänglichen Güter der Welt. Auf die Höhe des Gnadenstandes, der Gnadengüter und des Gnadengenusses hat Jakobus schon in gleichem Gegensatz gegen die Dipsychie zwischen Gott und Welt 1, 9 hingewiesen mit dem Wort: es rühme sich der niedrige Bruder seiner Höhe. Näher bestimmt ist die Hoheit des Christenlebens durch die Darstellung desselben 1,18 nach seiner Geburt aus Gott. Ebenso 2, 5, wo die Armen in Bezug auf die Welt als Reiche im Glauben und als Erben des Reiches Gottes bezeichnet werden. Die Beziehung auf die zukünftige Herrlichkeit der Christen liegt nicht im Zusammenhange³). So gewiß, wie das Nahen Gottes sofort eintritt v. 8, und es heißt: er giebt Gnade v. 6, so erfolgt auch sofort gegenwärtig die Erhöhung. Jakobus nimmt also Alles zusammen in der Selbstbemüthigung vor Gott als Bedingung aller wahren Hoheit, die von Gott kommt, wie Christus sagt: „wer sich selbst erhöhet, der wird erniedrigt werden; und wer sich selbst erniedrigt, der wird erhöhet werden⁴)." Wie der Baum, um in die Höhe zu wachsen, tief nach unten seine Wurzeln treiben muß, so wird der, welcher mit seiner Gesinnung nicht festgewurzelt in der Demuth steht, nur erhöhet werden, um niedergestürzt zu werden⁵).

Eine merkwürdige Parallele zu v. 6—10 bildet 1 Petr. 5, 5—9; zunächst in der Anführung desselben Schriftwortes Spr. 3,

---

¹) Neander. ²) So oft entgegengesetzt im A. T. 1. Sam. 2, 78. Hiob 22, 29. Sprüche 29, 23. Ezech. 17, 24; im N. T. Matth. 23, 12. Luc. 14, 11. 18, 14. 1. Petr. 5, 5. ³) Gegen Huther, Brückner. ⁴) Matth. 23, 12. Neander. ⁵) Augustins Worte bei Calvin.

§ 4, nur daß diese hier ihr Motiv hat in der Ermahnung zur An=
weisung der Demuth in der Bruderliebe; dann in der Aufforderung
zur Selbstbemüthigung in Beziehung auf Gott, nur daß hier
das sich Beugen unter die gewaltige Hand Gottes gefordert wird;
ferner in der Hinweisung auf die Erhöhung, die zu seiner Zeit
erfolgen werde, nur daß hier von der Erhebung aus dem gegen=
wärtigen Leidenszustande die Rede ist; und endlich in der Ermahnung zum Widerstande gegen den Teufel, nur daß hier
die Standhaftigkeit unter den Trübsalen und Anfechtungen um des
Glaubens willen gemeint ist.

Die Rede des Jakobus erhebt sich hier, unterstützt durch die
unverbundene Ausdrucksweise, durch die Voranstellung der Zeitwörter,
und durch die kurzen im Lapidarstyl gehaltenen Sätze zu gewaltiger
Kraft und bringt in dem raschen Fortschritt der Gedanken tief in die
Herzen und Gewissen mit dem Nachdruck heiligsten Ernstes. Welch
ein Gegensatz in der Anrede: „ihr Sünder, ihr Doppelseelen!" und in
der nun folgenden Benennung: „ihr Brüder." Da bricht durch den
gewaltigen Ernst und Feuereifer die Flamme der Bruderliebe hindurch, von deren Licht und Wärme das Folgende durchdrungen ist.

III. v. 11. 12.

Im Gegensatz gegen die Anmaßung des richtenden Aburtheilens
über den Nächsten die Hinweisung auf das Gott allein als dem
einzigen Gesetzgeber zustehende Gericht, dem demüthig alles Richten
anheimzustellen sei. Der Zusammenhang des verbindungslos ange=
reihten Ausspruchs mit dem Vorigen liegt vor Augen in dem
Inhalt der Gedanken, da der Hochmuth in dem bezeichneten Verhalten verwiesen wird, und zwar auch hier Gott, dem Gesetz=
geber und Richter, gegenüber, vor dem das hoffärtige Absprechen
über den Nächsten nicht bestehen kann mit der von ihm gebotenen
Bruderliebe[1]).

v. 11. „Redet nicht Böses wider einander, Brüder!"
Der mit dieser Anrede bezeugte mildere Ton der Ermahnung berech=
tigt den harten Worten „Ehebrecher, Sünder, Doppelherzige" gegen=
über nicht zu der Annahme, daß Jakobus hier vorzugsweise an
solche sich wende, die über das weltliche Treiben der vorher Getadelten
hart urtheilten und richteten. Von einer solchen Unterscheidung der

---

[1]) Gegen Huther, Wiesinger.

Leser und von einem solchen besonderen Gegenstande des καταλαλεῖν ist keine Spur zu finden[1]). Mit derselben unverbundenen Satzform wird in den Ermahnungen fortgefahren, und die Anrede: „Brüder" bezeichnet hier ebensowenig wie früher eine Unterscheidung, drückt vielmehr die Liebe aus, die Jakobus auch neben dem Ernst der Wahrheit gegen seine Leser ohne Unterschied im Herzen trägt, und ist speciell durch die Beziehung der jetzigen Ermahnung auf die mit dem zwiefachen ἀδελφοί unmittelbar nachher bezeichnete Verletzung der Bruderliebe durch das καταλαλεῖν[2]), Böses wider einander reden, nicht blos afterreden[3]), veranlaßt. Die Beziehung dieser Ermahnung auf die Lehren 3, 1[4]), oder auf den angeblichen Streit zwischen Juden und Heidenchristen, oder auf innere Spaltungen des Judenthums und der Judenchristen[5]) ist hineingetragen. Die aus liebloser gehässiger Gesinnung kommenden Zungensünden, mit denen man sich in dem Leserkreise des Briefes wider einander versündigte, spielten im Zusammenhang mit dem jüdischen Naturell eine so große Rolle, daß Jakobus schon Kap. 1, 19, besonders aber Kap. 3, ausführlich davon reden mußte. Sie gehörten mit zu den Kämpfen und Kriegen, die als aus dem hochfahrenden selbstsüchtigen Dichten und Trachten nach weltlichem Gut und Genuß stammend 4, 1 ff. dargestellt wurden. Auf sie kommt er hier zurück, indem er von 6^b an wider den Hochmuth des von der Weltliebe und Weltsucht erfüllten Herzens redet, welches seine Selbstüberhebung dadurch bekundet, daß es in Gottes Richteramt eingreift, indem es lieblos den Nächsten beurtheilt und verurtheilt. So ist das καταλαλεῖν und κρίνειν in den folgenden Worten: „wer so beschaffen ist, daß er den Bruder verunglimpft oder seinen Bruder richtet, der verunglimpft und richtet das Gesetz," unterschieden und nebeneinander gestellt, indem letzteres nicht die innere Voraussetzung des ersteren ist und in ihm erst zum Ausdruck kommt[6]). Beides geschieht durch Aeußerungen gehässiger Gesinnung im Wort; das erstere ist das böse Reden und Urtheilen über den Nächsten und geht so leicht in das letztere, in das Richten, Aburtheilen, Verdammen über. Daher die unvermittelte Erweiterung der Charakteristik durch das κρίνειν und das „oder" zwischen beiden[7]). Die Participia bezeichnen das dauernde sich so

---

[1]) Gegen Huther. [2]) Sonst nur noch 1. Petr. 2, 12. 3, 16. [3]) Luther. [4]) Gebser, Hottinger. [5]) Lange. [6]) Gegen Huther. [7]) Vor κρίνειν ist statt καί nach א. A. B. mit Lachmann und Tischenb. ἤ zu lesen.

Verhalten im hochmüthigen Urtheilen und Aburtheilen. Denn nicht blos das „Richten" ist Zeichen der Selbstüberhebung im Unterschiede von dem „Verunglimpfen" als blos zu Ungunsten des Andern reden, sondern das καταλαλεῖν ist ebenso eine lieblose Ueberhebung über den Bruder; derselbe Hochmuth liebloser gehässiger Gesinnung ist's, der den Nächsten böse beurtheilt und böse verurtheilt[1]). Die doppelte Anwendung des Wortes Bruder neben der Anrede: „Brüder" bezeugt den nachdrucksvollen und energischen Ernst, mit dem Jakobus den Lesern diese Verletzung der Bruderliebe vorhalten will. Wenn er dieselbe als eine Verunglimpfung und ein Richten des Gesetzes hinstellt, so kann er unter dem νόμος nach diesem Zusammenhang und nach 1, 25; 2, 8. 12 nur das das ganze Christenleben normirende göttliche Gesetz, sofern es die Bruderliebe gebietet, verstehen, nicht die christliche Lehre,[2]) nicht das Wort Christi Matth. 7, 1: „richtet nicht[3])," obwohl die Ermahnung des Jakobus sich mit demselben völlig deckt. Was heißt das aber: das Gesetz verunglimpfen und richten? Das gegen den Bruder sich richtende καταλαλεῖν, in welchem das κατά „wider" durchaus genau festgehalten werden muß gegen die Deutung: „Uebles reden von" oder „über"[4]), tritt gegen das Gesetz der Liebe feindlich auf, welches solch liebloses Verhalten verbietet; das Gesetz wird durch Böses reden wider den Bruder in seiner heiligen göttlichen Autorität und Würde verletzt. „Jakobus sagt, daß ein Solcher, indem er gegen seinen Bruder rede, gegen das Gesetz selbst rede, da er das ihn bei seinem Richter anklagende Gesetz Lügen strafe"[5]) Das κρίνειν, das abschließende verdammende Urtheilen über den Bruder, trifft das die Bruderliebe fordernde Gesetz selbst, ist die thatsächliche Verurtheilung desselben, als ob es nicht zu Recht bestände. Indem das Richten über den Bruder nach eigenem, von der Lieblosigkeit gemachtem Maßstab geschieht, wird der Stab über das göttliche Gesetz gebrochen, und gegen dasselbe als ein nicht seine Schuldigkeit thuendes der Richterspruch gefällt. Indem der Mensch sich das Richten anmaßt, welches die Funktion des Gesetzes ist, vollzieht er damit ein Gericht über das Gesetz, als ob es das Richten nicht ausübte. Die Erklärung: „von dem Gesetz übel reden" heiße: es durch das üble Reden von dem

---

[1]) Gegen Hofmann. [2]) Grotius, Hottinger. [3]) Oecumenius. [4]) Wiesinger, Hofmann. [5]) Neander.

Bruder so hinstellen, als ob von Seiten desselben dem, was Rechtens ist, sein Recht nicht geschähe, und als müßte dies durch ein solches Reden über den Nächsten geschehen, — und „das Gesetz richten" heiße: es durch den Urtheilsspruch über den Bruder so hinstellen, als ob es eine Lücke hätte, in die das nach eignem Maßstabe gesprochene Urtheil eintreten müsse[1]), kann sich wegen ihrer Gezwungenheit und Künstlichkeit nicht empfehlen; solche gewundenen Gedankengänge hätten in den Worten ihren Ausdruck finden müssen.

Die Worte 11 c: „wenn du aber das Gesetz richtest, bist du nicht ein Thäter des Gesetzes, sondern ein Richter" enthalten eine Folgerung aus dem Vorhergehenden und eine Weiterführung des Gedankens. Solch ein thatsächliches Richten oder Verurtheilen des göttlichen Gesetzes, welches in dem eigenmächtigen verdammenden Urtheil über Andere besteht, verträgt sich nicht mit der Aufgabe des Christen, Thäter des Gesetzes zu sein. Da das Gesetz den maßgebenden Willen Gottes in dem $\lambda\acute{o}\gamma o\varsigma$ $\tau\tilde{\eta}\varsigma$ $\grave{\alpha}\lambda\eta\vartheta\epsilon\acute{\iota}\alpha\varsigma$ bedeutet, so drückt $\pi o\iota\eta\tau\acute{\eta}\varsigma$ $\nu\acute{o}\mu o\upsilon$ dasselbe aus wie $\pi o\iota\eta\tau\acute{\eta}\varsigma$ $\lambda\acute{o}\gamma o\upsilon$ in 1, 22. Dienen aus freiem Triebe der Liebe zu Gott und den Brüdern soll der Christ dem Gesetz in der Erfüllung seiner Forderungen als eines $\nu\acute{o}\mu o\varsigma$ $\grave{\epsilon}\lambda\epsilon\upsilon\vartheta\epsilon\rho\acute{\iota}\alpha\varsigma$, durch welches er wird gerichtet werden. Statt dieser demüthigen Stellung unter dem Gesetz in gehorsamen Thun desselben, vindicirt sich der, der das Gesetz in jenem Sinne versteht, in hochmüthiger Selbstüberhebung über das Gesetz die Stellung eines Richters desselben, der mit seinem lieblosen Verdammen der Brüder das Gesetz, das allein das rechtskräftige, entscheidende Urtheil zu fällen hat, von diesem seinen Amte gleichsam absetzt. Hinter $\kappa\rho\iota\tau\acute{\eta}\varsigma$ ist nämlich im Gegensatz zu $\pi o\iota\eta\tau\acute{\eta}\varsigma$ $\nu\acute{o}\mu o\upsilon$ ein $\nu\acute{o}\mu o\upsilon$ oder $\alpha\grave{\upsilon}\tau o\tilde{\upsilon}$ zu ergänzen. Wenn man ohne Ergänzung dieser Beziehung auf das Gesetz $\kappa\rho\iota\tau\acute{\eta}\varsigma$ als „Richter schlechthin" faßt, und jene Stellung des „Richters" dem göttlichen Gesetz gegenüber wie die eines Richters zum bürgerlichen Gesetz, welches seiner richterlichen Ausbeutung bedürfe[2]), um auf den einzelnen Fall angewendet zu werden, ansieht, so wird, abgesehen vom obigen Grund, der für die Ergänzung im Zusammenhang liegt, dem Worte $\kappa\rho\acute{\iota}\nu\epsilon\iota\nu$ eine andere Bedeutung beigelegt, als es vorher in der Verbindung mit $\kappa\alpha\tau\alpha\lambda\alpha\lambda\epsilon\tilde{\iota}\nu$ hat, nämlich die der kritischen Beurtheilung statt der richterlichen Verurtheilung.

---

[1]) Hofmann. [2]) So Hofmann.

Die Erklärung: wer das Gesetz richtet, macht sich selbst zum Richter, indem er nämlich ein Gesetz giebt, wodurch er über den Nächsten richtet¹), scheitert daran, daß der Richter nicht ein Gesetz geben kann. Die erste Stufe der Aeußerung der hochmüthigen Gesinnung war das böse Beurtheilen und Verurtheilen des Nächsten; das führt zu der zweiten, zur Selbstüberhebung über das Gesetz als Uebertreter und Richter des Gesetzes.

Die dritte Aufstufung des Hochmuths stellt v. 12 dar: „Einer ist der Gesetzgeber und Richter²), der, welcher vermag zu erretten und zu verderben". Der also über den Nächsten und über das Gesetz sich zu Gericht setzende Mensch erhebt sich in seinem Hochmuth über Gott; das ist der innerste, tiefste Grund jenes Verhaltens gegen den Nächsten und gegen das Gesetz. Nachdrücklich steht das Wort „Einer" voran; es schließt in sich die Verneinung eines solchen Sichaufwerfens zum Richter neben Gott. Die Worte $\nu o \mu o$-$\vartheta \acute{\epsilon} \tau \eta \varsigma$ und $\kappa \varrho \iota \tau \acute{\eta} \varsigma$ entsprechen dem $\nu \acute{o} \mu o \varsigma$ und $\kappa \varrho \iota \tau \acute{\eta} \varsigma$ vorher. Einer nur steht über dem Gesetz, nämlich der es gegeben. Einer ist auch nur Richter nach diesem Gesetz. Ὁ δυνάμενος u. s. w. ist nicht Apposition zum Prädicat ὁ νομοθέτης καὶ κριτής, sondern nähere Bestimmung zu dem Subject εἷς. Der Sinn ist: Einen nur giebts, der die Macht hat, selig zu machen und zu verderben, also über den Menschen mit endgültigem Erfolg zu entscheiden. Darin ist aber zugleich begründet, daß Er allein der Gesetzgeber und Richter ist, d. h. das Recht hat, ein abschließendes und rechtskräftiges Urtheil über die Menschen seis zur Rettung, seis zum Verderben³) zu fällen. Das schließt alles im Hochmuth wider ihn angemaßte Richten aus, bei dem man eine endgültige Verurtheilung des Nächsten sich herausnimmt und in Gottes alleiniges Recht eingreift oder seinem Richterspruch vorgreift.

Die abschließende Frage: „du aber, wer bist du, der du den Nächsten richtest"?⁴) setzt mit einem bedeutungsvollen „aber"

---

¹) So Huther. ²) Die Worte καὶ κριτής fehlen in der rec., sind aber nach N. A. B. und vielen Minuskeln in den meisten Uebersetzungen hinter νομοθέτης einzufügen. ³) Vergl. Matth. 10, 28 τὸν δυνάμενον ... ἀπολέσαι ἐν γεέννῃ. ⁴) Hinter σὺ ist δὲ nach N. A. B. zu lesen. Die rec. ὃς κρίνεις vertauschen mit Recht Lachmann und Tischendorf nach N. A. B. mit ὁ κρίνων. Nach denselben Auctoritäten ist statt der l. rec: τὸν ἕτερον zu setzen: τὸν πλησίον, dessen Vertauschung mit jenem vielleicht aus der Erinnerung an Röm. 2, 1 (Huther) oder aus dem Anstoß, den man an dem Fehlen des Pron. person. hinter πλησίον nahm, zu erklären ist.

das „du" dem εἰς und das: „wer bist du?" als Bezeichnung der menschlichen Niedrigkeit und Nichtigkeit der vorhin bezeugten göttlichen Macht entgegen. Zu diesem scharfen schneidenden Gegensatz der Person kommt der des Thuns: „der du richtest den Nächsten." Diese Worte stehen dem κρίνειν und ἀπολέσαι Gottes gegenüber und characterisiren als Apposition zu σύ, entsprechend dem ὁ δυνάμενος als Apposition zu εἰς, das hochmüthige, vermessene Gebahren des machtlosen Menschen, der Gott gegenüber Macht und Recht zu richten sich anmaßt. Darin liegt die stärkste Warnung vor dem Hochmuth, der sich im Richten über den Nächsten kundgiebt und nichts anderes als Selbsterhebung wider und über Gott ist; darin liegt die einbringlichste Ermahnung zur Demuth, wenn sie auch nicht wie v. 10^b direct ausgesprochen ist. Alles dieses soll nur das Gefühl der Abhängigkeit von Gott, heilige Scheu und Demuth vor Gott wirken[1]).

IV. 4, v. 13—17.

Nach einer andern Seite faßt Jakobus bei seinen Lesern ein im weltlichen Sinn begründetes **hochmüthiges** Gebahren ins Auge: nämlich Gott als dem souveränen Regierer und Lenker des menschlichen Lebens gegenüber die eigenmächtige autokratische Verfügung und Bestimmung in den Geschäftsangelegenheiten des irdischmenschlichen Lebens. So folgt v. 13—17 im Gegensatz gegen den Hochmuth, der sich in eigenwilliger und eigenmächtiger Disposition über den Gang des irdischen Lebens und Treibens behufs der **Erwerbung weltlicher Güter** (vergl. v. 13: κερδήσομεν) darstellt, die Ermahnung, dem allwaltenden Gotteswillen den eignen Willen mit seinen Bestimmungen und Entschließungen in **weltlichen Unternehmungen und Geschäften** in Demuth zu unterwerfen.

Der Zusammenhang mit allem Vorhergehenden von v. 6 an liegt in der hochmüthigen Vermessenheit der in 1—6 geschilderten weltlichen Gesinnung. Der Zusammenhang mit dem **Nachfolgenden 5, 1—6** liegt in der hier geschilderten Enttäuschung des **hochmüthigen Vertrauens** auf den irdischen **Besitz und Reichthum**, dessen Erstrebung mit einem in die Welt verstrickten, der Abhängigkeit von Gott vergessenden Sinn in v. 13—17 veranschaulicht wird.

---

[1]) So treffend de Wette. Vergl. Röm. 14, 4: wer bist du, daß du einen fremden Knecht richtest?

Wohlan nun, die ihr saget: „heute und morgen werden wir reisen in die Stadt da und werden daselbst zubringen ein Jahr und Handel treiben und gewinnen, als die ihr doch nicht wisset, was morgen sein wird — denn wie beschaffen ist euer Leben? ein Dampf nämlich seid ihr, der auf kurze Zeit erscheint, dann wieder verschwindet, — statt daß ihr sagen solltet: wenn der Herr will und wir leben werden, so wollen wir auch thun dieses und jenes; — nun aber rühmet ihr euch in euren Glücksprahlereien: — jegliches derartiges Rühmen ist böse. Dem nun, der weiß Gutes zu thun und thut es nicht, dem ist es Sünde."

Der v. 13 beginnende Ruf ἄγε[1]), fast eine bloße Interjection[2]), findet sich auch sonst ohne folgendes Verbum als Ermunterungsruf zum Anhören und Aufmerken auf das, was gesagt werden soll. Unmöglich kann wegen der weiten Entfernung Jakobus dabei schon an den in 5, 1 hinter dem wiederholten ἄγε stehenden Imperativ gedacht haben[3]) Das νῦν dient zur Verstärkung des Aufrufs durch Hinweisung auf das, was jetzt durch eindringliche Vorhaltung ihre besondere Aufmerksamkeit in Anspruch nehmen soll. Οἱ λέγοντες, — das „sagen" ist nicht in gegensätzlicher Beziehung zu einem verschwiegenen: „ihr denket nicht bloß" zu fassen, — sind diejenigen unter den Lesern, bei denen Jakobus die in den folgenden Worten bezeichnete Gesinnung und Lebensrichtung hervortreten sieht. Die eindringliche Paränese, die nach der anschaulichen Schilderung des ungöttlichen Verhaltens in dem Urtheil 16ᵇ und 17 implicite enthalten ist, der Mangel jeglicher Andeutung, daß er jetzt zu Nichtchristen rede, nachdem er doch bis v. 12 zu seinen christlichen Lesern gesprochen, und daß er die Lebensbeziehungen der letzteren zu den nichtchristlichen Juden ins Auge fasse, endlich die v. 1—6 im unzweifelhaften Blick auf die christlichen Leser enthaltene Schilderung des weltlichen Sinnes und mit den stärksten Ausdrücken ausgesprochenen Verurtheilung, lassen die Meinung als unhaltbar erscheinen, daß er sich hier an die den christlichen Lesern feindlichen reichen Juden, von denen 2, 6—7 die Rede war, wende, und begründen die Erklärung,

---

[1]) Im N. T. nur hier und 5, 1. Der Singular kommt auch bei griechischen Prosaikern und bei Homer oft mit dem Plural des Subjectes verbunden vor. Winer § 58. 4ᵇ A. 1. [2]) Winer a. a. O. [3]) Gegen Huther.

nach welcher hier eine bestimmte Art und Weise der Aeußerung des unter den christlichen Lesern vorhandenen hochmüthigen und selbstherr=
lichen Weltsinns beschrieben wird[1]).

Heute und morgen werden wir reisen[2]). Es werden hier Leute eingeführt, die als Handeltreibende[3]) ihre Dispo=
sitionen treffen mit allseitiger Bestimmtheit und unbedingter Sicher=
heit 1, in Bezug auf die Zeit. Für die Dauer, nicht für den Anfang der in Aussicht genommenen Geschäftsreise wird das Heute und Morgen berechnet und festgesetzt. Es ist nicht die Rede von verschiedenen Fällen, die hier zusammengefaßt würden: der eine sagt „heut", der andere „morgen"[4]); auch bedeutet das „morgen" nicht die unbestimmte Zukunft nach dem heut[5]). Für die Geschäftsab=
wicklung wird die Zeit auf ein Jahr bemessen. 2, in Bezug auf den Ort: wir werden reisen in die Stadt da, d. h. in eine bestimmte für die Handelsunternehmung ins Auge zu fassende Stadt, nicht „in die und die Stadt"[6]), da die einfache demonstrative Bedeutung immer dem Pronomen eigen ist[7]). 3, in Bezug auf die Geschäftsunterneh=
mung selbst: wir werden reisen nach dieser Stadt, die Geschäfts=
reise hat zum Zweck den dauernden Aufenthalt in derselben. Wir werden dort ein Jahr zubringen, wörtlich: verthun, nämlich in geschäftlicher Thätigkeit[8]); der Accusativ ist als eigentlicher Objects=
accusativ, nicht als Zeitbestimmung aufzufassen. Was für ein Ge=
schäft? „Wir werden Handel treiben." Daß Jakobus mit dem Handel ein besonderes Beispiel aus den mancherlei Kund=
gebungen des weltlich-irdischen Sinns, wie sie bei den Lesern nach

---

[1]) Gegen Huther. [2]) Zwischen σήμερον und αὔριον haben N. B. Lachm. ς̄, dagegen A. G. K. viele min. und Tischend. καί. Die kritischen Auctoritäten halten sich das Gleichgewicht. Da das καί von der allgemein üblichen Aus=
drucksweise, die das „oder" bei solchen Zeitangaben liebt, abweicht, und es dem Sinne nach sehr gut zu der determinirten, eigenmächtigen Weise, über die Zeit endgültig bestimmen zu wollen, paßt, so ist es wohl als das ursprüngliche anzu=
sehn. Die Conjunctive der vier Verba in v. 13, 1. rec. nach G. K. mehreren min., erscheinen als leichtere und der üblichen Ausdrucksweise näher liegende Lesarten verdächtig. Die Indikative entsprechen dem geschilderten Verhalten von Gott un=
abhängiger determinirter Beschlußfassung. Aus demselben Grunde dürfte das ἕνα hinter ἐνιαυτόν gegen N. B. Vulg. Lachmann mit Tischendorf festzuhalten sein. [3]) Daß unter den Juden der Diaspora der Handel damals schon vielfach betrieben wurde, ist eine ausgemachte Sache. [4]) Gegen Bengel, Wiesing. [5]) Gegen Lange. [6]) Luther, Winer § 23. 5. [7]) Huther. Siehe die Hinweisungen dort auf Al. Buttmann S. 90 und Schirlitz S. 222. [8]) So ποιεῖν Apost. 15, 33. 20, 3.

4, 1 ff. hervortraten, hervorhebt, ist selbstverständlich; daß er aber dieses Beispiel wählt, zeigt, welche bedeutende Stellung der Handelsverkehr im Kreise der Leser einnahm, und wie weit die Christen, weit entfernt einer ascetischen weltflüchtigen Richtung zu huldigen, vielmehr eine weltsüchtige Gesinnung, die beim Trachten nach Erwerb und Gewinn die Güter des Reiches Gottes gegen die irdisch-zeitlichen Güter zurücktreten ließ, bei sich hatten Eingang finden lassen. Im Handeltreiben zeigte sich gerade am Auffallendsten die Begierde zu haben 4, 2, und immer mehr zu gewinnen. Es wird daher 4, der Zweck aller dieser geschäftlichen Handelsunternehmungen bezeichnet: „wir werden Gewinn, Erwerb machen." In κερδήσομεν als dem Endziel des irdischen Sinnes ist der Hauptgesichtspunkt, der den ganzen Abschnitt beherrscht, zu erkennen. Hier gipfelt die stufenweis aufsteigende Darstellung, in der Jakobus wieder seine Meisterschaft in drastisch anschaulicher, kernig realistischer Schilderung zeigt. Das kurze präcise vierfache „wir werden" malt unvergleichlich treffend die vermessene Sicherheit des hochmüthigen Weltsinns. Und das vierfache, verbindende „und" in dieser dramatisch eingeführten Rede ist die erschöpfende Darlegung der selbstbewußt zuversichtlichen Unfehlbarkeit, mit welcher der Gott vergessende Weltmensch das Gewebe seiner Pläne macht und die Reihenfolge wie das Gelingen seiner Unternehmungen in seiner Hand zu haben glaubt.

V. 14 ist eine Parenthese zwischen 13 und 15, die zur Beurtheilung des in v. 13 angeführten Redens als eines thörichten und vermessenen, und zur Begründung des in 15 an die Stelle desselben gesetzten Zeugnisses demüthiger Gottergebung dient. Οἵτινες „als solche, die" deutet die Beschaffenheit der Redenden im Vergleich mit dem, was sie reden, an. Als derartige Leute, die doch nicht wissen, was morgen ist, — das ist der Gegensatz zu der sicheren Zuversicht, mit der die Pläne gemacht werden und ihre Ausführung als ausgemachte Sache hingestellt wird, und zu der Zeitbestimmung, mit der auf lange hinaus Projecte gemacht werden. Der Singular τό[1]) bezeichnet das Eine, was der morgende Tag bringt im Gegensatz gegen das Viele, was in vermessener Weise auf lange hinaus geplant wird. Die Anspielung auf die Stelle in den Sprüchen[2]): „rühme dich nicht des morgenden Tags; denn du

---

[1]) Mit Tischend. nach rec. und א. G K; τά bei A. Lachm. ist als das gewöhnliche Correctur. [2]) Sprüch. 27, 1.

weißt nicht, was der heutige Tag bringen wird," liegt auf der Hand. Frage, nicht Ausruf sind die Worte: „denn wie beschaffen ist euer Leben?" Sie begründen das eben Gesagte von dem Nichtwissen und von der Ungewißheit dessen, was der morgende Tag bringen werde. Das letztere als Object von dem Nichtwissen darf nicht für sich allein als das, was zu begründen ist, aufgefaßt werden[1]). Der Sinn ist: vergänglich, nichtig ist zugestandnermaßen euer Leben. Es heißt nicht: das Leben, weil die Leser die Flüchtigkeit und Nichtigkeit ihres eigenen Lebens, für welches sie auf so lange voraus feste Pläne machen, recht ernst zu Herzen nehmen sollen[2]). Der Sinn: wisset ihr denn, ob ihr noch das Leben morgen habt? wird begründet mit dem Folgenden: „denn[3]) ein Dampf seid ihr, der auf kurze Zeit erscheint, dann aber auch wieder verschwindet." „Denn" = nämlich, führt die Erläuterung des positiven Gedankens von der Nichtigkeit des Lebens in der vorangehenden Frage ein durch das Bild der $\dot{\alpha}\tau\mu\iota\varsigma$, des Dampfes[4]). Es heißt aber nachdrücklicher und kräftiger nicht „euer Leben", wie nach der Frage zu erwarten wäre, sondern „ihr"[5]), ihr selbst, die ihr mit solcher Vermessenheit über die Zeit eures Lebens verfügt bei euren weit aussehenden Plänen, ihr selbst seid ein Dampf; es heißt nicht: gleich einem Dampf, sondern ihr seid, ihr stellt dieselbe Erscheinung dar, es ist mit euch, wie mit dem Dampf, der auf kurze Zeit erscheinet und dann auch wieder verschwindet. Das dann schließt sich an das $\pi\rho\grave{o}\varsigma\ \grave{o}\lambda\acute{\iota}\gamma o\nu$ an; letzterem kann daher das $\kappa\alpha\acute{\iota}$ nicht entsprechen[6]), sondern dieses $\kappa\alpha\acute{\iota}$ bezeichnet die Correspondenz des Verschwindens mit dem Erscheinen[7]).

---

[1]) Gegen Hofmann. [2]) Nach B. liest Buttmann unter Weglassung von τὸ und γάρ: οὐκ ἐπίστασθε τῆς αὔριον ποία ζωὴ ὑμῶν = wie euer Leben des folgenden Tages beschaffen ist. Aber nach dem Folgenden faßt Jakobus die Nichtigkeit des Lebens ins Auge und sieht also als Object des Nichtwissens auch an: ob man überhaupt am morgenden Tage noch am Leben ist. [3]) γάρ hinter ἀτμίς ist gegen Lachm., der es nach A. Vulg. streicht, festzuhalten, weil es offenbar wegen des vorhergehenden γάρ und der dadurch entstandenen Unbequemlichkeit in der Diction ausgefallen ist. [4]) Bei den Classikern gewöhnlich ἀτμός. Ἀτμίς nur noch Apost. 2, 19 in der Verbindung mit καπνοῦ, daher nicht Rauch, in welcher Bedeutung es öfters sonst vorkommt, vgl. 1. Mos. 19, 28. Ezech. 8, 11. [5]) Statt der rec. ἐστίν, einer offenbaren Erleichterung, ist mit Lachm. u. Tischendorf nach A. B. ἐστέ zu lesen. [6]) Gegen Hofmann. [7]) Das δέ der rec. statt καί ist gleichfalls eine Erleichterung. Mit ℵ. A. B. K. ist das καί sowohl gegen das δέ der rec. als auch gegen das δὲ καί bei G. festzuhalten.

Eine alte Auffassung läßt diesen Zwischensatz ganz weg und zieht die beiden Prädicatsparticipia mit ζωή zusammen[1]), offenbar wegen des unbequemen γὰρ und ἐστέ[2]).

V. 15 schließt sich grammatisch und sachlich als Gegensatz an οἱ λέγοντες an: „statt daß ihr saget", d. h. statt daß ihr die mit folgenden Worten ausgesprochene Gesinnung bemüthiger Abhängigkeit von Gott habet. In v. 14 ist lediglich vom Standpunkt elementarer Naturbetrachtung die Thorheit und Nichtigkeit der v. 13 redend eingeführten, die Abhängigkeit von Gott vergessenden Projectemacherei dargestellt. Jetzt wird vom religiösen Standpunkt dem entgegengestellt, was sein sollte, und damit unter dem ethischen Gesichtspunkt das Unrecht gegen Gott, das mit solcher Rede begangen wird, ins Auge gefaßt: wenn der Herr will und wir leben werden, so werden wir dieses oder Jenes thun[3]). Der Vordersatz ist bis auf ζήσομεν auszudehnen, nicht aber mit θελήσῃ zu schließen[4]); denn 1, würde durch das doppelte καὶ eine für Jakobus Styl unerträgliche Schwerfälligkeit in dem Nachsatz entstehen und 2, gehört das Leben nicht in den Bereich der vorhin aufgeführten Dinge, welche nach jenen vermessenen Plänen ausgeführt werden sollen. Was sollte das heißen: wenn Gott will, so wollen oder werden wir leben und dies und das thun? „Was man in Aussicht nimmt, ist nicht, daß man leben, sondern daß man dies oder das thun werde"[5]). Den vier Verben, mit denen in v. 13 die Objecte der Plänemacherei ohne den Gedanken an den alles bestimmenden Willen Gottes und ohne den Gedanken an die Hinfälligkeit des Lebens aufgeführt werden, wird die einfach summarisch zusammenfassende Formel: καὶ ποιήσομεν τοῦτο ἢ ἐκεῖνο

---

[1]) Nach dem Sinaiticus, bei dem die Worte ἀτμὶς γάρ ἐστε fehlen. [2]) Zu dem ganzen Gedanken vergl. Pf. 102, 4: ἐξέλιπον ὡσεὶ καπνὸς αἱ ἡμέραι μου und Pf. 144, 4: des Menschen Tage gehn vorüber wie ein Schatten. Hiob 7, 7: Gedenke, daß mein Leben ein Hauch ist. — Besonders ist zu erwähnen das Wort Jesu von dem reichen Kornbauer, der für die Zukunft seine Pläne macht, ohne zu bedenken, daß er den morgenden Tag vielleicht nicht erleben wird. [3]) Statt der Conjunctive ζήσομεν und ποιήσομεν ist nach К. A. B. mit Lachm. u. Tischend. zu lesen der Indicativ. Ποιήσομεν wird überdies durch die Correspondenz mit den Indicativen v. 13 gefordert. Der Indicativ ζήσομεν hinter ἐάν, wenn er mit zum Vordersatz gezogen wird, wie oben geschieht, hat nichts Befremdliches, da der Indicativ hinter ἐάν öfter steht mit dem Indicativ Futuri z. B. Joh. 8, 36; Luc. 11 12. Vergl. Win. § 41. 2. [4]) Gegen Wiesing. Huther. [5]) So treffend Hofmann.

entgegengesetzt, und zwar in der Abhängigkeit von jenen beiden Bedingungen, von dem Willen Gottes und dem durch denselben bedingten Besitz des Lebens. „Wenn Gott will", drückt die demüthige Unterstellung des ganzen Lebens unter den Alles bestimmenden Willen Gottes aus, und steht im Gegensatz gegen jenes eigenwillige und eigenmächtige Wesen und Verhalten. „Und wenn wir leben werden" ist bei diesem Abhängigkeitsgefühl Gott gegenüber der Ausdruck des Bewußtseins, daß das Leben als Gottes Gabe durch den allmächtigen Willen Gottes uns erhalten wird und ist entgegengestellt dem ποία γὰρ ἡ ζωὴ ἡμῶν; Das ἐὰν mit dem Conjunctiv im ersten Theil des Vordersatzes bezeichnet die lediglich in den Willen Gottes gestellte Möglichkeit des beabsichtigten Thuns, das ἐὰν mit dem Indicativ des Futurums im zweiten Theil das nach diesem Willen Gottes wirklich Eintretende, was für den Fall, daß Gott es will, und wir das Leben haben werden, wirklich geschehen wird. Die christliche Sprache mit ihrer s. g. conditio Jacobaea: „so Gott will und wir leben", hat die richtige Exegese getroffen. „Zu einem wirklichen, in frommer Christen Mund einheimischen Sprüchwort ist dieses Wort geworden. Wie einfach, wie unmittelbar im Leben verwendbar ist die von Jakobus gegebene Form! Wie drückt sie Denjenigen, der sie sich angeeignet hat und Gebrauch von ihr macht, den Stempel jener Besonnenheit auf, die sich überall und immer in Gottes Hand weiß, die das Ihre thut nach bestem Wissen, aber den Erfolg allezeit in Gottes Hände legt"[1]).

In v. 16ᵃ ist das Verhalten der λέγοντες in v. 13 im Gegensatz zu dem v. 15 Gesagten dargestellt, und zwar wird es gegenüber dem bloßen Referat über ihr thatsächliches Gebahren in v. 13 hier nach seiner ethischen Qualität gekennzeichnet: „nun aber rühmet ihr euch in eurer Großthuerei." Καυχᾶσθε ist in Bezug auf οἱ λέγοντες und im Gegensatz zu ἀντὶ τοῦ λέγειν vom ruhmredigen Sprechen über die eigenen Angelegenheiten und Unternehmungen zu verstehen, bei dem das Erfülltsein von dem Gedanken an die eigene Willenskraft, an das Selbstkönnen und an das Selbstmachen aller Dinge das Bewußtsein, daß Alles von Gottes Willen abhängt, zurückdrängt und nicht aufkommen läßt. Die ἀλαζονεῖαι[2]) sind, wie

---

[1]) Palmer a. a. O. 32. [2]) Oder ἀλαζονίαις Tischend. ed. 7 nach A. B. G. — Bengel: arrogantiae exprimuntur in illis verbis: proficiscemur — lucrabimur. in praesumtione temporis.

der Plural besagt, die einzelnen Momente der Gesinnung der ἀλαζονεία, welche in ihrem Verhalten zu Tage treten. Diese besteht¹) in
dem prahlerischen Großthun mit den selbstgemachten Plänen und
ihrer Ausführung; sie ist das Gebahren des übermüthigen Selbst-
vertrauens in Bezug auf das mit eigner Kraft und Klugheit geschaffene und zu schaffende Lebensglück und somit die Genossin der ὑπερη-
φανία v. 6. Das ἐν bezeichnet nicht den Gegenstand des sich
Rühmens²) — was eine bodenlose Schlechtigkeit und Verworfenheit
voraussetzen würde, der gegenüber solche Mahnungen und Wahr-
nungen nicht mehr am Platze wären, wie sie hier zwischen den Zei-
len zu lesen sind, und die Sprache des Jakobus noch ganz anders
lauten müßte, sondern den Grund solches Rühmens, wie er in der
entsprechenden Gesinnung des selbstherrlichen und selbstseligen Wesens,
in dem falschen Selbst- und Weltvertrauen liegt.

In v. 16ᵇ, nicht in v. 15³), folgt der Nachsatz zu dem v. 13
mit ἄγε οἱ λέγοντες begonnenen Vordersatz, der die in der Erklärung
hervorgehobenen Unterbrechungen durch die Parenthesen 14 und 16ᵃ
erfahren hat. Es folgt freilich nicht der hinter ἄγε übliche Imperativ, sondern ein Urtheilssatz; aber es wird, wie oben gezeigt, durch
ἄγε überhaupt zunächst die Aufmerksamkeit auf etwas Wichtiges und
Besonderes, was zu sagen ist, erweckt, und zwar wird sie durch die
die Rede unterbrechenden Zwischensätze recht gespannt erhalten. Das
Satzgefüge ist: „wohlan nun ihr, die ihr sprecht...., jegliches
derartiges Rühmen ist schlecht." Hiermit wird das Urtheil über solch ein aus übermüthigem Weltsinn hervorgehendes
ruhmrediges Gebahren mit einem kurzen, wenige Worte ent-
haltenden, aber nach so langer Auseinandersetzung desto kräftiger
einschlagenden Satz gesprochen. Fortschritt und Steigerung der
wirksamsten Art ist auch hier wieder nicht zu verkennen: zuerst
Einführung der Rede der hochmüthigen Selbstüberhebung, wie sie
factisch sich kund giebt, dann Schilderung der Thorheit derselben, wie
sie augenscheinlich nach dem elementar-naturalistischen Gesichtspunkt
hervortritt, hierauf Entgegenstellung der Forderung und des Zeugnisses der vor Gott demüthigen und in Gottes Willen ergebenen Gesinnung, weiter im Gegensatz dazu Darstellung des prahlerischen,

---

¹) Vergl. ἀλαζονεία τοῦ βίου 1. Joh. 2, 16. ²) Gegen Wiesinger. ³) Die
Bengel will: latet hic imperativus: potius sic dicite.

der christlichen Demuth schnurstracks widersprechenden Redens aus übermüthigem Weltsinn heraus, endlich kurze Beurtheilung solches Rühmens, das aus Selbstüberhebung und Großthuerei hervorgeht, vom sittlichen Standpunkt aus. Zu beachten ist, daß auch hier wieder lauter Wort- und Zungensünden gerügt werden, selbstverständlich in stetem Blick auf die dadurch zu Tage tretende Gesinnung. Aber das Reden des Guten oder des Bösen wird sofort wieder in den folgenden Worten unter dem Gesichtspunkt des Thuns in Betracht genommen.

In v. 17 gipfelt nämlich die ganze Ausführung in dem sittlichen Urtheil über die Personen selbst, die sich so verhalten, und zwar im engsten Anschluß an die sittliche Beurtheilung des in dem καυχᾶσϑαι, in jenem prahlerischen λέγειν, geschilderten Verhaltens und Gebahrens, wie es aus dem hochmüthigen Selbst- und Weltvertrauen hervorgeht. „Wer nun weiß Gutes zu thun und es nicht thut, dem ist es Sünde." Das Nichtthun des „Schönen" d. h. des sich geziemenden Guten, was zu thun man weiß, kann gar keine Entschuldigung finden, sondern wird Gegenstand persönlicher Zurechnung zur Sünde. Mit οὖν wird weder aus v. 16 noch überhaupt aus dem Vorhergehenden eine Folgerung gezogen[1]); denn es liegt in dem Vorgehenden nichts vor, woraus das „Wissen" der Leser ausdrücklich als eine Folgerung abgeleitet werden könnte. Eher könnte das οὖν die Nutzanwendung aus dem bisher Gesagten bezeichnen[2]); aber dazu paßt nicht der Inhalt des v. 17, der nicht eine Ermahnung, sondern eine Aussage ist. Dem Zusammenhang am angemessensten ist οὖν als Partikel des Fortschritts und Uebergangs zu etwas Anderem, wie unser „nun" zu fassen[3]): wer nun weiß, Geziemendes zu thun. Das καλόν steht im Gegensatz zu πονηρά; ohne Artikel kann es nicht den ganzen Inbegriff des Guten bedeuten[4]), sondern nur allgemein: Gutes, eigentlich Geziemendes. Καλόν ist das Gute, wie es als das Angemessene, Geziemende, mit der Forderung desselben Harmonirende sich darstellt. Durch den Zusammenhang findet der Ausdruck „Gutes" seine Einschränkung. Es ist darunter das v. 15 Gesagte zu verstehn, das Verhalten demüthiger Unterordnung unter den göttlichen Willen im Gegensatz gegen die aus dem hochmüthigen Welt-

---

[1]) Gegen Wiesinger, Huther, de Wette („nach dem Gesagten"). [2]) Kern. [3]) Winer § 53. 8. [4]) So richtig Wiesinger.

sinn entspringende καύχησις πονηρά. Es ist nicht schön, in Selbstüberhebung Gott gegenüber so zu sprechen, wie v. 14 angeführt ist; dagegen ist es schön, in Demuth und Ergebung in Gottes Willen sich so zu verhalten und auszusprechen, wie es v. 15 bezeichnet ist. In εἰδότι liegt die Voraussetzung, daß sie als Gottes Kinder ein Wissen davon haben, daß und wie sie in dieser Hinsicht Gutes thun sollen. Jakobus beruft sich, indem der allgemeine Ausdruck: „wer da weiß" von selbst seine Anwendung auf die Leser findet, auf dieses ihr Wissen, indem er ihnen vorhält, daß sich für Christen solch ein Verhalten, wie das mit dem Reden v. 13 gekennzeichnete, nicht zieme, sondern das sich Ziemende, das Schöne sei, sich demüthig unter Gottes Willen zu beugen. Wenn bei Einem mit solchem Wissen das Nichtthun, der Mangel an solchem pflichtmäßigen Verhalten sich paart, so ist es ihm Sünde. Der Dativ αὐτῷ ist der des Urtheils oder der Zurechnung[1]). Wie εἰδότι, so ist auch ἁμαρτία absichtlich vorangestellt, weil darauf der Nachdruck liegt im Gegensatz gegen weltlich-leichtfertige Auffassung und Schätzung dieser Pflichtverletzung. Das αὐτῷ nimmt den Dativ εἰδότι wieder auf und verstärkt dadurch die persönliche Anwendung und Geltung der Wahrheit. Schon nach dieser bedeutungsvollen Stellung der Worte kann unter ἁμαρτία nicht eine bloße Unterlassungssünde gemeint sein[2]). Daß vielmehr von einem Vergehen, dessen man sich gegen Gott schuldig mache, die Rede ist, erhellt aus dem Gegensatz des καλὸν gegen das πονηρὸν in v. 16. Das erstere nicht thun heißt dieses thun. Das ἐὰν ὁ κύριος θελήσῃ ungesagt, und damit die Pflicht der Selbstbemüthigung unter Gott ungethan lassen, ist eine wider besseres Wissen streitende Versündigung gegen Gott, in der sich der Hochmuth des in Weltsinn verstrickten Herzens bethätigt, ist Selbstüberhebung Gott gegenüber. Es zeigt sich auch hier wieder bei Jakobus die polemische Beziehung auf ein Wissen des Guten im Christenleben, dem das Thun nicht entspricht, auf eine Kluft zwischen der Erkenntnißseite des Christenthums und der ethisch-praktischen Bethätigung des Erkannten und Bewußten vermöge der das Gute in das Leben hineinbildenden Willenskraft. Vergleiche die gleichen Beziehungen auf diesen Gegensatz in 1, 22 f. 2, 14—19. 3, 13 f. Die rechte Erkenntniß soll auch mit dem rechten Handeln verbunden

---

[1]) Winer § 31. 4.   [2]) Gegen Bengel.

sein. Zu vergleichen sind die ähnlichen Aussprüche des Herrn: „Selig ist der Knecht, den der Herr, wenn er kommt, also **thun findet.**¹)" „Wäre ich nicht gekommen und hätte es ihnen nicht gesagt, so hätten sie keine Sünde; nun aber haben sie keinen Vorwand wegen ihrer Sünde²).

Wie in v. 11 und 12, so kommt auch hier in dem Abschnitt v. 13—17 Alles auf die Erfüllung der Forderung v. 10: demüthiget euch vor dem Herrn," hinaus. Die ganze Ausführung stellt den Hochmuth des von falschem Selbst- und Weltvertrauen bestimmten Herzens und Lebens dar. Unter jenem höchsten Gesichtspunkt der Selbstbemüthigung vor Gott ist nun auch die folgende Gruppe von Mahnungen und Warnungen an die hochmüthigen **Reichen** ins Auge zu fassen

V. Cap. 5, 1—6.

Gegenüber dem übermüthigen Gebahren des auf ihre Güter vertrauenden und den Armen bedrückenden Reichen spricht Jakobus hier ernste Warnungen und Drohungen vor dem Gericht der Vernichtung ihres Reichthums und vor dem Gericht der Verdammniß wegen ihrer Härte aus. Vorher redete er nicht zu Reichen als solchen, sondern zu Leuten, die in weltlichem Sinn, ohne der Abhängigkeit von Gott eingedenk zu sein, ihre weltlichen Geschäfte trieben, zu erwerbslustigen Geschäftsunternehmern; von ihnen ward nichts ausgesagt, was nicht bei Jedem vorkommt, er sei reich oder arm³). Hier dagegen wird zwar auch zu weltlich Gesinnten, aber zu solchen geredet, welche sich im Besitz von Reichthümern befinden und auf denselben, als wäre er unvergänglich, ihres Herzens Vertrauen setzen. Er redet zu den irdisch gesinnten Reichen, die in ihrem hochmüthigen Weltsinn und in ihrer Liebe zu den Gütern dieser Welt Gott, ihr höchstes Gut, und die ewigen Güter des Reichs aus den Augen setzen, mit den ernstesten und gewaltigsten Strafworten, in denen man mit Recht die Gewalt der alttestamentlichen Prophetensprache gegen gleichgesinnte Reiche wiedergefunden hat⁴), von der Vergänglichkeit des Reichthums und von ihrem Elend und Verderben am Tage des Gerichts. Daß es unter den Lesern des Briefes **Reiche** gab, erhellt deutlich aus 1, 10; daß es aber auch neben den emsigen Gewerbtreibenden von weltlicher

---

¹) Luc. 12, 43. ²) Joh. 15, 22. ³) So richtig Hofmann. ⁴) Kern, Stier. Vergl. Jona 1, 5 ff. Micha 1. 8 ff. Jerem. 4, 8 ff.

Gesinnung, wie sie 4, v. 13—17 mit ihrem Reichwerdenwollen, dargestellt werden, auch solche irdisch und weltlich gesinnte Reiche, die ihren Besitz und seinen Genuß zu ihrem Götzen machten und damit die Wege der Feindschaft wider Gott einschlugen, im Bereich des christlichen Leserkreises geben konnte, kann doch wahrlich nach 4, 4 ff. nicht geleugnet werden, eine Bethätigung solcher weltlichen, Gott feindlichen Gesinnung, wie sie dort gestraft wird, kann nicht Wunder nehmen. Es sind nicht dieselben Reichen, zu denen Jakobus hier spricht, wie jene, von denen er in 2 v. 6, und zwar deutlich und bestimmt als von Fremden, von Nichtchristen, von Lästerern des Namens Christi 2, 7 redet. Wegen des Fehlens der Anrede „Bruder" an außerhalb des Leserkreises stehende nichtchristliche Juden zu denken[1]), ist schon deßhalb ungerechtfertigt, weil das Fehlen solcher Anrede noch nicht ein Kriterium für den außerchristlichen Standpunkt des Angeredeten sein kann. Es liegt aber um so weniger ein Grund zu solcher Annahme vor, als die Anrede „Brüder" auch 4, 13, wo nicht der mindeste Anhalt für die Meinung sich bietet, daß Jakobus nicht zu Christen rede, und nachher 5, 13 und 16, wo er doch offenbar zu Christen redet, fehlt[2]). Wird 4, 9 angenommen, daß es Christen sind, denen Jakobus zurufen muß: „weinet! euer Lachen verkehre sich in Traurigkeit, eure Freude in Niedergeschlagenheit", so ist nicht abzusehen, warum er in gleicher Sprache hier zu Nichtchristen reden soll. Daß mit so ausführlichen Worten die Reichen hier v. 1—6 wie die Handeltreibenden dort 4 v. 13—17 in paränetischer Absicht angeredet, ja bestürmt werden, jene, um sie zu bewegen, sich mit ihren Geschäften und Unternehmungen demüthig unter die Leitung des Willens Gottes zu stellen, diese, um mit dem Aufgehn ihres ganzen Lebens in den vergänglichen Reichthum und mit ihrer Sündenschuld gegen die armen Nächsten sich nicht dem rettungslosen Untergang im zukünftigen Gericht Gottes Preis zu geben, ist ein Beweis dafür, daß sie sich innerhalb des christlichen Leserkreises des Briefes befinden[3]).

Es trifft nicht zu, wenn man den Unterschied dieses Abschnittes von dem vorigen so bestimmt hat: Jakobus strafe dort die, welche der Vergänglichkeit des irdischen Lebens vergaßen, hier die, welche

---

[1]) So Huther. [2]) Hofmann. [3]) Gegen Huther u. Beyschlag a. a. O. S. 130 f.

nur der Gegenwart dieser Welt lebten, ohne des Endes zu gedenken[1]). Das Erstere wird ausdrücklich auch den Reichen vorgehalten, nämlich die Vergänglichkeit des Reichseins. Dort ist die hochmüthige Selbstbestimmung in Bezug auf alle weltlich-irdischen Geschäfte und Unternehmungen mit Emancipation vom göttlichen Willen, hier das Aufgehn des ganzen Lebens in den Reichthum unter Vergessen der Vergänglichkeit desselben und der mit ihm bei solcher Gesinnung verbundenen Gefahr, dem Gericht Gottes zu verfallen, Gegenstand der strafenden Mahnrede.

Der Zuruf v. 1: „wohlan nun, ihr Reichen, weinet, indem ihr heulet über eure Drangsale, die da herannahen" ist nach dem oben Gesagten nicht eine Wiederaufnahme des ἄγε νῦν in 4, 13 zu angeblicher Fortführung der dort vermeintlich abgebrochenen Rede[2]), sondern ein selbstständiger neuer Satz zu einer Aufforderung an die Reichen. Das „Weinet" ist der Gegensatz gegen den heiteren lachenden Weltsinn, der sich des Reichthums als des höchsten Erdenglücks mit einem ihm ganz ergebnen Herzen freut, vergl. 4, 9, und bezieht sich nicht mit futurischer Bedeutung auf das zukünftige Eintreten des Unglücks, sondern auf die Gegenwart; jetzt schon sollen sie an Stelle der Weltlust das Klagegeschrei über das nahe Verderben erheben[3]). Das Participium „heulend" verstärkt den Zuruf: weinet, um den höchsten Ausdruck des Schmerzes zu bezeichnen[4]). Die „Drangsale" sind, wie der Plural bezeichnet, die mancherlei Arten und Formen des Elendes und Unglücks, welches an die Stelle des Reichthums treten wird, dessen sie sich jetzt freuen; sie werden mit ταῖς ἐπερχομέναις als herannahende geschildert. Jakobus denkt dabei nicht an die Zerstörung Jerusalems[5]), von der die Diaspora ja ohnehin nicht unmittelbar betroffen wurde[6]), sondern wie aus v. 3 und 7 erhellt, an das mit der Parusie des Herrn zum Gericht eintretende Ende der gegenwärtigen Welt, und an das Vergehen der Welt mit ihrer Lust[7]). Die Drang- und Trübsale werden dann für sie darin bestehen, daß alles das höchste Glück, das sie in dem Reichthum zu haben glaubten, und

---

[1]) So Hofmann. [2]) Gegen Huther. [3]) Calvin: prophetica est loquendi forma, dum impii, propositis in medium poenis, quae eos manent, quasi in rem praesentem jam trahuntur. [4]) So auch z. B. Jesaj. 15, 3 ὀλολύζετε μετὰ κλαυθμοῦ. [5]) Gegen Grotius, Stier, Lange, Boumann. [6]) De Wette. [7]) 1. Joh. 2, 17.

welches derselbe für sie ausmachte, ihnen nicht bloß **genommen**, sondern vor ihren Augen in abscheuliches **Gegentheil**, in lauter **Verderben** sich wandeln wird, und daß sie, weil sie ihr Herz und Leben darin aufgehen ließen, in dieses Verderben werden mit hineingerissen werden. Mit der Schilderung davon will Jakobus sie offenbar abschrecken von der im Reichthum ihr volles Glück und Genüge findenden Weltliebe. Mit lebhafter Phantasie malt er ihnen als gegenwärtig vor Augen das Bild des Verderbens, welchem auch Christenleute nach der strafenden Gerechtigkeit Gottes als des gerechten Richters verfallen müssen, wenn sie als Reiche sich den Reichthum zur Versuchung werden lassen, die Gottes- und die Bruderliebe in schmählichster Weise zu verleugnen. Darum kann das „**weinet**"! als im gegenwärtigen Zeitpunkt geltend **nicht ohne parānetisch-ethische Tendenz** auf Erweckung wahrer Buße und Umkehr gedacht werden, zumal dieser Weheruf, der zum Weinen auffordert, an Leute von gleicher Gesinnung gerichtet ist, wie die, welche Jakobus in 4, 4—9 im Auge hat, und an die er einen gleichen Ruf: „traget Leid und weinet, euer Lachen verwandele sich in Weinen," richtet[1]). Daß und wie die **Drangsale ihren Grund in der Vergänglichkeit und in dem Verderben des irdischen Reichthums** haben und deshalb Gegenstand des heulenden Weinens für die sein müssen, die dem Reichthum **hingegeben bleiben**, wird v. 2 und 3 in anschaulichster und ergreifendster Weise geschildert. Das Zukünftige wird nicht bloß als gegenwärtig, sondern als schon geschehn dargestellt.

In lebhafter **Vergegenwärtigung** des zukünftigen Vergehens und Verderbens der weltlichen Güter schreitet die Schilderung desselben v. 2 und 3ᵃ in der **perfectischen Redeform** einher. Voranstebt die allgemeine Aussage: „**euer Reichthum ist verfault**"[2]), mit der schon alles in der erschöpfendsten Weise gesagt ist. Der Reichthum wird personificirt gedacht. Als ein Cadaver ist er der Fäulniß, der Verwesung, dem schrecklichsten Bilde der Vergänglichkeit und Vernichtung verfallen. Der Gedanke an solche den Reichthum ausmachende spezielle Dinge, die leicht faulen[3]), oder an geizig zusammengehäufte Güter, die dann ungebraucht im Kasten verkommen,

---

[1]) Gegen Calvin: eos terrere voluit absque spe veniae, nam quaecumque dicit, nonnisi ad desperationem spectant. [2]) σήπω im N. T. nur hier.
[3]) Gebser, Bouman.

verfaulen¹), ist hier eingetragen, und beeinträchtigt die in ihrer Knapp=
heit und Kürze schöne, großartige Darstellung. — Spezielle Dinge,
in denen hauptsächlich der Reichthum bestand, werden nun
erst aufgeführt, indem das der Natur und der Beschaffenheit jedes
Einzelnen entsprechende Vergehen und Verderben so geschildert wird,
daß die Ursach des schmerzlichen Leidwesens darüber darin erkannt
wird, daß das Verdorbensein zugleich ein Entwerthet= und
Vernichtetsein für ferneren Gebrauch ist. „Und eure Klei=
der sind mottenfräßig²) geworden, euer Gold und
Silber ist verrostet." In Kleiderpracht entfaltete sich im
Morgenlande am meisten die persönliche Selbstdarstellung des Reich=
thums³). Das Wechseln und das Schenken kostbarer Gewänder ge=
hörte zum Anstand des reichen Mannes⁴). Gold und Silber
bezeichnen sprichwörtlich den Reichthum nach seinem Werthgehalt.
Der Rost kann beiden Metallen nichts anhaben. Aber deshalb darf
man nicht erklären, Jakobus habe an mit Kupfer versetzte goldene
und silberne Gefäße gedacht⁵), oder die Vorstellung von etwas
Widernatürlichem ausdrücken wollen⁶), oder sich eine poetische Ueber=
treibung gestattet⁷), oder nur das Bild des Rostes anwenden
wollen⁸), um damit die Vergänglichkeit zu schildern. Gegen
diese künstlichen und zum Theil kleinlichen Deutungen⁹) ist ein=
fach festzuhalten, daß Jakobus aus populärer Anschauung heraus
redet, für welche Rost überhaupt das ist, was Metalle verderbt und
werthlos macht¹⁰). Rost als die verderbende Macht wird nachher ja
auch in Bezug auf das Fleisch erwähnt. Rost und Motten=
fraß werden ebenso von dem Herrn in Bezug auf die bei=
den Hauptkategorieen irdischer Schätze, Metall und Kleider, an die
der Mensch sein Herz hängt, statt Schätze im Himmel zu sammeln,
als Bilder des Verderbens und der Vergänglichkeit gebraucht¹¹).

Ein neuer Gedanke folgt nach dieser Schilderung v. 3 : „und

---

¹) Calvin, Theile. ²) σητόβρωτος nur hier im N. T., auch sonst nirgends, außer
Hiob 13, 28 Sept. — Zu dem Bilde vergl. Jesaj. 51, 8. Matth. 6, 19. ³) Vergl.
1. Mos. 38 2. 41, 14. 45, 22. 1. Sam. 18, 4. 2. Kön. 5, 5. ⁴) Sprüche
31, 21. Hiob 27, 16. Matth. 22, 12. Luc. 15, 22. 16, 19. ⁵) Bretschneider,
Baumann. ⁶) Lange: Die Herrlichkeit Israels verdorben durch die wider=
natürliche Abtrünnigkeit der Oberen Israels vor Jehova! ⁷) Theile,
⁸) Wiesinger. ⁹) So Huther. ¹⁰) Huther und Hofmann. ¹¹) Matth. 6, 19, 20.
Luc. 12, 33.

ihr Rost wird zum Zeugniß euch sein, und fressen euer Fleisch wie Feuer." Sie sollen daraus lernen, wie das Verderben der vergänglichen Güter ihr eigenes Verderben sein wird. Zuerst wird gesagt: der Rost, der euer Gold und Silber verzehrt, wird euch zum Zeugniß gereichen müssen, daß ihr einem gleichen Verderben verfallen werdet. Dies ist der Sinn von εἰς μαρτύριον ὑμῖν ἔσται, welches wiederholt in der Bedeutung überführender Kundgebung so vorkommt[1]). In ihrer fleischlichen Sicherheit und Weltseligkeit wird ihnen[2]) der Rost, das Verderben, die Werthlosmachung ihrer Schätze durch ihn, eine gewaltige Predigt, ein wider sie gerichtetes Zeugniß sein, daß sie selbst wie ihre Schätze, und mit ihrem Reichthum dem Untergang und Verderben verfallen[3]). Die Erklärungen: zum Zeugnisse der Kargheit gegen die Armen[4]), oder: der Thorheit des Strebens nach vergänglichen Schätzen[5]), finden im Context mit ihren speziellen Beziehungen nicht den geringsten Anhalt. Die gegebene Erklärung wird durch das unmittelbar Folgende gewiesen. — Der zweite Satz nämlich: „und er wird fressen euer Fleisch wie Feuer," fügt den Gedanken hinzu, daß die verderbende Macht der Vergänglichkeit, die Gold und Silber verzehrt, auch den Besitzer desselben mit seinem ganzen irdisch=fleischlichen Wesen verzehren wird. Der Uebergang der Rede in das Futurum bedeutet hier, wie vorher ἔσται, die verderbende Wirkung, welche gewiß eintreten wird[6]). Τὰς σάρκας bedeutet selbstverständlich nicht = ὑμᾶς[7]), nicht die Aeußerlichkeiten des religiösen bürgerlichen und persönlichen Lebens[8]), nicht die wohlgenährten Leiber der Reichen[9]), nicht = bei lebendigem Leibe, oder leibliche Zerstörung[10]), sondern, wie es öfters vorkommt, in übertragenem Sinne[11]) die sinnlich materielle Existenzform der Person in ihrer individuellen Erscheinung, sofern sich darin das durch den Reichthum erblühte und gepflegte irdische Lebensglück in sinnlichem

---

[1]) Matth. 8, 4. 10, 18. 24, 14. [2]) Das ὑμῖν der Dat. incommodi oder Ungunst, dem Sinn nach = „wider euch", s. Winer § 31. 4. [3]) Vergl. Wiesing, Huther. [4]) Oekum., Calvin, Semler, Gebser, de Wette, Neander. [5]) Pott, Schneckenb., Kern. [6]) φάγεται ist in d. Sept. u. im N. T. Futurum für das sonst im Griechischen gebrauchte ἔδεται. S. Luc. 17, 8. Apocal. 17, 16. Gen 27, 25. Ex. 12, 8. [7]) Baumgarten. [8]) Lange: Rost ist der faule Stabilismus, der sich in das Feuer revolutionärer Bewegungen wandelt! [9]) Augusti. [10]) Hofmann. [11]) Micha 3, 2. 3. Offenb. 17, 16. 19, 18 u. 21 und zwar mit demselben Verbum.

üppigem Wohlleben darstellt. Das „Verzehren" ist nicht von Kummer und Sorgen[1]) oder von quälenden Schmerzen über den Verlust des Reichthums[2]), sondern in eigentlichem Sinn von der **Vernichtung**, der das leiblich-sinnliche Lebensglück, sofern es von dem Reichthum abhängt, **mit diesem anheimfallen muß**, zu verstehn. Genau derselbe Gedanke ist 1, 9. 10 in den Worten ὁ πλούσιος παρελεύσεται, μαρανθήσεται, unter demselben leiblich-persönlichen Gesichtspunkt durch ein anderes Bild ausgedrückt. Zu dem Bilde von dem langsam, allmälig, unvermerkt verzehrenden **Rost** wird das des **Feuers** hinzugefügt, um das gewaltsame, schnelle und augenfällige Vernichten, wie es durch das Feuer geschieht, hervorzuheben. Dadurch wird die Macht und der Ernst der Rede gesteigert. Der Untergang und das Verderben kommt sicher herbei, nach dem Bilde des Rostes im Lauf der Zeit in langsamem, allmäligem Vernichtungsprozeß, nach dem Bilde vom Feuer schnell und gewaltig am Ende der Weltzeit im Gericht. Die rasche Wendung von jenem Bilde zu dem des Feuers ist veranlaßt durch die Lebendigkeit der Phantasie, mit der Jakobus von dem allgemeinen Gedanken des allmäligen Vergänglichkeitsprozesses zu dem speziellen der Vernichtung des im Reichthum begründeten sinnlich-materiellen Lebensglücks im nahe gedachten **Gericht**, welches so oft in der Schrift unter dem Bilde des verzehrenden **Feuers** vorgestellt wird[3]), hinüberspringt.

Das ὡς πῦρ wird von einigen Auslegern mit dem Vorhergehenden, von anderen mit dem Folgenden verbunden. Die Verbindung von ὡς πῦρ mit dem Folgenden[4]): „**wie Feuer habt ihr Schätze gesammelt in den letzten Tagen**" — soll den Gedanken ergeben: „gleichsam wie Feuer habt ihr eure Schätze, Feuer göttlichen Strafgerichts habt ihr in ihnen zusammengehäuft, damit sie, nämlich die dem Feuer verglichenen Schätze, euch verzehren." Ein höchst gezwungener Gedanke: die Schätze ein Feuer! Es hätten dann neben dem absoluten θησαυρίζειν die Reichthümer als Object und dem πῦρ entsprechend genannt werden müssen. Wenn dagegen ὡς πῦρ mit φάγεται, von dem es naturgemäß gefordert wird, verbun-

---

[1]) Gegen Bouman. [2]) Gegen Kern. [3]) πῦρ mit φάγομαι verbunden, z. B. Amos 5, 6. Psal. 21, 10. Jesaj. 10, 16. 17. 30, 27. Ezech. 15, 7.
[4]) Schon im Cod. A und in der syrischen Vers. durch entsprechende Interpunktion hinter ὑμῶν bezeichnet; dann von Oecum., Grotius, Knapp, Wiesinger, Hofmann Neander vertreten.

ben wird, entbehrt der Satz: „ihr habt Schätze gesammelt in den letzten Tagen" keineswegs der Kraft; denn der Nachdruck liegt nicht auf ἐθησαυρίσατε, sondern auf dem „in den letzten Tagen", d. h. der gegenwärtigen Zeit, die eben dem mit der Parusie des Herrn nahen Gericht vorangeht. Dies hervorzuheben ist eben Jakobus veranlaßt durch das Bild vom Feuer, auf dessen vernichtende Macht über den Reichthum und das leiblich-sinnliche Glück seiner Inhaber in der Zukunft er hingewiesen hat. Der Gedanke Röm. 2, 5: „du häufest, θησαυρίζεις, dir Zorn am Tage des Zornes", darf nicht zu der Meinung veranlassen, Jakobus habe hier πῦρ von dem „Zorn" Gottes verstanden. Das „Schätzesammeln" bezeichnet das in beständigem Begehren und Ringen nach Erwerb und Gewinn 4, 2. 13 f. fortgesetzte Anhäufen irdischer Güter, als wenn dieser Zeitlauf kein Ende nehmen würde. Und doch sind es die letzten Tage der gegenwärtigen Weltzeit, in denen die in irdischen Sinn versunkenen Reichen ihre Schätze aufhäufen. Das nahe Gericht wird sie vernichten. Wie thöricht, Schätze zu sammeln angesichts des nahen Feuers des Gerichts, welches sie verzehren wird, des „Schlachttages" v. 5, der ihre Inhaber selbst vernichten wird!

Nachdem diesen Reichen v. 1—3 ihr künftiges, trauriges Ergehn hinsichtlich ihres Reichthums und ihrer Person mit der Aufforderung zu schmerzensvollen Klagen darüber vor Augen gestellt worden, wird ihnen v. 4—6 eine dreifache Sündenschuld vorgehalten, durch welche sie bei Anhäufung ihrer Reichthümer solch ein Gericht über sich herbeiziehen.

Erstens wird in v. 4 hingewiesen auf die selbstsüchtige Hartherzigkeit, die sie als Arbeitgeber den Arbeitern gegenüber an den Tag legen 1, durch ungerechte Vorenthaltung des ihnen gebührenden Lohnes: „siehe! der Lohn der Arbeiter, die eure Felder gemähet haben, vorenthalten von eurer Seite, schreiet", und 2, durch grausame Ueberbürdung mit Arbeit: „und das Geschrei der Ernbter ist in die Ohren des Herrn Zebaoth gedrungen".

Das siehe! macht ausdrücklich auf dieses spezielle Verhältniß zu den Arbeitern aufmerksam, welches als Beispiel und Beweis ihres habsüchtigen Weltsinns herausgehoben wird. Und zwar geschieht das mit Beziehung auf die Erndtearbeit, in der das Mähen des Getreides und sein Einsammeln, θερίζειν, unterschieden wird. Da tritt die Mühe und Beschwerde des Arbeitens am deutlichsten hervor. Da erscheint die Hartherzigkeit in Verkürzung des Lohns am auffallendsten. Das ἀφ' ὑμῶν gehört nicht zu κράζει¹) = schreit von euch Reichen her, nämlich weil er von euch nicht ausgezahlt worden, sondern natürlich und ungezwungen zu dem Particip. Passivi: „vorenthalten", und zwar nicht = ὑπὸ, sondern genau und wörtlich = von euch aus, aber wohl nicht: in Folge der von euch getroffnen Anordnungen²), sondern besser: den Arbeitern gegenüber, in eurem Verhältniß zu ihnen: „von eurer Seite"³). Zwei Seiten, die der Arbeitgeber und die der Arbeiter, werden unterschieden; von der einen wird der Lohn gefordert nach dem Recht, da er durch Arbeit verdient ist; von der andern wird er vorenthalten, und das ist das „schreiende" Unrecht, dessen sich die Reichen gegen die Arbeiter schuldig machen. Die **Schuld der Lohnvorenthaltung** wird öfters besonders nachdrücklich betont. Im A. T. 3. Mose 19, 13: es soll des Tagelöhners Lohn nicht bei dir bleiben bis an den Morgen. Vergl. 5. Mose 24, 14, Jerem. 22, 13: wehe dem, der seinen Nächsten umsonst arbeiten läßt und gibt ihm seinen Lohn nicht! Mit denselben Worten Maleachi 3, 5 und Sirach 34, 22⁴). Im N. T. findet sich die sprüchwörtliche Rede: „Ein Arbeiter ist seines Lohnes werth", Luc. 10, 7, 1. Tim. 5, 18. Es **schreit** der vorenthaltene Lohn als Sündenschuld und zwar, nach dem Folgenden, gen Himmel zu Gott um sühnende Strafe; solch ungerechtes Verfahren **fordert die strafende Gerechtigkeit Gottes heraus**. — Die folgenden Worte: „**die Rufe der Erndter sind in die Ohren des Herrn Zebaoth gedrungen**", enthalten ohne Zweifel einen Wiederhall von 2. Mose 2, 23, wo es von den mit harter Arbeit unbarmherzig Gedrückten heißt: **ihr Geschrei drang auf zu Gott von ihrer Arbeit**, und von Jesaia 5, 9, wo von dem habsüchtigen, erwerbsgierigen Verfahren gesagt wird: es ist in die Ohren des Herrn Zebaoth gedrungen⁵).

Diese zweite Satzhälfte ist also nicht bloß Erläuterung und Weiterführung der ersten in Bezug auf das Schreien wegen des vorenthaltenen Lohnes, welches nun als in die Ohren Gottes gekommen

---

¹) Gegen Huther und Lange. ²) Hofmann. ³) S. Winer § 47. 5. S. 332. A. 1. ⁴) Maleachi Sept. 3, 5: ἔσομαι μάρτυς ταχὺς ἐπὶ — τοὺς ἀποστεροῦντας μισθὸν μισθωτοῦ. Sir.: ἰσχύων αἷμα ὁ ἀποστερῶν μισθὸν μισθίου. ⁵) Vergl. Ps. 18, 7: mein Geschrei kommt vor ihn zu seinen Ohren.

bezeichnet werde, sondern enthält eine andere Seite der hart=
herzigen Selbstsucht gegen die Arbeiter: die Belastung der=
selben mit zu schwerer Arbeit, die selbstsüchtige Ausbeu=
tung der Arbeitskraft über die durch die Vorenthaltung des Lohnes
noch geminderte Leistungsfähigkeit hinaus[1]). Der Herr Zeba=
oth[2]) heißt Gott in Bezug auf die überirdischen Mächte und Ge=
walten dienstbarer Geister, die ihm zu Gebote stehen. Jakobus
denkt also nicht blos an die Macht Gottes an sich, mit strafender
Gerechtigkeit darein zu fahren, sondern auch an die Fülle der himm=
lischen Kräfte, die ihm zu Gebote stehen, um wider solche Unbarm=
herzigkeit Vergeltung zu üben. Der allmächtige, lebendige Gott im
Himmel kümmert sich um die Elenden und ihre Peiniger; er nimmt
genaue Kenntniß von ihrem Elend; er läßt nach seiner Gerechtigkeit
diese grausame Hartherzigkeit nicht ungestraft. An allerhöchster
Stelle, vor dem heiligen und gerechten Gott, dem die Mächte und
Gewalten der unsichtbaren Welt zur Vollstreckung seiner Befehle dienen,
wird die Klage und Anklage — beides bezeichnet βοαί — der Ar=
beiter laut und gehört; sie bringt εἰς τὰ ὦτα des lebendigen Got=
tes hinein, und fordert damit sein Gericht heraus.

Zweitens wird ihnen gegenüber der Hartherzigkeit, mit der sie
durch überschwere Arbeit ihre Arbeiter quälen, und gegenüber der
Ungerechtigkeit, mit der sie diesen den verdienten, zu ihrer Nothdurft
unentbehrlichen Lohn entziehen, ihr üppiges Wohlleben vorge=
gehalten, mit dem sie bald dem Gericht verfallen werden: „ihr habt
wohl gelebt auf Erden und üppig geschwelgt; ihr habt
geweidet eure Herzen am Tage der Schlachtung"[3])
Τρυφᾶν im Allgemeinen: wohl, vergnüglich, lustig leben[4]), σπαταλᾶν
das üppige, schwelgerische Leben in Genüssen und in Kleidung[5]).
Die Aoriste bedeuten, daß solch ein Leben bisher von ihnen geführt
worden. Die Worte ἐπὶ τῆς γῆς finden nach dem Zusammenhang
ihre Erklärung durch den Gegensatz in der Richtung, die das Schreien
der Arbeiter nimmt, zu dem Throne und zu den Ohren Gottes
im Himmel. Sie bezeichnen in und mit dem Terrain, auf dem diese

---

[1]) Vergl. Hiob 31, 38. 39. [2]) Nur hier im N. T., sonst noch in einem
Citat aus dem A. T. Röm. 9, 29. [3]) Gegen die 1. rec. ὡς vor ἐν ἡμέρᾳ zeu=
gen א. A. B. Es ist daher mit Lachm. u. Tischend. gegen Reiche und Bouman
wegzulassen als „erklärendes Abdittament" (Huther). [4]) Nur hier im N. T.
[5]) Nur noch 1. Tim. 5, 6 im N. T.

Leute gegenüber der im Himmel in das Ohr Gottes bringenden Klage und Anklage über ihre Ungerechtigkeit, ihrem schwelgerischen Wohlleben sich hingeben, die an der Erde und ihren Gütern haftende Gesinnung, in der sie solch ein Leben führen, und deuten hin auf die mit dem üppigen Wohlleben verbundene leichtfertige Sorglosigkeit, mit der sie, berauscht vom irdischen Sinnengelüst, der vom Himmel, von Gott her ihnen drohenden Vergeltung nicht gedenken[1]). Das „auf das Ende" ist gegen den Zusammenhang nicht in Bezug auf die im Gericht bevorstehende Zerstörung der Erde[2]), nicht im Gegensatz zu der in der anderen Welt zu erleidenden Strafe[3]), nicht im Gegensatz gegen das Gericht, in dem es mit solchem Leben aus sein werde[4]), nicht in Beziehung auf eine ganz andere Bestimmung, die das Leben hätte haben sollen, aufzufassen. In den Worten: „ihr habt genährt oder geweidet eure Herzen am Tage der Schlacht" ist ein zwiefaches Neues[5]) im Vergleich mit dem Vorigen enthalten. Wenn dort mit den beiden Verbis das üppige, schwelgerische Leben überhaupt bezeichnet ist, so wird hier als ihre Sündenschuld hervorgehoben, daß sie damit ihre Herzen, d. h. die Lüste und Begierden ihres innersten Menschen, befriedigt und satt gemacht hätten. Wie sie ihre Habsucht nach v. 4 in hartherziger Weise befriedigten, so haben sie ihrer Genußsucht gefröhnt in Befriedigung ihrer Gelüste und Begierden, um ihres Herzens sündlichen Bedürfnissen, d. h. den Begierden und Lüsten, von denen 4, 1 ff. die Rede war, dadurch volle Genüge zu schaffen. Das Herz als Mittelpunkt aller Empfindung sinnlichen Wohlbehagens und der Befriedigung der sinnlichen Bedürfnisse[6]) wird hier gleichsam als das gefräßige Thier gedacht, welches, begierig nach den sinnlichen Genüssen der Welt, durch die Weide, die ihm in denselben dargeboten wird, in seiner Genußsucht befriedigt wird. Die „Herzen", die getheilt sind zwischen Gott und Welt, die δίψυχοι, werden von den sinnlichen Lüsten und Begierden ganz eingenommen, und das Leben geht auf in dem Weiden, d. h. in Befriedigung dieser Lüste und Begierden durch die irdischen Genüsse[7]). Daß das ἐθρέψατε auf das Thierleben anspielt, und Jakobus hier darauf hindeutet, daß der Mensch in solchem Mißbrauch des Reich-

---

[1]) Aehnlich Huther. [2]) Lengel: super terra, nunc vastanda. [3]) De Wette. [4]) Wiesinger. [5]) Gegen Huther. [6]) Vergl. Luc. 21, 34. Apostelgesch. 14, 17. Pf. 104, 15. [7]) Vergl. Luc. 21, 24, wo der Herr von der Beschwerung der Herzen mit Fressen und Saufen redet.

thums zur Befriedigung seiner sinnlichen Lüste und Begierden sich zum Thier herabwürdigt, erhellt aus den Worten: „am Schlacht=
tage". Die andere Steigerung liegt eben in diesem Zusatz: „am Schlachttage". Da σφαγή nie die Opferdarbringung bezeichnet, kann der Sinn nicht sein: sie hätten schwelgend, wie bei den üppigen Mahl=
zeiten an Opferfesten, ihre Herzen geweidet[1]). Auch ist die Erklä=
rung nicht haltbar: sie hätten wie an einem festlichen Tage, an dem für das Mahl geschlachtet wurde, üppig geschwelgt, also gleichsam alle Tage in Festschmausereien gelebt[2]). Gegen diese und ähnliche Erklärungen ist schon die Unhaltbarkeit des ὡς. Der Ausdruck: „Tag des Schlachtens" bezieht sich jedenfalls auf die Schlachtung von Thieren. Das Bild vom Schlachten wird bei solcher Vergleichung mit Thieren Jerem. 12, 3. 25, 34 von den gottlosen Gewalt=
habern gebraucht, die nach ihres Herzens Gelüsten dahinleben und das arme Volk ausbeuten, aber von dem nahen Gericht Gottes werden ereilt und wie Schlachtthiere werden getödtet werden. So gebraucht auch Jakobus diese Ausdrucksweise, die das Verderben der Gottlosen durch das Strafgericht am Tage des Gerichts symboli=
sirt, von den üppigen Reichen. Wie sie nach v. 3 „in den letzten Tagen", also angesichts der nahen Parusie des Herrn zum Gericht, beflissen gewesen sind, irdische Schätze aufzuhäufen und ihre Hab=
sucht auf Kosten der darbenden Armen zu befriedigen, so haben sie sich nun auch der zügellosen Genußsucht hingegeben, und weiden sich satt durch Befriedigung ihrer sündlichen Lüste und Begierden noch am Tage des Gerichts, auf den ihre Abschlachtung festgesetzt ist. Jakobus führt die Vergleichung nicht mit Bild und Gegenbild aus, sondern läßt seine Gedanken und Worte unmittelbar bestimmt werden durch die ihm vor Augen schwebende Vergleichung der üppigen reichen Lebe=
männer mit Thieren, die noch am Schlachttage sich weiden. Er charakterisirt dieselben, indem er einen solchen vergleichenden Blick thut, 1, als dem selbstsüchtigen Sinnengenuß in thierischer Weise sich hingebende Menschen, die für sich ihr Glück in der Befriedigung ihrer Gelüste finden, 2, als solche, die in ihrem Sinnentaumel den von ihnen abhängigen Arbeitern gegenüber kein Herz voll Erbarmen ha=
ben, vielmehr das denselben als Lohn zustehende irdische Gut für sich verprassen, und 3, als solche, die bei allem Wissen und Neben

---

[1]) Calvin, Beza, Grotius. [2]) Bengel.

von Gott und seiner Gerechtigkeit und seinem Gericht doch so sorglos und unbekümmert um ihre eigene Stellung zu Gott und seinem Gericht in ihren Genüssen und Lüsten dahinleben, als wäre das Gericht nicht vor der Thür, gleich den Thieren, die noch am Tage ihrer Schlachtung ohne zu wissen, daß sie geschlachtet werden, gierig fressen. Es ist damit angedeutet, daß das sittliche Urtheil im Gewissen und die intellektuelle Seite des religiös-sittlichen Lebens durch die sündliche Befriedigung der Lüste und Begierden in weltlichem Genußleben abgestumpft wird, und daß das Christenleben durch solche Degradation zu einer dem thierischen Naturleben analogen Lebensweise in den Zustand fleischlicher Sicherheit hinabsinkt. Welch gewaltiger Ernst war also nöthig, um die, von denen Jakobus mit so schneidigem Sarkasmus redet, durch den Weckruf v. 1 f. aus ihrer Weltseligkeit, in die sie durch den Mißbrauch des nach 4, 2. 13 f. übel erworbenen und mit Hartherzigkeit und Ungerechtigkeit gemehrten Reichthums versunken waren, aufzuschrecken! Er läßt, indem er diesen mächtigen Weckruf an sie ergehen läßt, vor ihren Augen das Anhäufen ihrer Schätze beleuchtet sein von dem Feuer des herannahenden Gerichtstages, und versetzt sie mit ihrem üppigen Genuß der irdischen Güter unmittelbar in die Gerichtsaktion hinein. Er stellt den in Weltlust verstrickten Reichen hier als in der Zukunft geschaute Thatsache zur Warnung und zur Erweckung aus dem Schlaf der Welttrunkenheit und fleischlichen Sicherheit genau dieselbe Wahrheit vor Augen, welche der Herr im Blick auf das Gericht mit den Worten aussprach: „hütet euch, daß nicht beschwert werden eure Herzen in Fressen und Saufen und Sorgen um die leiblichen Bedürfnisse, und plötzlich auf euch einbringe jener Tag." Luc. 21, 34.

Die erste Versündigung war die mit dem Erwerb und Besitz des Reichthums verbundene selbstsüchtige **Ungerechtigkeit** und **Hartherzigkeit** gegen die für Erhaltung und Mehrung desselben arbeitenden Brüder; die zweite besteht in dem sündlichen Genuß des Reichthums, in den die Sinnenlust führt, und in dem man sorglos und sicher, unbekümmert um das göttliche Gericht, seinen Lüsten und Begierden fröhnt. Die dritte besteht nach v. 6 in der mit der Macht des Reichthums sich deckenden richterlichen Vergewaltigung derer, die im Rechte sind. „Verurtheilt habt ihr, getödtet habt ihr den Gerechten; er widerstehet (oder: man wehret) euch nicht. Es ist von einem Gerichtsverfahren die Rede, in welchem sie die Richter sind und das Verdammungsurtheil sprechen gegen den Gerechten, der nichts Uebeles begangen hat, sondern mit seiner Sache im Rechte ist. Das καταδικάζειν heißt nichts anderes als: vor Gericht durch Rechtsspruch für schuldig erklären und zur Strafe verurtheilen[1]). Es darf daher nicht abgeschwächt werden, als sei nicht ein eigentliches Gerichtsverfahren seitens der Reichen, sondern nur ein indirectes oder mittelbares Verurtheilen durch ungerechte Anklage oder ungerechte Beeinflussung der Richter, z. B. durch Bestechung gemeint[2]). Auch sind nicht Ankläger neben den Richtern in das Subject mit einzuschließen[3]); denn es wird nach dem Wortlaut nur das **richterliche Verfahren** gegenüber dem Angeklagten, das **Schuldigsprechen** des Gerechten, **Unschuldigen** ausdrücklich bezeichnet[4]). Der δίκαιος kann nicht Christus sein[5]), da, abgesehen von dem Fehlen jeder Beziehung auf ihn im näheren und weiteren Context, das Präsens ἀντιτάσσεται dann nicht am Orte wäre, und vorher statt der Aoriste das Perfectum stehen müßte[6]). In der Stelle 2, 6 ist von etwas ganz Anderem die Rede, nämlich von einem gewaltsamen Hinschleppen der Christen vor Gericht seitens der ungläubigen und unchristlichen Reichen; hier dagegen von einer ungerechten Verurtheilung Unschuldiger seitens der christlichen, durch Reichthum und Macht einflußreichen Richter. Daß der Grund der gerichtlichen Verfolgung des Gerechten darin, daß er ein Gerechter sei, liege, daß sie um seiner ihnen verhaßten Gerechtigkeit willen ihn verfolgt hätten, ist in den Worten in keiner Weise angedeutet[7]). Wenn der Sinn sein sollte: ihr habt ihn verurtheilt als Gerechten, oder: weil er ein Gerechter ist, müßten die Worte entsprechend anders lauten. Es würde jene Auffassung auch mit der Voraussetzung, daß Jakobus von Christen redet, unvereinbar sein.

Das φονεύειν ist nicht von unmittelbarem eigentlichem Morden, sondern in weiterem Sinne[8]) von mittelbarem Tödten, wie 4, 2, von dem mit der wirklichen Tödtung auf gleiche Stufe gestellten ideellen Morden durch Haß und gehässige ungerechte Behand-

---

[1]) Matth. 12, 7. Luk. 6, 37, hier im Unterschiede von κρίνειν. [2]) Gegen de Wette, Theile, Gebser, Wiesinger, Dächsel. [3]) Gegen Huther. [4]) Vergl. Matth. 12, 7: κατεδικάσατε τοὺς ἀναιτίους. [5]) Oecumen., Grotius, Lange. [6]) So Huther. [7]) Gegen Huther, der auf Weisheit 2, 10 ff. sich beruft, wo aber καταδυναστεύειν steht. [8]) Vergl. Ezechiel 13, 19: „ihr tödtet Seelen, die nicht sterben sollen", und Sir. 34, 22.

lung zu verstehen. Die Streite und Kriege, an denen es unter den Lesern nicht fehlt, haben ihren Grund in den selbstsüchtigen Gelüsten und Begierden nach Gewinn und Besitz. Daraus entstanden gegenseitige Befeindungen, daraus Anklagen vor Gericht; und daraus konnte dann unter Mißbrauch der durch den Reichthum gebotenen Macht und Auctorität solch ein böses Verfahren richterlicher Ungerechtigkeit hervorgehen. Die von den Propheten[1]) oft gestrafte Gesinnung der Ungerechtigkeit, der Lieblosigkeit, Hab- und Genußgier, aus der richterliche Gewaltthat, ungerechte Richtersprüche und Justizmorde hervorgingen, wird hier gekennzeichnet.

Die Worte οὐκ ἀντιτάσσεται ὑμῖν werden gewöhnlich so erklärt, daß nicht blos die Ohnmacht des unschuldig Gerichteten gegenüber der hinter dem ungerechten Richterspruch stehenden Macht des Reichthums, sondern auch seine Gelassenheit und Geduld, in der er das Unrecht über sich ergehen lasse[2]), darin bezeichnet gefunden wird. Das Präsens soll das grundsätzliche gleichbleibende Verhalten des Gerechten in gottergebener Geduld, in stillem, widerstandslosem Ertragen des von den Reichen gegen ihn beobachteten Verfahrens veranschaulichen. Es würde dann dieser Ausspruch denselben Gedanken enthalten, der in der Forderung des Herrn Matth. 5, 39: „ich aber sage euch, daß ihr nicht widerstehen sollt dem Bösen", gegenüber der Vergeltung des Bösen mit Bösem ausgesprochen ist[3]) und sich auch bei Paulus wiederholt findet, indem er in gleichem Sinn vor Selbstrache warnt und zum geduldigen Tragen der zugefügten Ungerechtigkeit ermahnt[4]).

Es ist aber gegen diese dem Gedanken nach an und für sich richtige Erklärung mit Recht der Einwand erhoben worden, daß bei derselben das Präsens ἀντιτάσσεται neben den Präteritis κατεδικάσατε und ἐφονεύσατε auffallen müsse, und sich auch durch die Bemerkung, daß nicht eine Handlung, sondern ein Verhalten und zwar ein sich gleich bleibendes Verhalten des Gerechten dem blos einmaligen Verfahren der Reichen gegenübergestellt werde[5]), in keiner Weise erklären lasse; denn was das Präsens in diesem Sinne leisten sollte, das hätte ein auf die einzelnen Fälle, die der Aorist unter sich be-

---

[1]) Amos 5, 12. Jesaj. 5, 23. Ezech. 13, 19. Amos 5, 12, 13. Vrgl. Sprüche 17, 15. [2]) Calvin, Brückner, Wiesinger, Huther, Neander. [3]) μὴ ἀντιστῆναι τῷ πονηρῷ. [4]) Röm. 12, 19: μὴ ἑαυτοὺς ἐκδικοῦντες, 1. Corinth. 6, 7: διατί οὐχὶ μᾶλλον ἀδικεῖσθε; [5]) Huther.

greift, bezügliches **Imperfectum** geleistet, wenn das Subject von ἀντιτάσσεται identisch mit dem Object der Aoriste sein solle[1]). Es kann diesem Bedenken, welches aus der Discrepanz des Präsens mit den Aoristen entsteht, noch ein anderes zweifaches hinzugefügt werden. Einmal ist es etwas Auffallendes und Hartes für das exegetische Gefühl, daß das **Object** der **Aoriste** plötzlich und stillschweigend sofort als **Subject** des **Präsens** folgen soll, zumal bei einer so kurzen, knappen Ausdrucksweise. Dann aber scheint der gewöhnlichen Auffassung gegenüber doch auch der Umstand von Gewicht, daß die Ermahnung zu dem Verhalten, welches nach jener Erklärung durch das οὐκ ἀντιτάσσεται bei den ungerecht Behandelten schon als thatsächlich vorhanden dargestellt wird, unmittelbar in den Worten μακροθυμήσατε οὖν folgt. Man könnte freilich sagen, es werde **vorher** von den Unrecht **erleidenden** Gerechten ganz im Allgemeinen ausgesagt, daß sie das Verhalten, welches sie als christliche Dulder im Sinn des Jakobus nach dem Gebot Christi zu beweisen hätten, thatsächlich beobachtet hätten, daß sie sich nämlich den sie ungerecht behandelnden Reichen nicht widersetzten, sondern das Unrecht still erduldeten, nachher aber werde mit μακροθυμήσατε — ἕως die Ermahnung an sie gerichtet, auch ferner „bis zur Parusie des Herrn" in solchem Dulden und gelassenem Ertragen des Unrechts standhaft auszuhalten. Aber dagegen spricht doch das οὖν, mit welchem in μακροθυμήσατε an das Vorhergehende ein neuer Gedanke, und zwar in Gestalt einer Folgerung oder **Ableitung** aus einer vorangehenden Thatsache, angereiht wird. Es können doch nicht mit einem durch οὖν bezeichneten Uebergang dieselben Personen zu demselben Verhalten ermahnt werden, welches vorher als von ihnen oder von der sie bezeichnenden Kategorie von Menschen bereits beobachtet ausgesagt worden ist. Es liegt daher nahe, wenigstens die Vermuthung[2]) auszusprechen, daß οὐκ ἀντιτάσσεται nicht den Gerechten zum Subject habe, sondern Passivum eines objectslosen ἀντιτάσσειν sei, und in unpersönlicher Fassung: „es wird euch nicht entgegengestellt", d. h. „es wird euch nicht gewehrt" zu erklären sei[3]). Jakobus will nach dieser Auffassung dann aber nicht sagen: so sei ihr Verhalten in der Gegenwart, daß ihnen auch das Schlimmste unverwehrt sei, und diese Gegenwart ein Ende, wie

---

[1]) So Hofmann. [2]) Mit Hofmann. [3]) Vergl. als Beispiele diesen impersonellen Gebrauchs des Passivs Matth. 5, 21. 7, 2. 7. 1. Petr. 4, 6. 1. Cor. 15, 4. 6. S. Krüger griech. Sprachl. § 61. 5. A. C. — Winer § 59. 9. b. γ.

das geschilderte, schwere; denn es ist in den Worten nichts von einer Beziehung dieser Gegenwart, die mit ἀντιτάσσεται bezeichnet ist, auf die Zukunft, auf das Ende, das von ihr gefordert werde, angedeutet. Vielmehr besagen die Worte einfach dies: bei dem ungerechten Verfahren in der Ausübung eurer Gerichtsbarkeit und eurem gewaltthätigen, am Leben des Nächsten zehrenden gehässigen Treiben, wie ihr beides thatsächlich bewiesen habt, wird euch von keiner Seite widerstanden und gewehrt, seht ihr euch von keiner Macht eingeschränkt oder gehemmt. Es steigert sich also mit der präsentischen Rede die Reihe der Vorwürfe gegen die Reichen bis zur Bezeichnung der von keiner Seite beanstandeten oder gewehrten Willkür und Eigenmächtigkeit, wie sie sich überhaupt in ihrem Verhalten und Verfahren den Gerechten gegenüber darstellt.

Die Voraussetzung der Aussagen in v. 6 ist die Thatsache, daß die Juden in der Diaspora ihre eigenen Gerichtshöfe nach den väterlichen Gesetzen hatten, vor denen ihre Rechtsverhältnisse verhandelt und abgeurtheilt wurden[1]), und daß auch die Judenchristen mit ihren Rechtsangelegenheiten diesen jüdischen Gerichtshöfen unterstellt waren, wie sich das aus ihrer nationalen Zugehörigkeit zum Judenthum der Diaspora von selbst ergab. Daß es aber in den christlichen Gemeinden der Diaspora solche Rechtsstreitigkeiten und solche ungerechte richterliche Entscheidungen in Widerspruch mit der christlichen Bruderliebe geben konnte, darf nach den Ausführungen des Jakobus über die bei den Lesern vorhandenen Erscheinungen leidenschaftlicher Erregtheit und Gehässigkeit widereinander 3, 13—16, nach den „Kriegen und Kämpfen", von denen 4, 1 und 2 die Rede ist, und nach der in weltlicher Gesinnung begründeten Begierde nach irdischem Gewinn und Gut, die 4, 1—4 gestraft wird, nicht Wunder nehmen. Es stand dort in dieser Hinsicht nicht anders als in der Corinthergemeinde, bei der Paulus es scharf rügen muß, daß sich die Christen einander in Rechtsstreitigkeiten befehdeten und sich gegenseitig Unrecht zufügten[2]).

Ein scharfer Contrast liegt darin, daß Jakobus die Reichen, die bei ihrem Gerichtsverfahren den Unschuldigen verurtheilen, warnend auf das nahe Gericht des Herrn hinweist, und sie, die den Gerechten

---

[1]) S. Schürer a. a. O. S. 626 f. und die Beweisstellen daselbst. [2]) 1. Corinth. 6, 1—8. Vergl. besonders v. 6: ἀδελφὸς μετὰ ἀδελφοῦ κρίνεται, v. 8: ὑμεῖς ἀδικεῖτε καὶ ἀποστερεῖτε, καὶ ταῦτα ἀδελφούς, und v. 9: οὐκ οἴδατε, ὅτι ἄδικοι θεοῦ βασιλείαν οὐ κληρονομήσουσιν;

hinmorden, als solche darstellt, welche selbst, wie am Schlachttage, in ihrem üppigen Wohlleben einem mörderischen Verderben verfallen werden.

Es ist ein gewaltiges **Strafwort**, welches Jakobus in v. 1—6 wider die **Reichen** mit drohender Hinweisung auf das herannahende Gericht geredet hat. Mit flammendem Prophetenwort hat er ihnen die bevorstehenden Drangsale und Leiden, die Vergänglichkeit und Nichtigkeit ihres Reichthums und ihres materiellen Glückes, welches in dem Gericht ein Ende mit Schrecken haben werde, sowie die Thorheit, darauf ihr Vertrauen zu setzen, vor Augen geführt. Er hat ihnen ferner das schreiende Unrecht, dessen sie sich gegen die von ihnen abhängigen Arbeiter durch Vorenthaltung des wohlverdienten Lohns und durch Aufbürdung zu schwerer Arbeitslast schuldig gemacht, als den Zorn und die Strafe Gottes über sie herabrufend vorgehalten. Er hat sie mit gewaltigem Weckruf aus der fleischlichen sorglosen Sicherheit, mit der sie unbekümmert um das im Gericht ihnen drohende Verderben in üppiger Genußsucht ihren Lüsten und Begierden fröhnten, mit der Anklage wegen ungerechter Verdammungsurtheile wider Unschuldige und Gerechte und wegen ungehemmter schrankenloser Eigenmächtigkeit in ihrem feindlichen Verhalten gegen die unschuldig Bedrückten und Leidenden aufzuschrecken gesucht. Alle diese mächtig einschlagenden Warnungen und Vorhaltungen sind durchtönt von der Verkündigung des nahen Endes und des herbeikommenden **Gerichtstages**. Von der Parusie des Herrn Jesu Christi wird aber dabei nicht geredet. Auch fehlt die Anrede „Brüder" in diesen flammenden, zürnenden Worten. Jetzt wendet er sich zu der anderen Seite in diesem Gegensatz zwischen den Reichen und den bedrückten Armen.

VI. 5, 7—11.

In v. 7—11 folgen die Ermahnungen an die Armen, ungerecht **Bedrückten und Leidenden**, und zwar 1, v. 7 und 8ᵃ zum μακροθυμεῖν, zum standhaften Aushalten und Ertragen der durch Härte und Lieblosigkeit der reichen Brüder ihnen verursachten Leiden bis zur Erscheinung des Herrn, 2, v. 8ᵇ zur Befestigung der Herzen in der Geduld angesichts der Erscheinung des Herrn, und 3, v. 9 zur Unterlassung des eigenmächtigen Anklagens und Richtens über die, welche ihnen Unrecht und Gewalt anthun, angesichts der Nähe des **Richters**, der in seiner Parusie schon vor der Thüre steht. Zur Ermunterung

und Tröstung in Bezug auf diese drei Punkte folgen dann, ihnen
correspondirend, v. 10 und 11 Hinweisungen auf alttestamentliche
Beispiele, die 1) die μακροθυμία, 2) die ὑπομονή und 3) die End=
entscheidung des Herrn nach seiner Gnade und Barmherzigkeit in
helles Licht stellen. Auch hier wird Alles beherrscht von dem Haupt=
gesichtspunkt des nahen Endes; aber es wird hier dreimal, ent=
sprechend der dreifachen Ermahnung, von der Parusie des Herrn
geredet, und der Inhalt der Ermahnungen zu der Parusie des Herrn
jedesmal in die entsprechende Beziehung gesetzt.

In v. 7 wendet sich Jakobus mit der Anrede: „Brüder!", die
barmherzige Theilnahme und tröstenden Zuspruch enthält, vorher aber
bei der schneidenden Strenge gegen die zu strafenden Reichen unterblieb,
an diejenigen unter den Lesern, welche von dem Uebermuth und der
Ungerechtigkeit derselben, oder auch aus andern Ursachen zu leiden
hatten. Die Meinung, daß die hier Angeredeten nur von den
Reichen zu leiden gehabt hätten, wird durch den Mangel einer be=
züglichen Spezialisirung in den Worten und durch die allgemeine
Bezeichnung oder Voraussetzung eines Leidensstandes in v. 7—11
ausgeschlossen. Daß aber der Leidensstand, so weit er durch das
v. 1—6 geschilderte Verhalten der Reichen verursacht war, den An=
knüpfungspunkt für die Ermahnung in v. 7 bildet, liegt klar vor
Augen und wird durch das οὖν außer Zweifel gestellt. Aus dem
in v. 6 bezeichneten Leidensstande und aus seiner dargelegten Verur=
sachung folgt für die Bedrückten und Leidenden, daß sie sich so zu=
nächst verhalten, wie v. 7 und 8ᵃ ihnen geboten wird.

Die erste Ermahnung in v. 7 und 8ᵃ bezieht sich auf das
standhafte Aushalten unter den Leiden bis zur Parusie des
Herrn. „Haltet also gelassen aus, Brüder, bis zu der
Zukunft des Herrn." Die Gesinnung, die mit dem μακροθυμεῖν
bezeichnet ist, besteht in dem gelassenen und duldigen Zurück=
halten des Unmuths und Zornes gegen die, welche Unrecht thun.
Das μακροθυμεῖν hat hier keineswegs eine wesentlich andere Be=
deutung, als die gewöhnliche: langmüthig, gelassen sein, d. h. Zorn
oder Unwillen oder leidenschaftliche Erregtheit des Gemüthes über er=
fahrenes Unrecht und wider deren Urheber zurückhalten, darf daher
auch nicht etwa als gleichbedeutend mit ὑπομένειν aufgefaßt werden[1]).

---

[1]) Gegen Huther mit Hofmann.

Den so hart von ihm gestraften reichen Mitchristen gegenüber ermahnt Jakobus zum stillen gelassenen Zuwarten. Ihre Herzen sollen sich gegen sie nicht mit Bitterkeit und Groll erfüllen. Unter den Leiden sollen sie nicht zu leidenschaftlicher Klage und Anklage, zu Rachsucht und eigenmächtiger Selbsthülfe sich hinreißen lassen. Solch ein $\mu\alpha\varkappa\rho o\vartheta\nu\mu\varepsilon\tilde{\iota}\nu$, welches der göttlichen Langmuth, die mit dem Sünder nicht alsbald nach dem Lauf seiner strafenden Gerechtigkeit verfährt, sondern Zorn und Strafe an sich hält, ähnlich ist, sollen sie der erlittenen Unbill gegenüber als Ausfluß wahrhaftiger Liebe, welche auch das Gebot: „liebet eure Feinde" erfüllt, in steter Folge **bis zur Parusie des Herrn** beweisen und bewähren. Das $o\tilde{v}\nu$ ist daher nicht in dem Sinn Folgerungsartikel, als wollte Jakobus sagen: wartet ruhig ab, weil euren Unterdrückern die Strafe nahe bevorsteht[1]), oder: weil das Gericht nahe ist[2]), sondern bezeichnet wie 4, 17 den aus dem Vorhergehenden motivirten Uebergang zu etwas Neuem mit engem sachlichem Anschluß eben an das unmittelbar Vorhergehende. Es ist der Uebergang zu der Ermahnung, zu der sich Jakobus im Blick auf die in v. 6 geschilderte gegenwärtige Lage der Bedrückten und Leidenden, in der sie der von keiner Seite gewehrten Ungerechtigkeit und Lieblosigkeit der Reichen Preis gegeben sind, bei dem Gedanken an die Gefahr, daß sie dadurch zu Unmuth und Zorn und zu gewaltthätiger Selbsthülfe sich möchten hinreißen lassen, gedrungen fühlte. Es kommt ihm hier wieder auf das Stille- und Gelassensein des Herzens und Gemüthes an, von dem er Cap. 1 geredet hat, an. Und zwar setzt er der christlichen Ausdauer einen Termin in den Worten: „bis zur Ankunft des Herrn." Die Parusie des Herrn ist nicht die Zukunft Gottes[3]), sondern Christi, vergl. 2, 1, nicht aber in der Zerstörung Jerusalems und der Brechung der Macht der jüdischen Oberen[4]), auch nicht in dem Lebensende des Menschen[5]), sondern in Ausübung des **messianischen Gerichtes**. Die Erscheinung des Herrn wird allen Leiden und Trübsalen ein Ende machen und die unvergängliche Freude und Seligkeit der Seinen herbeiführen. In Hoffnung darauf sollen sie ohne Ungedulb und Aufbäumen gegen die Leiden und ihre Urheber, ohne Zweifel und Klage gegen den Herrn mit gelassenem Sinn zuwarten. Der Herr ist's,

---

[1]) De Wette. [2]) Huther. [3]) Gegen Augusti, Theile, de Wette. [4]) Gegen Beda, Oecum., Grot., Pouman. [5]) Cornel. a Lapide.

der dann Recht schafft, Hülfe bringt und als Richter Gerechtigkeit übt. Das „bis" bezeichnet den ganzen Zeitraum zwischen der Gegenwart und der Erscheinung des Herrn; er muß von dem gelassenen stillen Warten und an sich Halten ausgefüllt sein, indem die Hoffnung der Christen das mit der Erscheinung Christi herannahende Heil als Ertrag aller göttlichen Gnadenerweisungen und alles ernsten menschlichen Ringens und Kämpfens fest im Auge behält.

Das Naturleben und das Verhalten des Landmannes bietet hierzu eine Erläuterung und Bestätigung, indem dadurch die in 7ᵃ ausgesprochene Ermahnung in 7ᵇ veranschaulicht wird. „Siehe, der Ackersmann wartet auf die köstliche Frucht der Erde, sich geduldend ihretwegen (über sie), bis sie empfangen haben wird Früh- und Spatregen. Geduldet auch ihr euch." Das „siehe!" erweckt die Aufmerksamkeit auf das veranschaulichende Gleichniß, welches ebenso wie das obige Reden von Handelsgeschäften dem Lebensbereich der Leser nicht fern lag[1]). Mit τίμιον καρπὸν ist der zukünftige Zeitpunkt der Erndte, der vollendeten, völlig ausgereiften Frucht, mit ἐκδέχεται das Erwarten und Erhoffen der gewünschten Frucht, deren Köstlichkeit oder Werth der Grund des ἐκδέχεσθαι, nicht des μακροθυμεῖν[2]) ist, bezeichnet. Das Erwarten wird aber näher bestimmt durch das Participium μακροθυμῶν, mit welchem die Gemüthsverfassung, in der der verständige Landmann die Zeit des Wartens zubringt, bis er die köstliche Frucht erndten kann, bezeichnet ist. Das μακροθυμεῖν, das stille, gelassene, sich Bescheiden, sich Gedulden steht im Gegensatz gegen Ungeduld, Unruhe und leidenschaftliche Erregtheit des Gemüths über das zu lange Dauern oder manche Verzögerung des Herbeikommens der Erndte. Das ἐπ' αὐτῷ heißt nicht: in Beziehung auf sie, die Frucht[3]), sondern entsprechend der Grundbedeutung von ἐπί = auf, über, wie bei allen Verbis der Affecte = über, wegen, indem der Gegenstand als Grundlage gedacht wird, auf der die Gemüthsverfassung ruht[4]). Die Worte: „bis sie empfangen hat Früh- und Spatregen"[5]) bezeichnen mit dem terminus ad quem des Wartens sachlich zugleich den Grund oder die Nothwendigkeit des

---

[1]) Vergl. Sir. 6, 19. [2]) Gegen Huther. [3]) Gegen Huther. [4]) S. Winer § 48 c. S. 351. Vgl. Luc. 18, 7 μακροθυμεῖ ἐπ' αὐτοῖς. [5]) ὑετὸν ist nach K. A. mit Lachm. und Tischend. wegzulassen, da es gewöhnlich in d. Sept. bei πρώιμος καὶ ὄψιμος fehlt.

gebulbigen Gelassenseins. Zu λάβῃ¹) ist nicht der Ackersmann, sondern die Erde Subject. Damit es zu der köstlichen Frucht komme, bedarf es des **Frühregens**, d. i. des **Herbstregens**, der zum Wurzeln, Aufsprießen und Wachsen der Saat erforderlich ist, und des **Spatregens**, d. i. des **Frühlingsregens**, welcher unmittelbar vor dem Reifwerden der Feldfrucht fällt und ihre Ausreifung fördert²). Es ist also nicht **Morgen- und Abendregen** zu übersetzen³). Es heißt nicht: „bis sie empfängt,“ sondern „empfangen haben wird“⁴). Erst wenn die Erde den Regen empfangen **haben wird**, ist das μακροθυμεῖν zu Ende, weil dann das Wachsthum und Reifen der Frucht sich vollendet⁵). Das ἕως vor λάβῃ entspricht dem ἕως τῆς παρουσίας vorher. Der Zukunft des Herrn entspricht der Früh- und Spatregen. Wie die für den Regen, der vom Himmel herabkommt und das Wachsthum und Reifen der Frucht bewirkt, bestimmte Zeit abgewartet werden muß, so ist auch mit ausharrender Geduld die ihrer Zeit bestimmt eintretende Wiederkunft des Herrn, welche das vollendete Heil bewirken und bringen wird, mit stillem Sinn zu erwarten.

Eine andere Auffassung⁶) nimmt als Subject zu λάβῃ den Landmann und πρώϊμον und ὄψιμον als Prädikate von καρπὸν und erklärt: bis er sie, die Frucht, frühreifende und spätreifende, entgegennimmt. Gegen diese Erklärung spricht aber, 1) daß dann das λάβῃ im Sinne des zweiten Futurums mit dem μακροθυμεῖ nicht stimmt, da das sich Gedulden auf ein objektives Moment, auf den **Gegenstand des Nehmens**, nicht auf das Nehmen selbst sich beziehen müßte, 2) daß jene beiden Ausdrücke stehend von dem Regen vorkommen, und 3) daß, wenn Jakobus ein **zwiefaches Empfangen der Frucht**, zuerst das der frühreifen, und dann nach längerem Warten das der spätreifenden, hätte unterscheiden und somit ein μακροθυμεῖν mit zwei Terminen hätte bezeichnen wollen, dies ausdrücklich von ihm hätte gesagt werden müssen; aber auch mit der Einfachheit des Hinweises auf das **eine Ziel**, die Parusie, würde diese Erklärung in Disharmonie stehen. Ganz verfehlt ist es, mit der Unterscheidung

---

¹) Das ἂν vor λάβῃ ist mit Tischend. nach A. B. G. K zu streichen. Ueber die Weglassung des ἂν s. Winer § 42. 5 l. u. Anm. 1. ²) Vergl. Winer R. W. B. unter „Witterung“. ³) So Luther. ⁴) Der Aor. als Fut. exact. ⁵) Vergl. über Früh- und Spatregen 5. Mos. 11, 14. 28. Jer. 5, 29. Joel 2, 23. ⁶) Hofmann.

jener zwiefachen Frucht die paulinische Unterscheidung¹) zwischen der Wiederoffenbarung Christi zur Aufrichtung seines Reiches auf Erden und dem schließlichen Ergebniß seines königlichen Herrschens, oder die johanneische Unterscheidung²) zwischen der Verklärung der Gemeinde zur Theilnahme an seiner Herrschaft und der Herstellung einer neuen Welt in Verbindung und in Einklang bringen zu wollen³). —

Die Wiederaufnahme der Ermahnung v. 7ᵃ erfolgt in 8ᵃ unter Hinweisung auf das geschilderte Beispiel des Landmannes: „duldet auch ihr euch", um sie damit abzuschließen und abzurunden. Nicht eine bloße Wiederholung von 7ᵃ ist das: „duldet euch, seid gelassen." Das die Schilderung des gelassen wartenden Landmannes aufnehmende „auch" enthält die Forderung, daß das sich Gedulden während der gegenwärtigen Wartezeit mit einem stillen gelassenen Harren auf das sich vorbereitende Heilsgut, welches gleich der Erndtefrucht im Wachsthum langsam gedeiht und allmählig der Vollendung entgegenreift, aber auch mit der gläubigen unerschütterlichen Zuversicht, daß der τίμιος καρπός der vollendeten σωτηρία mit der Erscheinung des Herrn gewiß eintreten würde, verbunden sein müsse. In dem langmüthigen Zuwarten auf die Zukunft des Herrn sollen die Leser 1) nicht blos unter ihren Leiden und den Urhebern derselben gegenüber ruhige Gelassenheit und ausharrende Zuversicht, daß der Herr das Ende der Leiden bringen und gerechtes Gericht halten wird, beweisen, sondern auch 2) dem Landmann gleich geduldig abwarten, wie die Frucht des Leidens, die aus dem Boden des zeitlich-irdischen Lebens unter den ihnen zugefügten Leiden und Anfechtungen, unter dem Licht und in der Luft des Lebens im Reich Gottes ersprießen soll, nämlich das Heil und neue Leben aus und in Gott, allmälig reift und zur Vollendung gedeiht. Aber zu solchem geduldigen Ausharren bedarf es der Festigkeit des inwendigen Menschen. Das gelassene Abwarten der Erledigung aller durch den Leidensstand sich aufdrängenden Fragen über des Herrn Hülfe fehlt dem unruhigen und ungeduldigen Herzen, soweit es ihm an dem festen innern Halt von Oben, an der Kraft der Gnade Gottes gebricht.

Es folgt daher in v. 8ᵇ die zweite Ermahnung: „befestiget eure Herzen." Unverbunden an die vorhergehende ange-

---

¹) 1. Cor. 15, 23 ff. ²) Apokal. 20, 4; 21, 1. ³) So Hofmann.

reißt bringt sie den neuen Gedanken: gelassenes sich Gedulden ist unmöglich ohne Befestigung des Herzens. Ebenso wird 1. Theff. 3, 13. 1. Petri 5, 10 angesichts der Heilsvollendung am Tage des Herrn die Befestigung des innern Lebens betont. Sie wird aber hier nicht wie dort und 2. Theff. 2, 17; 3, 3 als göttliche, sondern als eigene That bezeichnet: „machet fest eure Herzen." Doch steht dies ebensowenig im Widerspruch mit der Wahrheit, daß das Mittel zur Befestigung die Macht der Gnade und des Geistes Gottes sei, wie wenn ermahnt oder berichtet wird, daß einer den andern stärke¹). Es bedarf der Befestigung wegen der Leiden und Anfechtungen, die das Herz und gesammte innere Leben unfest, wankend und darum zum Ausharren untüchtig machen. Was das Nichtfestsein verursachen kann, sind eben die schmerzlichen Erfahrungen; darum thut Befestigung des ganzen persönlichen Glaubenslebens Noth. Sie geschieht in dem Grunde des Glaubens durch die göttliche Gnade²). Sie wird mittelst des Gebetes erlangt, 1, 6. So ist sie des Christen Aufgabe und Pflicht unter den Leiden der Gegenwart und Bedingung des fortdauernden Stille- und Gelassenseins im Harren auf die Zukunft des Herrn. Den Worten: „bis zur Erscheinung des Herrn" in v. 7ᵃ entspricht hier der Zusatz: „denn die Erscheinung des Herrn ist nahe herbeigekommen". Der Wartezeit bis zu derselben wird hier ihr Naheherbeigekommensein gegenübergestellt, nicht als Widerlegung des im Zusammenhang gar nicht angedeuteten Einwurfs, daß die Zeit der Erlösung zu lange verziehe³), auch nicht als Mittel zur Befestigung und Stärkung der Herzen⁴), sondern als Begründung der Forderung: befestiget eure Herzen. Es kommt darauf an, das Innerste des inwendigen Menschen im Vertrauen auf den Herrn den Leiden und Anfechtungen gegenüber fest, unwandelbar, unbeweglich zu machen, damit man die innere Festigkeit und unerschütterliche Haltung habe, um gelassen sein und sich gedulden zu können, und bei der Wiederkunft des Herrn dann als ein in der Geduld bewährter die volle Ernbte der köstlichen

---

¹) Röm. 1, 11; 16, 25. Luc. 22, 32. 1. Theff. 3, 2. Apok. 3, 2. ²) Ebr. 13, 9. ³) Gegen Calvin, Huther. ⁴) Gegen Calvin, Wiesinger, wenn es auch an sich ganz richtig ist, was der erstere sagt: colligendum est robur ad durandum; colligi autem melius non potest, quam ex spe et quasi intuitu propinqui adventus domini.

Frucht des Heils einzubringen. Vergl. 1, 4. Mit dem geduldigen Gelassensein während der Wartezeit wird das dasselbe bedingende Befestigen des Herzens mit begründender Hinweisung auf die Nähe des Wartezieles gefordert, damit dieses in kräftig ausdauerndem Sichgedulden erreicht werde. Mit dem Ernst dieser Forderung verbindet sich der Trost, daß die Wartezeit des Leidensstandes bald vorüber ist; die Parusie des Herrn ist ja nahe.

Unter dem Hauptgesichtspunkt der Parusie des Herrn, der von dem μακροϑυμήσαντες in v. 7ᵃ an Alles beherrscht, ist nun auch in v. 9 der Inhalt der dritten Ermahnung ins Auge zu fassen: **seufzet nicht, Brüder**[1])**, wider einander, damit ihr nicht gerichtet werdet. Siehe der Richter steht vor der Thür.**" Jakobus fordert in der ersten Ermahnung das μακροϑυμεῖν für die Wartezeit bis zur Parusie. Den Blick auf den Druck des Leidensstandes richtend, forderte er in der zweiten Ermahnung das für die ὑπομονή unter den Leiden unbedingt erforderliche sich Befestigen. Jetzt blickt Jakobus in der dritten Ermahnung auf das **Verhältniß der Leser untereinander**, des Christen zum Christen, sofern hierin die Ursache des Leidens und die Veranlassung zum Ausbruch des Nichtstille- und gelassenseins an den Tag tritt. Die das Unrecht Leidenden und die Urheber des Unrechts gehören nach dem Ausdruck: „wider einander" zu derselben Gemeinschaft. Nach dem Gegensatz: „damit ihr nicht gerichtet werdet" ist das „wider einander Seufzen" nicht als Ausdruck des Neides[2]), oder des bloßen Ungeduldigseins, oder als Anrufung göttlicher Strafe[3]), sondern als unwillkürlicher Erguß und gepreßter Ausdruck des das Unrecht nicht still und gelassen ertragenden Herzens in Klage, Anklage, Beschuldigung, Verwünschung oder Drohung wider den Bedrücker und Beleidiger zu verstehen. Dabei ist vor Allem an die reichen Mitchristen v. 1—6 mit ihrer Hartherzigkeit und Ungerechtigkeit zu denken, die wohl solch ein richtendes und verurtheilendes Seufzen den Unterdrückten auspreßten. Es ist also nach dem Zusammenhang auch nicht an sündliche Reizbarkeit dieser **untereinander** zu

---

[1]) Ἀδελφοί lec. rec. hinter κατ' ἀλλήλων mit א. G, vor demselben in A. B mit Lachm. und Tischenb. — κριϑῆτε ist statt des κατακριϑῆτε, als eines erleichternden Glossems, nach א. A. B. G. K. Vulg. und vielen andern Zeugen zu lesen. [2]) Grotius. [3]) Kern, Theile, de Wette.

denken. Aus welchem Grunde und mit welchem Gegenstande sollte man sich diese Kundgebung sündlicher Reizbarkeit vorstellen?¹) S o l ch ein S e u f z e n dagegen, wie es, mit jenem μακροθυμεῖν unverträglich, von Seiten der Bedrängten in dem bezeichneten Sinne gegen ihre lieblosen Mitbrüder sich hören lassen würde, wäre als ein verurtheilendes, verdammendes Anklagen die Kundgebung eines Herzens, welches nicht nur unter dem Druck der Leiden von Unruhe und Ungeduld erfüllt ist, sondern auch der langmüthig tragenden, den Zorn dämpfenden Liebe gegen die Verursacher des Leidensstandes ermangelt. Es wäre ein Zeichen, daß das Herz noch nicht fest geworden sei, um gelassen das Leiden auszuhalten, und noch nicht von der Macht der auch den Widersachern zu beweisenden Liebe soweit durchdrungen sei, um die Neigung zu verurtheilendem und verdammendem Richten über den, der das Unrecht zufügt, niederkämpfen zu können. Daß aber Jakobus solch' ein Seufzen mit richtendem Aburtheilen und Verdammen über den sich lieblos erweisenden Nächsten meint, erhellt ja deutlich aus dem Folgenden. Thut das nicht, ruft er aus, „d a m i t i h r n i c h t g e r i c h t e t w e r d e t," d. h. nicht einem gleichen verwerfenden Urtheil verfallet; denn ein solches ist hier wie 4, 11 und in dem Ausspruch des Herrn, auf den Jakobus anspielt: „richtet nicht, damit ihr nicht gerichtet werdet"²), gemeint. Sie sollen jenes „Seufzen" unterlassen, weil sie sich damit gegen ihre Bedrücker durch Verdammniß zusprechende Lieblosigkeit und gegen den Herrn durch voreiliges eigenwilliges Eingreifen in sein Richteramt versündigen, und damit selbst seinem verwerfenden Urtheil unterliegen würden. Das ist der erste n e g a t i v e Grund, aus dem sie sich des richtenden und aburtheilenden Seufzens enthalten sollen. Der zweite p o s i t i v e Grund liegt in der Nähe des Richters.

Die Worte: „s i e h e d e r R i c h t e r s t e h t v o r d e r T h ü r" nehmen den Gedanken, daß die Erscheinung des Herrn nahe herbeigekommen sei, und zwar unter Verstärkung des ἤγγικε durch die Vorstellung von dem Gegenwärtigsein³) des Herrn, wieder auf. Das „vor der Thür" bezeichnet anschaulich das unmittelbar zu erwartende Eintreten des Herrn mit seiner richtenden

---

¹) Gegen Huther. ²) Matth. 7, 1. 2. Luc. 6, 37. — Die Lesart κατακριθῆτε ist daher an unserer Stelle ein richtiges Glossem. ³) Vergl. Matth. 24, 33.

Thätigkeit. Die Parusie bringt vor allem und vorerst das Gericht. Dieses faßt Jakobus hier ins Auge beim Blick auf die Parusie, weil er die Ermahnung, sich des seufzenden Richtens und des richtenden Seufzens zu enthalten, begründen will. Darum heißt es nicht: der Herr, wie v. 7 und 8, sondern: der Richter. Das: Siehe! verstärkt die Begründung. Diese liegt nicht sowohl in der Furcht, die sie vor dem Richter haben sollen, um nicht die Liebe in dieser Weise unter sich zu verleugnen[1]), als vielmehr darin, daß des Herrn Sache es ist, zu richten und daß er solch Gericht auch selbst gewiß halten wird, wie er denn zur Abhaltung des Gerichts bereits seine unmittelbare Gegenwart bekundet. Sie sollen in der Wartezeit bis zum Eintritt seines Gerichts geduldig seiner harren und nicht mit Verleugnung der Liebe dem Richter vorgreifen. Jakobus geht wieder auf die Anschauung von der Wartezeit zurück, vergl.: „bis zur Erscheinung des Herrn" v. 7. Sie sollen sich des Unmuths, der sich im Richten äußert, enthalten, indem sie dagegen ihr Herz fest machen, und in solcher Herzensverfassung warten auf das Gericht des Herrn. Wie das „vor der Thür Stehn" des Richters dem „Nahesein" der Parusie entspricht, so das: „seufzet nicht widereinander" dem $\mu\alpha\kappa\rho o\vartheta\nu\mu\epsilon\tilde{\iota}\nu$ und $\sigma\tau\eta\rho\acute{\iota}\zeta\epsilon\iota\nu$ $\tau\grave{\alpha}\varsigma$ $\kappa\alpha\rho\delta\acute{\iota}\alpha\varsigma$, was sich in jenem bewähren und bethätigen soll. Mit dem Ernst der Ermahnung ist auch hier thatsächlich ein großer Trost verbunden.

Zur Veranschaulichung des in diesen drei Ermahnungen Gesagten und zur Ermunterung in Befolgung desselben greift Jakobus wieder auf Beispiele aus der Schrift und auf Schriftargumente zurück[2]), indem er ihnen hellleuchtende Vorbilder der $\mu\alpha\kappa\rho o\vartheta\nu\mu\acute{\iota}\alpha$ v. 10, und der in Festigkeit bewiesenen $\dot{\nu}\pi o\mu o\nu\acute{\eta}$ v. 11[a], sowie eine Thatsache zum Beweis, daß der Herr als Richter die rechte Endentscheidung bringt, v. 11[b] vor Augen stellt. Der Inhalt von v. 10 entspricht offenbar durch den Begriff der $\mu\alpha\kappa\rho o\vartheta\nu\mu\acute{\iota}\alpha$ der ersten Ermahnung zum $\mu\alpha\kappa\rho o\vartheta\nu\mu\epsilon\tilde{\iota}\nu$ in 7 und 8[a]. Es werden die Propheten als stille und gelassene Dulder, als Beispiele und Vorbilder der zuwartenden Langmüthigkeit vor Augen geführt und zur Nachahmung empfohlen. „Zum Vorbild nehmet, ihr Brüder[3]),

---

[1]) So Huther und Wiesinger, der wenigstens als Nebengedanken annimmt: sie sollen sich nicht selbst der Gefahr des Gerichts aussetzen. [2]) Vergl. 2, 20. 4, 5.
[3]) Das $\mu o\nu$ der rec. hinter $\dot{\alpha}\delta\epsilon\lambda\varphi o\acute{\iota}$ ist mit A. B. Lachm. u. Tischend. zu streichen.

für die Leidenserfahrung¹) und für die Langmüthig=
keit die Propheten, die geredet haben kraft des Namens
des Herrn"²). Nicht bloß zur tröstenden Erinnerung daran, daß
sie in den Propheten Leidensgenossen haben, sondern zur Ermunte=
rung zu gleichem Verhalten soll das Beispiel der Propheten dienen.
Die κακοπάθεια³) ist nicht bloß Leiden, sondern Leidenserfah=
rung. Der Sinn ist: auch die Propheten konnten nicht ohne Leidens=
erfahrungen von feindlicher Seite her sein. So parallelisirt auch der
Herr mit den Leiden, die seine Jünger um seinetwillen zu erfahren
haben, die Verfolgungen, welche die Propheten zu erleiden hatten⁴).
Die μακροθυμία der Propheten wird hier ins Auge gefaßt im Blick
auf die Ermahnung zu derselben in v. 7. 8. Sie ist das Vorbild
von dem gelassenen Verhalten, mit dem die Leser die gleichen Leidens=
erfahrungen hinnehmen sollen, und das um so mehr, als die Propheten
um des höchsten Berufes willen ihre Leiden erfuhren, nämlich als solche,
die geredet haben „kraft des Namens des Herrn." Damit ist der Pro=
pheten Beruf und Aufgabe vollständig und umfassend bezeichnet. Sie
halten Namens Jehovas sein Wort zu verkündigen. Wer sie hörte,
sollte in ihrem Wort seine Stimme vernehmen. Ihres Wortes In=
halt und Kraft sollte der Inhalt und die Macht der Wahrheit und
des Willens Gottes sein. Der Dativ τῷ ὀνόματι drückt dies aus:
mittelst oder kraft dieses Namens, durch die Kraft desselben⁵).
Die Erklärung „im Namen" oder „Namens des Herrn" kann da=
durch nicht gestützt werden, daß in der Septuaginta das בְּשֵׁם ab=
wechselnd mit und ohne ἐν bei ὀνόματι übertragen wird⁶).

Nachdem zur Nachahmung des Beispiels der unter den Leidens=
erfahrungen und Anfechtungen zu beweisenden μακροθυμία, wie es
die Propheten in ihrem Dienst am Wort gegeben haben, ermahnt
worden, folgt in v. 11ᵃ die Hinweisung auf den Seligkeits=
zustand derer, welche unter dem Druck der Leiden in dem ὑπομένειν
sich bewähren, und auf das allbekannte Vorbild in der ὑπομονή,
wie es Hiob gegeben hat. Dies entspricht jener zweiten Ermah=

---

¹) Statt κακοπαθείας ließt א allein καλοκαγαθίας. ²) Das ἐν vor τῷ
ὀνόματι ist zwar durch א. B Lachmann empfohlen, aber wegen seiner Gewöhn=
lichkeit bei jenem Ausdruck als erleichterndes Glossem zu streichen. ³) Nur hier
im N. T., das Verbum v. 13. ⁴) Vergl. Matth. 5, 12; 23, 29—31. Luc.
11, 50; 13, 34. ⁵) Ebenso Matth. 7, 22: „haben wir nicht mittelst oder kraft
deines Namens geweissagt?" Vergl. Levit. 19, 12. ⁶) S. Huther.

nung 8ᵇ zur Befestigung der Herzen, ohne welche standhafte Ausdauer nicht möglich ist. Die Leser beburften nach Cap. 1 recht sehr dieser Ermunterung und Stärkung, die in der Hinweisung auf die Frucht der Standhaftigkeit, μακαρίζομεν, und auf das Beispiel derselben in der Gestalt Hiobs lag. Die ὑπομονή ist eben die standhafte Ausdauer, in der sich das Gelassensein und das Festmachen des Herzens bewährt und bethätigt. Die Gedanken des Jakobus kehren in dieser Beziehung zu dem Anfang des Briefes 1, 2—12 zurück, welcher ganze Abschnitt in dem Gedanken der ὑπομονή sich bewegt. „Siehe, wir preisen selig, die standhaft ausgehalten haben; von der Standhaftigkeit Hiobs habt ihr gehört". Hier liegt zunächst in den Worten: „die standhaft ausgehalten haben," eine Hinweisung auf alle die Vorbilder, die gleich den Propheten das μακροθυμεῖν bewährt haben in dem ὑπομένειν der Leiden, welches nicht bloß ein „Dulden" ist[1]), sondern ein actives Verhalten, ein unter dem Druck der Leiden dagegen ausdauerndes Standhalten. Die μακροθυμία ist das ausdauernde, ausharrende Erwarten und Abwarten des Zeitpunktes, an welchem das Ende des Leidens und das volle Heil eintreten wird. Dagegen ὑπομονή ist die unter den mancherlei Leiden und Anfechtungen sich bethätigende Standhaftigkeit, die standhafte Ausdauer im Leiden bei jenem μακροθυμεῖν. Der Blick auf die Propheten veranlaßt Jakobus, statt von standhaften Leidensträgern der Gegenwart, von solchen der Vergangenheit zu reden; aber er versteht nicht darunter blos die Propheten[2]), sondern die ganze Kategorie derer, die erdulbet haben, wie der neue Satz mit ἰδοὺ und besonders das τοὺς ὑπομείναντας[3]) bezeugt, wobei selbstverständlich die vorher als Beispiel hervorgehobenen Propheten mit eingeschlossen sind. Zum Andern wird über diese in der Standhaftigkeit bewährten Dulder eine Seligpreisung ausgesprochen, wie 1, 12. Ihnen wird zugesprochen und von ihnen wird ausgesagt, was sie nach der standhaften Leidensdurchdulbung erlangt haben. Es ist das, was der Herr

---

[1]) So ungenau die Meisten. [2]) Gegen Hofmann. [3]) Gegen die rec. ὑπομένοντας, die nicht blos einer mit Rücksicht auf den Anfang des neuen Satzes erleichternden Verallgemeinerung der Beziehung des Begriffes (Huther), sondern wohl auch der Erinnerung an den präsentischen Parallelsatz 1, 12 μακάριος ὃς ὑπομένει ihre Entstehung verdankt, ist nach den Zeugen א. A. B. mit Lachm. gegen Tischend. ὑπομείναντας zu lesen.

in dem Makarismus Matth. 5, 12 als von Gott geschenkten Lohn verheißt. Daß Jakobus die Seligkeit nicht als einen verdienten und somit rechtlich zu beanspruchenden Lohn ansieht, erhellt aus den Schlußworten des Verses. Zum Dritten führt er Hiob als Beispiel des standhaften Aushaltens ein, parallel dem Beispiel der geduldigen Gelassenheit bei den Propheten, mit Berufung darauf, daß sie davon genug gehört. Letzteres ist entweder von dem Hören in den synagogischen Vorlesungen, oder allgemein von der geschichtlichen Tradition zu verstehen[1]). Welchen Nachdruck Jakobus auf den Begriff der $\upsilon\pi o\mu o\nu\eta$ legt, erhellt aus der Voranstellung desselben, die zugleich eine unmittelbare Zusammenstellung mit dem $\upsilon\pi o\mu\varepsilon\iota\nu\alpha\nu\tau\alpha\varsigma$ wird. Hiobs Beispiel wurde von ihm am treffendsten für das standhafte Aushalten im gelassenen Dulden gewählt, weil er solche ausharrende und umwandelbar feste Geduld nach drei Seiten bewies, theils unter dem gewaltigen Druck seiner Leiden und Trübsale, theils gegenüber den quälenden Widerreden seiner Freunde, theils im Gefühl seines Verlassenseins von Gott.

Aber die Leser sollen sich an Hiob nicht blos ein Beispiel der $\upsilon\pi o\mu o\nu\eta$, wie an den Propheten ein Beispiel der $\mu\alpha\kappa\rho o\vartheta\upsilon\mu\iota\alpha$, nehmen. Hiobs Beispiel soll ihnen auch noch in anderer Hinsicht zur Weisung und zum reichen Trost dienen. Entsprechend der obigen dritten Mahnung in v. 9, nicht eigenmächtig und ungeduldig wider einander und über einander richtend abzuurtheilen, sondern die Endentscheidung des Herrn und des Richters abzuwarten, weist hier Jakobus darauf hin, wie in Hiobs Angelegenheit das Ende vom Herrn herbeigeführt wurde. So folgt sofort der Satz: „und das vom Herrn herbeigeführte Ende schauet; denn reich an Erbarmen ist der Herr und mitleibig[2])." Das Ende

---

[1]) Vergl. in letzterer Hinsicht Tob. 2, 12—14. [2]) Statt der Lesart der recepta $\varepsilon\iota\delta\varepsilon\tau\varepsilon$, welche freilich א. B* und K für sich hat und von Lachmann aufgenommen ist, scheint doch die von A. B. G bezeugte und von Tischendorf gebilligte Lesart $\iota\delta\varepsilon\tau\varepsilon$ als die ursprüngliche angenommen werden zu müssen. Die letztere ist jedenfalls für die Erklärung und das Verständniß die schwerere Lesart. Durch den Aorist $\varepsilon\iota\delta\varepsilon\tau\varepsilon$ würde eine Conformität mit dem unmittelbar vorhergehenden $\eta\kappa o\upsilon\sigma\alpha\tau\varepsilon$ geschaffen. Unwillkürlich konnte nach dem: „ihr habt gehört" der Leser oder Hörer oder Abschreiber mit dem am nächsten liegenden und sich von selbst aufdrängenden „ihr habt gesehn" fortfahren. Hätte ursprünglich $\varepsilon\iota\delta\varepsilon\tau\varepsilon$ dagestanden, würde gewiß das $\iota\delta\varepsilon\tau\varepsilon$ nicht daraus entstanden sein. Uebrigens liegt es doch sehr nahe zu vermuthen, daß die Lesart $\varepsilon\iota\delta\varepsilon\tau\varepsilon$ der unrichtigen Auffassung des $\tau\varepsilon\lambda o\varsigma$ $\kappa\upsilon\rho\iota o\upsilon$ von dem Ende des Lebens des Herrn Jesu ihren Ursprung verdanke.

kann nur das des Hiob sein. Der Genitiv κυρίου ist der des
Urhebers. Jakobus meint das Ende, welches Gott für Hiob
herbeiführte, nachdem derselbe sich in der Standhaftigkeit bewährt
hatte. Dieses glückliche, durch Gottes Barmherzigkeit herbeigeführte
Ende seiner Drangsale entspricht dem Allem, was oben v. 7—9 mit
dem τίμιος καρπὸς mit den Worten: „des Herrn Erscheinung ist
nahe, der Richter steht da vor der Thür," und soeben mit dem
μακαρίζομεν zum Troste der Dulder gesagt worden. Der vermessene
stoische Gedanke, daß der Mensch sich selbst mit seiner Standhaftigkeit und Ausdauer solch einen glücklichen Ausgang bereiten könne,
wird durch das κυρίου ausgeschlossen: der Herr ists, der zuletzt
alles herrlich hinausführt. Wenn Jakobus nicht sagt: das Ende Hiobs,
sondern: das Ende vom Herrn, das Ende, welches vom Herrn
für den Leidensstand des Hiob herbeigeführt wurde, so ist in dem
κυρίου die Hinweisung auf den Herrn mit absichtlichem Nachdruck
ausgesprochen, weil die Augen der Leser auf den Herrn, als den die
Entscheidung bringenden Richter, gerichtet werden sollen. Mit den
Worten: „das Ende schauet", wird ihnen Hiobs Gestalt vor Augen
geführt, wie er schließlich nach geduldigem standhaftem Aushalten des
Leidens mit einem vom Herrn für ihn herbeigeführten Ende gekrönt
wird. Wenn aber mit ziemlich hartem Ausdruck so absichtlich und
nachdrücklich von dem vom Herrn herbeigeführten Ende geredet
wird, so kann schon deshalb der Begriff des „Endes" hier unmöglich
auf die Thatsache des Abschlusses der Leiden Hiobs oder auf den
Stand des Glücks, zu dem er nach demselben wieder gelangte, beschränkt werden, sondern es muß nach dem Genitiv dabei an einen
Hergang, der vom Herrn herrührte, an eine Veranstaltung, die der
Herr zur Herbeiführung des Endes traf, gedacht werden. Dafür
spricht auch das ἴδετε, welches solch einem Schauspiel entspricht.
Jakobus hat ohne Zweifel daran gedacht, wie der Herr, nachdem
Hiob nicht blos so schwere Leiden an Leib und und Gut standhaft
erduldet, sondern auch von seinen Freunden ungerechter Weise
mit Anklagen und aburtheilendem Richten gepeinigt war, zuletzt
als Richter eintritt und die Endentscheidung wider jene zu seinen
Gunsten herbeiführt[1]). Hiob ließ sich nicht in dem Vertrauen auf
Gott bei seiner ausharrenden Standhaftigkeit irre machen. So bezeugt sich Gott auch ihm als ein gerechter Richter, der die wider ihn

---

[1]) Hiob 42, 7 f.

anklägerisch und richtend Redenden mit seinem Spruch zum Schweigen bringt und mit solcher Entscheidung das Ende, wie es sich in der Wendung des Geschicks Hiobs darstellt, herbeiführt.

Die Erklärung des τέλος κυρίου von dem Ende des Leidens und Lebens Jesu[1]) hat entschieden schon das gegen sich, daß κυρίου ohne Artikel steht; dann aber auch, daß vorher in v. 10 und unmittelbar nachher in den Schlußworten v. 11 κύριος Gott bezeichnet. Am meisten widerspricht dieser Auffassung der Inhalt der Schlußworte, in welchen das, was in dem τέλος κυρίου gesagt wird, begründet wird. Das Erbarmen Gottes kann sich doch nur auf den beziehen, von dem das τέλος ausgesagt wird. Wie soll aber die Barmherzigkeit Gottes als Grund des Leidens und Todes, in denen das Ende des Lebens Jesu sich darstellt, in Bezug auf ihn selbst gedacht werden? Man hat daher zu erklären versucht[2]): schauet an das Ende des Leidens Christi, denn daß er gelitten hat, ist eine Folge seines Erbarmens. Aber wie stimmt das zu der angenommenen Vorbildlichkeit des Leidens Christi; diese, nicht die Thatsache desselben, hätte begründet werden müssen. Übrigens ist zu bemerken, daß Jakobus auch sonst nur Beispiele aus der alttestamentlichen Geschichte anführt, während es ihm doch hätte sehr nahe liegen müssen, auf Christi Vorbild z. B. für die Wirksamkeit des Gebets, für die standhafte Ausdauer unter Anfechtungsleiden, hinzuweisen. Statt dessen führt er Elias Beispiel an. Schließlich ist zu bemerken, daß auch die Inconvenienz einer unmittelbaren Nebeneinanderstellung Christi als des großen Dulders des N. T. mit Hiob als dem des A. T. ihre großen Bedenken haben würde.

Der Grund davon, daß der Herr das Ende des Leidensstandes und der Leidenserfahrungen seitens der ihn verurtheilenden Menschen durch solche Endentscheidung für Hiob herbeiführte, liegt für Jakobus in der Barmherzigkeit Gottes. Darum heißt es in v. 11 am Schluß: „denn reich an Mitleid ist der Herr und barmherzig." Das πολύσπλαγχνος[3]) entspricht dem hebräischen רַב חֶסֶד und dem πολυέλεος der Septuaginta und bedeutet die tiefe Mitempfindung des Herrn mit unserm Elende, wie οἰκτίρμων[4]) seine

---

[1]) Augustin, Beda, Lyra, Thomas Aq., Wetstein, Palmer a. a. O. S. 25 u. Jahrbb. f. deutsche Theol. III, 1858 S. 665 Anmerk., und Lange Komment. S. 108. [2]) Lange. [3]) Nur hier im N. T. [4]) Nur noch Luc. 6, 36 im N. T.

herzliche Geneigtheit, ihm abzuhelfen[1]). Für beide Prädikate zusammen sind die alttestamentlichen Grundstellen 2. Mose 34, 6 und Psalm 103, 8. Die Barmherzigkeit und das Mitleid Gottes bringen zuletzt das Ende aller Leiden zuwege, daß die Seligpreisung derer, die erduldet haben, sich erfüllen kann.

Die Worte ὅτι πολύσπλαγχνός ἐστιν ὁ κύριος[2]) hat man, abweichend von der vorstehenden Erklärung, mit ἴδετε als Object desselben verbunden: „sehet, daß der Herr sehr mitleidig ist und barmherzig[3])." Es läßt sich dafür anführen, daß das ἴδετε bei dieser Fassung parallel mit ἰδού an der Spitze des Verses stehn und den Gedanken einführen würde, welcher das mit ἰδού eingeführte: „wir preisen selig" begründet; es würde in gleicher Beziehung parallel mit dem ἰδού in v. 9 stehen, welches gleichfalls eine tröstliche Wahrheit oder Thatsache einführt. Das unverbundene Eintreten des Imperativs würde mit Jakobus energischer unverbundner Redeweise stimmen und besto nachdrücklicher als thatsächliche Erklärung des κυρίου die Quelle des Heils und der Seligkeit nach standhafter Erduldung des Leidens als allein aus Gottes Erbarmen sich ergießend bezeichnen, und um so energischer und deutlicher die Leser auf die göttliche Barmherzigkeit als ihren Trost nach allen standhaft erduldeten Leiden hinweisen[4]). Aber diese Erklärung ist doch der ersteren, nach welcher ἴδετε mit τὸ τέλος κυρίου verbunden wird, nicht vorzuziehen. Der Einwand, daß durch das Folgen des Imperativs hinter dem Indicativ eine harte, schwierige Ausdrucksweise sich ergebe: „ihr habt gehört, und nun sehet", trifft nicht zu, wenn man den neuen Gedanken, der mit καί — ἴδετε eingeführt wird, indem der ὑπομονή das τέλος gegenübergestellt wird, mit der ihm eignenden selbständigen Bedeutung hervortreten und betont sein läßt. Hauptsächlich spricht aber gegen diese Verbindung, daß durch sie der Gedanke der Barmherzigkeit Gottes in Beziehung auf alles Vorhergehende eine hervorragende, dominirende Stellung bekommt, die er nach dem Zusammenhang und der Intention des Jakobus nicht hat.

Die Ermahnungen v. 7—11 knüpfen sich alle an v. 6, wo gesagt ist, daß ein Theil der christlichen Leser, die Reichen, den anderen

---

[1]) So Hofmann. [2]) Das ὁ κύριος der rec. ist nach א. A. B mit Lachm. als ächt anzunehmen, da seine Weglassung sich aus dem τοῦ κυρίου erklärt. [3]) So Huther und Hofmann. [4]) Vergl. Huther, Hofmann.

durch ungerechtes Verurtheilen und Zufügung bitteren Herzeleids[1]) in schweren Leidensstand versetzt hat, und das Verhalten der Leidenden als ein stilles über sich Ergehenlassen des Leidens geschildert wird. Demgemäß behält Jakobus nun bei den folgenden Ermahnungen, die mit dem an οὐκ ἀντιτάσσεται ὑμῖν sich inhaltlich anschließenden μακροθυμήσατε beginnen, die Beziehung und das Verhältniß der Leser untereinander, jene ungerechten gewaltthätigen Reichen eingeschlossen, im Auge; der Gedanke an die christliche Gemeinschaft und das in Beziehung auf jenen Leidensstand und seine Urheber zu fordernde Verhalten der bedrückten Leser beherrscht 1. die Ermahnung zur geduldigen ausdauernden Gelassenheit den Beleidigern und den von ihnen verursachten Leiden gegenüber bis zur Erscheinung des Herrn, die ihnen Erlösung und Heil bringen wird, 2. die Ermahnung, unerschütterliche Standhaftigkeit zu beweisen in Festigkeit des Glaubens und der Geduld angesichts der Nähe der Parusie des Herrn, und 3. die Ermahnung, nicht im Anklagen und Richten wider einander dem Unmuth und Groll Luft zu machen und sich selbst Recht schaffen zu wollen mit einem Eingriff in das Gericht des Herrn, dem als vor der Thür stehenden Richter allein das Gericht anheimzustellen ist. Nun folgt

VII. 5, v. 12
im Gegensatz gegen die Ausbrüche leidenschaftlicher Erregtheit im Schwören vor Gott die Ermahnung, es mit einem einfachen Ja und Nein untereinander zur Betheuerung der Wahrheit bewenden zu lassen, mit gleicher Hinweisung auf Gottes Gericht.

Der Abschnitt v. 12—20 ist von Rauch[2]) für unächt erklärt worden. Er hat den Beweis dafür, daß diese Worte nicht von Jakobus, überhaupt nicht von dem Verfasser, der Kap. 1—5, 11 schrieb, auch nicht zu derselben Zeit, aufgesetzt sein könnten, 1. aus dem ganzen Plan des Briefes, 2. aus einigen angeblichen Widersprüchen des Inhalts mit dem vorigen Theil des Briefes, 3. aus der vermeintlichen Verschiedenheit der Sprache dieses Abschnitts von der in dem übrigen Briefe sich darstellenden Sprache unwidersprechlich gewiß führen zu können gemeint. Gegen diese Beweisführung hat

---

[1]) Es fehlte also viel an dem „Ein Herz und Eine Seele" der Muttergemeinde. [2]) Ueber den Brief Jakobi in Winer und Engelhardts neuem kritischen Journal der theol. Literatur VI. 3, S. 290 f.

zunächst Hagenbach¹) mit siegreichen Gründen nachgewiesen, daß dieselbe völlig unhaltbar sei. Weitere durchschlagende Widerlegungen sind gefolgt²), so daß man diese Kontroverse für abgethan halten kann, wie Wiesinger mit Recht bemerkt³). Wir können uns dieser Gegenbeweisführung nur ganz anschließen und daher von weiteren Auslassungen über diese wissenschaftlich erledigte Frage Abstand nehmen. Der Abschnitt schließt sich mit der Gedankengruppirung in den vorangehenden Theilen des Briefes ideell und sachlich sehr wohl zusammen; das Verbot des Schwörens bezieht sich auf das Gebiet der Wort- und Zungensünden, in denen die leidenschaftliche Erregtheit zum Ausbruch kam. Die behaupteten Widersprüche im Inhalt dieses Abschnitts mit dem übrigen Theil des Briefes sind eine Fiction des Kritikers; die Sprache hat hier durchweg denselben Charakter, wie im Vorhergehenden.

Zunächst zeigt sich ein Zusammenhang mit dem Vorhergehenden in v. 12: **vor Allem aber, meine Brüder, schwöret nicht, weder bei dem Himmel, noch bei der Erde, noch irgend einen anderen Schwur. Es sei aber euer Ja Ja und euer Nein Nein, damit ihr nicht dem Gericht verfallet."** Es wird mit diesen Worten keineswegs eine Reihe von zusammenhangslosen Ermahnungen eröffnet, die an die bisherige Substanz des Briefes ohne Verbindung angeknüpft seien, wie die vereinzelten Ermahnungen gegen das Ende der paulinischen und petrinischen Briefe⁴). Schon das Schlußwort in betreff des Gerichts entspricht hier dem: „damit ihr nicht gerichtet werdet" in v. 9; Jakobus behält das Gericht im Auge. Wenn er angesichts desselben das Schwören verbietet und das einfache Ja- und Neinsagen fordert, so bezieht sich das auf ein sündliches Verhalten der Leser, denen diese Mahnung gilt, und zwar derer, die nach dem Zusammenhang⁵) sich in einem Leidensstande befanden, und in bezug auf den dadurch leicht erweckten Unmuth und Groll schon der Mahnung: „seid gelassen, seufzet nicht mit bittern Anklagen gegen die, von denen ihr Unge-

---

¹) In derselben Zeitschrift VII. S. 395 f. ²) Von Schneckenburger, Tübing. Zeitschr. 1829, S. 47 f. Kern, Komment. S. 88 f., Theile, Comm. prol. p. 54 f., zuletzt von Gans: Ueber Gedankengang, Gedankenentwicklung und Gedankenverbindung im Briefe des Jakobus 1874. S. 23 f. ³) Einl. zum Komm. S. 29. ⁴) So Gebser, Kern, de Wette, theilweise auch Wiesinger. ⁵) Vergl. κακοπαθεῖ τις in v. 13 mit v. 6—11.

rechtigkeit und Unbill erfahret," bedurften. Da konnte sich leicht das Schwören als Ausbruck der leidenschaftlichen Erregtheit behufs eigenmächtiger und eigenwilliger Wahrung des verletzten Rechtes zu dem Klagen, Anklagen und Richten gesellen. Auch in dieser Beziehung gabs Anlaß zu Zungensünden; denn es war ja nach v. 6 gerade das ungerechte gewaltthätige Rechtsverfahren der bevorzugten Reichen die Ursache so vieler Leiden. Auch hier will Jakobus also einen sittlichen Mißstand, welcher in der Beziehung des Christen zur christlichen Gemeinschaft sich darstellte, beseitigt wissen. Ja es muß im Widerspruch mit der von ihm geforderten stillen leidenschaftslosen Gelassenheit solch leidenschaftliches erregtes Geltendmachen des eigenen Rechtes gegenüber der erfahrenen Unbill als eine besondere Unart unter den Lesern neben den vielen andern Ausbrüchen leidenschaftlichen Wesens durch Zungensünden hervorgetreten sein[1]). Darauf deuten die Worte: „vor allem aber"[2]) und die hier nachdrücklich wiederholte besondere Anrede: „meine Brüder" hin. So glauben wir nach dem Zusammenhang hier nicht ein blos leichtfertiges Schwören, sondern ein in dem Unmuth und der Ungeduld begründetes Schwören[3]) annehmen zu müssen, welches, mag es beim Himmel oder bei der Erde oder bei einem andern Gegenstande geschehen, ein vor Gott und Menschen ungebührliches sündliches Gebahren ist[4]). Die Ansicht, daß hier von einem Sichverschwören aus politischem Parteifanatismus behufs Anzettelung von Verschwörungen die Rede sei[5]), ist gegen den Zusammenhang und beruht auf einer bereits abgewiesenen unrichtigen Voraussetzung in Betreff politischer Parteigegensätze, gegen die Jakobus polemisiren soll. Der Schwur bei Gott wird nicht genannt; das zeigt, daß er diesen nicht in das Verbot mit aufnehmen wollte, was er sonst gewiß gethan hätte. Das landläufige Schwören gestattete sich diesen Schwur nicht, desto mehr aber viele andere Formeln. Uebrigens war das Schwören beim Namen Gottes sogar im A. T. vom Gesetz im Gegensatz gegen andere Eide geboten und von der Weissagung als ein Zeichen des zukünftigen Bekehrtseins zu Gott geweissagt[6]). Um so weniger ist anzunehmen, daß

---

[1]) Vergl. 1, 19. 20. c. 3. [2]) Vergl. 1. Petri 4, 8. [3]) Gegen Huther mit Wiesinger und Hofmann. [4]) ἐμνύειν steht mit doppelter Construction. Die verschiedenen üblichen Schwurformeln bei den Juden s. Matth. 5, 35. 36. [5]) So Lange. [6]) Huther mit Bezug auf 5. Mos. 6, 13. 10, 20. Ps. 63, 12. Jesaj. 65, 16.

Jakobus hier überhaupt das Schwören verbieten wolle; seine War=
nung hat selbstverständlich mit einem Schwören nichts zu thun,
welches nicht Sache des Eigenwillens, sondern Erfüllung einer Pflicht
ist¹). Dagegen schließt er mit den Worten: μήτε ἄλλον τινὰ ὅρκον
absolut jeden sündlichen Schwur aus, der wesentlich eine Verwünschung
ist, die man im Fall der Lüge über sich selbst ausspricht²). Der
Ruf: „schwöret nicht" richtet sich gegen die jüdische Unart, schnell
mit solchem Schwören bei der Hand zu sein. „Es hatte in den Ge=
meinden die üble Sitte der Juden Eingang gefunden, daß man, in=
dem man es mit den Worten nicht so genau nahm, wie dies mit
ihrer Vielrederei zusammenhing, viele Betheuerungen gebrauchte, um
den Worten ein Gewicht zu verschaffen, das sie durch sich selbst nicht
hatten"³). Die positive Forderung: „es sei aber euer Ja Ja
und euer Nein Nein"⁴) bildet den Gegensatz gegen das
gemeinte Schwören und dient zur Erklärung dessen, was Jakobus
mit diesem gemeint habe. Jakobus will nicht das Gebot der Wahr=
haftigkeit aussprechen in dem Sinne, daß nur das bejaht werden
solle, was ist, und nur das verneint werde, was nicht ist;
denn von Lügen oder Unwahrheit reden im Gegensatz gegen Wahr=
heit ist hier nirgends die Rede⁵). Vielmehr soll dies gesagt sein:
euer Ja soll nichts anderes als ein schlichtes Ja, euer Nein
nichts weiter als ein Nein sein; es sollen nicht, und zwar in
diesem Falle in leidenschaftlicher, selbstsüchtig erregter Weise
über die einfache Bejahung und Verneinung hinausgehende be=
theuernde Schwurworte gebraucht werden⁶). Diese Erklärung wird
geboten durch den Gegensatz der Forderung zu dem verbotenen
Schwören: es soll statt jeder andern Versicherung und Betheuerung,
die bei demselben zum Ausdruck kommt, nur die einfache Bejahung
und Verneinung in Anwendung kommen. „Damit ihr nicht dem
Gericht⁷) verfallet." Dem Gericht läßt das verbotene
Schwören verfallen, weil es eine schwere Versündigung ist, sowohl
gegen Gott, dem es eigenmächtig in sein Recht greift, die Sache der

---

¹) So Hofmann. ²) Palmer a. a. O. 13. ³) Neander. ⁴) ἤτω steht
für ἔστω, wie 1. Corinth. 16, 22. ⁵) Mit Huther, de Wette, Hofmann gegen
Oekum., Zwingli, Calvin, Grot., Bengel, Gebs., Kern, Stier, Theile. ⁶) Vergl.
den Ausspruch des Herrn Matth. 5, 35—37; es ist in leichterer Form derselbe Ge=
danke. ⁷) Die lect. εἰς ὑπόκρισιν G. K. Steph. hat wohl ihren Grund in der
falschen Erklärung, es sei das Gebot der Wahrhaftigkeit in den Worten enthalten.

Seinen zu vertreten, als auch gegen den Nächsten wegen der leidenschaftlichen lieblosen Art des Verhaltens, die ähnlich ist derjenigen, die mit der gleichen Warnung: „daß ihr nicht gerichtet werdet," in den Worten μὴ στενάζετε κατ᾽ ἀλλήλων abgewiesen wird.

VIII. 5, v. 13—18.

In v. 13—18 läßt Jakobus unter Festhaltung des zwiefachen Gesichtspunktes des Leidensstandes und der aus der brüderlichen Gemeinschaft sich ergebenden Christenpflichten gegeneinander Ermahnungen zur Uebung des Gebets im Verkehr mit Gott und zwar hauptsächlich zur Fürbitte für einander folgen.

1, v. 13: ein Gebetsleben soll in Leid und Freude geführt werden. „Ist leidvoll einer unter euch, so bete er; ist freudvoll einer, so singe er Lobgesänge[1]). Das κακοπαθεῖν nimmt dem Sinn nach den Begriff κακοπάθεια aus v. 10 wieder auf: Leid haben, leidvoll, unglücklich sein. Es steht in ganz allgemeinem Sinne von jedem Leid oder Leidensstand[2]), nicht blos von einem solchen, der als besonders von Gott verhängt anzusehen ist[3]), sondern nach dem Vorhergehenden umfaßt er auch die Leiden, die aus der Lieblosigkeit des Nächsten ihren Ursprung haben. Zum Gebet soll das Leiden treiben. Diese Forderung steht in sachlichem Gegensatz zu dem in v. 7—12 abgewiesenen Verhalten, besonders zu dem Seufzen und Schwören. Nicht gegeneinander, sondern zu Gott soll man seufzen. Das προσεύχεσθαι drückt immer diese Richtung und Bewegung des innern Lebens im Gebet zu Gott hin aus. „Im Gegensatz gegen die sträfliche Besiegelung der Aufregungen durch jene Fluchschwüre sollen die Stimmungen beschwichtigt werden durch religiöse Erhebung des Gemüthes[4])." Das Leiden soll das Herz nicht niederdrücken und zur Verzagtheit und Muthlosigkeit führen, sondern es soll dem Christen zum Anlaß und Mittel dienen, mit seinem Anliegen seine Zuflucht zu Gott zu nehmen und sich über alles Leidwesen zu dem Quell alles Trostes zu erheben. Der Trieb, zu Gott im Gebet mit allen seinen Anliegen im Leiden sich hinzuwenden, liegt in dem gläubigen Herzen, daß Gott sein Leid zu klagen und als den Tröster

---

[1]) Die hypothetischen Indikative ohne Bedingungspartikel im Vordersatz bezeichnen die als wirklich vergegenwärtigten Fälle. Dieselbe Construct. 1. Cor. 7, 18—27. S. Winer § 41. 3. Anmerkung. [2]) Vergl. 2. Tim. 2, 3. 9. 4, 5. [3]) Gegen Hofmann. [4]) Lange.

und Helfer anzurufen sich gedrungen fühlt. Besonders liegt der Antrieb dazu in dem Bedürfniß der Kraft von oben, um die Anfechtungen und Leiden gelassen aushalten zu können, der Weisheit von Oben, das Leiden sich zum Besten dienen zu lassen[1]), und der Hülfe von Oben, welche den Leiden ein Ende machen möge[2]).

In dem entgegengesetzten Gemüthszustande, in der Stimmung des Frohsinns oder guten Muthes soll der Christ gleichfalls zu Gott sich wenden mit dem Ausdruck seiner Freude, seines Dankes in ψάλλειν: Loblieder singen[3]). Daß bei dem ψάλλειν an den Gebrauch der alttestamentlichen Psalmen in erster Linie zu denken sei, liegt bei den Lesern des Briefes sehr nahe. Eine Aufforderung zur eigenen Produktion solcher Loblieder ist aber nicht in dem Ausdruck zu suchen. Das Psalmensingen ist der Ausfluß eines Herzens, welches durch das Gefühl des Wohlergehens und durch die Empfindung der Freude sich nicht zum Uebermuth verleiten läßt, sondern in kindlicher Demuth des eingedenk bleibt, daß alle Gaben, die Gegenstand der Freude sind, von Oben herabkommen, 1, 17, und darum freudiges Danken und Loben dorthin richtet, von wo sie gekommen. Loblieder singen ist die Begleitung des Rühmens, von dem 1, 9. 10 geredet worden. Solch Gebet im Bitten und Danken, in Leid und Freude, bezeugt das Gegentheil von der auf die Welt in Leid und Freude gerichteten irdisch-fleischlichen Gesinnung, die keinen Raum dafür läßt, im Bitten zu Gott sich hinzuwenden, oder nur übeles Beten zu Wege bringt, wie es 4, 1—3 ff. ausgeführt ist. Alle Gefühle des Christen in Leid und Freude sollen in Gebet übergehen Dadurch soll Leid und Freude geheiligt und verklärt werden. Und da zwischen Leid und Freude das ganze Leben getheilt ist, wird also das ganze Leben zum Gebet werden[4]).

2, v. 14—16. Ermahnungen in Betreff der Fürbitte und zwar a. bei Krankheitsleiden in Verbindung mit Sündennoth v. 14. 15. Der Kranke soll die Fürbitte der durch die Aeltesten vertretenen Gemeinde für sich erfordern. In v. 14 die Anordnung dieser Fürbitte: „ist krank Jemand unter euch, so rufe

---

[1]) V. 7—11, 1, v. 6. [2]) Vergl. Psalm 50, 15: „rufe mich an in der Noth, so will ich dich erretten." [3]) 1. Cor. 14, 15. [4]) Neander. Calvin: significat, nullum esse tempus, quo non ad se deus nos invitet. Nam afflictiones ad precandum stimulare nos debent, res prosperae laudandi materiam suppeditant.

er herbei die Aeltesten der Gemeinde." Das „Kranksein" ist nicht symbolisch zu verstehen, als wollte Jakobus sagen: ist Einer als Christ in seinem Christenthum verwundet oder krank geworden, sodaß von einer geistlichen Heilung nachher die Rede wäre¹); denn das ἀσθενεῖν giebt sich im Verhältniß zum Vorhergehenden als ein einzelnes Moment in dem κακοπαθεῖν zu erkennen, und im Nachfolgenden ist von einem leiblichen κάμνειν die Rede, von dem Heilung erfolgt. Von dem leiblichen Kranksein, welches ἀσθενεῖν auch sonst bedeutet²), wird im Folgenden das geistliche Kranksein an Sünden ausdrücklich unterschieden. Es ist daher das ἀσθενεῖν auch nicht zugleich als ein geistiges und geistliches zu deuten, als wäre von einem körperlichen Leiden die Rede, welches von Glaubensanfechtung begleitet gewesen wäre. Aber auch nicht von einem Kranksein mit tödtlichem Ausgang, um bessentwillen die nachfolgenden Anordnungen getroffen wären, ist die Rede³), sondern nur von einem Krankheitszustand, der als eine Spezialität des κακοπαθεῖν v. 13 zu fassen ist, und zwar dem Zusammenhange nach als schweres gefährliches Krankheitsleiden. Die Herbeirufung der „Aeltesten" ist wegen des Zusatzes: „der Gemeinde" von den Männern, die das Presbyteramt bekleideten, aber nicht von einem Theil derselben⁴), oder gar nur von je einem Aeltesten⁵), sondern von dem ganzen Aeltestencollegium zu verstehen. Er rufe herbei, d. h. lasse herbeirufen die Presbyter. Diese sind ohne Zweifel die geordneten Gemeinde-Aeltesten, vgl. Apostelg. 15, 1. 1. Petr. 5, 1 ff.⁶), und darum ist „Gemeinde" jedenfalls von der Ortsgemeinde zu verstehen⁷). „Und sie mögen beten über ihm"⁸). In ihnen und durch sie betet die Gemeinde, die sie vertreten. Die innige Liebesgemeinschaft zwischen denselben und jedem ihrer Glieder wird vorausgesetzt, vgl. 1. Korinth. 12, 26.

Als Nebenbestimmung wird zu der Anordnung der Fürbitte,

---

¹) Gegen Lange. ²) Vergl. z. B. Matth. 10, 8. Luc. 7, 10. Marc. 6, 56. Phil. 2, 26 f. ³) Wie katholisch. Ausleger deuten. ⁴) Gegen Theile: paucos vel singulos. ⁵) Gegen Wolf, Estius. ⁶) Gegen Pfeiffer. Stud. u. Krit. 1830 S. 111. ⁷) Gegen Lange. ⁸) Das ἐπ' αὐτόν bedeutet nicht: in Beziehung auf, wie κλαίειν ἐπί τινα Luc. 23, 28 (Gebs., Huther), sondern örtlich „über", entsprechend der sich von selbst ergebenden Stellung eines über einen Kranken gebeugt Betenden, Winer § 49. l. Anm. 2, mag man nun „über ihn hin" vergl. Apost. 19, 13, oder „über ihm", wie der Acc. oft für den Dat. bei ἐπί steht, übersetzen.

welche die Hauptsache ist¹), hinzugefügt: "nachdem sie ihn²) mit Oel gesalbet im Namen des Herrn". Die Salbung des Kranken mit Oel, die bei Marc. 6, 13 in Verbindung mit den von den Jüngern vollbrachten Krankenheilungen vorkommt, ist wie die Anwendung des Oels besonders bei Verwundungen, wie eine solche Luc. 10, 34 erwähnt wird, nach dem Zusammenhange hier durchaus nicht als Symbol resp. Mittel geistlicher Weihe³), sondern als Mittel der Linderung der Krankheitsschmerzen ins Auge zu fassen. Daß das Oel allgemein so bei Krankheiten zur Linderung oder Heilung von Schmerzen im Orient angewendet wurde⁴), muß hier jedenfalls in Betracht kommen, wenn es auch kein Heilmittel für alle und jede Krankheit war⁵). Freilich ist Jakobus weit entfernt, die Heilung von der Krankheit davon abhängig zu machen. Diese erwartet er, wie er ausdrücklich v. 15ª sagt, von dem Gebet, ganz entsprechend der in dem Hauptsatz gestellten Forderung: "sie sollen beten über ihm", während er das Salben mit Oel nur im Participalsatz als ein nebenher- oder vorangehendes Moment bezeichnet. Aber er will das Salben mit Oel offenbar doch auch nicht blos als eine Handlung angesehen wissen, die bestimmt gewesen wäre, die persönliche Gegenwart der Aeltesten dem Kranken mittelst körperlicher Empfindung zu bekunden, oder die durch das Gebet geordnete Hilfsleistung sinnlich wahrnehmbar zu machen⁶). Dazu hätte er ja auch eine andere Handlung, z. B. Handauflegung, Begrüßung, anführen können. Da es sich hier um eine regelmäßige Ordnung handelt, wie in den vorausgesetzten Krankheitsfällen zu verfahren sei, so kann das Salben mit Oel als dem verbreitetsten und gewöhnlichsten Heil- und Linderungsmittel nur die durch das Gebet für den Kranken nicht ausgeschlossene Anwendung des natürlichen Mittels der Linderung, Erquickung und Heilung bezeichnen⁷). Doch wie das Gebet aus einem gläubigen Herzen kommen muß, so soll auch die Anwendung des natürlichen Linderungs- oder Heilmittels geschehen "im Namen des Herrn." Dieser Zusatz gehört nach der Wortstellung nicht zu προσευξάσθωσαν⁸), welches wegen des folgen-

---

¹) Wiesinger. ²) Αὐτόν fehlt in B, es konnte leicht wegen des vorangehenden ἐπ' αὐτόν ausfallen. ³) Wie 2. Mos. 30, 23 ff. 37, 29. 2. Sam. 5, 3. ⁴) Winer, R. W. B. unter Oel und Riehm Handwörterbuch. Jesaj. 1, 6. ⁵) Gegen Hofmann. ⁶) So Hofmann. ⁷) Vergl. Jer. 46, 11. Luc. 10, 34. ⁸) Gebser, Kern.

ben εὐχὴ τῆς πίστεως v. 15 solcher Bestimmung nicht bedurfte, auch nicht zu beiden Zeitwörtern, sondern zu ἀλείψαντες¹). Es bedeutet nicht: auf Befehl und Auctorität Christi; denn es giebt keinen derartigen Befehl Christi. Vielmehr wird das Salben durch das Particip als eine Sitte vorausgesetzt, die hier vor dem Gebet zur Anwendung kommt. Das τοῦ κυρίου, welches von Christus verstanden werden müßte, wenn der Ausdruck mit dem „Beten" verbunden werden könnte, ist, mit ἀλείψαντες verbunden, am besten von Gott zu deuten²), da man sich das Salben im Namen des Herrn denken muß unter irgend welcher Bezugnahme auf den Namen des Herrn, aber nicht unter Anrufung oder Aussprechung desselben³), was ja schon mit προσεύχεσθαι ausgedrückt ist, sondern im Vertrauen auf den Segen, der auf die äußere Anwendung des Heilmittels von dem Herrn, also von Gott, dem Spender desselben, gelegt werden kann. Dazu kommt, daß v. 15 der heilende κύριος Gott ist, von dem auch die Sündenvergebung ausgeht. Von dem Gedanken einer Hineinlegung übernatürlicher Kraft in dieses Heilmittel ist hier keine Spur. Die göttliche Machtwirkung in Heilung von der Krankheit wird vielmehr dem Gebet zugeschrieben. Eine Salbung angesichts des Todes anzunehmen, widerstreitet offenbar dem Zusammenhang; denn es spitzt sich Alles zu dem Gedanken an die herbeizuführende leibliche Genesung zu⁴).

In v. 15 heißt es nämlich vom Erfolg des Gebetes: „und das Gebet des Glaubens" d. h. das Gebet, nicht auch des Kranken, dessen Gebet als selbstverständlich vorausgesetzt ist, und der mit seiner Einladung der Aeltesten zur Fürbitte seinen Glauben schon bewies, sondern der Aeltesten⁵), — welches im „Glauben", vgl. 1, 6, in der festen Zuversicht auf des Herrn Hülfe geschieht, genauer: von einem vertrauensvollen, fest zuversichtlichen Glauben ausgeht. In πίστεως, welches die Quelle bezeichnet, aus der das Gebet strömt, liegt die Bedingung für die Wirkung des Gebets: „es wird den Leidenden gesund machen". Dies bedeutet σώσει mit Beziehung auf das mit dem ἀσθενεῖν gleichbedeutende κάμνειν⁶). Gegen

---

[1]) Schneckenburger, de Wette. [2]) Gegen Wiesinger, Huther. Die Stellen Apost. 3, 6. 16, 18. 19, 13 sprechen vom Namen Jesu Christi, nicht des Herrn. [3]) Gegen Wiesinger. [4]) Gegen die katholische Exegese. [5]) Gegen Grotius, Kern, Schneckenb., Theile. [6]) Κάμνειν nur noch Ebr. 12, 3 im N. T. Σώζειν gesund machen Matth. 9, 21. 22. 14, 30. Mark. 5, 23. 6, 56. Joh. 11, 22. Jes. 38, 20.

diese aus dem Zusammenhange sich mit Nothwendigkeit ergebende Auffassung des σώζειν streitet die Erklärung in geistlichem Sinne Jemandem zum Heil verhelfen¹). Daraus, daß das σώζειν sonst bei Jakobus in diesem Sinne vorkommt, den Schluß zu ziehen, daß es auch hier so aufgefaßt werden müsse, führt bei der sonst so oft in leiblicher Beziehung vorkommenden Bedeutung des Wortes und bei der Freiheit des Schriftstellers, auch dieser sich zu bedienen, zu einer willkürlichen Beschränkung des Sprachgebrauchs des Jakobus, wenn nicht bewiesen werden kann, daß er überhaupt σώζειν nur in Beziehung auf geistliches Heil verstanden wissen wolle. Mit der Hinfälligkeit jenes Schlusses erweist sich dann auch der weitere auf denselben gebaute Schluß als unhaltbar, daß die folgenden Worte καὶ ἐγερεῖ αὐτὸν ὁ κύριος eben darum, weil bei ihnen eine solche übertragene Bedeutung, wie σώζειν sie hier habe, nicht angenommen werden könne, ein Zusatz seien, der durch Mißverstand des σώζειν unter Erinnerung an Mark. 6, 13 und unter Einwirkung des ebenfalls buchstäblich gefaßten ἰάθητε v. 16 in den Text gekommen sei²). Σώζειν bedeutet hier nicht selig machen³), auch nicht geistig und leiblich⁴) retten. Die folgenden Worte: „und es wird der Herr ihn aufrichten⁵), d. h. von dem Krankenbett aufstehen lassen, nicht geistig aufrichten, trösten⁶), sind die Erklärung zu dem σώσει: „der Herr", nicht Christus⁷), sondern Gott, in dessen Macht das Gesundwerden liegt, erhört das Gebet, weil es ein vom Glauben, d. h. vom unbedingten Vertrauen zu seiner Hülfe ausgehendes ist; so wird dem Gebet zugeschrieben, was vom Herrn gewirkt wird. — Die Ansicht, daß Jakobus hier das χάρισμα ἰαμάτων voraussetze⁸), ist nicht ohne weiteres als eine willkürliche abzuweisen⁹), wenn auch nicht ausdrücklich davon die Rede ist. Die Gabe der Heilung war in der apostolischen Kirche vorhanden, 1. Corinth. 12, 8. Warum hätten nicht solche, die sie besaßen, zu Presbytern gewählt werden können? Die Anwendung der Mittel des Betens und Salbens können nicht gegen ihre Bethätigung geltend gemacht werden¹⁰).

Neben dieser leiblichen Wirkung des Gebets wird eine andere und zwar geistliche verheißen, die für einen bestimmten Fall die

---

¹) So Gans a. a. O. ²) So Gans a. a. O. ³) Gebser. ⁴) Schneckenb. Lange. ⁵) Vergl. Mark. 1, 31. Matth. 9, 5. ⁶) Die röm.-kathol. Kirche im Trid. sess. XIV. 1. ⁷) Gegen Huther. ⁸) Schneckenburger, Lange. ⁹) Mit Huther. ¹⁰) Gegen Wiesinger.

Fürbitte in ihrem Gefolge hat: „und wenn er Sünden gethan hat, wird ihm vergeben werden". Das κἄν ist wie Luc. 13, 9 und Matth. 21, 21 so aufzulösen, daß das καί einfache Kopula ist — „und wenn". Es heißt nicht: „selbst wenn", „weil es keinen andern Fall giebt, für welchen Sündenvergebung zugesichert sein könnte, als wenn Einer in der Lage ist, Sünden gethan zu haben"[1]). Der Ausdruck ᾖ πεποιηκώς bedeutet etwas anderes als die einfache Aussage: „und wenn er gesündigt hat." Mit dem Plural ἁμαρτίας wird auf bestimmte Fälle von Sünden und zwar Thatsünden hingewiesen, aber nicht auf Sünden überhaupt, die der Kranke als unvergebene auf seinem Gewissen hat und fühlt, wogegen die objective Ausdrucksweise spricht[2]), sondern bestimmte Sünden, welche mit der Krankheit in ursächlichem Zusammenhang stehen, wie solche Fälle Matth. 9, 2. bf., Joh. 5, 14 angeführt sind. „So wird ihm vergeben werden", vergl. Matth. 9, 2. 5, wo der Herr dem Gichtbrüchigen mit der Heilung von der leiblichen Krankheit die Vergebung der Sünden zuspricht. Die Vergebung der Sünden ist also für den Kranken in dem vorausgesetzten Fall die zweite Wirkung des Gebets des Glaubens; auch auf sie darf die Fürbitte gerichtet sein. Aber die unerläßliche Bedingung für diese Wirkung ist 1, die aufrichtige Buße und der Glaube dessen, für den gebetet wird und 2, der Glaube an die Gnade Gottes auf Seiten der Bittenden, mit dem freilich verbunden sein muß das demüthige sich Ergeben in Gottes Willen nach dem Vorbild des Herrn Matth. 26, 39[3]).

Die Benutzung dieser Stelle, wie der in Mark. 6, 13, für die Erweisung eines „Sakraments der letzten Oelung", ist nach der Darlegung des richtigen Sinnes völlig ungerechtfertigt. Es ist nicht blos von einem zum Tode Kranken die Rede. Der Zweck und die Wirkung der Anordnung ist die Genesung behufs gesunden Weiterlebens; es wird das Hauptgewicht auf das Gebet des Glaubens gelegt und hiervon die Wirkung erwartet. Der Kern der Stelle ist: daß Jakobus „schwere mit dem Tode bedrohende Erkrankung für ein Leid achtet, dessen Wendung sich der Christ unter allen Umständen erbitten soll, und daß er die gemeindliche Für-

---

[1]) So Hofmann mit de Wette gegen Huther. [2]) Gegen Hofmann. [3]) So Huther.

bitte, wo sie begehrt wird, für kräftig achtet, es unter allen Umständen zu werden"¹). — Es folgt nun

b. in v. 16 die **Ermahnung zur Fürbitte für einander um Heilung von Sündenkrankheiten.** „Bekennet also einander die Fehltritte und betet für einander, damit ihr geheilt werdet; viel vermag das Gebet des Gerechten, indem es sich wirksam erweist. Das οὖν²) hinter ἐξομολογεῖσθε fügt die Ermahnung als eine Folgerung an. Wenn im Falle einer von einem Kranken begehrten Fürbitte der Gemeinde um leibliche Genesung, dabei auch Sündenvergebung für den seine Sünden bekennenden Kranken erbeten werden kann, so ergiebt sich daraus, daß überhaupt Einer für den Andern, der Christ für den Christen, um Heilung von dem Sündenschaden, um geistliche Genesung bitten kann und soll³). Zwei Forderungen sind unterschieden, doch enthält die erstere die Bedingung und Voraussetzung der zweiten. „Bekennet also einander die Fehltritte"⁴). Diese sind allgemein als Übertretungen der göttlichen Gebote, nicht etwa als Vergehen des einen gegen den andern zu fassen. Mit „einander" ist nicht aus dem Vorigen das Bekenntniß vor den Presbytern wieder aufgenommen⁵). Daher es sich auch nicht um Vergebung, die ein Christ dem andern, sondern Gott gewährt, handelt, wie das Folgende zeigt: „und betet für einander". Der Gegenstand der Bitte kann nach dem Vorhergehenden kein anderer, als die von Gottes Gnade erwartete Vergebung der Vergehungen sein. Der Zweck der Fürbitte ist ihre beabsichtigte Wirkung: „damit ihr geheilt werdet." Da ganz allgemein die Ermahnung ausgesprochen wird, daß ein Christ dem andern seine Übertretungen bekenne, und da von denen, für die gebetet wird, nicht gesagt ist, daß sie sich in einem Krankheitszustande befinden, sondern daß sie sich von der Schuld der Übertretungen, die sie bekennen, gedrückt und belastet fühlen, so kann das „geheilt werden" hier nicht von leiblicher

---

¹) So Hofmann. ²) Nach ℵ. A. B. K. Vulg. ist mit Lachm. gegen Tischend. οὖν festzuhalten. Der Wegfall erklärt sich aus der Schwierigkeit der Erklärung. ³) Vergl. Hofmann. ⁴) Statt παραπτώματα liest Lachm. nach A. B. τὰς ἁμαρτίας und statt εὔχεσθε: προσεύχεσθε. Allein wären diese Worte die ursprünglichen, so würden sie, weil sie in v. 14 u. 15 vorangehen, nicht in παραπτώματα und εὔχεσθε verwandelt worden sein. ⁵) So Chrysost. und mehrere kath. Ausleger.

Heilung, sondern nur im bildlichen Sinne von geistlicher Heilung verstanden werden, die die Wirkung der Sündenvergebung ist[1]), nämlich von Heilung der Gewissenswunden durch Tilgung der Schuld, und der Ohnmacht zum Guten durch Stärkung und Kräftigung des inwendigen Menschen. So kommt das Wort Sir. 3, 28, Ebr. 12, 13 und 1. Petr. 2, 24 vor. Es heißt also auch nicht Befreiung von allen Uebeln Leibes und der Seele[2]). In Bezug auf diese Wirkung als eine sicher zu erwartende fügt Jakobus entsprechend dem vorhergehenden Erfolg der Fürbitte, der in den Worten: „das Gebet des Glaubens wird den Kranken retten", bezeichnet ist, bestätigend und bekräftigend hinzu: „viel vermag das Gebet eines Gerechten, indem es sich wirksam erweist." Nachdrucksvoll steht zur Verstärkung der in diesen Worten liegenden Ermuthigung das „viel vermag" voran. Der „Gerechte" ist der Christ, der in seinem ganzen Leben die rechte Stellung zu Gott hat, also daß Sünde und Welt ihn nicht von ihm scheiden, und sein Herz im vollsten Vertrauen 1, 5. 6 und mit ganzer Hingebung innigster Liebe 4, 4 Gott angehört. Wesentlich dasselbe mit $εὐχὴ\ πίστεως$ ist die $δέησις\ δικαίου$. Das Particip $ἐνεργουμένη$ darf nicht als Adjectiv gefaßt werden[3]), sondern ist genau in der Verbalbedeutung als Participium Medii zu nehmen[4]) = sich wirksam erweisend. In dem Vielvermögen zeigt sich die Kraft des Gebets, mit welcher es sich wirksam erzeigt. In welcher Beziehung? In der Beziehung auf Gott. Es wird aber nicht bloß die objective Richtung auf Gott damit bezeichnet[5]), sondern zugleich die subjective Einwirkung, welche das Gebet auf Gottes Willen ausübt. Denn das Particip ist nähere Bestimmung zu $δέησις$ und erklärt, in wiefern und wodurch das $πολὺ\ ἰσχύει$ Statt findet. Es ist nicht umgekehrt zu fassen: die Wirksamkeit sei das, worin sich das Vielvermögen zeige[6]). Dagegen spricht, daß auf den Worten: „es vermag viel" der ganze Nach-

---

[1]) Mit Huther, Hofmann gegen Bengel, de Wette, Wiesinger. [2]) So Schneckenb. [3]) = $ἐνεργός, ἐκτενής$ — wenn es ernstlich ist (Luther). S. die Zusammenstellung dieser unzutreffenden Erklärungen bei de Wette. [4]) S. Huther, de Wette. — Das Med. $ἐνεργεῖσθαι$ se efficacem praestare im N. T. nur bei Paulus Röm. 7, 5. 2. Cor. 1, 6. 4, 12. Ephes. 3, 20. Col. 1, 29. 1. Th. 2, 13. Gal. 5, 6 und bei Jakobus hier. [5]) De Wette. [6]) Gegen Hofmann, der $πολὺ\ ἰσχύει$ mit dem Particip verbindet, wie $εὐτυχεῖν$ mit dem Infinit. oder Pass. eines Verbums verbunden wird.

druck liegt, indem damit die wirkliche Erhörung des Gebets und die Erlangung des Erbetenen bezeichnet ist.

3. Diese Kraft und Wirkung des Gebets des Gerechten wird v. 17, 18 durch das Beispiel des betenden Elias erläutert.

v. 17. „Elias war ein Mensch in gleicher Lage mit uns." Jakobus führt des Elias Beispiel so ein, daß er ihn vorweg durch die Bezeichnung ἄνθρωπος Gott gegenüber- und dadurch auf gleiche Stufe mit den Lesern und sich selbst (ἡμῖν) stellt, und zwar hinsichtlich der menschlichen Schwachheit und Bedürftigkeit, trotz deren das Gebet als das Gebet eines wahrhaft Gerechten doch so mächtige Wirkung haben kann. Denn daß er Elias hier nur unter dem Gesichtspunkt des δίκαιος ins Auge faßt, um in ihm das Beispiel einer δέησις δικαίου aufzustellen, ist nach dem Zusammenhang unzweifelhaft. Zu der Kategorie des „Gerechten", von dessen Gebet soeben die große Wirkung ausgesagt worden, gehört dieser große Gerechte. Nicht des Propheten Hoheit und Größe, wie wir sie in seiner Geschichte uns entgegentreten sehen, nicht die außerordentliche hervorragende Stellung, welche dieser Mann Gottes als Werkzeug Jehova's dem Volke und seinem König gegenüber einnimmt, nicht das hohe Ansehen, welches er vom Ausgang der alttestamentlichen Prophetie an (Maleachi 3, 1. 4, 5 f.) als Repräsentant des Prophetenthums neben Moses (Matth. 17, 3 f.) und als von Gott verordneter Vorbote des Messias und des messianischen Reiches allgemein genießt, vgl. Joh. 1, 21. 25, dürfen der Meinung Vorschub leisten: sein Beispiel treffe hier nicht zu, sein Gebet habe wohl Erhörung finden können; mit ihm könne das Beten gewöhnlicher Menschen nicht in Vergleich gestellt werden. Das ist der Sinn der Worte des Jakobus, wenn er ihn ausdrücklich als einen ἄνθρωπος, der ὁμοιοπαθὴς ἡμῖν gewesen sei, bezeichnet, um einer solchen Vorstellung entgegenzutreten[1]). Daß diese ausdrückliche Versicherung die übernatürlichen, halbdoketischen Ansichten der Ebioniten von ihrem Propheten, vermöge deren sie ihm Unsündlichkeit und Untrüglichkeit zuschrieben, zur Voraus-

---

[1]) Calvin: ne quis antem objiceret, large nos distare a gradu Eliae, cum collocat in nostro ordine, quum dicit hominem fuisse mortalem et iisdem nobiscum passionibus obnoxium. Nam ideo minus proficimus ex sanctorum exemplis, quia ipsos fingimus semideos vel heroas, quibus peculiare cum deo fuerit commercium.

setzung habe, und daß daher der Sinn der Worte dieser sei: "Elias obwohl unsündlich und in dieser Beziehung über die gewöhnlichen Menschen erhaben, sei doch ein der Leidensfähigkeit unterworfener Mensch gewesen, und darum als Beispiel für die Erhörlichkeit menschlichen Gebets anzusehen"[1]), ist eine in die Worte hineingetragene Anschauung, die nur aus der Tendenz, den Jakobusbrief mit dem Ebionismus in Causalnexus zu bringen, entsprungen ist. Das Prädikat ὁμοιοπαθής bedeutet nicht: in gleicher Weise wie wir Leiden unterworfen, als sollte dadurch eine Leidensgemeinschaft des Elias mit uns, vergl. κακοπαθής in v. 10, bezeichnet werden. Wäre dies die Absicht des Jakobus gewesen, so hätte er nachher ausdrücklich darauf hinweisen müssen, wie Elias durch sein Gebet von Leiden, die ihn betroffen hatten, befreit worden sei[2]). Es ist aber im Folgenden die Rede von der mächtigen Wirkung seines Gebets in Bezug auf Zustände und Verhältnisse außer ihm, die nicht seine Person betrafen. Aber ὁμοιοπαθής heißt auch nicht blos "von gleicher Natur und Beschaffenheit"[3]), weil doch etwas von dem allgemeinen Begriff des πάσχειν dem Wort anhaftet, so daß es "von gleicher Natur" nur nach der Seite der Bedingtheit bedeutet[4]). Im Unterschiede von einer exceptionellen, über die gewöhnlichen Verhältnisse der menschlichen Natur hinausgehenden Stellung bezeichnet es: in gleicher Lage oder in gleichem Geschick mit uns, und gleichgeachtet oder gleichgestellt hinsichtlich menschlicher Abhängigkeit, Schwachheit und Bedürftigkeit[5]). Diese theilte Elias mit uns; aber sie war für ihn kein Hinderniß, so mächtige Wirkungen mit seinem Gebet zu erzielen, kann also auch für uns nicht ein Hinderniß sein, mit unserem Gebet Erhörung zu finden, und eine solche Wirkung hervorzubringen, wie in v. 16 gesagt ist. Es kommt hierzu nur darauf an, daß das Gebet, wie bei Elias, das Gebet eines δίκαιος ist. Der Zustand und die Beschaffenheit in der Beziehung zu Gott, welche mit δίκαιος bezeichnet sind, das Gerechtsein in dem Sinne, in welchem es als von Gott anerkannt 2, 14 f. dargestellt worden, ist die Voraussetzung des Gebets der Leser nach v. 16. Unter dieser Be-

---

[1]) So Schwegler a. a. O. I. 425 ff. Anmerk. 2. [2]) Gegen Schneckenburger u. Bouman. Vergl. Wiesinger. [3]) Gegen de Wette, Huther. [4]) So treffend Hofmann. [5]) In diesem Sinne steht es nach dem Zusammenhang Apost. 14, 15, der einzigen Stelle, an der es im N. T. noch vorkommt. Vergl. 7, 3. Im Uebrigen S. W. Grimm clavis N. T. s. v.

dingung wird es sich ebenso als ein wirkungskräftiges erweisen, wie bei Elias, trotz der Bedingtheit und Schwachheit der menschlichen Natur, die dieser große Beter mit uns theilte. Was sein Gebet unter jener gleichen Voraussetzung des Gerechtseins vermochte, wird nun aus der Geschichte seines Betens veranschaulicht und als Exempel mächtiger Wirkung des Gebets hingestellt. Das gereicht zum Trost und zur Ermunterung für den, der in Wahrheit als ein Gerechter mit seinem Gebet zu Gott sich wendet.

Aus dem Bisherigen erhellt, daß die Erklärung[1]): „er war ein Mensch wie wir, **aber gerecht, und darum vermochte er so viel**", mit dem darin aufgestellten Gegensatz dem Zusammenhang nicht entspricht und in die Worte hinein getragen ist. „**Und in einem Gebet betete er, daß es nicht regnen möchte. Und es regnete nicht auf Erden drei Jahre und sechs Monate.**" Die Construction $προσευχῇ\ προσεύξατο$ entspricht der des hebräischen Infinitivus absolutus mit dem Finitum desselben Verbi, indem der Dativ (Ablativ) des Nomen conjugatum jenen Infinitiv vertritt[2]). Es kommt jedoch diese Construction bei griechischen Schriftstellern vor[3]), und so auch öfters im N. T., ohne daß die Annahme einer Analogie mit jener hebräischen Ausdrucksweise erforderlich wäre[4]). Durch das im Dativ zu dem betreffenden Verbo hinzugefügte Nomen conjugatum wird der Begriff des Verbi stärker hervorgehoben, und zwar so, daß der der Handlung entsprechende Zustand, aus dem dieselbe hervorgeht, durch den Substantivbegriff für die Anschauung des Lesers oder Hörers in den Vordergrund gestellt wird. So soll hier der Zustand oder die Thatsache des Gebets zu desto deutlicherer Veranschaulichung der Ursache davon, daß es so lange nicht regnete, recht nachdrücklich hervorgehoben worden. Es kann gemäß dem Zusammenhang diese Construction dazu dienen, den Adverbialbegriff der **Intention** auszudrücken[5]). So hat man denn auch hier die Bezeichnung des **Ernstes** und der **Kraft**, mit der Elias gebetet habe, darin finden wollen[6]). Aber der Zusammenhang spricht nicht dafür. Wenn man behauptet hat, daß der Ausdruck dem $ἐνεργουμένη$ v. 16 entspreche, so ist da-

---

[1]) De Wette's. [2]) Winer § 44. 8. Anmerk. [3]) Winer § 54. 3. [4]) Luc. 22, 15 $ἐπιθυμίᾳ\ ἐπεθύμησα$. Joh. 3, 29 $χαρᾷ\ χαίρει$. Vergl. Apost. 4, 17. 5, 28. 23, 14. [5]) S. Winer § 54, 3. [6]) Grotius, Schneckenburg., Theile, Wiesinger, nach welchem der Ausdruck dem $ἐνεργουμένῃ$ v. 16 entsprechen soll.

gegen einzuwenden, daß mit diesem Particip nicht eine Beschaffenheit des Gebets, sondern das sich wirksam Erweisen desselben bezeichnet ist. Was Jakobus in Bezug auf das Gebet des Elias nachdrücklich aussagen und hervorheben will, das ist nach der Einfügung des Substantivbegriffs nicht das Wie, nicht der Charakter der Ernstlichkeit und Kräftigkeit, sondern die **That** des Gebets, welche die Ursache der in Folge desselben eintretenden Thatsache des Nichtregnens und des Regnens war. In dieser Thatsache stellte sich eben das wirksam Werden desselben dar, wie es mit $\dot{\epsilon}\nu\epsilon\rho\gamma o\nu\mu\dot{\epsilon}\nu\eta$ vorher bezeichnet worden[1]). Die That des Gebets war es, wodurch ausschließlich Elias jene zwiefache Wirkung hervorbrachte. Er that die That des Gebets, „damit es nicht regnen möchte." Der Infinitiv mit $\tau o\tilde{\nu}$ bezeichnet die Absicht oder den Zweck[2]): damit es nicht regnete, nicht aber den Erfolg: so daß u. s. w., welcher erst in den folgenden Worten $\varkappa\alpha\grave{\iota}\ o\dot{\nu}\varkappa\ \ddot{\epsilon}\beta\rho\epsilon\xi\epsilon\nu$ ausgedrückt ist. Wie lebendig und kräftig ist hier wieder die Ausdrucksweise des Jakobus, indem er die Thatsache: „**und es regnete nicht**" mit kurzem knappem Wort unmittelbar an das Beten, daß es nicht regnen möchte, anreiht.

Man hat eingewendet, daß in der Geschichte des Elias 1. Kön. 17 und 18 die Erzählung von dem hier erwähnten Nichtregnen und Regnen nichts von solchen Gebeten des Elias enthalte, wie sie Jakobus erwähne, und daher entweder angenommen, daß Jakobus hier aus einer mündlichen Ueberlieferung geschöpft[3]), oder die bei der Erweckung des Knaben 1. Kön. 17, 21f. und bei dem Opfer 1. Kön. 18, 37f. gesprochenen Gebete irrthümlich hierher gezogen habe[4]). Ein Versehen dieser Art ist bei Jakobus wahrlich nicht anzunehmen; denn es handelt sich um ganz verschiedene Thatsachen. Ein Schöpfen aus der Ueberlieferung vorauszusetzen, ist nicht nöthig, so lange man ohne gezwungene Erklärung in der Geschichtserzählung die Stellen finden kann, auf welche Jakobus Bezug genommen hat. Für das erste Gebet des Elias findet sich die Stelle in 1. Kön. 17, 1. 2. Dort spricht Elias zu Ahab: „so wahr der Herr, der Gott Israels, lebt, vor dem ich ge=standen, in diesen Jahren wird nicht Thau noch Regen fallen, **außer nur auf mein Wort**". So wie bei Jerem. 15, 1 das „Stehen vor Gott" gleichbedeutend mit **Beten** ist, so bezeichnet auch hier:

---

[1]) So auch de Wette, Huther, Hofmann. [2]) Wie oft nach den Verbis des Bittens, Befehlens. S. Winer § 44, 4. [3]) Grotius. [4]) Theile, de Wette.

„vor dem ich gestanden", daß dieser Verkündigung vorausgegangene Beten. Stände עֹמֵד im Text, so bedeutete das allerdings das Stehn in Dienst Jehovas. Nun heißt es aber nicht אֲשֶׁר אֲנִי עֹמֵד לִפְנֵי, sondern אֲשֶׁר עָמַדְתִּי לְ d. h. vor dem ich gestanden, nämlich betend[1]). Für das zweite Gebet findet sich die entsprechende Stelle 1. Kön. 18, 42. Nachdem Gott dem Elias in v. 1 geoffenbaret hat, daß er werde regnen lassen, folgen zuerst alle von v. 2 an erzählten Ereignisse bis v. 42, wo es heißt: „er bückte sich zur Erde und that sein Angesicht zwischen seine Kniee"; das war der natürliche, unwillkürliche Ausdruck der Versenkung in das ernsteste ringende Beten[2]). Dieses Beten stand in vollem Einklang mit dem bereits kund gegebenen Willen Gottes, dessen Offenbarung aber den Zeitpunkt des Eintritts der Hülfe unbestimmt gelassen hatte. — Und es regnete nicht „auf der Erde"; das ἐπὶ τῆς γῆς bezeichnet weder das Land Palästina[3]), noch die ganze Erde[4]), sondern nach dem Folgenden in v. 18 (ἡ γῆ ἐβλάστησε) die Erde, das Land, darauf der Regen fällt, um Fruchtbarkeit zu bewirken, im Gegensatz zu dem Himmel, der ihn sendet[5]).

Die Zeitangabe: „drei Jahre und sechs Monate", ist genau dieselbe, welche sich Luc. 4, 25 und sonst noch in dem Traktat Jalkut Schimoni findet[6]), während nach 1. Kön. 18, 1 Elias nach Verlauf einer längeren Zeit im dritten Jahr den Befehl von Gott erhielt, sich zu Ahab mit der Verkündigung, daß die Dürre zu Ende gehen solle, zu begeben. Bei der neutestamentlichen Angabe eine andere Zeitrechnung, als bei der alttestamentlichen vorauszusetzen[7]), ist ebenso willkürlich, wie die Annahme einer verloren gegangenen schriftlichen Quelle, aus der dieselbe genommen sei[8]). Auch ist die Erklärung nicht stichhaltig, daß es ein jüdischer Gebrauch gewesen sei, einer Unglücksperiode durchschnittlich die Dauer von $3^1/_2$ Jahren zu zuschreiben[9]). Man hat behufs der Ausgleichung angenommen[10]), Elias habe sich ein Jahr lang am Bach Krith aufgehalten, und nachdem er zwei Jahre in Sarepta geblieben, sei im dritten Jehova's Befehl an ihn ergangen, sich Ahab zu zeigen. Dagegen ist aber mit Recht eingewendet worden[11]), daß es sehr unwahrscheinlich sei, daß

---

[1]) So auch Hofmann. [2]) Vergl. Bähr im Commentar z. d. St. in Langes B. W. VII. S. 186. [3]) Grotius, Kern. [4]) Theile. [5]) Hofmann. [6]) Zu 1. Kön. 16 bei Surenhus. βιβλ. κατ. p. 681. [7]) Gebser. [8]) Lachmann. [9]) So de Wette in Vergleichung mit Dan. 12, 7. [10]) Mit den Rabbinen Schmidt, Michaelis, Keil, Hengstenberg (Geschichte des Reich. Gottes S. 183), Hofmann. [11]) Von Bähr a. a. O. 182.

Elias ein ganzes Jahr am Krith verweilte, auch der Ausdruck בְּנַחַל הָעַם 1. Kön. 17, 7 das nicht heißen könne, und daß hier gerade von dem Aufenthalt in Sarepta an und nicht von der Ankündigung der Dürre an die Zeit des Wiederauftretens berechnet sein soll. Die Differenz kann auf zwiefache Weise erklärt werden. Man kann, indem man die beiden Regenzeiten unterscheidet, zwischen denen etwa ein halbes Jahr liegt, die neutestamentliche Angabe als eine genauere Berechnung der jüdischen Tradition ansehen; da es in jedem Jahr zwei Regenzeiten gegeben, so habe man die 6 Monate vor der Ankündigung Cap. 17, 1, in denen es auch nicht geregnet, mit eingerechnet, während in der alttestamentlichen Stelle erst von der zweiten Regenzeit an gerechnet werde[1]). Man kann aber auch, indem man die Dauer der Hungersnoth und die Verkündigung der Dürre unterscheidet, die Differenz so ausgleichen, daß man annimmt, in dem Bericht 1. Kön. 18 werde die eigentliche Nothzeit nach ihrer Dauer angegeben; es sei aber natürlich, daß die Nothzeit erst ein Jahr nach der Verkündigung der Dürre, d. h. nach dem Ausbleiben des Früh- und Spatregens eingetreten sei; und in diesem ersten Jahre habe man noch von der Ernbte des vorigen Jahres gelebt[2]). Letztere Auffassung erscheint als die einfachste und natürlichste; denn daß die Dürre nicht gleich den Nothstand herbeiführte, erhellt aus der Geschichte selbst 1. Kön. 17, 7. 18, 5[3]).

v. 18. „Und wiederum bat er, und der Himmel gab Regen[4]), und die Erde ließ hervorsprossen ihre Frucht". Das „wiederum" wird durch den Bericht 1. Kön. 18, 42 f. erläutert, nach welchem Elias in der dort geschilderten Stellung eines Betenden verharrte, bis der Diener das Aufsteigen der Wolke verkündigte. Es ist eine falsche Auffassung, wenn diese Stellung[5]) so gedeutet wird, als wenn Elias sie deshalb angenommen habe, um die Offenbarung von der Wiederkehr des Regens zu empfangen. Diese Offenbarung hatte er schon nach c. 18, v. 1 empfangen, und nicht eine göttliche Offenbarung über etwas Zukünftiges, sondern die Verkündigung von etwas, was gegenwärtig mit dem Aufsteigen der

---

[1]) So Benson, Wiesinger. [2]) So Lange. [3]) Mit Lange gegen Huther.
[4]) Ob nach B. G. K und fast sämmtlichen Minuskeln mit Tischendorf ὑετὸν ἔδωκεν oder nach א. u. A. und mit Lachmann ἔδωκεν ὑετὸν zu lesen sei, muß bei dem Gleichgewicht der Zeugen und bei der Indifferenz für den Sinn dahingestellt bleiben. [5]) Bengel: gestus orantis.

Wolke eintritt, nämlich die Erfüllung der göttlichen Zusage in v. 1 und seines in jener Stellung zu Gott deswegen gerichteten Gebets, wird ihm zu Theil. Welch herrliche lapidarische Ausdrucksweise: er betete, der Himmel gab Regen, die Erde ließ sprossen. Sonst steht $\beta\lambda\alpha\sigma\tau\acute{\alpha}\nu\omega$ intransitiv: sprossen[1]), hier allein im N. T., wie in der späteren Gräcität, transitiv[2]). „Ihre Frucht" ließ sie sprossen, d. h. die Früchte, welche sie nach dem Gesetz ihrer Natur und Bestimmung unter jener Bedingung und Voraussetzung hervorzubringen pflegt[3]). „Himmel und Erde thaten nach dem Gebet des Elias"[4]). So hat Jakobus mit dem Beispiel dieser Gebetserhörung den Ausspruch in v. 16 über die Macht und Wirkung des Gebets des Gerechten bekräftigt. Es ist weder durch den Wortlaut, noch durch den Zusammenhang, noch durch die geschichtlichen Voraussetzungen des Briefes gerechtfertigt, wenn man das Hauptgewicht der Anführung dieses Beispiels erbarmungsreicher Fürbitte darin hat finden wollen, daß Jakobus die Leser habe ermuntern wollen, mit Eliasglauben einen Regen der Gnade zu erflehen über **ihr Volk**, über dessen geistliches Leben damals seit langer Zeit eine Dürre gekommen sei[5]). Eben so ist es in die Worte hineingetragen, wenn man als Meinung des Jakobus aus denselben herausliest, daß, wie die Gebete des Elias im Allgemeinen gegen den Abfall Israels gerichtet gewesen seien, so auch jetzt der Eifer der gläubigen Beter gegen den neuen Abfall Israels, der eben in der Verstockung gegen das Evangelium bestände, gerichtet sein solle[6]). Es handelt sich nur um Ermunterung zu der Fürbitte, mit welcher die Leser sich **untereinander** behufs Genesung und Gesundung ihres **geistlichen Lebens** unter **gegenseitigem Bekennen** der Verfehlungen, durch die sie in ihrem Gewissen verwundet waren, ärztliche Hülfe leisten sollten.

„Das Ende des Briefes häuft einen brüderlichen Rath auf den andern. Was mußte es für ein Mann sein, der von der Kraft des Gebets, 5, 15—18, als von simpelen Thatsachen also sprechen könnte. — Der **Beschluß**, — der nun folgt — die **stärkste Versicherung**, ist wie ein Siegel aufs Testament"[7]).

---

[1]) Mark. 4, 27. Matth. 13, 26. Ebr. 9, 4. [2]) Vergl. 1. Mos. 1, 11 Sept. [3]) Schneckenb.: quas ferre solet. Bengel: quem antea dare non potuerat. [4]) So treffend Huther. [5]) So Lange. [6]) Lange. [7]) So treffend Herber.

IX. 5, v. 19. 20.

In v. 19 und 20 folgt ein Zeugniß von der hohen Bedeutung und Größe des Wirkens christlicher Liebe innerhalb der brüderlichen Gemeinschaft, sofern dasselbe in der Bekehrung der von der Wahrheit Abgeirrten besteht. Die Liebe bewirkt Rettung vom Tode und Bedeckung einer Menge von Sünden.

„Brüder!¹) Falls Jemand unter euch abgeirrt ist von der²) Wahrheit und es bekehrt ihn Jemand, der wisse³), daß, wer da bekehrt einen Sünder von dem Irrwahn seines Weges, erretten wird seine Seele⁴) vom Tode und bedecken wird eine Menge von Sünden".

Der Zusammenhang mit dem Vorhergehenden liegt in der gemeinsamen Beziehung auf die Sünde und in dem Festhalten der Bethätigung brüderlicher Liebe gegenüber der Sündennoth des Nächsten. Wenn dem Kranken, der zugleich durch Sündenschuld bedrückt ist, durch die gemeindliche Fürbitte sowohl zur leiblichen Genesung, wie zur Sündenvergebung verholfen wird, v. 14. 15, wenn die Fürbitte der Einzelnen für einander unter gegenseitigem Bekenntniß der begangenen Fehltritte auf Heilung von Sündenschäden und Gebrechen des christlichen Lebens abzielt, v. 16, so wird, wenn man mit derselben Beweisung zurechthelfender Bruderliebe sich die Bekehrung derjenigen, die in sündlichem Leben von der Wahrheit abgeirrt sind, angelegen sein läßt, solch ein Bekehrungswerk seine hohe Bedeutung und Größe in seinem Erfolge, nämlich darin erweisen, daß es Rettung der Seele vom Tode und Bedeckung einer Menge von Sünden bewirkt.

Ein Fortschritt und eine Steigerung ist in der Gedankenbewegung nicht zu verkennen. Zuerst Ermahnung zur Hülfe aus leib-

---

¹) Das μου hinter ἀδελφοί ist von א. A. B. K bezeugt und somit gegen Tischendorf festzuhalten. ²) τῆς ὁδοῦ vor τῆς ἀληθείας ist nur von א. bezeugt, — ein Glossem nach der im Zusammenhang liegenden Vorstellung vom Wege. ³) Die Lesart γινώσκετε des B ist, wie Huther richtig bemerkt, durch den Plural ἀδελφοί veranlaßt. ⁴) Das αὐτοῦ hinter ψυχήν ist nach א. A. u. B, wo es sich durch einen Schreibfehler hinter θάνατος verirrt hat, mit Lachmann u. Buttmann gegen Tischendorf u. die l. rec. festzuhalten; sein Wegfall wurde durch das αὐτοῦ vor σώσει veranlaßt.

licher Krankheitsnoth und damit verbundener Sündennoth der Seele durch Fürbitte um Genesung und Sündenvergebung; dann Ermahnung zur Fürbitte für einander um Heilung von den gegenseitig bekannten einzelnen Sündenschäden, welche den geistlichen Krankheitszustand ausmachen, dessen Heilung eben der Zweck der Fürbitte sein soll. Hierauf steigert sich die Rede zur Hinweisung auf solche Bethätigung christlicher Liebe, welche sich die Rettung des Nächsten von dem, was unendlich schlimmer ist, als leibliche Krankheit mit damit zusammenhängender vereinzelter Sündenschuld, und als **geistliche Krankheit** unter dem seelenschädlichen Einfluß einzelner Sünden, angelegen sein läßt, nämlich von dem Untergang des Lebens in Gott durch Abfall von dem in der göttlichen Wahrheit liegenden Lebensprinzip, d. h. also von der Gefahr des geistlichen und ewigen **Todes**. Diese Steigerung wird dadurch verstärkt, daß hier in v. 19 und 20 die Form der Ermahnung, wie auf den beiden vorhergehenden Stufen v. 14 f. und 16, **nicht zur Anwendung kommt**. Aber nicht deswegen unterläßt es Jakobus, die förmliche Ermahnung, sich der Verirrten anzunehmen, auszusprechen, weil davon schon vorher die Rede gewesen sei[1]), denn die vorhergehenden Ermahnungen bezogen sich noch nicht auf das völlige Abgeirrtsein von dem Wege der Wahrheit. Dieser Zustand wird erst als etwas Neues mit den Worten ἐάν τις ἐν ὑμῖν πλανηθῇ eingeführt. Die auf ihn sich beziehende Bethätigung der Bruderliebe wird, statt daß zu ihr ermahnt wird, mit den jenen parallelen Worten καὶ (ἐάν) ἐπιστρέψῃ τις αὐτόν als vorhanden vorausgesetzt. Um **direkte Ermahnung** zu dieser Thätigkeit bekehrender und rettender Bruderliebe ist es dem Jakobus angesichts der **Todesgefahr**, aus der sie retten soll, und des πλῆθος ἁμαρτιῶν, das aus jenem Abirren von der Wahrheit entsteht, hier nicht mehr zu thun. Sie erübrigt sich, weil sich die Liebesthätigkeit, welche für die niederen Stufen des Uebels gefordert ist, angesichts der höchsten von selbst verstand; es liegt ihm nur daran, in der zum Schluß eilenden Rede auf den Höhepunkt der Sündennoth, nämlich die geistliche **Todesgefahr**, hinzuweisen, und von dem als thatsächlich vorhanden vorausgesetzten Bekehrungswerk der rettenden Liebe das Höchste und Größte, was es ausrichten könne, auszusagen. Hierin aber liegt eine **indirekte** Ermunterung zur Bethätigung

---

[1]) Gegen Wiesinger.

dieser größten Liebe gegenüber der größten Noth ebenso wie in jenem Vordersatz ἐὰν ἐπιστρέψῃ τις αὐτόν ausgesprochen¹).

Mit der kurzen Anrede „Brüder" heben sich die Worte in v. 19 und 20, indem in solcher Weise die Form der Ermahnung abgebrochen wird und an ihre Stelle die Verheißung eintritt, gegen die vorhergehenden Ermahnungen trotz des vorliegenden Zusammenhanges als etwas Selbständiges und in sich selbst Bedeutsames ab. Man merkt es an der Anrede, daß Jakobus auf etwas Besonderes noch die Aufmerksamkeit der Leser richten will. „Brüder!" Aus brüderlicher Liebe heraus will er noch einmal zu besonders wichtiger, folgenreicher Erweisung brüderlicher Liebe ermuntern. Er nimmt den mit ἐὰν c. Conj. als möglich gesetzten Fall als eingetreten an, daß **Jemand unter ihnen sich verirrt hat von der Wahrheit.** Das „unter ihnen" weist hin auf die christliche Gemeinschaft, in der also die Gefahr des Abfalls von der christlichen Wahrheit vorhanden war, sei's durch die Versuchungen und Anfechtungen 1, 13 f., sei's durch die Uebermacht, die die Weltliebe in den aus ihr geborenen Lüsten und Begierden über den Geist Gottes in den Herzen gewinnt 4, 1—5. Zur Erklärung des πλανηθῇ²) ist die πλάνη ὁδοῦ in v. 20 zu vergleichen. Mit ὁδός ist die Lebensweise, die Lebensrichtung bezeichnet, die der ganze Mensch mit seinem Geist, Sinn und Willen einschlägt und innehält. Daher kann πλάνη und auch πλανᾶσθαι nur die Abweichung, Abirrung des ganzen Christenlebens von dem, was es bestimmen und regeln soll, bedeuten. Wenn nun hier von einem Abgeirrtsein „**von der Wahrheit**" geredet wird, so ist der Begriff ἀλήθεια, entsprechend dem Begriff ὁδός, nach dem Zusammenhang hier nicht einseitig von der theoretischen Wahrheit der Lehre des Evangeliums als Gegenstand der Erkenntniß und des Wissens zu verstehen, als wäre von einem Hineingerathensein in Irrlehre, von einem „Abfall vom Christenthum, der einem ihm widerstreitenden Irrwahn überliefert"³), die Rede. Ebensowenig aber ist bei ἀλήθεια einseitig an den Inbegriff der sittlichen Forderungen und somit bei πλανᾶσθαι an den Inbegriff einzelner praktischer Verirrungen, oder wohl gar „noch con-

---

¹) Calvin: commendat nobis Jacobus fratrum correctionem ab effectu, ut majore studio in eam intenti simus. — Cavendum ergo, ne nostra ignavia pereant redemtae a Christo animae, quorum salutem quodammodo in manu nostra posuit Deus. ²) Der Aor. 1. pass. steht hier in medialer Bedeutung. Winer § 39. 2. ³) So Hofmann.

creter an Verwirrung in judaistisches und chiliastisches Wesen und schwärmerisch-aufrührerisches Gelüsten" zu denken¹). Der Wortlaut führt auf das Abirren des ganzen religiös-sittlichen Personlebens von der „Wahrheit" als dem Grunde und der Richtschnur desselben. Die „Wahrheit" aber kann in diesem Zusammenhange, wo die Abirrung des ganzen Christenlebens von dem, was in und mit ihr als Weg oder Richtschnur oder als maßgebende Potenz gedacht ist, vorausgesetzt und mit dem Begriff des ἁμαρτωλὸς in v. 20 gleichfalls ein solches Abweichen von der vorgezeichneten Linie des Christenlebens bezeichnet ist, nur dasselbe bedeuten, wie 1, 18 in dem Ausdruck λόγος ἀληθείας. Die „Wahrheit" ist die in dem Wort von Christo, in dem Wort des Evangeliums enthaltene, durch Jesum Christum geschehene Offenbarung des gnadenreichen und heiligen Wesens und Willens Gottes als der ewigen absoluten Realität, die allein für das Verhältniß zwischen Gott und Mensch entscheidende Geltung und maßgebende Bedeutung hat. Diese „Wahrheit" als in Christo geoffenbarte ewige absolute Realität des göttlichen Heilswillens in Bezug auf die Menschen ist nach 1, 18 der Quell, aus dem das neue Leben der Kindschaft mit Gott entspringt; sie ist also der Gegenstand des Glaubens und Erkennens des Christen, aber ebenso der Maßstab und die bestimmende Macht für sein Glauben, Erkennen, seine Gesinnung und sein Leben in der Gemeinschaft mit dem Gott, der ihn durch das Wort dieser Wahrheit neugeboren hat. Diese, das höchste Sein und Seinsollen in sich schließende Wahrheit, soll die den ganzen Menschen religiös und ethisch bestimmende Macht sein 1, 21. 25. 2, 5.²) Es schwebte dem Jakobus, nach dem folgenden ἐκ πλάνης ὁδοῦ zu schließen, bei dem πλ. ἀπὸ τῆς ἀληθείας das Bild des Weges vor, unter dem er die Wahrheit als das anschaut, was dem Sein und Leben des Christen die Alles bestimmende Richtung geben und die innezuhaltende Linie, die auf das Ziel des vollendeten Heils (σωτηρία, ζωή) hinausgeht, vorzeichnen soll. Er denkt also nicht an einzelne thatsächliche Verirrungen, wie sie vielfach in dem Brief bisher Gegenstand von Ermahnungen und Warnungen gewesen sind, als wollte er im Rückblick auf dieselben noch einmal die Leser davor warnen³),

---

¹) So Lange. ²) Vergl. 1. Joh. 3, 19: „wir sind aus der Wahrheit"; 1, 6: „wir sollen die Wahrheit thun." Joh. 8, 32: „sie ist Gegenstand der Erkenntniß und bewirkt Freiheit"; 17, 17: „heilige sie in deiner Wahrheit." ³) Gegen Gebser.

sondern an ein Abkommen des ganzen inneren Menschen von dem christlichen Lebensgrunde und der das ganze Christenleben bestimmenden Macht, die in der geoffenbarten christlichen Heilswahrheit gegeben ist[1]). Er denkt an eine „Entfremdung wie von dem Licht so auch von der Kraft und dem Leben der ἀλήθεια und damit an ein Anheimfallen an die Macht der Sünde"[2]). Wohl aber ist anzunehmen, daß Jakobus im Rückblick auf alle die einzelnen Symptome, in denen sich bei seinen Lesern eine Verdunkelung des religiös-sittlichen Lebens darstellt, hier den Gedanken gehabt hat, daß sich aus solchen fortgesetzten Verfehlungen dessen, was für das Christenleben maßgebend sein soll, zuletzt eine Abirrung von der christlichen Heilswahrheit selbst als seinem Grunde und seiner Richtschnur, die sich in einem continuirlichen sündlichen Lebenswandel kund giebt[3]), gestalten könne.

Die Thatsache eines solchen Abgeirrtseins von der Wahrheit erhält aber ihre weitere genauere Bestimmung in dem Zusammenhang dadurch, daß in den Worten: „und wenn ihn Jemand bekehrt hat", die Möglichkeit der Bekehrung und die Fähigkeit, sich bekehren zu lassen, vorausgesetzt ist. Es ist also nicht ein absoluter Abfall vom Christenthum gemeint, welcher durch ein ἑκουσίως ἁμαρτάνειν[4]), durch ein in bewußtem festem Willen wider die Wahrheit sich versteifendes Sündigen sich vollzieht, und jeglichem Versuch, den Menschen zur Umkehr von dem Irrwege zu bestimmen, beharrlich Widerstand leistet. Das ἐπιστρέφειν ist die von der barmherzigen Bruderliebe gebotene und zu Wege gebrachte Wirksamkeit des gläubigen Christen, welche darauf abzielt, den von dem Wege der Wahrheit Abgeirrten zu demselben zurückzuführen, also ihn dazu zu bestimmen, daß er sein Herz wieder dem lebendigen Gott zuwendet, seinen Willen dem göttlichen Willen wieder unterwirft, sein Vertrauen wieder auf die Gnade Gottes setzt in lebendigem Glauben, seinen Geist dem Licht der göttlichen Wahrheit wieder erschließt, seinen Wandel wieder nach der Richtschnur des Gesetzes der Freiheit führt, kurz, sein ganzes inneres Leben zu dem Lebensquell und zu der Lebensnorm in der durch Jesum Christum geschehenen göttlichen Offenbarung, in der christlichen Heilswahrheit, zurückbringen läßt. Die heilsamste Reaktion! Sie geschieht in Demüthigung vor Gott, im Nahen zu Gott, im

---

[1]) Aehnlich Huther. [2]) So treffend Wiesinger. [3]) Vergl. das folgende ἁμαρτωλός. [4]) Wie Ebr. 10, 26 dargestellt ist.

Leibtragen, Trauern und Weinen 4, 7—10, und hat ihre Vollendung in dem Glauben an Jesum Christum, den Herrn der Herrlichkeit. 2, 1 f.

In v. 20 folgt der Nachsatz zu dem Vordersatz ἐάν τις in v. 19. „So wisse er", nämlich der zweite τίς in v. 19, der Belehrende, nicht der Bekehrte, wie aus dem Folgenden — σώσει — καλύψει erhellt. Jakobus fordert besonders auf, zu erkennen, oder sich dessen bewußt zu werden, was er im Folgenden als hohe Bedeutung und segensreiche Wirkung solcher Liebesthätigkeit an den Abgeirrten ausspricht. Er begnügt sich nicht zu sagen: so ist es, sondern er sagt: der erkenne, wisse, daß solches die Folge ist; denn es liegt ihm daran, die Aufmerksamkeit der Leser mit besonderem Nachdruck darauf hinzuweisen, was für eine tief- und weitgreifende Bedeutung solche Bethätigung rettender Bruderliebe habe. Die letztere muß bei den durch den ganzen Brief geschilderten Gefahren, in denen sich die Leser mit ihrem religiös-sittlichen Leben befanden, wohl nöthig gewesen sein. Mit dem γινωσκέτω ist indirect eine kräftige Aufforderung dazu ausgesprochen; denn es ist damit zu bedenken gegeben, welch große Wirkung solch ein Thun habe, und eben hierin ein kräftiges Motiv zur Ausübung dieses Dienstes barmherziger Liebe enthalten. Das steht in thatsächlichem Gegensatz gegen die unter den Lesern herrschende Lieblosigkeit, die sich nicht blos in leidenschaftlicher Gereiztheit und in allerlei Zungensünden, sondern insbesondere auch in dem Richten, Verurtheilen und Verdammen des Nächsten wegen seiner Sünden kund gab; 4, 11. 5, 9. —

„Es heißt nicht: der wisse, daß er" ... Das Subject in dem Objectssatz ist nicht dasselbe, wie in γινωσκέτω, sondern, indem jenes τίς verallgemeinert wird, die Kategorie derer, die so handeln, wie mit den Worten καὶ ἐπιστρέψῃ τις αὐτὸν vorher gesagt ist. Diese werden in dem ὁ ἐπιστρέψας wieder aufgenommen; die Wiederkehr dieses Verbi so dicht hintereinander und die Voranstellung seines Participiums in dem Nachsatz bezeugt, welches Gewicht Jakobus auf dieses Bekehrungswerk als ein Werk des Glaubens und der Liebe legt, und mit welchem Nachdruck er es den Lesern zur Pflicht macht. Der Gegenstand des Erkennens und Wissens, wozu er auffordert, ist in Bezug auf die weittragende Bedeutung und Wirkung der bekehrenden Liebesthätigkeit die allgemeine Wahrheit, „daß wer bekehrt haben wird einen Sünder von Irrthum oder Irrwahn seines Weges, erretten wird seine Seele vom Tode und bedecken wird ein Menge von Sünden."

Das Participium des Aorist bezeichnet im Vergleich mit dem folgenden Futurum, was dem mit dem letzteren Gesagten vorangegangen sein wird[1]). Es ist dieselbe Thätigkeit des Bekehrens, wie vorher, bezeichnet. Es ist dasselbe Object derselben ins Auge gefaßt, der von der Wahrheit Abgeirrte. Nur wird mit den Worten ἁμαρτωλὸν ἐκ πλάνης αὐτοῦ derselbe näher bestimmt; und zwar erstens durch das Prädikat ἁμαρτωλός hinsichtlich seiner sittlichen Qualität, welche die Folge ist von dem Abirren von der Wahrheit. Man kann nicht sagen, daß das Object ἁμαρτωλός ein weiterer Begriff sei, als der Begriff des von der Wahrheit Abgeirrten[2]); vielmehr ist das logische Verhältniß beider dies, daß das Abirren von der Wahrheit in dem oben dargelegten Sinn zu Wege bringt, daß der, welcher sich dessen schuldig macht, ein ἁμαρτωλός ist, die Beschaffenheit und den Zustand eines ἁμαρτωλός hat, d. h. eines Menschen, der das Gute und Rechte als Weg und Ziel verfehlt, weil er eben von der ἀλήθεια als dem rechten Weg und Ziel sich entfernt hat. Die zweite nähere Bestimmung des ἐπιστρέφειν liegt in den Worten ἐκ πλάνης ὁδοῦ αὐτοῦ. Mit ὁδός wird stets die Gesinnungs-, Denk-, und Handlungsweise unter dem Bilde einer Bahn oder Richtung, in der sich das ganze innere und äußere Leben bewegt, bezeichnet[3]). Es bezeichnet hier die verkehrte Lebensrichtung, in welche der hineingerathen ist, welcher „von der Wahrheit" als dem rechten Weg abgewichen ist. Unter πλάνη ist stets Irrthum, Irrwahn zu verstehen, nicht Verführung, Irreleitung[4]); so spricht also Jakobus nicht von der Irreleitung seitens des Weges, den der ἁμαρτωλός geht, sondern von dem plan- und ziellosen Umherirren des Sünders, der von der göttlichen Wahrheit von der rechten Straße abgewichen ist, auf dem selbsterwählten verkehrten Wege. Das Werk der Bekehrung besteht demnach darin, daß der, welcher durch Abirrung von der Wahrheit in das Sündenleben hineingerathen ist, aus dem Zustande des Irrwahns und der Verirrung, welcher von der eingeschlagenen verkehrten Laufbahn unzertrennlich ist, und in der er sich auf dem verkehrten

---

[1]) Bezieht sich das Hauptverbum auf etwas Bevorstehendes, so drückt das Partic. Aor. das lateinische Futurum exaktum aus. Winer § 45. 1. [2]) Gegen Hofmann. [3]) Vergl. Jesaj. 30, 31 Sept., Apost. 14, 16. 1. Cor. 4, 17. Röm. 3, 16. Jud. 11. [4]) Vergl. besond. Meyer und Harleß zu Eph. 4, 14.

Wege befindet, herumgeholt wird. Jakobus faßt nun diesen der errettenden Liebe bedürftigen und sie herausfordernden Zustand ins Auge, um die Aufmerksamkeit darauf zu lenken. Darum beschreibt er das Werk der bekehrenden Liebe auch nur von dieser negativen Seite. Die andere, positive Seite desselben ist aber mit der Präposition ἐπὶ angedeutet und besteht in der Zurückführung des Verirrten zu der Wahrheit. Es ist derselbe Gedanke in jenem Psalmwort[1]) ausgesprochen: „lehren will ich Missethäter deine Wege und Sünder sollen sich zu dir bekehren."

Mit den beiden futurischen Aussagen σώσει und καλύψει wird bezeichnet, was der Bekehrende ausrichtet und zu Wege bringt: „**daß er retten wird seine Seele aus dem Tode und bedecken wird eine Menge von Sünden.**" Die Futura bezeichnen im Verhältniß zu dem ἐπιστρέψας die Folge der Bekehrung als allgemeine Wahrheit und streifen somit an das Präsens an[2]). Die Behauptung, daß durch die Futura kein der Bekehrung nachgängiger endlicher Erfolg benannt werde[3]), kann durchaus nicht damit begründet werden, daß die Futura nicht etwas besagten, was für den Bekehrten Folge seiner Bekehrung sei, sondern etwas, was der, welcher ihn bekehrt hat, darnach thun wird. Das ist Wortspalterei; beides ist darin gesagt. Freilich wird gesagt, was der, der bekehrt hat, thun wird; aber dieses sein Thun besteht eben in dem Bewirken dessen, was für den Bekehrten Folge seiner Bekehrung sein wird. Die Rettung vom Tode und die Bedeckung der Sündenmenge, beides von dem Bekehrenden als seine That nach der That der Bekehrung des Verirrten ausgesagt, ist eben die Bewirkung des zwiefachen Heilsguts als Folge jener That der Bekehrung. Gegen diese Auffassung, daß die Folge für den Bekehrten bezeichnet sei, wird geltend gemacht, daß sie „einen untauglichen Gedanken ergebe, in dem die Bekehrung des Sünders selbst schon die Errettung seiner Seele sei"[4]). Aber es handelt sich nicht um die Errettung im Allgemeinen, sondern um Errettung „vom Tode". Der „Tod" ist nicht der leibliche Tod, auch nicht im Allgemeinen „Verderben", oder „zeitliche und ewige Strafe"[5]), sondern das Gegentheil des Lebens, welches der Zustand der Gemeinschaft mit Gott ist, wie sie aus Gott

---

[1]) Psalm 51, 15. [2]) Winer § 40. 6. [3]) So Hofmann. [4]) So Hofmann.
[5]) de Wette.

durch das Wort der Wahrheit seinen Ursprung hat. Es ist hier der Entwicklungsprozeß der Sünde zum „Tode" in 1, 14. 15 zur Erklärung heranzuziehen. Der Mensch wird durch die Begierde zur Sünde verlockt, damit hat er sich von der $\dot{\alpha}\lambda\dot{\eta}\vartheta\varepsilon\iota\alpha$ verirrt und ist ein $\dot{\alpha}\mu\alpha\rho\tau\omega\lambda\grave{o}\varsigma$ geworden, wie er hier dargestellt wird; die Sünde aber gebiert den „Tod", das Ausgeschlossensein aus der Gemeinschaft mit Gott, den Verlust des Lebens in derselben, das Hingegebensein in das ewige Verlorensein von Gott weg. Dasselbe Verhältniß von Ursache und Wirkung zwischen Abfall von Gott und Tod ergiebt sich aus den Worten 4, 4, wo die Freundschaft mit der Welt, die Abirrung von der Wahrheit in Weltliebe hinein Feindschaft mit Gott zur Folge hat, die wiederum Ausschluß von dem Leben in ihm ist. So unterscheidet Jakobus hier klar und deutlich einerseits das Sündigsein und Wandeln auf dem Irrwege in dem Abgeirrtsein von Gott, andererseits den Tod als das Ziel dieses Weges und setzt voraus, daß der Sünder als solcher auf seinem Irrweg dem Tode entgegengewandelt wäre, wenn nicht der, der ihn bekehrte, ihn von dem Irrweg herumgeholt und zurückgebracht hätte. So konnte er mit Recht sagen daß derselbe ihn, den Sünder, durch seine Bekehrungsthat von dem Tode errettet. „Die Bekehrung eines Abfälligen ist die Bekehrung eines Sünders; diese hat zur Folge seine Errettung vom Tode, weil er auf dem Todeswege (besser: auf dem Wege zum Tode) begriffen ist und eingeholt wird vor dem letzten Hinfallen an den Tod"[1]). Seine „Seele" heißt es, nicht „ihn", wie 1, 21 gesagt wurde, daß das eingepflanzte Wort die „Seelen" zu erretten vermag. Die $\psi\nu\chi\dot\eta$ ist das individuelle Ich der menschlichen Persönlichkeit als Inbegriff und Centrum alles Empfindens, Bedürfens und Begehrens, als Subject und Träger aller Lebensregungen, also auch aller Lebensfähigkeit und Lebensbedürftigkeit in Beziehung auf die Gemeinschaft mit Gott[2]). Auf die Rettung und Bewahrung der „Seele" angesichts des Todes als des Ausschlusses aus der Gemeinschaft mit Gott kommt es also an. Sie ist die Folge und Wirkung des Liebeswerkes der Bekehrung des Sünders. Wenn der Mensch als bekehrendes Subject bezeichnet wird, so ist im Sinn des Jakobus damit nicht ein autokratisches menschliches Werk gemeint; das erhellt

---

[1]) So treffend Lange. [2]) $\Sigma\dot\omega\zeta\varepsilon\iota\nu$ $\tau\dot\eta\nu$ $\psi\nu\chi\dot\eta\nu$ Matth. 10, 39; 16, 25. Lysias orat. V: $\sigma\omega\sigma\alpha\varsigma$ $\tau\dot\eta\nu$ $\dot\varepsilon\alpha\nu\tau o\tilde\nu$ $\psi\nu\chi\dot\eta\nu$, $\dot\varepsilon\tau\dot\varepsilon\rho\omega\nu$ $\delta\iota\dot\alpha$ $\tau\alpha\tilde\upsilon\tau\alpha$ $\dot\alpha\pi o\vartheta\alpha\nu\dot o\nu\tau\omega\nu$.

aus der unmittelbar vorhergehenden Forderung des Betens für die sündigenden Brüder v. 15. 16[1]). Die Thätigkeit der bekehrenden und errettenden christlichen Bruderliebe vollzieht sich mit den Mitteln der göttlichen Gnadenkräfte, die im Wort und Geist Gottes beschlossen sind, und durch Ermahnung an die Verirrten und Fürbitte für sie zur Anwendung kommen. Die mit dem ganzen Christenleben aus Gott geborene christliche Bruderliebe ist die Dienerin der göttlichen Gnade zur Bekehrung der verirrten Brüder.

Die entgegengesetzte Erklärung, welche das „seine Seele aus dem Tode erretten" von dem Bekehrenden selbst versteht[2]), will sich mit der Frage rechtfertigen: was wäre doch dem, der Einen zur Wahrheit zurückführt, Sonderliches und der Einführung mit $\gamma\iota\nu\omega\sigma\kappa\acute{\varepsilon}\tau\omega$ $\mathring{o}\tau\iota$ Entsprechendes mit der Versicherung, „daß er des Bekehrten Seele vom Tode errette", gesagt? Das habe er sich ja selbst schon gesagt, und das habe ihn ja schon bestimmt, sich seiner anzunehmen. Dem, der es gethan habe, könne nur etwas verheißen sein, was er davon haben werde, nämlich daß er seine eigene Seele heil behalten werde, daß sie nicht dem Tode verfalle[3]). Allein Jakobus sagt damit doch etwas Großes aus, dessen der Bekehrende in seiner Bedeutung und Tragweite sich recht klar bewußt werden soll, und dessen Erwägung dem, der den Andern bekehrt, bei dem aus der Bruderliebe kommenden Antriebe dazu fern liegen konnte. Die ausdrückliche Hinweisung auf diese mächtige Wirkung, der sich die thätige Bruderliebe nicht bewußt war, soll die Erkenntniß von dem Umfang und der Größe ihrer Wirkung und dadurch indirekt ihre Lust und Freude, ihren Muth und ihre Zuversicht bei solchem Werk fördern. Sie soll aber auch das Bewußtsein davon schärfen, wie unendlich der Werth jeder Menschenseele, und ein wie unermeßlicher Schaden es daher ist, wenn eine Menschenseele verloren geht. Vergl. den Ausspruch des Herrn Matth. 16, 25. 26, wo er von dem wahren $\sigma\acute{\omega}\zeta\varepsilon\iota\nu$ der $\psi v\chi\acute{\eta}$ und von dem Schadenerleiden an derselben durch die sündliche Verstrickung in die Welt redet. Der Gedanke an die eigene Rettung dessen, der den Andern bekehrt, liegt auch dem Tenor und Zusammenhang des hier Geschriebenen fern; während der Blick auf alles Vorhergehende von v. 14 an zeigt, wie dort das

---

[1]) Vergl. Jesu Wort an Petrus Luc. 22, 32: $\dot{\varepsilon}\gamma\grave{\omega}$ $\delta\grave{\varepsilon}$ $\dot{\varepsilon}\delta\varepsilon\acute{\eta}\vartheta\eta\nu$ $\pi\varepsilon\varrho\grave{\iota}$ $\sigma o\tilde{v}$, $\emph{\i}\nu\alpha$ $\mu\grave{\eta}$ $\dot{\varepsilon}\varkappa\lambda\varepsilon\acute{\iota}\pi\eta$ $\acute{\eta}$ $\pi\acute{\iota}\sigma\tau\iota\varsigma$ $\sigma o v$. $\varkappa\alpha\grave{\iota}$ $\sigma\grave{v}$ $\pi o\tau\varepsilon$ $\dot{\varepsilon}\pi\iota\sigma\tau\varrho\acute{\varepsilon}\psi\alpha\varsigma$ $\sigma\tau\acute{\eta}\varrho\iota\xi o\nu$ $\tau o\grave{v}\varsigma$ $\dot{\alpha}\delta\varepsilon\lambda\varphi o\acute{v}\varsigma$ $\sigma o v$.
[2]) So Hofmann. [3]) So Hofmann.

leibliche und geistliche Heil des Nächsten durch die Fürbitte der Bruderliebe gewirkt wird, liegt es doch dem exegetischen Sinn nahe, in Correspondenz damit auch hier die Worte des Jakobus von der Wirkung zu verstehen, welche die bekehrende Thätigkeit derselben Bruderliebe für den hat, der bekehrt wird. Das αὐτοῦ hinter ψυχὴν erfordert dieselbe Beziehung, wie das αὐτοῦ hinter ἐκ πλάνης ὁδοῦ, nämlich auf den von seinem Irrwege herumgeholten Sünder[1]).

Aus denselben Gründen sind die Worte: „und (daß er) bedecken wird eine Menge von Sünden", von der Zudeckung der Sünden dessen, der bekehrt worden, zu verstehen. Mit ihnen bezeichnet Jakobus die zweite Folge jener bekehrenden Liebesthätigkeit. Das πλῆθος ἁμαρτιῶν weist auf ἁμαρτωλὸν zurück. Das ἁμαρτιῶν steht gegenüber dem θανάτου vorher. So wie für den Bekehrten eine Rettung vom Tode erfolgt, so wird er auch der Gefahr entrissen, die ihm von Seiten seiner Sünden vor dem Angesicht Gottes droht. Beides ist nach dem Causalnexus zwischen der Sünde und dem Tode mit einander verbunden. Aber die Verschiedenheit der Beziehungen liegt auf der Hand. Einerseits wird das noch vorhandene Glaubensleben des aus seiner Verirrung Zurechtgebrachten aus dem Untergang im geistlichen Tode, dem es zu verfallen drohte, gerettet; hier ist die Richtung und Beziehung auf das Ende des verderblichen Sündenprozesses in der Entfernung von Gott ins Auge gefaßt. Andererseits wird durch καλύψει πλῆθος ἁμαρτιῶν das Verschwinden der anklagenden und verdammenden Sünden vor dem Angesicht Gottes bezeichnet, welches durch die rettende Liebe bewirkt wird; hier wird auf die Seite des Lebens des Verirrten hingeblickt, von welcher es in der Beziehung zu dem heiligen und gerechten Gott als mit einer Sünden= menge überhäuft erscheint.

Als Parallele für den Ausdruck bietet sich im N. T. die Stelle 1. Petri 4, 8 dar, wo es von der aushaltenden unwandelbaren Bruderliebe heißt, daß sie „decke die Menge der Sünden." Aber dies ist dort von der die Sünden zudeckenden, verzeihenden Liebe im Ver= hältniß von Mensch zu Mensch gemeint, wie in der alttestamentlichen Parallelstelle Sprüche 10, 12: „alle Frevel deckt Liebe zu", welcher sowohl das Wort Petri wie das des Jakobus nachgebildet ist, indem beide richtiger als die Septuaginta das כׇּל־פְּשָׁעִים mit πλῆθος ἁμαρ-

---

[1]) Dieses Alles gegen Hofmann.

τιῶν wiedergeben¹). In Bezug auf die Ueberſetzung erſcheint die Petrusſtelle abhängig von der unſrigen, was auch durch die Lesart καλύψει neben der richtigen καλύπτει in der Petrusſtelle beſtätigt wird. Nun hat man freilich auch unſere Stelle von der vergebenden menſchlichen Liebe, welche des Nächſten Sünden vor den Augen der Menſchen zudeckt, verſtanden²); aber das paßt weder zum Ausdruck πλῆθος, noch in den Zuſammenhang, nach welchem ein Zudecken der Sünden nach der Seite hin, gegen die die Verſündigung durch Abirrung von der göttlichen Wahrheit Statt gefunden hat, alſo in der Beziehung zu Gott gemeint ſein muß. Uebrigens paßt jene Auffaſſung auch deshalb nicht in den Zuſammenhang, weil in dieſem von dem unendlichen Werth der Bekehrung die Rede iſt³). Eine andere Auffaſſung verſteht den Ausdruck von der Verhütung fernerer Sünden, von der Verhinderung des Hervortretens weiterer Verfehlungen⁴); aber dagegen iſt der Ausdruck καλύπτειν, der nur ein Zudecken, Unſichtbarmachen ſchon vorhandener Sünden bezeichnen und ſich nur auf die Vergangenheit beziehen kann, entſprechend dem hebräiſchen כסה על⁵). Man hat ferner bei πλῆθος ἁμαρτιῶν an die geſammte Nationalſchuld Iſraels gedacht und καλύπτειν in dem Sinne erklärt, daß die gläubigen Juden als Fürbitter für ihr armes Volk eintreten und ſo ihm zum Mittel werden ſollten, die rechte Sicherung deſſelben herbeizuführen, da es ſich trotz des über daſſelbe ergangenen Verſtockungsgerichts doch noch darum handelte, „eine Fülle von Seelen zu retten, von Sünden zu ſühnen“⁶). Aber dieſe Erklärung widerſpricht dem Wortlaut und dem Zuſammenhang. Das καλύπτειν kann weder davon verſtanden werden, daß Anderen Veranlaſſung gegeben wird, die Sühne derſelben herbeizuführen, noch kann es Abwendung eines Sündenverderbens, allmäliges Verſchwindenmachen ſittlicher Schäden bedeuten. Dann aber iſt nach dem Zuſammenhang nicht von einer Menge Seelen, ſondern nur von einer die Rede, die durch Bekehrung errettet wird. Es handelt ſich um die Einzelperſon des Bekehrten und des Bekehrenden. Jakobus hat die Thätigkeit rettender

---

¹) Vergl. auch Sprüche 17, 9: er deckt Frevel zu, wer nach Liebe ſtrebt, oder: wer Frevel bedeckt, trachtet nach Liebe. ²) Auch Palmer a. a. O. S. 36. ³) So richtig Wieſinger. ⁴) Pott, Schneckenburger: ne alter peccare pergat, impediet. ⁵) Vergl. außer den ſchon angeführten altteſt. Stellen Pſalm 32, 1 u. Nehem. 3, 37. ⁶) So Lange.

Liebe im Auge, welche sich im Verhältniß von Person zu Person an den einzelnen verirrten Seelen vollzieht.

Die Erklärung, daß der, welcher einen Andern bekehrt, dadurch für seine eigene Sündenmenge Zudeckung oder Vergebung vor Gott erlange, ist neuerdings wieder vertheidigt worden[1]). Wenn es vorher heiße: „er wird seine eigene Seele heil behalten, daß sie dem Tode nicht verfällt", so heiße es hier in gleichem Sinn der Verheißung für ihn selbst: Menge von Sünden wird er bedecken. Was der Bekehrer an dem Bekehrten gethan habe, werde ihm, dem Bekehrer, „zu Gute kommen, wenn er, seiner vielen Sünden vor Gott eingedenk, um deren Vergebung bitte; es werde ihm gelingen, sie zu bedecken und dem Auge Gottes zu entnehmen." Gegen diese Erklärung spricht zunächst das $\pi\lambda\tilde{\eta}\vartheta os$. Diese starke Bezeichnung der Sünden läßt nur an die Sünden dessen denken, der sich durch Abirrung von der Wahrheit als ein $\dot{\alpha}\mu\alpha\varrho\tau\omega\lambda\grave{o}s$ in ein gehäuftes Sündenleben gestürzt hat; sie entspricht der Art und Weise, wie im Vorhergehenden der sündige Zustand des Bekehrten sammt der ihm drohenden geistlichen Todesgefahr vor seiner Bekehrung bezeichnet worden. Andererseits ist der Gedanke unhaltbar, daß nach jener Auffassung der Bekehrende selbst noch mit einer „Menge" von unvergebenen Sünden sein Bekehrungswerk gethan habe, so daß er erst durch dessen Ausrichtung sich Vergebung derselben erworben habe. Mit einer solchen „Menge" von Sünden behaftet, wäre er nicht fähig zu solchem Bekehrungswerk gewesen. Es ist aber auch ein unevangelischer Gedanke, zu sagen: in Folge der Bekehrung eines Andern schaffe ich mir vor Gott Bedeckung, Vergebung meiner Sünden.

Es kann daher von Jakobus nur gemeint sein die Zudeckung der Sündenmenge, die durch das v. 19 geschilderte und vorausgesetzte Verhalten gehäuft worden, vor dem heiligen und gerechten Gott. Vergl. Psalm 32, 1: „wohl dem, dem die Sünden bedecket sind." Der Sinn des „Bedeckens" ist, daß die „Sündenmenge", die rückwärts in dem Leben des Bekehrten wider ihn als $\dot{\alpha}\mu\alpha\varrho\tau\omega\lambda\grave{o}s$ zeugte, das heilige Auge Gottes beleidigen und seinen Zorn erwecken würde, durch den Bekehrenden dem Anblick und der Ahndung seitens des gerechten Gottes entzogen, d. h. von Gott durch seine Gnade vergeben ist. Der Einwand[2]), daß die Zudeckung derselben in einem Thun bestehen würde, welche eine Sühnung der Sünden wäre, von

---

[1]) Von Hofmann. [2]) Hofmanns.

der sich nicht absehen lasse, wie sie das Werk des Bekehrenden sein sollte, trifft diese Erklärung nicht, die keine menschlich vermittelte Sühne voraussetzt, wohl aber jene Erklärung selbst; denn auf was Anderes kommt sie heraus, als auf Sühnung der eigenen Sünde vor Gott durch eigenes Thun vor Gott, also daß sie dem Angesicht Gottes entnommen ist? Aber wo ist denn in dem καλύπτειν oder im Zusammenhang auch nur eine Andeutung von Sühnung der Sündenschuld gegeben? Es handelt sich um solch ein Thun, welches macht, daß die Sündenmenge des Bekehrten seitens Gottes nicht mehr Gegenstand des Sehens, Kennens und Wahrnehmens, also auch des Strafens, sondern vielmehr vergessen, vergeben ist. Zu dem Werk der Bekehrung gehört nämlich vor Allem, daß der Bekehrende den Sünder 1, zur Buße und leidvollen Reue führt, welche die Bedingung der Sündenvergebung ist, und 2, zu dem Glauben und kindlichen Vertrauen bringt, mit welchem er nun zur Gnade Gottes seine Zuflucht nimmt, welche die Quelle der Sündenvergebung ist, und 3, mit dem „Gebet des Glaubens" für den Gnade suchenden Sünder eintritt, um für dasselbe auch Erhörung zu finden. Auf diese Weise vollzieht sich das menschliche Thun, welches in Bedecken, Verhüllen, Verschwindenmachen der Sünden vor dem Angesicht Gottes durch seine vergebende Gnade besteht, ähnlich wie in menschlichen Verhältnissen einer des andern Vergehungen durch Hinführung zur Reue und durch Einlegung bringender Fürbitte bewirkt, daß vor dem Angesicht des Beleidigten sich eine verhüllende Decke darüber breitet. Es geschieht ebenso, wie das „Vergebenwerden der Sünden" in v. 15 in Folge des Gebets des Glaubens für den Kranken, und „die Heilung der Sündenschäden" in Folge der Fürbitte für einander nach gegenseitigem bußfertigem Bekenntniß der Sünden. So ist ein sündiger Mensch, der fort und fort freilich selbst die Vergebung seiner Sünden bedarf, aber sie sich auch immerfort erbittet und aneignet, um dadurch erst fähig zu sein, Anderen zur Abkehr und Umkehr von ihren Sündenwegen zu helfen, nach Jakobus Anschauung im Stande, dahin zu wirken, daß des bekehrten Mitbruders Sündenmenge vor dem Angesicht Gottes nicht mehr vorhanden, sondern vergeben und vergessen ist, und derselbe nun als ein begnadigtes Kind Gottes vor seinem Gott dasteht. In diesem Sinne ist es ein durchaus evangelisches Wort: „er deckt der Sünden Menge", indem die barmherzige Bruderliebe durch Gebet für die Sünder und durch die Arbeit der Bekehrung an ihrer Seele als

Werkzeug und mit den Mitteln der göttlichen Gnade es dahin bringt, daß die Sündenschuld des Bekehrten vor Gottes Angesicht für Zeit und Ewigkeit zugedeckt und vergeben ist. Es ist ein kühnes aber durchaus wahres Wort: die bekehrende Liebe bringt den Sünder zurück zu Gott, bedeckt aber mit der Hülle der sündenvergebenden Gnade Gottes seine Sündenmenge, damit er sich vor Gott sehen lassen und vor seinem Angesicht bestehen kann. Unbegründet aber ist, wie aus der Größe und Herrlichkeit dieser positiven Wirkung der christlichen Bruderliebe erhellt, der Einwand[1]), daß diese Versicherung, daß der Bekehrende dem Bekehrten zur Vergebung auch seiner großen Sündenmenge geholfen habe, hinter dem vorhergehenden Zeugniß über die Errettung vom Tode sehr matt und pleonastisch daherhinke. Vielmehr ist hierin, wie schon angedeutet worden, geradezu eine Steigerung in Vergleich mit dem Vorhergehenden zu erkennen, wie auch das $\pi\lambda\tilde{\eta}\vartheta o\varsigma$ anzeigt. Die Hinweisung auf den Tod steigert sich zu der Hinweisung auf die Sündenmasse; denn aus dem Quell der Sünde fließt das Verderben des Todes. Die ganze Darstellung findet ihren Höhepunkt in dem Zeugniß von dem höchsten Gipfel alles Uebels und aller Noth, dem Verderben in Sünde und Tod. Mit dem Zeugniß von der Zudeckung der ersteren aber läßt Jakobus seine Epistel ausklingen, weil sie den Höhepunkt der rettenden Liebe bildet. An die negative Wirkung: Errettung von dem Todesverderben, schließt sich die positive: Bedeckung der ganzen Sündenmenge, als erste und unerläßliche Bedingung des Lebens in der Kindesgemeinschaft mit Gott dem Vater. Das sind die höchsten Zielpunkte für alle christliche Liebesthätigkeit an den verirrten Brüdern; darauf soll es bei allem Zeugen, Ermahnen, Arbeiten und Beten abgesehen sein, daß die Sünder von ihrem Irrwege bekehrt werden zu „der Wahrheit", und die rettende Liebe dieses Zwiefache an ihnen ausrichte: Rettung ihrer Seelen vom geistlichen Tode, und Bedeckung, Umhüllung ihres ganzen Sündenlebens mit der Decke der sündenvergebenden Gnade Gottes. Es ist in diesen Worten v. 19. 20 ein umfassendes Programm für die innere Mission[2]) enthalten, ähnlich dem, welches der Bruder des Jakobus, Judas, auch ein Bruder des Herrn, in den Schlußermahnungen seines Briefes v. 22 und 23 mit denselben Grundgedanken entworfen hat.

---

[1]) Von Palmer a. a. O. S. 35. [2]) Vergl. $\dot{\varepsilon}\dot{\alpha}\nu\ \tau\iota\varsigma\ \dot{\varepsilon}\nu\ \dot{\nu}\mu\tilde{\iota}\nu\ \pi\lambda\alpha\nu\eta\vartheta\tilde{\eta}$.

www.ingramcontent.com/pod-product-compliance
Lightning Source LLC
Chambersburg PA
CBHW032021220426
43664CB00006B/319